Südkorea

Joachim Rau

DUMONT
Reise-Handbuch

Inhalt

Wissenswertes über Südkorea

Wissenswertes für die Reise

Unterwegs in Südkorea

Kapitel 1 Seoul

Inhalt

Kapitel 3 Die Mitte – Chungcheong-do

Kapitel 4 Der Südwesten – Jeolla-do

Inhalt

Kapitel 5 Der Südosten – Gyeongsang-do und Busan

Kapitel 6 Die Insel Jeju – Jejudo

Inhalt

Themen

Alle Karten auf einen Blick

► Dieses Symbol im Buch verweist auf die Extra-Reisekarte Südkorea

Fünfstöckige Holzpagode im Beopjusa im Songnisan-Nationalpark, Chuncheong-do

Wissenswertes über Südkorea

Südkorea – Land zwischen Tradition und Hightech

Einsame Klöster, weitläufige Nationalparks, raue Küsten, moderne Urbanität und dazwischen handy- und technikbegeisterte Koreaner – das Bild Südkoreas ist bunt, abwechslungsreich und nicht zuletzt ein Schaulauf von über 4000 Jahren Geschichte. Ob Kultur oder Natur: Das kleine Land im fernen Osten hat sich längst von den Blessuren des 20. Jh. erholt und bietet jedem Reisenden etwas.

Südkorea liegt für viele Reisende unterhalb der Wahrnehmungsschwelle und ist gleichzeitig ein Mysterium. Geschäftsreisende schaffen es bis Seoul, die meisten Touristen auch nicht viel weiter, einzig Individualisten erobern neben der Hauptstadt noch die alte Silla-Stadt Gyeongju und Koreas Südsee-Variante Jejudo. Das Land hat es nicht leicht: Es liegt weitab aller Touristenströme und zudem klein und versteckt zwischen den beiden Wirtschafts- und Geschichtsriesen Japan und China. Letztere prägen heute das Weltgeschehen und Ostasien und schlucken wie schwarze Löcher die gesamte Aufmerksamkeit der Region. Es ist eine Marotte der Geschichte, dass selbst der waffenstarrende böse Bruder im Norden die Schlagzeilen der Weltpresse mit seinen Atomanlagen, Raketentests und einer steinzeitstalinistischen Führung stärker beherrscht als der offene, moderne und prosperierende Süden.

Die koreanische Halbinsel ruhte viele Jahrhunderte in sich selbst, pflegte gute Beziehungen zum mächtigen China, widersetzte sich dem Expansionsdrang Japans und fand sich schließlich im letzten Jahrhundert als Spielball der Regional- und Weltmächte wieder. Es hat lange gedauert, bis sich Südkorea den Eroberungsgelüsten seiner Nachbarn endgültig widersetzen konnte. Interessanterweise geht die stärkste Bedrohung heute nicht mehr von China, Japan oder Russland aus, sondern vom nördlichen Bruderstaat, von dem der Süden seit über einem halben Jahrhundert durch die weltweit am schwersten bewachte Grenze getrennt ist.

Das heutige Südkorea ist ein Kind des Kalten Krieges, ohne natürliche Ressourcen und vom Rest der Welt nur durch die Luft oder über Wasser zu erreichen. Dennoch hat sich der Südteil der Halbinsel nach dem Ende des desaströsen Koreakriegs 1953 von einem verarmten und zerstörten Land zu einem dynamischen Tigerstaat gewandelt, der vor Selbstbewusstsein und Kraft strotzt und es vollbracht hat, seine nationale Identität allen äußeren Einflüssen zum Trotz über Jahrhunderte zu bewahren.

Als eine der ältesten Kulturen Ostasiens steckt Südkorea bei aller Moderne kulturell immer noch in seiner Vergangenheit. Es gehört zu jenen Ländern mit der seltsamen Lebensgeschichte, in der Mitte des 20. Jh. als alter Weiser neu geboren worden zu sein und sich seitdem immer weiter zu verjüngen. Nach mehreren tausend Jahren Geschichte ist jeder Winkel des Landes getränkt mit heldenhaften Ereignissen, bösen Überraschungen und romantischen Erinnerungen. Hier kämpfte Yi Sun-sin erfolgreich gegen die übermächtige japanische Marine, da ging ein ganzes Königreich unter, dort gruben die Nordkoreaner mehrere unterirdische Tunnel für eine Invasion, und an anderer Stelle spielen die rührenden Szenen aus einer der berühmten südkoreanischen Seifenopern, die noch heute einer ganzen weiblichen Generation die Tränen in die Augen treiben.

Heute tost der Verkehr um das Dongdaemun, das Seouler Osttor

Der wirtschaftliche Erfolg mit Automobilen, Unterhaltungselektronik und Schiffen hat die westliche Denkwelt nach Südkorea gebracht. Das Land hat die schnellsten Internetverbindungen weltwelt und seine Einwohner die modernsten Mobiltelefone – was bei uns der letzte Handy-Schrei ist, gehört in Südkorea bereits zur B-Ware. Als Konsequenz ist die Halbinsel im Süden nicht mehr östlich, zumindest nach unserem Verständnis, aber auch noch nicht westlich und nur im Norden tatsächlich weder das eine noch das andere, sondern kommunistisch in Reinkultur. Südkorea ist eine Mischung aus beidem – östlicher Tradition und westlicher Moderne –, deren Wohlstand sich in einer exzellenten Infrastruktur zeigt. Innerhalb einer Stunde ist jeder Besucher außerhalb der Stadtgrenzen Seouls und findet rasch das, was die Metropolen kaum bieten können: große Nationalparks, bedeckt von Wäldern, betupft mit Tempeln und durchzogen von Wanderwegen. Über zwei Drittel der Fläche Südkoreas bestehen aus schroffen, steil zum Meer abfallenden Bergketten und machen aus dem Land eine der gebirgigsten Regionen weltweit. Dort gelingt dem Land der Morgenstille am ehesten, wovon es in seinen pulsierenden Städten nur träumt: seinem poetischen Namen gerecht zu werden.

Bei der ersten Fahrt durch Seoul sind die meisten Besucher erstaunt über die Effizienz, die Hektik und den Kommerz der Stadt. Die Hauptstadt zeigt sich in einem Bild, wie sich ganz Südkorea am liebsten sähe – noch vor Hongkong, Shanghai und Tokyo als Vorbild für die Entwicklung ganz Asiens. Hier kann man nächtelang durch die Bars ziehen, in kosmopolitischen Restaurants dinieren, grandiose Paläste besuchen, jahrhundertealte Buddhafiguren bestaunen, entlang des majestätischen Han-Flusses radeln und das Grün eines mit der U-Bahn zu erreichenden Nationalparks durchwandern. Und all das bei höchster Sicherheit und Sauberkeit. Seoul ist nicht Südkorea, aber wenn Städte eine Vorschau der Zukunft sind, dann zeigt Seoul bereits heute das Übermorgen des Landes.

Das Land der Morgenstille ist einer der unentdeckten Schätze Asiens. Machen Sie sich auf die Reise in ein altes und neues Südkorea, solange das Geheimnis noch nicht aufgespürt ist – Sie werden unvergessliche Eindrücke mit nach Hause nehmen.

Steckbrief Südkorea

Daten und Fakten

Name: Daehan Minguk 대한민국 (Rep. Korea)
Fläche: 99 392 km²
Hauptstadt: Seoul (10 Mio. Einwohner)
Amtssprache: Koreanisch
Einwohner: 50 Mio. (2010)
Bevölkerungswachstum: 0,23 % (das niedrigste der Welt
Lebenserwartung: Männer 75,8 Jahre, Frauen 82,5 Jahre
Währung: Südkoreanischer Won (₩, KRW) mit Münzen zu ₩ 1, 5, 10, 50, 100, 500 und Banknoten zu ₩ 1000, 5000, 10 000, 50 000
Zeitzone: MEZ +8 Std. (Sommer +7 Std.)
Landesvorwahl: +82
Internet-Kennung: .kr
Landesflagge: Die südkoreanische Flagge heißt Taegeukgi 태극기 und leitet sich von *taegeuk,* Kreis, ab. Der weiße Hintergrund ist Symbol für die Reinheit und Friedfertigkeit. Im Zentrum der Flagge steht das rot-blaue *fumyang*-Symbol, Symbol für Yin und Yang – die im Universum enthaltenen Gegensätze wie Feuer und Wasser, Tag und Nacht, maskulin und feminin etc. Der Kreis ist umgeben von vier schwarzen Trigrammen: Himmel, Wasser, Feuer und Erde (im Uhrzeigersinn von links oben nach links unten).

Geografie

Weniger als 0,3 % der Fläche Südkoreas sind von Wasser bedeckt. Über 66 % sind bewaldet, und zwar vorwiegend mit Sekundärwald.
Längste Flüsse: Nakdonggang (525 km, *gang* = Fluss), Hangang (514 km) und Geumgang (401 km).
Größter See: Keine größeren natürlichen Seen. Größter Stausee ist der Soyang River Dam nordöstlich von Seoul.
Höchster Berg: Hallasan (1950 m) auf Jejudo
Nationalparks: Südkorea hat 20 Nationalparks (s. S. 20).

Geschichte

Mit der Eroberung der Königreiche Baekje und Goguryeo durch das Silla-Reich entstanden 668 die Grenzen des heutigen Korea (Nord- und Südkorea). Im Jahr 1394 wurde Seoul Hauptstadt des Reiches. Von 1910 bis 1945 war Korea eine Kolonie Japans, nach dessen Abzug 1950 der Koreakrieg ausbrach, der zur heutigen Teilung entlang des 38. Breitengrads führte. Seit Ende der 1970er-Jahre hat Südkorea ein immenses ökonomisches Wachstum erreicht und zählt heute zu einer der bedeutendsten Wirtschaftsnationen weltweit. Nach dem Koreakrieg erlebte Südkorea bis 1987 eine Reihe von Militärdiktaturen, hat sich jedoch seitdem schnell zu einer Demokratie entwickelt.

Staat und Politik

Südkorea gliedert sich auf der ersten Verwaltungsebene in neun Provinzen (*do* 도, wobei Jeju-do als Special Self-Governing Province/ *teukbyeoljachi-do* 특별자치도 Sonderstatus genießt), sechs Metropolitan Cities (*gwan-*

gyeoksi 광역시) und die Hauptstadt Seoul als Special City (*teukbyeolsi* 특별시). Regierungsform des Landes ist die Präsidialrepublik. Als Staatsoberhaupt amtiert seit Februar 2008 Präsident Lee Myung-bak, als Premierminister seit Oktober 2010 Kim Hwang-sik. Der Präsident wird für fünf Jahre gewählt und kann nicht wiedergewählt werden. Neben dem Präsidenten mit umfangreichen Befugnissen (u. a. Oberbefehlshaber der Armee) bilden das Parlament und das Verfassungsgericht die wichtigsten politischen Organe. Das Parlament besteht aus 300 Abgeordneten. Bei der letzten Wahl 2012 erreichte die konservative Saenuri-Partei mit 152 Abgeordneten die absolute Mehrheit.

Wirtschaft und Tourismus

Bis in die 1970er-Jahre lag Südkorea hinter der Wirtschaftsleistung Nordkoreas zurück. Dies hat sich drastisch verändert: Mit einem Bruttoinlandsprodukt von 21 000 US-$ pro Einwohner in 2010 liegt das Land etwa gleichauf mit Portugal. Südkoreas Aufstieg zu einem der vier ostasiatischen Tigerstaaten ist vor allem der Zusammenarbeit von Regierung und Wirtschaft zu verdanken. Besonders die Schiffs-, Automobil- und Elektronikindustrie feierte enorme Erfolge: Das Land ist noch vor Großbritannien, Russland und Kanada der siebtgrößte Exporteur weltweit sowie der weltgrößte Hersteller von Speicherchips und Schiffen.

In den vergangenen Jahren hat Südkorea versucht, seine Abhängigkeit von wenigen riesigen Industriekonglomeraten (*jaebol*, s. S. 24) zu verringern und durch mehrere Freihandelsabkommen, u. a. 2011 mit der EU und den USA, seine Position weiter gestärkt. Größten Anteil an der Wirtschaftsleistung hat der Dienstleistungssektor (58 %), gefolgt von der Industrie (39 %).

Die Arbeitslosenquote liegt bei 3,3 %, die auch während der globalen Finanzkrise 2008/09 kaum anstieg.

Der Tourismus spielt in Südkorea keine so große Rolle wie in China oder Thailand, ist aber stark wachsend – 2011 kamen fast 10 Mio. Auslandsbesucher ins Land, davon 75 % aus Japan, China, Taiwan und Hongkong. Allein aus Deutschland besuchten 2011 fast 100 000 Reisende Südkorea bei Zuwachsraten von jeweils über 10 % in den letzten Jahren.

Bevölkerung und Religion

Seoul erreicht mit den umliegenden Städten eine Einwohnerzahl von über 23 Mio. – nach Tokyo der zweitgrößte Ballungsraum weltweit. Busan ist mit 3,6 Mio. Einwohnern die zweitgrößte Stadt des Landes und besitzt den größten Hafen Südkoreas und einen der umschlagsstärksten der Welt. Die Millionenstädte Incheon, Suwon und Seongnam liegen so nah an Seoul, dass die Stadtgrenzen kaum erkennbar sind. Mit einer Bevölkerungsdichte von 487 Einwohnern/km² ist Südkorea eines der am dichtesten besiedelten Gebiete der Welt (Deutschland: 230 Einwohner/km²). 83 % der Bevölkerung lebt in Städten. Südkorea ist ebenso wie Nordkorea einer der ethnisch homogensten Staaten der Welt mit fast 99 % Koreanern. 1,1 Mio. Ausländer leben im Land, davon die Hälfte koreanischer Abstammung. Die größte Minderheit bilden die 180 000 Chinesen.

Größte Religionsgruppe Südkoreas sind mit 29 % Christen, gefolgt von Buddhisten mit 23 %. Fast die Hälfte der Südkoreaner ist religionslos, wobei die Zahl derer groß ist, die sich zwar als Atheisten verstehen, aber buddhistische Tempel oder Schamanen aufsuchen oder der Religion des Himmlischen Weges folgen (*cheondogyo* 천도교).

Natur und Umwelt

Waldüberwucherte Berge, tiefblaues Meer, herrliche Sandstrände, schroffe Felsklippen, Flussläufe mit schönen Wasserfällen, grüne Reisfelder und erloschene Vulkane: Südkorea hat eine Landschaft zum Verlieben, sobald man die Städte verlassen hat. Berge bedecken fast 70 % Südkoreas und machen das Land zum Wanderparadies – in 20 Nationalparks und 22 Provinzparks schützt die Regierung die fragile Umwelt.

Überblick über das Land

Südkorea ist mit 50 Mio. Menschen sowie einer Fläche von etwa der Größe Baden-Württembergs und Bayerns dicht besiedelt, wobei die Verteilung extreme Ungleichheiten aufweist: Ca. die Hälfte der Einwohner drängt sich in Seoul und seinen Vorstädten. Eine Möglichkeit, das Land zu verlassen, haben Koreaner nur über das Wasser oder durch die Luft – die einzige Landverbindung besteht zum feindlichen Nordkorea. Die über 2400 km lange Küste des Landes ist übersät von über 3000 Inseln, die meist unbewohnt sind. Bei einer Länge von ca. 420 km in Nord-Süd-Richtung und einer max. Breite von 216 km liegt Südkorea auf demselben Breitengrad wie Südspanien oder die Türkei, erlebt jedoch ausgeprägtere Jahreszeiten mit schwül-heißen Sommern und arktischen Wintern.

Das Land lässt sich grob in zwei Zonen unterteilen: die östliche Region mit Bergen und einem schmalen Küstenstreifen sowie eine West- und Südostzone mit breiter Küste und flacher Landschaft, die von Hügeln durchsetzt ist. Über zwei Drittel des Landes sind von Granit- und Kalksandsteingebirgen durchzogen, von denen das Taebaek-Gebirge das größte ist und sich im Osten der Halbinsel von Nordkorea in den Süden des Landes zieht. Fast alle Berge und Hügel sind bewaldet, erreichen jedoch mit maximal 1915 m auf dem Festland (Jirisan) keine großen Höhen. Anders als das benachbarte Japan blieb Südkorea in den vergangenen Jahrhunderten von aktiven Vulkanen oder schweren Erdbeben verschont. Nach historischen Berichten erlebte Südkorea den letzten Vulkanausbruch in der Goryeo-Dynastie (918–1392), als der Berg Halla auf Jejudo Lava und Feuer spuckte.

Südkoreas Flüsse können an Länge und Wasservolumen nicht mit den großen Flüssen in Afrika oder Südamerika mithalten und sind längst keine Transportwege mehr wie in früheren Zeiten. Flugzeug, Bahn und Straße haben diese Aufgabe übernommen. Selbst auf dem durch Seoul fließenden Hangang sind keine Lastkähne zu sehen, sondern fast ausschließlich Ausflugsboote. Dies will Präsident Lee Myung-bak ändern: Als er 2008 sein Amt antrat, verkündete er seinen Plan des Pan Korea Grand Waterway. Dieser 540 km lange Kanal soll wie einst der Kaiserkanal in China die beiden größten und wichtigsten Städte des Landes, Seoul im Nordwesten und Busan im Südosten, miteinander verbinden und den Lastentransport von der Straße auf das Wasser verlagern. Der Kanal hätte immense ökologische Auswirkungen, da die beiden zu verbindenden Flüsse Han und Nakdong in weiten Teilen nicht tief genug für die Schifffahrt sind und daher ausgebaggert und verbreitert werden müssten. Noch ist das Projekt keine beschlossene Sache, aber Südkoreas Wille, weltweit eine gewichtigere Rolle zu spielen und dies durch pharaoähnliche Projekte zu

Felsen vor der Insel Hongdo im Dadohae-Meeresnationalpark

untermauern, lässt vermuten, dass ökologische Aspekte wie bereits bei der Trockenlegung des Saemangeum-Wattenmeers (s. S. 18) nur von untergeordneter Bedeutung sind.

Bis es mit dem Bau soweit ist, dienen die Flüsse weiter wie bisher als Trinkwasserquellen, zur Speisung von Stauseen (und diese wiederum zur Trinkwassergewinnung) oder wie im Fall des sich durch Seoul schlängelnden Cheonggyecheon als Erholungsgebiet.

Als Nordkorea in den 1980er-Jahren den Bau eines gewaltigen Stausees nördlich der Demilitarisierten Zone am Fuß des berühmten Geumgang-Gebirges ankündigte, fürchtete Südkorea im Kriegsfall die Flutung der Hauptstadt durch die abrupte Öffnung oder den Bruch der Staumauer. Dadurch – so die damaligen Berechnungen – würde das 63 Building auf Yeouido bis mehrere Meter unter Wasser stehen. Seoul sah sich gezwungen, im selben Flussbett auf der Südseite der Grenze einen eigenen Damm zu errichten, der die bedrohlichen Wassermassen des Nordens aufhalten sollte – die Geburtsstunde des Friedensdamms (Pyeonghwauidaem 평화의댐). Da Nordkorea mit den Bauarbeiten nicht vorankam, schleppte sich auch die Errichtung des südlichen Nachbardamms. Fertiggestellt wurde der Geumgang-Damm schließlich 2003 und Seouls Antwort zwei Jahre später. Dass die Entscheidung für den Bau des Dammes des Friedens richtig war, hatte sich kurz vor dessen Vollendung herausgestellt. Nordkorea entließ im September 2005 tatsächlich riesige Wassermassen ohne Vorwarnung und verursachte damit beträchtliche Flutschäden im Süden – ein weiterer Beweis, dass der Kalte Krieg in Korea weiterlebt.

Die Topografie

Küste, Meer und Inseln

Von den 99 392 km² Landesfläche sind in Südkorea nur etwa 290 km² von Wasser bedeckt, wobei fast alle Wasserflächen aus Flüssen und Stauseen bestehen. Dagegen ist das Land in drei Himmelsrichtungen vom Meer umgeben: im Westen vom Gelben Meer (Seohae 서해, Westmeer), im Süden vom Ostchinesischen Meer (Namhae 남해, Südmeer) und im Osten vom Japanischen Meer. Letztere Bezeichnung ficht Korea an und besteht auf der Benennung als Donghae 동해, Ostmeer.

Die Ostküste charakterisieren Felsen und Berge, unterbrochen von Sandstränden, die jedoch nur an wenigen Stellen zum Baden einladen. Anders als an der West- und Südküste machen sich Inseln im Donghae rar. Einzig erwähnenswerte Erhebung aus dem Meer ist die Vulkaninsel Ulleungdo, 120 km von der Küste entfernt und bekannt für ihren Tintenfischfang. Noch wichtiger – wenn es nach der südkoreanischen Regierung geht – ist die Inselgruppe Dokdo, die weitere 80 km südöstlich liegt. Auf sie hat Südkorea einen Militärposten gesetzt, um trotz des latenten Streits mit Japan keine Zweifel aufkommen zu lassen, wem die Felsbrocken gehören.

Die Südküste ist dagegen durchsetzt von zahlreichen Buchten und Halbinseln, die ideale Bedingungen für natürliche Häfen bieten. Dies ist Südkoreas interessanteste Küstenregion mit unzähligen Inseln, von denen viele unbewohnt sind – zwar sind die meisten davon groß genug für eine Besiedelung, jedoch außer mit dem eigenen Boot nicht erreichbar. Hier liegt auch Südkoreas mit Abstand größte Insel Jeju (Jejudo), die mit 1845 km² eine eigene Provinz bildet. Jejudo, Ulleungdo und Dokdo sind neben einigen kleineren Felsinseln die einzigen Eilande Südkoreas, die durch Vulkanaktivität entstanden.

Die im Osten Südkoreas aufsteigenden Gebirge flachen nach Westen hin ab. Weite, flache Buchten und große Halbinseln sind die Folge. Anders als das Donghae mit der schroffen Ostküste und Tiefen von durchschnittlich 1500 m weist das Westmeer nur max. 105 m Tiefe auf – mit entsprechend gewaltigem Tidenhub: In Incheon schwankt der Meeresspiegel um fast 10 m. Die daraus entstehenden riesigen Wattenmeere haben zu einer eigenen Meeresfauna geführt, die aber 2006 den Sündenfall erlebte: Das mit 400 km² weltweit zweitgrößte Wattenmeer, Saemangeum, wurde eingedeicht und dauerhaft ausgetrocknet. Das Gebiet galt als wichtiger Rastplatz für Zugvögel, die in Sibirien brüten und in Australien überwintern. Auch in anderen Küstenregionen hat die Landgewinnung zur Agrar- oder Industrienutzung nachhaltige Schäden bei der Artenvielfalt und für die Fischerei verursacht.

Die Berge

Die Berge sind Südkoreas Seele und bedecken den mit Abstand größten Teil des Landes. Trotz ihrer Verbreitung fehlt es ihnen an Höhe: Kein Gipfel erreicht 2000 m. Dafür liegen die meisten in schöner Natur, nämlich in einem der über 40 National- und Provinzparks. Südkoreas höchster Berg ist der erloschene Vulkan Hallasan (1950 m) auf Jejudo, Nr. 2 ist der Cheonwangbong im Jirisan-Nationalpark. Zählt man Nordkorea – politisch unkorrekt – dazu, dann geht es etwas höher hinaus: Mit 2744 m ist der Baekdusan im nordöstlichen Teil der Halbinsel die höchste Erhebung.

Koreas Berge sind überall und haben zahllose Maler zu ihrer typischen Landschaftsmalerei inspiriert, die als perspektivische Komposition mit hohen Bergen und tiefen Flüssen für koreanische Gemälde charakteristisch ist. Jeong Seon (1676–1759) galt als einer ihrer profiliertesten Vertreter, der besonders von den Diamantbergen (Geumgangsan) im heutigen Nordkorea beeindruckt war.

Die Berge des Landes sind tief verwurzelt im Leben, Wissen und Glauben der Koreaner. Wo Himmel und Erde sich treffen, ist nach koreanischem Verständnis der ideale Ort für Besinnung und Meditation. Nicht umsonst liegen fast alle Klöster Koreas entweder in den Bergen oder zumindest an deren Fuß. Was für Deutsche der Wald, Griechen ihre Inseln und Portugiesen das Meer ist, ist für Koreaner in ihrer Kulturphilosophie der Berg.

Berge als nicht wegzudenkender Teil der koreanischen Landschaft schieben sich bis an die Hauptstadt heran: Der Bukhansan-Nationalpark liegt fast in Seoul und ist per U-Bahn erreichbar. Koreas schönstes Gebirge ist zzt. leider für Südkoreaner und Ausländer nicht zu besuchen – der Geumgangsan in Nordkorea ist nach dem Tod eines südkoreanischen Touristen geschlossen (s. S. 18).

Früher waren Südkoreas Berge und Wälder ein Ort für die Erfüllung von Grundbedürfnissen. Hier ging man auf die Jagd und suchte Bau- oder Feuerholz. Heute sind die bewaldeten Gipfel nicht mehr nur Holzressource, sondern vielmehr Erholungs- und Freizeitbereich.

Das Tiefland

Südkoreas Topografie ist nicht mit großen Ebenen gesegnet, und immer wieder werden die wenigen Flächen von Hügeln und Bergen durchzogen. Besonders im Westen der Halbinsel breitet sich Tiefland aus, das als Agrarland genutzt wird. Im Süden wird die Fläche schon knapper, und im Osten des Landes sind die fruchtbaren Niederungen meist nicht mehr als schmale Küstenstreifen.

Knapp 20 % der koreanischen Fläche sind urbar. Ausreichender Regen erlaubt hier den Anbau von Reis, Sojabohnen etc. Diese Flächen sind weitgehend frei von Tieren und Pflanzen, die den Acker noch Anfang des 20. Jh. als Lebensraum nutzten. Die Intensivlandwirtschaft mit Monokulturen, Pflanzenschutzmitteln und Kunstdünger haben auf den wenigen nutzbaren Flächen Südkoreas ihren Tribut gefordert, sodass sich Füchse oder gar Großtiere aus dem Tiefland in die Bergwelt zurückgezogen haben.

Heiße Quellen

In Südkorea gibt es zwar keine vulkanischen Aktivitäten, trotzdem sind über 70 heiße Quellen über das Land verstreut. Einige der Brunnen werden seit Jahrhunderten genutzt wie der Heosimcheong Spa im Norden Busans, eine der bekanntesten und ältesten Quellen des Landes und mit 4300 m^2 zugleich der größte Spa Asiens.

Die einzelnen Bäder locken mit Wassertemperaturen von 45 bis über 75 °C und einem hohen Mineralgehalt, der gut für die Gesundheit sein soll. Viele Bäder sind mit Massage-Wasserfällen und Becken mit Kaltwasser ausgestattet, wobei Letztere nach dem Besuch der heißen Becken eine kräftige Beschleunigung der Pulsfrequenz versprechen.

Manche der Bäder sind schlichte Genossen mit dem Flair deutscher Hallenbäder der 1970er-Jahre ohne viel Brimborium; einige Betreiber haben jedoch das Potenzial der Quellen erkannt und diese in Erlebnisbäder mit Sauna, Schwimmbad, Friseur, Fitnessräumen und Café verwandelt. In diesen Luxus-Spas kann man Schlammbäder nehmen, nackt im Internet surfen, sich eine Massage gönnen oder ein Nickerchen genießen. Im Winter lässt sich hier ein gesamter Tag verbringen, die Melancholie der kalten Jahreszeit sowie der Stress vertreiben und der Haut etwas Gutes tun. Seit Jahrhunderten nutzen Koreaner die heißen Quellen, und man sollte es ihnen gleichtun, beispielsweise in Sokcho (s. S. 199), Busan (s. S. 376), Chungju (s. S. 264) oder Daejeon (s. S. 230).

Die Tierwelt

Südkorea hat im 20. Jh. den Koreakrieg, eine rasche Phase der Industrialisierung und bis in die 1960er-Jahre eine rapide Abholzung durchlebt, die alle zusammen ihre Spuren in der Fauna des Landes hinterlassen haben. Bis ins 19. Jh. und sogar noch in den ersten Jahrzehnten des vorigen Jahrhunderts waren Sibirische Tiger, Leoparden, Bären und Wölfe auf der gesamten koreanischen Halbinsel verbreitet. Bis auf einige Exemplare des asiatischen Schwarzbären, die mit ihrem charakteristischen V auf der Brust noch in freier Wildbahn im Jirisan-Nationalpark leben, sind große Säugetiere in Südkorea ausgestorben. Von den in den wieder aufgeforsteten Wäldern lebenden Luchsen, Wildkatzen und Füchsen werden die meisten Besucher und Wanderer wenig bis nichts sehen; deutlich höher ist die Wahrscheinlichkeit, eine der 25 Spezies an Reptilien oder über 130 Fischarten zu Gesicht zu bekommen. Verlass ist dagegen auf die Vogelwelt, die mit gut 450 Arten vertreten ist. Die meisten davon sind Zugvögel, die sich im Herbst auf den Weg in den Süden machen und sich dann beispielsweise im Vogelschutzgebiet der Suncheon-Bucht beobachten lassen (s. S. 317).

Eine Besonderheit stellt die Demilitarisierte Zone dar, ein 4 km breiter Landstreifen entlang des 38. Breitengrads, der beide Koreas trennt und den seit 1953 kein Mensch betreten darf. In den Jahrzehnten seit Ende des

Koreakriegs konnte sich auf dem 248 km langen Abschnitt mit der weltweit am schwersten bewachten Grenze ohne menschlichen Einfluss eine Flora und Fauna entwickeln, die ihresgleichen sucht. Die friedliche Stille zwischen den vier Invasionstunneln, die Nordkorea unter der Grenze grub, ist zu einem Paradies für Zugvögel geworden, seltene Otter treiben ihr Unwesen, und zahlreiche bedrohte Tierarten haben sich hier angesiedelt.

Die Pflanzenwelt

Fast zwei Drittel Südkoreas sind bewaldet, was noch bis in die 1960er-Jahre ganz anders aussah: Für die Verwendung als Feuerholz und Baumaterial waren große Teile des Waldes über Jahrhunderte abgeholzt worden. Erst durch ein groß angelegtes Aufforstungsprogramm und die Umstellung auf andere Energiequellen konnten sich Koreas Wälder erholen. Südkoreas wenige verbliebene Primärwälder stehen inzwischen in Nationalparks oder unter besonderem Schutz. Heute ist Korea eines der weltweit wenigen Länder, die es geschafft haben, sowohl Industrienation zu werden als auch ein grünes, bewaldetes Land zu sein bzw. wieder zu werden.

Über 4500 Pflanzenarten wachsen auf der koreanischen Halbinsel, darunter allein ca. 900 Baumarten. Im kühleren Norden herrscht Mischwald mit Ulme, Eiche, Magnolie, Ahorn etc. vor, während im Süden und besonders auf Jejudo subtropische Vegetation mit Bambus und Palmen gedeiht. In den Höhenlagen der Nationalparks wachsen Nadelbäume (Fichten, Lärchen) und Rhododendren. Der Süden ist zudem Koreas Ginseng-Region.

Im Frühjahr blühen die Kirschbäume in kräftigem Rosa und verwandeln manche Straße in eine unwirkliche Schönheit. Ähnliche Farbtupfer verleiht im Winter, wenn Korea grau und ausgestorben wirkt, die Kamelie. Da sie die eisigen Winter im Norden nicht überstehen würde, kommt sie nur an der Südküste vor.

Eine Besonderheit unter den Pflanzen des Landes ist der Straucheibisch, auch Scharonrose genannt *(Hibiscus syriacus)* – seit Ende des 19. Jh. inoffiziell die Nationalblume Südkoreas. Der koreanische Name ist *mugunghwa* 무궁화, die unvergängliche Blume, und jedes Jahr von Juli bis Oktober blüht dieser laubabwerfende Strauch mit Wuchshöhen von 1–4 m im ganzen Land. Die Rose wird sogar in der südkoreanischen Nationalhymne erwähnt: »Wir Koreaner werden immer wachen über unser Land mit seinen Flüssen

Die inoffizielle Nationalblume Südkoreas, die Scharonrose

und herrlichen Bergen, auf denen die Scharonrose blüht.« Die Pflanze ist nicht die Schönste der Schönen, gilt jedoch als sehr widerstandsfähig und langlebig – was passt symbolisch besser zu Korea als solche Eigenschaften? Die *mugunghwa* ist auf der Rückseite der 1-Won-Münzen abgebildet.

Umweltschutz – National- und Provinzparks

Bei Südkoreas geringer Größe, seiner starken Industrialisierung seit den 1970er-Jahren und der Überbevölkerung liegt die Vermutung nahe, das Land hätte seine Wälder längst abgeholzt und die Täler in Betonlandschaften verwandelt. Tatsächlich hat die südkoreanische Regierung seit Ende der 1960er-Jahre mit harter Hand das Naturerbe des Landes vor dem Zugriff von Holzindustrie, Immobilienspekulanten und Siedlern bewahrt.

Alle Parks lassen sich zu jeder Jahreszeit besuchen: im Frühjahr zur Blumen- und Kirschblüte, im Sommer zur Abkühlung in den Wasserfällen und Flussläufen, im Herbst bei dunkelblauem Himmel und bestem Wanderwetter sowie im Winter, wenn Schnee und Eis den Wäldern und Galerien aufragender Felsen ihren weißen Mantel überstülpen. Fast jeder Park kann mit zumindest einem Tempel oder gleich mehreren aufwarten, die meist malerisch in einem Tal oder an einem Berghang umgeben von dichtem Wald liegen.

Alle Nationalparks und viele Provinzparks sind am Eingang mit Touristenzentren ausgestattet, in denen man sich mit dem notwendigen Proviant für eine Wanderung eindecken kann. In diesen ›Dörfern‹ sind meist auch Übernachtungsmöglichkeiten vorhanden. In einigen Parks sind zudem sehr einfache Herbergen (Hütten, Shelter) entlang der längeren Wanderwege zu finden.

Nationalparks

1967 wurde Jirisan zum ersten Nationalpark des Landes erklärt. In ihm befinden sich mehrere herrliche Tempel sowie der mit 1915 m höchste Berg des Festlands. Seit Jirisan den Parkstatus erhielt, entstanden 19 weitere Nationalparks. Heute bedecken sie 6,5 % der Landesfläche und zählen zu den Hauptattraktionen Südkoreas. Details zu den Nationalparks liefert die Website **knps.or.kr.** Seit 2007 ist der Eintritt in die Nationalparks gratis – die gelegentlich dennoch erhobenen Gebühren dienen einzig der Parkerhaltung.

Die 15 Bergnationalparks: Jirisan (1967), Gyeryongsan (1968), Seoraksan (1970), Songnisan (1970), Hallasan (1970), Naejangsan (1971), Gayasan (1972), Deogyusan (1975), Odaesan (1975), Juwangsan (1976), Bukhansan (1983), Chiaksan (1984), Woraksan (1984), Sobaeksan (1987), Wolchulsan (1988).

Die vier Küsten- und Meeresnationalparks: Hallyeo (1968), Taean (1978), Dadohae (1981), Byeonsanbando (1988).

Der Historische Nationalpark: Gyeongju (1968).

Die **Bergparks** sind von Myriaden von Wanderwegen durchzogen. Diese sind in Karten verzeichnet, die man an den Parkeingängen erhält. Die Karten haben den Vorteil, dass auf ihnen meist auch die Wanderzeiten und Highlights der Wege eingetragen sind. Ihre beiden Nachteile: Bis auf einige Ausnahmen sind sie nur auf Koreanisch erhaltlich und ungenau mit teils kruden Maßstäben, die bei den Wanderungen nur eine grobe Orientierung geben. Das mag daran liegen, dass Nordkorea im Fall des Falles keinen Nutzen aus den Karten ziehen soll. Zum Wandern am beliebtesten sind Seoraksan, Jirisan und der vor den Toren Seouls gelegene Bukhansan. Sie sind so populär, dass sich die Besucher bei Wochenendtouren dicht an dicht wie auf einer Ameisenstraße die Wege entlangschieben. Um der Natur daher von Zeit zu Zeit die Möglichkeit zur Regeneration zu geben, sind manche Wege geschlossen – und dies teils für Jahre –, sodass man sich vor einer Tour über den aktuellen Stand an den Rangerstationen am Parkeingang erkundigen sollte.

Provinzparks

Zu den Nationalparks kommen 22 ebenso lohnende Provinzparks, die aber deutlich weniger überlaufen und kleiner sind.

Wirtschaft, Soziales und aktuelle Politik

Vom Banker in Seoul bis zum Reisbauern in Jeolla-do reicht die Bandbreite der südkoreanischen Wirtschaft, die seit den 1980er-Jahren einen kometenhaften Aufstieg erlebte. Noch vor Großbritannien und Kanada hat sich das Land zur siebtgrößten Exportnation weltweit aufgeschwungen und will auch als Gastgeber der Olympischen Winterspiele 2018 und mehrerer Weltgipfel punkten.

Vom Armenhaus zum Tigerstaat

Weltgrößter Schiffsbauer, Nr. 1 beim Export von Speicherchips, fünftgrößter Automobilhersteller und erster Platz bei der Produktion von Bildschirmen: Innerhalb weniger Jahrzehnte katapultierte sich Südkorea aus der Asche des Koreakriegs in dieselbe Liga wie die Nationen Westeuropas. Selbst zwei schwere Wirtschaftskrisen 1997/98 und 2008/09 konnten den Positivtrend nur kurz aufhalten. Während die westlichen Ökonomien in der globalen Rezession 2009 um bis zu 6 % schrumpften, wuchs Südkorea um 0,2 % und erholte sich bereits im Folgejahr deutlich.

Der Aufstieg

Für viele Südkoreaner gilt Präsident **Park Chung-hee,** der von 1962 bis 1979 das Land regierte, als Vater des ›Wunders am Han-Fluss‹. Fünf-Jahres-Pläne, eine mit harter Hand gelenkte Sicherheits- und noch rigidere Wirtschaftspolitik hievten das Land in zweistellige Wachstumsraten beim Bruttoinlandsprodukt und machten Südkorea bis in die 1980er-Jahre zu einem diktatorisch geführten Entwicklungsland mit wenigen politischen und gesellschaftlichen Freiheiten.

Schwerpunkt war zu dieser Zeit der **Produktionssektor** und dort vor allem die arbeitsintensive Exportindustrie. Der Grund: Südkorea verfügte zum damaligen Zeitpunkt über eine große Schar billiger Arbeitskräfte und war als rohstoffarmes Land auf den Import wichtiger Güter angewiesen. Das Prinzip: Einkauf von Rohstoffen auf dem Weltmarkt, Veredelung, dann devisenbringender Export bei gleichzeitigen Importbarrieren für Konkurrenzgüter. Das verlockend einfach klingende, aber schwer zu realisierende Modell funktionierte und bescherte dem Land in einigen Schlüsselindustrien wie Elektronik oder Automobilproduktion einen Wettbewerbsvorteil.

Park Chung-hee orientierte sich bei seiner Wirtschaftspolitik am japanischen Vorbild des staatlich gelenkten Unternehmertums, einer engen Verzahnung von Politik und Industrie. Der Begriff von der **Korea AG** machte die Runde, zumal das Modell zusammen mit massiven US-Finanzspritzen schnell Wirkung zeigte und zum Aufstieg der berühmt-berüchtigten *jaebol* (s. Thema S. 24) führte, Mammutkonzernen mit riesigen Budgets und besten Verbindungen in Politik und Finanzwelt.

Asienkrise 1997/98 und Finanzkrise 2008/09

Die Verknüpfung von Politik, Wirtschaft und Banken war eine der Stärken Südkoreas, die zu exzellenten ökonomischen Ergebnissen führte, gleichzeitig war diese Verquickung aber auch der Schwachpunkt des Systems, wie sich spätestens 1997 offenbarte. In der **Asienkrise der Jahre 1997/98** trat die gefährliche Abhängigkeit der *jaebol* von Bankkrediten offen zutage. Zudem zeigte sich in

Südkoreas erster großer Krise, dass der Staat ein schlechter Unternehmer ist. Als Folge gerieten einige der *jaebol* stark ins Wanken, und eine Fusionswelle zur Rettung der angeschlagenen Konglomerate durchfegte das Land: Hyundai übernahm Kia, und Südkoreas damals zweitgrößter Konzern Daewoo überlebte die Krise nicht. Der Konkurs von Daewoo war ein Schock für das Land und widerlegte die bis dahin geltende Regel »Too big to fail«. Daewoos Gründer Kim Woo-choong floh nach Frankreich, kehrte sechs Jahre später nach Südkorea zurück, wurde prompt verhaftet und wegen Bilanzfälschung zu zehn Jahren Haft verurteilt, kurz darauf aber begnadigt. Die Krise war derart desaströs für das Land, dass Präsident Kim Dae-jung Maßnahmen ergriff (s. Thema S. 24), um die Macht der *jaebol* zu begrenzen. Allen Anstrengungen zum Trotz blieb der Einfluss der familienkontrollierten Großkonzerne ungebrochen, und sie sind weiterhin die entscheidenden Faktoren der koreanischen Wirtschaft. Vielleicht, weil von ihnen wie eh und je Südkoreas Export und Wohlstand abhängen, auch wenn vor allem junge Koreaner und linke Parteien dies ändern wollen.

Die Erfolge bis zur Asienkrise legten offen, dass wirtschaftspolitische Schwerpunkte sich im **Staatskapitalismus** erheblich leichter und schneller umsetzen lassen als bei strikter Trennung von Staat und Wirtschaft wie in westlichen Gesellschaften. In Südkorea zeigte sich allerdings die Tendenz, dass die Verflechtung zu stark war und die Konzerne sich auf ein staatliches Entgegenwirken im Falle ökonomischer Schwierigkeiten verließen und aufgrund der familiären Verflechtungen zu selbstherrlichen Entscheidungen neigten. Offen zutage trat dies erneut 2003, als sich herausstellte, dass das Gipfeltreffen zwischen Südkoreas Präsident Kim Dae-jung und Nordkoreas Führer Kim Jong-il im Jahr 2000 nur durch Zahlung von mehreren 100 Mio. US-$ an das nordkoreanische Regime zustande gekommen war. Initiiert hatte die Überweisungen eine Tochterfirma des Hyundai-Konzerns, deren Geschäftsführer sich nach der Aufdeckung des Skandals aus dem Hochhaus der Seouler Konzernzentrale zu Tode stürzte. Kim Dae-jung hatte bereits vorher für seine Sonnenscheinpolitik gegenüber dem nördlichen Nachbarn den Friedensnobelpreis erhalten.

Heute hat das Land nicht nur die Asienkrise gut verdaut, sondern auch die Auswirkungen der **Finanz- und Wirtschaftskrise 2008/09,** die das Land hart trafen und zu einer massiven Abwertung des Won geführt hatten. Bereits 2010 stiegen das Bruttoinlandsprodukt wieder um 6,1 % und der Export um über 28 %. Nach wie vor ist das Land in hohem Maß von den Weltmarktpreisen seiner Exportprodukte abhängig, aber die gute Infrastruktur, hohe Wachstumsraten und Subventionen locken Investoren nach Südkorea – trotz hoher Löhne im Vergleich mit China und anderen ostasiatischen Ländern.

Internationale Verflechtungen

Als eine der wichtigsten Industrienationen weltweit ist Südkorea in die Weltgemeinschaft gut integriert. Entscheidend für den Erfolg der überlebenswichtigen Exportindustrie ist der kontinuierliche Import von Ressourcen. Um die Lieferung der Rohstoffe für seine Hightechindustrie für die Zukunft abzusichern, unterzeichnete Südkorea in den letzten Jahren mehrere **Kooperationsabkommen,** u. a. mit Bolivien (Lithium), Australien (Kohle, Flüssigerdgas), Nigeria (Erdgas) und Kanada (Uran). Zudem gehört das Land seit 1991 zusammen mit Nordkorea den UN an, seit 1995 der WTO und seit 1996 der OECD. Zugleich verfolgt es den Abschluss von **Freihandelsabkommen.** Entsprechende Vereinbarungen sind mit Singapur, der EFTA, Chile, den ASEAN-Staaten und Indien in Kraft. 2011 kamen Abkommen mit den USA und der EU hinzu.

Weit über 90 % der Zölle werden durch die Abkommen zwischen den jeweiligen Staaten fallen, was aber in erster Linie für Industrieprodukte eine Rolle spielen wird. **Agrarzölle** sind meist von den Vereinbarungen ausgenommen, da sie die Versorgung der Bevölkerung mit eigenen Mitteln sicherstellen sollen. Im bergigen Südkorea lag der Preis für Reis 2005 beim Vierfachen des Weltmarktpreises, und die Regierung fürchtete, dass eine Öff-

Jaebol GmbH – die Industrieriesen Samsung, Hyundai & Co.

Südkoreas wirtschaftlicher Aufstieg ist eng verknüpft mit den Jaebol, gigantischen multinationalen Konzernen mit bis zu 50 und mehr Tochterunternehmen. Die größten Vertreter der Zunft sind auch in Deutschland wohlbekannt: Samsung, LG und Hyundai.

Samsung führt die Liste der *jaebol* 재벌 an, beschäftigt über 260 000 Mitarbeiter, sorgt für fast ein Fünftel des gesamten südkoreanischen Exports, zahlt gut 8 % der südkoreanischen Steuern und hatte 2010 mit 101 Mrd. Euro einen größeren Umsatz als das Bruttoinlandsprodukt Ungarns.

Südkoreas Wirtschaftsriesen sind Mischkonzerne, die wie Samsung vom Handy über Lebensversicherungen bis zum Öltanker fast sämtliche Produkte und Dienstleistungen anbieten. In Südkorea existiert ein gutes Dutzend großer *jaebol*, je nach Zählweise auch deutlich mehr. Die größten von ihnen entstanden zwischen dem Zweiten Weltkrieg und dem Koreakrieg und werden nach wie vor von den Gründerfamilien kontrolliert. Wichtige Entscheidungen können daher sehr schnell getroffen werden. Zudem weisen *jaebol* eine weitere Besonderheit auf: Sie sind eng mit der Regierung verflochten, deren Banken die Expansion der Konglomerate mit billigen Krediten förderten. Das wohlwollende Miteinander von Regierung und Familienunternehmen war das Erfolgsrezept in den 1960er- und 70er-Jahren, als Präsident Park Chung-hee die Industrialisierung des Landes mit eiserner Härte vorantrieb. Erst dadurch konnte sich ähnlich wie in Japan mit seinem einst alles beherrschenden Handelsministerium MITI eine Korea AG entwickeln, deren Unternehmen seit den 1990er-Jahren bis heute das Land zu einem der asiatischen Tiger machten.

Vor allem seit der Asienkrise 1997, an der *jaebol* mit einer großen Anzahl geplatzter Kredite erheblich beteiligt waren und die zum Konkurs von Daewoo führte, versuchte die koreanische Regierung, die Macht der Familienkonglomerate zurückzudrängen. Dazu gehörten die Verpflichtung zu einer transparenten Buchführung, um den Firmen die Möglichkeit zu nehmen, Verluste von Tochterunternehmen zu verstecken, Anti-Monopolgesetze und hohe Erbschaftssteuern. Letztere bezwecken, dass die Familien die Kontrolle über ihre Unternehmen nicht mehr vererben können, sondern das Management in die Hände professioneller und angestellter Manager geben. 2009 erließ die Regierung ein Gesetz für Fusionen und Übernahmen, um das Wachstum der *jaebol* zu begrenzen und besser überwachen zu können.

Trotz aller Maßnahmen zur Eindämmung ihrer Macht bleiben die *jaebol* auch weiterhin die entscheidende Größe der südkoreanischen Wirtschaft und sogar der Politik. 1998 zog Chung Mong-joon, Sohn des Hyundai-Gründers und in leitender Stellung im Unternehmen tätig, ins südkoreanische Parlament ein. Seit 2000 spielt dieselbe Firma eine Schlüsselrolle in der Annäherung von Nord- und Südkorea, für die der damalige Präsident Südkoreas, Kim Dae-jung, im Jahr 2000 sogar den Friedensnobelpreis erhielt. Erst nach Ende seiner Amtszeit wurde bekannt, dass Chung Ju-yung, Gründer und Übervater des Hyundai-Konzerns, hinter dem Engagement stand und das Tauwetter zwischen den Bruderstaaten mit riesigen illegalen Zahlungen an Nordkoreas Herrscher Kim Jong-il erst ermöglicht hatte. 2008 musste der Samsung-Chef Lee Kun-hee, Sohn des Firmengründers und laut Forbes reichster Südkoreaner, wegen Steuerhinterziehung und Korruption von seinem Amt zurücktreten, in das er jedoch im März 2010 nach seiner Begnadigung und der Zahlung einer Strafe von 62 Millionen Euro zurückkehrte.

Nicht erst seit solchen Skandalen schwindet das Ansehen der *jaebol*, die zwar in der Bevölkerung Anerkennung für die Schaffung von Arbeitsplätzen und den Exportüberschuss einheimsen, deren Führer aber wegen grassierender Korruption, des eisernen Griffes auf den Binnenmarkt und undurchsichtiger Kontakte zur politischen Elite kein hohes Ansehen in der Öffentlichkeit genießen. Obwohl Südkorea zu einem der weltgrößten Exporteure avancierte, spielen die Konzerne für die meisten Einwohner Südkoreas nur eine Nebenrolle – sie arbeiten in kleinen und mittelständischen Unternehmen, die über 80 % der Arbeitsplätze des Landes stellen.

Nachdem die Schwerindustrie bis in die 1980er-Jahre den Schwerpunkt des wirtschaftlichen Fortschritts bildete, hat sich das Bild in den letzten Jahren gewandelt. Nicht mehr die zentral geplanten und von der Regierung abgesegneten und finanzierten Investitionen sind die treibende Kraft der Entwicklung, sondern Marktorientierung und Elektronik rücken in den Mittelpunkt. Heute produzieren Samsung und LG HDTV-Geräte für den Weltmarkt und sind bei Mobiltelefonen zum zweit- bzw. drittgrößten Produzenten nach Nokia aufgerückt. Ein Ende des Erfolgs der südkoreanischen Wirtschaft ist nicht in Sicht – auch wenn die *jaebol* weiter an Einfluss verlieren werden.

Die *jaebol* betreiben auch die großen südkoreanischen Werften

nung der Grenzen zu starken Verwerfungen des Agrarsektors führen würde. Bis 2014 soll die Importquote für Reis daher auf 8 % angehoben werden und danach sogar vollständig fallen.

Beim **Export** hat sich das Land mit Flachbildschirmen, Mobiltelefonen, Automobilen, Halbleitern und Schiffen – Südkorea dominiert mit über 50 % Weltmarktanteil den Schiffbau – einen Namen gemacht. Haupthandelspartner des Landes sind China, Japan, die USA sowie die EU (insbesondere Deutschland).

Als Exportnation ist Südkorea längst auf der Weltkarte präsent, setzt inzwischen aber auch politisch und sozial Akzente. Es stellt mit Ban Ki-moon den derzeitigen UN-Generalsekretär, empfahl sich 2010 als Gastgeber des fünften OECD-Gipfels, war Gastgeberland der Olympischen Spiele 1988, der Fußballweltmeisterschaft 2002, der Expo 2012 (Yeosu) und wird 2018 in Pyeongchang die Olympischen Winterspiele ausrichten.

Soziales

Bei allen Großereignissen und Wirtschaftserfolgen wird schnell übersehen, dass auch Südkorea mit Problemen zu kämpfen hat, nicht zuletzt mit **Korruption,** die aus der südkoreanischen Politik und Wirtschaft keineswegs verbannt ist. 2009 stürzte sich Ex-Präsident Roh Moo-hyun in den Tod, nachdem offenkundig wurde, dass er in einen Korruptionsskandal verwickelt war. 2011 stand die gesamte K-League, Südkoreas Bundesliga, am Pranger, deren Spieler einzelne Spiele mit Wettbüros abgesprochen haben sollen. Transparency International stufte Südkorea 2010 auf Platz 39 des Korruptionsindex ein – Botswana und Puerto Rico standen beide sechs Plätze besser da. »Das ganze Land ist faulig«, fasste Präsident Lee Myung-bak die Situation im Juni 2011 zusammen.

Bei allem Filz ist Südkorea in ständiger Bewegung und wird jedes Jahr moderner: Das Land besitzt eine **Krankenversicherung** (1977), **Rentenversicherung** (1988), **Arbeitslosenversicherung** (1995) und seit 2008 auch eine **Pflegeversicherung.** Die monatliche **Mindestrente** lag 2010 bei ₩ 90 000, was wechselkursabhängig etwa € 65 entspricht, und das Rentenmaximum bei ₩ 700 000, etwa € 500. Davon kann niemand leben – außer vielleicht auf dem Land, aber nicht in Seoul oder Busan –, was Diskussionen über eine drohende **Altersarmut** nicht abreißen lässt. Koreanische Familien müssen also auch in Zukunft für ihre alten Verwandten sorgen.

Verbessert hat sich in den letzten Jahrzehnten die **Situation der Frauen** in Südkorea, deren Platz bis in die japanische Kolonialzeit und darüber hinaus im Haus war, wo sie zwar das Sagen hatten, aber auch die Pflicht, unermüdlich für das Wohlergehen der Familie und des Ehemannes sowie einen männlichen Erben zu sorgen. Im heutigen Südkorea haben viele Frauen eine hervorragende Ausbildung und sitzen beruflich fest im Sattel: Über 82 % aller jungen Frauen mit Abitur studieren, und 21 % der berufstätigen Frauen sind in Fach- oder Führungspositionen der freien Wirtschaft tätig (Quelle: Facts about Korea, 2011). Für viele Frauen endet die Unabhängigkeit jedoch mit der Heirat, denn dann ziehen sie sich aus dem Berufsleben zurück und konzentrieren sich auf das Muttersein und die Cheffunktion im Haus. Immer mehr gut ausgebildete Frauen mit hohem Einkommen gründen allerdings – ob gewollt oder ungewollt – keine Familie. Als Ergebnis hat Südkorea die niedrigste **Geburtenrate** weltweit und steht vor dem Problem einer rapide alternden Bevölkerung. Nach aktuellen Prognosen wird die Einwohnerzahl von heute 50 Mio. auf etwa 42 Mio. im Jahr 2050 schrumpfen. Mittelfristig wird die geringe Geburtenrate wie in anderen Industriestaaten zu Überalterung und Problemen bei der Finanzierung der Sozialsysteme führen.

Politik und Umwelt

Bis kurz vor der ersten koreanischen Megaveranstaltung, den Olympischen Spielen 1988 in Seoul, erlebte das Land eine Reihe von Militärdiktaturen, hat sich seit Ende der

1980er-Jahre jedoch stetig zu einer Demokratie entwickelt, die diesen Namen verdient. Von 1980 bis 1987 herrschte in Südkorea sogar Kriegsrecht mit entsprechend eingeschränkten Bürgerrechten. Insgesamt zahlte die südkoreanische Bevölkerung seit den 1950er-Jahren über drei Jahrzehnte lang einen hohen Preis für den wirtschaftlichen Quantensprung des Landes.

Das südkoreanische **Wirtschaftswunder,** das dem deutschen in nichts nachsteht, hat nicht unmaßgeblich dazu beigetragen, einen politischen Umschwung in Richtung mehr Freiheit einzuläuten. Auch die Teilung des Landes entlang des 38. Breitengrads hatte seine Parallele bis 1990 in Deutschland, und die Politik Südkoreas muss immer vor diesem Hintergrund gesehen werden. Heute ist das Land in fast allen Bereichen auf demselben Stand wie westliche Staaten, sofern man deren makroökonomische Daten als Maßstab des Begriffs Entwicklung heranzieht.

Die Verflechtung von Politik und Wirtschaft

Eine Besonderheit, die viele asiatische Staaten aufweisen, hat auch in Südkorea vom Anbeginn der Industrialisierung an Einzug gehalten: die als unkritisch gesehene Verflechtung von Politik und Wirtschaft. Bestes Beispiel dafür ist Südkoreas amtierender Präsident Lee Myung-bak. Er arbeitete fast drei Jahrzehnte für Hyundai, war Vorstandsvorsitzender von Hyundai Engineering and Construction, bevor er zunächst Oberbürgermeister von Seoul und dann Staatsoberhaupt wurde. Der Posten als Oberhaupt der Hauptstadt ist eine der mächtigsten politischen Positionen im Land und gilt als Vorstufe und Bewährungsprobe für weitere politische Ämter. Neben Lee wurde auch Seouls Ex-Bürgermeister Yun Bo-seon (1960–62) Präsident des Landes.

Im Oktober 2011 übernahm Park Wonsoon das Amt des Bürgermeisters, ein ehemaliger Aktivist und Anwalt für Menschenrechte, der sich als Bürger bezeichnet, erst 2012 einer Partei beitrat und offen für den Abzug der im Land stationierten US-Truppen eintritt, eine bislang als indiskutabel akzeptierte Tatsache. Park kritisierte offen Korruption, die Macht der *jaebol* und Präsident Lees Hardliner-Politik gegenüber Nordkorea. Sein Sieg markiert somit einen erneuten Umschwung in Südkoreas Politik, die in den letzten Jahre von der konservativen Großen Nationalpartei geprägt war.

Die Umwelt im Blick?

Die Politik in der Hauptstadt war immer ein Barometer für Trends und die politische Großwetterlage. Als Südkoreas Präsident Lee Myung-bak von 2002 bis 2006 Bürgermeister von Seoul war, initiierte er die Restaurierung des Cheonggye-Flusses (s. S. 129) sowie die Erweiterung des öffentlichen Nahverkehrs. Die Ankündigung der Vision **»Low Carbon, Green Growth«** durch Präsident Lee ist ein weiterer Schritt in Richtung eines nachhaltigen Wirtschaftskonzepts. Vorgesehen ist u. a. eine Erhöhung des Anteils erneuerbarer Energien an der Energieproduktion von gegenwärtig 2 % auf 11 % bis 2030 und auf 20 % bis 2050.

Von **Kernkraft** will Südkorea trotz des Reaktorunglücks in Fukushima (2011) nicht lassen. Zu den 21 Atomkraftwerken im Land, die 45 % der Elektrizität produzieren, sollen bis 2021 elf weitere hinzukommen und den Anteil auf über 55 % steigern. Damit sollen CO_2-Reduzierungen ermöglicht werden, denn obgleich Südkorea 1997 das Kyoto-Protokoll unterzeichnet hat, gehört es nicht zu den Annex-1-Ländern, ist also nicht zu CO_2-Senkungen verpflichtet. Da unklar ist, wie das Protokoll ab 2013 weitergeführt wird, hat Südkorea ein (freiwilliges) **CO_2-Reduktionsziel** angekündigt, das bis 2020 die Senkung der Treibhausemissionen um 4 % gegenüber 2005 vorsieht. Um seinen Anspruch als ›grünes Industrieland‹ zu unterstreichen, verabschiedete das Land 2009 in seinem **Fünf-Jahres-Plan** ehrgeizige Umweltziele und will 2 % seines Bruttoinlandprodukts in nachhaltige Technologien investieren. Dazu gehört bei aller Atomkrafteuphorie der Ausbau erneuerbarer Energien. So eröffnete 2011 am Sihwa-See, 40 km südwestlich von Seoul, das weltgrößte Gezeitenkraftwerk, dem bis 2015 zwei noch größere Gezeitenkraftwerke folgen sollen.

Schönheit made in Südkorea

Südkorea ist weltweit eines der führenden Länder für Schönheitschirurgie. Weiße Haut, ovale Gesichter und Kulleraugen gelten in Asien als Schönheitsideale und haben dem Geschäft mit der plastischen Chirurgie zu einem Boom verholfen.

Als im Februar 2007 eine 20+ Jahre alte Chinesin an Shanghais internationalem Flughafen Pudong aus Südkorea eintraf, erlebte sie eine Überraschung: Obwohl alle ihre Papiere in Ordnung waren, ließen die Behörden sie nicht in ihr Heimatland. Was war geschehen? Die Chinesin hatte sich in Südkorea einer Gesichtsoperation unterzogen und war bei einem Vergleich mit ihrem Passfoto vom Grenzbeamten nicht wiedererkannt worden. So groß war der Unterschied, dass der Beamte sogar von einem gefälschten Pass ausging. Erst nach einer Identifizierung durch ihre Eltern durfte sie einreisen.

Während sich Frauen in den USA und Europa erst ab 40 unters Messer legen, um gegen Falten und Speckröllchen zu kämpfen, sind Gesichtsoperationen in Südkorea und anderen wohlhabenden asiatischen Staaten bereits für Frauen in ihren 20ern üblich. Nach einer Studie der International Society of Aesthetic Plastic Surgery (www.isaps.org) von 2009 liegt Südkorea an erster Stelle, was die Anzahl an Schönheitsoperationen bezogen auf die Einwohnerzahl angeht. Immerhin 74 von 10 000 Einwohnern unterziehen sich einer derartigen Prozedur, Nr. 2 ist Brasilien mit 55 Operationen auf 10 000 Einwohner. Die Zahlen wären noch höher, wenn ausschließlich junge Erwachsene aus dem Zentrum Seouls in die Statistik eingehen würden – dasselbe gilt für Rio de Janeiro, San Francisco oder Taipei.

Es ist der fast mystische Wunsch nach Schönheit, der die Frauen in die Kliniken treibt. Leiden und Schmerzen sind hoffähig geworden und gehören einfach dazu, wenn es um das eigene Wohlbefinden geht. Die Früchte lassen sich später ernten: ein gutaussehender Partner, ein zufriedener Lebensstil und ein besser bezahlter und angesehener Job werden mit dem besseren Aussehen verbunden. Kurz: Südkoreaner glauben, dass physische Schönheit gleichbedeutend ist mit Glück.

Was treibt Frauen in ihren besten Jahren zu teuren Operationen ohne Schönheitsgarantie? Lotosfüße in China oder die Giraffenhalsfrauen im Nordosten Thailands waren nur einige Beispiele für den Hang zur Selbstverstümmelung in Asien, wenn es um die eigene Optik ging. Entscheidend dürfte in jüngerer Vergangenheit der Einfluss der Medien sein: die konstante Bombardierung mit den perfekten Körpern Hollywoods, den Werbeschönheiten und Mannequins in Hochglanzmagazinen. Diesem ständigen Vergleich mit den eigenen Unzulänglichkeiten sind die wenigsten Frauen in den Boomstaaten Asiens gewachsen. Dazu kommt der soziale Druck in der konservativen koreanischen Gesellschaft: Wer mit 30 noch nicht unter der Haube ist, gilt bereits als hoffnungsloser Fall.

Die Nachfrage hat es mit sich gebracht, dass kosmetische Eingriffe in Südkorea überall und zu niedrigen Preisen erhältlich sind. Verglichen mit Japan sind die Operationen um ein Drittel günstiger. Am populärsten sind Augenoperationen, bei denen schläfrig aussehende Augen vergrößert werden, Nasenoperationen und Verschlankungen des Gesichts, damit dieses ›westlicher‹, d. h. nicht so rund wie die traditionell breiten koreanischen Gesichter erscheint. Die Nachfrage nach Botox, Lasern und Injektionsnadeln ist hoch, nicht zuletzt wegen des hervorragenden Rufs der koreanischen Chirurgen, der sich bis nach China herumgesprochen hat. Angeblich sollen gut ein Drittel aller Schönheitspatienten in Südkoreas Hauptstadt aus dem Reich der Mitte kommen – Tendenz steigend, denn mit dem wachsenden Wohlstand in China steigen auch die finanziellen Möglichkeiten und Ansprüche an das eigene Aussehen.

Der Trend, dem Schicksal mit ein paar Spritzen und Schnitten auf die Sprünge zu helfen, wird auch in Zukunft anhalten, denn viele Eingriffe sind standardisiert, auch wenn die Risiken keineswegs bei null liegen. Narben, Infektionen oder die Gefahr, dass das Ergebnis nicht den Wünschen entspricht, bleiben immer. Abschreckende Beispiele wie die gespenstische Metamorphose der US-Societydame Jocelyn Wildenstein, die mit 4 Mio. US-Dollar und diversen Operationen zu einem Monster mutierte, oder die OPs eines Michael Jackson, die aus seinem Gesicht einen Alptraum machten, haben wenig geholfen, vorsichtiger bei der Wahl und Anzahl der Eingriffe zu sein. Zudem wird von den meisten Frauen vergessen, dass Schönheitschirurgie nur außen wirkt. Keiner der Ärzte ist zugleich Psychologe – eine Behandlung, die bei vielen Patientinnen eher zu den gewünschten Resultaten führen könnte.

Großflächige Werbung für Schönheitsoperationen in Südkorea

Geschichte

Koreas Geschichte ist wegen seiner strategischen Lage bestimmt von Invasionen aus China im Norden und Japan im Osten. Allein im 20. Jh. erlebte das Land zunächst Unabhängigkeit, die Besetzung durch Japan, den Koreakrieg, die Teilung, Militärdiktatur und schließlich – in Südkorea – eine Demokratie und innerhalb weniger Jahrzehnte den Aufstieg zu einer der größten Wirtschaftsmächte weltweit.

Die Anfänge

Auch wenn die genauen Anfänge Koreas unklar sind, zeigen Ausgrabungen im äußersten Nordosten der koreanischen Halbinsel, dass Menschen bereits vor etwa 500 000 Jahren dort lebten, wenngleich nicht viel über diese Zeit bekannt ist. Die Vorfahren der heutigen Koreaner haben eine kürzere Geschichte, als die Knochenfunde aus der Steinzeit vermuten lassen. Die ersten Versionen koreanischer Kultur und auch Sprache (deren genetische Klassifizierung umstritten ist) gehen auf Einwanderer aus Zentralasien zurück, die erstmals um 8000 v. Chr. in bescheidener Zahl nach Süden wanderten. Ganze Familien wurden nicht nur auf der Halbinsel sesshaft, sondern auch in Japan, das damals noch eine Landverbindung mit Korea besaß. Größeren Einfluss hatten erst die nachfolgenden Einwanderungswellen.

Erstes kulturelles Zeugnis für die Entwicklung des Landes war die ab 6000 v. Chr. einsetzende Töpferei, deren Erzeugnisse noch heute beeindruckende Beispiele früher Kunst in Asien sind. Die Geschichtsschreibung Koreas beginnt mit einem Mythos: 2333 v. Chr. soll Dangun das Königreich **Go-Joseon,** Alt-Joseon, das von der koreanischen Halbinsel bis in weite Teile Nordostchinas reichte, gegründet haben. Die ersten Belege für die Existenz dieses Königreichs gehen in das 7. Jh. v. Chr. zurück. Der mythische Gründungskönig Dangun, so heißt es, war Sohn eines Gottes und einer menschlichen Frau. Nach seiner Thronbesteigung soll er Pjöngjang, heute Hauptstadt Nordkoreas, erbaut und für nicht weniger als 1500 Jahre die Geschicke des Landes geleitet haben. Bis heute gilt er als Urvater der Nation – sowohl Nord- als auch Südkoreas. Sein Einfluss ist noch so groß, dass Nordkorea nach diesem ersten Königreich Joseon (in alter Umschrift Chosŏn) heißt, während Südkorea sich Hanguk nennt, ein Name aus dem 19. Jh. Joseon bedeutet so viel wie Morgenfrische oder Morgenstille, und entsprechend wird Korea häufig Land der Morgenstille genannt.

In die Zeit des mythischen Herrschers Dangun fällt auch die historische **Mumun-Periode** (1500–300 v. Chr.), eine Zeit, in der die koreanischen Megalithgräber, die Dolmen, entstanden.

Im Jahr 108 v. Chr. bezwang Chinas **Han-Dynastie** Go-Joseon, kontrollierte anschließend das Gebiet vom Han-Fluss bis in die Mandschurei und installierte vier Kommandanturen, die Korea für kurze Zeit zu einer Kolonie des östlichen Nachbarn machten. Im Norden des chinesischen Einflussgebiets entwickelte sich der koreanische Nachfolgestaat **Goguryeo,** der rasch drei der chinesischen Kommandanturen besiegte, 313 n. Chr. den letzten chinesischen Militärposten zerstörte und damit die koreanische Herrschaft über das einstige Gebiet Go-Joseons zurückgewann. Auch wenn die erste chinesische Kontrolle über weite Gebiete Koreas kurz war und die Kommandanturen vor allem militärische Aufgaben hatten, war der kulturelle Einfluss Chinas groß: Chinesische Schrift, Technologie und Verwaltung haben ihre Spuren bis heute hinterlassen.

Die Drei Königreiche

Ab 57 v. Chr., noch teilweise unter chinesischer Herrschaft, begann auf der koreanischen Halbinsel die Periode der Reiche Goguryeo, Baekje und Silla – die **Zeit der Drei Königreiche** Koreas. Nachdem 313 die Chinesen aus ganz Korea vertrieben waren, kontrollierten diese drei mächtigen Reiche bis ins 7. Jh. ganz Korea sowie Teile des heutigen Nordostchina. Die Grenzen zwischen den einzelnen Reichen änderten sich kontinuierlich. Zwischen Baekje und Silla existierte sogar ein weiteres Reich, **Kaya,** das jedoch nie die Stärke seiner Nachbarn erreichte. In die Zeit der Drei Königreiche fällt auch die Einführung des **Buddhismus** in Korea.

Baekje hatte großen Einfluss auf Japan, denn es brachte die chinesische Kultur – gewürzt mit starker koreanischer Note – ins Inselreich und war damit dessen erster Lehrmeister.

Das größte und mächtigste der Reiche war jedoch **Goguryeo** (37 v. Chr.–668 n. Chr.), welches das gegenwärtige Nordkorea, Teile der Mandschurei und weite Gebiete der heutigen Provinz Gangwon-do beherrschte. Im Norden lag es jedoch im ständigen Konflikt mit China, sodass Goguryeo 427 n. Chr. seine Hauptstadt nach Süden verlagerte, nach Pjöngjang. Schon zuvor hatte Goguryeo die Chinesen aus Korea vertrieben – um den Preis zweier neuer Fronten: Die besiegte chinesische Kommandantur an der heutigen nord- und südkoreanischen Grenze hatte bis dahin als Puffer zwischen Goguryeo und den kleineren, südlichen Reichen Baekje und Silla gedient. Beide Kleinreiche suchten daher Allianzen, um gegen den mächtigen Nachbarn zu bestehen.

Die **Silla** fanden diese in der Tang-Dynastie Chinas, und obwohl das Reich das kleinste Territorium der drei Reiche besaß und über Jahrhunderte das friedfertigste war, führte der Druck durch die beiden Nachbarn und marodierende japanische Piraten zum Aufbau einer schlagkräftigen Armee. Dabei profitierte es von der inneren Zerrissenheit der Nachbarn sowie den *hwarang,* einer Führungsschicht junger Männer, die in besonderen Korps ihre militärische und geistige Erziehung genossen. Silla eroberte 660 zunächst Baekje und 668 auch Goguryeo. Das Jahr 668 ist das berühmte Datum, das die Vereinigung Koreas markiert, zu einem Reich, dessen Grenzen bis 1945 fast unverändert blieben.

Das Vereinte Silla

Die in China regierende Tang-Dynastie hatte sich aus gutem Grund mit den Silla-Herrschern verbündet, denn sie hatte ein Auge auf die koreanische Halbinsel geworfen und etablierte nach dem Sieg Militärkommandos in Korea. Mit dem Zusammenschluss des gesamten Gebiets unter der Krone Sillas blühte die buddhistische Kultur auf. Die vereinte koreanische Halbinsel begann, sich militärisch aus der Abhängigkeit von China zu lösen, um den Preis, dass große Teile der Mandschurei nach der Invasion Sillas durch China im Jahr 674 an China verlorengingen. Über 250 Jahre beherrschte Silla ein Territorium, das die drei Königreiche sowie alle Stämme zu einem Volk vereinigte und der Halbinsel eine erste gemeinsame kulturelle Identität gab. Treiber für die Vereinigung waren die Könige **Taejong Muyeol** (602–661), sein Sohn **Munmu** und vor allem General **Kim Yu-shin** (595–673), der beiden Herren diente und als einer der größten Generäle der koreanischen Geschichte gilt. Sein Grab befindet sich in Gyeongju.

Silla und China

Trotz der Vertreibung der Chinesen aus Korea profitierte die Halbinsel weiter stark von ihrem technologisch und kulturell überlegenen Nachbarn. Tatsächlich liegen die Herrschaft des Vereinten Silla (668–935) sowie der Tang-Dynastie (618-906) zeitlich eng beieinander, und das Vereinte Silla verstand es, den Tang-Begehrlichkeiten zu widerstehen und die nationale Eigenständigkeit zu bewahren.

735 akzeptierte China schließlich die Unabhängigkeit Koreas. Viele Mönche reisten ins Land der Mitte, um **Buddhismus** und **chinesische Kultur** zu studieren. Die gute Beziehung zu China hatte starken Einfluss auf die Verwaltung des Landes, die nach chinesischem Vorbild aufgebaut wurde. Nicht nur die chinesische Sprache kam dadurch nach Korea, deren Schriftzeichen noch heute weit verbreitet sind, sondern auch ein Herrschaftssystem, das auf der uneingeschränkten Macht des Königs fußte. Eintritt in Regierung und Verwaltung des Landes basierten auf Geburt und nicht auf Fähigkeiten. Durch die Vereinigung unter den Silla konnte sich eine homogene Kultur entwickeln, und Korea erlebte einen kulturellen Höhepunkt, der immer noch in und um die einstige Hauptstadt Gyeongju zu finden ist – zu Zeiten der Vereinten Silla eine der großen Metropolen Asiens.

Der Niedergang Sillas

Jedem Aufstieg folgt der Fall, und auch im Reich der Silla begann es zu rumoren. Im 9. Jh. wurde die Unzufriedenheit der von Macht und Wohlstand Ausgeschlossenen immer größer, während die herrschende Klasse abgehobener wurde. Aufstände brachen aus, und die Situation schlug in eine Fast-Anarchie um, in der Privatunternehmer den Handel mit China und Japan und rivalisierende Stammesfürsten die ländlichen Distrikte kontrollierten. Aufgrund dieser Schwäche des Regimes herrschte in der Spätphase Sillas ein derartiges Chaos, dass sich in einer Zeit von 150 Jahren 20 Könige an der Macht ablösten. Doch all dies half nichts, das Ende der Vereinten Silla war unausweichlich, und als 918 Wang Geon die anderen Warlords besiegte und Gyeongsun, Sillas letzter König (reg. 927–935), seine Souveränität auf die neuen Machthaber übertrug, war der Weg frei für eine neue Dynastie, die Goryeo-Dynastie.

Die Goryeo-Dynastie

Im neuen Reich Goryeo (918–1392), aus dem sich der heutige Name Korea ableitet, ging auch das nördlich des Silla-Territoriums gelegene Reich Barhae auf. Die Grenzen dieses vereinigten Goryeo-Reichs veränderten sich in den folgendenden Jahrhunderten kaum und formen bis heute das Staatsgebiet Koreas.

Die Dynastie hatte von Anfang an viel vor. Die **Verwaltung** des Landes wurde umstrukturiert: mit einem König an der Spitze und einem Amtsadel. Durch die Besetzung politischer Spitzenpositionen mit Personen aus allen Regionen der Halbinsel gelang es, erstmals eine nationale Identität zu schaffen. Der **Buddhismus** wurde Staatsreligion mit starkem Einfluss auf die gesamte Gesellschaft. Gerade gegründet, sah sich das Reich ständigen Anfechtungen durch das im Norden angrenzende Liao-Reich der Kitan ausgesetzt, was im 10. und 11. Jh. zu Kriegen mit dem Nachbarn führte. Erst der Abschluss eines Friedensvertrags und enge diplomatische Beziehungen mit China brachten dem Land eine längere Friedens- und Wohlstandsperiode. In dieser Zeit veranlasste König Hyeongjong die Herstellung der **»Tripitaka Koreana«**, eine aus über 81 000 Holzdruckstöcken bestehende koreanische Version der buddhistischen Texte, die 1251 fertiggestellt war. Übrigens wurde der Druck mit beweglichen Lettern in Asien (China und Korea) bereits gut 200 Jahre vor Johannes Gutenberg erfunden.

Adel versus Militär

Im Laufe der Zeit erwies sich die Goryeo-Dynastie jedoch als ebenso dekadent und arrogant wie das Reich der Silla, mit dem Unterschied, dass die Bürokratie nicht mehr mit verdienten Kriegern, sondern mit Literati besetzt wurde, gut ausgebildeten Aristokraten, die nach chinesischem Vorbild ein striktes Prüfungssystem für den Eintritt in den Staatsdienst etablierten. Desillusionierte Armeeführer planten einen Staatsstreich, stürzten 1170 den König, errichteten eine **Militärherrschaft** und setzten einen Marionettenherrscher ein.

Im Haeinsa werden die Holzdruckstöcke der »Tripitaka Koreana« gehütet

Die Mongolen und das Ende der Goryeo-Dynastie

Bereits 1231 hatten die Mongolen unter Ögedei Khan (1186/89–1241), einem Sohn Dschingis Khans, aus dem Norden ständig die Halbinsel angegriffen. Das Königshaus flüchtete auf die Insel Gangwha, musste jedoch 1259 vor den überlegenen Mongolen kapitulieren, deren Einflussgebiet im 13. Jh. bis nach Europa reichte und die damit den größten Teil der damals bekannten Welt beherrschten. Zwar blieb der König sicher vor den Eroberern, doch diese errichteten einen **Vasallenstaat** mit einem koreanischen Marionettenkönig, dessen Söhne in Beijing als Geiseln festgehalten wurden. Von Korea aus versuchten die Mongolen 1274 und 1281 Japan zu annektieren, scheiterten aber trotz der erzwungenen Teilnahme vieler Koreaner.

Unter der übermächtigen Herrschaft der Mongolen brach die politische Ordnung nicht nur in Korea zusammen, sondern auch in Japan hinterließ die Mongoleninvasion starke Spuren und ein Machtvakuum. **Japanische Piraten** trieben ihr Unwesen bis vor die koreanische Küste, und die immer größer werdenden Probleme führten schließlich zum Fall der Goryeo-Dynastie.

Allerdings überlebte Goryeo noch für einige Zeit, da die chinesische Ming-Dynastie (1368–1644) die Mongolen aus dem Reich der Mitte vertrieb und während dieser Kämpfe große mongolische Truppenverbände in China gebunden waren. Um der Lage Herr zu werden, entsandte Goryeos König General **Yi Seong-gye,** um sowohl die japanischen Piraten als auch die mongolischen Invasoren zu vertreiben. Seine Siege nutzte der General zur Festigung der eigenen Macht, setzte den König ab und schwang sich zum neuen Führer Koreas auf. Nach über 200 Jahren erhielt Korea wieder einen unabhängigen König, denn Yi Seong-gye errichtete 1392 die am längsten herrschende und letzte Dynastie Koreas – die Joseon.

Die Joseon-Dynastie

Als König **Taejo** machte General Yi Seong-gye 1394 die Stadt Hanyang, das heutige Seoul, zur neuen Hauptstadt der neu gegründeten Joseon-Dynastie (1392–1910) und propagierte den **Konfuzianismus** als Religion. Loyalität zum Land und Respekt gegenüber Familie und Ahnen galten fortan als wichtige

Eckpfeiler des Staates. Der Konfuzianismus bildet bis heute das moralische Fundament Koreas. Unter dem neuen Regime blühte Korea erneut auf, und Yis Familie wurde eine der am längsten regierenden Monarchien weltweit. Eine der nachhaltigsten Entwicklungen war das **koreanische Alphabet Hangeul,** 1446 vom beliebten König Sejong (1397–1450) initiiert. Das neue Schriftsystem war wesentlich einfacher als die bis dahin verwendeten chinesischen Schriftzeichen, was zum immensen Anstieg der Alphabetisierung beitrug.

Für 200 Jahre erlebte Korea Frieden und beschäftigte sich mit sich selbst, von einigen Aufständen und wenigen Scharmützeln mit den Japanern vor der Küste abgesehen.

Koreas Kampf gegen Eroberer

1592 war es vorbei mit den ruhigen Zeiten, denn **Japan** begann unter dem Feldherrn Toyotomi Hideyoshi auf seinem Weg zur Eroberung Chinas einen Feldzug gegen Korea. Innerhalb von zwei Wochen eroberte Japan die Hauptstadt Hanyang und erreichte wenige Wochen später Pjöngjang. Korea hatte den Japanern wenig entgegenzusetzen und wurde regelrecht überrannt. Viele Koreaner kamen um oder wurden nach Japan verschleppt, vor allem Töpfer. Ihnen ist der heutige Ruhm japanischer Keramikmanufakturen zu verdanken. Der sogenannte **Imjin-Krieg** führte zu schweren Zerstörungen, wie sie das Land erst im 20 Jh. wieder erleben sollte.

Koreas Rettung war seine Marine. Admiral **Yi Sun-sin,** Koreas berühmtester Militärführer, hatte die ersten gepanzerten Kriegsschiffe der Geschichte erfunden, flache und auf dem Oberdeck metallgepanzerte Galeeren, nach ihrem Aussehen Schildkrötenschiffe genannt. Die Schiffe waren extrem wendig und den japanischen Booten überlegen, sodass Admiral Yi damit die japanischen Nachschublinien unterbrechen konnte und zahlreiche Schlachten gegen zahlenmäßig weit überlegene Flotten gewann. 1598 starb Koreas Kriegsheld in einer Seeschlacht und konnte nicht mehr miterleben, wie die Japaner mit Unterstützung Chinas noch im selben Jahr zurückgeschlagen wurden.

Drei Jahrzehnte nach dem Imjin-Krieg sah sich Korea mit einem weiteren Eroberungsversuch konfrontiert. Diesmal waren es die **Mandschuren** aus dem Norden, die zunächst China und 1627 auch Korea vereinnahmten. Korea musste fortan Tribut an die neuen Herrscher zahlen, dafür mischten diese sich nicht in die inneren Angelegenheiten des Landes ein. Die Mandschuren eroberten 1644 China und herrschten als Qing-Dynastie bis 1911 im Reich der Mitte.

Die Zeit der Abschottung

Das Joseon-Reich zog die Konsequenz aus den Invasionen: Es brach nahezu jeden Kontakt mit dem Ausland ab. Nur mit China und Japan bestand weiterhin ein loser Austausch. Dies trug dem Land den Namen **Hermit Kingdom** ein – Einsiedlerkönigreich. Die selbstgewählte Abschottung sollte bis ins 19. Jh. bestehen bleiben. Im Westen blieb das Land daher weitgehend unbekannt. Westliche Ideen sickerten nur spärlich ins Land.

Die ersten Zeugen des koreanischen *way of life* waren Schiffbrüchige der niederländischen **Ostindien-Kompagnie,** die im 17. Jh. an der Küste strandeten. Zu ihnen zählte auch Hendrik Hamel (1630–92), der 13 Jahre (1653–66) in Korea verbrachte, bevor er mit sieben Kameraden nach Japan und von dort in die Niederlande fliehen konnte. Hamel schrieb das erste Buch eines Westlers über das Land der Morgenstille.

Ernstzunehmenden Kontakt mit dem Ausland hatte Korea erst wieder nach über 200 Jahren. 1866 segelte das US-amerikanische Kanonenboot **USS General Sherman** den Taedong flussaufwärts nach Pjöngjang. Seine Besatzung nahm, nachdem der koreanische König Schiff und Mannschaft des Landes verwiesen hatte, den Gouverneur der Stadt gefangen. Als daraufhin die aufgebrachte Bevölkerung das Schiff in Brand setzte, kam dessen gesamte Mannschaft ums Leben. Weitere Kontaktversuche folgten, namentlich Frankreichs, der USA und Japans – alle ohne Erfolg.

Daneben gab es Verbindungen zu einzelnen **katholischen Priestern,** die im Land lebten, deren Glaube jedoch nicht toleriert wurde.

Erst im 19. Jh. fand der neue Glaube in Korea Akzeptanz. Besonders in Pjöngjang zeugten Anfang des 20. Jh. über 100 Kirchen von der Bedeutung des **Christentums.** Etwa ein Drittel der Gesamtbevölkerung waren Christen.

Allmähliche Öffnung

In der zweiten Hälfte des 19. Jh. begann die Isolation Koreas zu bröckeln. 1871 sandten die USA fünf Kriegsschiffe nach Korea, bekannt als **Shinmiyangyo-Expedition,** um mit der Halbinsel ein Handelsabkommen abzuschließen und den Verbleib der USS General Sherman aufzuklären. Obwohl die Mission friedlich war, eskalierte die Situation, und die US-Truppen zerstörten mit Leichtigkeit mehrere Forts der Koreaner. Trotzdem verließen die Amerikaner Korea unverrichteter Dinge.

Vor allem China trat nun für eine Öffnung des Landes ein. 1875 zwang Japan das Land zu einem Handelsabkommen, und Japan war es auch, das 1882 zuerst diplomatische Beziehungen zu Korea aufnahm. Großbritannien, das Deutsche Reich, Frankreich, Italien und Russland folgten kurz darauf. Als Japan 1894/95 den **Chinesisch-japanischen Krieg** gewann, gelangte Korea zunehmend in den Griff seines östlichen Nachbarn.

1897 gründete König Gojong das **Kaiserreich Korea,** letzter Herrschaftsabschnitt der Joseon-Dynastie, der bis 1910 Bestand haben sollte. Korea wurde immer mehr zum Spielball der Mächte Japan, USA und China.

Japanische Besatzung

Mit dem ›Boxeraufstand‹ in China (1900) traten zudem die **europäischen Mächte** auf den Plan. Acht Staaten (Deutsches Reich, Frankreich, Großbritannien, Italien, Japan, Österreich-Ungarn, Russland und die USA) entsandten Truppen nach China, um den Aufstand gegen den westlichen Einfluss niederzuschlagen. Russland marschierte in die Mandschurei ein und baute zur Verbesserung seiner Logistik – und damit auch der Truppenbewegung – die Transsibirische Eisenbahn von Moskau bis ans Ostmeer. Diese Provokation ließ sich Japan nicht gefallen, und es kam 1904/05 zum **Japanisch-russischen Krieg,** den Japan zum Erstaunen westlicher Beobachter für sich entschied. China hatte bereits zuvor im ›Boxeraufstand‹ ein weiteres Mal gegen ausländische Truppen verloren, die mandschurische Qing-Dynastie wankte bedenklich, und das Land driftete immer mehr in einen Bürgerkrieg. Damit waren China und Russland ausgeschaltet und Japan zur dominanten Macht in Asien aufgestiegen, die nun die Annexion Koreas vorantrieb.

Korea als japanische Kolonie

Im **Taft-Katsura-Memorandum** von 1905 verständigten sich Japan und die USA auf eine Interessenteilung: Im Austausch für eine mögliche Kolonialisierung Koreas sollten die Philippinen in den Einflussbereich der USA fallen. Im selben Jahr schloss Japan den **Eulsa-Vertrag** mit dem koreanischen Kaiserreich, durch den Korea seine diplomatische Souveränität verlor und zu einem **Protektorat Japans** wurde. 1910 passierte das Unvermeidliche: Japan erzwang die Abdankung des koreanischen Kaisers und gliederte die Halbinsel, ohne einen einzigen Schuss abzugeben, in sein Reich ein. Damit war Korea offiziell eine **Kolonie** des japanischen Kaiserreichs, die es für 35 Jahre bleiben sollte.

Korea akzeptierte seine Kolonialisierung keineswegs. Nach dem Tod Kaiser Gojongs brach zunächst in Seoul und dann im ganzen Land ein **Aufstand** aus, der am 1. März 1919 in einer Unabhängigkeitserklärung gipfelte. Japans Truppen schlugen zurück, und Tausende Koreaner wurden getötet oder verletzt. Trotzdem änderte Japan seine Politik und löste den Bann auf koreanische Zeitungen und Radio. Auch das Bildungssystem wurde reformiert, wodurch die Alphabetisierung deutlich stieg.

Nach erneuten **Unruhen** 1929 zog die japanische Besatzung die Zügel wieder an und schränkte die freie Meinungsäußerung ein. In Shanghai wurde eine **koreanische Exilregierung** gegründet, die den Widerstand gegen Japan koordinierte. In den 1930er-Jahren passte Japan seine Koreapolitik an seine neue Strategie an. Industrialisierung stand nun im

Vordergrund, zum einen, um Ruhe im Land einkehren zu lassen, zum anderen, um seine geplante Expansion in Asien industriell zu untermauern. Nach der Mandschurei-Krise besetzte Japan 1932 die Mandschurei und installierte den Marionettenstaat Mandschukuo, offiziell geführt von Kaiser Pu Yi (1906–67), dem früheren und letzten Kaiser Chinas.

1937 setzte Japan seine Eroberungen fort und attackierte China. Als sich das Land auch noch mit den USA anlegte und 1941 Pearl Harbor überfiel, wendete sich das Blatt. Bis dahin hatte Japan die Daumenschrauben in Korea immer weiter angezogen und versuchte die Identität seiner Kolonie zu zerstören, was seinen Höhepunkt darin erreichte, dass die Koreaner einen **Treueschwur** auf den japanischen Kaiser ablegen und 1939 sogar zwangsweise ihre koreanischen Namen gegen japanische tauschen mussten.

Zwischen den Interessenssphären

Am 15. August 1945 kapitulierte Japan im Zweiten Weltkrieg, was auch das **Ende der Besetzung** Koreas bedeutete. Sowohl Nord- als auch Südkorea feiern diesen Tag heute als **Unabhängigkeitstag.** Die Freude war jedoch nur von kurzer Dauer, denn nur wenige Tage später wurde die Halbinsel erstes Opfer des Kalten Krieges: Wie unter den Allierten zuvor vereinbart, besetzte die Sowjetunion den Nordteil des Landes, während im Süden die USA die Regierungsgeschäfte übernahmen. Damit war Korea weiterhin besetzt und zudem in zwei Interessenssphären mit unterschiedlichen politischen Systemen geteilt.

Zwei Koreas

Mit der Teilung Koreas entlang des 38. Breitengrads war der Grundstein für eine der größten menschlichen Tragödien nach 1945 gelegt. Zwischen Zweitem Weltkrieg und Vietnamkrieg schaffte es die erneute Besetzung des Landes durch zwei rivalisierende Weltmächte nur kurz auf den Radar der Weltöffentlichkeit und bleibt wie der anschließende Koreakrieg geschichtlich bis heute weitgehend ›vergessen‹. Dabei sollte die Teilung nach der Vorstellung beider Supermächte nur von kurzer Dauer sein. Nichts hält allerdings so lange wie ein Provisorium, und so blieben die US-sowjetischen Verhandlungen über die Zukunft Koreas 1946 (in Pjöngjang) und 1947 (in Seoul) ergebnislos und die Wiedervereinigung bloße Theorie.

Republik Korea und Demokratische Republik Korea

1947 erließen die Vereinten Nationen eine Resolution, die freie Wahlen für ein vereintes Korea sowie den Abzug aller ausländischen Truppen forderte. Nordkorea, dominiert von der Sowjetunion, widersetzte sich der Resolution aus dem einfachen Grund, dass wegen der ungleichen Bevölkerungsverteilung (Südkorea hatte doppelt so viele Einwohner wie Nordkorea) der nordkoreanische Kandidat Kim Il-sung chancenlos gewesen wäre.

Ein Jahr später fanden die Wahlen daher nur in Südkorea statt. **Rhee Syngman** gewann. Am 15. August 1948 rief er als Präsident die **Republik Korea** aus, das heutige Südkorea, von der UN (damals) als einzig legitime Regierung Koreas anerkannt. Der Norden folgte umgehend und gründete wenige Wochen später – unterstützt von der VR China und der UdSSR – die **Demokratische Volksrepublik Korea** unter Führung von **Kim Il-sung,** einem kommunistischen Veteran der ersten Stunde. Beide Seiten nahmen für sich in Anspruch, einzige Vertreter des koreanischen Volkes zu sein und dies auch mit Waffengewalt durchzusetzen. Die USA zogen ihre Truppen ab und folgten damit den Sowjets, die bereits vorher das Land verlassen hatten.

Der Koreakrieg

Friede unter geteiltem Himmel kehrte damit jedoch nicht ein, und nach mehreren Grenzzwischenfällen überquerte der Norden am 25. Juni 1950 den 38. Breitengrad. Stalin und Mao hatten ihre Unterstützung zugesagt und Flugzeuge und Panzer geschickt. Ohne US-amerikanische Hilfe waren die Südkoreaner den gut ausgerüsteten Truppen des Nordens

Noch immer kein Friedensvertrag

deutlich unterlegen. In einer eilig einberufenen Sitzung – von der vetoberechtigten Sowjetunion boykottiert – beschloss die UN eine Intervention zugunsten Südkoreas. 53 Staaten sandten Waffen, medizinische Hilfe, Versorgungsnachschub und 16 Nationen sogar Truppen, die meisten kamen aus den USA.

Dem Norden gelangen zunächst immense Landgewinne, was sich mit der Landung General MacArthurs änderte, der die Nordkoreaner bis an die chinesische Grenze zurückwarf. Als daraufhin China über 1 Mio. Soldaten zur Stärkung der nordkoreanischen Truppen schickte, mussten die UN-Soldaten zurückweichen. Am 27. Juli 1953 einigten sich beide Seiten auf einen **Waffenstillstand** entlang des 38. Breitengrads. Ein Friedensvertrag wurde nicht unterzeichnet, sodass sich die beiden Staaten bis heute offiziell im Kriegszustand befinden. Verlierer waren die Koreaner selbst: Ohne Landgewinne für eines der beiden Koreas blieb ein Land in Ruinen zurück.

Südkorea heute

Mit dem Ende des Koreakriegs befand sich das Land in einem ähnlichen Zustand wie Nachkriegsdeutschland: geteilt und weitgehend zerstört. Doch wie das alte Westdeutschland erlebte Südkorea ein **Wirtschaftswunder,** verwandelte sich in einen der Tigerstaaten Ostasiens. Das Pro-Kopf-Einkommen stieg von weniger als 100 US-$ 1963 auf über 21 000 US-$ 2007, aber erst Mitte der 1970er-Jahre überholte Südkoreas Wirtschaft die seines nördlichen Bruders. Wesentlichen Anteil an dem Aufstieg hatten die *jaebeol* wie Samsung oder Hyundai (s. Thema S. 24). Allerdings erlebte das Land seit Kriegsende fünf wesentliche Verfassungsänderungen, autoritäre Regimes, Militärdiktaturen und zehn Präsidenten, von denen die meisten unter zweifelhaften Umständen an die Macht kamen und alle am Ende in Ungnade fielen. Die zerfahrene politische Situation und ein Militärputsch führten zu Unruhen, die 1980 im **Gwangju-Massaker** (s. Thema S. 292) brutal niedergeschlagen wurden.

In dieser Situation war es erstaunlich, dass Südkorea 1981 den Zuschlag für die Olympischen Spiele 1988 in Seoul erhielt. Seit dieser Zeit hat sich viel verändert im Land: 1987 gab es die ersten freien Wahlen, 1991 trat Südkorea den Vereinten Nationen bei und stellt seit 2007 sogar deren Generalsekretär. Die ›Sonnenscheinpolitik‹ mit Nordkorea ab 1998 brachte dem damaligen Präsidenten **Kim Dae-jung** sogar den Friedensnobelpreis ein. Seit der Fußballweltmeisterschaft 2002 in Südkorea und Japan ist das Land voll in die Weltgemeinschaft integriert.

Zeittafel

6000 v. Chr.	Erste Töpferarbeiten in Korea
2333 v. Chr.	Legendäre Gründung des Königreichs Go-Joseon
1500–300 v. Chr.	Mumun-Periode, Errichtung von Megalithgräbern (Dolmen)
108 v. Chr.	Eroberung des Landes durch die chinesische Han-Dynastie
57 v.–688 n. Chr.	Zeit der Drei Königreiche: Goguryeo, Baekje und Silla. Vertreibung der Chinesen, Einführung des Buddhismus. Die Grenzen Koreas bleiben bis 1945 weitgehend unverändert.
668–935	Königreich des Vereinten Silla mit der Hauptstadt Gyeongju, enge Verbindung zu China. Korea entwickelt eine kulturelle Identität.
918–1392	Goryeo-Dynastie: Umgestaltung der Verwaltung und kulturelle Blüte. Im 13. Jh. entsteht die »Tripitaka Koreana«. 1231 fallen die Mongolen in die Halbinsel ein. Korea kapituliert 1259.
1392–1910	General Yi Seong-gye gründet die Joseon-Dynastie und etabliert den Konfuzianismus.
1446	König Sejong lässt das koreanische Alphabet Hangeul entwickeln und beschleunigt dadurch die Alphabetisierung.
1592–1598	Imjin-Kriege: Japan dringt weit in koreanisches Territorium vor. Admiral Yi Sun-sin kann den Angriff letztlich erfolgreich abwehren.
1627	Die Mandschuren erobern China und Korea. Korea schottet sich vom Ausland ab (›Einsiedlerkönigreich‹).
1866	Die USS General Sherman erreicht Pjöngjang: einer der ersten ausländischen Kontakte Koreas nach über 200 Jahren Isolation.
ab 1882	Zunehmende Öffnung, u. a. diplomatische Beziehungen zu Großbritannien, dem Deutschen Reich und Russland
1895–1945	Korea im Griff Japans: Nach dem Sieg Japans im chinesisch-japanischen Krieg wird Korea 1910 japanische Kolonie. Unruhen (Unabhängigkeitserklärung, 1. März 1919) werden blutig niedergeschlagen. Mit Japans Kapitulation im Zweiten Weltkrieg endet die Kolonialzeit.

Gründung der Demokratischen Volksrepublik Korea (Nordkorea) und der Republik Korea (Südkorea). Die Verfassung Südkoreas tritt am 17. Juli in Kraft.	**1948**
Nordkorea startet mit Hilfe Russlands und Chinas die Invasion Südkoreas. Beginn des Koreakriegs. UN-Truppen unterstützen Südkorea.	**1950**
Waffenstillstandsabkommen zwischen beiden Koreas. Grenzlinie ist wie vor dem Krieg der 38. Breitengrad.	**1953**
Präsident Park Chung-hee ändert die Verfassung und fokussiert die Wirtschaftsentwicklung.	**1973**
Die Demokratiebewegung wird brutal niedergeschlagen (Gwangju-Massaker).	**1980**
Liberalisierung: erste freie Wahlen in Südkorea, Präsident wird Roh Tae-woo. 1988 finden in Seoul die Olympischen Spiele statt, 1991 wird Südkorea Mitglied der Vereinten Nationen.	**ab 1987**
Rapides Wirtschaftswachstum. Zwei ehemalige Präsidenten stehen wegen Korruption vor Gericht und müssen ins Gefängnis.	**1996**
›Sonnenscheinpolitik‹ gegenüber Nordkorea durch Südkoreas Präsidenten Kim Dae-jung	**ab 1998**
Fußballweltmeisterschaft in Südkorea und Japan	**2002**
Nordkorea kündigt den Atomwaffensperrvertrag; es folgen Sechs-Parteien-Gespräche (Nord-, Südkorea, China, Japan, Russland, USA).	**2003**
Die Weltwirtschaftskrise trifft Korea hart. Ex-Präsident Roh Moo-hyun begeht nach Korruptionsanklage Selbstmord.	**2009**
Das südkoreanische Kriegsschiff Cheonan wird von einem nordkoreanischen Torpedo versenkt. Verstimmungen zwischen den Koreas.	**2010**
Nordkoreas Staatschef Kim Jong-il stirbt, Nachfolger wird sein Sohn Kim Jong-un.	**2011**
Expo 2012 in Yeosu	**2012**

Gesellschaft und Alltagskultur

Südkorea ist eines der homogensten Länder der Erde – keine ethnischen Minderheiten, eine einheitliche Sprache und eine über Jahrtausende gereifte Geschichte. Im Glauben aber zeigt sich Vielfalt – Buddhismus, Konfuzianismus und Christentum sind präsent. Und trotz seines modernen Gesichts als Hightech-Land hält Südkorea an seinen Traditionen fest, feiert seine traditionellen Feste.

Philosophie und Religionen in Korea

Korea hat eine lange und wechselvolle Religionsgeschichte, begonnen mit dem Schamanismus, der jedoch früh vom Buddhismus und später Konfuzianismus überformt und abgelöst wurde. Auch wenn das Land häufig mit dem Buddhismus in Verbindung gebracht wird, hat das Christentum mehr Anhänger. Nach den Philippinen ist Korea in Asien das Land mit dem höchsten Bevölkerungsanteil an Christen – Tendenz steigend.

Schamanismus

Bis der Buddhismus in der Goryeo-Zeit als Staatsreligion anerkannt wurde, kam dem Schamanismus diese Rolle zu. Er war in der Adelskultur des frühen Korea verankert, ja der König selbst galt als Schamane. Schamanen vermitteln zwischen Menschen und Geistern, der irdischen und den himmlischen Sphären, können, so die Vorstellung, zwischen den Sphären spirituell hin- und herreisen. Daran erinnern z. B. die Goldkronen, die in Königsgräbern verschiedener koreanischer Epochen gefunden wurden. Auf ihnen finden sich Motive wie Baum, Berg oder Vogel – alle drei sind Bindeglieder oder Mittler zwischen den Sphären.

Nachdem Buddhismus, Konfuzianismus und auch der Daoismus in Korea Fuß gefasst hatten, verlor der Schamanismus bei Hofe und in der Aristokratie an Einfluss, wurde zu einer volkstümlichen Religion. Noch heute zieht man bei wichtigen Entscheidungen oft einen Schamanen bzw. eine Schamanin zu Rate. Um die Unterstützung der Geister zu erbitten, gibt es vielfältige Rituale, die mit Hilfe dieser Vermittler durchgeführt werden. **Gesang und Tanz der koreanischen Schamanen** zählen zum Immateriellen Kulturerbe der Menschheit.

Buddhismus

Der Buddhismus kam im 1. Jh. über Indien zunächst nach China und von dort durch chinesische Mönche nach Korea, verbreitete sich jedoch erst ab dem 4. Jh. auch in der Bevölkerung, dann allerdings rasant. In der Zeit der Drei Königreiche und des Vereinten Silla war er bereits die dominante Religion in Korea. Seinen Höhepunkt aber erlebte der Buddhismus während der Goryeo-Dynastie, als die Herrscher die Klöster großzügig unterstützten und auch die »Tripitaka Koreana« entstand, ein Abdruck buddhistischer Texte.

Ziel des Buddhismus ist die Erlösung aller Lebewesen aus dem leidvollen Kreislauf der Wiedergeburten. Der Buddhismus geht zurück auf **Siddhartha Gautama** (563–483 v. Chr., nach einer neueren Chronologie 115 Jahre später), einen vom Reichtum desillusionierten Prinzen, der seine Familie verließ, um sich der Spiritualität zu widmen, und seine Erleuchtung durch Meditation erreichte. Fortan galt er als Buddha (der Erwachte oder Erleuchtete), dessen Lehren von seinen Anhängern erst Jahrzehnte nach seinem Tod niedergeschrieben wurden. Diese besagen im Kern, dass alles Leben Leiden ist, angefangen von der Geburt über Krankheiten und Altersschwäche bis zum Tod. Dieses Leiden kann erst überwunden werden nach dem Abschwur von allen irdischen Gütern und Begierden. Wer dieses Stadium erreicht hat, ist im Nirvana angekommen, nach den Reden Buddhas der Zustand völliger Befreiung von Gier, Zorn, Ignoranz und anderen Fesseln der menschlichen Existenz. In dieser Phase ist der ewige Zyklus der Wiedergeburten unterbrochen, und der Erwachte tritt ins endgültige Nirvana ein. Damit hat der Buddhismus dem Konfuzianismus und Daoismus eines voraus: Er befasste sich nicht nur mit dem weltlichen Leben, sondern erklärte auch, was nach dem Tod passiert und wie dem Leiden ein Ende gesetzt werden kann.

Der Buddhismus teilt sich in zwei Hauptrichtungen. Die älteste ist der **Hinayana-Buddhismus** (Kleines Fahrzeug), der die Erlösung des Einzelnen nur aus eigener Kraft als möglich erachtet. Die zweite Richtung, der **Mahayana-Buddhismus** (Großes Fahrzeug), der in China, Tibet, Japan und Korea verbreitet ist, kennt die Bodhisattva, Erleuchtungswesen, die auf den Eintritt ins endgültige Nirvana verzichten, um andere Wesen auf dem Weg der Erleuchtung zu unterstützen. Im Lauf der Jahrhunderte entwickelten sich verschiedene buddhistische Schulen, zu deren bekanntesten der chinesische **Chan-Buddhismus** zählt, geläufiger unter seinem japanischen Namen Zen (korean. *seon* 선).

In der ersten Hälfte des 20. Jh. gelangte der koreanische unter den Einfluss des **japanischen Buddhismus** und seiner zahlreichen Schulen, und erst nach der Befreiung 1945 lebten die koreanische Varianten wieder auf, vor allem die koreanische Ausprägung des Chan, *seon*. Sie erlebt heute wieder einen starken Zulauf aus der Bevölkerung – als Oase der Ruhe und Flucht aus dem hektischen Alltag.

Konfuzianismus

Der Konfuzianismus ist streng genommen keine Religion, sondern eine Philosophie, hatte aber zusammen mit dem Buddhismus den stärksten Einfluss auf die koreanische Kultur. Sein Aufstieg begann während der Joseon-Dynastie, als er wichtiger Teil der Staatsdoktrin wurde. Er basiert auf den Gedanken des chinesischen Philosophen **Konfuzius** (551–479 v. Chr.; Kongzi/Kongfuzi=Meister Kong), der im chinesischen Staat Lu (heute Provinz Shandong) lebte. Konfuzius wuchs im China der Östlichen Zhou-Dynastie (770–256 v. Chr.) auf, die geprägt war von einem Kaiserhaus, das seine Macht an Stammesfürsten verloren hatte, die ihr Herrschaftsgebiet durch Kriege und Fehden versuchten zu vergrößern. In diesen chaotischen Zeiten sehnte sich der in kleinadeligen Verhältnissen aufgewachsene Konfuzius nach Harmonie und Loyalität. Seine Lehre war daher eine Antwort auf viele Jahrhunderte Krieg und zielte auf eine Gesellschaftsordnung, welche die Beziehungen der Menschen untereinander stabilisiert und das Individuum diesem System unterordnet. Nach seiner Ansicht war dies durch strikte Hierarchien, Disziplin und starke Familienbande möglich. Seine Botschaft: »Erst die Gemeinschaft, dann der Einzelne.« Da seine Ideen dem Herrschenden neben Rechten auch Pflichten auferlegte, war er im China der damaligen Zeit nicht überall wohlgelitten. So musste sich der Gelehrte Konfuzius, der als Regierungsbeamter versuchte, seinen Lebensunterhalt zu verdienen, laufend neue Posten suchen. Zu Lebzeiten bekleidete er nur unbedeutende Positionen, hatte wenige Schüler und zog ab seinem 50. Lebensjahr erfolglos durch die Provinzen Chinas, um seine Lehre zu verkünden. Schriftlich niedergelegt hat er seine Philosophie nie. Sie erschließt sich uns heute etwa aus den »Lunyu», den überlieferten Gesprächen zwischen ihm und seinen Schülern. Sein Nachfolger im Geiste, **Menzius** (Mengzi; 372–289 v. Chr.), entwickelte die Philosophie des Konfuzius weiter.

Konfuzius' Prinzipien bilden bis heute das moralische Grundkonzept Koreas. Bis zur Besetzung durch Japan 1910 galt der Kaiser als unantastbarer Kopf der Staatsfamilie, unterstützt von einer konfuzianischen Gelehrtenschicht, in die jeder (theoretisch) durch eine Prüfung aufgenommen werden konnte.

Rotgekleidete Mädchen tanzen bei einer Zeremonie zu Ehren Konfuzius' in einer Seouler Universität

Heute hat der Konfuzianismus im täglichen Leben viel von seiner einstigen Bedeutung verloren, insbesondere durch die zunehmende Verwestlichung Koreas, obgleich Traditionen und Verhalten noch immer tief in der koreanischen Kultur verwurzelt sind.

Christentum

Das Christentum gelangte im 18. Jh. durch **Missionare** nach Korea und breitete sich dann durch koreanische Intellektuelle im ganzen Land aus. Der Erfolg des Katholizismus war den Herrschenden nicht geheuer, und so wurde der Glaube verboten bis zur Religionsfreiheit 1882. Seitdem kamen mehr protestantische Missionare als katholische Priester nach Korea, besonders nach dem Zweiten Weltkrieg, als Südkorea ein enges Bündnis mit den USA einging und das Christentum einen beispiellosen Aufstieg erlebte. In der modernen Geschichte Koreas nahm das Christentum die Rolle des Vermittlers zur westlichen Zivilisation und Industrialisierung wahr. Mit seiner langen Abgeschlossenheit von der Welt, der fehlenden Kolonialisierung durch europäische Mächte und der erst späten Einführung des Glaubens ist Korea ein Spezialfall, wenn nicht eher ein Zufall, der christlichen Kirche.

Von Beginn der Missionierung an war das koreanische Christentum gut organisiert; heute bezeichnen sich ca. 29 % der Südkoreaner als Christen. Vor dem Koreakrieg 1950–53 waren es in Nordkorea sogar über ein Drittel der Bevölkerung. 1984 feierte die katholische Kirche Südkoreas ihren 200. Geburtstag mit einem Besuch Papst Johannes Pauls II.

Der Erfolg des Christentums zeigt sich nicht nur in der Zahl der Anhänger, sondern auch in den Kirchen, die meist riesige Betonkathedralen sind. Die Gemeinde auf Yeouido in Seoul hat die größte Anzahl an Christen weltweit – offiziell zählt sie über 170 Geistliche und über 700 000 Anhänger (english.fgtv.com).

Kultur und Etikette

Der lange Arm des Konfuzius reicht bis ins 21. Jh., was für Asien im Allgemeinen und Korea im Besonderen bedeutet: klare soziale

Hierarchien mit Tendenz zum Patriarchismus, Gruppe vor Einzelnem, Harmoniebedürfnis bis zur Problemverdrängung und unbedingte Gesichtswahrung. So weit, so klischeehaft.

In der Joseon-Dynastie (1392–1910) war Konfuzius' Weltanschauung prägend für das Land und positiv gesehen eine Ordnungslehre, die das Zusammenleben der Menschen stabilisieren sollte. Gewollt oder nicht – Konfuzius' Lehre hielt sich trotz Christentum und Verwestlichung bis heute. Das Ich ist dabei Nebensache, Koreaner fühlen sich daher in der Gruppe wohler denn als Einzelkämpfer.

Gibun

Der Stabilisation des Zusammenlebens dient auch das koreanische *gibun*-Prinzip: emotionales **Gleichgewicht** und die **Gesichtswahrung** unter allen Umständen. Diese in Asien häufig anzutreffende Verhaltensregel – keine Brüskierung, insbesondere vor anderen – ist grundlegend für Korea, und peinliche Situationen, verursacht durch den ›Barbaren aus dem Westen‹, werden durch Lächeln entkrampft und das Thema dann meist wieder (von einem Koreaner) in sicheres Fahrwasser gebracht. Selbst wenn ein Autofahrer einen Fußgänger fast überfahren hat und dann lediglich das Fenster kurz herunterkurbelt, wird man höchstens ein breites Lächeln sehen – Koreanisch für »Tut mir leid« und Geste der Verlegenheit. Erwarten sollte man trotzdem nicht, von einem Rempler in der U-Bahn angelächelt zu werden oder für das Aufhalten einer Tür ein freundliches Lachen zu erhalten.

Der soziale Status

Was sich bereits in der Sprache durch verschiedene Höflichkeitsformeln ausdrückt, spielt bei den Verhaltensweisen eine mindestens ebenso wichtige Rolle: der soziale Status. Alter, Bekanntheitsgrad der Firma, Position im Unternehmen, Wohnviertel und Prestige der Universität bestimmen, wer oben und wer unten angesiedelt ist. Diese Eckpunkte werden versucht, zügig abzufragen, damit Unklarheiten gar nicht erst aufkommen und die Tiefe der Verbeugung sowie das Sprachprotokoll entsprechend angepasst werden können. Wundern Sie sich also nicht über Fragen zu Ihrem Alter und Einkommen; dies dient einzig der sozialen Einstufung, da sich Koreaner ohne ›Schubladen‹ schwertun – und sind wir ehrlich, auch bei uns ist die Zuordnung zu einer sozialen Schicht wichtig (»Was machen Sie beruflich?«, »Welches Auto fahren Sie?«). Westler, vor allem aus wohlhabenden Staaten, sind von Respektbekundungen und Hierarchieregeln meist ausgenommen. Selbst nach Jahren im Land werden Langnasen als Nicht-Koreaner immer als Ausländer gelten – selbst wenn sie fließend Koreanisch sprechen.

Fragen der Etikette

Die Liste der feinen kulturellen Unterschiede zwischen Europa und Korea ist so lang, wie das *hangeul*-Alphabet kurz ist, zumindest zwei Eigenarten stechen jedoch hervor. **Nr. 1:** Schuhe werden in Häusern, Apartments und Restaurants ausgezogen, bevor man sich im Schneidersitz an die Tische setzt. Man sollte also vorab für eine gepflegte Socken-/Fuß-Kombination sorgen.

Nr. 2 betrifft aus koreanischer Sicht die westliche Unsitte, sich voller Inbrunst die Nase zu schnäuzen, und das vor allem beim Essen. Dies ist bei den scharfen koreanischen Gerichten zwar nicht zu unterdrücken, aber dennoch unter allen Umständen zu vermeiden. Lieber tupft man die Nase oder geht bei unüberbrückbarem Drang auf die Toilette. Von diesen beiden Regeln sind auch Westler nicht ausgenommen, denen ansonsten selbst grobes Fehlverhalten nachgesehen wird und die für jeden Versuch gelobt werden, der Ansätze einer Anpassung an koreanische Sitten und Rituale offenbart. So wird jeder Koreareisende mindestens einmal für seine handwerklichen Künste mit Stäbchen gelobt werden – dies gilt selbst für Langnasen, die schon Jahre im Land leben.

Bildung und Erziehung

Der **Pisa-Test 2009** brachte es an den Tag: Die Bildungssysteme innerhalb des ›Konfuzius-Zirkels‹ – China, Singapur, Japan, Hong-

Aufstieg und Fall eines wissenschaftlichen Superstars

Liebling der Nation, Star der Klonforschung, Wunderknabe und Erlöser – die Superlative für den Genforscher Hwang Woo-suk konnten überschwänglicher nicht sein. 2004 und 2005 überschlugen sich die Schlagzeilen für den Südkoreaner, selbst der Nobelpreis schien in greifbarer Nähe. Das Ende kam zum Jahreswechsel 2005/2006, als die dunkle Seite des wissenschaftlichen Megastars ans Licht kam.

Begonnen hatte alles im März 2004 mit einem Artikel in der Zeitschrift Science, einem der renommiertesten Wissenschaftsmagazine weltweit, in dem Hwang große Fortschritte in der Stammzellenforschung bekannt gab. Die Ergebnisse elektrisierten die Welt und machten aus dem Seouler Professor einen Weltstar der Wissenschaft und einen Nationalheld in seiner Heimat. Plötzlich gab es Briefmarken mit ihm, und Korean Air schenkte ihm einen lebenslangen Freiflugschein – 1. Klasse natürlich.

Zu diesem Zeitpunkt war Hwang bereits als Experte für das Klonen von Tieren bekannt. Neu war in dem Science-Artikel jedoch, dass ihm dies auch mit menschlichen Zellen gelungen war. Vor seiner Veröffentlichung war die wissenschaftliche Welt davon ausgegangen, dass Primatenstammzellen zu komplex seien, um jemals erfolgreich kopiert zu werden. Hwang hingegen erklärte, er und sein Team hätten erstmals menschliche Zellen geklont. Der ansonsten so zurückhaltende Wissenschaftsbetrieb war entzückt und sah bereits die Behandlung von Alzheimer, Diabetes und Arthritis in greifbarer Nähe.

Der zweite Paukenschlag folgte 2005 mit einem weiteren Klon-Experiment, das im Juni des gleichen Jahres ebenfalls in Science erschien. Die Studie war sogar noch spektakulärer als die Arbeit von 2004. Der eigentliche Erfolg war nun nicht mehr die Stammzellengewinnung, sondern die hohe ›Rendite‹ an geklonten Stammzellen, die erheblich besser war als die Ausbeute bei dem 1996 ›hergestellten‹ Klon-Schaf Dolly.

Dass seine Versuche auch mit Säugetieren funktionieren, belegte Hwang im August 2005 in seiner dritten bahnbrechenden Arbeit. In Nature, einem Wissenschaftsmagazin von gleichem Kaliber wie Science, stellte er den Klon-Hund Snuppy (Seoul National University Puppy) vor.

Der Erfolg mit Snuppy brachte den Forscher wenig später tatsächlich auf den Hund: Die anschließenden Recherchen eines südkoreanischen Journalisten führten zu wachsenden Zweifeln am Mythos Hwang. Von nun an ging es steil bergab mit Südkoreas bekanntestem Forscher. Eine Untersuchungskommission der Regierung brachte zutage, was niemand für möglich gehalten hatte: Seine Erfolge mit menschlichen Klon-Stammzellen waren allesamt erfunden. Im endgültigen Bericht der Ermittler vom Januar 2006 hieß es, dass einzig der weltweit erste Klon-Hund Snuppy echt sei. Fortan galt Hwang als Fälscher und Veruntreuer von Forschungsgeldern. Zudem gab Hwang im Oktober 2006 zu, mit der russischen Mafia kollaboriert zu haben, um so an Gewebeproben von Mammuts zu gelangen. So unglaublich es klingen mag, aber Hwang wollte diese ausgestorbene Tierart durch Klonen aufer-

Thema

stehen lassen, scheiterte jedoch mit seiner Vision eines koreanischen Jurassic Park.

Mit seinen Fälschungen – insbesondere der angeblichen Gewinnung von Stammzellen aus geklonten menschlichen Zellen – ist Hwang einer der größten Betrüger der Wissenschaftsgeschichte, vielleicht nur überboten von dem Biologen Trofim Lyssenko, der jahrzehntelang die gesamte sowjetische Biologie und Stalin an der Nase herumführte, sowie Jan Hendrik Schön, der 2002 einen der aufsehenerregendsten Betrugsfälle in der physikalischen Forschung auslöste. Der Skandal überschattete jedoch die tatsächlichen Erfolge des Forschers: Mit viel Geschick schaffte er als Erster das erfolgreiche Klonen eines Hundes, was unter Forschern als extrem kompliziert gilt. Sein wahres Meisterstück hatte Hwang jedoch schlicht übersehen. Ohne es selbst zu bemerken, war ihm offenbar eine ›Jungfernzeugung‹ gelungen, denn ihm war erstmalig in der Welt gelungen, Zellen ohne Befruchtung oder Kerntransfer wachsen zu lassen. All dies half ihm letztlich wenig: Er wurde seiner Ämter an der Universität enthoben, er erhielt eine 18-monatige Haftstrafe auf Bewährung und seine Pensionsansprüche wurden gekürzt.

Vom Klonen konnte der einstige King of Cloning trotzdem nicht lassen. Im Februar 2011 wurde bekannt, dass er Libyen besucht hatte, um am Bau eines 100-Mio.-€-Forschungsinstituts zur Stammzellenforschung mitzuwirken. Noch im selben Monat brach der Bürgerkrieg in dem nordafrikanischen Land aus. Mit etwas Gottesfurcht könnte man dies als Fügung des Schicksals verstehen, denn Hwangs Klon-Projekt an menschlichen Eizellen musste daraufhin auf unbekannte Zeit verschoben werden.

Hwang Woo-suk beim Verlassen des Seouler Gerichts nach seinem Schuldspruch

kong und eben Südkorea – erreichten Bestnoten und ließen die westlichen Systeme blass aussehen. Deutschland und Österreich erreichten in keiner der drei Testdisziplinen Mathematik, Naturwissenschaften und Leseverständnis einen Platz unter den ersten Zehn. Der Erfolg des kleinen Landes in Ostasien ist noch denkwürdiger, wenn man bedenkt, dass Südkorea noch vor einer Generation das Entwicklungsniveau Afghanistans hatte. Das Land der Dichter und Denker im Mittelfeld und Südkoreas Sprösslinge auf den vorderen Rängen – was macht das Bildungssystem Südkoreas so erfolgreich?

Das **Schulsystem** besteht aus drei Abschnitten: sechs Jahre Grundschule, drei Jahre Mittelschule und drei Jahre Oberstufe. Da der anschließende Zugang zur Universität einzig davon abhängt, wie die Pennäler in den letzten Schuljahren abschneiden, beginnt spätestens in der Oberstufe die ›Prüfungshölle‹, eine rigide, mechanische Paukerei von Fakten.

Bereits während der Joseon-Zeit (1392–1910) galt das schwierige Staatsexamen als Eintrittsvoraussetzung in den sicheren Regierungsdienst – allerdings nur für die sowieso schon privilegierte Elite des Landes. Heute ist der Stress bereits Voraussetzung für den Eintritt in die koreanische Mittelklasse. Der Drill gilt dem Ziel, es auf eine der drei Spitzenhochschulen des Landes in Seoul zu schaffen: Seoul National University, Korea University und Yonsei University. Absolventen dieser Unis können sich ihren Job aussuchen.

Um dies zu erreichen, setzen koreanische Eltern ihren Nachwuchs unter hohen **Leistungsdruck** und verordnen ihm einen Tagesablauf, der dem eines Vorstandsvorsitzenden nahekommt, denn sie wissen: ohne gute Noten keine Immatrikulation in einer der Top-Universitäten. Und ohne den Abschluss an einer renommierten Hochschule sind die Chancen bei einem der bekannten Konzerne, Beratungsunternehmen oder einer der bekannten Kanzleien gleich null. Für die Schüler bedeutet dies enormen Konkurrenzdruck. Nicht nur in der Schule ist alles auf Tests, Lernen und Examen ausgerichtet, sondern nach der Schule geht es mit Nachhilfe weiter, um die hohen Anforderungen in Englisch oder Mathematik zu meistern. Für Freunde und sich selbst bleibt da nicht viel Zeit.

Der harte Schulalltag überschattet das gesamte Leben der Kinder und hinterlässt seine Spuren. So sind Koreas Schüler bei Pisa Weltspitze und treiben später die Wirtschaft des Landes zu Höchstleistungen. Eine Studie der Yonsei-Universität offenbarte 2011 jedoch auch, dass sie die unglücklichsten Jugendlichen in den OECD-Ländern sind – und zwar mit weitem Abstand. Eine weitere Kehrseite ist die hohe Selbstmordrate unter Schülern. Alles hat eben zwei Seiten, und eines gilt nicht nur in Südkorea: Die Fähigkeit, im Leben und Beruf erfolgreich zu sein und seinen Weg zu finden, lässt sich an keiner Schule oder Universität erlernen oder prüfen.

Koreanisch – (k)eine Sprachwelt für sich?

Sowenig Nord- und Südkorea heute politisch und wirtschaftlich gemeinsam haben und sowenig sie miteinander sprechen – sprachlich gibt es zwischen beiden Ländern keine Schwierigkeiten. Ein Seouler kann sich problemlos mit einem Pjöngjanger in Koreanisch verständigen, auch wenn die Gelegenheit dazu aufgrund des aktuellen politischen Klimas kaum gegeben ist.

Verständnisschwierigkeiten haben dagegen **Sprachwissenschaftler,** denn Koreanisch ist für sie ein tiefes Rätsel. Je nach Forscher gehört Koreanisch ebenso wie Mongolisch und Türkisch zur altaischen Sprachfamilie, andere Wissenschaftler halten sie für eine isolierte Sprache. Trotz vieler chinesischer Schriftzeichen im koreanischen Alltag ist eine Verwandtschaft mit dem Chinesischen ausgeschlossen, da durch die enge Beziehung zum Reich der Mitte zwar über 60 % der koreanischen Wörter von dort übernommen wurden, die Sprachen ansonsten aber keine Gemeinsamkeiten haben. Heute ließe sich vermuten, dass auch eine Verwandtschaft mit Englisch besteht, da zahlreiche Worte nach Korea einsickerten und als Lehnworte verwendet werden oder ›verkoreanischt‹ wurden, wie *njus* (뉴스 = *news*/Nachrichten, Neuigkeiten). Mit diesen neuen Begriffen werden Nordkoreaner – sollte es je zu einer Wiedervereinigung kommen – ihre Schwierigkeiten haben.

Für gut 78 Mio. Menschen ist Koreanisch heute Muttersprache: Neben den 50 Mio. Südkoreanern und 24 Mio. Nordkoreanern leben koreanische Minderheiten in China, USA, Japan und Russland.

Auch wenn die Basisform eines koreanischen Satzes dem simplen Schema Subjekt-Objekt-Verb folgt, hat die Sprache einige Merkmale, die sie von den meisten anderen Sprachen unterscheidet. Dazu gehören die für Ausländer schwierig zu erlernenden **Höflichkeitsformen,** die sich nicht in einem schlichten Sie oder Du ausdrücken, sondern in sieben Stufen, die sich in den Verb-Endungen zeigen. Je nach Endung wird eine andere Formalitätshierarchie erreicht. Kompliziert, so wird der nur mit europäischen Sprachen vertraute Koreareisende denken. Glücklicherweise wird von keinem Ausländer erwartet, die exakt richtige Formel zu verwenden.

Zur asiatischen Eigenart, eher in Gruppen als in Individuen zu denken, gehört auch die koreanische Variante, in einem Satz gerne die Nennung der eigenen Person zu vermeiden. Man wird daher kaum hören »Ich habe Hunger«, sondern »Der Magen ist leer«, und aus »Ich habe keine Zeit« wird «Zeit ist nicht vorhanden«.

Koreanisch als Schriftsprache

Bescheidenheit beim Sprechen mag eine Tugend der Koreaner sein, für König Sejong gehörte das Wort nicht zum Vokabular, denn er schuf gleich ein eigenes Schreibsystem für Koreanisch, das die chinesischen Schriftzeichen ersetzen sollte. 1446 ließ er **Hangeul** 한글 entwickeln, die von Linguisten hoch gelobte koreanische Schrift, die aus 24 Buchstaben besteht – 14 Konsonanten und zehn Vokalen. Die einzelnen Buchstaben werden zu Silben zusammengefasst, und jede Silbe passt für sich in ein imaginäres Quadrat.

Mit seinen wenigen Buchstaben ist *hangeul* einfach zu erlernen; als Aussprachehilfe führte

14 Konsonanten		**10 Vokale**	
ㄱ	g	ㅏ	a
ㄴ	n	ㅓ	eo
ㄷ	d	ㅗ	o
ㄹ	l/r	ㅜ	u
ㅁ	m	ㅡ	eu
ㅂ	b	ㅣ	i
ㅅ	s	ㅑ	ya
ㅇ	-/ng	ㅕ	yeo
ㅈ	j	ㅛ	yo
ㅊ	c	ㅠ	yu
ㅋ	k		
ㅌ	t		
ㅍ	p		
ㅎ	h		

Korea eine Transkription in lateinischer Schrift ein, die auf der McCune-Reischauer-Romanisierung von 1937 beruht. 2000 wurde diese angepasst, sodass das ehemals komplexe Schreibsystem aus lateinischen Buchstaben mit Apostrophen, Umlautpunkten und Betonungsbögen um alle nicht zum Buchstabenalphabet gehörenden Symbole bereinigt wurde. Texte werden wie in europäischen Sprachen von links nach rechts verfasst und gelesen.

So setzt sich das Wort *hanguk* (한국, Korea) aus den Silben bzw. ›Quadraten‹ *han* 한 und *guk* 국 zusammen. Dabei besteht die erste Silbe *han* aus den Buchstaben ㅎ, ㅏ und ㄴ und die zweite Silbe *guk* aus ㄱ, ㅜ sowie ㄱ, jeweils von links nach rechts bzw. von oben nach unten geschrieben. Ganz so einfach ist es allerdings nicht immer, denn es gibt auch zusammengesetzte Konsonanten oder Buchstaben, die ihre Aussprache je nach Stellung ändern, wie der geneigte Leser am obigen Beispiel bemerkt haben wird (aus ㄱ wird am Wortende k statt g).

Dennoch: Zumindest die Schriftsprache ist also in kurzer Zeit beherrschbar. Bei der Einführung von *hangeul* im 15. Jh. sagte König Sejong, dass das Alphabet für einen klugen Kopf an einem Morgen und selbst für ein einfaches Gemüt in zehn Tagen erlernbar sei. Selbst Mathematiker sind von der Logik der Wortbildung begeistert, die in ihrer Einfachheit vergleichbar ist mit dem weltweit erfolgreichsten Schriftsystem, dem lateinischen Alphabet. Es lohnt sich selbst bei einem kurzen Aufenthalt, die Grundzüge von *hangeul* zu lernen – Straßennamen und Speisekarten sind damit wesentlich einfacher zu lesen. Außerdem sind die Erfolgserlebnisse bei so wenigen Buchstaben deutlich höher als bei den nach wie vor in Korea vorzufindenden **chinesischen Schriftzeichen**, *hanja* 漢字, von denen alternativ etwa 2000 für vergleichbare Leseresultate gepaukt werden müssen.

Anmerkung zur Aussprache

Von der Eleganz und leichten Erlernbarkeit der Buchstaben sind das gesprochene Wort und die Aussprache weit entfernt – einige Töne sind im Deutschen schlicht unbekannt. So wird der Buchstabe ㄹ wie die Mitte zwischen l und r ausgesprochen. Umgekehrt haben auch Koreaner Schwierigkeiten mit vielen ausländischen Wörtern, die nicht in das eigene Buchstabensystem passen.

Offizielle Feiertage

1. Januar: Neujahr
1.–3. Tag des 1. Mondmonats: (9.–11. Febr. 2013, 30. Jan.–1. Febr. 2014, 18.–20. Febr. 2015), Koreanisch-Neujahr
1. März: Tag der Unabhängigkeitsbewegung
8. Tag des 4. Mondmonats: (17. Mai 2013, 6. Mai 2014, 15. Mai 2015), Buddhas Geburtstag
1. Mai: Tag der Arbeit, zwar kein offizieller Feiertag mehr, viele Banken und Büros haben aber geschlossen
5. Mai: Kindertag. Seit 1975 heißt der Tag nicht mehr Jungentag, sondern ist allen Kindern gewidmet, die diesen Tag mit ihren Eltern verbringen.
6. Juni: Gefallenengedenktag
15. August: Tag der Befreiung
14.–16. Tag des 8. Mondmonats: (8.–20. Sept. 2013, 7.–9. Sept. 2014), Erntedankfest
3. Oktober: Staatsgründungstag, zu Ehren der mythologischen Gründung des Königreichs Go-Joseon 2333 v. Chr.
25. Dezember: Weihnachten

Feiertage und Feste in Südkorea

Obgleich Südkorea im Alltag offiziell den Gregorianischen Kalender verwendet, orientieren sich die Feiertage in weiten Teilen am Mondkalender. Durch den Bezug zum Mondzyklus fallen viele Feiertage nicht auf einen – wie in Europa üblich – fixen Tag, sondern die Daten variieren von Jahr zu Jahr. Wer Daten des Mondkalenders in den Gregorianischen Kalender umrechnen möchte, der kann dies auf folgender Hongkonger Website tun: **www.hko.gov.hk/gts/time/conversion.htm**.

Wichtige koreanische Feste nach dem Mondkalender

Koreanisch-Neujahr (Seollal 설날): 1.–3. Tag des 1. Mondmonats (9.–11. Febr. 2013, 30. Jan.–1. Febr. 2014, 18.–20. Febr. 2015). Der Start des neuen Mondjahres wird mit einem dreitägigen Fest begangen. Der eigentliche Feiertag ist der zweite Festtag, und dieser ist viel wichtiger als der 1. Januar. Rund um Koreanisch-Neujahr ist ganz Südkorea unterwegs. Die meisten Koreaner kehren in ihre Heimatorte zurück, die Hotels sind voll, die öffentlichen Verkehrsmittel ausgebucht und die Sehenswürdigkeiten überfüllt.
Daeboreum 대보름: erster Vollmondtag des Mondjahres nach Koreanisch-Neujahr, d. h. der 15. Tag des 1. Mondmonats (24. Febr. 2013, 14. Febr. 2014, 5. März 2015). An diesem Tag beteten Bauern und Fischer um ein gutes Jahr mit reicher Ernte und großem Fang. Bis heute klettern die Menschen an Daeboreum auf Berge, denn wer als Erster den ersten Vollmond des Jahres erblickt, soll in diesem Jahr viel Glück haben. Man isst Nüsse und spezielle Gerichte der Jahreszeit.
Kirschblütenfestival (Beotkkot Chukje 벚꽃 축제): April. Auf der Insel Yeoui in Seoul, s. S. 144.
Buddhas Geburtstag (Bucheonim Osinnal 부처님오신날): 8. Tag des 4. Mondmonats (17. Mai 2013, 6. Mai 2014, 15. Mai 2015; der Tag kann auch in den April fallen). Mit feierlichen Ritualen in Koreas Tempeln und bunten Laternen wird dieser Tag begangen.

Aufführung ritueller Tänze anlässlich des Dano Festival in Gangneung

Gangneung Dano Festival (Gangneung Danoje 강릉단오제: Mai/Juni, s. S. 213. Seit 2005 von der UNESCO als Immaterielles Kulturerbe der Menschheit anerkannt.

Ernte-Mond-Fest (Chuseok 추석): 14.–16. Tag des 8. Mondmonats (18.–20. Sept. 2013, 7.–9. Sept. 2014, kann auch in den Oktober fallen). Das Erntedankfest, der eigentliche Feiertag ist der zweite Festtag, ist das wichtigste Fest in Südkorea. Zu diesem dreitägigen Fest kommt die Familie zusammen. Man isst *songpyeon* (송편), einen Reiskuchen mit Sesamfüllung und Kiefernaroma. Hotel-, Verkehrsmittel- und Besichtigungssituation s. Koreanisch-Neujahr.

Festivalauswahl

Boryeong Mud Festival (Boryeong Mud Chukje 보령머드축제): Mitte Juli, am Daecheon-Strand in Boryeong, s. S. 250.

Baekje Cultural Festival (Baekje Munhwaje 백제문화제): Ende Sept./Anfang Okt., in Gongju und Buyeo, s. S. 292.

Busan International Film Festival (BIFF, 부산국제영화제, früher PIFF, Busan Gukje Yeonghwaje: Okt., in Busan, s. S. 392.

Seoul Performing Arts Festival (Seoul Gukjegongyeon Yesulje 서울국제공연예술제): Okt./Nov., in Seoul, s. S. 164.

Hi Seoul Festival 하이서울페스티벌: Mai (wechselnde Termine), in Seoul, s. S. 163.

Architektur, Kunst und Kultur

Südkorea kann auf ein weit in die Geschichte zurückreichendes kulturelles Erbe blicken – über 4000 Jahre Zivilisation haben die Halbinsel geprägt. Seit dem 20. Jh. übt die westliche Kultur starken Einfluss auf die traditionellen Künste aus, die heute in ihrer reinen Form eine Renaissance erleben oder mit modernen Strömungen verschmelzen.

Keramik

Die erste Form von Kunst- oder Kunsthandwerk auf der koreanischen Halbinsel ist unspektakulär, stammt aus dem 7. Jt. v. Chr. und bestand aus nicht mehr als über dem Feuer gebranntem Ton. Die älteste Kunst Koreas ist damit die antike Keramik, die ihren Höhepunkt im 11. Jh. erlebte, als Koreas Töpfer mit ihrer grünlichen Seladon-Keramik (*cheongja* 청자) zur Höchstform aufliefen. Eingelegte Muster kamen im 12. Jh. hinzu und verhalfen koreanischem Porzellan dazu, selbst den bis dahin führenden Japanern und Chinesen den Rang abzulaufen. Die Perfektion der koreanischen Keramikherstellung veranlasste den Nachbarn Japan, während seiner Invasion Koreas Ende des 15. Jh. ganze Töpferdörfer ins Land der aufgehenden Sonne zu verbringen, die dort die Porzellanproduktion maßgeblich beeinflussten. Anschließend erlitt die koreanische Seladon-Produktion einen Niedergang, von dem sie sich nur teilweise erholte.

In **Icheon,** seit Jahrhunderten Zentrum der koreanischen Keramikherstellung, wird im 21. Jh. Seladon wie in alten Zeiten produziert. Einige der berühmtesten Seladone weltweit stammen aus Korea, vor allem aus den Goryeo- und Joseon-Dynastien (918–1910), und selbst einfache Ware erzielt heute hohe Preise. Die älteste koreanische Seladonschale Europas befindet sich im Hessischen Landesmuseum in Kassel und fand ihren Weg Anfang des 15. Jh. aus Asien hierher.

Tanz und Theater

Koreanischer Tanz

Koreas traditioneller Tanz lässt sich in zwei Stilrichtungen einordnen, die der einstigen gesellschaftlichen Ordnung entsprechen: Hof- und Volkstanz. Der **Tanz an kaiserlichen Höfen** war anspruchsvoll, langsam, wirkte emotional wie mit angezogener Handbremse vorgeführt und zeigte damit den starken konfuzianischen Einfluss. Hoftänze wurden meist von einer großen Anzahl an speziell trainierten Tänzern aufgeführt wie heute in Nordkorea während der Arirang Mass Games.

Das Volk dagegen bevorzugte bunte, romantische und laute Vorführungen, möglichst improvisiert und ohne Perfektion im Detail. Unterhaltung stand an erster Stelle. Bei den noch heute aufgeführten **Volkstänzen** handelt es sich zumeist um überlieferte **Bauerntänze.** Häufig zu sehen ist auch der von Frauen aufgeführte **Fächertanz** (*buchaechum* 부채춤). In traditionelle Kleider (*hanbok*) gehüllte Frauen benutzen dabei mit Päonienblüten bemalte Fächer, um unterschiedliche Bilder zu erzeugen, z. B. Blumen oder Wellen. In diesem Tanz verbinden sich Elemente schamanistischer und höfischer Tänze der Joseon-Zeit. Dazu kommen **Tänze bestimmter Gruppen** wie der Tanz der alten Frauen (*miyalhalmi chum* 미얄할미춤), der Mönchstanz (*seungmu* 승무) oder der von Frauen präsentierte *ganggang sullae* 강강술래, der ursprünglich aufgeführt wurde, um eine gute Ernte zu erbitten.

Einer der beliebtesten traditionellen Tänze Koreas ist der Fächertanz

Theater

Die Brücke zum traditionellen koreanischen Theater schlägt der beliebte **Maskentanz** (*talchum* 탈춤, s. S. 347), der früher meist auf Märkten oder bei Feierlichkeiten gezeigt wurde. Mehrere Tänzer führen den *talchum* auf, bei dem die Themen Exorzismusrituale, menschliche Schwächen und die Oberklasse eine Rolle spielen. Tanz, Dialoge und Lieder hatten meist satirische Inhalte, da die Vortragenden ihre Identität hinter den Masken verbergen konnten.

Bis ins 20. Jh. war koreanisches Theater eine Aufführung ohne festen Handlungsstrang – eine klare Dramaturgie fehlte meist. Dies zeigt sich sowohl im Maskentanz als auch im **Pansori** 판소리, das schon mehr in Richtung einer Erzählung geht: Ein einzelner Sänger oder eine Sängerin trägt einen bis zu acht Stunden dauernden Gesang vor und wird dabei von einem einzelnen Musiker auf einer Fasstrommel (*buk* 북) begleitet. Diese Vortragskunst wurde bis ins 20. Jh. nur mündlich überliefert und von Wandergruppen auf den Marktplätzen der Dörfer aufgeführt. Mimik und Gestik des Sängers sind so lebhaft, dass *pansori* gelegentlich als Ein-Mann-Oper bezeichnet wird oder wegen seines großen Einflusses mit dem US-amerikanischen Blues verglichen wird. Seit 2003 gehört *pansori* zur UNESCO-Liste der Meisterwerke des mündlichen und immateriellen Erbes des Menschheit.

Mit der Modernisierung des Landes hat sich auch beim Theater viel geändert, das heute in Korea ebenso wie in anderen Ländern entweder Drama oder Komödie ist, sein Zentrum in Seoul hat und zum Leidwesen vieler Ausländer fast ausschließlich in Koreanisch aufgeführt wird. Die nonverbale **Nanta-Show** hat es von Seoul über Jejudo als erstes asiatisches Stück 2004 bis an New Yorks Broadway geschafft. Die 1993 gegründete Korea National University of Arts in Seoul hat ein eigenes Institut für Tanz, und das jährlich im Oktober/November in Seoul stattfindende **Performing Arts Festival** ist das größte Fest Südkoreas für Theater und Tanz (s. S. 164).

Musik

Traditionelle Musik

Korea hat wie westliche Länder eine lange Musiktradition und einen eigenen Musikstil hervorgebracht – den **Gugak** 국악, der in erster Linie mit Saiteninstrumenten gespielt wird. Ähnlich dem koreanischen Tanz kann die traditionelle Musik Koreas in elitäre, ernste **Hofmusik** *(jeongak* 정악*)* und bodenständige **Volksmusik** *(minsogak* 민속악 oder *sogak* 속악*)* unterteilt werden. Der Begriff Hofmusik ist dabei weit gefasst, wird meist mit den oberen Gesellschaftsschichten verbunden und subsumiert vereinfacht Ritualmusik, Hofmusik für feierliche Anlässe und Militärmusik. Die in Seouls Ahnenschrein Jongmyo gespielte Ritualmusik **Jeryeak** 제례악 als Teil einer alten Zeremonie gehört seit 2001 zum UNESCO-Weltkulturerbe. Beide traditionellen Stile sind häufig selbst für ungeübte Ohren einfach zu unterscheiden. Während Volksmusik von Tanz und Akrobatik begleitet wird und die Musikanten versuchen, die Schlagrate dem menschlichen Atem anzugleichen, wird Hofmusik fast meditativ gespielt, wobei der langsamere Herzschlag den Takt vorgibt.

Als traditionelle koreanische **Saiteninstrumente** kommen verschiedene Zithern zum Einsatz, z. B. die zwölfsaitige *gayageum* 가야금, aus Bambus gefertigte Blasinstrumente sowie eine große Zahl an Perkussionsinstrumenten, wobei das *pyeongyeong* 편경 hervorsticht. Dieses koreanische ›Glockenspiel‹ stammt ursprünglich aus China, besteht aus 16 gleich großen, aber unterschiedlich dicken Steinplatten und ist damit im Klang unabhängig von Temperatur und Luftfeuchtigkeit.

Von Rock bis K-Pop

Die jüngere Generation ist weder mit Hofmusik noch mit der Ritualmusik Yeryeak zu locken, sondern hier hat sich eine Zweiteilung etabliert. Für Koreaner ab Mitte 40, ist Rock 'n' Roll das Maß aller Dinge, während die unter 30-Jährigen Techno, Rap und koreanische Pop-Musik (K-Pop) hören.

Zu den bekanntesten **K-Pop-Künstlern**, deren Popularität sich aus ihrem Aussehen, den letzten Modetrends und gutem Tanzstil speist, gehören BoA, Rain und Super Junior. **BoA** (Beat of Angel) ist die Königin des südkoreanischen Pop, spricht neben Koreanisch und Japanisch auch Englisch, wurde bereits in jungen Jahren auf die Karriere- und Gesangsspur gesetzt und hat mit ihren Hip-Hop- und R & B-Stücken eine große Fanschar nicht nur in Korea. **Rain** verfügt über vergleichbare Talente und hat sich auch als Schauspieler und Model einen Namen gemacht. 2006 wurde der 1982 geborene Jungstar vom US-Magazin Time unter die 100 einflussreichsten Persönlichkeiten der Welt gewählt. Südkoreanisches Pendant der Les Humphries Singers ist die 2005 gegründete Boygroup **Super Junior,** die von 13 Mitgliedern auf neun schrumpfte (Einberufung zum Militärdienst, Rechtsstreitigkeiten mit der Plattenfirma).

Der gewaltige Popularitätssprung der koreanischen Pop- und Rockmusiker liegt vor allem daran, dass sie mehr als westliche Musiker die Emotionen der Koreaner ansprechen und damit die überall im Land verteilten **Karaoke-Bars** füllen. Für Westler meist ein Graus, sind diese Bars in Südkorea äußerst beliebt. Hier lassen Koreaner ihren Gefühlen zusammen mit Freunden freien Lauf. Viele K-Pop-Künstler stiegen mit den in ganz Asien immens populären koreanischen **Fernsehdramen** wie »Winter Sonata« auf. Hinzu kommt, dass Südkorea als eine der reichsten Nationen Asiens sich hohe Investitionen in die Musikindustrie leisten kann. Wenngleich Kritiker südkoreanischen Sängern eine geringe Vielfalt bei den Musikstilen vorwerfen, muss diesen zugute gehalten werden, dass sie mit dem angeblichen Minimum an Kreativität ein Maximum an kommerziellem Erfolg erreichten – und das unter dem Begriff **Koreanische Welle** in ganz Ostasien.

Film

Starke Gefühle, romantische Träume und schwere Schicksale sind der Stoff, mit denen ein Land und seine Bewohner die Welt beeindrucken. Es sind also nicht die smarten

Hallyu – die Koreanische Welle

Thema

Südkoreas Popkultur ist ein Kuriosum in Ostasien. Herzschmerz-Fernsehserien versetzen mit ihren herrlich unglaubwürdigen Rollenverteilungen ganze Generationen in Aufruhr – gut ist immer gut und böse ist immer böse. Der Trend, anfangs vor allem durch TV-Dramen und Lieder ausgelöst, hat heute auch Essen, Taekwondo und sogar Frisuren erfasst.

Als im Mai 2010 bekannt wurde, dass die südkoreanische Popband Super Junior auf der Expo in Shanghai spielen würde, war die Aufregung unter Chinas weiblichen Teenagern groß. Immerhin sollten alle, die morgens auf dem Expo-Gelände erscheinen, mit Gratis-Eintrittskarten entlohnt werden. Das Ergebnis: Über 10 000 Fans reisten teilweise schon am Abend vorher an und verursachten ein Chaos, dessen die völlig überraschte Polizei am kommenden Morgen nicht mehr Herr wurde.

Das Unvermeidliche war passiert – mit Super Junior erreichte die Koreanische Welle, *hallyu* 한류, leibhaftig das Reich der Mitte. Dabei waren die Auswüchse in Shanghai nur die Spitze der Welle, die bereits seit den späten 1990er-Jahren über Ostasien schwappte – Liebesfilme, Historienschinken und eben K-Pop haben den Kontinent seitdem fest im Griff. Besonders in Japan, Taiwan und China konnte sich K-Pop als Mainstream etablieren und hat das Interesse am ›coolen‹ Südkorea geweckt. Der Ritterschlag erfolgte schließlich 2011: das renommierte US-Musikmagazin Billboard veröffentlichte erstmals eine K-Pop-100-Hitliste.

Spielen Boy- und Girlgroups vor allem bei jungen Asiaten eine Rolle, so schaffen es Telenovelas Made in Korea wie »Winter Sonata« (»Gyeoul Yeonga 겨울연가«) von 2002 oder »Boys over Flowers« (»Kkotboda Namja 꽃보다남자«) von 2009 bis in die Herzen der Mittvierziger. Das Drama »Daejanggeum 대장금« von 2003 über Hof und Küche der Joseon-Dynastie wurde in 60 Länder verkauft und flimmerte sogar über die Bildschirme im Nahen Osten und Afrika. Bae Yong-jun, Hauptdarsteller der Kultserie »Winter Sonata«, avancierte zum Traummann der Hausfrauen und bestbezahlten Schauspieler Asiens, der fünf Millionen US-$ pro Film nimmt.

Bei genauerer Betrachtung unterscheiden sich die TV-Schmachtfetzen kaum von US-amerikanischen Seifenopern: Alle zwei oder drei Tage wird eine Episode ausgestrahlt, die mit einem dramatischen Ereignis und offenem Ausgang endet, damit das Publikum auch bei der nächsten Folge einschaltet. Alles dreht sich um Boy meets Girl, Moral, Familie und archetypische Themen wie Schneewittchen- und Aschenputtelmotive. Gekrönt wird die letzte Folge (fast) immer von einem Happy End.

Bei allem Erfolg in Asien und unter Auslandskoreanern führt das *hallyu*-Phänomen im Westen eher zu Stirnrunzeln. Wer bei aller zuckersüßen und tragischen Handlung trotzdem Gefallen an den Gassenhauern der Halbinsel gefunden hat, dem bietet eine Reise ins Land die wunderbare Gelegenheit, zu den Drehorten zu pilgern und diese sonderbare Welt südkoreanischer Kultur kennenzulernen. Die Internetseite der Korea Tourism Organization listet penibel alle Serien inklusive Stars, Sternchen und Drehorten auf (english.visitkorea.or.kr/enu/CU/CU_EN_8_5_1.jsp).

Handy-, TV- und Automobilhersteller Südkoreas, die dem Land ein Gesicht geben, sondern Schriftsteller, große Denker, charismatische Politiker – und im Medienzeitalter Filmregisseure.

Die 1980er-Jahre

Südkoreas Filmindustrie war bis in die 1980er-Jahre ein Trauerspiel: Quoten für ausländische Filme und eine strenge Zensur sorgten für politisch korrekte, aber langweilige Streifen, die niemand sehen wollte. Die talentiertesten Regisseure des Landes gingen ins Ausland oder behielten ihre Ideen für sich.

Die Qualität der Filme verbesserte sich Ende der 1980er-Jahre mit der Lockerung der Zensur, die zuvor alle prokommunistischen Anspielungen ebenso wie Obszönitäten aus den Filmen verbannt hatte – oder das, was sie dafür hielt. Der Nachteil war, dass südkoreanische Produktionen in den Kinos immer mehr an Boden verloren und die üblichen Hollywood- und Hongkong-Blockbuster die Kinogänger lockten. Erst seit Mitte der 1990er-Jahre erleben Südkoreas Kinobesitzer eine wachsende Begeisterung des Publikums für einheimische Streifen, die auch ihren Weg in den Westen finden.

Koreanischer Film im 21. Jh.

Wer heute an koreanische Filme denkt, verbindet damit gerne, aber leider auch fast ausschließlich, **Kim Ki-duks** Episodenfilm »Frühling, Sommer, Herbst, Winter … und Frühling«, der sich 2003 mit seinen meditativen Kameraeinstellungen wochenlang auf den obersten Plätzen der deutschen Filmcharts hielt. Der Film steht synonym für die Wende bei den neuen südkoreanischen Filmschaffenden, die seit der Jahrtausendwende das Kino des Landes und sein Renommée kräftig aufpoliert haben. Heute gelten südkoreanische Filme als Schrittmacher des asiatischen Films.

Der erste internationale Erfolg kam 2002 auf dem Filmfestival in Venedig, wo »Oasis« mit der Liebesgeschichte zweier behinderter Menschen den zweiten Preis gewann. Der Film war nicht nur eine Wende für den südkoreanischen Film, sondern auch für den Regisseur **Lee Chang-dong,** der im Folgejahr südkoreanischer Kultusminister wurde. Von nun an ging es Schlag auf Schlag. Der vor Gewaltszenen strotzende Thriller »Oldboy« von **Park Chan-wook** kam 2003 bei den Filmfestspielen von Cannes auf den zweiten Platz. Quentin Tarantino hatte sich als Präsident der Jury sogar dafür eingesetzt, ihm die Goldene Palme zu verleihen. Ein Jahr später konnte der in Südkorea als frauenfeindlich verschriene **Kim Ki-duk** gleich zwei Preise abräumen. Beim 54. Berliner Filmfestival wurde er mit seinem Film »Samaria« über eine jugendliche Prostituierte mit dem Silbernen Bären ausgezeichnet, und für »Bin-jip – Leere Häuser« erhielt er in Venedig den Silbernen Löwen für die beste Regie.

Die beiden Stars des **Autorenfilms** sind zweifellos **Park Chan-wook** und **Kim Ki-duk,** wobei Ersterem mit der »Vengeance«-Trilogie ein Sonderstatus gebührt. Neben »Oldboy« zählen auch »Sympathy for Mr. Vengeance« von 2002 und »Sympathy for Lady Vengeance« (2005) zu diesem für westliche Sehgewohnheiten brutalen Rache-Opus. Vier Jahre nach dem letzten Teil der Trilogie erhielt Park für die Vampirgeschichte »Durst« in Cannes den Preis der Jury – ebenfalls kein Film für zart besaitete Zuschauer. Angespornt vom eigenen Erfolg drehte Park 2011 zusammen mit seinem Bruder **Park Chan-kyong** den halbstündigen Film »Paranmanjang« (»Night Fishing«), angeblich der erste komplett mit dem iPhone aufgenommene Kinofilm. Das Low-Budget-Filmchen wurde innerhalb von nur zehn Tagen gedreht und gewann auf der Berlinale 2011 den Goldenen Bären als bester Kurzfilm.

Viele andere bekannte südkoreanische Regisseure filmen ebenfalls in der Arthaus-Liga, sind im Westen jedoch selbst eingefleischten Kinofans nur wenig bekannt, darunter der Filmintellektuelle **Hong Sang-soo,** der 2010 mit »Ha Ha Ha« und 2011 mit »The day he arrives« in Cannes den Prix Certain Regard gewann, ein Preis für relativ unbekannte Filmemacher, den 2011 auch Kim Ki-duk erhielt.

Daneben ist die Liste der Filmschaffenden lang, die dem Publikum das zeigen, was es am liebsten sieht: Komödien und Liebesfilme. Selbst Hollywood-Erfolge haben es dann gegen die südkoreanische Regie- und Erzählkunst schwer. Südkorea ist neben Indien eines der wenigen Länder, in dem mehr lokale als ausländische Produktionen in den Kinos gezeigt werden – und zwar nicht aufgrund von Gesetzen. Die romantische Komödie »My sassy Girl« war 2001 von Tokyo bis Manila ein riesiger Erfolg und sah in Südkorea mehr Kinobesucher als die gleichzeitig laufenden »Der Herr der Ringe: Die Gefährten« sowie »Harry Potter und der Stein der Weisen«, auch wenn die Handlung wenig Neues zur Gattung Film beisteuerte.

Neben den Regisseuren, die dem südkoreanischen Film zur Renaissance verhalfen, ist die Liste der Filmschaffenden lang, die sich der absoluten **Avantgarde** zurechnen und ästhetisch anspruchsvolle Werke produzieren. Dies zeigt nicht nur, dass südkoreanische Filmkünstler Genregrenzen mit Leichtigkeit überspringen, sondern zeugt auch von der Reife des südkoreanischen Kinos der letzten Jahre. Bevor die Filme es ins Ausland schaffen, werden sie meist erst vom heimischen Publikum getestet – beispielsweise auf dem traditionsreichsten Filmfestival des Landes, dem **Busan International Film Festival.**

In Ostasien haben die Filme des Landes jenes Image, das der französische Film in den 1970er-Jahren oder die Fassbinder-Filme genießen. Sie stemmen sich gegen den Mainstream und vorhersagbaren Erzählfluss, stehen für Anti-Verbiederung und eigenwilligen Stil. Südkoreanische Filme sind der Wilde Westen des asiatischen Kinos und damit perfekte Geschenke für Filmfreaks, die bereits die gesammelte Filmografie von Lars von Trier, Jim Jarmusch und Emir Kusturica im Regal haben. Einen guten Überblick über den südkoreanischen Film gibt: **www.koreanfilm.org.**

Nordkoreanische Filme

Einen ganz anderen cineastischen Weg ging Nordkoreas Film›industrie‹. Der im Dezember 2011 verstorbene Führer des Landes, Kim Jong-il, war bekannt als Filmenthusiast, der über Jahrzehnte lokale Produktionen förderte, die allerdings fast nie außerhalb Nordkoreas zu sehen waren. Dies liegt vermutlich am Plot der Filme, der zwei immer gleichen Mustern folgt. Im ersten Fall handelt es sich um typische kommunistische Durchhaltestreifen wie in der Mao-Ära, die für westliche Augen vor allem wegen ihrer unfreiwilligen Komik interessant sind – glückliche Bauern arbeiten auf Feldern, die laufend Traumernten abwerfen, und stehen im Dauereinsatz für Partei und Revolution. Geschichte Nr. 2 erzählt von mutigen Nordkoreanern, die gegen widrigste Umstände im Koreakrieg den US-amerikanischen Aggressor und während der Kolonialzeit die japanischen Besatzer bekämpfen. In allen Filmen sind die USA böse und hässlich und werden von einer südkoreanischen Marionettenregierung unterstützt.

Der erste jemals im nordkoreanischen Fernsehen gezeigte westliche Film war übrigens Ende 2010 der britische Streifen »Kick it like Beckham«, aus dem vorher alle ›irgendwie‹ heiklen politischen oder sozialen Anspielungen geschnitten wurden. Übrig blieben von der 112 Minuten langen Originalfassung immerhin 104 Minuten.

Literatur

Die koreanische Literatur ist so alt wie das Land selbst – mehrere Tausend Jahre, wobei die frühen Werke in chinesischer Schrift verfasst sind. Erst mit der Einführung einer eigenen koreanischen Schrift, *hangoul,* Mitte des 15. Jh. begannen die Literaten allmählich, diese beim Verfassen ihrer Werke zu verwenden – ideale Voraussetzungen für ein Schriftstellertum, das die Welt beeindruckt. Literatur, ob Lyrik oder Prosa, die vor dem 20. Jh. entstand, wird als Klassische Literatur, Literatur ab dem 20. Jh. als Moderne Literatur bezeichnet.

Die **Klassische Literatur** Koreas entstammt den Federn der gebildeten Kreise, deren Mitglieder meist im Staatsdienst gut dotierte Posten innehatten (Literatenbeamte).

Ko Un – Mönch, Dissident und Poet

Thema

Ko Un lebte viele Leben, nach eigenen Aussagen vor seiner Geburt 1933 sogar in den Inkarnationen als Barkeeper, Hirte und Feuerholzsammler. Heute ist der Südkoreaner in seiner Heimat vor allem als Dichter bekannt, der mehrmals als Literaturnobelpreisträger gehandelt wurde. In seiner Sprache hält sich Ko Un kaum an Schreibkonventionen, sondern ist impulsiv, politisch motiviert, aber auch schwermütig.

Ko Un 고은 wurde in einer Zeit geboren, als Korea von Japan besetzt war. Nachdem sein Dorf Gunsan (Provinz Jeollabuk) 1950 von der nordkoreanisch-chinesischen Armee verwüstet worden war, musste er als Zwangsarbeiter in der koreanischen kommunistischen Volksarmee dienen. Diese Erfahrungen und der Krieg zwischen den Bruderstaaten Nord- und Südkorea führten zu einem psychischen Zusammenbruch und einem Selbstmordversuch. Dies veranlasste ihn, in einem abgelegenen Kloster, in dem er zehn Jahre blieb, Ruhe zu suchen. Er zog als Bettelmönch durch Südkorea, stieg in der Klosterhierarchie auf und gründete 1957 die Buddhistische Zeitschrift, in der seine ersten Texte erschienen. 1962 entschied sich Ko zu einer radikalen Veränderung, kehrte zurück in die Welt ›da draußen‹, um sich ganz seiner Existenz als Dichter zu widmen. Drei Jahre lebte er auf Jejudo, aber Alkoholprobleme und Selbstzweifel ließen den Lyriker zusehends verfallen. Es kam zu einem weiteren Selbstmordversuch.

Erneut durchlebte Ko einen abrupten Wandel und wurde 1973 vor dem Hintergrund des diktatorisch regierenden Präsidenten Park Chung-hee über Nacht zu einem politischen Aktivisten. Das brachte ihm zwar viele Anhänger ein, die nun seine Schriften lasen, aber auch Ärger mit der Militärregierung. Mehrfach kam Ko ins Gefängnis, wurde zum Tode verurteilt, gefoltert, begnadigt und unter Hausarrest gestellt. 1983 heiratete er mit fast 50 Jahren erstmals, wurde zwei Jahre später Vater und erlebte in den Folgejahren seine vielleicht größte Schaffenskraft. Anfang der 1990er-Jahre wurde er Vorsitzender der nationalen Künstlervereinigung und des südkoreanischen Schriftstellerverbands.

Bis in die 1990er-Jahre galt Ko Un als Enfant terrible der Schriftstellerszene, dessen Zeit als Mönch und in den Folterkammern des Regimes nicht nur auf seine Werke abfärbte, sondern auch seine politische Motivation prägte. Seit seiner Zeit im Gefängnis hat er es sich zur Aufgabe gemacht, mit seinem Werk »*Maninbo*« (s. auch S. 57) über jede Person, der er begegnet, ein Gedicht zu schreiben. Mit dieser Reminiszenz an seine Zeit als Mönch verschreibt sich Ko dem buddhistischen Ideal der Nächstenliebe und dokumentiert seinen Willen, die moderne koreanische Geschichte in Lyrik festzuhalten. Das Projekt knüpft an seinen Band »Die Sterne über dem Land der Väter« an, der nach Kos Freilassung in den 1980er-Jahren veröffentlicht wurde. Darin ist ein ruhigerer Ko Un zu lesen, der Augenblicke aus seinem Leben und Menschen seiner nächsten Umgebung beschreibt.

Heute lebt Ko in Anseong bei Seoul. Trotz seines Alters schreibt er weiter und lehrt Literatur und Lyrik an der Universität Seoul. Bisher umfasst sein Werk über 120 Veröffentlichungen, darunter Romane, Gedichte und Essays, übersetzt in über ein Dutzend Sprachen (Ko Un im Internet: www.koun.co.kr).

Das Ergebnis waren Werke, die nicht für die breite Masse geschrieben waren, sondern für Kaiser, Adel, Gelehrte und das eigene Ego.

Moderne koreanische Literatur

Moderne koreanische Literatur war im Westen bis in die 1980er-Jahre kaum bekannt. Als dunkles Zeitalter müssen die Jahre der japanischen Besetzung (1910–45) gelten, denn wer nicht die Linie der Kolonialmacht vertrat, landete im Gefängnis oder verschwand ganz von der Bildfläche. Trotzdem fällt in diese Zeit mit dem 1919 gegründeten Literaturmagazin **Changjo** 창조 ein Wendepunkt der koreanischen Literatur. Ihm folgten weitere Zeitschriften, die jedoch fast alle während der japanischen Expansion im Pazifik von 1941 bis 1945 wieder eingestellt wurden.

Zu den bekannten Büchern, die in Übersetzung – zumindest in Englisch – erschienen sind, zählen das Comicbuch »Korea unmasked: In search of the country, the society and the people« von **Rhee Won-bok, Hwang Sukyoungs** »The shadow of arms«, in dem Koreas Kultur durch die Augen eines Jungen vom Land erzählt wird, oder die Sammlung koreanischer Kurzgeschichten »Land of Exile: Contemporary Korean Fiction« von 2007.

Eine Ausnahmeerscheinung ist der mehrfach als Nobelpreisträger gehandelte Dichter **Ko Un** (s. S. 56), der außergewöhnliche Lyrik verfasst, insbesondere sein – noch nicht abgeschlossenes, bisher um die 20 Bände umfassendes – Mammutwerk »Maninbo« (만인보, »Ten Thousand Lives«) in dem jeder Person, der Ko begegnet, ein Gedicht gewidmet ist. Daneben nehmen in den Übersetzungen der Koreakrieg und Nordkorea einen großen Platz ein; beide Themen werden in Sachbüchern aufgearbeitet.

Das größte Problem der südkoreanischen Literatur ist nicht die Qualität der Bücher und Texte, sondern dass es nur wenige Übersetzungen gibt, und wenn diese vorliegen, dann in den meisten Fällen in Englisch und kaum auf Deutsch. Dies hat sich trotz des Korea-Schwerpunkts auf der Frankfurter Buchmesse 2005 nicht wesentlich geändert. Mangelware sind vor allem Romane.

Architektur

»Die Architektur, eine Schöpfung der Gesellschaftsgeschichte, verkörpert die herrschende Ideologie der jeweiligen Gesellschaft und spiegelt das Ideal der Menschen … wider«, ein Zitat, das man leicht einem westlichen Architekturprofessor zuordnet, das aber vom nordkoreanischen Ex-Diktator Kim Jong-il stammt, der in seiner Hauptstadt Pjöngjang eine Architektur schuf, die mit ihren sozialistischen Bombastbauten mehr wie ein Bühnenbild wirkt denn als eine Metropole, in der Menschen wohnen. Von dieser absurden und surrealen Kulisse einer kommunistischen Erbmonarchie ist der südliche Teil der Halbinsel weit entfernt. Die Baustile Südkoreas lassen sich in drei Kategorien einteilen: **Paläste und Festungen, Tempel** und **Wohnhäuser.**

Charakteristisch für viele historische Bauten sind massige Holzpfeiler auf Steinfundamenten und schwere, schwarze Dachpfannen. Ebenfalls prägend für die traditionelle Architektur war die umgebende Natur. Diese **Lehre von der Harmonisierung des Menschen mit seiner Umgebung** (*baesanimsu* 배산임수) erfordert als (minimale) Grundvoraussetzung Wasser vor dem Gebäude und einen Berg im Hintergrund. Diese Kriterien zur Findung des idealen Bauplatzes galten auch für *hanok* 한옥, tradititionelle Wohnhäuser, die für die teils sehr strengen Winter mit einer Fußbodenheizung (*ondol* 온돌) ausgestattet wurden.

Die Hauptstadt Seoul ist Zentrum der koreanischen Baukunst, sowohl der traditionellen als auch der modernen, die sich vor allem im Palastdistrikt versammelt. Neben den fünf Kaiserpalästen, unter denen der perfekt in die Landschaft eingefügte Changdeokgung die Kür traditioneller Architektur darstellt, und dem Jogye-Tempel stehen hier die verspiegelten Verwaltungstürme der südkoreanischen Konzerne, einige japanische Kolonialbauten wie die City Hall von 1926 sowie das Bukchon Hanok Village, eines der letzten traditionellen Wohnviertel Südkoreas.

Für ungeübte Augen strahlen die alten südkoreanischen Wohnhäuser, Paläste und Tempel eine befremdliche Eintönigkeit aus,

Traditionelle Wohnhäuser mit ihren charakteristischen schwarzen Dächern im Namsangol Hanok Village in Seoul, im Hintergrund der N Seoul Tower

die bei fast jedem Besucher nach dem dritten Gebäude den Eindruck hinterlässt, alle Bauten seien innerhalb kurzer Zeit vom selben Architekten im Akkord erbaut worden. Westliche Betrachter mit ihrer im Vergleich überschaubaren Geschichte verkennen dabei, dass Korea seit Jahrtausenden eine weitgehend homogene Gesellschaft ist, deren Geschichte zwar Zäsuren erlebte, die aber in Bauweise, Kunst und Kleidung keine so radikalen Einschnitte hinterließen, wie dies im Westen der Fall ist. Änderungen waren weder gewollt noch gewünscht und sogar ein Verstoß gegen Konfuzius' Ideale. Dies führte zu einer Architektur, die sich nicht immer am Nutzen orientierte, sondern auch und besonders am monumentalen Charakter eines Bauwerks und seiner Lage – zu sehen in den alten Tempeln und Palästen, aber auch im heutigen nordkoreanischen Pjöngjang.

Malerei und Kalligrafie

Traditionelle koreanische Malerei ist stark beeinflusst von **chinesischer Malerei,** also Landschaften, Jagd- und Palastszenen, Pflanzen und Porträts. Vor allem die **Landschaftsmalerei,** die nach daoistischem Ideal den Menschen als Teil der Natur sah, brachte bedeutende Künstler hervor. Sie orientieren sich im Stil meist an Malern der chinesischen Song-Zeit wie Guo Xi (1020–90). In die Joseon-Zeit (1392–1910) fällt die **Volksmalerei** (*minhwa* 민화), in der Regel von anonymen Künstlern geschaffen, die mythische Figuren wie Tiger oder Vögel als Motive verwendeten. Die *minhwa*-Malerei ging in der Kolonialzeit fast verloren, erlebte in den 1980er-Jahren jedoch eine Renaissance, die bis heute anhält.

Bei der traditionellen Malerei waren Schwarzweiß- und Farbmalerei klar getrennt

und folgten unterschiedlichen Denkweisen. Besonders die konfuzianische Malerei der Joseon-Dynastie setzte auf Schwarzweiß-Motive und ging davon aus, dass Grautöne durch das geistige Auge des Betrachters ›nachkoloriert‹ würden. Farbe – so die Auffassung – widerspricht dem konfuzianischen Ideal der Schlichtheit und schränkt die Kreativität und Vorstellungskraft mit zu vielen Details ein.

Moderne Kunst

Seit Mitte des 20. Jh. ist der **westliche Einfluss** auf südkoreanische Maler unübersehbar. Expressionisten, Impressionisten und abstrakte Kunst spielen seitdem eine wichtige Rolle im koreanischen Kunstverständnis. Die Geschichte der modernen Kunst in Südkorea ist kurz, nicht zuletzt weil sich viele Künstler erst mit der Demokratisierung des Landes entfalten konnten. Ihre Arbeiten pendeln häufig zwischen traditioneller Kunst und extremer Avantgarde, wobei auch die Suche nach einer eigenen Identität zum mitunter eigenwilligen, wenn nicht konfusen Stil beiträgt.

Besonders Seoul mit seinen vielen **Kunstgalerien** ist ein faszinierender Ort, um die **aktuelle Kunstszene** Südkoreas kennenzulernen. Die dort gezeigten Gemälde – ob von Profis oder Amateuren – sind teils von hoher Güte oder aber für westliche Augen einen Tick zu verklärt und naiv, wie etwa die *sansuhwa* 산수화 (wörtlich: Berge-und-Gewässer-Bilder). Bukchon Hanok Village, Insadong-gil oder die Samcheondong-gil sind in Seoul die Zentren des Kunstbetriebs. Über aktuelle Ausstellungen im ganzen Land informieren das 10 Magazine und weitere Zeitschriften.

Kalligrafie

Die koreanische Kunst des Schönschreibens (Kalligrafie) hat ihren Ursprung in China. Koreanische Kalligrafen schreiben entweder in chinesischen Zeichen *(hanja* 漢字/한자*)* oder in *hangeul* 한글, dem koreanischen Alphabet. Als ›echte‹ Kalligrafie gelten bis heute aber weiterhin die Werke in *hanja.*

Wie in China hat die Kalligrafie auch in Korea einen hohen Stellenwert im künstlerischen und gesellschaftlichen Leben. Sie gilt nicht nur als eine der höchsten Formen des künstlerischen Ausdrucks, sondern gar als meditativer Akt. Eine gute Schreibweise galt und gilt als Indikator für Kultur und beste Erziehung. Die vier Basiswerkzeuge des Kalligrafen, die **Vier Schätze des Studierzimmers** (*munbangsau* 문방사우), sind Papier, Tusche, Pinsel und Reibstein.

Einer der bekanntesten, wenn auch nicht besten Kalligrafen des 20. Jh. war **Ahn Junggeun** (안중근, 1879–1910). Seine Kalligrafien – die vielleicht berühmteste lautet »一日不讀書口中生荊棘« (»Ohne jeden Tag zu lesen, wachsen Stacheln im Mund«) – schrieb Ahn in Chinesisch. Die meisten Koreaner denken an ihn jedoch als Märtyrer: Ahn Junggeun erschoss 1909 Ito Hirobumi, den Gouverneur Japans auf der koreanischen Halbinsel, der die Kolonialisierung Koreas vorantrieb, und wurde dafür gehängt (s. S. 140).

Essen und Trinken

Wer an koreanische Küche denkt, denkt zunächst an – gar nichts. Dabei gehört koreanisches Essen zum besten in Asien und ist zu 100 % natürlich. Frische Produkte vom fangfrischen Fisch über Reis bis zum allgegenwärtigen Kimchi werden auf traditionelle Weise zubereitet und lassen selbst dem verwöhntesten Feinschmecker das Wasser im Mund zusammenlaufen.

Grundlagen

Die südkoreanische Küche reicht von luxuriöser Palastküche in einem von Seouls Edelrestaurants bis zur bescheidenen vegetarischen Tempelspeise. Eine einfache Nudelsuppe, ein 20-gängiges Menü oder irgendetwas dazwischen – in südkoreanischem Essen ist ein breites Spektrum an Geschmacksrichtungen und Stilen zu finden. Die einzigen Zutaten, die bei jedem Essen dabei sein müssen, sind Reis und die südkoreanische Kohlvariante *kimchi*. Das gilt für Frühstück, Mittag- und Abendessen. Koreaner unterscheiden nicht zwischen diesen Mahlzeiten, was für Ausländer gewöhnungsbedürftig ist – sauer-scharfes *kimchi* um 6.30 Uhr morgens ist nicht jedermanns Sache. Ein koreanisches Mahl besteht immer aus einem Geschmacksfeuerwerk, wobei sich die Geschmacksrichtungen gegenseitig im Gleichgewicht halten sollen: sauer und süß, heiß und kalt, Yin und Yang.

Die Grundwürzen

Sojabohnenpaste, rote Chilipaste und Sojasauce sind die meistverwendeten Würzen und in jedem Haushalt zu finden.

Rote Chilipaste (고추장 *gochujang*) ist eine gefährlich scharfe Crème aus Klebreis, Sojabohnen, Chili sowie Salz und wird seit dem 16. Jh. hergestellt – bis in die 1970er-Jahre als Hausrezept in der eigenen Küche. Heute kommt die Paste meist in Tuben oder Gläsern aus dem Supermarkt auf den Tisch und gibt auch dem fadesten *bibimbap* den notwendigen Kick. Zusammen mit Sojabohnenpaste ist die würzige Paste beliebt als Dipp für Gemüse.

Sojabohnenpaste (된장 *doenjang*): Seit über 2000 Jahren auf koreanischen Tellern, produziert mit den denkbar einfachen Zutaten: Sojabohnen, Salz, Wasser, Wind und Sonne. Die beste Paste kommt aus der Gemeinde Sunchang in Jeollabuk-do und soll lebensverlängernd wirken – von den 34 000 Einwohnern Sunchangs sind viele über 90 Jahre alt.

Sojasauce (간장 *ganjang*): Die Zutaten – Sojabohnen, Salz und Wasser – lässt man etwa zwei Monate fermentieren, wobei die salzig-braune Flüssigkeit entsteht. Die Sauce wird gerne und großzügig zur Verfeinerung von Suppen und Pfannengemüse verwendet.

Ein koreanisches Mahl

Selbst opulente Palastmahlzeiten haben keine Gänge wie westliche Menüs, sondern alles kommt gleichzeitig auf den Tisch und kann in beliebiger Reihenfolge verspeist werden. Lediglich Nachtisch wie Früchte oder Eis werden separat in einem zweiten Gang serviert. Beim Blick über die zahllosen Schälchen des Menüs fällt etwas auf – egal, ob einfache Straßenküche oder Edelmenü: Da ist zunächst der Reis, der streng genommen nur ein Sattmacher ist, dazu gesellen sich eine Suppe sowie *kimchi.* Zusätzlich zur Hauptspeise wie Fisch oder Fleisch findet sich in Schüsselchen eine Reihe von Beilagen, die nach Ansicht des Kochs zur Bestellung passen. Das sind z. B.

bulgogi (s. S. 63), Gemüsestängel oder Seetang – bis zu einem Dutzend der Leckereien scharen sich um Suppe und Hauptgericht – ohne dass sie extra bestellt wurden.

Typische Gerichte

Koreanisches Essen hat viel zu bieten – vor allem mehr als *kimchi* (s. Thema S. 62). Einerseits gibt es gängige Gerichte, die man überall in Korea auf der Speisekarte findet, wie *bibimbap, bulgogi* oder *samgyetang*. Dazu aber kommen andererseits die Spezialitäten der einzelnen Provinzen. Deren Delikatessen werden aus regionalen Zutaten zubereitet und sind ein Spiegel der örtlichen Kultur.

Eine Besonderheit ist *hanjeongsik* 한정식, ein großzügiges traditionelles koreanisches Mahl mit Reis, Suppe und einer verschwenderischen Vielzahl an Beilagen wie unterschiedliche Gemüsesorten, *kimchi* und Fisch.

Die Korean Tourism Organization unterhält eine exzellente Internetseite zu koreanischem Essen mit zahlreichen Rezepten: german.visitkorea.or.kr/ger/1061_ger_sub7.jsp.

Suppen

Samgyetang 삼계탕: Diese Ginseng-Hühnersuppe ist eine der berühmtesten Suppen Koreas, der Heilkräfte und Stärkungseffekte nachgesagt werden. In Seoul gibt es einige Restaurants, auf deren Speisekarte nur diese eine Suppe zu finden ist, die nach einem speziellen (geheimen) Rezept hergestellt wird.

Seolleongtang 설렁탕: Rinderknochen in mit Knoblauch und Pfeffer gewürzter Zwiebelbrühe, so ließe sich diese Komposition beschreiben. Die milchige Suppe ist preiswert, wärmt im Winter und soll Expats von einer schlimmen Krankheit, der ›Korea-Allergie‹, heilen (nach mehrmonatigem Aufenthalt im Land entwickeln sich schwerste Abwehrreaktionen gegen alles Koreanische, die unbehandelt zu massivem Heimweh führen).

Galbitang 갈비탕: Die Rindfleischsuppe mit Rettich ist eine herzhafte Brühe, die Koreaner gerne im Urlaub oder bei Hochzeiten essen. Wie bei der *seolleongtang* werden Rindfleischrippchen mit allerlei Zutaten so lange gekocht (bis zu 5 Std.), bis das Süppchen endlich seinen unverwechselbaren Geschmack erreicht hat.

Kimchi – sauerscharfe Beilage zu vielen koreanischen Gerichten

Kimchi – das koreanische Sauerkraut

Thema

Nichts geht in Südkorea ohne Kimchi: Als Begleitung jeder Reisschale gehört es zu allen Mahlzeiten, und jede Mutter trichtert ihrer Tochter ein, dass sie ohne die blinde Beherrschung der Kimchi-Zubereitung keinen guten Ehemann finden wird. Selbst beim Fotografieren ist das fermentierte Gemüse in aller Munde – anstatt »Lächeln« sagen Koreaner »Kimchi«.

Kimchi 김치 ist Südkoreas Nationalgericht, und auch für diejenigen, die nicht auf dem Heiratsmarkt sind oder fotografieren, lohnt sich ein Blick darauf, was es damit auf sich hat. Das fermentierte Gemüse ist in Salz eingelegt und war früher im Winter ein wichtiger Vitamin- und Mineralstofflieferant. Optisch ist *kimchi* zunächst ohne Auffälligkeiten: Der Hauptbestandteil Chinakohl sieht knackig, frisch und harmlos aus, lediglich die knallroten Farbkleckse lassen stutzen. Beim Probieren bewahrheitet sich, was die Warnfarbe Rot signalisiert – hier wurde zu locker mit gefährlich scharfem Chili hantiert. Viele Ausländer beschreiben die erste Begegnung mit *kimchi* als ›Todeserfahrung‹, was übertrieben ist, aber die Vorliebe vieler Asiaten für scharfe Gerichte wunderbar verdeutlicht.

Südkorea kennt über 200 Arten von *kimchi.* Die Basiszutaten für *kimchi* bilden Chinakohl, Chilipaste, Knoblauch, Fischsauce und Salz. Je nach Geschmack und Region kommen Zucker, Meeresfrüchte, Kürbis, Auberginen und sogar Früchte dazu. Durch die Milchsäuregärung fermentiert das Gemisch, wird haltbar und nimmt nach zwei bis drei Tagen seinen typischen Geschmack an. Viele Familien hüten ihr eigenes Hausrezept und geben es von Generation zu Generation weiter, zwar nicht theatralisch auf dem Sterbebett, aber von Mutter zu Tochter – nicht zuletzt um die Heiratschancen Letzterer zu verbessern.

Dies sorgt dafür, dass Kimchi tief in der koreanischen Psyche verwurzelt bleibt. Eine ganze Kultur hat sich heute um das ›Kraut‹ entwickelt, von Seouls Kimchi-Museum (s. S. 147) bis zum jährlichen World Kimchi Cultural Festival (s. S. 297) und dem 2011 eröffneten Kimchi Research Center, beide in Gwangju. Auf eine harte Probe gestellt wurden Südkoreaner 2010, als wegen Regens die Kohlernte so mager ausfiel, dass sich der Preis für Chinakohl fast verfünffachte. Die Diskussion darüber überschattete sogar die Vorbereitungen Südkoreas auf den G20-Gipfel und einen geplanten Atombombentest Nordkoreas.

Früher wurden für den Gärungsprozess große Tontöpfe mit *kimchi* im Garten vergraben oder im Winters in den Hof gestellt. Die Töpfe fassten mehrere hundert Liter, was bei einem Durchschnittsverbrauch von 50 kg *kimchi* je Südkoreaner und Jahr auch notwendig ist. Garten und Hof sind in der heutigen städtischen Kultur kaum noch zu finden, was die Liebe der Südkoreaner zu *kimchi* aber nicht beeinträchtigt hat. Im Gegenteil: In vielen Haushalten steht ein separater und speziell temperierter Kühlschrank, der nur der Frischhaltung von *kimchi* dient. Ausländer im Land sollten sich daher genau beobachten: Wer vor dem Entschluss steht, sich einen solchen *kimchi*-Kühlschrank anzuschaffen, ist bereits halber Südkoreaner und zu lange im Land – eine dauerhafte Rückkehr ins Heimatland führt in diesem Fall zu starken Entzugserscheinungen.

Galchi-hobak-guk 갈치호박국: Diese Kürbissuppe mit Degenfisch ist nur auf der Insel Jeju zu bekommen. Kürbis und Fisch werden gesalzen, mit Sesamöl verfeinert und etwa zehn Minuten gekocht. Ein Gedicht!

Nudeln

Naengmyeon 냉면: Die dünnen Buchweizennudeln werden in einer eiskalten Rinderbrühe mit Kartoffelstücken, asiatischer Birne, Gurke und Ei serviert. *Naengmyeon* gibt es mild *(mul)* und scharf *(bibim). Bibim naengmyeon* unterscheidet sich von der sanften Variante durch die Zugabe von roter Chilipaste. Beide Suppen kühlen an heißen Sommertagen prima.

Japchae 잡채: Verschiedene Gemüse und Fleischstreifen mit gebratenen Glasnudeln – *japchae* ist so lecker, dass es bei keiner Feier fehlen darf. Am besten mundet das Gericht mit Gemüse der Saison. Abgeschmeckt wird mit Sojasauce, Sesamöl und Zucker.

Ramyun 라면: Preiswerte Fertignudeln, die unter Gourmets Angstschweiß auslösen und als Delikatesse nirgends durchgehen. Aber: Die in westlichen Ländern als Ramen bekannten Teigwaren stehen im Regal jedes koreanischen 24-Stunden-Ladens, sind eine gern gegessene Zwischenmahlzeit und damit fast schon Kult. Alle Zutaten sind in die Packung eingeschweißt – in den Topf legen, heißes Wasser dazu, vier Minuten ziehen lassen und fertig sind Koreas beliebteste Nudeln.

Fleisch

Bulgogi 불고기: Feuerfleisch, so die wörtliche Übersetzung, hat weniger etwas mit der Schärfe des Gerichts als mit der Zubereitungsart zu tun – über dem offenen Feuer. *Bulgogi* besteht aus in dünne Scheiben geschnittenem Rind- oder Schweinefleisch, das mariniert, gewürzt und dann am Tisch gegrillt wird. Sind die Fleischstückchen fertig, werden sie auf ein Salatblatt gelegt, mit *kimchi,* Knoblauch oder anderen Zutaten verfeinert, in das Salatblatt eingerollt und verspeist. Am leckersten schmeckt *bulgogi* mit Sojasauce.

Galbi 갈비: Gegrillte Rippchen sind besonders bei Ausländern beliebt. Die Zubereitung ist einfach. Die Rippchen werden in eine Marinade eingelegt, ziehen über Nacht und werden dann über offenem Feuer am Tisch gegrillt. Das Geheimnis liegt in der Marinade, die von süß bis scharf schmecken kann.

Dakgalbi 닭갈비: Die Delikatesse aus Chuncheon, Hauptstadt Gangwon-dos, besteht aus Hühnerfleisch mit Gemüse, Tomaten, Kohl und Reisfladen und ist in der Originalversion augentränend scharf. Alles zusammen wird in einer Pfanne gebraten und mit der Sauce *yang nyum jang* abgeschmeckt.

Heukdwaeji Gui 흑돼지구이: Jejus Spezialität in Sachen Schwein ist *heukdwaeji* 흑돼지 (Schwarzes Schwein), eine Rasse, die außerhalb der Insel kaum zu finden ist und deren Fleisch über Holzkohlefeuer gegrillt wird. Verbürgt ist, dass Schweineställe auf Jejudo früher direkt unter den Toilettenhäuschen gebaut wurden. Es heißt sogar, dass die Schweine so zu ihrem schwarzen Fell kamen. Unabhängig vom Mythos ist dies das schmackhafteste und zarteste Schweinefleisch Koreas.

Sinseollo 신설로: Koreas Antwort auf Feuertopf, die chinesische Fonduevariante (in Japan = Shabu Shabu). Bei dem gerne im Winter gegessenen Gericht wird ein mit kochender Brühe gefüllter Topf in die Mitte des Tisches gestellt und am Kochen gehalten. Die Zutaten werden dann hineingegeben. Typisch sind z. B. dünne Fleischscheiben, Gemüse wie Rettich, Karotten oder Pilze. Sind sie gar, dippt man sie meist in eine Sauce – und genießt.

Meeresfrüchte

Haemultang 해물탕: Südkorea ist vom Meer umgeben, ein Meeresfrüchte-Eintopf also keine Besonderheit. Dieser ist es schon, denn *haemultang* ist erfrischender, aber auch schärfer, als das Gesetz erlaubt. Krabben, Fisch, Tintenfisch und Krebse finden sich alle zusammen in diesem leckeren Eintopf.

Nakji Bukkeum 낙지볶음: geschnittene Oktopustentakel, denen Gemüse wie Zwiebeln und Karotten beigemengt werden.

Okdom Gui 옥돔구이: gegrillte Meerbrasse (Barsch), eine Spezialität der Insel Jeju. *Okdom* wird auf Jejudo nach dem Fang sonnengetrocknet und vor dem Grillen mit Sesamöl bestrichen. Ein Gaumenfest.

Tischsitten im Land der Morgenstille

Niemand kommt allein wegen des Essens nach Südkorea, aber Vielfalt, Geschmacksintensität und vor allem Tischmanieren hinterlassen ihre Spuren – an Koreas Tafeln geht es anders zu als bei uns. In südkoreanischen Restaurants mit Einheimischen essen zu gehen, offenbart die gesamte Palette koreanischer Andersartigkeiten inklusive Stäbchenablage und Trinksitten.

Südkoreanischen Städten mangelt es nicht an Restaurants; in Seoul widmen sich ganze Viertel wie Insadong oder Märkte wie der Gwangjang-Markt den Gaumenfreuden. Kulinarisches Paradies hin oder her, die Tischmanieren sind lockerer als im strengen Europa. An koreanischen Tischen geht es entspannt zu, selbst Rülpsen und Schlürfen sind erlaubt. Im Gegensatz zu China sind die Sitten aber deutlich strenger: Schmatzen und exzessives Nasehochziehen sind anders als beim asiatischen Nachbarn verpönt. Was ebenfalls nicht geht, ist das Putzen der Nase in der Öffentlichkeit oder gar am Tisch. Ob zu viel scharfes *kimchi* oder Schnupfen – niemals inbrünstig ins Taschentuch schnäuzen! Tupfen ist erlaubt, wenn dies nicht hilft, sollte man aufstehen und die Toilette aufsuchen.

Ein weiteres ›no go‹ ist es, statt mit Stäbchen zu essen auf Gabel und Messer zu bestehen. Selbst gute Restaurants haben diese westlichen Werkzeuge nicht immer präsent. Die Stäbchen sind anders als in Japan oder China nicht aus Holz, sondern aus Edelstahl oder sogar Silber. Sie werden rechts neben Reis und Suppe gelegt, ebenso wie der langstielige Löffel, mit dem Reis und Suppe gegessen werden. Keinesfalls werden Reis- und Suppenschüssel zum Mund geführt, wie dies in China üblich ist. Auf jeden Fall sollte man einen Blick auf die Löffel- und Stäbchenhalter werfen, die viel zur Tischkultur beitragen. Sie sind aus Porzellan, Holz, Silber etc. hergestellt, bei den edlen Varianten fein verziert und sind eines der Aushängeschilder der Tischdekoration, an denen sich die Güte des Restaurants erkennen lässt. Niemals die Stäbchen über Kreuz auf die Stäbchenhalter legen. Das machen nur Bauern vom Land oder Barbaren aus dem Westen. Mit Stäbchen sollte weder auf jemanden gezeigt werden, noch darf man sie senkrecht in den Reis stecken, denn dies erinnert an die Räucherstäbchen in buddhistischen Tempeln, mit denen der Toten gedacht wird.

Die erste Spielregel bei Tisch ist, sich nicht die ganze Zeit intensiv zu unterhalten. Das klingt nach schweigsamen Mahlzeiten wie im Kloster, aber in Korea gilt es als unhöflich, sich während des Essens allzu breit oder sogar laut auszutauschen. Essen ist ein Ritual, und daher widmet man dem kulinarischen Genuss seine gesamte Aufmerksamkeit. Trotzdem wird natürlich gesprochen, aber zurückhaltend.

Sitzt man auf einem Kissen auf dem Fußboden, werden bei Langnasen spätestens nach 15 Minuten Rücken und Beine Stresssignale senden. Aufstehen während des Essens ist nicht gerne gesehen, es sei denn, die Natur ruft. Sowieso wird man mit dem Erheben seine Schwierigkeiten haben: Die Beine sind taub und verbogen, und sie gehorchen nicht mehr den Befehlen.

Üblicherweise gilt, dass die in einer Tischrunde bestellten Speisen für alle da sind, sich

Thema

also jeder von allem nimmt. Ausnahmen sind Suppe und Reis, die nicht im Gemeinschaftstopf, sondern in individuellen Schälchen für jeden Esser dargereicht werden. Da man gemeinsam aus den Töpfen und Schälchen isst, sollte man der Versuchung widerstehen, mit den Stäbchen in den Speisen zu wühlen auf der Suche nach den besten Stücken, und nur diejenigen Beilagen mit den Stäbchen berühren, die man auch essen will.

Nach dem Essen wird gerne noch ein *soju* getrunken (s. S. 67). *Soju* wird wie jedes andere Getränk mit beiden Händen eingeschenkt, und die Gläser werden ebenfalls mit beiden Händen gehalten. Die gute Kinderstube erkennt man daran, dass man anderen einschenkt, aber niemals sich selbst, denn das gilt als gierig. Anders als in westlichen Ländern sind nur Frauen Selbstversorger und füllen die Gläser der Männer, aber nicht umgekehrt, und Frauen schenken auch nicht ihresgleichen ein.

Am Schluss des Mahles wartet man, bis die älteste Person ihren Sitzplatz verlassen hat, bevor man sich selbst erhebt – eine Regel, die bei einem Businessdinner aufgehoben ist. Die Verabschiedung ist kurz und schmerzlos: Ist der letzte Bissen gekaut, stehen alle abrupt auf und verlassen ohne viele Worte das Restaurant. Bezahlt wird vom Einladenden, und zwar am Ausgang des Restaurants. Das Teilen der Rechnung ist unüblich. Trinkgeld wird nicht gegeben.

Traditionelles Speisen im Familienkreis

Dongnae Pajeon 동래파전: Pfannkuchen aus gebratenen Zwiebeln und Meeresfrüchten – ein beliebtes und herzhaftes Gericht aus Busan. Seine grüne Farbe rührt von grünen Zwiebeln her.

Reis

Juk 죽: Selbst die koreanischen Könige bevorzugten morgens ihre Schüssel Reisbrei, der in vielen Geschmacksrichtungen erhältlich ist – mit Kürbis (호박죽 *hobakjuk*), mit roten Bohnen (팥죽 *patjuk*), mit Seeohren (전복죽 *jeonbokjuk*) oder süß (속미음 *sokmieum*). *Juk*, eines der ältesten Gerichte Koreas, ist leicht verdaulich und wird häufig warm gegessen.

Bibimbap 비빔밥: Der Klassiker unter den koreanischen Gerichten besteht aus einer Mischung von leckerem Reis, frischem Gemüse und der belebenden Schärfe roter Chilipaste – gekrönt von einem Spiegelei

Gimbap 김밥: koreanische Variante einer fischlosen Sushi-Rolle. Reis, Gemüsestangen, Ei und eventuell Fleisch werden in getrockneten Seetang gewickelt und in Scheiben geschnitten. Eine populäre wie nahrhafte Mahlzeit, die durch den Reis rasch sättigt.

Restaurants und Garküchen

Traditionelle koreanische **Restaurants** haben niedrige Tische, an denen man im Schneidersitz hockt, und Einrichtungen mit Kantinenflair – beides ist für Westler gewöhnungsbedürftig. Dafür stimmen Qualität und Preis des Essens. In kleinen, einfacheren Restaurants zahlt man ₩ 5500–9000 pro Gericht. Wer Wert auf Stühle und Ambiente legt, wird in den größeren *sikdang* 식당 (Restaurant) oder *jib* 집 (Haus) fündig, die mehr als das Doppelte für vergleichbare Speisen verlangen. In kleinen Restaurants und fast allen Lokalen außerhalb der großen Städte gibt es nur Speisekarten in Koreanisch, manchmal vereinfachen bebilderte Speisekarten die Wahl für ausländische Gäste.

Beliebt sind außerdem **Food Courts,** die in den großen Kaufhäusern oder Malls ein ganzes Stockwerk belegen und preiswerte Gerichte anbieten. Darunter findet sich meist auch ein ausländisches Restaurant – chinesische und japanische sind am häufigsten vertreten, westliche nur selten. Einzig Italien scheint die Gunst der Koreaner gewonnen zu haben und ist auch außerhalb Seouls in nennenswerter Zahl mit Restaurants vertreten.

Die ›Imbissbuden‹ Koreas, die **Garküchen,** kleine Imbisse auf Rädern (*pojang macha* 포장마차) stehen meist abends an Straßenkreuzungen, bieten koreanische Spezialitäten und damit Sinnesgenuss für den kleinen Hunger zwischendurch. Kunden dürfen keine Gourmetküche oder strenge Hygiene erwarten. Die Verlockungen reichen von gesundem Fingerfood wie Maiskolben bis zu Häppchen, vor denen jeder Kardiologe warnt. Fischkuchenspieße, Würstchen oder Reiskuchen. Die Bestellregeln sind einfach: Den Preis nennen, den man bereit ist insgesamt zu zahlen, mit dem Finger auf die Delikatessen zeigen, und schon wird die Auswahl zusammengestellt. Es gibt kaum ein authentischeres Street-Food-Erlebnis, als sich einen kräftigen *soju* (Schnaps) an einer der rollenden Holzbänke zu genehmigen, gefolgt von einem Menü aus gebratenen Seidenraupen und koreanischer Blutwurst in Schweinedarm. Im Winter schließen geröstete Kastanien das Mahl ab.

Öffnungszeiten

Restaurants: meist tgl. 11–21.30 Uhr
Food Courts: wie die jeweilige Mall
Garküchen: meist ab Sonnenuntergang

Getränke

Kaffee und Tee

Europa trinkt Kaffee und Asien Tee – so die landläufige Meinung. Weit gefehlt. Auch wenn Korea für Jahrhunderte dem Tee verfallen war, zeugen die zahlreichen Kaffeehäuser wie Starbucks und dessen südkoreanische Pendants Tom N Toms, Caffe Bene oder Angel-in-us von der **Kaffeekultur** in Südkorea. Bislang hat die dunkle Bohne vor allem die Städte erobert, und dies erst seit den 1990er-Jahren. Für die meisten Kunden ist weniger der Kaffee (*keopi* 커피) wichtig, als vielmehr das **Café** als Treffpunkt, Lern- und Arbeitsort. Die meisten Cafés bieten Gratis-Internet, sodass am Samstagnachmittag oder nach Büroschluss das mit iPads und Computern bewaffnete Jungvolk alle Sitzplätze belegt. Der Begriff *coffice* (Coffee und Office) gibt die Funktion der Cafés treffend wieder.

Während Kaffee seinen Siegeszug durch Südkorea fortsetzt, verliert **Tee** (차 *cha*) seit Jahren an Boden. Das traditionelle Getränk kam im 7. Jh. aus China nach Korea. Die verbreitetste Teesorte ist *nokcha* 녹차 (grüner Tee), gefolgt von den blattlosen Tees *insamcha* 인삼차 (Ginsengtee), *daechucha* 대추차 (Jujubentee) und *yujacha* 유자차 (Zitronentee). Besonderheiten sind der *boricha* 보리차 aus gerösteten Gerstenkörnern und der beliebte *omijacha* 오미자차 (Tee der Fünf Geschmäcker), der aus der Schisandria-Beere gewonnen wird und seinem Namen nach sauer, bitter, scharf, süß und salzig zugleich ist. Auch im *omija hwachae* 오미자화채 kommt die Beere zum Einsatz, die man über Nacht in Wasser ziehen lässt. Dieses rote Getränk ist eigentlich ein Punsch, der kalt und mit etwas Zucker genossen wird und gut gegen Husten sein soll. Schwarzer Tee aber ist kaum zu finden.

In der Goryeo-Zeit (918–1392) entwickelten buddhistische Mönche eine **Teezeremonie** (*dado* 다도) mit striktem Protokoll: Zubereiten, Servieren und Genießen folgten einer genauen Choreografie. Besonders grüner Tee galt und gilt Mönchen als entspannend und Teil der Meditation. Eine Debatte ist für sie ohne eine Tasse Tee undenkbar.

Alkoholische Getränke

Zeit der Freude, Zeit des Leids – für Koreaner gehören Schnäpse, Weine und andere Alkoholika zum Leben wie die Luft. Hochprozentiges ist nicht nur akzeptiert, sondern sogar notwendig, wenn es um Geschäftliches geht oder die Familie zusammenkommt: Der Start ist ein Gläschen, dem ein zweites folgt, dann ein weiteres und ... das Ende ist bekannt. ›Social Drinking‹ wird in Korea wörtlich genommen, und Freundschaften werden gerne mit viel Alkohol besiegelt.

Koreaner stoßen vor allem mit **Soju** 소주 an, dem bekanntesten destillierten Alkohol des Landes. Sein Alkoholgehalt liegt bei etwa 20 % oder darüber, was Koreaner nicht davon abhält, den in grünen Flaschen abgefüllten, wodkaähnlichen Branntwein in Mengen zu konsumieren. Bei Preisen ab ₩ 1500 für 300 ml *soju* verwundert es kaum, dass 2004 über 3 Mrd. Flaschen allein in Südkorea verkauft wurden – 60 Flaschen je Einwohner, Babys, Jugendliche und Senioren mitgezählt. *Soju* wird durch Mischen von Ethanol mit Wasser und Aromastoffen produziert und ist in der untersten Qualitätsstufe ein Gebräu, das zwar schnell den gewünschten ›Effekt‹ auslöst, aber auch dazu geeignet ist, diesen so rasch nicht zu vergessen. Edlere Tropfen aus Süßkartoffeln, Reis und Getreide sind geschmacklich anspruchsvoller. Am bekanntesten ist *soju* aus der Region um Andong.

In der Gunst ganz oben steht zudem **Reiswein** (*makgeolli* 막걸리) mit etwa 6 % Alkohol. Das milchige Getränk mit süß-saurem Geschmack hat die längste Geschichte unter Koreas Spirituosen, galt früher als Alkohol der Bauern, hat sich jedoch inzwischen zum Renner bei Studenten aufgeschwungen.

Ein weiterer Klassiker ist **Ginsengwein** (*insamju* 인삼주), hergestellt mit der gleichnamigen Wurzel (*insam* 인삼), die in den transparenten Flaschen mehr aus Marketinggründen als wegen ihrer Heilwirkung schwimmt. Aber in kleinen Mengen soll der regelmäßige Genuss von *insamju* die Gesundheit fördern.

Neben diesen Favoriten hat Südkorea noch eine Reihe **Kräuterschnäpse** (*yagyongju* 약용주) und **Obstweine** (*gwasilju* 과실주) zu bieten, von denen der meist zu Hause hergestellte *maesilju* 매실주 (Pflaumenwein) der vielleicht bekannteste ist.

Selbst die in Asien wenig beliebten **Traubenweine** (Rotwein/Jeokpodoju 적포도주, Weißwein/Baekpodoju 백포도주) haben ihren Weg nach Südkorea gefunden und werden im Land produziert. Geschmacklich haben die Tropfen noch Nachholbedarf gegenüber europäischen oder südamerikanischen Weinen.

Kulinarisches Lexikon

Im Restaurant

Bitte bringen Sie mir die Speisekarte! Menyu chom kattajuseyo! 메뉴 좀 갖주세요
Was können Sie empfehlen? Moga mashisawyo? 뭐가 맛있어요?
Ich bin Vegetarier. Naneun chaesikjuui jaida. 나는 채식주의 자이다
Machen Sie es nicht so scharf. Maepchi ahngae haejuseyo. 맵지 않게 해주세요
Haben Sie eine Gabel? foku esawyo? 포크 있어요?
... ein Messer? naipeu ...? 나이프 ...? **... einen Löffel?** sujuh ...? 스푼 ...?
Bringen Sie mir bitte etwas Wasser. Mul chom juseyo. 물 좀 주세요
Bringen Sie mir bitte ... ... juseyo ... 주세요
Salz sogeum 소금 **Pfeffer** huchu 후추
Guten Appetit masitkke deuseyo 맛있게 드세요 **Prost!** galchae 갈채
Es schmeckt sehr gut. mashi esawyo. 맛이 있어요
Akzeptieren Sie Kreditkarten? Credit card gyesan halsu itnayo? 카드로 계산할 수 있나요?
Die Rechnung bitte. Gyesanseo juseyo. 계산서 주세요

Gewürzzubereitungen

된장	**doenjang**	Sojabohnenpaste
간장	**ganjang**	Sojasauce
고추장	**gochujang**	rote Chilipaste

Suppen

알탕	**Altang**	scharfe Suppe mit Fischrogen
대구탕	**Daegutang**	Suppe mit Kabeljau
된장찌개	**Doenjang Jjigae**	Eintopf mit Sojabohnenpaste
갈비탕	**Galbitang**	Suppe mit Rinderrippe
갈치호박국	**Galchi-hobak-guk**	Kürbissuppe mit Degenfisch (Jejudo)
김치찌개	**Kimchi Jjigae**	*kimchi*-Eintopf
매운탕	**Maeuntang**	scharfe Suppe mit Fisch
만두국	**Manduguk**	Maultaschen in Fleischbrühe
삼계탕	**Samgyetang**	Hühnereintopf mit Reis und Ginseng
설렁탕	**Seolleongtang**	Rinderkraftsuppe
순두부찌개	**Sundubu Jjigae**	Eintopf aus Tofu, Gemüse, Fleisch oder Muscheln und Ei

Nudeln

냉면	**Naengmyeon**	Buchweizennudeln in kalter Rinderbrühe, mild *(mul)* oder scharf *(bibim)*
잡채	**Japchae**	gebratene Glasnudeln mit Gemüse, Rindfleisch
칼국수	**Kalguksu**	Bandnudelsuppe
막국수	**Makguksu**	kalte Buchweizennudeln
라면	**Ramyun**	Fertignudeln
만두	**Mandu**	gedämpfte, mit Gemüse, *kimchi* oder Hackfleisch gefüllte Maultaschen
군만두	**Gunmandu**	frittierte/gebratene Maultaschen

Fleisch

보쌈	**Bossam**	gekochtes Schweinefleisch, gewickelt in *kimchi* und Kohlblätter
불고기	**Bulgogi**	mariniertes, gegrilltes Rind- oder Schweinefleisch
닭갈비	**Dakgalbi**	scharfe Pfanne mit süß-saurem Hühnerfleisch, Gemüse, Reisfladen
닭꼬치	**Dakkkochi**	Hühnerfleisch auf Spießen, scharfe Marinade
갈비	**Galbi**	gegrillte Rippchen
갈비구이	**Galbi Gui**	Marinierte gegrillte Rinderrippchen
흑돼지구이	**Heukdoeji Gui**	über Holzkohle gegrilltes Jeju-Schwein
삼겹살	**Samgyeopsal**	gegrillter Schweinebauch
수육	**Suyuk**	gekochtes, in Scheiben geschnittenes Rind- oder Schweinefleisch

Meeresfrüchte

동래파전	**Dongnae Pajeon**	Zwiebelpfannkuchen mit Meeresfrüchten (Busan)
해물탕	**Haemultang**	Meeresfrüchte-Eintopf
회	**Hoe**	roher Fisch
회덮밥	**Hoe Deopbap**	Reis mit rohem Fisch und Mischgemüse
모듬회	**Modeum Hoe**	roher Fisch und Meeresfrüchte
낙지	**Nakji**	Oktopus
낙지볶음	**Nakji Bokum**	Oktopus mit Gemüse (sehr scharf)
오징어순대	**Ojingeo Sundae**	gefüllter Tintenfisch
옥돔구이	**Okdom Gui**	gegrillter Barsch
생선초밥	**Saengseon Chobap**	roher Fisch auf Essig-Reisbällchen
새우튀김	**Saeu Twigim**	frittierte Garnelen

Reis

비빔밥	**Bibimbap**	Reis mit Gemüse, Fleisch, Ei, scharfer Chilipaste
볶음밥	**Bokkeumbap**	gebratener Reis mit Gemüse
김밥	**Gim-Bop**	fischlose Sushi-Rolle mit Reis, Gemüse, Ei
전복죽	**Jeonbok Juk**	Reisbrei gemischt mit Seeohren
죽	**Juk**	Reisbrei
떡볶이	**Tteokbokki**	in Häppchen geschnittener Reiskuchen

Weitere Spezialitäten

버섯전골	**Beoseot Jeongol**	Schmorpfanne mit Pilzen, Rindfleisch und verschiedenen Gemüsen
빈대떡	**Bindae Tteok**	Pfannkuchen aus Mungbohnenmehl
고구마 맛탕	**Goguma Mattang**	kandierte Süßkartoffel
한과	**Hangwa**	koreanische Kekse
한정식	**Hanjeongsik**	traditionelles Menü aus mehreren Hauptgerichten und Beilagen
김치	**Kimchi**	fermentierter Chinakohl mit rotem Pfeffer, Knoblauch, Fischsauce
순대	**Sundae**	koreanische Blutwurstvariante, mit Innereien von Schwein oder Rind

Getränke

물 / 광천수	**Mul/Gwangcheonsu**	Wasser/Mineralwasser
커피	**Keopi**	Kaffee
우유	**Uyu**	Milch
보리차	**Boricha**	Tee aus gerösteten Gerstenkörnern
차	**Cha**	Tee
대추차	**Daechucha**	Jujubentee
인삼차	**Insamcha**	Ginsengtee
녹차	**Nokcha**	Grüner Tee
오미자차	**Omijacha**	Tee aus der Schisandria-Beere
유자차	**Yujacha**	Zitronentee
오미자화채	**Omija Hwachae**	Punsch mit Schisandria-Beere
인삼주	**Insamju**	Ginsengwein
과실주	**Gwasilju**	Obstwein
매실주	**Maesilju**	Pflaumenwein
막걸리	**Makgeolli**	Reiswein
식혜	**Sikhye**	Reispunsch
소주	**Soju**	Schnaps
용주	**Yagyongju**	Kräuterschnaps
맥주	**Maekju**	Bier
적포도주	**Jeokpodoju**	Rotwein
백포도주	**Baekpodoju**	Weißwein

Auf dem Noryangjin-Fischmarkt

Wissenswertes für die Reise

Südkorea im Internet

www.visitkorea.or.kr
Hervorragende Website der Korea Tourism Organization (KTO; s. S. 73) in elf Sprachen, die eine überwältigende Fülle an Informationen bietet.

www.hikorea.go.kr
Leben, Arbeiten und Investieren – nichts ist einfacher in Südkorea aus Sicht der Regierung, die diese Internetseite unter dem Motto »e-Government for Foreigners« betreibt.

www.lifeinkorea.com
Alles über das Land, manchmal etwas dünne und veraltete Informationen – kein Wunder, bei dem raschen Wandel in Südkorea.

www.korea4expats.com
Beste und umfangreichste Website für in Korea lebende Ausländer inklusive Veranstaltungstipps (Schwerpunkt Seoul).

www.rjkoehler.com
Blog des Wahlseoulers Robert Koehler, der seit 2007 in Seoul lebt und das Land wie seine Westentasche kennt. Exzellente Fotos und unterhaltsame Artikel mit sehr guten Hintergrundinfos.

www.prkorea.com
Südkorea in über zehn Sprachen (auch Deutsch), erklärt mit patriotischem Blick.

Englischsprachige koreanische Zeitungen im Internet: s. S. 102

Diplomatische Vertretungen

... in Deutschland

Botschaft der Republik Korea
Konsularabteilung: Stülerstr. 8/10, 10787 Berlin, Tel. 030 26 06 54-32, -33, -34, Fax 030 260 65 54, deu.mofat.go.kr, Mo/Di, Do/Fr 9–12, 14–16, Mi 9–12 Uhr.
Außenstelle Bonn: Mittelstr. 43, 53175 Bonn, Tel. 0228 94 37 90, Fax 0228 372 78 94, deu-bonn.mofat.go.kr, Mo/Di, Do/Fr 9–12, 14–16, Mi 9–12 Uhr.

Generalkonsulate der Republik Korea
Lyoner Str. 34, 60528 Frankfurt/M., Tel. 069 956 75 20, Fax 069 56 98 14, deu-frankfurt.mofat.go.kr, Mo/Di, Do/Fr 9–12, 14–16.30, Mi 9–12 Uhr.
Kaiser-Wilhelm-Str. 9 (3. Stock), 20355 Hamburg, Tel. 040 650 67 76 00, Fax 040 650 67 76 31, deu-hamburg.mofat.go.kr, Mo-Fr 9.30–12, 14–17 Uhr.

... in Österreich

Botschaft der Republik Korea
Gregor-Mendel-Str. 25, 1180 Wien, Tel. 01 478 19 91, Fax 01 478 10 13, aut.mofat.go.kr, Konsularabteilung Mo–Fr 9–12, 14–16 Uhr.

... in der Schweiz

Botschaft der Republik Korea
Kalcheggweg 38, Postfach 28, 3006 Bern, Tel. 031 356 24 44, Fax 031 356 24 50, cheberne.mofat.go.kr, Mo–Fr 9–12.30, 14–17 Uhr.

... in Südkorea

Botschaft der Bundesrepublik Deutschland (Dogil Daesagwan 주한독일대사관)
32 Jangmun-ro, Yongsan-gu, 140-816 Seoul, Tel. 02 748 41 14, Notfallnr. 0082 11 240 71 24 (SMS, deutschsprachiger Bereitschaftsdienst), Fax 02 748 41 61, www.seoul.diplo.de, Mo–Do 8–12.30, 13.15–17, Fr 8–12, 12.30–15.30, Sommer Mo, Mi/Do 8–12.30, 13.15–16, Di 8–12.30, 13.15–16.30, Fr 8–12, 12.30–14 Uhr, Konsularabteilung Mo–Do 9–12, Fr 8.30–11.30 Uhr.

Botschaft der Republik Österreich (Oseuteuria Daesagwan 오스트리아대사관)
21. Stock, Kyobo Building, 1 Jongno 1-ga, Jongno-gu, 110-714 Seoul, Tel. 02 732 90-71, -72, Notfalltel. 010 81 88 90 72 , Fax 02 732 94 86, www.bmeia.gv.at/botschaft/seoul.html, Mo–Fr 9–12 Uhr.

Botschaft der Schweiz (Seuwiseu Daesagwan 스위스대사관)
32-10 Songwol-dong, Jongno-gu, 110-101 Seoul, Tel. 02 739 95-11, -12, -13, 14, Fax 02 737 93 92, www.eda.admin.ch/seoul, Mo–Fr 9–12 Uhr.

Fremdenverkehrsämter

... in Deutschland

Korea Tourism Organization (KTO)
Baseler Str. 35–37, 60329 Frankfurt/Main, Tel. 069 23 32 26, 069 23 49 73, E-Mail kntoff@euko.de, www.visitkorea.or.kr (auch auf Deutsch). Der Frankfurter Sitz der KTO ist für alle deutschsprachigen Länder zuständig, also auch für Österreich und die Schweiz.

... in Südkorea

Touristencenter und -kioske sind an fast allen touristisch interessanten Plätzen Südkoreas zu finden und strategisch meist gut platziert, d. h. in oder an Bahnhöfen, Busbahnhöfen und an wichtigen Sehenswürdigkeiten. Die Center sind durchweg gut organisiert, besonders in Seoul, häufig wird auch Englisch gesprochen. Die KTO-Zentrale in Seoul bietet exzellente Karten und Infos über die Hauptstadt und den Rest des Landes inklusive gut geschultem Personal, das auch für den entferntesten Ort eine Busverbindung finden wird.

Zentrale der Korea Tourism Organization (KTO, Hanguk Gwangwang Gongsa 한국관광공사)
Jung-gu, Cheonggyecheon-ro 40, 100-180 Seoul, Tel. 02 729 94 97, -98, -99, 24-Std.Hotline: 13 30 (mit Ortsvorwahl, also z. B. 051 13 30, wer von Busan aus anruft), www.visitkorea.or.kr, U1 Jonggak, Ausgang 5, geradeaus über den Cheonggye-Fluss, danach rechts und noch 100 m, tgl. 9–20 Uhr.

Karten

Gratiskarten in englischer Sprache sind in jeder Touristeninformation und jedem guten Hotel erhältlich, sodass in Europa keine Karte vorab erworben werden muss. Ein Besuch der Zentrale der Korea Tourism Organization (KTO) sollte für die Bestückung mit Kartenmaterial über Korea, Seoul und die für ausländische Besucher attraktivsten Städte ausreichen. In fast jeder Stadt bietet darüber hinaus die lokale Touristeninformation Stadtpläne und Infobroschüren für eine grobe Orientierung gratis an. Aber: Je kleiner die Stadt oder Provinz, desto unwahrscheinlicher und aussageloser sind englischsprachige Informationen und desto merkwürdiger wird das Englisch. Größter Nachteil der KTO-Karten sowie des lokalen Materials sind deren Maßstab und Detaillierungsgrad, die beide zu wünschen übrig lassen. Hinzu kommt, dass Straßennamen in Korea bisher nur in den wenigsten Fällen existieren und daher auch in den Karten fehlen.

In den Buchläden Seouls sind bessere Karten erhältlich, allerdings meist nur in *hangeul* 한글 (koreanische Silbenschrift).

Lesetipps

2005 war Korea Schwerpunkt der Frankfurter Buchmesse, was im Vorfeld eine Übersetzungseuphorie im Hinblick auf südkoreanische Autoren und ihre Werke auslöste. Leider hielt sich die Begeisterung nicht lange und koreanische Literatur versank wieder im Dornröschenschlaf. Der Bielefelder Pendragon-Verlag hat eine feine Korea-Edition im Programm.

Cumings, Bruce: Korea as seen by Magnum Photographers. New York City 2008. 300-Seiten-Opus mit fast 250 Fotos von einer der weltbesten Fotoagenturen und Texten des Koreakenners Cumings, der die historische

Fakultät an der Universität Chicago leitet. Der Autor veröffentlichte weitere vorzügliche Bücher über Süd- und Nordkorea, u. a. »The Korean War – A History«, New York City 2011 oder »Korea's Place in the Sun – A Modern History«, New York City 2005.

Eckert, Carter J./Lee, Ki-baik/Lew, Young/Robinson, Michael/Wagner, Edward W.: Korea old and new – A history. Seoul 1990. Geschichte Koreas in sachlichem Schreibstil. Das Buch endet in den 1980er-Jahren, gibt aber einen fundierten Rück- und Einblick, geschrieben von einigen der renommiertesten Historiker.

Hamel, Hendrik: Coree-Korea 1653–1666, Bangkok 1981. Erlebnisbericht des Niederländers Hamel, der im 17. Jh. an der Küste Koreas strandete und 13 Jahre im Land der Morgenstille verbrachte. Ein Klassiker und das erste Buch eines Westlers über Korea.

Hohleiter, Vera: Schlaflos in Seoul. Korea für ein Jahr. Dormagen 2010. Amüsantes und Abenteuerliches aus Südkorea mit Ausflügen in die Welt der Expats und Workaholics. Gut immer an den Stellen, wo die Autorin vorgefertigte Meinungen und gelesene Bücher vergisst.

Hyegyonggung Hong Ssi: The Memoirs of Lady Hyegyong. The Autobiographical Writings of a Crown Princess of Eighteenth-Century Korea. Berkeley & Los Angeles 1996. Memoiren einer Prinzessin, die den Tod ihrea Mannes erlebte, umgebracht von König Yeongjo – seinem eigenen Vater.

Kim Won-il: Wind und Wasser. Bielefeld 1998. Klassische koreanische ›Narbenliteratur‹ über das Schicksal eines Mannes während der japanischen Kolonialherrschaft und des Koreakriegs. Erzählt mit großer sprachlicher Wucht.

Ko Un: Die Sterne über dem Land der Väter. Frankfurt 2005. Poeme des bekanntesten südkoreanischen Dichters (s. S. 56), der hier seiner Kritik an Diktatur und japanischer Besetzung freien Lauf lässt. Beim selben Verlag erschien eine Sammlung von 185 intensiven Zen-Gedichten (»Blüten des Augenblicks«, Berlin 2011).

Lee, Cecilia Hae-Jin: Eating Korea – From Barbecue to Kimchi. Recipes from My Home. Hoboken 2005. Einen guten Einblick in die südkoreanische Küche vermittelt die US-Autorin mit südkoreanischen Wurzeln. Sie stellt 100 Rezepte vor. Die meisten der zum Nachkochen benötigten Zutaten findet man in guten Supermärkten bzw. in asiatischen Lebensmittelgeschäften.

Lee Cheong-jun: Euer Paradies. Thunum 2007. Der Roman spielt auf einer vor Südkorea gelegenen Insel und zeichnet subtil den Alltag und die Herrschaftsstrukturen in der dortigen Lepra-Heilanstalt nach – eine Utopie zwischen Verrat, Blendung, Hoffnung und Ausbeutung. Der 2008 verstorbene Autor erhielt alle wichtigen südkoreanischen Literaturpreise und beeindruckt hier mit seiner »Gesellschaftssatire und Allegorie auf die Arroganz der Mächtigen« (FAZ). Von Lee erschienen über zehn weitere Werke auf Deutsch.

Liew, Christine: Reisegast in Korea. Dormagen 2010. Survival-Handbuch einer Koreanistin mit kenntnisreichen und unterhaltsamen Tipps zu Kultur und Verhalten im den Europäern immer noch fernen Land.

Rhie Won-bok: Korea Unmasked – In Search of the Country, the Society and the People. Seoul 2005. Humorvolles Porträt über südkoreanische Geschichte, Wirtschaft und Menschen in Comicform. Der Autor ist einer der bekanntesten Cartoonisten des Landes und hat in Münster studiert.

Yi Mun-yol: Der entstellte Held. Zürich 2004. Koreanische Variante von »Der Fänger im Roggen« von Südkoreas zweitem literarischen Leuchtturm (neben Ko Un), der sogar für den Nobelpreis gehandelt wird. Vom selben Autor erschien der stark autobiografisch geprägte Roman »Jugendjahre« (Bielefeld 1998).

Südkorea als Reiseland

Die meisten Reisenden kommen geschäftlich nach Südkorea, bleiben nur wenige Tage in Seoul oder Busan und haben wenig Zeit für Sightseeing. Für alle anderen sind im Folgenden einige Tipps für Reisen aufgelistet.

Was ist sehenswert?

In der Hauptstadt **Seoul** sollte man im Palastdistrikt einen der alten Königspaläste besuchen, durch die angrenzende Insadong-gil oder Samcheondong-gil mit ihren Geschäften und Teehäusern laufen und einen Blick in das alte Wohnviertel Bukchon werfen. Die Museen und Galerien Seouls zeigen die beste Kunst des Landes, die Märkte Dongdaemun und Namdaemun sind eine Freude für Liebhaber eines chaotischen Asien.

Gyeongju ist die alte Hauptstadt des Silla-Reichs und quillt vor Geschichte fast über. Zahlreiche Königsgräber, Pagoden und Tempel sind hier zu finden und hervorragend mit dem Fahrrad zu erkunden.

Für aktive Reisende ist einer der Nationalparks das ideale Refugium für einen ein- oder zweitägigen Ausflug. Der **Seoraksan-Nationalpark** im Nordosten, der **Jirisan-Nationalpark** im Süden oder der kleinere **Woraksan-Nationalpark** im Zentrum eignen sich bestens für lange Hikingtouren in Südkoreas Natur – die Wege sind sehr gut ausgeschildert, und in den größeren Parks warten Übernachtungshütten auf ambitionierte Wanderer.

Koreas Urlaubsinsel **Jejudo** liegt weit weg vom Rest des Landes, ist mit weniger kulturellen Schätzen als das Festland ausgestattet, bietet aber über einen Großteil des Jahres warme Temperaturen. Wer hierherkommt, will entspannen, golfen oder es sich einfach gut gehen lassen. Mit seinen langen Olle-Wanderwegen, dem erklimmbaren Hallasan-Vulkan und außergewöhnlichen Lavahöhlen bietet das Eiland jedoch auch ausreichende Möglichkeiten für bewegungssüchtige Reisende.

Vorschläge für Rundreisen

Südkorea in 14 Tagen

1. Tag: Seoul. Schlendern Sie durch den Palastdistrikt und besichtigen Sie einen der fünf Königspaläste. Besonders der Gyeongbokgung beeindruckt mit seiner Größe und der Wachablösung mit Soldaten in Uniformen der Joseon-Ära. Ein Spaziergang auf der Samcheongdong-gil kann mit dem Besuch eines Palasts verbunden werden. Wer noch Zeit hat, kann sich ins Getümmel des Dongdaemun-Markts stürzen und dann im Restaurant Top Cloud den Tag beenden.

2. Tag: Seoul. Ein Bummel durch die von Antiquitäten- und Souvenirläden, Kunstgalerien und Restaurants überquellende Insadong-gil kann mit einem Besuch des National Museum of Korea abgerundet werden. Abends geht es nach Itaewon in eines der kosmopolitischen Restaurants. Wer mag, setzt die Nacht in der dortigen Barszene fort.

2. Tag: Nordkoreanische Grenze (Demilitarisierte Zone). Eine Fahrt zur Demilitarisierten Zone (DMZ) nördlich von Seoul gibt einen lebendigen Eindruck vom Kalten Krieg, der zwischen den beiden Koreas nie endete. Einer der von Nordkorea gegrabenen Infiltrationstunnel sowie die Joint Security Area sollten auf dem Programm stehen. Anschließend bleibt Zeit für den Besuch eines Theaters oder einer klassischen Tanz- und Musikschau in Seoul.

4. Tag: Seoul. Ein vierstündiger Rundgang vom Namdaemun-Markt über den N Seoul Tower zum Namsangol Hanok Village belohnt mit sehr asiatischen Eindrücken. Wer morgens früh genug aufsteht, kann nach einem ausgiebigen Fotorundgang durch den Noryangjin Fish Market mitsamt Mittagessen anschließend bei einer Bootsfahrt auf dem Han-Fluss die Stadt bei Dunkelheit bestaunen – Candlelight-Dinner inklusive.

5. und 6. Tag: Sokcho und Nationalpark Seoroksan. Raus aus Seoul und in einen der besten Nationalparks des Landes. Um den Tag voll nutzen zu können, sollte man einen frühen Bus nehmen, den Ulsanbawi erklimmen und den Nachmittag mit einem Besuch der heißen Quelle Cheoksan beenden. Am nächsten Tag nimmt man einen anderen Wanderweg durch den Nationalpark.

7. Tag: Gangneung und Jeongdongjin. Ein Tag, wie geschaffen für die Herren der Schöpfung: Morgens stehen die Technikmuseen Chamsori und Edison in Gangneung auf der Agenda, und nach einer Fahrt mit dem Seaside Train lassen sich in Jeongdongjin ein gekapertes nordkoreanisches U-Boot sowie ein US-Zerstörer besichtigen. Nach dieser Technikshow geht es zurück nach Sokcho.

8. Tag: Andong. Eine Busfahrt zur traditionellen Adelskultur Koreas führt nach Dosan Saewon, einer ehemaligen Konfuziusschule und einstigen Eliteschule Koreas. Nach dem Besuch geht es zurück nach Andong zum Dorf Hahoe, seit 2010 Weltkulturerbe, sowie zum benachbarten Maskenmuseum. Übernachten kann man in (sehr) einfachen Unterkünften im Dorf oder in Andong.

9. und 10. Tag: Gyeongju. Tempel, Königsgräber und Palastruinen – die Sehenswürdigkeiten der alten Königsstadt lassen sich ideal auf einer Fahrradtour erkunden. Der Bulguk-Tempel sowie die Seokguram-Grotte sind ebenso Pflicht wie eine Wanderung oder eine Radfahrt zum Namsan.

11.–14. Tag: Jejudo. Am frühen Morgen (11. Tag) nimmt man den Bus nach Busan und fliegt von dort nach Jejudo. Ein Aufstieg zum Hallasan-Krater ist nur geübten Wanderern zu empfehlen, die Manjang-Höhle und der erloschene Vulkan Seongsan Ilchul-bong mit seinem spektakulären Sonnenaufgang sind indes Pflicht. Seine Basis sollte man in Jeju-Stadt einrichten oder noch besser in Seogwipo.

Südkorea in sieben Tagen

Für die einwöchige Tour verzichtet man auf den 2. Tag in Seoul und den 7. Tag in Gangneung/Jeongdongjin und fährt an diesen beiden Tagen von Sokcho nach Gyeongju (9. und 10. Tag der 14-Tages-Reise). Jejudo ist bei nur einer Woche im Land nicht zu schaffen, es sei denn, man verbringt nach zwei bis drei Tagen Seoul den Rest der Zeit auf der Insel.

Varianten für längere Reisen

Haben Sie mehr als zwei Wochen Zeit, bieten sich folgende Zusatzziele an. Besonders die Inseln und Nationalparks lohnen sich.

Zwei zusätzliche Tage in Seoul: Ein Tag entlang der alten Stadtmauer im Norden der Stadt und ein Bummel am Cheonggyecheon Stream sind Aktivität genug für ein bis zwei Tage. Den Rest kann man in der klaustrophobischen Seodaemun Prison History Hall verbringen und auf dem Free Market oder dem Hwanghak-dong-Flohmarkt.

Ein Tag auf Ganghwado: UNESCO-gekrönte Hünengräber, das Postkarten-Fischerdorf Oepo und Fischrestaurants sind die Not-To-Miss-Attraktionen dieser in einer Tagestour von Seoul erreichbaren Insel.

Ein Tag in Suwon: Eine Stunde per U-Bahn von Seoul entfernt, lädt die Suwon-Festung zu einem Spaziergang um die lange Mauer ein, die vor gut 200 Jahren Koreas neue Hauptstadt vor Eindringlingen schützen sollte.

Zwei bis drei Tage in Busan: Schauen Sie sich den United Nations Memorial Cemetery an, der den Gefallenen des Koreakriegs gewidmet ist. Pflicht sind auch der wuselige Jagalchi-Fischmarkt und ein Strandbesuch zum Entspannen. Für einen aktiven Tag erwandert man die Ruinen der Geumjeong-Festung. Im Oktober sollte auf jeden Fall das Busan International Film Festival besucht werden.

Zwei Tage im Jirisan-Nationalpark: Einer der besten Parks in ganz Südkorea für Bergtouren, wobei zwei Tage bis tief in den Park führen. Übernachtet werden kann in einer der einfachen Hütten entlang des Bergkamms – alles zusammen eines der letzten Abenteuer Südkoreas.

Drei Tage auf Ulleungdo: Jedem Fan abwegiger Orte und Touren sei diese Insel empfohlen. Das Eiland ist Südkoreas wildeste Ecke und bietet herrliche Wanderwege, u. a. auf einen 980 m hohen erloschenen Vulkan. Die Inselbewohner leben vom Tintenfischfang.

Ein Tag in Tongyeong: In dem kleinen, eine Tagestour von Busan entfernten Hafenstädtchen geht es mit der Seilbahn auf den Mireuk-Berg und anschließend auf die Insel Hansan (Hansando), den Stützpunkt von Yi Sun-sin, Koreas berühmtestem Admiral.

Zwei Tage in Gwangju: In dieser Stadt sollte man in die Geschichte eintauchen und sich die Monumente zur wichtigsten Demokratiebewegung der jüngeren koreanischen Geschichte anschauen, etwa den Nationalfriedhof des 18. Mai (5.18-Friedhof). Ein Besuch der Art Street, des Mudeungsan-Provinzparks sowie der Teeplantagen in Boseong sollten ebenfalls eingeplant werden.

Ein bis zwei Tage in Mokpo: Museumsviertel und Yudalcan-Park mit Rundgang sind die Highlights der Hafenstadt, die zudem idealer Ausgangspunkt für Tagesausflüge nach Heuksando und Jeungdo ist (siehe unten).

Ein Tag auf Heuksando: Von Mokpo geht es morgens auf die Insel, um einen der Berggipfel, z. B. den 227 m ›hohen‹ Sangnabong, zu erwandern.

Ein Tag auf Jeungdo: Eine mehrstündige Rundwanderung am Strand zu den alten Salzfeldern ist eine Reise zurück in die vorindustrielle Zeit.

Zwei zusätzliche Tage auf Jejudo: Die Versuchung ist groß, und man sollte ihr nicht widerstehen – gönnen Sie sich ein paar Tage Entspannung. Besuchen Sie auf Jejudo das Halla Arboretum, das Haenyeo-Museum und machen vielleicht noch eine Wanderung auf einem der Jeju-Olle-Wege.

Ein Tag im Songnisan-Nationalpark: Südkorea ist das Land der Nationalparks und im Songnisan macht man dasselbe wie in allen anderen Parks: eine Wandertour auf einem der feinen und gut beschilderten Wege zu einem Tempel und schönen Rundblicken.

Ein Tag im Woraksan-Nationalpark: Einer der nicht überlaufenen Parks des Landes kann mit einer Schifffahrt auf dem Chungju-Stausee sowie dem Besuch der heißen Quellen von Suanbo verbunden werden.

Nachhaltig reisen

Die Umwelt schützen, die lokale Wirtschaft fördern, intensive Begegnungen ermöglichen, voneinander lernen – nachhaltiger Tourismus übernimmt Verantwortung für Umwelt und Gesellschaft. Die folgenden Websites geben Tipps, wie man seine Reise nachhaltig gestalten kann.

www.fairunterwegs.org: »Fair Reisen« anstatt nur verreisen – dafür wirbt der schweizerische Arbeitskreis für Tourismus und Entwicklung. Außerdem ausführliche Infos zu Reiseländern in der ganzen Welt.

www.sympathiemagazin.de: Länderhefte mit Infos zu Alltagsleben, Politik, Kultur und Wirtschaft; Themenhefte zu den Weltregionen, Umwelt, Kinderrechten und Globalisierung – bislang jedoch noch ohne Südkorea.

www.zukunft-reisen.de: Das Portal des Vereins Ökologischer Tourismus in Europa erklärt, wie man ohne Verzicht umweltverträglich und sozial verantwortlich reisen kann.

Außerdem: forumandersreisen.de, verträglich-reisen.de.

www.kfem.or.kr: Die Website der größten Nichtregierungs-Organisation Südkoreas für Umwelt. Leider sind die Inhalte der englischsprachigen Seite nicht auf aktuellem Stand.

eng.me.go.kr: Website des südkoreanischen Umweltministeriums. Vorstellung von Projekten, Gesetzen und Statistiken. Teilweise nur auf Koreanisch.

Natur und Abenteuer

Südkorea ist ein dicht besiedeltes Industrieland, sodass Dschungelabenteuer sich in erster Linie im Verkehrsdickicht der Städte abspielen. Es gibt jedoch zahlreiche National- und Provinzparks für ausgiebige Wanderungen, und neben Kajak- oder Wildwasser fahren kann man in Südkorea auch tauchen – für Warmwasserfrösche bietet allerdings nur Jejudo halbwegs akzeptable Temperaturen.

Südkorea hält viele weitere Abenteuer bereit, von denen die meisten weniger physischer, sondern psychischer Natur sind, wie z. B. ein längerer Tempelaufenthalt. Die Regeln der Mönche sind zwar gewöhnungsbedürftig (sehr frühes Aufstehen, einfache Kost etc.), aber für eine Entschlackung des zivilisationsmüden Geistes ideal geeignet.

Je nach Spannungslage zwischen Süd- und Nordkorea bietet die Demilitarisierte Zone, wo sich nord- und südkoreanische Soldaten waffenstarrend gegenüberstehen, ein Abenteuer besonderer Art. Die Zone ist nicht betretbar, bis auf einen kleinen Teil, den monatlich Tausende Touristen auf einer der geführten Touren besuchen.

Tipps für die Reiseorganisation

Größtes Problem einer Reise nach Südkorea ist die **Sprachbarriere** – außerhalb von Seoul ist es selbst an den Touristeninformationsständen nicht einfach, ohne Koreanisch weiterzukommen. Viele Reisende sehen außer Seoul, Gyeongju, Busan und Jejudo wenig bis gar nichts von Südkorea.

Individualreisen

Südkorea auf eigene Faust zu bereisen ist deutlich günstiger als mit einer Pauschalreise und führt zu keinen Schwierigkeiten, da Koreaner sehr hilfsbereit sind. Allerdings ist der Organisationsaufwand deutlich höher, und man sollte ein zusätzliches Viertel an Zeit für Hotelbuchung etc. planen. Anders als in manchen abgelegenen Gebieten Asiens oder gar Chinas fällt man als Ausländer selbst als Einzelreisender nicht auf, allerdings kann das Sprachproblem in Gegenden abseits der üblichen Touristenpfade zu frustrierenden Situationen führen. Davon abgesehen ist Südkorea einfach zu erkunden, da der öffentliche Transport sehr effizient ist und sich letztlich immer eine Möglichkeit findet, einzelne Orte zu erreichen und ein Quartier aufzutreiben.

Für die individuelle Erkundung des Landes ist ein Mietwagen am besten geeignet, dies gilt besonders für Jejudo. Aber auch ohne eigenes Fahrzeug macht das Land Spaß – Bus und Bahn sind preiswert, pünktlich und bestens organisiert. Für Hotelbuchungen, Karten, Broschüren und Fahrpläne ist die exzellente Korea Tourism Organization (KTO, s. S. 73) erste Adresse. Besonders in der Seouler Zentrale lassen sich alle Informationen für eine Reise zusammenstellen. Die Mitarbeiter sind nicht nur sehr auskunftsfreudig, sondern werden auch in schwierigen Fällen bemüht sein, dem ausländischen Besucher zu helfen.

Eine Besonderheit Südkoreas sind die **Goodwill Guides,** ehrenamtliche Führer und Dolmetscher, mit denen über die KTO unentgeltliche Führungen möglich sind (Tel. 02 1330, www.visitkorea.or.kr/ger/GK/GK_GE_4_6_3_1.jsp, Buchung mindestens zehn Tage vorher über die Internetseite).

Organisierte Reisen

Eine organisierte Reise ist die einfachste und schnellste Möglichkeit, das Land kennenzulernen. Neben den großen Reiseveranstaltern gibt es auf Korea spezialisierte Unternehmen, beispielsweise **BCT-Touristik** (www.die-koreareise.de), **Paradeast** (www.fernost-entdecken.de) oder **East Asia Tours** (www.eastasiatours.de), die alle neben reinen Südkorea-Touren auch kombinierte Reisen nach Süd- und Nordkorea im Angebot haben. Teilweise werden Südkorea-Touren auch in Kombination mit einer Japan- oder Taiwan-Rundreise angeboten, beispielsweise von **Studiosus** (www.studiosus.com). Einzelreisende sollten ab ca. 2300 € für eine eineinhalbwöchige Rundreise rechnen. Eine drei- bis vierwöchige Reise in beide Teile Koreas ist nicht unter 4500 € pro Person zu bekommen.

Reisen mit Handicap

Südkoreaner hören es nicht gerne, aber trotz seines eigenen Anspruchs, in der ersten Weltliga mitzuspielen, werden Menschen mit physischen Einschränkungen das Land der Kategorie Dritte Welt zuordnen. Rollstuhlgerechte Eingänge sind nur in Luxushotels Standard. Dagegen verfügen fast alle U-Bahn-Stationen – zumindest in Seoul – über einen Aufzug sowie Toiletten mit Rollstuhlzugang. Angeblich soll bis Ende 2012 die Hälfte der Busse Seouls mit Rollstuhlrampen ausgestattet sein. Alle weiteren Errungenschaften Südkoreas beim barrierefreien Zugang zu Gebäuden oder öffentlichen Verkehrsmitteln sind überschaubar. Vor allem die Überquerung von Straßen – chaotischer Verkehr, hohe Bordsteine – und die Menschenmassen in den Großstädten sind kein Vergnügen für Rollstuhlfahrer. Eine spezielle Internetseite, **www.easyaccess.or.kr,** soll über Zugangsmöglichkeiten informieren, aber die Seite wird seit Jahren nicht gepflegt und ist nur in Koreanisch.

In Deutschland kann die **Nationale Koordinierungsstelle Tourismus für Alle** weiterhelfen: Fleher Straße 317a, 40223 Düsseldorf, Tel. 0211 336 80 01, www.natko.de.

Reisen mit Kindern

Trotz oder vielleicht wegen der niedrigsten Geburtenrate weltweit sind Koreaner Kinderliebhaber, die nicht nur ihre eigenen Zöglinge hätscheln und tätscheln, sondern dies auch fremden Kindern zuteil werden lassen. Besonders Kinder mit blondem Haar werden sich rasch wie Kinostars fühlen und auf zahlreichen Fotos wiederfinden.

Neben diesen angenehmen Seiten einer Tour mit Kindern sind auch einige Hinweise notwendig. Hochsitze oder Babywickelräume sind selbst in Luxushotels nicht immer üblich, und das Wort Babysitter ist in Korea ein Synonym für Oma und Opa – bezahlte Babybetreuung ist in Korea nur schwer zu finden. Gleiches gilt für Babynahrung, die so gut wie nie in Englisch ausgezeichnet ist.

In Hotels und Motels übernachten ganz kleine Kinder meist kostenlos, allerdings wird in den Motels die Frage nach einem separaten Kinderbett zu hochgezogenen Augenbrauen führen – diese Etablissements dienen anderen Zwecken. Ältere Kinder können in den Häusern der internationalen Hotelketten preisreduziert im Zimmer der Eltern übernachten, bei koreanischen Hotels außerhalb der Touristenorte wird dies schwieriger sein.

Kinder wollen beschäftigt sein, was Parks, Zoos und Aquarien zu idealen Refugien für die ganze Familie macht. Zwar existiert Disneyworld in Asien bislang nur in Tokyo, Hongkong und ab 2016 in Shanghai, aber Südkorea hat seine eigenen Vergnügungsparks. Dazu gehören in Seoul das COEX-Aquarium oder Lotte World. Auf Jejudo übernehmen der Hallim Park, Water World in Seogwipo oder das Teddybär-Museum diese Aufgabe – Letzteres wegen seiner augenzwinkernden Ausstellung durchaus auch für Eltern einen Besuch wert.

Öffnungszeiten von Sehenswürdigkeiten

Das Gros der Museen, Tempel und Paläste ist zwischen 9 und 17 Uhr geöffnet. Viele Sehenswürdigkeiten sind am Montag geschlossen. National- und Provinzparks sind meist von Sonnenaufgang bis Sonnenuntergang an sieben Tagen pro Woche zugänglich.

Anreise und Verkehr

Einreise- und Zollbestimmungen

Deutsche, Österreicher, Schweizer, Luxemburger, Südtiroler und Liechtensteiner benötigen zur Einreise nur einen gültigen Reisepass und können damit ohne Visum nach Südkorea reisen und sich 90 Tage im Land aufhalten. Kinder benötigen seit Juni 2012 einen eigenen Reisepass, die Eintragung im Reisepass eines Elternteils reicht nicht aus.

Ein- und Ausfuhrbestimmungen

Wie in anderen Ländern ist die **Einfuhr** bestimmter Produkte begrenzt. Für Südkorea bedeutet dies: kein Fleisch und maximal 1 l Alkohol pro Person. 200 Zigaretten, 50 Zigarren oder 250 g Tabak dürfen zollfrei importiert werden, was sich aber beispielsweise bei den Zigarettenpreisen in Korea von ₩ 2500 pro 20er-Packung kaum lohnt (zumindest bei der Einreise aus den Hochpreisländern der EU). Tiere oder tierische Produkte dürfen nur mit gültigen Papieren eingeführt werden. Vorsicht ist auch beim Import von Pflanzen geboten: frisches Obst wie Kirschen etc. darf ebenso wenig eingeführt werden wie Walnüsse (mit und ohne Schale), Setzlinge oder Erde. Des Weiteren ist die Einfuhr von Waffen und Munition, pornografischem Material und Drogen streng verboten. Mehr Informationen unter **www.customs.go.kr** und **www.qia.go.kr.**

Die **Ausfuhr** von koreanischen Antiquitäten ist nicht erlaubt bzw. ebenso wie die Ausfuhr von Kunst- und Kulturobjekten nur mit schriftlicher Genehmigung des Ministeriums für Kultur und Information gestattet.

Devisenbestimmungen

Bei der Einfuhr koreanischer oder ausländischer Währung im Wert von mehr als 10 000 US-$ müssen diese deklariert werden. Für einen eventuellen Rücktausch von Koreanischen Won die Umtauschquittung aufbewahren.

Anreise

Südkorea gehört zum asiatischen Festland, ist jedoch durch das feindliche Nordkorea von der Landmasse getrennt und dadurch verkehrstechnisch eine Insel, die nur über Wasser oder durch die Luft erreicht werden kann. Das hat dazu geführt, dass der internationale Flughafen Seouls in Incheon der viertgrößte Frachtflughafen weltweit ist.

Mit dem Flugzeug

Südkorea ist ein kleines Land, hat es jedoch seiner wirtschaftlichen Stärke zu verdanken, dass es mehrere Fluggesellschaften nonstop anfliegen, ab Deutschland Lufthansa (www.lufthansa.com), Korean Air (www.koreanair.com) und Asiana (www.flyasiana.com). Lufthansa fliegt von München und Frankfurt nonstop nach **Seoul** und zusätzlich von München nach **Busan** (Zwischenstopp in Seoul). Es lohnt sich, einen Blick auf die Internetseiten anderer Gesellschaften zu werfen, etwa Finnair (www.finnair.com), Air France (www.airfrance.com) oder British Airways (www.ba.com). Diese fliegen ab Deutschland, Schweiz oder Österreich zwar über ihre Heimatflughäfen, versüßen aber die längere Reisezeit mit teils günstigeren Preisen als die Nonstop-Anbieter.

Seouls internationaler Flughafen liegt westlich der Hauptstadt in Incheon und ist daher offiziell nicht nach Seoul, sondern nach der Hafenstadt benannt: **Incheon International Airport** (ICN). Von Incheon gibt es hervorragende Verbindungen mit öffentlichen Verkehrsmitteln nach Seoul (s. S. 164).

Flughäfen von Seoul

Seoul hat zwei Flughäfen, den alten Gimpo und den größeren Incheon Airport, der etwa 55 km westlich von Seoul liegt, in beiden gibt es eine effiziente Touristeninformation.

Gimpo International Airport (GMP; Gimpo Gukje Gonghang 김포국제공항): Tel. 02 26 60 21 14, www.airport.co.kr. Außer Tokyo (Haneda Airport), Osaka und Shanghai (Hongqiao International Airport) werden nur Inlandsziele angeflogen, z. B. Jejudo, Gwangju und über 30 x tgl. Busan.

Incheon International Airport (ICN; Incheon Gukje Gonghang 인천국제공항): Tel. 15 77 26 00, www.airport.kr. Bedient den größten Teil des internationalen Luftverkehrs Südkoreas, zusätzlich auch einige wenige Inlandsziele wie Jejudo und Busan.

Von den Flughäfen nach Seoul-Innenstadt

Beide Airports sind sowohl mit Bussen, Taxis und der Arex-Schnellbahn (www.arex.or.kr), die zwischen den Flughäfen und dem Bahnhof Seoul Station pendelt, an die Innenstadt angebunden. Der Gimpo Airport ist darüber hinaus durch die U-Bahn-Linien 5 und 9 mit der Stadt verbunden. Eine Fahrt von Incheon in die Innenstadt kostet vor Mitternacht mit einem *il-ban*-Taxi (s. S. 165) ₩ 65 000–70 000 (mehr bei Staus), plus Maut (₩ 7100).

Flughafen von Busan

Gimhae International Airport (PUS; Gimhae Gukje Gonghang 김해국제공항): 15 km im Westen des Stadtzentrums, Tel. 051 974 31 14, www.gimhaeairport.co.kr. Internationale Routen gehen u. a. nach Japan, Thailand, in die Volksrepublik China, auf die Philippinen und mit Lufthansa nach München (via Seoul), Inlandsflüge nach Seoul (Gimpo, Incheon) und Jejudo. Der Flughafen hat getrennte Terminals für nationale und internationale Flüge, die jedoch nur wenige Fußminuten auseinanderliegen. Seit 2011 ist er über eine **Lightrail-Verbindung** an das U-Bahn-Netz der Stadt angebunden, was die An- und Abreise zum/vom Flughafen einfach und preiswert macht.

Mit dem Schiff

Korea ist mit China, Russland und Japan über Fähren verbunden, die mindestens 1 x wöchentlich (Russland), teils auch täglich fahren (Japan).

Aktuelle Informationen zu den internationalen Fähren mit Fahrplänen, Reisedauer etc. unter **german.visitkorea.or.kr/ger/TR/TR_GE_2_5_1.jsp.**

Incheon–China

Ab **Incheon International Ferry Terminal 1** und **Ferry Terminal 2** bestehen Schiffsverbindungen u. a. nach Tianjin, Dalian und Qingdao (nicht nach Shanghai) mit Preisen zwischen ₩ 110 000 und ₩ 230 000.

Sokcho–Russland

Schiffe von/nach Russland fahren je nach Saison bis zu 3 x wöchentlich ab **Sokcho Port International Passenger Terminal** im Nordosten des Landes nach Zarubino in Südostrussland. Die Fahrt dauert etwa 16 Std. 1 x pro Woche fährt das Schiff von Zarubino in 4 Std. weiter bis Wladiwostok, von wo Abenteurer per Bahn bis nach Europa weiterreisen können, ohne einen Fuß in ein Flugzeug gesetzt zu haben.

Busan–Japan

Der einzige Hafen für Fähren nach Japan befindet sich in Busan. Vom **Busan Port International Ferry Terminal** (www.busanferry.com) fahren regelmäßig Schiffe nach Izuhara und Hitakatsu auf der Insel Tsushima sowie nach Shimonoseki, Fukuoka und Osaka. Die meisten Fähren fahren täglich.

Verkehrsmittel in Südkorea

Südkorea besitzt ein hervorragendes Netz an Überlandbussen und Zügen, ergänzt durch gute Flugverbindungen, die sich allerdings durch die Größe des Landes zeitlich nur für wenige Strecken lohnen. Reisende in Südkorea werden begeistert sein, wie komfortabel und effizient der öffentliche Personenverkehr ist. Selbst entfernte Nationalparks sind gut an das erstklassige Bussystem angebunden und Inseln durch Boote oder Fähren mit dem Festland verbunden.

Flugzeug

Für die Größe des Landes gibt es eine wundersam hohe Anzahl an Fluggesellschaften, die innerkoreanische Flüge anbieten. Derzeit existieren sieben Carrier: **Asiana, Korean Air, Air Busan, Eastar Jet, Jin Air, T'way Airlines** und **Jeju Air.** Außer auf die Insel Jejudo im Süden lohnt ein Inlandsflug nur in wenigen Fällen. Das gilt auch für die Strecke Seoul–Busan, auf der KTX-Züge 2,5 Std. benötigen, Busse 4,5 Std. und Flugzeuge 1 Std. Zu der kurzen Flugzeit addieren sich jedoch die Anreise zu/vom Flughafen sowie die Ein- und Auscheckzeit, sodass Fliegen nicht schneller ist als die KTX-Verbindung.

Die mit Abstand größten Airlines sind Asiana und Korean Air, die beide über das umfangreichste nationale und internationale Streckennetz verfügen und innerhalb Südkoreas fast identische Preise verlangen. Alle anderen Gesellschaften sind Billigfluglinien, die teilweise wenige Strecken bedienen und deren Flüge nicht über Reisebüros, sondern nur über das Internet oder am Flughafenschalter gebucht werden können. Außer T'way Airlines haben alle Gesellschaften auch internationale Ziele im Programm, mit Ausnahme von Asiana und Korean Air jedoch nur in Asien.

Fast alle **Inlandsflüge** starten in Seouls **Gimpo International Airport** (s. S. 80). Einige Flüge, beispielsweise nach Busan und Jejudo, gehen ab **Incheon International Airport** (s. S. 81).

Asiana: Tel. 02 26 69 80 00, 15 88 80 00, www.flyasiana.com

Korean Air: Tel. 15 88 20 01, www.koreanair.com

Air Busan: Tel. 16 66 30 60, www.airbusan.com. Tochtergesellschaft von Asiana

Eastar Jet: Tel. 15 44 00 80, www.eastarjet.com

Jin Air: Tel. 16 00 62 00, www.jinair.com. Tochtergesellschaft von Korean Air

T'way Airlines: Tel. 16 88 86 86, www.twayair.com

Jeju Air: Tel. 15 99 15 00, www.jejuair.net

Infos zu öffentlichen Verkehrsmitteln

Die **Zentrale der Korea Tourism Organization** (KTO), Tel. 1330 koreaweit mit Ortsvorwahl (also z.B. 02 1330 aus Seoul oder mit dem Handy), ist Ansprechpartner für alle Fragen rund ums Reisen mit Bus und Bahn und hält diesen Service 24 Std. an 365 Tagen auch in Englisch bereit. Selbst für die kleinsten Ort finden die KTO-Mitarbeiter eine Verbindung mit öffentlichen Verkehrsmitteln, auch wenn dies in Einzelfällen etwas dauern kann. **KTO,** s. S. 152.

Bahn

Das Land besitzt ein hervorragendes Eisenbahnsystem, und Züge sind die komfortabelste Möglichkeit, Südkorea zu bereisen. Größtes Manko der Bahn ist deren dünnes Netz, sodass für entlegene Städtchen Busse nicht nur die bessere Alternative sind, sondern die einzige Möglichkeit, diese Orte überhaupt zu erreichen. Anbieter von Zugverbindungen ist einzig und allein **Korail,** für längere Reisen sind die sauberen und pünktlichen Züge die idealen Punkt-zu-Punkt Verkehrsmittel.

Rechtzeitig Fahrkarte kaufen: Bitte denken Sie daran, dass an den beiden großen nationalen Feiertagen Chuseok und Seol (s. S. 48) Zugfahrkarten bereits Wochen im Voraus ausgebucht sind.

Korail bietet vier verschiedene **Zugtypen.** Die **Hochgeschwindigkeitszüge KTX,** die seit 2004 mit bis zu 300 km/h durch das Land fahren und z. B. die Reisezeit zwischen Seoul und Busan auf 2 Std. 30 Min. verkürzen. Daneben gibt es die **Saemaul-Expresszüge,** die weniger Stopps machen als die **Mugunghwa-Züge.** Schlusslicht im Geschwindigkeitsrausch sind die **Nahverkehrszüge,** die an jedem Bahnhof halten.

Grundsätzlich gilt – kaum überraschend –, dass die **Preise** der Züge mit deren Geschwindigkeit steigen. KTX-Züge von Seoul nach Busan kosten in der 2. Klasse ₩ 51 800, in der 1. Klasse zusätzliche 40 %, während für den Saemaul (ca. 5 Std.) ₩ 39 300 fällig werden und im Mugunghwa ₩ 26 500 (5 Std. 15 Min.). Gegenüber europäischen Bahnunternehmen ist Korail bei vergleichbarem Komfort erheblich günstiger.

Noch mehr Sparen lässt sich mit dem **Korail Pass,** der als Ein-Tages-Karte oder für drei, fünf, sieben oder zehn Tage erhältlich ist und eine unbegrenzte Nutzung der Bahn erlaubt (inklusive KTX). Die Preise liegen zwischen ₩ 58 200 für einen Tag bis ₩ 185 100 für zehn Tage. Die Pässe können in Europa bei **Sta Travel** (www.statravel.com) über **Korails Internetseite** erworben werden.

Korail
Tel. 15 44 77 87 (tgl. 8–22 Uhr)
www.korail.com

Bus

Mit dem Bus ist jeder Fleck des Landes erreichbar, auch wenn nicht immer Direktverbindungen bestehen und ein- oder zweimaliges Umsteigen erforderlich sind. Zwischen den für Touristen interessanten Orten besteht jedoch fast immer eine gute Verbindung durch das exzellente **Expressbus-Netz.** In den meisten Fällen sind Busse preiswerter als die Bahn. Anders als bei Zügen ist **keine vorherige Reservierung** erforderlich, sondern man kauft am Busbahnhof seine Fahrkarte direkt vor der Abfahrt (Ausnahme: nationale Feiertage und teilweise am Wochenende).

Expressbusse (*gosok* 고속**):** Expressbusse gibt es in zwei Kategorien, die reguläre (*liban* 일반) und die Luxus-Variante (*udeung* 우등). In Seoul fahren Expressbusse ab **Seoul Express (Gosok) Bus Terminal** 서울고속버스터미널 (s. S. 164) sowie **Dong Seoul Bus Terminal** 동서울종합터미널 (s. S. 164). Von diesen beiden Stationen fahren die Busse meist in kurzen Abständen zu anderen großen Städten des Landes. Die Busbahnhöfe sind meist gut ausgeschildert (auch in Englisch), und das Personal achtet darauf, dass man in den richtigen Bus einsteigt. Toiletten gibt es keine an Bord, allerdings stoppen die Fahrer bei längeren Fahrten regelmäßig an Raststätten (etwa alle 2 Std., wenn nicht sowieso eine Haltestelle mit Zustieg eingeplant ist). Die Busfahrer sprechen in der Regel kein Englisch. Eine Reservierung ist bei Bussen außer an Wochenenden und Feiertagen nicht erforderlich. Am Busbahnhof ankommen, Fahrschein kaufen und einsteigen, so lautet das simple Prinzip.

Fähren und Bootsfahrten

Südkorea verfügt über ein ausgedehntes **Netz an Fähren,** die zu vielen der umgebenden Inseln fahren. Die bekanntesten Strecken sind **Pohang–Ulleungdo, Busan–Jejudo, Wando–Jejudo** sowie **Mokpo–Heuksando/Hongdo.** Die aktuellen Fahrpläne sollten bei der Korea Tourism Organization erfragt werden (s. S. 152), da die Verbindungen je nach Jahreszeit aufgestockt (Sommer) oder eingestellt werden.

Zwar besitzt Südkorea keine natürlichen Seen, auf einigen der Stauseen kann jedoch eine **Bootsfahrt** unternommen werden, z. B. auf dem Chungju-Stausee zwischen der gleichnamigen Stadt und Danyang.

Autofahren

Ein eigenes Fahrzeug bietet die höchste Flexibilität und ist bei der geringen Größe des Landes die beste Möglichkeit der Fortbewegung. Selbstgelenkt oder mit Chauffeur – bei der Entscheidung spielen Preis und Sicherheit die entscheidenden Rollen. Aber: Für

Reisende, die das erste Mal in Asien sind, ist die eigene Navigation auf Südkoreas Straßen, besonders in den Städten, zumindest ein nervenaufreibendes, häufig jedoch ein eher haarsträubendes Abenteuer. Durch das exzellente öffentliche Verkehrssystem ist es in Seoul nicht nötig, ein Fahrzeug zu mieten.

Selbstfahrer in Südkorea werden rasch vor mehreren Problemen stehen. Es gibt keine detaillierten englischsprachigen Straßenkarten, in fast allen Städten fehlen Straßennamen, und auf dem Land sind Straßenschilder gelegentlich nur in Koreanisch. In Städten wie Seoul besteht zudem die Gefahr, viel Zeit in Staus zu verbringen oder sich zu verirren. Da südkoreanische Städte nicht für den immensen Anstieg des Autoverkehrs seit den 1980er-Jahren ausgelegt sind, gibt es wenige Parkmöglichkeiten und noch weniger freie Parkplätze. Nationalparks und Touristenattraktionen sind dagegen sehr gut mit Parkplätzen ausgestattet, die gegen eine geringe Gebühr genutzt werden können.

Autovermietungen

Neuankömmlingen in Südkorea ist wegen des teils chaotischen Verkehrs – zumindest auf dem Festland – nur eingeschränkt zu empfehlen, ein Fahrzeug ohne Chauffeur zu mieten. Wer es trotzdem wagt: Autovermietungen gibt es u. a. am Incheon International Airport, am Gimpo Airport und am Flughafen Jejudo. Am populärsten und ungefährlichsten ist es, auf der Insel Jeju ein Fahrzeug zu mieten und diese damit zu erkunden (s. S. 417). Ein Fahrzeug der Kompaktklasse (in Korea oft Kia, Hyundai etc.) kostet etwa ₩ 80 000 Tag/inkl. Versicherung (bei mehrtägiger Miete). Ein Fahrzeug mit Chauffeur schlägt in Seoul mit ₩ 150 000–600 000/Tag zu Buche. Die beiden bekanntesten Autovermieter in Südkorea sind:

Kumho Hertz, Tel. 15 88 12 30, Jejudo Tel. 064 751 80 00, www.kumhorent.com

Avis, Tel. 15 44 16 00, www.avis.co.kr.

Vorbedingungen: Internationaler Führerschein, Reisepass, Mindestalter 21 Jahre (26 Jahre bei größeren Fahrzeugen wie Geländewagen) und eine Kreditkarte oder Bargeld für Kaution und Miete.

Verkehrsregeln

Theoretisch sind viele Verkehrsregeln ähnlich wie in Kontinentaleuropa: Gefahren wird auf der rechten Seite, es gilt rechts vor links und Sicherheitsgurte sind Pflicht. Praktisch gelten andere Sitten: Wer die Stoßstange vorne hat oder im größeren Fahrzeug sitzt, hat Vorfahrt, und überholt wird, wo Platz ist. Ruhe hilft hier nicht weiter, denn Südkoreas Fahrer sind nicht bekannt für ihre Höflichkeit und Geduld. Besonders Lenker von Taxis und Lkws sind berüchtigt für ihr Selbstverständnis von der eingebauten Vorfahrt und dem Ausnutzen aller Motorreserven.

Die **Geschwindigkeitsbegrenzung** liegt bei 100 km/h auf Autobahnen, 80 km/h auf Landstraßen, 60 km/h auf normalen Straßen und 30 km/h an Schulen, Krankenhäusern etc., sofern Schilder keine anderen Grenzen vorgeben.

Verkehrsmittel in Städten

In Seoul, Busan und Daegu gibt es gute **U-Bahn-Netze** und in Gwangju, Incheon und Daejeon jeweils eine einzelne **U-Bahn-Strecke.** Die Linien werden ständig erweitert und sind günstig (ab ₩ 1100 für die ersten Kilometer). Alle koreanischen Städte verfügen über ein gut ausgebautes Stadtbusnetz. Die Busse sind preiswert, aber auch voll.

Taxis sind überall verfügbar, sauber, sicher und zumindest für Kurzstrecken auch preiswert. Sie werden an der Straße herbeigewunken. Taxifahrer sind verpflichtet, den Taxameter einzuschalten. Sollten sie dies nicht tun: darauf bestehen oder das Taxi wechseln. Die ersten 2 km kosten z. B. in Seoul ₩ 2400, dann ₩ 100 für jede 144 m. Stehzeiten (Stau oder vor Ampeln) werden extra berechnet.

Hotels und mehr

Südkorea kann das gesamte Spektrum der internationalen Hotellerie aufweisen – von 5-Bett-Schlafsälen bis zu 5-Sterne-Luxushotels. An Unterkünften besteht in den großen Städten kein Mangel, in Städten unter 1 Mio. Einwohner hat die südkoreanische Hotellerie noch deutlichen Nachholbedarf, und auf der Suche nach einer passablen Unterkunft wird man auf Motels ausweichen müssen.

Die **Korea Tourism Organization** (KTO) unterhält auf ihrer Internetseite eine **Liste von Unterkünften** vom Luxushotel bis zum einfachen Motel. *Yeogwan* (s. S. 86), die als »vertrauenswürdige und erschwingliche Unterkünfte« von der KTO anerkannt sind, werden in das KTO-Programm Goodstay aufgenommen (Tel. 02 13 30, german.visitkorea.or.kr/ger/AC/AC_GE_1_4_7.jsp).

Alle südkoreanischen Unterkünfte berechnen ihre **Preise** nach Zimmern, was für Einzelreisende den Nachteil hat, dass auch Doppelzimmer voll bezahlt werden müssen. **Englisch** wird fast nur in 4-Sterne-Hotels (und darüber) sowie den Hostels in Seoul und den Weiteren im Land verstreuten Unterkünften für Backpacker gesprochen.

In vielen Hotels kann man, außer man hat vorausgebucht, vor allem in der Nebensaison hohe **Nachlässe** aushandeln. Ansonsten gilt: über das **Internet** buchen, denn die Preise liegen deutlich unter den Rack Rates, den offiziell ausgewiesenen Preisen in der Hotellobby.

Vorausbuchung

Vor allem in der Hauptsaison im Juli und August empfiehlt es sich, im Voraus zu buchen, was für bestimmte, empfehlenswerte und daher gut gebuchte Unterkünfte auch grundsätzlich gilt. Leider existiert nur für Hotels ein zentrales Reservierungssystem in englischer Sprache. Motels können außer am Wochenende meist nicht vorausgebucht werden – aber sie sind in so großer Zahl vorhanden, dass sich dort immer ein Zimmer findet. Die Korea Tourism Organization (s. S. 73) hilft bei der Suche nach einer Unterkunft weiter.

Buchung im Internet
Hotels lassen sich auf **www.tripadvisor.com, www.hotels.com, www.agoda.com, www.hrs.de** oder **www.koreahotels.net** vergleichen und teilweise auch buchen.

Motels können nur in Ausnahmen vorab gebucht werden, außer denjenigen, die auf der Internetseite von Innostel aufgelistet sind: **innostel.visitseoul.net.**

Hotels

Mit Hotels im westlichen Sinne tut sich Südkorea außerhalb von Seoul, Busan und Jejudo schwer. Zwar haben die internationalen Hotelketten auch in Südkorea Fuß gefasst, aber die Auswahl ist außerhalb dieser Orte eingeschränkt – selbst in Städten wie Daegu mit seinen 2,5 Mio. Einwohnern ist mit dem Novotel nur eine der bekannten Ketten präsent. Dass anspruchsvolle Reisende sich trotzdem wohlfühlen, dafür sorgen die lokalen Hotels, die ein hohes Serviceniveau bieten, den von internationalem Standard verwöhnte Gäste jedoch nicht sofort wahrnehmen werden.

Südkorea hat ein eigenes, wohlwollend einstufendes Sternesystem (in Südkorea indiziert durch Blumen), mit denen die Hotels gerne werben. Das System gliedert Hotels in **fünf Klassen:** Super Deluxe, Deluxe, 1. Klasse, 2. Klasse und 3. Klasse. Im Vergleich zu den Standards der internationalen Hotellerie ist bei der koreanischen Bewertung als Faustregel ein Stern abzuziehen.

Neben den Top-Hotels existieren eine ganze Reihe einfacher **Touristenhotels,** die während Südkoreas Wirtschaftsboom in den 1980er- und 1990er-Jahren gebaut wurden. Leider haben diese Hotels ihre besten Tage bereits hinter sich, und die allerorts anzutreffenden Motels sind die bessere und vor allem preiswertere Wahl.

Auf die Zimmerpreise werden zumeist 21 % für ›**Tax and Service**‹ aufgeschlagen. Insbesondere bei rabattierten Angeboten sollte man unbedingt vor der Buchung prüfen, ob diese 21 % noch hinzuzurechnen sind.

Motels und Yeogwan

Wo Hotels dünn gesät sind – also fast überall außerhalb Seouls –, springen Motels in die Bresche. Koreanische Motelzimmer sind nicht mit ihren US-Namensvettern zu vergleichen, sondern zeichnen sich durch wohlplatzierte Spiegel, dunkle Gänge mit blinkender Discobeleuchtung, spezielle Hygieneartikel auf dem Nachttisch und womöglich ein lila Bett in Herzform aus. Die neueren Varianten sind mit Computer, Internet und Flachbildschirm ausgestattet und meist (aber nicht immer) in neutralerem Design gehalten. Der Eingangsbereich der Motels hat wenig mit der Lobby eines Grand Hotels gemeinsam: Hinter einer Glasscheibe mit einem Guckloch in Bauchnabelhöhe verbirgt sich der garantiert nicht Englisch sprechende Concierge, der gegen Bares den Schlüssel für das Zimmer aushändigt.

Doch bieten die Motels, die zwar nicht immer im Stadtzentrum liegen, sondern in Seitenstraßen, zuverlässige und saubere Unterkunft. Sie kosten nicht die Welt – Motels verlangen ₩ 25 000–50 000/Nacht, wobei hierin, anders als bei den Hotelpreisen alle Gebühren, Steuern, Abgaben, Zuschläge, Service Charges und sonstige ominöse Preisaufschläge enthalten sind.

Yeogwan 여관

Yeogwan sind Motels/Herbergen, die schon einige Gebrauchsjahre hinter sich haben, was den meisten der Unterkünfte anzusehen ist. Ein Zimmer kostet ₩ 20 000–30 000, ist also nur wenig günstiger als ein Motelzimmer. Genau wegen dieser Konstellation (ähnliche Preise, aber hygienisch deutlich anspruchsloser) gehören *yeogwan* zu einer aussterbenden Art. In der Nähe von Bahnhöfen und Busstationen sind sie noch zu finden, aber mit dem zunehmenden Wohlstand des Landes dürfte es eine Frage weniger Jahre sein, bis auch die letzten der einst überall zu findenden Unterkünfte durch Motels ersetzt wurden.

Minbak 민박

Privatunterkünfte, auf Koreanisch *minbak*, sind einfach eingerichtete Zimmer bei Familien, die ihr Haushaltsgeld aufbessern wollen. Das Badezimmer wird mit der Besitzerfamilie geteilt, und die Preise variieren je nach Nachfrage zwischen ₩ 25 000 und ₩ 50 000, Luxusvarianten sogar darüber. In der Hauptsaison explodieren die Preise und können beim Doppelten bis Dreifachen der genannten Raten liegen.

Viele *minbak* sind auf den Inseln, in der Nähe von Nationalparks, an beliebten Stränden oder schlicht dort zu finden, wo die Nachfrage nach Motels oder Hotels zu gering oder zu stark saisonabhängig ist. Die Räume sind schlicht eingerichtet: Mehr als ein Fernseher, eine Kommode, eine Matratze auf dem Boden, eine Decke sowie ein Ventilator gegen die Sommerhitze sind selten in den Zimmern auszumachen. Teurere *minbak* verfügen über einen Balkon, vielleicht ein Bett und eine kleine Küche.

Infos und Buchung: www.homestaykorea.com.

Hanok 한옥

Sehr koreanisch und empfehlenswert, aber nicht preiswert, sind die traditionellen koreanischen Häuser, die jedoch nur in wenigen Orten zu finden sind. *Hanok* sind Holzhäuser in alter Bauart, mit dicken Dachpfannen bedeckt, in denen sämtliche Möbel, Fenster und Einrichtungsgegenstände aus der Joseon-Zeit stammen, also schon mindestens 100 Jahre alt sind. Geschlafen wird auf einer dünnen Matratze auf dem Boden, der im Winter angenehm geheizt ist mit Koreas traditioneller Fußbodenheizung *(ondol)*. Internet und mo-

Innenhof eines Hotels im Stil eines traditionellen koreanischen Hauses (Hanok)

derne Toiletten sind inzwischen Standard. *Hanok* sind im modernen Hochhaus-Korea rar gesät und begehrte Unterkünfte, die unbedingt im Voraus gebucht werden sollten.

Besser als in Hotels, Motels und Pensionen oder gar Hostels lässt sich in den *hanok* die traditionelle koreanische Kultur erleben. Im **Traditional Life Experience Park** bei Jeonju sowie in der **Künstlerkolonie Jirye** in der Nähe Andongs liegen die landschaftlich reizvollsten *hanok* Südkoreas. In konzentrierter Form sind *hanok* in **Seoul** zu finden und zwar nördlich der U-Bahn-Station Anguk im Bukchon Hanok Village. In Seoul kosten die *hanok* ₩ 60 000–100 000, wobei das Rakkojae mit ₩ 250 000 hervorsticht – Frühstück und Teezeremonie sind allerdings inbegriffen. Am günstigsten mit ₩ 25 000 ist eine *hanok*-Übernachtung in der Künstlerkolonie Jirye.

Auf der Website **german.visitkorea.or.kr/ger/AC/AC_GE_1_4_5.jsp** finden sich diverse *hanok* und ihre jeweiligen Websites.

Hostels & Jugendherbergen

Hostels sind typische Unterkünfte für Rucksackreisende: Schläfsäle mit Hochbetten, Internetzugang an zwei bis drei hosteleigenen Computern und ein Gemeinschaftsraum mit riesiger Pinnwand für den Austausch von Infos mit anderen Reisenden. Die Unterkünfte bieten fast immer Gemeinschaftsküche, Waschmaschine, Klimaanlage, TV (im Gemeinschaftsraum), Gratis-Wifi und die Möglichkeit, Menschen (jung und alt) aus anderen Teilen der Welt zu treffen. Die Zimmer sind einfach und im Sommer meist mückenverseucht, aber für einen Preis von ₩ 15 000–40 000 erste Wahl, wenn es um den Austausch von Informationen mit anderen Reisenden geht. **Buchung:** z. B. www.hostelbookers.com, www.hostels.com, www.hostelworld.com.

Auch **Jugendherbergen** haben ihren Weg nach Südkorea gefunden, wobei die landesweit 70 Herbergen große Bettenburgen mit 200–600 Schlafmöglichkeiten sind. Die meisten Jugendherbergen liegen unpraktisch am Stadtrand oder in schönen, aber für Reisende ohne eigenen Pkw unerreichbaren Landschaften. Zudem sind sie im Sommer dauerbelegt von Schulklassen der Sekundarstufe 1 und darunter, sodass Reservierungen selbst Wochen im Voraus ein Glücksspiel sind. Im restlichen Jahr sollte es einfach sein, ein Zimmer zu bekommen. Bemerkenswert ist die extreme Sauberkeit bei gleichzeitig günstigem Preis. Wie in Jugendherbergen üblich, sind die meisten Zimmer Schlafsäle mit Bettpreisen von ca. ₩ 15 000 bis ₩ 25 000. Einzelzimmer sind ebenfalls vorhanden und kosten ₩ 40 000–60 000. Um in den Herbergen übernachten zu können, ist keine Mitgliedschaft erforderlich. Ein zwölf Monate gültiger Mitgliedsausweis von Hostelling International (Internationaler Jugendherbergsverband) kostet in Südkorea ₩ 30 000, kann allerdings nur dann in Südkorea erworben werden, wenn man mindestens zwölf Monate im Land gelebt hat. Der Ausweis garantiert einen geringen Preisnachlass von bis zu 10 % (je nach Herberge unterschiedlich). Auch mit den deutschen Jugendherbergsausweisen gibt es diesen Rabatt, allerdings ist dies nicht allen südkoreanischen Herbergen bekannt.

Korea Youth Hostels Association (KYHA): Tel. 02 7 25 30 31, www.kyha.or.kr. Information und Reservierung.

Tempel

Der Aufenthalt in einem Tempel ist eine einmalige Art, Südkorea und seine buddhistische Kultur zu entdecken. Über 30 Tempel, verteilt über das ganze Land, nehmen am sogenannten **Templestay-Programm** teil, durch das Übernachtungen und die Teilnahme am Tempelleben der Mönche möglich sind. Die meisten Tempel liegen in den Bergen mitten in tiefgrünen Wäldern und sind damit die ideale Umgebung für ein spirituelles Training, um den eigenen inneren Frieden zu finden und die Batterien aufzuladen.

Die beiden großen koreanischen Orden **Jogye** und **Cheontae** bieten in ihren Tempeln Templestay-Programme an, an denen auch Ausländer teilnehmen können. Ein Tempelaufenthalt ist mit zwei Nachteilen verbunden: Aufgestanden wird spätestens um 4 Uhr morgens und die gesamte Kommunikation erfolgt in koreanischer Sprache. Die Tempel sind daher froh, wenn ausländische Besucher eine Koreanisch sprechende Begleitung mitbringen. Einige Tempel bieten aber auch einen Dolmetscherservice an.

Die Programme reichen von einer einzelnen Übernachtung bis zu einer Woche, können bei Bedarf jedoch darüber hinaus reserviert werden. In den Tempeln selbst kann nicht gebucht werden, dies muss über das **Templestay Information Center** in Seoul erfolgen: 71 Gyeonjidong, unweit der Insadong-gil, Jongno-gu, Tel. 02 20 31 20 00, www.templestay.com, U 3 Anguk, Ausgang 6 oder U 1 Jonggak, Ausgang 2.

Saunas

Jawohl, in Südkoreas Zentren der Entspannung kann man sich über Nacht aufhalten, und zwar ohne sich über das anrüchige Image Gedanken machen zu müssen, das derartigen Einrichtungen im Westen anhaftet. Südkoreas Saunas oder *jimjilbang* 찜질방 (Luxussaunas) sind nicht nur einzigartig, was das Unterkunftsambiente angeht, sondern auch die preiswerteste Möglichkeit im ganzen Land, eine Nacht unter einem festen Dach zu verbringen. *Jimjilbang* sind meist 24 Std. täglich geöffnet und besitzen neben Duschen, Sauna, Dampfbad und Wasserbecken auch einen turnsaalgroßen Raum, in dem man sich ein Nickerchen gönnen kann. Fast alle *jimjilbang* verfügen über einen solchen Schlafsaal zum Erholen nach einem ausgiebigen Saunagang, und obgleich sie nicht für geldklamme Reisende gedacht sind, die eine ganze Nacht darin verbringen wollen, ist dies durchaus möglich.

Der Ablauf ist denkbar einfach: Nach dem Bezahlen des Eintrittsgelds (₩ 5000–12 000) widmet man sich zuerst einem ausgiebigen Bad und steuert anschließend den Schlafsaal an, in dem bereits zahllose Koreaner schnarchend auf dem Boden liegen. Betten sollte man nicht erwarten, allenfalls eine mehr oder weniger weiche Matratze. Schließfächer sind in jeder Sauna vorhanden.

Fahrradfahren

Immer populärer wird Fahrradfahren – **Seoul** und **Gyeongju** bieten dazu beste Tourmöglichkeiten. Die Routen sind im Reiseteil beschrieben. Radwege sind selten in Südkorea, und mit den beiden genannten sowie weiteren Optionen auf **Jejudo** und **Udo** oder in **Chuncheon** erschöpfen sich die Möglichkeiten für Radfahrer mit durchschnittlicher Konditions- und Nervenstärke, sofern nicht auf abgelegene Routen ausgewichen wird. Für Radtouren sollte man die dafür vorgesehenen Wege nutzen, da Südkoreas Autofahrer zu wenig rücksichtsvoller Verkehrsteilnahme neigen.

Dort, wo viel und gerne Rad gefahren wird, wie auf Seouls Insel Yeoui, machen sich gleich mehrere **Fahrradverleihstationen** die Kunden streitig. Durchtrainierte Radfahrer können die Mammuttour rund um die Insel Jeju wagen (gut 250 km, 3–5 Tage).

Golf

Mit über 250 Golfplätzen ist Südkorea für passionierte Golfer gut ausgestattet. Am beliebtesten sind die Plätze auf Jejudo und dort vor allem der **Jungmun Beach Golf Club** westlich von Seogwipo. Auf Jejudo locken auch der Golfplatz des **Ora Country Club** oder der etwas abgelegene Golfplatz des **Cypress Golf & Resort** mit schönen Anlagen. Keiner der Plätze ist preiswert, wobei Green Fees mit mindestens ₩ 100 000 unter der Woche und sattem Aufschlag am Wochenende zu Buche schlagen. Dazu summieren sich die Gebühren für Cart, Caddy etc., die alle zusammen schnell die Green Fee übersteigen können.

Eine (unvollständige) Zusammenstellung von Golfplätzen in Südkorea bieten: **www.golfasia.com, www.golftoday.co.uk/clubhouse/coursedir/world/korea/index.html** oder **www.worldgolf.com/courses/skoreagc.html.**

Rafting

Südkoreaner zählen eher zur Gattung der Landratten, sodass Wassersportarten außer dem Badespaß in Freizeitbädern kaum verbreitet sind. Dementsprechend sind **Kajak- oder Wildwasserfahrten** keine Domänen südkoreanischer Freizeitgestaltung, aber möglich in den Schluchten Gangwon-dos, beispielsweise in Cheorwon.

Skifahren

Seitdem Pyeongchang 2011 den Zuschlag für die Olympischen Winterspiele 2018 erhielt, steht der Wintersport in Südkorea unter einem guten Stern. Auch für Nicht-Olympioniken hat das Land vor allem in der Provinz Gangwon schneesichere Gebirge und Loipen zu bieten. **Skisaison** ist in allen Resorts von Dezember bis März. **Liftpässe:** ₩ 50 000–₩ 70 000, **Ausrüstung:** ₩ 30 000/Tag.

Herzstück der südkoreanischen Winterfreuden mit seinen Ski- und Rodelpisten ist das **Yongpyong Resort** (eigentlich Yongpyeong; www.yongpyong.co.kr/eng/), einer der Hauptaustragungsorte für 2018. Yongpyeong liegt etwa 60 km nordöstlich von Pyeongchang und ist Südkoreas bekanntestes Skigebiet. Weitere Wintersportgebiete in der Umgebung von Pyeongchang sind das **Hansol Oak Valley** (www.oakvalley.co.kr) oder das Yongpyeong benachbarte, fulminante **Alpensia Resort** (Tel. 033 3 39 00 00, www.alpensiaresort.co.kr), in das über 1,2 Mrd. € investiert wurden. Alpensia (der Name setzt sich aus Alpen und Asia zusammen) ist nicht nur ein Skiresort, sondern vielmehr ein Touristenzentrum mit Golfplatz und Wasserpark.

Im Südwesten des Landes liegt das **Muju Resort** (www.mujuresort.com/english/e_index.asp), Südkoreas einzige Skipisten in einem Nationalpark, dem herrlichen Deogysan-Nationalpark.

Kraniche bei der Rast im Grenzgebiet zu Nordkorea

Tauchen

Auch Tauchen kann man in Südkorea, zwar nicht in so warmen Gewässern wie in Indonesien oder Thailand, aber die Artenvielfalt überrascht viele Taucher und entschädigt für das kühle Nass. Einzig erwähnenswertes Tauchgebiet ist **Jejudo,** wo sich sogar eine deutschsprachige Tauchbasis befindet (s. S. 437).

Vogelbeobachtung

Südkorea ist eines der Durchzugsgebiete von Wandervögeln, die auf ihrem Weg in den Süden auf der koreanischen Halbinsel eine Rast einlegen und dabei mit Ferngläsern beobachtet werden können. Das bekannteste Gebiet liegt an Koreas Südküste in der **Suncheon-Bucht.**

Ein Natur- und Vogelparadies ist auch die **Demilitarisierte Zone.** Sie ist zwar nicht zugänglich, aber mit einem starken Fernglas ausgestattet, können Vögel und andere Tierarten trotzdem vom südlichen Grenzgebiet aus erspäht werden.

Wandern

Wandern ist in Südkorea Nationalsport Nr. 1 über alle Generationen und für ausländische Besucher des Landes die beste Möglichkeit des Aktivurlaubs. Südkoreaner sind immer mit den neuesten Hosen, Hüten und Schuhen ausgerüstet, und Trekking-Ausstatter sind im Land und vor allem in den großen Städten ausreichend vorhanden. Allerdings erfordern die Parks und Radwege des Landes zumeist außer gutem Schuhwerk keineswegs ein Top-Equipment.

Es gibt viele **National- und Provinzparks,** die sich für Wanderungen anbieten, allen voran die beiden Favoriten unter Koreanern: Seoroksan und Jirisan. Auch die kleineren Parks wie Odaesan, Chiaksan, Woraksan oder Hallasan sind für eine Begegnung mit der Natur empfehlenswert.

Keine eigenen Parks, aber trotzdem hervorragende Wandermöglichkeiten finden sich auf einzelnen **Inseln** wie Ulleungdo oder Heuksando. Auf diesen wilden Eilanden ist man dem Abenteuer am nächsten – zumindest dessen südkoreanischer Variante.

Einkaufsmöglichkeiten

Es gibt nichts, was nicht in Südkorea erhältlich ist, auch wenn sich die Auswahl der Läden mit importierten Artikeln meist auf Seoul beschränkt. Doch es sind ja vor allem die lokalen Produkte, die die meiste Anziehungskraft auf Besucher ausüben. Shopaholics werden sich in der Hauptstadt am wohlsten fühlen – hier findet man die gesamte Bandbreite südkoreanischer Handwerkskunst, Musik und Haute Couture.
Öffnungszeiten: tgl. 10–20 Uhr. Kleine Geschäfte tgl. 8.30–22 Uhr und länger.

Kaufhäuser

Kaufhäuser gibt es in jeder Stadt, in Seoul in erhöhter Konzentration in Myeong-dong und Itaewon. Sie bieten einheimische Produkte zu günstigen Preisen an. Die riesigen Department Stores von Lotte und Hyundai sowie die Shinsaegae-Kaufhäuser sind alle mehrfach in Seoul und anderen Städten zu finden.

Märkte

In fast allen südkoreanischen Städten gibt es Märkte für Antiquitäten, für Kunsthandwerk, für Kleider und/oder Lebensmittel. Eine Besonderheit sind die großen Fischmärkte, etwa Seouls Noryangjin Fish Market oder der Jagalchi Fish Market in Busan. Preise sind fast immer verhandelbar. (Nicht immer gültige) Faustregel: mindestens 30 % vom erstgenannten Preis herunterhandeln.

Kunsthandwerk und regionale Produkte

Die vielen kleinen **Kunstläden** und **Galerien,** besonders in der Insadong-gil oder der Samcheongdong-gil in Seoul, laden zum Shoppen ein. Hier, genauso wie in Gwangjus Art Street, lässt sich alles finden – von Keramik über Gemälde bis zu Kalligrafien. Essstäbchen, Holzmasken und Fächer gibt es in allen Variationen, wenngleich viele der Produkte aus China stammen. In Südkorea lohnt sich der Kauf von Ginseng, ungewöhnlichen Schnäpsen, Gemälden, Keramik und von Hand hergestelltem Papier.

Textilien

Preiswert und farbenfroh – Südkoreas Textilindustrie kann sich durchaus mit der internationalen Modewelt messen. Typisch koreanisch ist der *hanbok* 한복, eine traditionelle Tracht für Frauen. Über einem sehr weiten Rock wird eine kurze, boleroähnliche Jacke getragen, die mit einer großen Schleife vor der Brust verschlossen wird. Die Tracht wird aus Seide oder Ramie gefertigt. Das Kleid ist bunt, sehr bequem und ein schönes Mitbringsel, das man in Europa jedoch wegen seines außergewöhnlichen Designs kaum tragen wird.

Besonders Kinder und Damen werden sich beim Besuch eines **Kaufhauses** freuen. Ein Hinweis sei erlaubt: Bataillone junger Damen in Uniform bewachen die Auslage und stürzen sich bei der kleinsten Andeutung von Interesse auf die potenzielle Kundin. Abzuschütteln sind sie nur durch Kauf, Anprobieren oder Verlassen des Shops. Deutlich günstigere, aber weniger hippe Mode bietet Seouls **Dongdaemun-Markt.**

Bücher und Musik

Südkoreanische **Bücher** werden kaum übersetzt, sodass sich die meisten Buchhandlungen Koreas auf englischsprachige Reiseführer, Klassiker, Sprachlehrbücher und aktuelle US-Bestseller beschränken. Am besten bestückt ist der Seoul Selection Bookshop in Seoul. Bandi & Luni's hat eine gute Auswahl an Reisebüchern und Koreanisch-Lehrbüchern.

Bei **Musik** dominiert der K-Pop, alles abseits des Mainstream ist schwer aufzutreiben. Große Buchhandlungen wie der Kyobo Bookshop oder Bandi & Luni's sind erste Adressen für den Einstieg in die südkoreanische Musik.

Das Epizentrum der Club- und Ausgehszene Südkoreas liegt wie in vielen anderen Bereichen auch in der Hauptstadt **Seoul.** Hierher zieht es die Partygänger aus dem ganzen Land. Zwar haben auch andere Städte wie **Busan, Daegu** oder **Gwangju** ein aktives Nachtleben, außer Busan reicht jedoch keine Stadt auch nur annähernd an die Hauptstadt heran.

Alkohol ist ein wichtiger Bestandteil gesellschaftlicher Aktivität und besonders unter Geschäftspartnern beliebt. Allerdings ist es – anders als in Mitteleuropa – außer in den Millionenstädten Koreas nicht üblich, im Anschluss an den obligatorischen Restaurantbesuch noch etwas zu unternehmen. Eine Ausnahme bildet lediglich ein Besuch der allgegenwärtigen Karaoke-Bars.

Bars, Discos und Clubs

Das Nachtleben in **Seoul** steht dem in westlichen Großstädten in nichts nach, und ohne wenigstens einen Abend durch die Straßen gezogen zu sein, hat man nur die Hälfte der Stadt und Südkoreas gesehen. Die besten Bars und Clubs der südkoreanischen Hauptstadt sind im Universitätsviertel **Hongdae** (Studierende und Jungvolk) sowie in **Itaewon** (Expats und ältere Semester) versammelt. In den anderen Städten des Landes konzentriert sich die Szene dagegen zumeist auf ein einziges Planquadrat. Das Gros der Clubs bietet K-Pop, House, Rock oder elektronische Musik.

In Seoul ist das **schwul-lesbische Nachtleben** am aktivsten, denn hier kann die Szene in der Anonymität einer Millionenstadt am besten abtauchen. Am bekanntesten unter Schwulen ist der ›Homo Hill‹ in Itaewon (s. S. 160). An ausschließlich lesbisches Publikum gerichtete Discos und Bars gibt es kaum. Ausgehtipps und mehr für Schwule und Lesben (s. S. 95).

Karaoke-Bars

Wenig beliebt im Westen, ist Karaoke eine der nächtlichen Hauptaktivitäten unter Südkoreas Mond. Jede abendliche Ausgehtour unter koreanischen Freunden landet automatisch in einer der Karaoke-Bars, unter Koreanern als *noraebang* 노래방 (Singraum) bekannt.

Wie es der Name andeutet, reiht sich in diesen Clubs anders als im Westen privater Singraum an privaten Singraum. Ein jeder ist mit einer mehr oder weniger plüschigen Sitzgruppe, TV-Bildschirm und Musikanlage ausgestattet. Letztere bietet eine große Auswahl an vielen koreanischen und wenigen westlichen Musikstücken zum Nachsingen. Wer sich hierherbegibt, muss zumindest ein Lied trällern. »Yellow Submarine« von den Beatles und »Sailing« von Rod Steward sind im Repertoire fast jeder *noraebang* vorhanden und sollten durch ihren einfachen Text auch für Karaoke-Hasser mit begrenzter Gesangsbegabung beherrschbar sein. Sträuben Sie sich nicht, sondern gehen Sie die Sache aktiv an! Koreaner sind geduldige und tolerante Zuhörer. Vorher ein Lied einzuüben, kann Wunder wirken und Ihnen den Respekt Ihrer koreanischen Freunde einbringen. *Noraebang* können für etwa ₩ 13 000/ Std. gemietet werden.

Die **Edelvariante** der *noraebang* sind die *dallanjujeom* 단란주점, die einen zwielichtigen Ruf haben. Hier sorgen Hostessen für die Unterhaltung – singen, tanzen und reden mit den Gästen. Ein Besuch kann bei Geschäftsreisenden wegen erheblicher Belastungen des Spesenkontos zu unangenehmen Diskussionen mit dem Chef führen.

Pubs

Eine Kneipe zu finden, um ein Bier zu trinken, wird in Seoul nicht schwerfallen. Auch die anderen Großstädte bieten reichlich Auswahl an

Karaoke ist eine beliebte Ausgehaktivität in Südkorea

sogenannten *hof* 호프 (abgeleitet von Hofbräuhaus), westlich angehauchten Kneipen.

Wenn die Stadt eine Ausländerszene hat, blüht ihr Nachtleben meist zusätzlich auf. Dies gilt leider nur für Städte mit mehr als 1 Mio. Einwohnern. In ländlichen Gebieten und Städten unter dieser magischen Schwelle sieht es dagegen etwas anders aus: Kneipen im westlichen Stil fehlen hier gänzlich, und das unter männlichen Koreanern beliebte gemeinsame Trinken spielt sich dann in geschmacklosen Hotelbars und Karaoke-Clubs ab.

Öffnungszeiten

Discos: tgl. meist ab 21 Uhr, ca. ₩ 10 000 (am Wochenende mehr).

Clubs und Bars: tgl. ab 18 Uhr, Wochenende bis 6 Uhr.

Karaoke-Bars: tgl. 14–2 Uhr, am Wochenende auch länger.

Pubs: tgl. 18–1 Uhr, Fr/Sa auch länger.

Theater und Konzert

Abends in eine Theatervorstellung oder in ein Konzert zu gehen, stellt in den großen südkoreanischen Städten kein Problem dar. Seoul bietet die größte Auswahl an Aufführungen, gefolgt von Busan, Daegu usw. Insbesondere klassische Konzerte, koreanischer Tanz und auch Livejazz sollten ohne Schwierigkeiten zu besuchen sein, Gigs internationaler Rockgrößen bilden dagegen die Ausnahme.

Drogen

Der Besitz von Drogen wird streng geahndet, wenngleich Ausländer eher abgeschoben werden, als dass sie ihre Strafe in einem südkoreanischen Gefängnis verbüßen müssen. 2011 wurde der koreanische Filmstar Park Yong Ki zu acht Monaten Haft wegen Marihuana-Rauchens verurteilt, und bereits zwei Jahre zuvor erntete die Schauspielerin Kim Bu-seon harsche Kritik für ihr öffentliches Bekenntnis zum Marihuana-Konsum und dem Aufruf für dessen Legalisierung.

Fotografieren

Südkorea ist das Land der Elektronik, entsprechend fotografierbesessen sind Südkoreaner. Digitalkameras gehören zur Standardausrüstung eines jeden Wanderers oder Reisenden. **Kamerazubehör** (Speicherchips, Batterien) ist leicht erhältlich. Dia- oder Negativfilme sind kaum noch erhältlich und müssen in Spezialläden teuer erstanden werden.

Für Fotografen gelten die üblichen **Regeln:** Wer Menschen fotografiert, sollte sie um Einverständnis fragen, und Polizei und Militär sollten nicht abgelichtet werden. Eine Besonderheit ist die DMZ, denn hier gelten teilweise sehr strikt umgesetzte Fotografierverbote.

Frauen allein unterwegs

Südkorea ist für Alleinreisende ein sicheres Reiseziel – das gilt auch für Frauen. Zwar steckt das Land wie viele seiner Nachbarn in der Macho-Falle, trotzdem sollten Belästigungen sehr selten vorkommen. Selbst nachts sollte es keine Schwierigkeiten geben; U-Bahn und Taxis können bis in die Morgenstunden genutzt werden. Auf Fragen nach dem Ehemann und dem Grund des Alleinreisens sollte man bei näheren (männlichen und weiblichen) Bekanntschaften allerdings gefasst sein.

Insgesamt ist Südkorea ein angenehmer Ort für allein reisende Frauen, die allerdings nur selten anzutreffen sind. Die üblichen Vorsichtsmaßnahmen sollten dennoch beachtet werden. Die Internetseite **www.journeywoman.com** gibt Tipps.

Koreanische Personennamen

Im Koreanischen steht der Familienname dem Vornamen voran. Nimmt man den Namen des Schriftstellers Hwang Sukyoung als Beispiel, so ist Hwang der Familien- und Sukyoung der Vorname. Verwirrung kann dann entstehen, wenn koreanische Geschäftsleute, um dem Europäer Peinlichkeiten zu ersparen, ihre englischen Visitenkarten in europäischer Form bedrucken – Verwirrung, weil für uns nicht immer zu erschließen ist, was Vor- oder Familienname ist; ausgenommen vielleicht im Falle so gängiger Familiennamen wie Park, Kim oder Lee. Oft hilft es, wenn man daran denkt, dass – Ausnahmen bestätigen die Re-

Häufige Endungen bei Orts- und Stättennamen

도	do	Provinz, auch Insel
시	si	Stadt
리	ri	Städtchen, Dorf
길 /로	gil / ro / no	Straße
교	gyo	Brücke
산	san	Berg, Gebirge
봉	bong	Gipfel
궁	gung	Palast
사	sa	Tempel
묘	myo	Schrein
암	am	Einsiedelei
문	mun	Tor
전	jeon	Halle

gel – die meisten koreanischen Familiennamen (es gibt nur ca. 300) einsilbig sind. Vornamen können ein- oder zweisilbig sein.

Rauchen

Rauchen in Südkorea ist preiswert und mit wenigen Verboten belegt. Außer in staatlichen Einrichtungen wie Flughäfen, Zügen, Bussen oder in Flugzeugen darf geraucht werden. Packungen mit 20 Zigaretten gibt es ab ₩ 2500, ausländische Produkte kosten mehr.

Rauchen ist eine Männerdomäne, dem der Großteil der männlichen Bevölkerung verfallen ist. Raucherinnen sind erheblich seltener, meist jung oder mittleren Alters, und rauchen selten in der Öffentlichkeit. Die mehr und mehr auftauchenden No-Smoking-Zeichen (*geumyeon* 금연) werden häufig ignoriert.

Schwule und Lesben

Die Szene lebt in Südkorea nach wie vor undercover, ist in Seoul aber erheblich offener als in anderen Städten. Homosexualität wird in Südkorea nur schwer toleriert, und die kleine Gemeinschaft hält ihre Orientierung vor Familie und Kollegen geheim. Auf der Straße sind gelegentlich gleichgeschlechtliche Paare händehaltend zu sehen. Dies bedeutet nicht das, was es in Köln oder Berlin bedeuten würde.

Erst langsam ändert sich die Haltung gegenüber Schwulen und Lesben. Das heißt nicht, dass Ausländer, die sich zu ihrer Homosexualität bekennen, dafür Respekt ernten. Vielmehr schockiert es die meisten Koreaner und kann zu seltsamen bis feindlichen Reaktionen führen. Viele Koreaner werden sogar darauf bestehen, dass es diese Lebensform in Südkorea gar nicht gibt – Homosexualität gilt wie Aids als ein ›ausländisches Problem‹.

Schwulentreffs in **Seoul** konzentrieren sich in Itaewons Homo Hill, aber auch in Städten wie **Busan** und **Daegu** sind Bars und Clubs für Schwule zu finden. Seoul hat sogar zwei Festivals für Homosexuelle, das **Queer Culture Festival** (www.kqcf.org) Anfang Juni sowie das **Seoul LGBT Film Festival** (www.selff.org). **Gayborhood-Websites:** www.chingusai.net, www.utopia-asia.com (mit Korea).

Verhalten in Korea

Koreaner sind stolz auf ihr Land und ihre Kultur. Mit der Öffnung Südkoreas und dem wirtschaftlichen Aufstieg zog zwar die Moderne ins Land ein, doch die koreanische Gesellschaft funktioniert weiterhin nach dem für Ausländer kaum zu durchschauenden Prinzip **sozialer Beziehungsnetzwerke.** Um etwas zu erreichen, baut man auf Familie und Freunde, und es ist oft einfacher, ›durch die Hintertür‹ zu kommen als über offizielle Kanäle.

Bei Geschäftskontakten spielt die **Visitenkarte** eine große Rolle. Die auf Papier gedruckte Manifestation der sozialen Stellung wird mit beiden Händen übergeben. Die Karte muss aufmerksam studiert werden und darf erst dann diskret eingesteckt werden. Alles andere wird als Respektlosigkeit verstanden. Erst mit einer Visitenkarte wird auch der fremde Ausländer zu einer fassbaren Person. Daher sollte die Karte auf einer Seite in Koreanisch beschriftet sein. Bei den Titeln wird meist dick aufgetragen, selbst Sachbearbeiter sind mindestens Manager oder Projektleiter.

Das viel strapazierte asiatische **Wahren des Gesichts** gilt auch in Korea. Wer wütend und laut wird, verliert nicht nur sein Gesicht, sondern garantiert sich auch Erfolglosigkeit. Konflikten wird in Korea ausgewichen, und eine Streitkultur mit anschließendem reinigendem Gewitter wie in westlichen Ländern gibt es nicht. Harmonie und Ausgleich sind die Schlagworte, was nichts zu tun hat mit Idylle, sondern mit dem reibungslosen Sich-Einfügen des Einzelnen in das Ganze.

Reisekasse und Reisebudget

Währung

Die Währung Südkoreas ist der Südkoreanische Won (KRW, ₩ oder W), von dem es Münzen zu 1, 5, 10, 50, 100 und 500 Won gibt. Die Münzen zu 1 und 5 Won sind heute kaum noch zu finden. Auf der 100-Won-Münze ist Admiral Yi Sun-sin (1545–98) zu sehen. Won-Scheine gibt es in den Stückelungen ₩ 1000, ₩ 5000, ₩ 10 000 und seit Juni 2009 auch ₩ 50 000.

Sperrung von EC- und Kreditkarten bei Verlust oder Diebstahl*:

001 49 116 116

(auch für Handy-SIM-Karten)
oder 001 49 30 40 50 40 50
(* Gilt nur, wenn das ausstellende Geldinstitut angeschlossen ist, Übersicht: www.sperr-notruf.de)

Weitere Sperrnummern für deutsche Karten

- MasterCard: 001 49 69 79 33 19 10
- VISA: 001 49 69 79 33 19 10
- American Express: 001 49 69 97 97 20 00
- Diners Club: 001 49 69 66 16 61 23

Sperrnummern für österreichische Karten

- Maestro: 001 43 1 204 88 00
- MasterCard/VISA: 001 43 1 717 01 45 00
- MasterCard: 001 1 636 722 71 11 (USA, R-Gespräch)
- VISA: 001 1 41 05 81 99 94 (USA, R-Gespräch)

Sperrnummern für Schweizer Karten

- Maestro UBS: 001 41 848 88 86 01
- Maestro Crédit Suisse: 001 41 800 80 04 88
- Maestro anderer Banken: 001 41 442 71 22 30
- MasterCard: 001 1 636 722 71 11 (USA, R-Gespräch)
- VISA: 001 1 41 05 81 99 94 (USA, R-Gespräch)

Bitte halten Sie Ihre Kreditkartennummer, Kontonummer und Bankleitzahl bereit!

Geldwechsel und Kreditkarten

Reiseschecks und Bargeld lassen sich bei allen größeren Banken tauschen, die ein Foreign-Exchange-Zeichen an der Tür haben. Einfacher ist es, mit westlichen Kredit- oder EC-Karten und Geheimzahl Geld aus Automaten zu ziehen, wobei die **Geldautomaten** (Automated Teller Machine, ATM) in Südkorea ein Eigenleben entwickelt haben: Nicht von allen Automaten lässt sich Geld abheben, trotz der Cirrus-/Maestro-/Plus-Symbole auf den Automaten. ATM, die ausländische Karten akzeptieren, haben auch eine englischsprachige Menüführung. Pro Abhebung wird in der Regel eine Gebühr fällig (Hausbank fragen). Nicht alle Geldautomaten sind 24 Std./Tag verfügbar.

Mit internationalen **Kreditkarten** kann nur in guten und teuren Restaurants und Hotels bezahlt werden. Bars, kleine Läden und Motels verlangen fast ausnahmslos Bargeld.

Banköffnungszeiten: Mo–Fr 9–16 Uhr.

Wechselkurse

Tageskurse unter **www.oanda.com**
₩ 1000 = 0,70 € / 0,85 CHF
1 € / 1 CHF = ₩ 1394 / ₩ 1161
(Stand September 2012)

Reisebudget

Südkorea liegt geografisch zwischen Japan, China und den Philippinen – und in ebendiesem Dreieck bewegen sich auch die Preise im Land. Es werden keine japanischen Verhältnisse erreicht, Chinas Shanghai ist schon nah dran, und philippinisches Niveau gibt es nur in Einzelfällen.

Kosten pro Reisetag

Südkorea ist insgesamt preiswerter als Europa, dies trifft besonders auf Transport, Eintrittspreise zu Sehenswürdigkeiten und einfache Gerichte zu. Bei normalem Budget sind am Tag etwa ₩ 80 000 zu veranschlagen, sofern im Doppelzimmer in einem guten Motel oder 3-Sterne-Hotel mit zwei Personen übernachtet wird und auch Busse als Verkehrsmittel genutzt werden. Mit mindestens ₩ 300 000–350 000/Tag muss bei höheren Ansprüchen mit Unterbringung in 4-Sterne-Hotels, häufigen Taxifahrten und Restaurantauswahl im oberen Qualitätssegment gerechnet werden. Eine preiswerte Reise ist kaum unter ₩ 40 000/Tag als Einzelperson zu machen, dies gilt bei strenger Kostenkontrolle mit Unterkunft im Schlafsaal, U-Bahn-Fahrten und Essen in einfachen Restaurants.

Unterkunft und Essen

Wer seinen westlichen Ernährungsstil aufrechterhalten will, lebt in Seoul erheblich teurer als in Europa. Außerhalb der Hauptstadt Südkoreas ist eine Lebensführung mit westlichen Waren selbst bei nach oben offenem Budget kaum möglich, da Importlebensmittel nur schwer erhältlich sind.

Preisbeispiele

Übernachtung: Motel-DZ ca. ₩ 30 000 (ohne Frühstück)

3-Gang-Menü: ab ₩ 15 000/Person (ohne Getränke)

Mittagsmenü: ab ₩ 5500 (einfaches koreanisches Restaurant)

Kaffee: ₩ 3500 (Holly's, Starbucks)

Flasche Wasser: ₩ 700 (0,5 l im Eckladen)

Zigaretten: ₩ 2500/20er-Packung (einheimische Produkte)

Fahrtkosten

Je nach Zugart (s. S. 82) variieren die Kosten für eine Bahnfahrt. Flüge sind fast nie günstiger als Bahnfahrten.

Preisbeispiele

Seoul–Busan: Flug ab ₩ 80 000, KTX ₩ 53 300, Bus ₩ 35 500.

Seoul–Gyeongju: KTX ₩ 43 800, Bus ₩ 31 500.

Busan–Jejudo: Flug ab ₩ 55 000, Fähre ₩ 36 000.

Eintrittspreise

Tempel und Museen verlangen, sofern der Eintritt nicht ganz frei ist, meist eine geringe Eintrittsgebühr zwischen ₩ 1000 und ₩ 4000. Die **Nationalparks** kosten meist ₩ 2000–4000.

Spartipps

Auch in Südkorea sind die **Minibars** in Hotels überteuert. Besser deckt man sich in Convenience Stores wie Seven-Eleven oder GS25, die es an jeder Ecke gibt und die bis spätabends geöffnet haben, mit Getränken ein. **Sehenswürdigkeiten** sind vor Ort gut mit öffentlichen Verkehrsmitteln zu erreichen.

Eine **selbst geplante Reise** ist meist erheblich preiswerter als eine im Reisebüro gebuchte.

In einigen Städten gibt es für die **U-Bahn** aufladbare Metrokarten, z. B. die T-Money-Karte in Seoul, bei deren Einsatz man etwa 10 % Rabatt auf Kurzfahrten erhält.

Auslandstelefonate vom Hotel sind teuer; preiswerter ist es mit einem koreanischen Handy (s. S. 103) oder sehr günstig über VoIP (Internettelefonie), was die Installation eines entsprechenden Programms auf dem Computer sowie einen Internetzugang erfordert.

Trinkgeld

In Südkorea wird weder in Restaurants, im Hotel, in der Kneipe/Bar noch von Taxifahrern ein Trinkgeld erwartet. Lediglich in hochpreisigen westlichen Restaurants hat sich (selten) ein gegenteiliger Brauch eingebürgert. Viele Oberklasserestaurants addieren 10 % Service Charge auf die Preise.

Reisezeit und Reiseausrüstung

Klima und Reisezeit

Klima

Südkorea hat vier ausgeprägte Jahreszeiten und ist ein ganzjähriges Reiseland. Die schwül-heißen Sommermonate Juli und August mit Temperaturen oberhalb von 35 °C sind jedoch nicht die angenehmsten, und man ist in dieser Zeit froh über die moderne Errungenschaft einer Klimaanlage. Im Winter wird es kalt mit Temperaturen deutlich unter 0 °C im Dezember und Januar. Lediglich auf der Insel Jeju und in Busan bleiben die Temperaturen meist über dem Gefrierpunkt.

Die beste Reisezeit

Frühjahr (April–Anfang Juni) und Herbst (Mitte Sept.–Anfang Nov.) bieten sich für eine Reise nach Korea an. Der Himmel ist zumindest im Herbst meist blau, der Regen hält sich in Grenzen, die Temperaturen sind angenehm, und das Land zeigt sich von seiner fotogensten Seite. In diese Zeit fallen außerdem viele Feste, und im Oktober wandeln sich Südkoreas Nationalparks in rot-gelb-braune Waldteppiche.

Baden ohne Neoprenanzug kann man außer auf Jejudo nur im Juli und August. Dann muss man die Strände auf dem Festland aber auch mit den koreanischen Feriengästen teilen. Auf Jejudo ist das Baden noch im September möglich. Dafür fällt auf der Insel mehr Regen als in anderen Landesteilen.

Kleidung und Ausrüstung

In den Frühjahrs- und Herbstmonaten sind langärmelige Hemden und Blusen und lange Hosen am besten geeignet. Für die kühleren Abende sollte man eine Jacke dabeihaben. Im Hochsommer (Juli/Aug.) sind die Sitten locker und knielange Hosen sowie kurzärmelige Hemden und Blusen üblich.

Knappe modische Kleidung wie Miniröcke ist in den Städten im Sommer für Frauen ein allgemeines Erscheinungsbild. Lediglich in Tempeln sollte man sich konservativ kleiden, d. h. nicht zu viel Haut zeigen.

Feste Wanderschuhe für die Nationalparks gehören ebenso ins Gepäck wie eine Bade-

Klimadaten Seoul

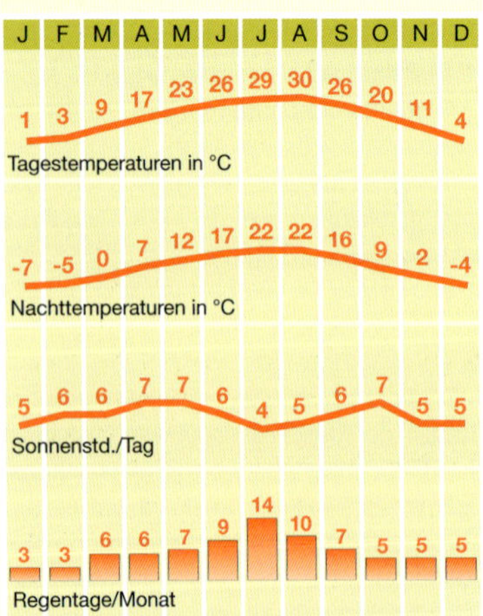

Klimadaten Jejudo

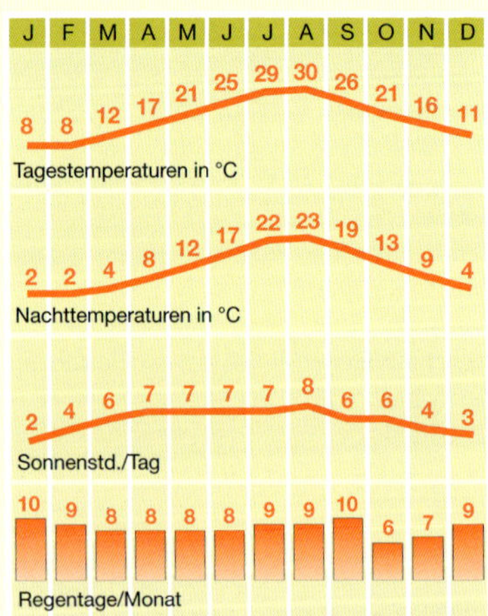

Die Koreaner lieben die Zeit der Kirschblüte (April) – hier auf Yeouido in Seoul

hose oder ein Bikini für Jejudo. Für die Vogelbeobachtung oder den Besuch der Demilitarisierten Zone leistet ein Fernglas gute Dienste.

Nützlich sind außerdem Sonnenschutzmittel und Medikamente gegen Reisekrankheit, denn auf den Fähren nach Ulleungdo, Hongdo oder Heuksando kann es heftig schaukeln.

Kleiderordnung

Außer im Geschäftsleben mit denselben bis etwas strengeren Kleiderregeln als bei uns und formellen Anlässen wie Hochzeiten etc. darf man sich in die textile Komfortzone begeben. In den Städten ist in guten Hotels und Restaurants ein gehobenes Outfit angebracht – Krawatte und Anzug sind jedoch auch hier nur bei formellen Gelegenheiten notwendig. In den Bars, Diskotheken und In-Restaurants wird derselbe urbane Schick wie bei uns getragen. In den rustikalen Restaurants in und um die National- und Provinzparks nimmt man selbst die Wanderkluft beim Abendessen nicht übel.

Elektrizität

220 Volt bei 60 Hz (Europa: 220 Volt bei 50 Hz). Dank moderner Netzteile sind fast alle Laptops, Rasierapparate und Digitalkameras heute in der Lage, Spannungen von 110-240 Volt und 50-60 Hz zu verarbeiten, sodass keine Schwierigkeiten mit der Netzfrequenz von 60 Hz auftreten sollten. Trotz EU besitzt Europa nach wie vor ein Wirrwarr an Steckern, die zweipoligen deutschen Stecker passen jedoch problemlos in alle südkoreanischen Steckdosen.

Gesundheit und Sicherheit

Gesundheit

Apotheken

Apotheken sind zumindest in den Großstädten, und allen voran in Seoul, überall zu finden und für Koreaner erste Anlaufstelle bei kleinen gesundheitlichen Problemen. Fast alle Apotheken bieten ein breites Sortiment an **koreanischer** und **westlicher Medizin.** Wer als des Koreanischen nicht mächtiger Ausländer bei einer leichten Erkrankung eine Apotheke aufsuchen möchte, ohne zuvor einen Arzt oder ein Krankenhaus zu konsultieren, sollte sich daher seine Beschwerden auf Koreanisch aufschreiben lassen.

Ärzte und Krankenhäuser

Die medizinische Versorgung in Südkorea entspricht in den großen Krankenhäusern europäischem Standard. Vor allem in Seoul, aber auch in anderen Millionenstädten sprechen zumindest einige Ärzte Englisch, mit Deutsch wird es schon deutlich schwieriger bis unmöglich. Die **Deutsche Botschaft in Seoul** (s. S. 72) kann mit einer Liste empfehlenswerter Ärzte, Krankenhäuser und Zahnärzte weiterhelfen. Auch die **Korea Tourism Organization** (s. S. 152) ist eine Anlaufstelle.

Wenn es eine Versicherung gibt, die in jedem Fall vor einer Reise nach Südkorea abgeschlossen werden sollte, dann ist es eine gute **Reisekrankenversicherung** mit Rücktransportabdeckung. Krankenhaus- und Arztpreise in Südkorea gehören wie die Behandlungsqualität in die Kategorie High-End. Einen Vergleich verschiedener Anbieter von Reisekrankenversicherungen bieten die Websites **www.reiseversicherung-vergleich.info** und **www.vergleichreiseversicherung.de.**

Achtung: Die normale deutsche Versicherungskarte gilt in Südkorea nicht. Vielmehr erwarten die Ärzte, dass die Rechnung sofort beglichen wird. Auch beim Zahnarzt und im Krankenhaus muss man in Vorkasse treten und bekommt den Rechnungsbetrag zu Hause von der Reisekrankenversicherung er-

Die Ingredienzen traditioneller koreanischer Arzneimittel reichen von Ginseng bis zu Seepferdchen

setzt, sofern man eine solche abgeschlossen hat.

SOS International
Tel. 02 31 40 17 00 (gegen Gebühr)
24-Std.-Notfalldienst, der zwischen Ausländern und Krankenhäusern vermittelt.

International Clinic
501 Hannam Building, 737-37 Hannam-dong, Seoul, Tel. 02 790 08 57, www.internationalclinic.co.kr, U 6 Itaewon, Ausgang 2, Mo–Mi, Fr 9–12, 14–18.30, Sa 9–12, 14–16 Uhr.
Die 1987 eröffnete International Clinic zielt auf ausländische Patienten, d. h. hier wird Englisch gesprochen.

Impfungen

Für Südkorea sind keine Impfungen vorgeschrieben, allerdings gelten für manche Gefährdungsgebiete und Krankheiten besondere Bestimmungen, z. B. bei der Einreise aus Gelbfiebergebieten. Empfohlene Impfungen (nach Beratung durch einen Arzt) sind Diphterie, Tetanus, Polio, Hepatitis A und B, Typhus. Lassen Sie Ihren Impfpass vor der Reise prüfen.

Wasser

Leitungswasser sollte nicht getrunken werden, auch nicht in Seoul, allen Beteuerungen von Seouls Ex-Oberbürgermeister Oh Sehoon zum Trotz, der bis zu seinem Rücktritt 2011 mit dem Han-Fluss-Renaissance-Projekt die Einwohner der Hauptstadt vom Gegenteil überzeugen wollte. Bei ₩ 700 für eine Flasche Wasser (0,5 l) besteht kein Zwang, einen Eigenversuch mit südkoreanischem Leitungswasser zu unternehmen. Zum Zähneputzen ist es in Ordnung.

Sicherheit

Generell ist Südkorea ein sicheres Reiseland – dem Touristen droht Gefahr zumeist nur durch Taschendiebe und den rücksichtslosen

Notrufnummern

Ambulanz: 119
Polizei: 112
Feuerwehr: 119
Sinnvoll ist hier ein Anruf nur auf Koreanisch. Die Wahrscheinlichkeit ist gering, bei diesen Rufnummern einen englischsprachigen Gesprächspartner zu erreichen.

Verkehr (s. S. 84). Das bedeutet auch: Selbst eine grüne Ampel garantiert keine gefahrfreie Überquerung der Straße, und Zebrastreifen scheinen eher als Dekoration denn als bevorrechtiger Fußgängerüberweg zu gelten (in Seoul wird allerdings gelegentlich angehalten).

Taschendiebe sind besonders in den Großstädten Seoul und Busan aktiv und treiben ihr Unwesen gerne im dichten Gedränge von U-Bahnen und Bussen. Allerdings ist die Wahrscheinlichkeit, dass ein Koreaner dem Besitzer einer verlorenen Geldbörse hinterherläuft, um sie ihm mit einem Lächeln zu überreichen, immer noch höher als die Gefahr eines Diebstahls.

Toiletten

Die Rubrik wird hier nur aus Nostalgie aufgeführt, denn noch vor Jahren waren öffentliche Toiletten kein Vorzeigekapitel des Landes. Inzwischen sind sie mit Blumen und Bildern verschönert, in hygienisch tadellosem Zustand und fast immer gratis. Zu finden sind sie überall: in U-Bahn-Stationen, Nationalparks und Tankstellen – und zumeist in der westlichen Form.

Einziger Wermutstropfen für verwöhnte Europäer: Toilettenpapier wird nicht immer bereitgestellt, und wenn, dann außerhalb des Örtchens. Für den Fall der Fälle sollte man immer eine Rolle dabeihaben.

Internet

In Südkorea ist es möglich, immer und überall online zu sein – das Land hat eine der höchsten Internetnutzungsraten weltweit. Auch die Geschwindigkeiten sind hoch: In Städten wie Seoul und Incheon werden viele Häuser mit VDSL-Geschwindigkeiten von 100 Mbit/s versorgt. Derzeit laufen Versuche mit Übertragungsgeschwindigkeiten von 1 Gbit/s. Nicht umsonst trägt Seoul den Beinamen Bandbreiten-Hauptstadt der Welt.

Viele Touristcenter, Cafés, Hotels, Motels und fast alle Postzentralen bieten freien und kabellosen **Internetzugang** – wenn man mit Notebook unterwegs ist. In Hotels und Motels stehen in den Zimmern gegen einen geringen Aufpreis Computer für die Internetnutzung zur Verfügung.

In Südkorea gibt es überall **Internetläden,** wenngleich diese für Ausländer nicht immer sofort als solche erkennbar sind. Hier spielen Jugendliche oft stundenlang Shooter- und sonstige Ego-Games wie Warcraft. Wenn Sie hier ihre E-Mails checken, werden Sie zugleich Zeuge einer neuartigen Zivilisationskrankheit – Internetsucht. Südkorea hat nicht nur die schnellsten Internetverbindungen weltweit, sondern ist auch führend bei der Zahl von Web-Abhängigen (angeblich 2 Mio.).

Post

Südkoreas Post (www.koreapost.go.kr) existiert seit 1895, ist zuverlässig, preisgünstig und bietet in vielen ihrer über 3660 Postämter freien Internetzugang. **Briefe und Postkarten** innerhalb Koreas benötigen 1–2 Tage, nach Europa 6–8 Tage (Luftpost).

Briefe bis 20 g nach Europa kosten ₩ 640, bis 50 g ₩ 1220, Standardbriefe (kein Express) innerhalb Südkoreas ₩ 250 (bis 20 g) bzw. ₩ 270 (bis 50 g). **Postkarten** kosten einheitlich ₩ 350, **Aerogramme** ₩ 400. Für ein **Luftpostpaket** bis 2 kg nach Deutschland, Österreich oder in die Schweiz zahlt man ₩ 26 200, bis 6 kg ₩ 50 200. **Per Schiff** kosten dieselben Pakete ₩ 12 000 bzw. ₩ 20 000, sind dann allerdings wochen-, wenn nicht monatelang unterwegs.

Öffnungszeiten der Postämter: Mo–Fr 9–18 Uhr, teilweise auch länger.

Radio und Fernsehen

Südkoreas **Fernsehen** startete 1961 mit dem staatlichen Sender Korea Broadcasting System (KBS), und seitdem sind diverse Kanäle dazugekommen, von denen die meisten nur auf Koreanisch senden. Die größten TV-Sender sind KBS, MBC (Munhwa Broadcasting Corporation) und SBS (Seoul Broadcasting System). Game-Shows, Einkaufsblöcke und Südkoreas berühmte Seifenopern blockieren die meiste Sendezeit. Der einzige englischsprachige Fernsehsender – neben den Sendern des US-Militärs – ist Arirang aus Seoul (www.arirang.co.kr).

Der dünnen ausländischen Gemeinde in Südkorea ist auch das spärliche **Radioprogramm** in anderen Sprachen geschuldet. Arirang sendet ein englischsprachiges 24-Std.-Programm über UKW (88,7 MHz) und Internet. KBS sendet in mehreren Sprachen, darunter seit 1981 sogar ein einstündiges deutsches Programm, das über Kurzwelle (3955 kHz), Satellit und Internet zu empfangen ist (world.kbs.co.kr).

Sprache

In Seoul wird man ohne große Probleme mit Englisch gut zurechtkommen. In allen anderen Orten und besonders auf dem Land helfen nur viel Geduld oder eine koreanisch sprechende Begleitung. Beschriftungen von Sehenswürdigkeiten sind nicht immer in Englisch und wenn, dann manchmal in mehr erheiternder als informativer Form. Die Adresse des Fahrziels sollte man sich auf Koreanisch aufschreiben lassen, damit z. B. Taxifahrer sie lesen können. Die Adresse des Rückfahrziels nicht vergessen, sonst gelangt man zwar irgendwo hin, aber nicht zurück.

Telefon

Südkoreas Mobilfunknetz ist exzellent. Allerdings nutzt das Land anders als GSM-Europa den selten angewendeten **CDMA-Mobilfunkstandard**, mit der Konsequenz, dass ein in Europa funktionierendes Mobiltelefon nicht zwangsläufig auch in Südkorea seinen Dienst tun wird. Ob Ihr Handy CDMA-kompatibel ist, sollten Sie bei Ihrem Mobiltelefonhersteller erfragen. Mit vielen neueren Smartphones – insbesondere denjenigen aus Südkorea, also LG und Samsung – werden Sie auch in Südkorea telefonieren können.

Südkorea weiß über seinen Sonderweg sehr wohl Bescheid, und so bieten die Provider SK Telekom, KT etc. bei der Ankunft am **Incheon International Airport** SIM-Karten mitsamt Mobiltelefonen zur Miete an. Die Preise beginnen bei ₩ 1500/Tag.

Wer das Glück hat, dass sein Mobiltelefon auch in Südkorea Netzempfang hat, sollte mit dem Telefonieren dennoch Vorsicht walten lassen, denn die Preise für Gespräche in Südkorea und von dort ins Ausland sind gewaltig (Roaming-Gebühren). Gebühren fallen übrigens auch dann an, wenn Sie in Südkorea angerufen werden – egal, ob Sie aus Südkorea oder dem Ausland einen Anruf erhalten.

Für ein SIM-lock-freies Handy (nutzbar für alle Telefongesellschaften) kann man in Südkorea bei einem der großen Provider, z. B. KT oder SK Telekom, eine **Prepaid-SIM-Karte** erwerben.

Bei so viel Handy-Euphorie mag es verwundern, dass auch die gute, alte **Telefonzelle** nicht aus der Mode gekommen ist, sondern immer noch an Straßenecken anzutreffen ist. Die Telefone akzeptieren je nach Alter Karten oder Münzen, wobei die Karten in Convenience Stores wie Seven-Eleven, FamilyMart etc. erworben werden können (ab ₩ 2000).

Vorwahlen

Südkorea: 0082
Deutschland: 001 49
Österreich: 001 43
Schweiz: 001 41

Die **südkoreanischen Ortsnetznummern** sind alle bis auf die von Seoul dreistellig, also beispielsweise 02 für Seoul, 051 für Busan oder 064 für Jejudo. Telefoniert man mit einem Handy, ist immer die Ortsvorwahl mit einzugeben, d. h. für Anrufe aus Seoul nach Seoul muss beispielsweise gewählt werden: 02 12 34 56.

Zeitungen

Zwei englischsprachige Tageszeitungen dominieren Südkorea: die seit 1950 erscheinende The Korea Times (www.koreatimes.co.kr) sowie die seit 1953 zirkulierende The Korea Herald (www.koreanherald.co.kr). Beide unterscheiden sich nicht gravierend, sind stark faktenlastig und lassen gelegentlich eine eigene Meinung vermissen. Dem International Herald Tribune merkt man seine ausländische Herkunft an, allerdings ist das Blatt fast nur in Seoul erhältlich.

Daneben erscheinen verschiedene englischsprachige Magazine, allen voran 10 Magazine (www.10magazine.asia) oder Seoul (www.seoulselection.com), in dem viele Artikel vom Wahl-Seouler Robert Koehler stammen, der auch einen guten Seoul-Reiseführer herausgibt und eine hervorragende Website über Südkorea betreibt (www.rjkoehler.com).

Sprachführer

Allgemeines

Guten Morgen/Tag/ Abend	annyeonghaseyo	안녕하세요
Gute Nacht	annyeonghi jumuseyo	안녕히 주무세요
Auf Wiedersehen (wenn der Sprecher geht)	annyeonghi gyeseyo	안녕히 계세요
(wenn der Angesprochene geht)	annyeonghi gaseyo	안녕히 가세요
Bitte (wenn man fragt)	juseyo	주세요
Danke	gamsa-hamnida	감사합니다
Gern geschehen	cheonmaneyo	천만에요
Ja	ye / ne	예 / 네
Nein	anio	아니오
Wie heißen Sie?	dangsinui ireumeun-mueosip nikka?	당신의 이름은 무엇입니까?
Mein Name ist …	je ireumeun ... imnida	제 이름은 ... 입니다

Unterwegs

Flughafen	gonghang	공항
Flugzeug	bihenggi	비행기
Bahnhof	yeok / gichayeok	역 / 기차역
Zug	gicha	기차
U-Bahn	jihacheol	지하철
Bus	beoseu	버스
Schiff	beh	배
Taxi/Auto	tekshi/cha	택시 / 차
Fahrrad	jajeongeo	자전거
Fahrplan	siganpyo	시간표
Fahrkarte	pyo	표
rechts	oleunjjok	오른쪽
links	wenjjok	왼쪽
geradeaus	gotjang	곧장
Telefon	jeon-hwa	전화
Postamt	uche-guk	우체국
Landkarte, Stadtplan	jido	지도
Eingang	ipgu	입구
Ausgang	chungu	출구
geöffnet (Schild)	yeongeupjung	영업중
geschlossen (Schild)	hyueupjung	휴업중
Tempel	jeol / -sa	절 / 사
Kirche	gyohoo	교회
Museum	bangmulgwan	박물관
Strand	haebyeon	해변

Zeit

Stunde	shigan	시각
Tag	il / nal	일 / 날
Woche	ju	주
Jahr	nyeon	년
Monat	wol / dat	월 / 달
heute	oneul	오늘
morgen	naeil	내일
gestern	eoje	어제
wann?	eonje	언제
Montag	wolyoil	월요일
Dienstag	hwayoil	화요일
Mittwoch	suyoil	수요일
Donnerstag	mogyoil	목요일
Freitag	geumyoil	금요일
Samstag	toyoil	토요일
Sonntag	ilyoil	일요일

Einkaufen

Kaufhaus	baekhwajeom	백화점
Markt	sijang	시장
Buchhandlung	seojeom	서점
Geld	don	돈
Kreditkarte	shinyong kadeu	신용카드
Bank	eunhang	은행
Souvenir	ginyeonpum	기념품

Essen und Trinken

s. auch S. 60
Im Lokal s. S. 68

Restaurant	sikdang	식당
Café	kape	카페
Bar	ba / suljip	바 / 술집
Frühstück	achim	아침
Mittagessen	jeomshim	점심
Abendessen	jeonyeok shiksa	저녁식사

Übernachten

Hotel	hotel	호텔
Motel	motel	모텔
Privatunterkunft	minbak	민박
westliches Zimmer	chimdae bang	침대 방
Einzelzimmer	singguel chimdae 싱글침대 (Einzelbett)	
Doppelzimmer	deobeul chimdae 더블침대 (Doppelbett)	
Toilette	hwajangsil	화장실
Schlüssel	ki	키
Reisepass	yeogwon	여권
Rechnung	gyesanseo	계산서

Notfall

Unfall	sago	사고
Polizei	gyeongchal	경찰
Arzt	uisa	의사
Zahnarzt	chigwa-uisa	치과의사
Krankenhaus	byeongwon	병원
Apotheke	yak-guk	약국
Fieber	yeol	열
Durchfall	seolsa	설사
Medizin	yak	약

Zahlen

1	hana (han) / il	하나 (한) / 일
2	dul (du) / i	둘 (두) / 이
3	set (se) / sam	셋 (세) / 삼
4	net (ne) / sa	넷 (네) / 사
5	daseot / o	다섯 / 오
6	yeoseot / yuk	여섯 / 육
7	ilgop / chil	일곱 / 칠
8	yeodeol / pal	여덟 / 팔
9	ahop / gu	아홉 / 구
10	yeol / sip	열 / 십
11	yeolhana / sibil	열하나 / 십일
12	yeoldul / sibi	열둘 / 십이
20	seumul / isip	스물 / 이십
21	seumul hana / isip il	스물하나 / 이십일
30	seureun / samsip	서른 / 삼십
40	maheun / sasip	마흔 / 사십
50	swin / osip	쉰 / 오십
60	yesun / yuksip	예순 / 육십
70	ilheun / chilsip	일흔 / 칠십
80	yeodeun / palsip	여든 / 팔십
90	aheun / gusip	아흔 / 구십
100	baek	백
1000	cheon	천
10 000	man	만
100 000	simman	십만

Die wichtigsten Sätze

Allgemeine Floskeln und Fragen

Ich spreche kein Koreanisch. Jeo-neun hangugeo-reul mot haeyo 저는 한국 어를 못합요

Sprechen Sie … Yeongeo / dogileo haseyo? … Englisch / Deutsch? 영어 / 독일어 하세요

Haben Sie … … Innayo … 있나요?

Was kostet das? Ige eolmayeyo? 이게 얼마예요?

Das ist zu teuer. Neomu bissayo 너무 비싸요

Ich gucke nur. Bogiman haneun geoyeyo 보기만 하는 거예요

Darf ich fotografieren? Sajin jigeojulreyo? 사진 찍어줄래요?

Unterwegs

Wie komme ich zum / zur …
… e eoddeohge gayo? … 에 어떻게 가요?

Welcher Bus/Zug geht nach …? E ganeun gicha/beoseuneun eodi-e isseumnikka? 에 가는 기차/버스는 어디에 있습니까?

Wann fährt ein Bus/Zug nach …? … e ganeun gicha/beoseu-neun eonje chulbalhamnikka? 가는 기차 / 버스는 언제 출발 합니까?

Wo? eodi? 어디?

Wo ist (der Flughafen)? (gonghang) nun eodi imnikka? (공항) 는 어디 입니까?

Haben Sie ein freies Zimmer? Bang isseumnikka? 방 있습니까?

Ich habe eine Reservierung. Jeo-neun yeyak haesseoyo. 저는 예약 했어요.

Flammender Blätterwald bei einer Herbstwanderung im Seoraksan-Nationalpark, Gangwon-do

Unterwegs in Südkorea

Metropole im Dunst – Blick vom N Seoul Tower über die Stadt

Kapitel 1

Seoul

Keine andere Stadt Südkoreas bietet eine solche Fülle an kulturellen Schätzen, Geschichte und modernen Einrichtungen wie Seoul. Seit Beginn des Joseon-Reichs im 14. Jh. ist Seoul Koreas Hauptstadt, und wenngleich mit Pjöngjang ein Rivale in Nordkorea entstand, schlägt in der Stadt am Han-Fluss das Herz Koreas: Alle Botschaften, die Zentralen der großen Unternehmen und die besten Universitäten sind hier angesiedelt. Seoul ist gleichzeitig der Hauptverkehrsknotenpunkt des Landes, eines der zehn am dichtesten bevölkerten Stadtgebiete weltweit und mit einer hypereffizienten Infrastruktur ausgestattet, die es mit allen großen Metropolen dieser Welt aufnehmen kann.

Trotz dieser Superlative führt Seoul ein Schattendasein unter den asiatischen Megastädten, wird kaum in einem Atemzug mit Hongkong, Shanghai oder Tokyo genannt. Wer Seoul hört, denkt bestenfalls an die Elektronikgiganten Samsung oder LG und schlimmstenfalls an das nordkoreanische Atomprogramm. Wie das gesamte Land schafft es auch Seoul nur selten auf den Radarschirm der Weltöffentlichkeit, und so verwundert es kaum, dass nur wenige Westler die Stadt auf dem Globus lokalisieren können. Seoul lässt sich davon nicht irritieren und arbeitet weiter an seinem Image als eine der künftigen Weltstädte.

Auferstanden aus den Ruinen des Koreakriegs 1950–53, kann die Stadt heute mit einem Nachtleben wie Bangkok, Palästen wie an der Loire und einer Kleinkunstszene wie in New York aufwarten – und alles noch ein bisschen greller, geschichtslastiger und kreativer. Die Stadt ist eines der bestgehüteten Geheimnisse Asiens und sehnt sich danach, entdeckt zu werden.

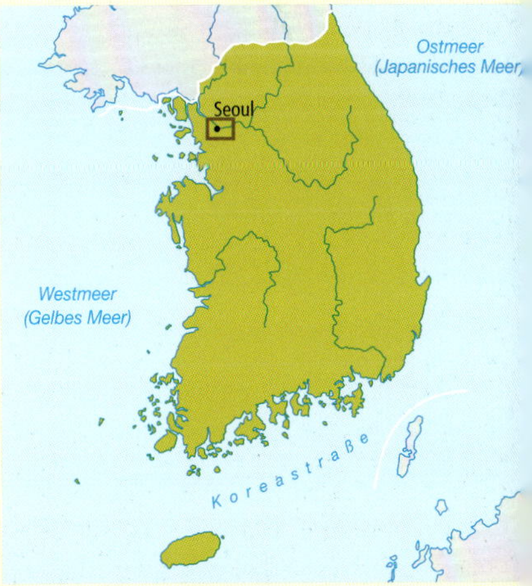

Auf einen Blick

Seoul

Sehenswert

1 Seoul: Tradition und Moderne gehen in dieser mit Kunst und asiatischem Flair gesättigten 10-Millionen-Metropole eine harmonische Verbindung ein. Vor allem der Palastdistrikt, einige trubelige Märkte und exzellente Museen auf Weltklasseniveau verleihen der Stadt ihren Reiz (s. S. 112).

Schöne Routen

Spaziergang durch den Palastdistrikt: Die fünf Paläste aus der Joseon-Dynastie sind die Hauptattraktion des traditionellen Korea und Pflicht jedes Seoul-Besuchers (s. S. 112).

Bummel am Cheonggyecheon: Entlang dieses restaurierten Flüsschens zeigt sich Seoul mit viel Grün von seiner entspannten Seite (s. S. 129).

Meine Tipps

Streifzug durch den Dongdaemun-Markt: Ein riesiger Markt, auf dem alles zu finden ist – von Krawatten bis zu Haustieren und alten Geo-Heften (s. S. 130).

Übernachten im Hanok: Ein Aufenthalt in einem der traditionellen Holzhäuser im Bukchon Hanok Village bleibt ein unvergessliches Erlebnis. Betten gibt es nicht – man schläft auf einer dünnen Matratze direkt auf dem Boden (s. S. 120, 154).

Noryangjin-Fischmarkt: Meeresgetier aller Art wartet auf diesem riesigen 24-Stunden-Markt darauf, endlich fotografiert oder in den angeschlossenen Restaurants verspeist zu werden – alles garantiert frisch (s. S. 146).

Nachtleben in Itaewon: Seouls Sündenmeile hält das gesamte Vergnügungsspektrum parat, ist tags wie nachts bunt, wild und eigentlich eine andere Stadt (s. S. 143).

aktiv unterwegs

Bukak Trail – Wanderung entlang der alten Stadtmauer: Die Strecke führt entlang eines der besterhaltenen Abschnitte der alten Stadtmauer und ist einer der schönsten Wanderwege Seouls (s. S. 120).

Zu Fuß vom Namdaemun-Markt auf den Namsan: Drei Seouler Highlights an einem halben Tag – der chaotische Namdaemu-Markt, der N Seoul Tower mit unbezahlbarem Blick auf die Stadt und das Namsangol Hanok Village – alles ohne Anstrengung zu erlaufen (s. S. 140).

Fahrradtour am Han-Fluss: Tour ohne Stress entlang des seelenruhig dahingleitenden Han-Flusses – so viel Gelassenheit wie auf diesem Rundweg lässt sich in Asien nur in wenigen Metropolen finden (s. S. 148).

1 Seoul ▶ 1, H/J 5 und 2

So sollte eine asiatische Bilderbuchstadt sein: jahrhundertealte Paläste, traditionelle Wohnhäuser, kleine Geschäfte, betrieben von alteingesessenen Familien, eine florierende Kulturszene und verglaste Bürohochhäuser. Südkoreas Hauptstadt bringt Geschichte und Zukunft des Landes auf den Punkt und ist die unangefochtene Königin unter Koreas Städten.

An Größe und Bedeutung kann keine andere Stadt des Landes **Seoul** 서울 auch nur annähernd das Wasser reichen. Die Stadt strotzt nur so vor Selbstbewusstsein, und auch wenn die sonst in Asien üblichen und sich an Höhe überbietenden Wolkenkratzer fehlen, macht sich Seoul auf zu neuen Ufern – kulturell und wirtschaftlich. Seoul ist aufregend, anstrengend und Koreas Trendsetter in fast allen Bereichen.

Bei aller Moderne leben und arbeiten aber auch noch viele Mönche in den zahlreichen Tempeln, in denen die Zeit stehen geblieben ist, auch wenn die Geistlichen inzwischen auf Mobiltelefone vertrauen. Die abgelegen in den umgebenden Bergen gelegenen Klöster bieten ausreichend Möglichkeit, den eigenen Seelenfrieden zu finden. Gleichzeitig ist Seoul eine der christlichsten Städte Asiens. Kirchen sind in fast jeder Ecke zu finden.

Das kulturelle Erbe der Stadt konzentriert sich im Palastdistrikt; hier liegt der Startpunkt fast jeder Seoul-Tour. Die Paläste aus fünf Jahrhunderten vermitteln ein authentisches Bild einstiger koreanischer Hochkultur und Architektur. Ebenso traditionell sind die noch verbliebenen und fein restaurierten Wohnviertel wie das Namsangol Hanok Village oder Bukchon.

Viel Geld ist seit den 1970er-Jahren in die Stadt geflossen und hat für eine moderne Infrastruktur gesorgt, die ihresgleichen sucht. Ein exzellentes U-Bahn-System und zahlreiche Buslinien machen fast jeden Fleck der Stadt leicht erreichbar, und die Internetversorgung ist nicht nur flächendeckend, sondern bietet die vielleicht schnellsten Download-Verbindungen Asiens.

Die koreanische Küche ist ein weiterer Höhepunkt Seouls. Das scharfe *kimchi* ist zwar nicht jedermanns Geschmack, aber die Vielfalt an Restaurants in jeder Preisklasse ist überwältigend. Koreanische Menüs sind allgegenwärtig, aber auch japanische, chinesische und westliche Küche ist leicht zu finden.

Trotz seiner über 10 Mio. Einwohner hat sich Seoul den Charme einer mittelgroßen asiatischen Stadt bewahrt und ist auch um 2 Uhr nachts fast so sicher wie sein nordkoreanisches Pendant Pjöngjang. Insgesamt darf sich Seoul mit seinem kulturellen Angebot, seiner Geschichte und ökonomischen Kraft in eine Reihe mit Weltstädten wie Hongkong oder London stellen, und selbst Singapur und Tokyo müssen sich vor der Konkurrenz fürchten.

Palastdistrikt (Zentrum)

Cityplan Seoul-Zentrum: S. 114
Cityplan Seoul: S. 132

Im Zentrum Seouls, auch Palastdistrikt genannt, um die beiden Paläste Gyeongbokgung und Changgyeonggung bis zum Cheonggyecheon (Cheonggye-Fluss) offenbart sich die ganze Tiefe von 600 Jahren koreanischer Geschichte. Hier zeigt die Stadt ihr ganzes Können – Tradition pur mit modernen Einfärbungen und damit ein Muss für jeden Besucher. Fünf teils gigantische Paläste aus der Joseon-Dynastie (1392–1910) reihen sich hier in enger Nachbarschaft und zeugen noch heute mit ihrer Größe und Weitläufigkeit von der einstigen Macht und dem Selbstverständnis der Königshäuser. Sie waren ebenso wie die Verbotene Stadt in Beijing nach ihrem Bau Entscheidungszentrum der Herrscher und gleichzeitig deren goldener Käfig. Zumindest einen oder zwei sollte man besucht und dabei eine der farbenprächtigen Wachablösungen erlebt haben, die für sich mindestens ebenso interessant sind wie die Paläste selbst. Drei schöne Touren führen zu den Highlights des Distrikts.

In der Nähe der Anlagen liegt die berühmte Insadong-gil, eine Straße prallvoll mit kleinen Kunstgalerien, Teehäusern und traditionellen Restaurants, sowie die Samcheondong-gil mit ähnlichem Angebot, aber beschaulicherem Charme. Auch das ehrwürdige Wohnviertel Bukchon mit seinen altväterlichen Häusern und der Präsidentenpalast Cheongwadae sind nicht weit entfernt. Wer dann noch nicht genug gesehen hat, dem bleiben einige exzellente Museen in nächster Nähe und nur wenige hundert Meter im Süden der begrünte und schön zu erlaufende Cheonggyecheon, ein künstliches Flüsschen mit zahlreichen Kulturtupfern und angrenzenden Märkten.

Gyeongbokgung 경복궁 1

Seit seiner Fertigstellung 1395 durch den Gründer der Joseon-Dynastie, König Taejo, ist der **Palast der Strahlenden Glückseligkeit** der erste und gleichzeitig weitläufigste und prächtigste der fünf Paläste Seouls. Sein Bau markiert die Hauptstadtwerdung Seouls. Die Palastanlage ist so groß, dass es kaum möglich ist, alles an einem Tag zu erkunden. Sie zu besuchen, ist zu jeder der vier Jahreszeiten ein Genuss – der Palast verzückt durch wechselnde Farben und gibt jedes Mal neue Details preis.

Im Rücken der Anlage liegt nördlich der Bukak-Berg (Bukaksan) und gen Süden blickt man auf den Nam-Berg (Namsan), auf dessen Spitze heute der N Seoul Tower emporragt.

Der Gyeongbokgung war einst das Zentrum Seouls und bis Ende des 16. Jh. Residenz des Königs, bevor die Anlage 1592 während der japanischen Invasion abbrannte. Über 250 Jahre sollte der Palast in Ruinen liegen, bevor er 1865 wieder aufgebaut wurde. Die meisten der ehemals prächtigen Gebäude errichtete man auf den alten Grundmauern neu, und 1872 waren von den ehemals gut 500 Bauten über 300 wiederhergestellt. Aber der Palast sollte nicht lange die Freude Koreas sein, denn nach Pracht, Zerstörung und Wiederaufbau ereignete sich hier 1895 eine folgenschwere Tragödie: Königin Min fiel einem Mordversuch des japanischen Geheimdiensts zum Opfer. Ihr Mann, König Gojong, floh daraufhin in die russische Botschaft und kehrte nie mehr in den Gyeongbokgung zurück. 15 Jahre später wurde Korea von Japan besetzt und im selben Jahr begann die Zerstörung des Palastes, um Platz zu machen für japanische Regierungsgebäude. Am Ende sollten nur 15 % der Gebäude den Zerstörungswahn der Besatzer überleben, darunter der Gyeonghoeru-Pavillon. An der Stelle des südlichen Gwanghwa-Tors (Gwanghwamun) entstand der riesige Regierungssitz der japanischen Kolonialherren, der erst 1996 abgerissen wurde. Seit 2010 glänzt hier wieder das alte **Gwanghwamun** 광화문 (Tor der Verwandlung im Licht).

Seit der Restaurierung des Gwanghwamun betritt man den Komplex wieder durch dieses repräsentative Tor, hinter dem sich ein weitläufiger Platz öffnet. Der gesamte Palast ist streng in Süd-Nord-Richtung ausgelegt, weshalb das Gwanghwamun auch als Südtor bezeichnet wird. Nach Überqueren des Platzes erreicht man das monumentale **Heungnyemun** 흥례문, der eigentliche Eingang zum Palastgelände, auf dem in chinesischer Schrift die drei Zeichen 門禮興 (Tor des Gedeihens der Riten) stehen. Das Heungnyemun ist durch Holzpfeiler dreigeteilt: Der Mitteldurchgang war dem König vorbehalten, die beiden seitlichen Durchgänge den Beamten. Hier findet

0 200 400 m
Hyojaro
Hyang-wonjong
National Folk Museum
Samcheongdonggil
Jeongdok Library
Gyeonghoeru
Jagyeongjeon
Geunjeongjeon
Sujeongjeon
Geonjunmun (Gate)
National Palace Museum
Eingang
Anguk Post Office
Anguk Building
Anguk
Yulgongno
Samilno
Sajikno
Sajik Park
Inwangsan-gil
Gyeongbokgung
Sajik Tunnel
Naejadonggil
Sejongno
Insadong-gil
Sambong-gil
T'aegwan-gil
Ujeongguk-ro
Gyobo Bldg.
Gwanghwamun
Gyeonghuigung
Seoul Metropolitan Museum of Art
Seoul Museum of History
Park
Saemunan-gil
Jonggak
Jongno 1-ga
Jongno 2-ga
Bosingak (Bell Pavillon)
Heunghwamun (Gate)
Cheonggyecheonno
Korea National Tourism Organization
Ujiro
Doksugunggil
Namdaemunno
Taepyongno
Royal Museum
Agricultural Museum
Seoul City Hall
Euljiro 1Ga
Euljiro
City Hall
Seodaemun
Museum of Modern Arts
Daehanmun (Gate)
Yugwansun Memorial
Baejae Park
Seoul City Hall
Chungjeongno
Seodaemun Police Station
Bukjanggil
Sogongno
Myeongdonggil
National Police Administration
Ujuro
City Hall
Seosomunno
Hoam Art Hall
Central Post Office
Chungmuro
Namdaemunno
Toegyero
Seosomun Park
Namdaemun (South Gate)
Chungjeongno
Jilpaegil
Sowolgil
Toegyero
Namsanno
Hoehyeon
Sung Eui Concert Hall
Seilbahnstation
Seoul Station (KTX)
Seoul Station
Sopa-gil
Seilbahn
Namdaemun Police Station
Sowolgil
3rd Namsan Tunnel
Namsan Botanical Gardens

Seoul-Zentrum
Sehenswert
1 Gyeongbokgung
2 Cheongwadae
3 Samcheongdong-gil
4 Bukchon Traditional Cultural Center
5 Changdeokgung
6 Changgyeonggung
7 Jongmyo
8 Deoksugung
9 Seoul Museum of Art (SeMa)
Fortsetzung s. S. 116
Biwon
(Secret Garden)
Seoul National Science Museum
Changgyeonggungno
Eingang
Jongdeok Park
Myeongjeongjeon
Yulgongno
Waryongo
Taegwan-gil
Jongno 3Ga
Ancestral
Jong-yeommun (Gate)
Dansungsa Theater
Jangyeommun Plaza
Royal Asiatic Society
Daehangno
Jongno 5Ga
Jongno 5-ga
Dongdaemun (East Gate)
Dongdaemun
Jongno 3-ga
Jongno 4-ga
Pyeonghwa Market
Bangsan Market
Cheonggyecheon
Cheonggyegogaro
Baeogaegil
Euljiro Undergr. Arcade
Migliore
Heung-Inmunno
Euljiro 4Ga
Euljiro 3Ga
Euljiro
Jungbu Market
Hullyeonwon-gil
Eulji Post Office
Dongdaemun Stadium
Dongbu Fire Station
Mareunnaegil
Jung-gu Office
Mukjeong Park
Jungbu Police Station
Toegyero
Jangchungdan-gil
Chungmuro
Myeongdong
Sopagil
Dongguk University
Donghoro
Namsankol
Namsangongwongil
Jangchundam Park
1st Namsan Tunnel
Yaksu
Namsan-Park

Seoul-Zentrum

10 Gyeonghuigung
11 Insadong-gil
12 Tapgol-Park
13 Jogyesa
14 Cheonggye-Platz
15 Gwangtonggyo (Brücke)
16 Banchado-Kachelbild
17 – 18 s. Cityplan Seoul S. 132
19 Dongdaemun-Markt
20 – 25 s. Cityplan Seoul S. 132
26 Myeong-dong-Kathedrale
27 Chinatown
28 Bank of Korea Museum
29 Korea First Bank
30 Namdaemun-Markt
31 Rodin Gallery (Plateau)
32 Goethe-Institut
33 Namsan-Park; s. auch Cityplan Seoul S. 132
34 s. Cityplan Seoul S. 132
35 Namsangol Hanok Village
36 Time Capsule
37 – 38 s. Cityplan Seoul S. 132
39 – 40 s. Cityplan Seoul-Itaewon S. 142
41 – 47 s. Cityplan Seoul S. 132

Übernachten

1 – 2 s. Cityplan Seoul S. 132
3 Shilla Hotel
4 s. Cityplan Seoul S. 132
5 s. Cityplan Seoul-Itaewon S. 142
6 Ibis Seoul Myeong-dong
7 Hotel Sunbee
8 Seoul YMCA
9 Sophia Guesthouse
10 Yim's House Hostel
11 Holiday in Korea Hostel
12 Rakkojae
13 Seoul Guesthouse
14 Anguk Guesthouse
15 Tea Guest House

Essen & Trinken

1 Dugahun
2 Korea House
3 s. Cityplan Seoul-Itaewon S. 142
4 Bärlin
5 Top Cloud
6 Baru
7 s. Cityplan Seoul S. 132
8 Sanchon
9 s. Cityplan Seoul-Itaewon S. 142
10 Bulgogi Brothers
11 Bori Koge Choo Euk
12 Nanxiang
13 s. Cityplan Seoul S. 132
14 Gwangjang-Markt

Einkaufen

1 Lotte Department Store
2 s. Cityplan Seoul S. 132
3 Shinsegae-Kaufhaus; s. auch Cityplan Seoul S. 132
4 ABC Mart
5 s. Cityplan Seoul-Itaewon S. 142
6 – 8 s. Cityplan Seoul S. 132
9 Ssamziegil
10 Jilpae-gil/Namdaemunno-Kreuzung
11 Nakwon Instrument Arcade
12 Seoul Selection Bookshop/Hank's Book Café
13 s. Cityplan Seoul-Itaewon S. 142
14 Kyobo Bookshop

Abends & Nachts

1 – 2 s. Cityplan Seoul-Itaewon S. 142
3 – 4 s. Cityplan Seoul, S. 132
5 – 8 s. Cityplan Seoul-Itaewon S. 142
9 s. Cityplan Seoul S. 132
10 – 13 s. Cityplan Seoul-Itaewon S. 142
14 Comfort Zone
15 Dawon
16 Nanta Theatre in Jeong-dong und Myeong-dong
17 Jump Theater
18 s. Cityplan Seoul S. 132
19 Chongdong Theater
20 s. Cityplan Seoul S. 132

Aktiv

1 Panmunjom Travel Center
2 s. Cityplan Seoul S. 132
3 Stadtrundfahrten
4 – 6 s. Cityplan Seoul S. 132
7 Yoo's Family
8 Institute of Traditional Korean Food
9 – 10 s. Cityplan Seoul S. 132
11 Korea Foundation Cultural Center
12 s. Cityplan Seoul-Itaewon S. 142
13 – 15 s. Cityplan Seoul S. 132
16 s. Cityplan Seoul-Itaewon S. 142

die **Wachablösung** der Soldaten in Uniformen aus der Joseon-Ära statt. Die Ablösungen laufen wie militärische Operationen nach einer exakt festgelegten Choreografie ab (bei gutem Wetter Di–So stdl. 10–16 Uhr).

Über einen weiteren Platz und durch ein weiteres Tor, das Geunjeongmun 근정문, gelangt man zur majestätischen Regierungs- und Thronhalle – der 1860 neu erbauten **Halle der Regierung in Ehrerbietung** (Geunjeongjeon 근정전). Dies ist das dominierende Gebäude des Palastareals und gleichzeitig die größte Holzkonstruktion des Landes. Hier empfing der König einst ausländische Gesandte, hielt Staatszeremonien ab und widmete sich den Regierungsgeschäften. Der Bau mit Doppeldach steht auf einer zweistufigen Steinterrasse und ist daher nur über eine Treppe zu erreichen. Dies sollte die Bedeutung des Gebäudes unterstreichen. Im Inneren der Halle bestechen die in feinster Handarbeit bemalten Gebälkschnitzereien sowie der Thron des Herrschers, der sich vor einem Gemälde mit den Motiven des daoistischen Paradieses befindet – fünf heilige Berge, rotstämmige Bäume sowie Sonne und Mond als Zeichen der Harmonie von Yin und Yang. In der während des Japanisch-koreanischen Krieges 1592 zerstörten Halle wurden zwischen 1398 und 1567 sieben Könige gekrönt.

Hinter der Geunjeongjeon tritt man nach Norden erneut durch ein Tor, das **Sajeongmun** 사정문, und steht vor drei weiteren Gebäuden. Links befindet sich die **Tausend-Herbst-Halle** (Cheonchujeon 천추전) und rechts die **Zehntausend-Frühling-Halle** (Manchunjeon 만춘전), beide einst von hohen Regierungsbeamten als Büros genutzt. Zwischen beiden Gebäuden steht die **Halle der Gedankenvollen Regierung** (Sajeongjeon 사정전) mit den persönlichen Arbeitsräumen des Königs. Verlässt man die drei ›Bürohäuser‹ Richtung Norden, steht man nach wenigen Metern vor einem weiteren **Tor,** hinter dem sich zunächst die Privatgemächer des Königs befinden, die **Halle des Wohlergehens** (Gangnyeongjeon 강녕전). Da König und Königin getrennt nächtigten, steht hinter ihr die **Gyotaejeon** 교태전 der Königin.

Hinter dem Wohnhaus der Königin liegt ein terrassenförmig angelegter Garten, **Amisan** 아미산, in dem vier orangefarbige Steinpfeiler emporragen, deren schöne Dekoration über ihre Funktion hinwegtäuscht: Es handelt sich um die Kamine der königlichen Fußbodenheizung *(ondol).* Der Garten ist nach dem Berg Emei (chin. Emei Shan) benannt – eine Verneigung vor einem der heiligsten buddhistischen Berge im Reich der Mitte.

Einige Schritte östlich der königlichen Schlafgemächer steht die **Jagyeongjeon** 자경전, das Wohnhaus der Königinwitwe Sinjeong (1808–1890). Die westliche Wand des Gebäudes verdient besondere Beachtung wegen ihrer Terrakottamotive mit Bambus, Pflaumenblüten, Vögeln etc. Ähnliche Muster schmücken auch die hinter der Jagyeongjeon liegenden Kamine, die mit zehn Symbolen der Langlebigkeit verziert sind: Sonne, Berg, Wasser, Stein, Wolken, Kiefern, Gewürze, Schildkröte, Kranich und Hirsch.

Der westlich der Halle des Wohlergehens liegende **Pavillon der Glücklichen Begegnung** (Gyeonghoeru 경회루) diente als Fest- und Bankethalle. Ihn umgibt ein quadratischer Teich, der einst als Quelle der Inspiration und Speicher für Löschwasser diente.

Südlich des Gyeonghoeru stand einst die **Bibliothek** des Königs, in der im 15. Jh. das koreanische Alphabet Hangul entwickelt wurde. Das Gebäude steht nicht mehr, sondern wurde 1867 durch die **Halle für die Kultivierung der Regierung** (Sujeongjeon 수정전) ersetzt, ein hoffentlich treffender Name, denn hier tagte das Kabinett des Königs.

Im nördlichen Bereich des Palastes erreicht man die **Hamhwadang** 함화당, in welcher der König Privataudienzen abhielt und von wo sich ein herrlicher Blick auf einen Teich bietet. Auf einer kleinen Insel in diesem Teich liegt der wunderschöne **Pavillon des Weitreichenden Duftes** (Hyangwonjeong 향원정), zu dem eine Holzbrücke führt mit dem nicht minder poetischen Namen ›Brücke, die vom Duft betäubt ist‹ (Chwihyanggyo 취향교).

Hinter dem See und damit am nördlichen Ende des Palastes erstreckt sich der **Palast der Himmlischen Reinheit** (Geoncheonggung 건청궁), eine weitere Residenz der Königsfamilie, die in diesem abgelegenen Teil Ruhe und Entspannung suchte. Diese wurde jäh unterbrochen, als hier 1895 Königin Min ermordet wurde. Der Palast im Palast wurde 1909 von den Japanern zerstört und erst 2007 restauriert (Tel. 02 37 00 39 00, www.royalpalace.go.kr, U 3 Gyeongbokgung, Ausgang 5, U 5 Gwanghwamun, Ausgang 2, Mi–Mo März–Okt. 9–18, Nov.–Febr. 9–17 Uhr,

Wachwechsel vor dem Heungnyemun im Palast der Strahlenden Glückseligkeit

Führungen 11, 13.30, 15.30 Uhr, ₩ 3000, Audio-Touren zusätzlich ₩ 1000, Kombiticket Changdeokgung inkl. Geheimem Garten, Changgyeonggung, Deoksugung, Gyeongbokgung, Jongmyo ₩ 10 000).

Auf dem Gelände des Gyeongbokgung befinden sich zwei sehenswerte Museen. Das 1946 eröffnete **National Folk Museum of Korea** (Folkloremuseum) östlich der Palastanlage birgt über 2000 Ausstellungsstücke zum Thema – der Name sagt es – koreanische Folklore mitsamt Einblick in das tägliche Leben von einst bis heute. Ausstellungshalle 3 ist ganz dem Leben der oberen Zehntausend während der Joseon-Dynastie gewidmet, das geprägt war von klarer Arbeitsteilung: Die Herren der Schöpfung versuchten einen sicheren Staatsposten zu ergattern, während »the key role for upper class women was to manage household affairs«, wie es die Ausstellung zusammenfasst. Eine Stunde sollte man einplanen zum Eintauchen in die Feinheiten koreanischen Alltagslebens (www.nfm.go.kr, Mi–Mo März–Okt. 9–18, Nov.–Febr. 9–17 Uhr, Eintritt im Preis für Gyeongbokgung-Palast enthalten).

Das **National Palace Museum of Korea** (Palastmuseum) westlich (links) des Eingangs

zum Palast ist eines der jüngsten und zugleich ältesten Museen Seouls. Seine Ausstellung widmet sich den bedeutendsten Monumenten der älteren koreanischen Geschichte – den Palästen der Joseon-Ära. Das ursprünglich 1908 als Kaiserlich Koreanisches Museum gegründete Ausstellungshaus lag zunächst im Changyeong-Palast, zog dann in den Deoksu-Palast und wurde erst 2005 an seinem jetzigen Ort neu eröffnet. Heute ist dieses Museum mit über 40 000 Objekten eine wahre Fundgrube für Palastenthusiasten: Musikinstrumente, Siegel, Möbel und Gewänder sowie wertvolle Gemälde wetteifern um die Gunst der Besucher. Im angeschlossenen Museumsshop/-café kann man sich mit Souvenirs eindecken oder beim Kaffee/Tee vom königlichen Prunk vergangener Tage erholen (www.gogung.go.kr, U 3 Gyeongbokgung, Ausgang 2, Di–Fr 9–18, Sa/So 9–19 Uhr, englischsprachige Führung Di–So 15 Uhr, Eintritt im Preis für Gyeongbokgung-Palast enthalten).

Cheongwadae 청와대 2

Zwischen dem Bukak-Berg im Norden und dem Gyeongbok-Palast im Süden liegt das **Haus mit Blauen Dachziegeln** *(cheong wa dae)*, kurz das Blaue Haus genannt – blaue Dächer waren einst den Königspalästen vorbehalten –, die Residenz des Präsidenten, der hier auch tatsächlich wohnt. Bevor das Areal zur Residenz des südkoreanischen Präsidenten wurde, war hier der Sitz der japanischen Besatzungsmacht (1910–45). Nach der Unabhängigkeit ernannte Südkoreas erster Präsident Rhee Syngman das Gelände und seine Gebäude zu seinem Amtssitz, obwohl der Ort durch die Kolonialzeit stark vorbelastet war.

Das Haus ist in traditionellem Stil gebaut, und die Straße vor dem Gebäude ist zwar für die Öffentlichkeit zugänglich, aber aus gutem Grund schwer bewacht: 1968 versuchten nordkoreanische Agenten hier den Präsidenten zu ermorden (s. S. 120). Wer sich dem Komplex zu sehr nähert oder auf irgendeine Weise auffällt, muss mit Fragen rechnen (www.president.go.kr, U 3 Anguk, Ausgang 3, Zeremonie der Ehrengarde vor dem Palast: Sa 10 Uhr, geführte Gratistouren, Reservierung mindestens 10 Tage vorher und nur mit Registrierung unter tour@president.go.kr, Di–Sa 10, 12, 14, 15 Uhr außer an Feiertagen).

Samcheongdong-gil 삼청동길 3

Die kombinierte Galerie-Café-Restaurant-Straße hat mehr europäisches als koreanisches Flair, ist eine ernste Rivalin zur Insadong-gil (s. S. 120) und hat sie sogar schon überholt, wenn es um Preise geht. Auf der einen Seite dieser ruhigen Straße schmiegen sich kleine Museen, Gasthäuser und Bou-

aktiv unterwegs

Bukak Trail – Wanderung entlang der alten Stadtmauer

Tour-Infos

Start: Changuimun (Changui-Tor)
Länge: 4,5 km
Dauer: 3 Std.
Anfahrt: U 3 Gyeongbokgung, Ausgang 3, dann mit Bus 0212, 1020 oder 7022 bis Jahamun Ridge, von dort 1 Min. den Berg hinauf zum Eingang.
Wichtige Hinweise: Am Eingang zum Bukak-Trail ist mit dem Reisepass eine Registrierung vorgeschrieben, ohne die man den Weg nicht betreten darf. Hier erhält man auch eine gute Karte in Englisch. Der Aufstieg zum Bukak-Berg ist die ersten 1,5 km steil und anstrengend (und Militärzone). Fotos sind an der Stadtmauer nur an den vorgesehenen Aussichtspunkten erlaubt. www.bukak.or.kr, Di–So April–Okt. 9–17, Nov.–März 10–17 Uhr, letzter Zutritt 15 Uhr.

Die Berge um den Bukaksan 북악산 galten in den vergangenen Jahrhunderten als natürlicher Schild gegen Angriffe auf die Hauptstadt, und die Stadtmauer sollte diesen Schutz noch verstärken. Nachdem 1968 ein nordkoreanisches Kommando erfolglos versuchte, den nahe gelegenen Präsidentenpalast (s. S. 119) zu stürmen und Präsident Park Chung-hee zu töten, wurde das Gebiet zum Sperrgebiet erklärt. Erst seit 2006 ist der Bukak-Trail wieder geöffnet. Er führt entlang einer der besterhaltenen Abschnitte der alten Stadtmauer und ist zugleich einer der schönsten Wanderwege Seouls.

Startpunkt ist das **Changuimun** 창의문, eine Rekonstruktion, die 1740 entstand und 1958 restauriert wurde. Der Weg auf und entlang der Mauer lässt sich kaum verfehlen, dafür sorgen auf den ersten Kilometern schon die zahlreichen Wachtürme mit bewaffneten Soldaten, Aufpassern in Zivil und Überwachungskameras, die sicherstellen, dass niemand den vorgesehenen Pfad verlässt. Nach ca. 1,5 km erreicht man eine Abzweigung nach rechts, die zum höchsten Punkt führt, dem 342 m hohen **Bukak Peak.** Von der Aussichtsplattform hat man einen fantastischen Blick auf Seoul und die Umgebung.

Von hier geht es weiter zum **Sukjeongmun** 숙정문. Auf der Mauer des Tores befindet sich ein überdachter Aussichtspunkt. Wer genau hinsieht, wird in dem abgestorbenen Baum an der rechten Aufstiegstreppe Einschusslöcher

tiquen an den Berg und locken mit einem selbst für Seoul ungewöhnlichen Angebot: eine Weinbar in einem traditionellen koreanischen Haus, ein Tibet-Museum in der Nähe oder Seouls Second Best Place, dessen vielversprechender Name nicht nur einprägsam ist, sondern sich bei einem Besuch als realitätsnah entpuppt (Tee und Snacks).

Das Viertel hat die Abrissexzesse der 1980er- und 1990er-Jahre fast unbeschadet überstanden. Hier wird flaniert, geschaut, gestöbert und in einem der netten Cafés entspannt. In dieser Gegend lässt sich ohne Weiteres ein ganzer Tag verbringen, und man kommt gerne immer wieder. Startpunkt für einen Spaziergang ist die Straße östlich des Gyeongbokgung. Man folgt der Samcheong-dong-gil und geht denselben Weg wieder zurück (U 3 Anguk, Ausgang 1, 2, 3, dann 10 Min. zu Fuß).

Bukchon Hanok Village

Bukchon Hanok Maeul 북촌한옥마을
Es ist nicht schwierig, sich in die alten Zeiten Koreas zurückzuversetzen, wenn man durch dieses Dorf läuft. Zwischen den Palästen Gyeongbok im Westen und Changdeok im Osten besitzt dieses Wohngebiet die höchste Dichte an traditionellen Häusern in der Stadt und bietet mit seinen alten Dachpfannen und

erkennen (angeblich 15), die 1968 bei einem Feuergefecht zwischen den nordkoreanischen Attentätern und dem südkoreanischen Militär entstanden. Ein Abstecher führt hier nach 400 m zum **Hongnyeonsa** 홍련사, dem Tempel des Roten Lotos.

Folgt man dem Trail weiter, so ist man nach 500 m bereits außerhalb der Militärzone und wechselt über eine **Holztreppe** auf die andere Seite der Mauer, der man an der folgenden Gabelung nach rechts auf einem Waldweg folgt, auf dem man schließlich nach etwa 300 m den **Waryong-Park** (Waryong Gongwon 와룡공원) erreicht.

Hier endet der Trail, und es geht nun ca. 300 m bergab zum **Back Gate of Sunkyungwan University,** von wo man an der **Bushaltestelle** den Bus Nr. 2 bergab zurück in die Stadt nehmen kann. Alternativ sind es 2 km zu Fuß bis zur Samcheondong-gil (s. S. 119), wo man sich in einem der Cafés und Restaurants vom Marsch erholen kann.

verschnörkelten Mauern einen surrealen Kontrast zum hypermodernen Seoul nur wenige Schritte südlich. Die meisten Bauten stammen aus den 1930er-Jahren, fast alle sind bewohnt (tgl. 24 Std., Eintritt frei).

Das **Bukchon Traditional Cultural Center** 4 (Bukchon Munhwa Senteo 북촌문화센터) zeigt nicht nur eine kleine Ausstellung zum Thema *hanok,* sondern gibt auch eine hervorragende Broschüre mitsamt Karten heraus, sodass sich der Start einer Tour von hier anbietet. Trotz aller Karten und Tourvorschläge lässt sich das Dorf am besten genießen, wenn man einfach in die Straßen läuft, sich in dem Gewirr verläuft und dann den Weg hinaus sucht. Probieren Sie es. Und keine Sorge: Das Viertel ist übersichtlich genug, sodass Sie auch ohne Hilfe wieder hinausfinden (105 Gyedong, Tel. 02 37 07 82 70, 02 37 07 83 88, bukchon.seoul.go.kr, U 3 Anguk, Ausgang 3, Mo–Fr 9–18 Uhr, Eintritt frei).

Changdeokgung 창덕궁 5

Seouls Vorzeigebau unter den fünf Palästen ist der **Palast Blühender Tugend:** Er ist am besten erhalten und zählt als einziger Palast Seouls zum UNESCO-Welterbe. Wer von der belebten Yulgongno-Straße den ursprünglich 1412 fertiggestellten Palast betritt, fühlt sich schlagartig wie in einem ruhigen Konfuziustempel. Die Anlage ist kleiner als der Gyeongbokgung und anders als dieser nicht streng entlang einer Achse erbaut. Die Gebäudeanordnung folgt zwar der üblichen Nord-Süd-Richtung, doch hat man die einzelnen Komplexe lockerer auf dem Areal verteilt, damit sie sich harmonisch in die hügelige Umgebung einpassen. So präsentiert sich der Palast als asymmetrische Schönheit. Der Changdeokgung war Herrschersitz von 13 Königen, die von hier aus über 250 Jahre Korea regierten. Damit besitzt der Palast eine größere historische Bedeutung als der Gyeongbokgung, zumal Kaiser Sunjong hier seine erzwungene Unterschrift unter das japanische Annexionsschreiben setzte, mit dem Korea 1910 eine Kolonie Japans wurde und die Joseon-Dynastie endete.

Wie viele andere Bauten überstand auch der Changdeokgung nicht die Verwüstungen während der japanischen Invasion 1592 und wurde völlig zerstört. Anders als beim Gyeongbok-Palast entschied sich das Königshaus allerdings nach dem Krieg, ihn zügig wieder aufzubauen. 1610 war der Palast fertig und diente bis 1872 als Königsresidenz. Danach löste ihn erneut der Gyeongbokgung in dieser Funktion ab. 1907 aber zog Kaiser Sunjong (1874–1926), der letzte König Koreas, wieder in den Changdeok-Palast, wo er bis zu seinem Tod 1926 wohnte. Bis 1989 lebte hier dann noch das letzte Mitglied der königlichen Familie. Anschließend wurde der Palast grundlegend renoviert. Heute besteht der Changdeokgung aus traditionellen Gebäuden und großzügigen Höfen mit exakt dosierter, fast minimalistischer Bepflanzung.

Ein Rundgang in der Anlage beginnt am **Donhwamun** 돈화문 (Tor der Machtvollen Verwandlung), einem 1412 erbauten imposanten zweistöckigen Holztor, das 1592 niedergebrannt und 1609 neu errichtet wurde. Nach Passieren des Tores betritt man einen großen Vorplatz, auf dem acht 300–400 Jahre alte Bäume stehen. Läuft man geradeaus, erreicht man den einstigen Verwaltungsbereich des Palastes, **Gwolnaegaksa** 궐내각사, wo früher u. a. die königliche Apotheke, eine Bibliothek und Büros angesiedelt waren. Sämtliche Verwaltungsgebäude wurden während der japanischen Besetzung 1910–45 zerstört und erst zwischen 1991 und 2005 restauriert.

Auf dem Platz hinter dem Donhwamun biegt man im rechten Winkel nach Osten ab und läuft über die 1411 erbaute **Brücke des Verbotenen Baches** (Geumcheongyo 금천교), die älteste erhaltene Brücke Seouls. Das folgende **Tor** mit vier Holzpfeilern führt in einen großen **Zeremonialhof,** den man nach links durch das **Tor der Wohlwollenden Regierung** (Injeongmun 인정문) verlässt.

Auf dem Weg zur Injeongjeon verdienen die **Steinpfeiler** links (Westen) und rechts (Osten) einen Blick: Bei offiziellen Anlässen standen hier links die Zivilbeamten und rechts die Militärs – jeder Stein war einem bestimmten Rang zugeordnet. Die nachfolgende **Halle der Wohlwollenden Regierung** (Injeongjeon 인정전), die doppelstöckige Thronhalle, diente Staatsempfängen und Audienzen mit Ministern. Wer genau hinschaut, wird am Dachfirst fünfblättrige Pflaumenblütenmuster – Symbol des Yi-Clans, des Gründers der Joseon-Dynastie (1392–1910) – erkennen, die erst 1897 angebracht wurden. Das Gemälde hinter dem Thron zeigt dieselben Motive wie in der Thronhalle des Gyeongbokgung – das daoistische Paradies, symbolisiert durch fünf Berggipfel, Bäche, rotstämmige Bäume, Wasserfälle, Sonne und Mond.

Kehrt man zurück zum Vorplatz, so verlässt man den Platz durch das noch nicht durchschrittene **östliche Tor** und erreicht nach einem Linksschwenk die **Halle zur Verbreitung der Regierung** (Seonjeongjeon 선정전), wo – wie der Name andeutet – sich der König mit seinen Beamten traf, um das Tagesgeschäft zu besprechen und informelle Audienzen abzuhalten. Besonderes Merkmal des Gebäudes sind die blauen Dachziegel, die der königlichen Familie vorbehalten und extrem teuer waren.

Im Osten schließt sich die Privatresidenz des Königs an, **Huijeongdang** 희정당, ursprünglich als sein Schlafgemach gedacht, aber wegen der ›Enge‹ in der Seonjeongjeon von seiner Majestät auch gerne als Arbeitszimmer genutzt. Die Huijeongdang weist zwei Besonderheiten auf: Auf dem Dach finden sich keine Drachen, die das Gebäude und seine Bewohner bewachen. Da der König als personifizierter Drache auf Erden galt, benötigte er keinen Schutz. Im Inneren verblüffen die Möbel im westlichen Stil. Die Halle wurde nach ihrem Wiederaufbau (ein Brand hatte sie 1917 zerstört) westlich eingerichtet. Unmittelbar nördlich befinden sich die einstigen **Gemächer der Königin** (Daejojeon 대조전).

Abgelegen im Osten des Geländes erstreckt sich der **Rückzugsort der Freude und Tugend** (Nakseonjae 낙선재), ein Komplex, der mit seinen zierlichen Fenster- und Torgittern femininer als der Rest des Tempels wirkt. Der Eindruck täuscht nicht, denn der Nakseonjae diente ab 1847 als Residenz für König Heonjongs Konkubine Kim. Bis 1989 lebten hier die letzten Nachfahren der Königsfamilie – darunter Yun (1894–1966), die Witwe des letzten koreanischen Kaisers Sunjong, sowie Prinzessin Deokhye (1912–89).

Zwischen Huijeongdang und Nakseonjae führt ein breiter Weg nach Norden zum berühmtesten und schönsten aller Orte im Palast, dem – nur mit Führung zu besichtigenden – etwa 32 ha großen **Geheimen Garten** (Biwon 비원), auch Hinterer Garten genannt (Huwon 후원). Er nimmt fast 60 % des gesamten Palastareals ein. Ähnlich wie englische Gärten sollte der 1405 angelegte Biwon so natürlich wie möglich erscheinen, und entsprechend wirkt die Anordnung von Teichen, Brücken, Felsen und Bepflanzung nirgends angestrengt, sondern vollkommen harmonisch. Nichts dominiert, alles fließt und greift perfekt ineinander. Die Anlage bildet den Höhepunkt konfuzianischer Gartenarchitektur der Joseon-Dynastie und vereint Muße, Kunst, Natur und sportliche Aktivitäten. Hier übte der König Bogenschießen, wohnte den Prüfungen in den drei Schönen Künsten (Kalligrafie, Poesie und Malerei) zur Aufnahme in den Staatsdienst bei und versuchte sich in der Anpflanzung von Getreide. Der Garten ist so angelegt, dass seine Schönheit nicht von einem zentralen Punkt mit Panoramablick bewundert werden kann, sondern die Besucher die Sehenswürdigkeiten einzeln ansteuern müssen, um in die inspirierende Atmosphäre der versteckten Pavillons, Teiche, Landschaften und Bauten einzutauchen. Im östlichen Teil des Gartens finden sich die meisten Zufluchtsorte und Lauben der königlichen Familie. Dem Eingang am nächsten liegt der Lotusteich **Buyongji** 부용지, wo die Könige gerne fischten. Die dahinterliegende breite Steintreppe führt zum zweistöckigen **Juhamnu** 주합루. Das Erdgeschoss barg die Privatbibliothek des Königs, das Obergeschoss einen Lese- und Bankettsaal.

Weiter nördlich durchschreitet man das steinerne **Tor der Ewigen Jugend** (Bullomun 불로문) und gelangt dann zum **Aeryeonji** 애련지. Besonders im Herbst ist der mit – dann rotblättrigen – Bäumen umstandene Teich von spektakulärer Schönheit.

Nordwestlich steht das **Haus der Glücklichen Ereignisse** (Yeongyeongdang 연경당), das der Königsfamilie zeitweise als Sommersitz diente. Mit ungepflasterten Höfen und blanken Wänden bewusst schlicht gehalten, sollte es der Familie das Leben der einfachen Leute vermitteln. Der östlich gelegene **Halbinsel-Teich** (Gwallamji 관람지) hat den Namen von seiner Kontur, die dem Umriss Koreas entspricht. Ursprünglich standen etwa 40 Gebäude in dem Garten, die jedoch unter japanischer Besetzung teilweise ihre Funktion einbüßten oder verschwanden. Der Geheime Garten ist mit seinen teils über 300 Jahre alten Bäumen einer der Höhepunkte jeder Changdeokgung-Tour.

Am Eingang zum Palast erhält man gratis eine hervorragende Broschüre mit Lageplänen und Erläuterungen. Für die Palasterkundung benötigt man ca. 1,5 Std., bei genauerer Besichtigung und gelegentlicher Lektüre der Broschüre auch erheblich länger (Tel. 02 762 82 61, www.cdg.go.kr, U 3 Anguk, Ausgang 3, Di–So April–Okt. 9–18.30, Nov., März, 9–17.30, Dez.–Febr. Di–So 9–17 Uhr, Palast ₩ 3000, Biwon ₩ 5000, Palastführungen in Englisch 10.30, 14.30 Uhr, englischsprachige Führung Geheimer Garten 11.30, 14.30 Uhr, Kombiticket mit weiteren Palästen).

Changgyeonggung 창경궁 6

Wie alle fünf Paläste aus der Joseon-Dynastie durchlebte auch der **Palast des Blühenden Glückes** alle Höhen und Tiefen der koreanischen Geschichte: zunächst Palast des Königs, niedergebrannt Ende des 16. Jh., wieder aufgebaut und im 20. Jh. unter japanischer Besatzung degradiert zum Zoo. Ab 1989 wurde die alte Pracht des Changgyeonggung wieder hergestellt, darunter auch das sehenswerte, im viktorianischen Stil erbaute **Gewächshaus** von 1909 im nördlichen Teil des Geländes.

Ursprünglich war der Changgyeonggung der Sommerpalast der Goryeo-Herrscher (918–1392). Ende des 14. Jh. residierte hier, nachdem er Seoul zu seiner Hauptstadt erhoben hatte, König Taejo und wartete auf die Fertigstellung des neuen Palastes, Gyeongbokgung. Später lebten die Königinnen und Konkubinen der Herrscher im Changgyeonggung. König Seongjong (1457–94) ließ die Anlage restaurieren und gab ihr ihren heutigen Namen. Changdeok- und Changyeonggung bildeten zusammen den Östlichen Palast.

Man betritt die Palastanlage durch das prachtvolle, ursprünglich 1484 erbaute **Tor der Großen Veränderung** (Honghwamun 홍화문). Von hier führt der Weg geradeaus über die 1483 erbaute **Jadebachbrücke** (Okcheongyo 옥천교), die wahrscheinlich älteste Brücke Seouls. Beachten sollte man die Steinmetzarbeit am Stützpfeiler zwischen den beiden Brückenbögen – ein Kobold, der mit seiner grimmigen Fratze die bösen Geister fernhalten soll. Nach der Brücke erreicht man das **Tor der Strahlenden Regierung** (Myeongjeongmun 명정문), dessen Name wie bei fast allen Palast- und Tempelhallen in Chinesisch (門政明) über dem Durchgang verewigt ist. Dahinter steht die 1484 erbaute **Halle der Strahlenden Regierung** (Myeongjeongjeon 명정전), die als einziges Gebäude des Palastes die Brandschatzung der Japaner Ende des 16. Jh. überstand und damit die älteste erhaltene Thronhalle Koreas ist.

Links neben der Thronhalle steht die **Munjeongjeon** 문정전, auf deren Vorplatz sich 1762 einer der für Korea tragischsten Momente des Jahrhunderts abspielte. Hier ließ König Yeongjo (1724–76) seinen geistig verwirrten Sohn Sado in einen riesigen Reiskorb steigen, verschloss den Behälter und überließ den Prinzen seinem Schicksal. Sado starb acht Tage später im Alter von 28 Jahren.

Der Palast und der nachfolgend beschriebene Jongmyo sind über eine Brücke verbunden. Wer sie nutzt, zahlt nur einmal Eintritt (Tel. 02 762 48 68, cgg.cha.go.kr, U 4 Hyehwa, Ausgang 4, Di–So April–Okt. 9–18.30, Nov., März 9–17.30, Dez.–Febr. 9–17 Uhr, ₩ 1000, Kombiticket mit anderen Palästen).

Jongmyo 종묘 7

König Taejo war nicht untätig, als er 1392 die Macht im neu gegründeten Joseon-Reich übernahm. Zeitgleich mit dem Gyeongbok-Palast ließ er einen Tempel für die verstorbenen Könige und Königinnen bauen – den **Ahnenschrein** (Jongmyo). Zur Zeit der Joseon-Dynastie galten dieser Schrein, der Gyeongbokgung sowie der Sajikdan (im heutigen Sajik-Park), ein konfuzianischer Altar für die Götter der Ernte und Erde, als die bedeutendsten Einrichtungen des Staates. Wie viele andere Institutionen wurde auch der Ahnenschrein während des Japanisch-koreanischen Krieges Ende des 16. Jh. zerstört. 1601 wieder aufgebaut, ist er seit 1960 der Öffentlichkeit zugänglich. Prinz Yi Uns Ahnentafel kam 1972 als letzte dazu. Seit 1995 ist der Jongmyo UNESCO-Welterbe.

Vom Eingang führt ein dreifacher Pfad in die Anlage. Der mittlere Pfad zu Ehren der verstorbenen Könige führt auf die **Haupthalle** (Jeongjeon 정전) des Ahnenschreins zu. Dort sind 19 Könige und 30 Königinnen durch ihre Ahnentafeln verewigt. Die Jeongjeon soll einst das größte Gebäude Asiens gewesen sein. Die nordwestlich liegende, kleinere **Halle des Ewigen Friedens** (Yeongnyeongjeon 영녕전) stammt von 1421. Auch sie birgt Ahnentafeln, jedoch diejenigen der weniger bedeutenden Herrscher.

Hauptattraktion des Schreins ist jedoch das jährlich am ersten Sonntag im Mai stattfindende stundenlange Jongmyo-Ritual (Jongmyo Jerye 종묘제례), begleitet von Mu-

Krönungshalle des letzten koreanischen Kaisers – Halle der Mittleren Harmonie im Deoksugung

sik, Tanz und Gesang: In feierlicher Atmosphäre mit unglaublicher Farbenpracht wird der toten Monarchen gedacht – eine Tradition, die bis ins 14. Jh. zurückreicht. Wer ein Auge für Details und Farbe sowie Sinn für Tradition hat, wird nicht enttäuscht. Die Zeremonie gilt offiziell als das älteste noch vollzogene vollständige Ritual der Menschheit – und wird von der UNESCO seit 2001 als Meisterwerk des mündlichen und immateriellen Erbes der Menschheit gelistet (Tel. 02 765 01 95, jm.cha.go.kr, www.jongmyo.net, U 1 Jongno 3-ga, Ausgang 11, U 3, 5 Jongno 3-ga, Ausgang 8, Mi–Mo März–Sept. 9–18, Okt.–Febr. 9–17.30 Uhr, außer Sa nur mit Führung, ₩ 1000, englischsprachige Führungen 10, 12, 14, 16 Uhr, Changgyeonggung und Jongmyo ₩ 3000, Kombiticket mit weiteren Palästen).

Deoksugung 덕수궁 8

Seouls Paläste zeichnen sich durch drei Eigenheiten aus: ihre Architektur, die militärisch korrekten Wachablösungen der kunterbunt kostümierten Palastsoldaten und ihre salbungsvollen Namen. Dies gilt auch für den **Palast der Tugend** und des Langen Lebens. Zwar ging es bereits vor der Zeit des Palastbaus im Hause Joseon nicht nur tugendhaft zu – und daran änderte auch die Fertigstellung der Anlage nichts –, zumindest in puncto Langlebigkeit schlägt Deoksugung jedoch seine vier Kollegen: Er ist der Methusalem unter Seouls Königspalästen.

Mitte des 15. Jh. als Residenz für Prinz Wolsan erbaut, den älteren Bruder König Seongjongs, überlebte der Palast den siebenjährigen Imjin-Krieg (1592–98) gegen Japan, denn er war kein Königspalast, sondern ›nur‹ eine Prinzenvilla. Zu seiner Ehre als Königspalast kam der Deoksugung erst, nachdem Ende des 16. Jh. alle anderen Paläste niedergebrannt waren und König Seonjo eine halbwegs repräsentative Bleibe suchte. Erst 1904 streckte ein Feuer einige Gebäude nieder, und als König Gojong 1907 auf japanischen Druck abdanken musste und sein Sohn den Thron übernahm, sank auch der Stern des Deoksu-Palasts. Aus dem einstigen Königspalast wurde eine ›einfache‹ Residenz für König Gojong. Auch Japans Kolonialpolitik ließ den Palast nicht unbeschadet: Die neuen Herren wandelten das Anwesen nach 1910 in einen öffentlichen Park um, rissen die meisten der Gebäude ab und reduzierten das Areal auf ein Drittel seiner ursprünglichen Fläche. Trotz aller Demütigungen überlebte der Deoksugung bis heute.

Dafür musste er sich andere Misshandlungen gefallen lassen: Sein Haupttor, das **Daehanmun,** durch das man den Palast betritt, wurde 1971 für eine Straßenverbreiterung um 33 m an seinen aktuellen Ort versetzt. Die chinesischen Schriftzeichen 門漢大 über dem Tor bedeuten von rechts nach links gelesen Großes Han(yang) Tor – Hanyang war die damalige Bezeichnung für Seoul. Vor dem Tor findet Di–So um 11, 14 und 15.30 Uhr die sehenswerte 20-minütige Wachablösung der königlichen Garde nach dem Vorbild aus der Joseon-Ära statt. Es gehört zur Tradition der jüngeren Zeit, dass vor der Zeremonie ein Ausländer eine große Pauke schlagen darf – es lohnt sich also, rechtzeitig zu kommen.

Nach dem Tor überschreitet man **die Brücke des Verbotenen Baches** (Geumcheongyo 금천교) und läuft auf die **Halle der Mittleren Harmonie** (Junghwajeon 중화전) zu. In dieser einstöckigen Thronhalle von 1902 (1906 nach einem Feuer restauriert) wurde 1907 Prinz Sunjong auf Geheiß Japans zum zweiten und letzten Kaiser Koreas gekrönt.

Hinter der Junghwajeon erheben sich drei weitere Gebäude, von denen das mittlere, die **Jeokjodang** 적조당, von 1897 bis zur Fertigstellung der Junghwajeon als Thronhalle diente. Rechts steht die **Alte Königliche Halle** (Seogeodang 석어당), der einzige Bau mit Doppeldach auf dem Gelände.

Östlich der Seogeodang steht die **Halle des Vollkommenen Friedens** (Hamnyeongjeon 함녕전) mit den einstigen Schlafgemächern Kaiser Gojongs. Hier lebte er ab 1897 nach seiner Rückkehr aus der russischen Botschaft bis zu seinem Tod 1919. Dahinter steht auf einer kleinen Anhöhe der **Jeonggwanheon** 정관헌. So recht will dieser Pavillon mit seinem Stilmix aus westlichen – inklusive Veranda – und koreanischen Elementen nicht hierherpassen. Tatsächlich handelt es sich um die erste westliche Architektur in einem koreanischen Palast. Kaiser Gojong ließ den Bau 1900 von einem russischen Architekten errichten und genoss hier seinem Kaffee, den er in der russischen Botschaft lieben gelernt hatte – ein damals sündhaft teurer Import (Tel. 02 771 99 55, www.deoksugung.go.kr, U 1, 2 City Hall, Ausgang 2, Di–So 9–21 Uhr, ₩ 1000, Kombiticket mit anderen Palästen, englischsprachige Gratistour Di–Fr 10.30 Uhr, Sa in ungeraden Monaten, also Jan., März etc., und So an geraden Monaten zusätzlich 13.40 Uhr).

Im Westen des Areals stehen zwei imposante Bauten im europäischen Stil. Das Gebäude mit dem Dreiecksdach über den riesigen Eingangssäulen ist die von einem britischen Architekten geplante und 1910 fertiggestellte neoklassizistische **Seokjo-Halle** (Seokjojeon 석조전). Sie symbolisierte unbewusst oder bewusst Koreas Versuch der Modernisierung – allerdings zu spät, denn im selben Jahr sollte das Land von Japan annektiert werden. Der andere Bau beherbergt seit 1998 eine **Dependance des National Museum of Contemporary Art,** das seinen Hauptsitz im Seoul Grand Park hat (s. S. 150). Dieser neoklassische Bau im Palastes entstand 1939 als Yi Royal Family Museum und ist heute eines der besten Kunstmuseen Koreas. Für 2013 ist die Eröffnung einer neuen Dependance östlich des Gyeongbokgung geplant (Tel. 02 20 22 06 00, www.moca.go.kr, U 1, 2 City Hall, Ausgang 2, Di–Do 9–20.30, Fr–So 10–20 Uhr, Eintritt ausstellungsabhängig, 4. Sa/Monat Eintritt frei).

Seoul Museum of Art (SeMA) 9

Seoul Sirim Misulgwan 서울시립미술관

Wenige Meter südlich des Deoksugung befindet sich dieses große und moderne Museum im alten Gebäude des Obersten Gerichtshofs aus den 1920er-Jahren. Auf drei Stockwerken präsentiert das SeMA Veranstaltungen hoher Qualität – inklusive Ausstellungen international bekannter Kunstgrößen wie Andy Warhol oder Man Ray, für die allerdings ein Preiszuschlag anfällt (Tel. 02 21 24 88 00, seoulmoa.seoul.go.kr, U 1, 2 City Hall, Ausgang 1, März–Okt Di–Fr 10–21, Sa/So 10–19, Nov.–Febr. Di–Fr 10–21, Sa/So 10–18 Uhr, ₩ 700).

Gyeonghuigung 경희궁 10

Der Gyeonghuigong entstand 1616 als letzter der fünf Königspaläste und war zeitweise durch eine Bogenbrücke mit dem Deoksugung verbunden. Einsam und bescheiden versteckt sich der **Palast der Erhabenen Harmonie** vor den Touristenströmen, vielleicht weil er den größten Schicksalsschlag aller Paläste erlitt: Unter der japanischen Besatzung im 20. Jh. wurde er vollständig zerstört, um auf dem Platz eine Schule für die japanischen Einwohner zu errichten. Im Zuge der Wiederherstellung der fünf großen Paläste Seouls konnte er in den 1990er-Jahren rekonstruiert werden – allerdings nur zu einem Drittel. Das restliche Areal war bereits mit Wohn- und Geschäftshäusern bebaut worden.

Man betritt den Palast durch das **Heunghwamun** 흥화문, das während der japanischen Kolonialzeit versetzt wurde und heute Teil des Haupteingangs des Shilla Hotel ist (s. S. 126). Erst in den 1980er-Jahren entstand der heute zu sehende Nachbau auf dem Palastgelände. Von den einst über 100 Gebäuden des Gyeonghuigung wurden nur wenige rekonstruiert, darunter die einstige Haupthalle, die **Sunjeongjeon,** deren Original auf dem Gelände der Dongguk-Universität in Seoul steht. Wer Ruhe sucht, wird sich in diesem Palast ebenso wohlfühlen wie *taekwondo*-Freunde: Jeden Mittwoch und Samstag wird um 14 Uhr eine einstündige Show gezeigt (Tel. 02 724 02 74, U 5 Seodaemun, Ausgang 4, Gwanghwamun, Ausgang 1, dann 10 Min. zu Fuß, Di–Fr 9–18, So, Fei 10–18 Uhr, Eintritt frei; *taekwondo*-Show, www.taekwonseoul.org, Eintritt frei, auch Kurse sind buchbar).

Insadong-gil und Tapgol-Park

Die **Insadong-gil** 인사동길 11 ist die Einkaufsstraße Seouls für Antiquitäten und Souvenirs. Wer auf sie und auf die vielen Kunstgalerien und Restaurants verzichten kann, kommt besser nicht hierher, denn die Straße ist alles andere als eine besinnliche Spaziermeile, sondern eher ein Ameisenpfad mit drei Gesichtern: Morgens bis 10 Uhr herrscht die Ruhe vor dem Sturm, der anschließend mit Touristengruppen aus aller Welt beginnt, deren Bugwelle sich abends noch steigert. Trotzdem ist in der Dämmerung und danach die vielleicht beste Zeit für einen Besuch, denn dann füllen sich die versteckt in den Seitengassen liegenden kleinen Restaurants, und die Straßenmusiker packen ihre Instrumente aus.

Wer Kunst sucht, sollte sich Zeit nehmen und mehrere der inflationär vorhandenen **Kleinstgalerien** besuchen, fündig wird man immer, und auch wenn die Preise nicht günstig sind, haben sie noch längst nicht Champs-Élysées-Niveau erreicht. Alternativ bietet das Shoppingcenter **Ssamziegil** 쌈지길 9 auf vier Stockwerken über 70 Geschäfte mit dem koreanischen Kunstallerlei aus Keramiken, Gemälden etc. (U 3 Anguk, Ausgang 1, 6, tgl. 10–20.30 Uhr).

Obwohl sich das Insa-Viertel heute ganz dem Konsum verschrieben hat, war die Gegend auch historisch bedeutsam: Nur 150 m von der Insadong-gil entfernt, wurde im **Tapgol-Park** 12 (Tapgol Gongwon 탑골공원) 1919 erfolglos die Unabhängigkeit Koreas von Japan ausgerufen. Der kleine Park barg einst einen buddhistischen Tempel, von dem nur noch wenige Relikte, darunter eine als Nationalschatz geltende 10 m hohe steinerne Pagode *(tap)* aus dem 15. Jh. erhalten sind.

Auch an anderer Stelle wird die Kolonialzeit wach gehalten: Vor der westlich der Insadong-gil liegenden **japanischen Botschaft** finden regelmäßig anti-japanische Proteste statt. Grund sind die sogenannten *comfort women,* die während des Zweiten Weltkriegs besondere Dienste für die japanischen Soldaten leisten mussten und dafür nie eine Entschädigung oder offizielle Entschuldigung erhielten (U 3 Anguk, Ausgang 1, 6).

Jogyesa 조계사 13

Es gibt Hunderte Tempel und Kirchen in und um Seoul, aber der am bequemsten zu erreichende ist der **Jogye-Tempel** im Herzen der Stadt. Am faszinierendsten ist der Bau im April/Mai, wenn am Sonntag vor Buddhas Geburtstag (s. S. 48 in Jongno eine Lotuslaternenparade (s. Lotuslaternenfestival, S. 163) stattfindet: Sie startet am Dongdaemun-Stadion und endet hier am Tempel.

Taekwondo – Kampfsport auf Koreanisch

Thema

Der Ritterschlag kam im Jahr 1988: Pünktlich zu den Olympischen Spielen in Seoul wurde mit Taekwondo erstmals ein koreanischer Sport zugelassen. Auch wenn es damals noch keine offiziellen Medaillen gab (diese folgten erst 2000 in Sydney), konnte sich Taekwondo damit als zweite asiatische Kampfsportart neben Judo bei Olympia etablieren.

Für Laien sieht die Technik des koreanischen Nationalsports fast genauso aus wie die der anderen Kampfsportarten – Tritte, Handgreiflichkeiten und Ausweichmanöver. Trotz vermeintlich ähnlicher Optik sind die Unterschiede gravierend. Bei der Kunst von Fuß und Faust *(taekwondo* 태권도*)* überwiegen eindeutig Fußtechniken, wobei die Disziplin Bruchtest am bekanntesten ist. Hierbei werden Ziegel oder Holzbretter mit einem Tritt des waagerecht gestreckten Fußes zerstört. Traditionell gelten die Hände bei Koreanern als zu edel, um im Kampf genutzt zu werden. Taekwondo ist nicht nur eine Selbstverteidigungstechnik, sondern dient auch als Sport, Gymnastik und zur Stärkung des Geistes.

Die Ursprünge des Taekwondo liegen im Dunkeln, doch ist diese Kampfkunst wohl mehrere hundert, wahrscheinlich sogar über 1000 Jahre alt. Seine moderne Inkarnation und heute praktizierte Form stammt aus den 1950er-Jahren. Seitdem hat sich die Sportart zur beliebtesten in Korea entwickelt und soll mit über 30 Mio. Sportlern zudem der weltweit populärste Kampfsport sein – bis heute ist der Sport sogar Bestandteil der militärischen Standardausbildung Südkoreas.

Wie bei anderen asiatischen Kampfkünsten tragen die Sportler Jacke und Hose aus weiß gebleichtem Stoff und einen Gürtel, dessen Farbe die Kampfklasse anzeigt: von Weiß für Anfänger bis Schwarz für die Meister, wobei der schwarze Gürtel in Stufen vom 1. Dan bis zum 9. Dan untergliedert ist.

Der Wettkampf ist klar reglementiert, wird auf einem abgegrenzten Feld ausgetragen und von mehreren Richtern beurteilt. Gekämpft wird in drei Etappen von jeweils drei Minuten, unterbrochen von einminütigen Pausen. Je nach getroffener Körperstelle werden Punkte vergeben (Körper ein Punkt, Kopf bis drei Punkte), bei unsportlichem Verhalten können Punkte abgezogen werden, wie es bei den Olympischen Spielen 2008 in Beijing passierte: Als der Kubaner Matos wegen einer Strafe seinen Traum einer Medaille platzen sah, reagierte er sich am Kampfrichter ab und verpasste diesem einen Tritt. Im anschließenden Tumult wurde auch Matos' Trainer handgreiflich, sodass beide vom *taekwondo*-Weltverband lebenslang gesperrt wurden.

Um die Vorreiterrolle bei der Förderung des Sports streiten sich weltweit zwei Verbände. Die 1973 gegründete World Taekwondo Federation (WTF, www.wtf.org) mit Sitz in Seoul wird von Südkoreas Regierung unterstützt; die International Taekwondo Federation (ITF, www.itftkd.org) residiert in Wien. Der ITF operierte zeitweise von Nordkorea aus, was ihm wenig Sympathie seitens des südlichen Nachbarlands einbrachte. Die Rivalitäten gehen so weit, dass nur Mitglieder des WTF an Olympischen Spielen teilnehmen dürfen. Der ITF revanchiert sich damit, seine Weltmeisterschaften zuweilen – wie 2011 – ins feindliche Pjöngjang zu verlegen – ein Schlagabtausch, ausgetragen in bester Taekwondo-Manier.

Der Tempel ist weder besonders attraktiv noch alt (von 1910), jedoch Hauptsitz des Jogye-Ordens. Die größte buddhistische Vereinigung Koreas betreibt landesweit über 3000 Tempel. Die Tempelhaupthalle, die **Daeung-jeon** 대웅전 von 1938 birgt drei große Buddha-Statuen: Den historischen Buddha Shakyamuni (korean. Seokgamoni 석가모니) flankieren links Amitabha, der Buddha des Westlichen Paradieses, und rechts der Medizinbuddha Bhaisajyaguru. Die Kiefer neben der Halle ist über 500 Jahre alt.

Die Mönche des Jogyesa bieten am zweiten und vierten Samstag jeden Monats im Rahmen eines Schnupperkurses (Buchung im Foreign Information Center gegenüber dem Tempel, Tel. 02 732 52 92) die Möglichkeit, das Tempelleben kennenzulernen. Meditative Ruhe sollte man allerdings nicht erwarten – im Tempel geht es an fast jedem Tag sehr betriebsam zu (Tel. 02 732 21 15, www.jogyesa.org, U 1 Jonggak, Ausgang 2, U 3 Anguk, Ausgang 6, tgl. 4–21 Uhr, Eintritt frei).

Am Cheonggyecheon

Cityplan Seoul-Zentrum: S. 114
Cityplan Seoul: S. 132

Noch vor wenigen Jahren war diese wunderbare Wasserader, der **Cheonggye-Fluss** (Cheonggyecheon 청계천), eine zubetonierte Kloake, über die sich eine doppelstöckige Schnellstraße durch die Betonwüste Seouls schlängelte. Davon ist heute ebenso wenig übrig wie von dem Slum, durch den sich der Cheonggyecheon noch in den 1960er-Jahren wand. Ganz im Gegenteil: Der knapp 6 km lange, interessante Abschnitt des Flüsschens hat sich 2005 in einen glitzernden Nassstreifen verwandelt, der mit seiner Natur und den liebevoll gestalteten geschichtlichen Erinnerungsplätzen willkommene Abwechslung und Erholung in einer immer noch stahl- und zementdominierten Stadtlandschaft bietet. Zahlreiche alte Brücken, Wasserfontänen und historische Fotos geben dem Besucher das Gefühl, sich nicht in einer der am dichtesten besiedelten Metropolen der Erde aufzuhalten, sondern in einer großzügig geplanten Stadt, in der Freizeit und Arbeit eine perfekte Symbiose eingegangen sind. Die Wiederbelebung des Flusses ist zweifelsohne das Beste, was der Stadt in den letzten Jahren passierte, und dem damaligen Oberbürgermeister Seouls und heutigen Präsident der Republik, Lee Myung-bak, zu verdanken, der sich damit ganz in der Tradition der Joseon-Könige ein Denkmal der besonderen Art setzte.

Der Weg entlang des Cheonggyecheon beginnt am Ausgangspunkt des Flüsschens, am **Cheonggye-Platz** 14 (Cheonggye Plaza/ Cheonggye Gwangjang 청계광장). Hier werden täglich 80 000 t Wasser aus dem Han-Fluss in den Cheonggyecheon gepumpt – gut für das Flair der Stadt, aber auch ein ökologischer und ökonomischer Irrsinn.

Die zweite Brücke flussabwärts, die **Gwangtonggyo** 광통교 15, war nach ihrem Bau 1410 die größte Brücke der Stadt und liegt heute ca. 150 m von ihrem ursprünglichen Ort entfernt flussaufwärts. Hinter der nächsten Brücke beginnt das **Banchado-Kachelbild** 16. Diese größte Kachelmalerei der Welt (192 m lang) schmückt die linke Uferbefestigung. *Banchado* bezeichnet die bildliche Darstellung großer (königlicher) Prozessionen, wie sie im *»Uigwe«*, den Aufzeichnungen über Zeremonien und historische Ereignisse der Joseon-Zeit, überliefert sind. In diesem Fall ist in koreanischer Detailversessenheit – bis zum individuellen Kleidungsstil der 1779 Personen – die Pilgerreise König Jeongjos zum Grab seines Vaters im Jahr 1795 dargestellt. Allerdings handelt es sich nur um einen Ausschnitt des originalen *banchado.*

Weitere 1,5 km flussabwärts werden auf Höhe der zehnten Brücke, der Saebyeokdari 새벽다리, ebenfalls an der Nordseite des Flusses in einer der größten Essensmeilen Seouls, im **Gwangjang-Markt** 14 (Gwangjang Sijang 광장시장) kulinarische Genüsse für Gaumen und Auge geboten. Hier erlebt man das echte Asien, das nicht in klimatisierten Supermärkten oder Sternerestaurants zu finden ist – preiswertes, aber schmackhaftes Essen unter Hunderten von Menschen in einer geruchgeschwängerten Luft.

Tagsüber wie abends ein Anziehungspunkt – die Promenade am Cheonggyecheon

Nach weiteren 1,5 km erreicht man hinter der 16. Brücke Dasangyo 다산교 wieder am linken Flussufer einen rekonstruierten historischen **Waschplatz** 17**,** der jedoch mehr verspricht, als er hält, denn außer ein paar nackten Steinen im Wasser ist hier nicht viel zu sehen.

Unmittelbar nach zwei Statuen, die aussehen wie die kleinen Brüder der Osterinsel-Figuren und Nachbildungen der *dolharubang* Jejudos (s. S. 430) sind, erstreckt sich hinter der 18. Brücke, der Hwanghakgyo 황학교, an beiden Ufern die **Mauer der Hoffnung** 18**.** Sie besteht aus von Bürgern Seouls, Nordkoreas und dem Ausland bemalten Kacheln, ist auf jeder Flussseite 50 m lang und 2,20 m hoch und soll den Wunsch nach Wiedervereinigung der beiden Koreas ausdrücken.

Für den Weg entlang des Flusses benötigt man inklusive eines lohnenswerten Abstechers in den Gwangjang-Markt 2–3 Std. (www.cheonggyecheon.or.kr, U-Bahn-Stationen in regelmäßigen Abständen, z. B. U 1 Jonggak, Jongno 3-ga, Jongno 5-ga, Dongdaemun etc.).

Dongdaemun-Markt 19

Dongdaemun Sijang 동대문시장

Kein Besuch Seouls ist vollständig ohne Besuch entweder des Dongdaemun- oder des Namdaemun-Markts (s. S. 138). Der Name Dongdaemun Sijang, **Markt des Großen Osttors,** bezieht sich auf das Tor, das hier zur Gründungszeit des Marktes stand. Das Originaltor wurde zwar 1869 durch eine Replik ersetzt, aber der Markt blieb, und das immerhin schon über 600 Jahre. Eine feste Route für seinen Besuch gibt es nicht – hier lässt man sich treiben und folgt seinen Instinkten oder dem Angebot, das an allen Ecken und Enden aus den Läden und Ständen quillt.

Der Begriff Markt passt nicht so recht auf dieses Konglomerat aus offenen Ständen, Hochhäusern mit Läden und Inhouse-Shops. Einkaufsstadt ist treffender, denn hier ist es bei dem Dauerfeuer auf die Sinne keine Schande, anschließend mit Tüten voller Kleidung und Schuhe wieder in die U-Bahn zu steigen.

Der Markt verteilt sich über mehrere Blöcke. Zu seinen Kernbereichen zählen der 34-stöckige **Doosan Tower,** dessen Name unübersehbar an der Spitze des Hochhauses prangt, und der **Pyeonghwa-Markt,** bestehend aus mehreren langgestreckten Gebäuden unmittelbar südlich des Cheonggyecheon sowie dem **Kleidermarkt.** Von der U-Bahn-Station Dongdaemun kommend ist rechts hinter der Brücke ein **Antiquariatsmarkt** angesiedelt, dessen goldene Zeiten zwar längst vorbei sind, aber die eine oder andere Buchrarität ist mit etwas Glück immer noch zu finden. Auch wer nichts kaufen will: Es macht einfach Spaß, sich durch das Treiben schieben zu lassen und dem Kaufgebaren der Besucher zuzuschauen (U 1, 4, Dongdaemun, Ausgang 7, frühmorgens bis sehr früh in den nächsten Morgen).

Im Osten Seouls

Cityplan Seoul: S. 132

Flohmarkt und Medizinmarkt

Der **Hwanghak-dong Flea Market** 20 (Hwanghak-dong Byeoruk Sijang 황학동 벼룩시장) bietet das Beste aus Omas Dachstube und Opas Rumpelkammer, mitsamt verrosteten Bosch-Schwingschleifern und Hilti-Bohrmaschinen, Plácido-Domingo- und Simon&Garfunkel-LPs (33 U/min), Remington-Schreibmaschinen aus den 1940er-Jahren, Golfschlägern, Feldtelefonen aus dem Koreakrieg ohne Hörer und – Hifi-Liebhaber aufgepasst – edlen alten Nakamichi-Kassettendecks aus den 1970er- und 1980er-Jahren. Als der Hwanghak-dong-Flohmarkt in den 1950er-Jahren eröffnete, war er der erste seiner Art in Korea. Damals noch unter freiem Himmel, erwarten die Händler ihre Kundschaft inzwischen in einem neuen, zweistöckigen Gebäude, das allerdings trotz kurzer Nutzungszeit bereits erhebliche Gebrauchsspuren aufweist. Alle Preise sind Verhandlungssache (U 1, 2 Sinseol-dong, Ausgang 6, 10, dann 5 Min. zu Fuß, ausgeschildert, tgl. 9.30–18.30 Uhr, Eintritt frei).

Auf dem **Gyeongdong Oriental Medicine Market** 21 (Gyeongdong Sijang 경동시장) wird eine unfassbare Bandbreite an exotischen Kräutern, Ginsengwurzeln und lebendigem Wassergetier angeboten. Fische werden vor Ort geschlachtet (U 1 Jegi-dong, Ausgang 2, dann 100 m geradeaus, tgl. 8–18 Uhr, Eintritt frei).

Ausflug zum Yongmasan und Achasan 22

Die beiden Gipfel im Osten Seouls bieten sich für eine etwa zweistündige Wanderung an, beginnend an der U-Bahn-Station Yongmasan, von wo es auf den Gipfel des 348 m hohen **Yongma** (Yongmasan 용마산) geht. Auf dem Weg zum Yongma erwarten den Besucher der 51 m hohe **Yongmasan-Wasserfall** und mehrere **Aussichtsplattformen** mit bestem Blick auf den Nam-Berg, den Han-Fluss und das 63 Building. Der teilweise anstrengende Weg führt an der **Ruine einer Festung** aus der Goguryeo-Ära (37 v. Chr.– 668 n. Chr.) vorbei. Für diesen Abschnitt sind gute Wanderschuhe erforderlich. Die Route endet am 278 m hohen **Acha** (Achasan 아차산), wo auch das **W Seoul Walkerhill Hotel** 4 liegt. Der Abstieg vom Achasan zur nächsten U-Bahn-Station ist eher ein Spaziergang und dauert gut 30 Min. (U 7 Yongmasan, Ausgang 2, dann Aufstieg; Rückfahrt mit der U 5 ab Achasan)

Westlich des Palastdistrikts

Cityplan Seoul: S. 132

Der westliche Teil Seouls ist der schlafende Riese der Stadt, zu dem sich wenige Besucher trauen, der aber ein reges Nachtleben und einige Sehenswürdigkeiten bietet.

Seodaemun Prison History Hall 23 서대문 형무소

Gefängnisse sind kein Ferienparadies für Gefangene, aber dieser Kerker aus der japanischen Besatzungszeit 1910–45 war alles andere als ein normales Zuchthaus, sondern eine berüchtigte Folteranstalt für koreanische Widerstandskämpfer. Viele Partisanen verschwanden hinter den rotbraunen Mauern und tauchten nie mehr auf.

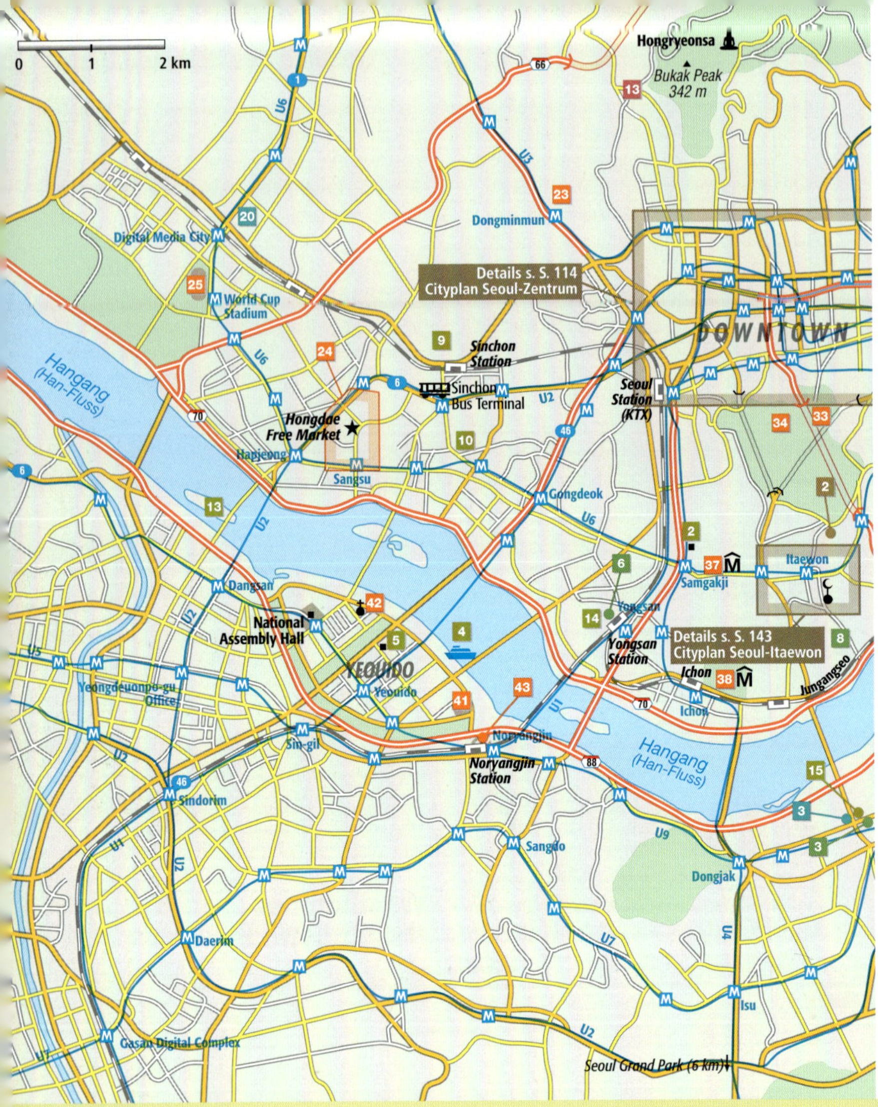

Seoul

Sehenswert

1 – 16 s. Cityplan Seoul-Zentrum S. 114
17 Waschplatz
18 Mauer der Hoffnung
19 s. Cityplan S. 114
20 Hwanghak-dong Flea Market
21 Gyeongong Oriental Medicine Market
22 Yongmasan und Achasan
23 Seodaemun Prison History Hall
24 Hongdae
25 World Cup Stadium/Park
26 – 32 s. Cityplan S. 114
33 Namsan-Park
34 N Seoul Tower
35 – 36 s. Cityplan Seoul-Zentrum S. 114
37 War Memorial Museum
38 National Museum of Korea
39 – 40 s. Cityplan Seoul-Itaewon S. 142

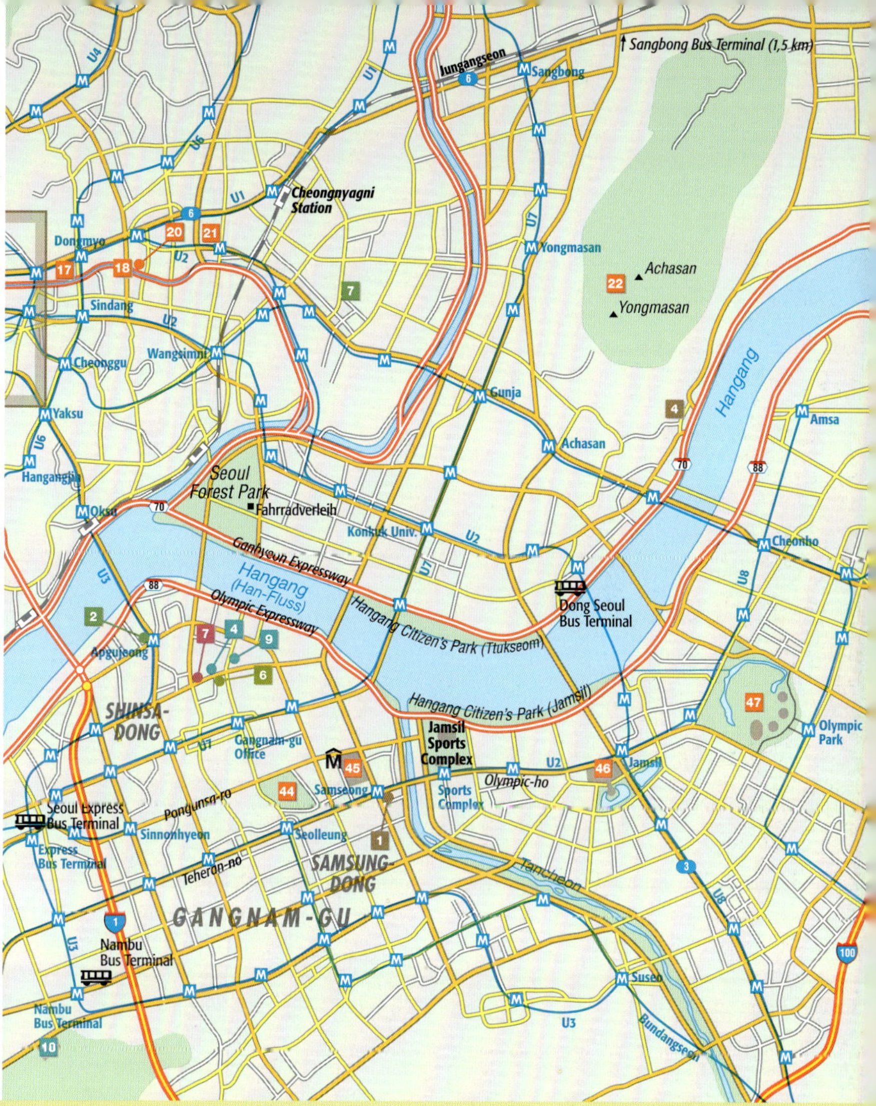

41 63 Building
42 Yoido Full Gospel Church
43 Noryangjin-Fischmarkt
44 Samneung-Park
45 Kimchi-Museum/ COEX-Mall
46 Lotte World
47 Olympic Park

Übernachten

1 Park Hyatt Seoul
2 Grand Hyatt Seoul
3 s. Cityplan Seoul-Zentrum S. 114
4 W Seoul Walkerhill
5 s. Cityplan Seoul-Itaewon S. 142

6 – 15 s. Cityplan Seoul-Zentrum S. 114

Essen & Trinken

1 – 2 s. Cityplan Seoul-Zentrum S. 114

Fortsetzung s. S. 134

Seoul

3 s. Cityplan Seoul-Itaewon S. 142
4 – 6 s. Cityplan Seoul-Zentrum S. 114
7 Gorilla in the Kitchen
8 s. Cityplan Seoul-Zentrum S. 114
9 s. Cityplan Seoul-Itaewon S. 142
10 – 12 s. Cityplan Seoul-Zentrum S. 114
13 Jaha Sonmandoo
14 s. Cityplan Seoul-Zentrum S. 114

Einkaufen
1 s. Cityplan Seoul-Zentrum S. 114
2 Hyundai
3 Shinsegae-Kaufhaus; s. auch Cityplan Seoul-Zentrum S. 114
4 s. Cityplan Seoul-Zentrum S. 114
5 s. Cityplan Seoul-Itaewon S. 142
6 Yongsan Electronics Market
7 Janganpyeong-Antikmarkt
8 Royal Antique
9 – 12 s. Cityplan Seoul-Zentrum S. 114
13 s. Cityplan Seoul-Itaewon S. 142
14 s. Cityplan Seoul-Zentrum S. 114

Abends & Nachts
1 – 2 s. Cityplan Seoul-Itaewon S. 142
3 Pinot
4 Platinum Brewery
5 – 8 s. Cityplan Seoul-Itaewon S. 142
9 Once in a Blue Moon
10 – 13 s. Cityplan Seoul-Itaewon S. 142
14 – 17 s. Cityplan Seoul-Zentrum S. 114
18 Seoul Arts Center
19 s. Cityplan Seoul-Zentrum S. 114
20 Korean Film Archive

Aktiv
1 s. Cityplan Seoul-Zentrum S. 114
2 United Service Organisation
3 s. Cityplan Seoul-Zentrum S. 114
4 Yeouido Ferry Terminal
5 Fahrradverleih
6 Olympic Coloseum
7 – 8 s. Cityplan Seoul-Zentrum S. 114
9 Yonsei-Universität
10 Sogang-Universität
11 s. Cityplan Seoul-Zentrum S. 114
12 s. Cityplan Seoul-Itaewon S. 142
13 Seonyudo-Park
14 Dragon Hill Spa
15 Central Spa
16 s. Cityplan Seoul-Itaewon S. 142

In den sieben Gebäuden sind Folterkammern, Videointerviews mit Überlebenden, Exekutionsräume und Kunstblut zu sehen – alles authentisch restauriert, aber auch mit leichtem Hang zur Melodramatik. Die Einzelzellen sind nichts für Klaustrophobiker, schon beim Reinschauen sind Angstzustände garantiert: keine Toiletten, kein Licht und kaum Platz für Bewegung. Bei so viel leidvoller Vergangenheit verwundert es, dass das 1998 für Besucher eröffnete Gefängnis nach 1945 vom neu gegründeten Korea nicht in Schutt und Asche gelegt wurde, sondern bis 1987 weiter als Haftanstalt mit denselben Zellen diente. Das Gefängnis ist ein Beispiel für ›düsteren Tourismus‹ und zugleich ein ungewöhnlicher Weg, die häufig bittere Geschichte Koreas zu erleben (U 3 Dongminmun, Ausgang 5, dann 5 Min. den Hügel hinauf, Di–So März–Okt. 9.30–18, Nov.–Febr. 9.30–17 Uhr, ₩ 1500).

Das Universitätsviertel Hongdae 홍대 24

Wenn Seouler das Wort Hongdae (Abkürzung für Hongik Daehakgyo = Hongik-Universität) hören, denken sie zuerst an Untergrundkultur, Clubs, Musik, Individualität und Studierende. Alles eben, was an eine Universität gehört, die der Kreativpool des Viertels ist und bekannt für die Top-Institute des Landes in Kunst und Design. Hongdae ist voll mit jungem Leben: In vielen Straßen reihen sich kleine Geschäfte, die ausgefallene und Second-Hand-Kleidung verkaufen, dazu gesellen sich an jeder Ecke schrullige Cafés.

Am spannendsten ist die Gegend jedoch bei Nacht. Zusammen mit dem halbseidenen Itaewon (s. S. 143) hat Hongdae zweifellos das populärste **Nachtleben** des Landes, und wie weltweit üblich, füllen sich die Kneipen erst nach Sonnenuntergang. Am letzten Freitag jeden Monats wartet eine skurrile Mischung junger Partygänger aus der ganzen Welt dicht an dicht auf Neuankömmlinge, denn dann ist Club Day, an dem man für ₩ 15 000 in 13 Musikclubs (Hip-Hop und Independent) Eintritt erhält. Das Nachtleben spielt sich wenige Minuten zu Fuß von der U-Bahn-Station Sangsu hügelaufwärts ab (U 6 Sangsu, Ausgang 1).

Mitten in Hongdae liegt der kleine **Hongdae Free Market** 홍대프리마켓, nicht zu verwechseln mit einem Flea Market wie in Hwanghak-dong, wo Ausrangiertes unter die Leute gebracht werden soll. Der Free Market ist vielmehr ein Open-Air-Kunstmarkt, auf dem die Kunststudenten der Hongik-Universität selbstentworfene Kleidung, Schmuck, Puppen, Gemälde etc. verkaufen. Die Künstler wollen nicht in erster Linie reich werden (sondern zuerst berühmt und dann später doch reich), vielmehr steht der Austausch mit dem Publikum im Vordergrund. Hier treten auch Bands mit z. B. Björk- oder Beatles-Imitationen auf. Seit seiner Eröffnung im Jahr 2002 lockt der Markt jede Woche eine wachsende Anzahl Besucher an und bietet eine fantastische Möglichkeit, am Samstagnachmittag einige Stunden das Gedränge und die Betonlandschaft Seouls zu vergessen. Sonntags findet hier der **Hope Market** (Huimang Sijang 희망시장) mit ähnlichem Angebot, aber ohne Livemusik statt (www.freemarket.or.kr/v3/main.asp?subPage=11, U 2 Hongik University, Ausgang 6, gegenüber dem Haupteingang der Hongik-Universität auf einem großen Spielplatz, März–Nov. Sa 13–18 Uhr, Hope Market März–Nov. So 13–18 Uhr).

World Cup Stadium und Park 25

In der über 80-jährigen Geschichte der Fußballweltmeisterschaften gab es bislang nur einen FIFA World Cup in Asien, nämlich 2002 in Südkorea und Japan. Die Seouler Stadtverwaltung legte damals auf 3,4 Mio. m² einen Park mit angeschlossenem WM-Stadion an, der heute über 10 Mio. Menschen pro Jahr anlockt. Die meisten kommen nicht, um hier ein Fußballspiel zu sehen, sondern als Besucher des Parks und als Shopper in der World Cup Mall, einem Einkaufszentrum mit Megakino und Sportcenter.

Das **World Cup Stadium** (World Cup Gyeonggijang 월드컵경기장) mit 64 000 Plätzen sah 2002 das WM-Eröffnungsspiel Senegal–Frankreich sowie das Halbfinale Südkorea–Deutschland, das die Teutonen für sich entschieden (um dann im Endspiel gegen Brasilien zu verlieren). Ein **Museum** widmet sich den Höhen und Tiefen der Spiele von 2002 (www.suwonworldcup.or.kr/eng/, Museum Tel. 02 410 13 54, U 6 World Cup Stadium, Ausgang 1, 2, Di–So 9–18 Uhr, ₩ 1000). Das Stadion ist nur bei Spielen zugänglich.

Der **World Cup Park** besteht aus verschiedenen Einzelparks und entstand 1993 als Renaturierungsprojekt auf einer ehemaligen Mülldeponie, die im Vorfeld der zu erwartenden Fußball-Weltmeisterschaft in einen Ökopark mit Wegen, Seen und Bäumen umgewandelt wurde. Die Parks sind ideal für Fahrradfahrer und Inline-Skater (worldcuppark.seoul.go.kr, www.sisul.or.kr, U 6 World Cup Stadium, Ausgang 1, 2).

Zwischen Palastbezirk und Han-Fluss

Cityplan Seoul-Zentrum: S. 114
Cityplan Seoul: S. 132

Einkaufsparadies, Park mit Spitzenblick über die Stadt und der ›wilde‹ Teil Seouls mit zahllosen Bars – alles liegt zwischen dem Palastviertel und dem Han-Fluss, der sich durch die Stadt schlängelt wie ein glitzerndes Schmuckband. Auch wenn der Namsan-Park mit seiner Ikone, dem N Seoul Tower, das grüne Zentrum der Stadt bildet, sind das nördlich gelegene Shoppingviertel Myeong-dong und die südlich des Parks liegende Vergnügungsmeile Itaewon die eigentlichen Attraktionen der Hauptstadt. Am Fuß von Seouls Hausberg, dem Namsan, findet sich der Namdaemun-Markt, einer der größten und bekanntesten Märkte Koreas. Ebenso wie auf dem Namdaemun-Markt mischen sich auch in Itaewon Einheimische mit Ausländern, allerdings ist hier, im Sündenviertel Seouls, der

Tipp: Shopping in Myeong-dong

Die gut bestückten Touristeninformationsstände in der Stadt haben eine hervorragende Karte von Myeong-dong, in die jedes, aber wirklich jedes noch so kleine Geschäft eingezeichnet ist. Zu den Shopping-Highlights zählen Zara, Forever 21 oder die Kaufburg Migliore mit über 1000 Geschäften für Kleidung und Accessoires (U 4 Myeongdong, Ausgang 5 und man steht direkt vor dem Migliore).

Anteil an hier lebenden Gastarbeitern und ausländischen Besuchern mit Leichtigkeit der höchste in ganz Südkorea. Um die gesamte Gegend zu erkunden, benötigt man mehr als zwei Tage – es gibt einfach zu viele Geschäfte, Bars und Sehenswürdigkeiten.

Myeong-dong 명동

Koreas Einkaufsmekka heißt Myeong-dong, und das bedeutet: Hier schieben sich an Spitzentagen mehrere hunderttausend Besucher durch das enge Labyrinth an Kaufhäusern und unterirdischen Einkaufspassagen. Die neueste Mode, schicke Restaurants und eine Handvoll Kinos und Clubs machen aus dem Gebiet südlich der Euljiro 을지로 bis zum Namsan-Park das älteste und bekannteste Einkaufsareal Seouls. Es ist vorwiegend die jüngere Generation, die die hiesigen Straßen durchkämmt. Hier sind sie alle zu finden, die bekannten Marken aus Mailand, New York, Paris und Metzingen. Das Viertel hat eine lange Tradition als Konsumhochburg, in den 1930er-Jahren verwandelten die japanischen Besatzer es in ihren bevorzugten Einkaufs- und Handelsdistrikt. Die damals entstandenen Kolonialbauten wurden leider größtenteils im Koreakrieg zerstört oder fielen der schnellen Wirtschaftsentwicklung zum Opfer, aber einige Perlen stehen noch heute (U 4 Myeongdong, U 2 Euljiro 1-ga).

Dazu gehört an erster Stelle die beeindruckendste Manifestation christlichen Glaubens in Korea: die **Myeong-dong-Kathedrale** 26 (Myeong-dong Seongdang 명동 성당). Sie wurde 1898 fertiggestellt und ist seit dem Jahr 1985 mit einer deutschen Bosch-Orgel ausgestattet. Das Gotteshaus mit 45 m hohem Turm gewinnt zwar keine Designpreise, spielte aber eine wichtige Rolle bei der Demokratisierung des Landes. In den 1980er-Jahren, als das Land unter einer Militärdiktatur stand und sich prodemokratische Demonstranten in der Kirche verschanzten, weigerte sich die Polizei, das Gebäude zu stürmen (Tel. 02 774 17 84, www.mdsd.or.kr, englischsprachige Messen So 9 Uhr).

Ein paar Schritte weiter westlich beginnt Seouls **Chinatown** 차이나타운 **27**. Der Name verspricht viel, und wer aus China kommt oder New Yorks Chinatown kennt, wird mehr erwarten, aber die zwei Straßen sind das Beste, was Seoul in Sachen China zu bieten hat. Restaurants und Buchläden stehen hier um die Wette Spalier, und selbst chinesischen Mondkuchen gibt es zu kaufen.

Das **Bank of Korea Museum** 28 (Hanguk Eunhaeng Hwapye Geumyung Bakmulgwan 한국은행화폐금융박물관) wurde 1908–12 von Japan als Bank of Choson erbaut – als Sitz der Zentralbank der japanischen Kolonie Korea. Das Gebäude sieht aus, als wäre der Architekt auf einer etwas zu langen Reise zu Frankreichs Châteaus gewesen, denn mit seinem symmetrischen und zentralen Layout erinnert es stark an die französische Renaissance. Tatsächlich spielte Tatsuno Kingo (1854–1919), der Erbauer der Bank, eine wichtige Rolle dabei, westliche Architektur in sein Heimatland Japan und später nach Korea zu bringen. Kingo war Japans erster moderner Architekt mit Studium in Tokyo und London. Sein Einfluss ist noch an anderer Stelle in Seoul zu spüren: Sein Schüler Tsukamoto Yasushi gestaltete 1925 den Seouler Hauptbahnhof in byzantinisch anmutendem Stil. Die **Sammlung** an Geldscheinen und Münzen gehört nur für Numismatiker zum Highlight in Seoul oder für den, der schon immer einmal auf einem Geldberg sitzen wollte.

Der Kaufrausch in Myeong-dong ist ansteckend

호프
베트남 쌀국수
VOD 극장개봉프로
Salon de Marshall
사주
대왕
Marshall Hair
ラーメン・

Zu erleben ist dies auf einem Stuhl bestehend aus alten 10 000-Won-Banknoten, die zusammen etwa 140 000 US-$ wert sind (Tel. 02 759 48 81, museum.bok.or.kr, Di–So 10–17 Uhr, Eintritt frei).

Gegenüber dem Bank of Korea Museum steht eine weitere Bank, die **Korea First Bank** 29 (Jeil Eunhang 제일은행) von 1933, Koreas erstes Gebäude, dessen Architektur das Ergebnis eines Designwettbewerbs war.

Namdaemun-Markt 30

Der **Namdaemun Sijang** 남대문시장, Seouls zweitgrößter Markt nach dem Dongdaemun-Markt, steht der Nr. 1 im Warenangebot in nichts nach: Läden für Töpfe, Unterwäsche oder Ginsengwurzeln mischen sich mit Essensständen und Juwelieren, was insgesamt einen optimalen Mix für einen Bummel durch die Marktgassen ergibt.

Der Namdaemun-Markt (Großes-Südtor-Markt) ist einer der berühmtesten Märkte Seouls und Koreas. Seine Geschichte reicht, auch wenn nichts daran erinnert, bis ins Jahr 1398 zurück. Alles findet hier öffentlich in den Straßen statt, und bei so viel Authentizität ist es kein Wunder, dass nach offiziellen Statistiken fast 50 % aller ausländischen Besucher der südkoreanischen Hauptstadt den Markt mit seinen über 10 000 Läden aufsuchen. Angeblich beschäftigt der Namdaemun Sijang in seinem Gewühl über 50 000 Menschen – das entspricht allen Einwohnern der Stadt Passau.

In dem Straßen- bzw. Gassenlabyrinth gibt es zwei **Informationsstände,** einer davon nur wenige Meter von Ausgang 5 der U-Bahn-Station Hoehyeon entfernt. Hier erhält man eine englischsprachige Karte des Marktes, auf der auch dessen Essensmeilen eingezeichnet sind: die **Gedünsteter-Fisch-Gasse** und der **Nudel-Weg** (www.namdaemunmarket.co.kr, U 4 Hoehyeon, Ausgang 5, tgl. 24 Std., sonntags sind aber viele Läden geschlossen).

Rodin Gallery 로댕갤러리 31

Ein Rodin-Museum in Asien! Die bekannten Originale wie »Der Denker« oder »Der Kuss« stehen zwar unverrückbar im Rodin-Museum in Paris, doch der ungewöhnliche Glasbau der berühmten New Yorker Architekten Kohn, Pedersen & Fox hält mit seinen wenigen Exponaten wacker die Fahne des berühmten französischen Bildhauers hoch. Die Galerie, die eigentlich **Plateau** 플라토 heisst, wurde um die beiden hier ausgestellten und sich im Besitz der Galerie befindlichen Rodin-Plastiken herumgebaut – »Das Tor zur Hölle« und »Die Bürger von Calais«. Beide Arbeiten sind keine Einzelstücke, sondern wurden mehrfach gegossen. So stammt der in Seoul ausgestellte zwölfte Guss der »Bürger von Calais« aus dem Jahr 1995.

Neben dieser kleinen Dauerausstellung des Meisters wartet das Museum mit wechselnden Ausstellungen anderer Künstler auf (Tel. 02 15 77 75 95, rodin.samsunglife.com, Di–So 10–18 Uhr, U 1, 2 City Hall, Ausgang 8, dann 2 Min. zu Fuß zur Galerie, Eintritt ausstellungsabhängig).

Namsan 남산

Ein Park, ein Fernsehturm mit Aussichtsplattform und ein berühmter Markt, das ist der **Berg des Südens:** Namsan. Die gesamte Gegend nördlich des Han-Flusses wird von Seouls berühmtestem Gipfel überschattet, auf dessen Spitze der N Seoul Tower die Skyline der Stadt dominiert. Alle drei Sehenswürdigkeiten lassen sich in einem Rundgang erkunden, der Relikte der alten Stadtmauer und einige der besten Panoramablicke auf die Stadt bietet (s. Aktiv unterwegs S. 140).

Der **Namsan-Park** 33 (Namsan Gongwon 남산공원) ist die größte Grünanlage im Zentrum Seouls und dicht bewaldet. 1897 pflanzten Japaner hier Kirschbäume, deren Blüten eines der wichtigsten Symbole der japanischen Kultur sind, und zogen Wege über den Berg. Der Park umfasst das gesamte Gebiet des Nam-Bergs (Namsan), den bei 265 m Höhe niemand mit dem Matterhorn verwechseln wird.

Seouls Eiffelturm, der **N Seoul Tower** N서울타워 **34**, steht an prominenter Stelle auf dem bekanntesten Berg der Stadt. Das 1975 eingeweihte Prunkstück des modernen Seoul hieß bis 2005 lediglich Seoul Tower, zu langweilig, befanden die neuen Eigentümer – die bis 1995 zur Samsung-Gruppe gehörende CJ Corporation – und schoben den ersten Buchstaben des Namsan-Bergs vor den Namen. Der Turm ist zu jeder Tages- und Nachtzeit einen Besuch wert, bei Tageslicht leider häufig mit der für asiatische Großstädte üblichen Dunstglocke. Nach Sonnenuntergang lockt eine Lasershow des französischen Lichtartisten Alexandre Kolinka (jede halbe Stunde bis Mitternacht). 50 m südwestlich des Turms befindet sich ein bekannter Dating-Treffpunkt mit zahllosen Vorhängeschlössern, in welche die Namen der Verliebten eingraviert sind. Die Restaurants im und um den Turm gewinnen keine Gourmetpreise, und wer seine Liebste beeindrucken will, lädt sie nicht in den **Food Court** (₩ 7000) ein, sondern in den **N Grill,** ein sich drehendes Restaurant im Tower mit westlicher Küche und Fifth-Avenue-Preisen (N Seoul Tower: Tel. 02 34 55 92 77, www.nseoul tower.co.kr, U 3, 4 Chungmuro, Ausgang 4, dann Yellow Bus 2, ₩ 800, bergauf; U 4 Myeongdong, dann 10 Min. zu Fuß zur Seilbahnstation, Seilbahn tgl. 10–23 Uhr, einfach/hin und zurück ₩ 6000/7500, Aussichtsplattform tgl. 10–23 Uhr, ₩ 7000).

Der Tower birgt auch eines der drei südkoreanischen **Teddybär-Museen** (s. auch Jungmun S. 439). Hier in Seoul werden die Geschichte und das Leben in der Stadt mittels Teddybären illustriert (www.teddybear museum.com, tgl. 10–22, letzter Einlass 21 Uhr, ₩ 8000, Kombiticket N Seoul Tower Observatory und Museum ₩ 12 000).

Am nordöstlichen Fuß des Namsan liegt das wunderbar restaurierte **Namsangol Hanok Village** 35 (Namsangol Hanok Maeul 남산골한옥마을), das einen Eindruck davon vermittelt, wie Seoul vor 100 Jahren aussah. In ganz Seoul wurden einzelne traditionelle Häuser aus der Joseon-Zeit (1392–1910) vor dem Abriss gerettet und dann hier wieder zusammengebaut. Nur so ist zu verstehen, dass auf dem vergleichsweise engen Raum von knapp 8000 m² Gebäude verschiedener sozialer Schichten zu sehen sind – von einfachen Bauern bis zum König.

Mit seinem feinen Kies- und Sandboden sowie den gepflegten Häusern hat das Areal die Aura einer Filmkulisse – die eine oder andere enge Gasse, frei laufende Hunde, ein Troubadour auf dem Dorfplatz und ein paar echte Bewohner könnten einen Quantensprung bei der Authentizität bewirken. Ähnlich denken wohl auch die Stadtväter Seouls und holen regelmäßig Musiker in das Dorf, die in der **Seoul Namsan Gugakdang** 서울남산국악당 (Tel. 02 22 61 05 13, www. sngad.or.kr) traditionelle koreanische Musik spielen und Tänze aufführen. Am Wochenende lassen sich Kalligrafen und Maler von der Atmosphäre inspirieren, und Paare feiern hier ihre Hochzeit (Tel. 02 22 66 69 23, www.hanokmaeul.org, U 3, 4 Chungmuro, Ausgang 3, Mi–Mo 9–20 Uhr, Eintritt frei).

Unweit des Dorfes im Süden befindet sich die **Time Capsule** 36**,** ein Betonsilo, in das 1994 exakt 600 Gegenstände eingelassen wurden, welche Seouls Welt im Jahr 1994 widerspiegeln sollen. Die Capsule soll zum 1000. Geburtstag Seouls am 29. November 2394 geöffnet werden und wird dann zu großem Staunen führen – eingelagert wurden Objekte wie Socken, Mietvertrag, Staubsauger, Kreditkarte oder eine Straßenkehreruniform. Bitte den Tag der Öffnung im Kalender markieren!

Tipp: Goethe-Institut

Da deutschsprachige Literatur, Filme und Zeitschriften in Südkorea kaum erhältlich sind, ist das Goethe-Institut für Langzeitreisende und Expats ein Hort heimatlicher Gefühle. Hier werden nicht nur Deutschkurse für Koreaner angeboten, sondern in einer umfangreichen Bibliothek sind deutschsprachige Bücher, CDs, DVDs sowie aktuelle Tages- und Wochenzeitungen (nur wenige Tage alt) zu finden, die teils auch nach Hause entliehen werden können.

Goethe-Institut Seoul (Juhandog-il Munhwawon 주한독일문화원) 32**:** 5. Stock, Seoul Square, 541 Namdaemun-ro 5-ga, Jung-gu, Tel. 02 20 21 28 00, www.goethe.de/korea, U 1, 4 Seoul, Ausgang 9, Bibliothek Mo–Fr 10.30–19, Sa 10–16 Uhr.

aktiv unterwegs

Zu Fuß vom Namdaemun-Markt auf den Namsan

Tour-Infos

Start: U 4 Hoehyeon, Ausgang 5
Länge: 3 km
Dauer: 4 Std. (inkl. 1,5 Std. Marktbesuch)
Schwierigkeitsgrad: einfach bis moderat
Wichtige Hinweise: Alternativ zum Fußmarsch auf den Gipfel ermöglicht eine Seilbahn (Seilbahn tgl. 10–23 Uhr,10 Fußminuten von der U-Bahn-Station Myeong-dong der Linie 4) oder einer der gelben Busse (z. B. ab U-Bahn-Station Chungmuro der Linien 3, 4, Ausgang 2) den stressfreien Aufstieg. Allerdings verpasst man dadurch einige der guten Aussichtspunkte mit Blick über die Stadt. Geht man zu Fuß, so benötigt man für den Aufstieg ab der Patriot Ahn Junggeun Memorial Hall 30 Min.

Dieser Rundgang verbindet gleich drei erstklassige Highlights Seouls. Nr. 1 ist der Namdaemun-Markt, Nr. 2 die kurze Wanderung durch den Namsan-Park zum über Seoul thronenden N Seoul Tower und Nr. 3 schließlich das Namsangol Hanok Village.

Nach Verlassen der U-Bahn lässt man sich durch den **Namdaemun-Markt** 30 (Namdaemun Sijang 남대문시장; s. S. 138) treiben, kann dort Ginseng erstehen oder sich neu einkleiden, um sich anschließend am Ostausgang des Marktes nach links zu wenden. Man überquert die Straße, biegt hinter dem Ausgang 1 der U-Bahn-Station Hoehyeon der Linie 4 nach rechts ab und marschiert den Berg hoch. Dabei geht es am linker Hand liegenden **Rex Hotel** vorbei. Hinter dem Hotel biegt eine Seitenstraße rechts ab, die man aber tunlichst nicht nimmt, sondern stattdessen weiter der Straße folgt. Diese macht nach 20 m einen scharfen Linksknick. Man erreicht ein Zauntor, das man durchschreitet, dann folgt man dem Zaun nach rechts bergauf. Hinter dem Zaun verläuft unten die Banporo 반포로, die hier in den Namsan-3-Tunnel mündet und unter dem Park hindurchführt. Wer mit der Seilbahn auf den Namsan fahren möchte, muss hier die Banporo überqueren, da die auf der anderen Seite liegt.

Die Wanderer hingegen bleiben auf dem Weg, der bis zur Sopa-gil 소파길 führt. In diese Straße biegt man rechts ein und läuft bis zu einer steilen Treppe, die man zur **Patriot Ahn Junggeun Memorial Hall** (An Junggeun Uisa Ginyeomgwan 안중근의사기념관) hinaufgeht. 1909, kurz vor der Kolonialisierung Koreas durch Japan, ermordete Ahn Junggeun den japanischen Gouverneur Koreas und wurde dafür im folgenden Jahr hingerichtet. Eine Statue Ahns steht vor der Halle.

Von der Memorial Hall geht es zum **Brunnen** (Fountain) und an diesem vorbei den Berg hoch durch den Namsan Park Richtung N Seoul Tower. Auf dem Weg gelangt man zu einer **Aussichtsplattform** mit herrlichem Blick auf die Skyline Seouls. Dem Weg folgend befindet sich rechts ein Teilstück der einst 18,2 km langen **Stadtmauer** vom Ende des 14. Jh. Insgesamt sind 10 km der Mauer erhalten (restauriert).

Hat man die obere Seilbahnstation passiert (bzw. ist dort ausgestiegen), so erreicht man weiter bergauf mehrere alte **Signalfeuer**

War Memorial Museum 37

Jeonjeang Ginyeomgwan 전쟁기념관

Ein B52-Bomber Stratofortress, Raketenwerfer, Panzerhaubitzen, ein nordkoreanisches Surface-Submarine-Boot und weiteres Kriegsgerät aus dem Koreakrieg stehen in diesem 1994 eröffneten Museum zur Schau, das kaum monströser ausfallen konnte. Zum Originalmaterial im Außenbereich gehört auch ein südkoreanischer K-1-Panzer aus den 1980er-

aus der Joseon-Zeit. Je nach Sicherheitslage entfachte die Obrigkeit einzelne Feuer: Ein Feuer bedeutete Frieden, fünf Feuer Krieg. Die Signalstation im Namsan-Park war die wichtigste im nationalen Meldesystem Koreas der damaligen Zeit – innerhalb von zwölf Stunden erreichte jedes Signal aus dem gesamten Land diesen zentralen Punkt, um den König rechtzeitig zu warnen.

Von den Signalfeuern ist es nur noch ein kurzer Marsch zum 243 m hoch gelegenen und knapp 237 m hohen **N Seoul Tower** N서울타워 34 (s. S. 138), der von fast überall in Seoul zu sehen ist. Auf 133 m gibt es ein Drehrestaurant und Aussichtsgalerien, auf 138 m eine Aussichtsplattform.

Etwa 100 m von hier bergab liegt die **Bushaltestelle** für Bus Nr. 2 (alle 10 Min., tgl. 7.30–24 Uhr, ₩ 800), der bis wenige Meter an die U-Bahn-Station Chungmuro der Linien 3 und 4 heranfährt. Von dieser Haltestelle lässt sich noch ein Abstecher zum **Namsangol Hanok Village** 35 (Namsangol Hanok Maeul 남산골한옥마을; s. S. 139) machen.

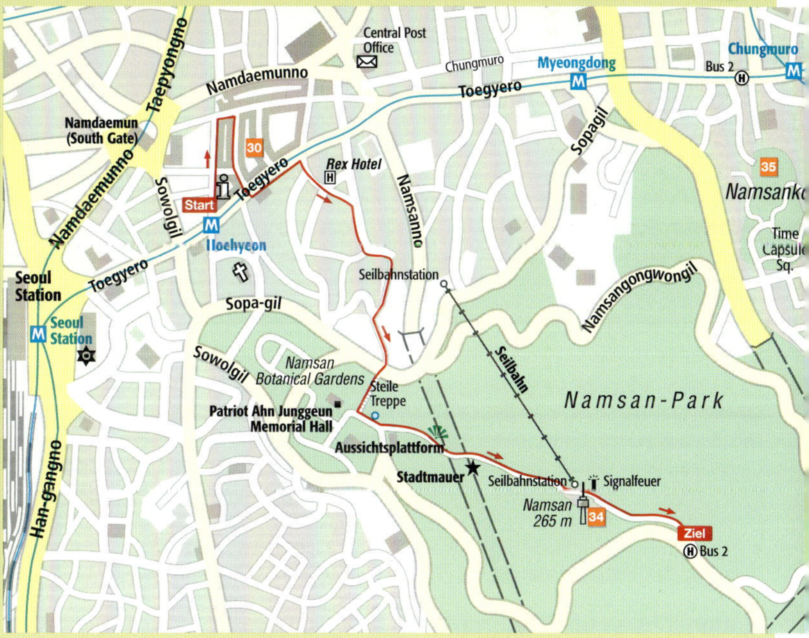

Jahren, der sich sogar in Bewegung setzen lässt: »Insert one 500 Won coin … tank works for 2 minutes«. Das Arsenal ist ›artgerecht‹ auf dem ehemaligen Gelände des Hauptquartiers der südkoreanischen Armee untergebracht.

Im Museum selbst steht eines der berühmten metallgepanzerten Schildkrötenschiffe, mit denen Admiral Yi Sun-sin Ende des 16. Jh. die japanische Marine besiegte. Schwerpunkt der gesamten Ausstellung ist verständlicherweise

Seoul-Itaewon

Sehenswert
39 Seoul-Zentralmoschee
40 Leeum Samsung Museum of Art

Übernachten
5 IP Boutique Hotel

Essen & Trinken
3 Le Saint Ex
9 Itaewon Galbi

Einkaufen
5 Dynasty Tailor
13 What the Book

Abends & Nachts
1 Bungalow Bar
2 Gecko's Terrace
5 Prost
6 3 Alley Pub/Sam Ryan's Sports Bar & Grill
7 Wolfhound Irish Pub
8 All that Jazz
10 Always Homme
11 Queen
12 Why not?
13 Soho

Aktiv
12 Hamilton Hotel
16 Itaewon Land

Alle übrigen Ziffern
s. Cityplan Seoul-Zentrum S. 114, Cityplan Seoul S. 132

der Koreakrieg 1950–53, selbst an einen **Combat Experience Room** wurde gedacht, der den Besuchern durch audiovisuelle Effekte, Vibrationen und sogar Schießpulvergeruch ein authentisches Erlebnis vom Leben und Tod auf dem Schlachtfeld vermitteln soll. In der **War Memorial Hall** sind die Namen sämtlicher im Koreakrieg Gefallener in die Wände gemeißelt – eine endlose Liste.

Wie es sich für ein Nationalmuseum gehört, glorifiziert auch dieses Museum die Heldentaten der heimischen Armee, allerdings zeigen die zahlreichen Dokumente und Kriegserinnerungen auch den 5000 Jahre langen Weg Koreas durch Kriege und Widerstand, der schließlich zur Unabhängigkeit führte. Viele Besucher sind überrascht, dass Südkorea auch an den Kriegen in Afghanistan und Irak teilnahm und sogar Truppen nach Vietnam sandte – auf Drängen seines größten Verbündeten, der USA. Für einen Museumsbesuch sollten mehrere Stunden eingeplant werden (Tel. 02 709 31 39, www.warmemo.co.kr, U 4, 6 Samgakji, Ausgang 12, Di–So 9–18 Uhr, ₩ 3000, Außenbereich Eintritt frei).

National Museum of Korea 38

Gungnip Jungang Bangmulgwan
국립중앙박물관

Ein Gigant unter den Museen dieser Welt und mit einem halben Kilometer Länge und sechs Stockwerken die größte Ausstellung Asiens und die sechstgrößte weltweit. Das Museum ist so gebaut, dass es auch einem Erdbeben der Stärke 6 auf der Richterskala widersteht. Dafür stehen die Vitrinen auf speziellen, stoßdämpfenden Füßen. Das Design dieser Kathedrale koreanischer Kunst und Geschichte erinnert an eine Festung, umgeben von traditionellen koreanischen Gärten, einem Teich und Steinpagoden. Sie beherbergt über 150 000 Ausstellungsstücke, von denen zwar nur gut 15 000 zu sehen sind, aber diese sind hervorragend präsentiert: Perfekte Beleuchtung und detaillierte Beschreibungen in Koreanisch und Englisch machen einen Rundgang zum Vergnügen. Zu sehen ist die gesamte Palette der koreanischen Kultur von der Urgeschichte bis in die Moderne.

In der imposanten Eingangshalle steht unübersehbar die 13 m hohe zehnstöckige **Gyeongcheonsa-Pagode** aus dem Jahr 1348, die während der Besatzungszeit (1910–45) nach Japan überführt worden war und erst 1960 zurückkehrte. Einzelne Stufen dieser Marmorpagode sind mit Buddhas und Arabesquemustern verziert. Die Pagode gilt als außerordentlich wertvoll, da sie den Baustil der Goryeo-Dynastie bewahrt, von der nur noch wenige Kulturgüter existieren.

Aus derselben Dynastie stammt die **Porzellansammlung,** eines der Highlights des Museums, die einen Eindruck davon vermittelt, warum Korea für seine Keramik so berühmt ist und Ende des 16. Jh. viele Töpfer nach Japan verschleppt wurden.

Ein Rundgang durch das Museum mit offenen Augen ist eine Zeitreise durch die Ge-

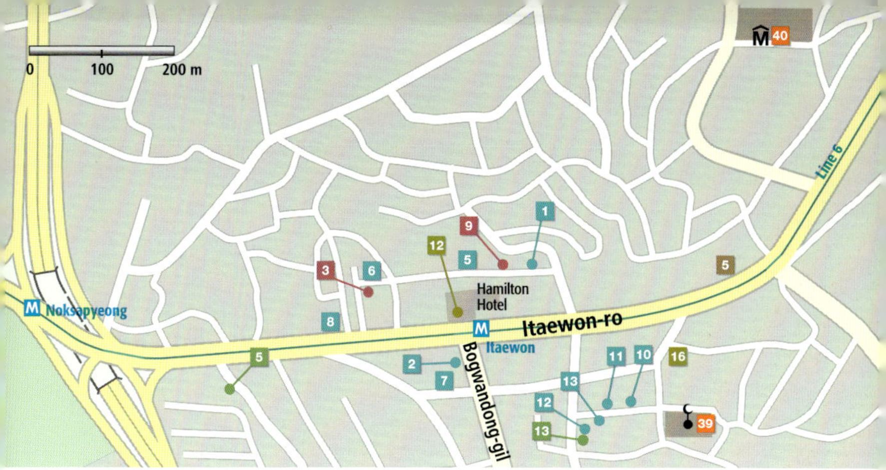

schichte Koreas. Zur permanenten Ausstellung gehört auch die **Asia Gallery,** in der fast 1000 Stücke anderer asiatischer Länder wie Japan, China und Indien in fünf Räumen auf Besucher warten.

Im **Restaurant** kann man seinen Magen zu erschwinglichen Preisen füllen und das gesparte Geld im **Museumsshop** ausgeben, wo Postkarten, Souvenirs und eine begrenzte Anzahl an Büchern über koreanische Kunst zum Kauf bereitstehen (Tel. 02 20 77 90 00, www.museum.go.kr, U 4 und Jungang-Bahn bis Ichon, Ausgang 2, Di, Do/Fr 9–18, Mi, Sa 9–21, So/Fei 9–19 Uhr, ₩ 2000, geführte Tour in Englisch tgl. 10.30, 14.30 Uhr).

Itaewon 이태원

Magnet für Bargänger und Nachtschwärmer und gleichzeitig das globale Dorf der Stadt – Itaewon ist das Epizentrum von Seouls Ausländergemeinde. Menschliche Abgründe wie in Bangkoks Patpong oder Hamburgs Kiez tun sich hier nicht auf, aber das südlich des Namsan und östlich der US-Garnison Yongsan gelegene Areal hat eine völlig andere Atmosphäre als der Rest der Stadt. Das Gebiet ist weder westlich noch koreanisch, sondern vereint das Beste (oder Schlechteste, je nach Sichtweise) beider Welten. Die Bars öffnen früh, aber wer vor 22 Uhr hier auftaucht, muss sich auf erstaunte Blicke gefasst machen.

Seouls Sündenmeile ist etwa 1,5 km lang, genug Platz, damit sich der aus gutem Grund so benannte ›Hooker Hill‹ ausbreiten konnte. Unweit steht Koreas bedeutendste Moschee, die **Seoul-Zentralmoschee** 39 (Seoul Jungang Seongwon 서울중앙성원), die seit 1976 wie von einem Gottesthron das Grauen zu ihren Füßen beäugt. Mehr oder weniger gut kaschiert, findet sich in den Straßen unterhalb des islamischen Gebetshauses alles, um sämtliche Vergnügungssüchte dieser Welt zu stillen, angefangen von ehrlichen Rock 'n' Roll Clubs über Schwulenkneipen, zwielichtige Bars bis zu besonders forschen Damen des einschlägigen Gewerbes (U 6 Itaewon, jeder Ausgang führt mitten ins Geschehen).

Leeum Samsung Museum of Art 40

Rium Misulgwan 리움미술관

Am östlichen Ende der ›Lastergasse‹ Itaewons befindet sich das Leeum Samsung Museum of Art, dessen bescheidener Name wohl Besucher abhalten soll, denn hier handelt es sich weniger um ein Museum als um einen an Kreativität kaum zu überbietenden Kunstkomplex – noch dazu einen der besten im Land. Geld spielte keine Rolle beim Bau des Museums. Wer nur Zeit für ein Museum in Seoul hat, ist gut beraten, dieses vom Samsung-Konzern gesponserte Haus aufzusuchen.

Bereits von außen beeindruckt die Architektur, an die gleich drei bekannte europäische Designer Hand anlegten. **Museum 1** wurde von dem Schweizer Mario Botta gestaltet und beheimatet traditionelle koreanische Kunst bis zurück in die Zeit der Drei Königreiche (57 v. Chr.–668 n. Chr.). Botta ließ sich vom koreanischen Porzellan inspirieren und baute das Museum aus Terrakottaziegeln, da beide Materialien aus Erde und Feuer entstehen. **Museum 2** mit seiner Glasmauer ist spezialisiert auf ausländische und südkoreanische Künstler und stammt vom Franzosen Jean Nouvel. Highlight der Ausstellung sind über 40 Gemälde von Andy Warhol, darunter ein Porträt Marilyn Monroes.

Das **Samsung Child Education and Culture Center** besteht aus Beton, Glas und Holz und wurde vom Niederländer Rem Koolhaas entworfen. Dieser Museumsflügel ist Sonderausstellungen und Gastkünstlern vorbehalten (Tel. 02 20 14 69 01, www.leeum.org, U 6 Hangangjin, Ausgang 1, Di–So 10.30–18 Uhr, ₩ 10 000, am Wochenende um 15 Uhr geführte Tour in Englisch).

Südlich des Han-Flusses

Cityplan Seoul: S. 132

Der Han-Fluss (Hangang 한강) teilt Seoul in zwei Hälften, die eine völlig unterschiedliche Geschichte haben: Der nördliche Teil mit seinen Palästen und Tempeln repräsentiert die alte Stadt, während im Südteil die neuen Reichen Koreas wohnen. Vor der Entwicklung Südkoreas zu einem der asiatischen Tigerstaaten wuchs in Gangnam (»Südlich des Flusses«) Reis und im Südwesten die Industrie. Dies hat sich längst gewandelt, und heute hat der Süden das Gesicht des Wirtschaftswachstums: moderne Einkaufsmöglichkeiten, Hochhäuser und Mondpreise bei den Mieten. Touristen verirren sich selten in diese Gegend, trotz einiger Attraktionen. Dazu gehören an erster Stelle die Yeoui-Insel (Yeouido) mit schönen Fahrradwegen, dem 63 Building und dem lebendigen Noryangjin Fish Market. Auch der Olympic Park und das riesige Vergnügungsviertel Lotte World können sich sehen lassen. Als der neue Teil Seouls ist der Bezirk ein Retortenbaby, eine am Reißbrett entstandene Futureworld, die viele asiatische Städte als ihre Vision für das 21. Jh. betrachten.

Yeouido 여의도

Seouls Antwort auf Manhattan liegt auf einer Insel, hat jedoch entgegen aller Anstrengungen bedeutend weniger Hochhäuser und noch weniger Attraktionen als das Pendant in New York. Das hat irgendwann auch die Stadtregierung erkannt und der Insel mehrere Parks (eher Parksimulationen) spendiert sowie einen schönen Fahrradweg, der einmal um die etwa 8,4 km^2 große Insel führt (s. S. 148). Yeouido hat sich in den vergangenen Jahrzehnten zum Zentrum der Finanz- und Businesswelt entwickelt. Hier ist die Geschäftswelt zu Hause, hier arbeitet man und wohnt woanders. Yeouido ist heute das Gegenteil dessen, was es noch bis in die 1970er-Jahre war, denn damals gab es keinen Grund, einen Fuß auf die Insel zu setzen. Heute haben die koreanische Börse, die 1975 fertiggestellte National Assembly Hall sowie die Konzerne LG und Samsung hier ihren Sitz. Während der Kirschblüte bietet die Insel ein besonderes Highlight: Die 7 km lange Straße Yunjung ist gesäumt von 1400 Kirschbäumen, die im Frühjahr in voller Pracht stehen und dann einer der optischen Leckerbissen Seouls sind (s. S. 163).

Seouls goldene Architekturikone ist das **63 Building** 63빌딩 **41**, mit 249 m eines der höchsten städtischen Gebäude, das seit seiner Fertigstellung 1985 alle Demütigungen eines modernen Wolkenkratzers erlebt hat – damals noch das höchste Gebäude außerhalb Nordamerikas, ist der Turm heute noch nicht mal mehr unter den weltweiten Top 100. Trotz seines Namens hat das Hochhaus nur 60 Stockwerke, die restlichen drei liegen unter der Erdoberfläche, werden jedoch im asiatischen Eifer nach Höher und Schneller einfach mitgezählt. Der oberste Stock gehört einer **Kunstgalerie** sowie einer **Aussichtsplattform** mit erwartungsgemäßem Spitzenblick über den majestätischen Han-Fluss. Das Gebäude ist kein reiner Büroturm, sondern beherbergt auch **Restaurants** (58., 59. Stock) und in den unteren Etagen ein **IMAX-Kino** sowie das Aquarium **Sea World,** die aber beide ihre besten Tage hinter sich haben. 2009 eröffnete ein **Wachsfigurenkabi-**

Hoher Wächter am Ufer des Han-Flusses – das 63 Building auf Yeouido

nett mit einem bunten bis chaotischen Gemisch vergangener und aktueller Berühmtheiten, darunter Johann Wolfgang von Goethe, Che Guevara und ein bärtiger David Beckham (Tel. 02 789 56 63, www.63city.co.kr, U 5 Yeouinaru, Ausgang 4, Di–So 10–22 Uhr; Kunstgalerie Di–So 10–24 Uhr, ₩ 9000; Sea World tgl. 10–22 Uhr, ₩ 15 000; Wachsfigurenkabinett, www.63waxmuseum.com, Di–So 10–21 Uhr, ₩ 14 000; Kombiticket für IMAX, Sea World, Kunstgalerie ₩ 26 000).

Von den zehn weltweit größten christlichen Kirchengemeinden sind fünf in Südkorea beheimatet – für viele Kirchengänger eine kleine Sensation. Noch eine Überraschung ist, dass sich die weltgrößte aller Gemeinden in Yeouido um die **Yoido Full Gospel Church** 42 (Yeouido Sunbogeum Gyohoe 여의도순복음교회) schart, ein Mammutbau aus dem Jahr 1973, der trotz seiner Größe nur einen Bruchteil der über 1 Mio. Gläubigen der protestantischen Gemeinde bei einem Gottesdienst aufnehmen kann. Immerhin 20 000 Christen passen in die Kirche, und trotzdem gibt es keine ausgefahrenen Ellenbogen oder verbissenes Drängeln an den sechs Sonntagsgottesdiensten; dafür sorgen die mit Funkgeräten ausgerüsteten zahllosen Helfer, die die Massen geordnet in die Kirche lotsen. Selbst unter den in Dreierreihen vor der Kirche einparkenden Bussen herrscht Harmonie – alles scheint einer göttlichen Choreografie zu folgen.

Die Kirche ist ein einziger Superlativ und schaffte es 1993 nicht umsonst ins Guinness-Buch der Rekorde: als größte Einzelgemeinde mit über 500 Pastoren und zwölf Chören. Bescheidenheit gehört für Koreaner selbst in einer Kirche nicht zum gebräuchlichen Sprachschatz, wenngleich es ein weiter Weg zu den heutigen Dimensionen war, denn 1968 zählte die zehn Jahre zuvor gegründete Yoido-Kirche erst 8000 Gemeindemitglieder. Dass es heute ein Vielfaches ist, wird vor allem dem Gründer Yonggi Cho zugeschrieben, der die Gemeinde noch heute leitet und die Kirche zu einer Erfolgsgeschichte der Evangelisierung machte. Für Ausländer hat sich die Gemeinde einen besonderen Service ausgedacht: Sie werden an einem Gottesdienst von einem der freundlichen Saalordner in weißen Dinnerjackets aus der Menge herausgefischt und in eine separate Empore gebracht. Dort stehen Dolmetscher und Kopfhörer bereit für die Simultanübersetzung (auch Englisch) der Predigt (Tel. 02 782 48 51, www.fgtv.com, U 5 Yeouinaru, Ausgang 1,

Gottesdienst So 7, 9, 11, 13, 15, 17.30 Uhr, weitere Termine auch unter der Woche).

Noryangjin-Fischmarkt 43

Noryangjin Susan Sijang 노량진수산시장

Selbst wer nichts für maritimes Leben übrig hat, wird diesen Fischmarkt lieben, denn ein ähnlich fotogenes Getümmel an allen erdenklichen Meeresbewohnern findet sich kaum in Korea. Man fühlt sich wie in einem Hafen, so intensiv sind der Geruch und das Gewimmel der Fische, Aale und Krebse, die hier in Eimern, Aquarien und auf Eis direkt zum Mitnehmen präsentiert werden. Reihe auf Reihe mit kleinen Fischständen füllt die riesige Halle, in der täglich über 400 t Fisch oder, was danach aussieht, verkauft werden.

Seit den 1930er-Jahren ist dieser Markt geöffnet – und zwar rund um die Uhr, auch wenn die beste Zeit für einen Besuch morgens früh vor 6 Uhr ist – die Fischauktion beginnt sogar schon um 1.30 Uhr. Die freundlichen Standdamen sind nicht auf den Mund gefallen, getreu der Weisheit: Wenn die Fische stumm sind, so sind ihre Verkäuferinnen umso beredter. Kreaturen wie 1,5 m lange Tintenfische warten hier ebenso wie Haie und Krabben darauf als Mittagessen in den Mägen der Gucker und Käufer zu landen. Im oberen Stockwerk reihen sich Restaurants (s. S. 155), die frischen Fisch, Sushi etc. bieten. Aber aufgepasst: Abends gibt es nur Gerichte für mehrere Personen, Einzelbesucher werden dann nichts zu essen bekommen oder müssen Riesenportionen für ₩ 30 000 und mehr bestellen. Außerdem sitzt man hier im japanischen Stil auf dem Boden, was für Ungeübte bereits nach einer halben Stunde bedeutet, dass die Beinknochen beim Aufstehen schmerzen wie nach zwei Stunden Extremmassage. Im gesamten Fischmarkt und den Restaurants wird kein Englisch gesprochen, aber es gibt englische Speisekarten. Empfehlenswert ist das **Total Sashimi** (www.susansijang.co.kr, U 1, 9 Noryangjin, Ausgang 1, dann das Gebäude nach rechts verlassen, 10 m gehen, über die Fußgängerbrücke, wieder über die Gleise zurück auf das Dach eines langgestreckten Gebäudes, Fischmarkt 24 Std. geöffnet).

Samneung-Park 44

Samneung Gongwon 삼릉공원

Im hektischen und überfüllten Gangnam-Distrikt ist der **Park der Drei Königsgräber** der Ruhepol, wo die Seele baumeln kann und sich der Alltagsdruck zwischen den Bäumen und Wiesen verflüchtigt. Im Park treffen nicht nur Moderne und Geschichte aufeinander, sondern auch die Lebendigen und Toten, denn hier befinden sich die königlichen Grabstätten Seolleung und Jeongneung. Ebenso wie andere Grabanlagen der Joseon-Dynastie folgt auch Samneung einem einheitlichen Aufbau – am besten zu erkennen am Jeongneung (s. u.).

Das **Seolleung** 선릉 besteht aus zwei Grabhügeln, der eine birgt die sterblichen Überreste des neunten Königs der Joseon-Dynastie, Seongjong (1457–94), der andere die seiner zweiten Frau, Königin Jeonghyeon. König Seongjong setzte viele für die damalige Zeit revolutionäre Ideen in seinem Reich um, so lud er beispielsweise seine politischen Gegner zur Diskussion mit der Regierung ein. Daneben war er ein überaus produktiver Autor und Vater – er zeugte nicht weniger als 28 Kinder. Der Seolleung-Komplex weicht leicht vom klassischen Aufbau einer Joseon-zeitlichen Grabanlage ab: Er liegt nicht auf einer strengen Achsgeraden und besitzt im Süden einen gemeinsamen T-förmigen Schrein.

Besser erläutern lässt sich der Grundaufbau eines solchen Grabes am Beispiel des **Jeongneung** 정릉, dem dritten Grabhügel, der im Ostteil des Areals liegt. Hier ruht Seonjeongs zweiter Sohn Junggiong (1488–1544), der elfte Joseon-König. Typisch für Grabanlagen der Joseon-Zeit ist die Ausrichtung an einer imaginären Achse, die sich am Beispiel des Jeongneung gut beschreiben lässt. Auf dem Weg zum Grabhügel durchschreitet man zunächst das **Rote Pfeiltor** (Hongsalmun 홍살문), das in Form, Farbe und Material (Holz) dem japanischen Shinto-Torii ähnelt. Mittig ist oben das Yin-Yang-Symbol, bekrönt von einem Dreizack, angebracht. Hinter diesem Tor beginnt der sakrale Teil der Grabanlage, und man sollte sich respektvoll verhalten. Der sich anschließende gepflasterte **Weg der Seelen** (Sindo 신도) führt zum T-förmigen **Schreinhaus** (Jeongjagak 정자각), in dem einst die Grabtafeln und Räucherkessel deponiert wurden. Rechts daneben steht ein **Wächterhaus** zur Aufbewahrung von Zeremonialroben und -geräten. Entlang der gedachten Achse Richtung Grabhügel folgen nun als Wächter zuerst je zwei steinerne Statuen von Offizieren und Zivilbeamten mit ihren kleinen, kräftigen Pferden, dann eine Steinlaterne und zwei Steinpfeiler. Der tischartige **Geisterstein** (Honyuseok 혼유석) unmittelbar vor dem Grabhügel ist der Platz der Totengeister.

Der **Grabhügel** (Bongbun 봉분) ist der höchste Punkt der Grabstätte, umringt von Schaf- und Tigerskulpturen, die ebenfalls als Wächter fungieren und mit ihrem gegensätzlichen Gemüt Yin und Yang verkörpern. Der Grabhügel und das Rote Pfeiltor sind geometrisch so angelegt, dass man vor dem Tor stehend den oberen Hügel hinter dem Wächterhaus nicht sehen kann (was zumindest für Koreaner zutrifft). Eine niedrige **Steinmauer** (Gokjang 곡장) schirmt das Grab nach Norden gegen Dämonen ab, und der dahinterliegende Wald sollte zusätzlichen Schutz bieten.

Zusammen mit weiteren 37 Gräbern der Joseon-Dynastie in Seoul und Gyeonggi-do (s. S. 358) gehören die drei Ruhestätten des Samneung-Parks seit 2009 zum UNESCO-Welterbe. Insgesamt umfassen die Joseon-Gräber sogar 42 Mausoleen, allerdings liegen zwei davon in Nordkorea – beide fanden keine Aufnahme in die Liste des UNESCO-Welterbes.

Neben all dieser Geschichte ist es vor allem die Schönheit des Parks, die Besucher anlockt. Da der Park früh öffnet, können Frühaufsteher auf dem Rasen liegend den Sonnenaufgang im Morgendunst erleben (seonjeong.cha.go.kr, U 2 Seolleung, Ausgang 8, Di–So März–Okt. 6–21, Nov.–Febr. 6.30–21 Uhr, ₩ 1000).

Kimchi-Museum 45

Kimchi Bangmulgwan 김치박물관

Im kleinen Museum im Untergeschoss der **COEX Mall** 코엑스몰 dreht sich alles um das allgegenwärtige *kimchi,* diese blutrote und scharfe Chinakohl-Variante, die zu jeder koreanischen Mahlzeit gehört wie Sauerkraut zum Eisbein (s. Thema S. 62). Bei der Museumsgründung 1986 durch Pulmuone Inc., einen der größten Lebensmittelkonzerne Koreas, war dieses Museum längst überfällig. Es gehört zwar nicht zu den Top-Destinationen in Seoul, ist aber eine Ruheoase im Rummel der gewaltigen COEX. Es zeigt den Ursprung, die verschiedenen Arten und Zubereitungen, den obligatorischen Gärungspozess, alte Dokumentationen und was sonst alles mit *kimchi* in Verbindung gebracht werden kann. Manche Details sind sogar für Koreaner neu. Höhepunkt ist die *kimchi*-Probierecke, in der jeden Monat zwei verschiedene Sorten *kimchi* angeboten werden (Tel. 02 60 02 64 56, www.kimchimuseum.co.kr, U 2 Samseong, Ausgang COEX, Di–So 10–18 Uhr, ₩ 3000).

Im unterirdischen COEX-Einkaufszentrum befindet sich auch das sehenswerte **COEX-Aquarium** mit Tausenden Fischen und anderen Meerestieren in 90 Aquarien (Tel. 02 60 02 62 00, www.coexaqua.com, tgl. 10–18 Uhr, ₩ 17 500).

Lotte World 롯데월드 46

Disneyland auf Koreanisch, das will dieser Vergnügungspark sein, und tatsächlich ist er mehr als das, nämlich eine ganze Stadt der Unterhaltung. Der weltgrößte überdachte **Vergnügungspark,** dazu ein großer **Rummelplatz** im Freien, ein **Folkloremuseum,** ein **4-D-Kino** mit Wind- und Wettereffekten, ein **Luxushotel** und **Einkaufszentrum** und dazu – eine Seltenheit in Asien – eine ganzjährig geöffnete **Eislaufbahn,** die beste und größte in ganz Korea (Nordkorea eingeschlossen). Wer Kinder hat, wird es lieben. Hier können Sie Ihren Nachwuchs alleine lassen, denn er wird Sie nie vermissen – vorausgesetzt Sie haben den Kindern genug Geld mitgegeben.

Hinter dem Namensgeber Lotte verbirgt sich die Lotte Co. Ltd., eine der bedeutendsten Nahrungsmittel- und Handelsgruppen in Japan und Korea, 1948 in Tokyo gegründet und mit über 60 000 Mitarbeitern inzwischen einer der größten Konzerne Koreas. Der

aktiv unterwegs

Fahrradtour am Han-Fluss

Tour-Infos

Start: Yeouido-Park auf Yeouido
Länge: 35 km
Dauer: 6 Std.
Schwierigkeitsgrad: einfach, da nur flaches Terrain. Ein Problem können die teils harten Fahrradsättel sein (vorher testen).
Anfahrt: U 5 Yeouinaru, Ausgang 2, dann 400 m nach Westen bis zum Yeouido-Park
Fahrradverleih 5: Fahrräder können an mehreren Stellen am Han-Fluss geliehen werden. Für diese Tour leiht man sie im Yeouido-Park, Ausgang 7 und 8, tgl. 9–23 Uhr, ₩ 3000/Std., Fahrradschlösser erhält man nicht.

Eine Fahrradtour in einer asiatischen Millionenstadt ist normalerweise kein Vergnügen: Autoabgase, Verkehr ohne Regeln, kaum Grün und keine Gnade für die schwächsten Verkehrsteilnehmer nach Fußgängern – die Fahrradfahrer. Ganz anders diese Tour, die entlang des gemächlichen Hangang auf autofreien Wegen mit mehreren schönen Haltepunkten führt. Die Radwege auf beiden Seiten des Flusses sind beliebt, aber nicht überlaufen, und man begegnet sowohl vermummten Fahrradprofis mit Darth-Vader-Sonnenbrille und Mundschutz auf ihren ultramodernen Mountainbikes als auch älteren Herren auf gemütlichen Tourenrädern mit ihrem alten, auf den Fahrradlenker montierten Autoradio und der Batterie unter dem Sattel.

Die Tour startet auf Yeouido im **Yeouido-Park** (Yeouido Gongwon 여의도공원) und führt von dort entlang des südlichen Flussufers nach Osten, wo auf der rechten Seite das goldfarbene **63 Building** 63빌딩 41 (s. S. 144) emporragt. Bald gelangt man zu einem kleinen Fluss, der die Insel umfließt und den man auf einer **Fahrradbrücke** überquert, dann radelt man weiter am Han-Fluss entlang. Von der Brücke tourt man an der **Banpo-Brücke** (Banpo Daegyo 반포대교), die nachts mehrmals zur Moonlight Rainbow Fountain mutiert und dabei mit 10 000 LEDs beleuchtet wird, vorbei in 1,5 Std. bis zur **Seongsu-Brücke** (Seongsudaegyo 성수대교).

Um die Seongsu Daegyo zu überqueren, nimmt man am Fuß der Brücke den Aufzug nach oben (groß genug für Fahrräder). Am Ende der Brücke fährt man weiter geradeaus bis zur nächsten Kreuzung, wo man direkt links in den **Seoul Forest Park** (Seoul Forest Culture and Art Park/Seoulsup Munhwa Yesul Gongwon 서울숲문화예술공원) abbiegt und dort auf einer **Brücke** zunächst einen See und dann eine Schnellstraße überquert.

Der Weg macht hier eine **180-Grad-Kurve.** Man erreicht den Uferweg des Han-Flusses, den man nach rechts bis zu einer **Fahrradbrücke** befährt. Über die Brücke geht es weiter auf dem Weg nach links entlang des Hangang. Die folgenden 1,5 km verlaufen unter einer Autohochstraße, die im Sommer viel Schatten bietet, aber durch ihre Betonromantik leider auch den optisch uninteressantesten Teil der Strecke ausmacht. Nachdem man erneut die **Banpodaegyo** passiert hat, biegt die Autohochstraße nach rechts ab und man hat ab jetzt freien Blick auf Fluss und Himmel. Nach etwa 9 km gelangt man zum **Jeoldusan Martyrs' Shrine** (Jeoldusan Sungyoseongji 절두산순교성지, ehemals Yanghwanaru Ferry Site), ein Komplex, der aus einer Kirche, einem kleinen Museum und einem Skulpturenpark besteht, auf einem Hügel am Ufer liegt und aussieht wie eine fliegende Untertasse. Hier wurden ab 1866 Tausende katholische Christen ermordet und anschließend in den Han-Fluss geworfen.

Weiter geht es hoch auf die **Yanghwa-Brücke** (Yanghwadaegyo 양화대교) die man leider auf dieser Seite des Flusses über einer Treppe erklimmen muss. In der Mitte des Flusses lässt sich ein Abstecher auf die **Seonyu-Insel** (Seonyudo 선유도) machen, zu der ein Abstieg von der Brücke besteht. Das Inselchen selbst ist Heimat des wundervollen **Seonyudo-Parks** 13 (Seonyudo Gongwon 선유도공원; s. S. 162); einst stand hier ein Wasserwerk. Der Park besteht seit 2002 und ist ideal für einen Spaziergang auf die südliche Flussseite – die nur für Fußgänger geöffnete Regenbogenbrücke im Westen verbindet die Insel mit dem Olympic Expressway am Ufer des Han-Flusses. Fahrradfahren ist im Park nicht erlaubt.

Zur Erholung bietet sich auf der **Yanghwa-Brücke** das **Aritaum Café** mit herrlichem Blick über den Fluss an. Am südlichen Ende der Brücke kann man über einen Fahrstuhl zur Uferstraße gelangen, auf der es nach Osten zurück nach Yeouido geht, wo man nach Passieren des imposanten **National Assembly Hall** wieder zum Yeouido-Park gelangt, um sein Fahrrad zurückzugeben.

Name hat deutsche Ursprünge: Angeblich war der Firmengründer von Goethes »Die Leiden des jungen Werther« beeindruckt und benannte seine neue Firma nach der weiblichen Hauptperson des Romans.

In der 580 000-m²-Anlage lässt sich locker ein gesamter Regentag verbringen, und wenn zwischendurch die Sonne scheint, kann man am herrlichen Seokchon-See einen Spaziergang machen. Eine Warnung: Die Masse an Besuchern kommt freitags und samstags, was bis zu zwei Stunden Schlangestehen für einzelne Attraktionen bedeuten kann (Tel. 02 411 49 21, www.lotteworld.com, U 2, 8 Jamsil, Ausgang 4, Mo–Do 9.30–22, Fr–So 9.30–23 Uhr, ₩ 37 000, nach 16 Uhr ₩ 21 000).

Olympic Park 47

올림픽 공원

Die Olympischen Sommerspiele 1988 in Seoul hatten weitreichende Konsequenzen für das Land und sein Selbstverständnis, denn mit den Spielen begann die politische Öffnung eines Landes und seiner Bevölkerung, die bis Februar 1988 nur ein von Militärdiktaturen beherrschtes Südkorea kannte.

Der Park als einer der Austragungsorte der Spiele umfasst **Wettkampfstätten** wie Tennisplätze, Schwimmanlagen sowie Hallen für Gewichtheben und Fechten. Das **Olympia-Museum** gedenkt der Siege und Niederlagen der Sommerspiele und seiner Vorbereitung, begonnen mit dem Bewerbungsmarathon bis zu den glorreichen Momenten der 1988er-Spiele sowie der 100-jährigen Geschichte der olympischen Neuzeit. Ein Kuriosum befindet sich außerhalb des Museums, wo die politische Landschaft des Jahres 1988 im Wind weht. Die Flaggen der 159 teilnehmenden Staaten spiegeln noch heute die Zeit des Kalten Krieges, zu bestaunen an den Fahnen zahlreicher, längst untergegangener Ostblockländer, darunter Jugoslawien, die Sowjetunion oder die DDR.

Auf dem Gelände des Olympic Park befindet sich der **Freilichtskulpturenpark,** der mit über 200 Werken aus Glas, Metall oder Stein zu den fünf weltgrößten Anlagen dieser Art zählt. Einen guten Teil des Parks belegt zudem die **Mongchon-Festung** aus der Zeit des Baekje-Königreichs, das von 18 v. Chr bis 660 n. Chr. existierte (Olympic Park, www.kspo.or.kr/olpark, U 5 Olympic Park, Ausgang 3, U 8 Mongchontoseong, Ausgang 1, 24 Std. geöffnet, Eintritt frei; Museum, Tel. 02 410 13 54, www.88olympic.or.kr, Anfahrt wie Olympic Park, Di–So 10–17.30 Uhr, ₩ 3000).

Seoul Grand Park ▶ 1, J 5

Seoul Dae Gongwon 서울대공원

In den südlichen Ausläufern Seouls liegt der Seoul Grand Park, eine in der Tat gigantische Anlage mit zwei Glanzlichtern: Koreas bestem Zoo und dem fulminanten National Museum of Contemporary Art. Zwar gibt es auch einen Botanischen Garten (im Zoo), dieser hat jedoch Schwierigkeiten, seinen Zauber trotz seiner über 1200 Pflanzenarten auch bei Nicht-Biologen zu verbreiten (grandpark.seoul.go.kr, U 4 Seoul Grand Park, Ausgang 2, tgl. 9–21 Uhr, Eintritt frei).

Seoul Zoo

Seoul Dongmurwon 서울동물원

Der Besuch eines Zoos ist in den meisten Ländern Asiens keine Angelegenheit für Tierfreunde. Eine rühmliche Ausnahme ist die Seouler Variante, die mit über 3000 Tierarten und über 7 km² Fläche einer der zehn weltgrößten Zoos ist. Seine Bewohner zogen 1984 aus ihrem klaustrophobischen Quartier im Stadtzentrum hierher, darunter eine lange Liste exotischer Tiere wie Gorillas, Pandas, Kängurus und Löwen. 2005 entflohen sechs Elefanten während einer Zirkusshow aus dem Zoo, tobten durch ein Restaurant und zertrampelten einen Privatgarten, bevor die Polizei die Rabauken einfing. Nach dem Amoklauf wurden die Sicherheitsmaßnahmen erhöht, und mit Kindern lässt sich heute problem- und gefahrlos ein gesamter Tag hier verbringen. Die Kleinen werden vor allem die Delfin- und Seelöwenshow lieben (Tel. 02 500 71 14, Di–So April–Sept 9–19, Okt.–März

Tipp: Ausflüge von Seoul

Seoul ist bereits ausreichend mit Attraktionen bestückt, um jeden Besucher für Wochen in Atem zu halten, aber im Hinterland setzt die Stadt zum Endspurt an. Fast alles Reizvolle außerhalb der Hauptstadt liegt in der Provinz Gyeonggi-do. Seoul hat in seiner Umgebung drei Gesichter: Im näheren Umkreis den dichten Beton-, Stahl- und Glasnebel der Hauptstadt, der in namen- und gesichtslosen Städten endet. Im weiteren Abstand erstrecken sich im Westen die **Inselwelt im Westmeer** (s. S. 182) und im Norden die **Demilitarisierte Zone** (DMZ). Die DMZ, die **Insel Ganghwa** (s. S. 183), die Festung **Suwon** (s. S. 172) oder das Töpferdorf **Icheon** (s. S. 186) lassen sich jeweils in einem Tagesausflug besuchen. Noch einfacher ist ein Besuch des **Bukhansan-Nationalparks** (s. S. 170,) der an das Nahverkehrssystem der Stadt angeschlossen und damit ohne organisierte Tour in Eigenregie zu meistern ist.

Demilitarisierte Zone (DMZ)

Fast alle Touren zur DMZ (s. S. 190) beginnen in Seoul. Die 55 km nördlich der Hauptstadt liegende Zone ist in gut 1 Stunde erreichbar und Pflicht für diejenigen, die ein wenig Live-Atmosphäre aus der Zeit des Kalten Krieges schnuppern wollen. Es gibt diverse Reiseanbieter, und auch die KTO am Cheonggyecheon (s. S. 152) ist gern beratend tätig. Im Folgenden zwei Tourenveranstalter. Weitere Infos zur DMZ, zur erforderlichen Bekleidung und den Formalitäten s. S. 193.

Panmunjom Travel Center 1: 6. Stock, Lotte Hotel, Tel. 02 771 55 -93, -94, -95, www.panmunjomtour.com, U 2 Euljiro 1-ga, Ausgang 8, Tourstart meist 8 Uhr, ₩ 60 000–120 000 inkl. Verpflegung. Diese Agentur bietet fundierte Fahrten zur DMZ, darunter als Spezialität eine Tour, durchgeführt von einem nordkoreanischen Überläufer.

United Service Organisation 2: Tel. 02 63 83 25 70, www.uso.org/korea, U 4, 6 Samgakji, Ausgang 10, U 1 Namyeong, Ausgang 2, dann wenige hundert Meter, gute Wegbeschreibung auf der Internetseite, Mo–Fr 8.30–17.30, Sa 6.30–11 Uhr, Touren Sa 7.30–15.30 Uhr, je nach Saison auch Di, Do, 77 US-$. Die Sozialeinrichtung der US-Armee hat sehr populäre und empfehlenswerte Touren, auf denen Panmunjeom, das Dora-Observatorium und der Dritte Infiltrationstunnel angefahren werden. Eine Tour muss sieben Tage vorher reserviert werden.

Ausflug zum Geumgangsan (Nordkorea)

Bis 2008 wurden Touren zum Diamantgebirge (s. S. 209), die spektakularste Naturlandschaft ganz Koreas, angeboten. Ab wann dies wieder der Fall sein wird, war bei Redaktionsschluss nicht klar. Infos und Reiseagenturen erhalten Sie bei Mt. Kumgang Tour (s. S. 209).

9–18 Uhr, ₩ 3000, Shows je nach Saison zusätzlich ₩ 1500).

National Museum of Contemporary Art

Gungnip Hyeondae Misulgwan
국립현대미술관

Zur Sammlung des architektonisch großartigen National Museum of Contemporary Art zählen viele herausragende Werke (süd-)koreanischer und internationaler Künstler. Über 6500 Kunstwerke gehören dem 1969 eröffneten Museum, darunter nicht nur Gemälde und Kunsthandwerk, sondern auch ein 33 000 m² großer Skulpturengarten mit mehr als 60 Arbeiten u. a. von Magdalena Abakanowicz, Tal Streeter und Mauro Staccioli. Im Mittelpunkt der Ausstellung steht der sogenannte **Ramp Core,** eine fast 23 m hohe und 14 m breite Pagode aus 1003 Videomonitoren; eine Zahl, inspiriert vom Nationalfeiertag Südkoreas am 3. Oktober.

Eine Treppe windet sich in der Halle nach oben, sodass man jeden Monitor betrachten kann. Die gesamte Installation wird vom Sonnenlicht wie ein heiliger Gral theatralisch bestrahlt. Das eindrucksvolle Objekt stammt vom Pionier der Video- und Medienkunst, dem US-Künstler Nam June Paik (1932–2006, www.paikstudios.com). Die permanente Ausstellung offenbart, dass viele südkoreanische Künstler sich noch im Anfangsstadium ihrer Entwicklung befinden. Wirklich beeindruckende Werke sind nur in den Sonderausstellungen zu finden (Tel. 02 21 88 61 14, www.moca.go.kr, U 4 Seoul Grand Park, Ausgang 4, dann Shuttlebus/alle 20 Min., Di–Fr, Sa/So, März–Okt. 10–18, 10–21, Nov.–Febr. 10–17, 10–20 Uhr, Eintrittspreis abhängig von der Ausstellung, jeden 4. Sa im Monat Eintritt frei).

Infos

Touristencenter und -kioske sind nicht nur zahlreich in Seoul zu finden, sondern sie sind auch gut organisiert.

Tourist Hotline: Tel. 02 13 30

Zentrale der Korea Tourism Organization (KTO): Cheonggyecheon-ro 40, Jung-gu, Tel. 02 729 94-97–99, kto.visitkorea.or.kr, U 1 Jonggak, Ausgang 5, dann 5 Min. geradeaus über den Cheonggyecheon, hinter dem Fluss direkt rechts und noch 100 m, tgl. 9–20 Uhr. Gut geschultes Personal, exzellente Karten und Infos zu Seoul und Korea.

Übernachten

Minimalistischer Luxus ▶ **Park Hyatt Seoul** 파크하얏트서울 **1:** 995-14 Daechi 3-dong, Gangnam-gu, Tel. 02 20 16 12 34, seoul.park.hyatt.com, U 2 Samseong, Ausgang 1. Eine hervorragende Alternative zum Grand Hyatt (s. u.) ist das 2005 eröffnete Park Hyatt. DZ ab ₩ 270 000.

Luxus mit Ausblick ▶ **Grand Hyatt Seoul** 그랜드하얏트서울 **2:** 747-7 Hannam 2-dong, Yongsan-gu, Tel. 02 797 12 34, www.seoul.grand.hyatt.com. Traditionshaus auf dem Berg, der Seouls Vergnügungsviertel Itaewon überragt und nur wenige hundert Meter davon entfernt ist. Fast jedes Zimmer bietet einen herrlichen Blick auf die Stadt. Mit Innen- und Außenpool und weiteren Standards dieser Preisklasse. DZ ab ₩ 260 000.

Distinguierter Luxus ▶ **Shilla Hotel** 호텔 신라 **3:** 202 Jangchung-dong 2-ga, Jung-gu, Tel. 02 22 33 31 31, www.shilla.net, U 3 Dongguk University, Ausgang 5. Eines der feinsten Hotels der Stadt. Prominente, Würdenträger und die Wirtschaftselite steigen hier ab. Schöne Lage am östlichen Namsan. DZ ab ₩ 260 000.

Hippes Designhotel ▶ **W Seoul Walkerhill** W서울워커힐 **4:** 175 Achaseong-gil, Gwangjin-gu, Tel. 02 465 22 22, www.wseoul.com, U 5 Gwangnaru, Ausgang 2. Tief im Osten Seouls am Han-Fluss ruht diese extravagante Herberge wie eine Wolke am Acha-Berg. Ein Hotel wie auf der Titelseite von Schöner Wohnen, mit fantastischen Ausblicken auf die friedliche Berglandschaft oder den Han-Fluss. Die Zimmerpalette reicht von modern und schlicht eingerichteten Wonderful-Zimmern (d. h. Standard) bis zur 237 m² großen Extreme Wow Suite mit eigenem Weinkeller. Alle 15 Min. fährt ein Gratis-Shuttlebus zur nächsten U-Bahn-Station. DZ ab ₩ 235 000.

Extravagantes Boutiquehotel ▶ **IP Boutique Hotel** (IP부티크호텔) **5:** 737-32 Hannam-dong, Itaewon, Tel. 02 37 02 80 00, ip-boutiquehotel.com, U 6 Itaewon, Ausgang 2. Frisch, hell, farbenfroh, topmodern mit Tendenz zu übermodern und dazu noch im Szeneviertel Itaewon – dieses Imperial Palace (IP) Hotel hat es in sich. Ein sehr eigenwilliges, aber hervorragendes Haus, dessen Innendekoration die Handschrift von Andy Warhol trägt und der Service die von Mutter Teresa. DZ ab ₩ 170 000.

Im Shopping-Viertel ▶ **Ibis Seoul Myeong-dong** 이비스서울명동호텔 **6:** 59-5 Myeong-dong 1-ga, Jung-gu, Tel. 02 63 61 88 88, www.accorhotels.com, U 2 Euljiro 1-ga, Ausgang 6. Hervorragendes Preis-Leistungs-Verhältnis, immer gut gebucht und entfernt zu vergleichen mit den deutschen Ibis-Hotels in Bahnhofsnähe (selbe Kette). Das Hotel liegt mitten im Shoppingviertel von Myeong-dong, ist aber trotz der umgebenden quirligen Gassen ruhig. DZ ab ₩ 120 000.

Im Herzen Insa-dongs ▶ **Hotel Sunbee** 호텔 썬비 **7:** 198-11 Gwanhun-dong, Jongno-gu, Tel. 02 730 34 51, www.hotelsunbee.com, U 3 Anguk, Ausgang 6. Zu Recht ist dieses Mittelklassehotel in fast allen Reisehandbüchern gelistet. 2003 eröffnet und modern eingerichtet mit Computer und Internet in fast jedem Raum. DZ ab ₩ 88 000.

Komfortable Jugendherberge ▶ Seoul YMCA 서울YMCA **8**: 9 Jongno 2-ga, Jongno-gu, Tel. 02 734 68 84, www.seoulymca.or.kr, U 1 Jonggak, Ausgang 3. Hostel im unverwechselbaren Jugendherbergs-Motel-Stil ohne viel Schnickschnack. Seit 1967 in Seoul, gute Lage und direkt neben der U-Bahn-Station Jonggak gelegen. EZ ₩ 60 500, DZ ₩ 77 000.

Mit Geschichte ▶ Sophia Guesthouse 소피아게스트하우스 **9**: 157-1 Sokyuk-dong, Jongno-gu, Tel. 02 720 54 67, www.sophiagh.com, U 3 Anguk, Ausgang 1. Die Zeiten der Monarchie kehren zurück: Das Gebäude stammt aus der Mitte des 19. Jh. und liegt im wunderschönen, alten Viertel Bukchon. Durch die zentrale Lage ist man in zehn Minuten zu Fuß an vielen der Attraktionen im Palastdistrikt. DZ ₩ 35 000–70 000.

Modern und zentral ▶ Yim's House Hotel 임스하우스호텔 **10**: 33 Waryong-dong, Jongno-gu, Tel. 02 747 33 32, www.seoulbusinesshotel.com, U 3 Anguk, Ausgang 4, U 1, 3, 5 Jongno 3-ga, Ausgang 7. Zwei Fußminuten vom Changdeok-Palast liegt dieses gute und blitzeblanke Mittelklassehotel. Schlichte Einrichtung und vielleicht deshalb fast zu preiswert. DZ ₩ 40 000.

Sterne-Hostel ▶ Holiday in Korea Hostel 홀리데이인코리아호스텔 **11**: 53 Ikseon-dong, Jongno-gu, Tel. 02 36 72 31 13, www.holidayinkorea.com/Hostel. Das HIK ist eine der besten Optionen für Backpacker im Palastdistrikt mit den in der Travellerszene üblichen Einrichtungen: Gemeinschaftsdusche, Etagenbetten, Wifi und je nach Präferenz durchgelegene oder zu harte Matratzen. Großer Aufenthaltsraum mit TV und Computern. Ideal für Alleinreisende, um Gleichgesinnte zu treffen. Schlafsaal ₩ 17 000, DZ ₩ 44 000.

Hanok ▶ **12**–**15** s. Tipp S. 154

Essen & Trinken

In Seoul geben sich die Weltküchen ein Stelldichein, und kaum eine Region ist nicht mit einem Restaurant vertreten. Die preiswertesten Gerichte sind die in kleinen koreanischen Privatrestaurants, immer sauber, lecker und authentisch, aber ohne englische Speisekarte. Hier zahlt man meist unter ₩ 7000/Person. Restaurantkritiken findet man unter www.seoulrestaurantreviews.com.

Wein und Zigarren ▶ Dugahun 두가헌 **1**: in der Straße ohne Namen östlich des Gyeongbok-Palasts, Jongno-gu, Tel. 02 34 46 21 05, www.dugahun.com, U 3 Anguk, Ausgang 1, Lunch tgl. 12–14.30, Tee tgl. 14.30–16, Dinner Di–Sa 18–22, Weinbar Mo–Sa 22–24 Uhr. Nicht preiswert, aber mit unschlagbarer Atmosphäre in einem alten *hanok*, exzellenter französisch-italienischer Küche und 20-seitiger Weinliste vom Bordeaux bis zum Eiswein aus der Pfalz. Idealer Ort für ein Abendessen und eine Zigarre aus dem Humidor nach einem Galerierundgang in der Samcheongdong-gil. Sechsgängiges Dinner ab ₩ 72 000 und Weine bis zu atemberaubenden ₩ 1 000 000 pro Flasche.

Kaiserliche Küche mit Show ▶ Korea House 한국의집 **2**: 80-2 Pil-dong 2-ga, Jung-gu, Tel. 02 22 66 91-01, -02, -03, www.koreahouse.or.kr, U 3, 4 Chungmuro, Ausgang 3, tgl. 12–14, 17–21.30 Uhr. Königliche Küche zu leider auch königlichen Preisen, aber einmal im Leben darf man sich dies gönnen. Mit der Show (s. S. 160), dem Ambiente in einem alten koreanischen Haus und dem hervorragenden Essen ideal geeignet für einen schönen Abend zu zweit. Mittagstisch ₩ 18 000–58 000, Dinner ₩ 70 000–250 000.

Guter Franzose ▶ Le Saint Ex 르생텍스 **3**: Itaewon 2-gil, Itaewon, Tel. 02 795 24 65, U 6 Itaewon, Ausgang 1, tgl. 18–24 Uhr. Ein Ur-Franzose hinter dem Hamilton Hotel mit moderaten Preisen und konstant hoher Qualität. Mittagstisch ₩ 17 600, Dinner für zwei Personen ab ₩ 80 000.

Typisch Deutsch ▶ Bärlin **4**: Room 103, Somerset Palace Seoul, 85 Susong-dong, Jongno-gu, Tel. 02 722 56 22, www.baerlin.co.kr, U 3 Anguk, Ausgang 6, Mo–Fr 11.20–23.30, Sa bis 23 Uhr. Ein »deutsches Wirtshaus« (Eigenwerbung) verspricht rustikale Küche, die von selbstgemachten Würstchen über Kartoffelsalat bis zu Haxen reicht. Dazu

Tipp: Historisches Flair – Übernachten im Hanok

Nördlich der U-Bahn-Station Anguk liegt das Bukchon Hanok Village, in dem einige der schönsten *hanok* (s. S. 120) Seouls zu finden sind. Diese einst in ganz Korea verbreiteten Häuser sind heute selten geworden. Doch hier kann sogar in einigen der traditionellen Holzhäuser übernachtet werden. Man nächtigt nicht in Betten, sondern typisch koreanisch auf Matratzen auf dem Boden, der im Winter beheizt ist. Zwar haben die Gasthäuser die Tradition bewahrt, aber in Grenzen – die Räume sind heute mit eingebauten Toiletten und Internetanschluss ausgestattet.

Rakkojae 낙고재 **12**: 58 Gyedong, Jongno-gu, Tel. 02 742 34 10, www.rkj.co.kr, U 3 Anguk, Ausgang 2. Seouls erste Adresse in Sachen *hanok*-Übernachtung. Das Rakkojae ist nicht nur ein Gasthaus, sondern ein Erlebnisraum rund um koreanische Kultur: Traditionelles koreanisches Essen gehört ebenso dazu wie Musik und Kunst. Hier fühlt man sich 150 Jahre zurückversetzt und vergisst das moderne Seoul. DZ ₩ 250 000.

Seoul Guesthouse 서울게스트하우스 **13**: 135-1 Gyedong, Jongno-gu, Tel. 02 745 00 57, www.seoul110.com, U 3 Anguk, Ausgang 3. Eine der preiswertesten Übernachtungsmöglichkeiten in einem traditionellen *hanok*, dazu mit viel Grün. Die separaten *hanok (sarang-chae)* haben Blick auf den Bukak-Berg und einen schönen Garten. DZ ₩ 60 000, separater *hanok* ₩ 220 000.

Anguk Guesthouse 안국게스트하우스 **14**: 72-3 Anguk-dong, Jongno-gu, Tel. 02 736 83 04, 011 387 59 05, www.anguk-house.com, U 3 Anguk, Ausgang 1. Nur fünf Räume stehen für Gäste zur Verfügung, alle mit Hotelkomfort. Das Haus liegt in schöner Nachbarschaft in einer ruhigen Seitenstraße. EZ ₩ 50 000, DZ ₩ 70 000.

Tea Guest House 티게스트하우스 **15**: 15-6 Gyedong, Jongno-gu, Tel. 02 36 75 98 77, www.teaguesthouse.com, U 3 Anguk, Ausgang 1. Das 2006 eröffnete Haus mit seinen sieben Räumen wurde über Generationen von geübten Zimmerleuten und Tischlern erbaut. Die Zimmer sind mit Fernsehen und Computer ausgestattet. Internet und Frühstück sind im Preis inbegriffen. EZ ₩ 60 000, DZ ₩ 90 000.

gibt es gutes Bier und eine Außenterrasse. Mit ₩ 60 000–100 000 für zwei Personen inkl. Getränken nicht billig.

Asiatische Versuchungen ▶ 63 Buffet Pavilion **41**: im 63 Building, Yeouido, Tel. 02 789 57 31, www.63city.co.kr, U 5 Yeouinaru, Ausgang 4, tgl. 12–15, 18–22 Uhr (So länger). Eines der besten Büfetts in Seoul mit allem, was der Gaumen begehrt – Chinesisch, Koreanisch, Japanisch, Salate, Beef etc. Der Küchenchef ist ein bekannter Sternekoch, und viele der Gerichte werden direkt am Platz zubereitet. Menü ₩ 52 000/57 000, günstiger für Kinder bis 13 Jahre.

Hip und mit Top-Aussicht ▶ Top Cloud **5**: 33. Stock, Jongno Tower, 1-1 Jongno 2-ga, Insa-dong, Tel. 02 230 30 00, www.topcloud.co.kr, U 1, 3, 5 Jonggak, Ausgang 3, tgl. 12–14.30, 18–22 Uhr, Bar tgl. 12–24 Uhr. Unter der Leitung des Shilla-Hotels ist dieser Grill mit Bar eines der hervorragenden Restaurants der Stadt mit bestem Blick aus dem 33. Stock des Jongno Tower. Reservierung empfohlen. Mittagsmenü ₩ 50 000–60 000, Dinner ab ₩ 72 000.

Vegetarisch ▶ Baru 바루 **6**: 71 Gyeonji-dong (im Gebäude des Temple Stay Information Center), Jongno-gu, Tel. 02 20 31 20 81, www.baru.or.kr, U 3 Anguk, Ausgang 6, U 1 Jonggak, Ausgang 2, tgl. 7.30–10, 11.30–20 Uhr. Essen für die Sinne, denn hier ist alles vegetarisch, ohne künstliche Geschmacksverstärker oder Zucker und nach traditionellen Tempelrezepten hergestellt. Passend dazu: Bedienung in Zeitlupe. Am besten sind die Maultaschen (Dumplings) mit Kürbis- und Zucchini-Füllung. Menü ab ₩ 30 000.

Gesund und modern ▶ Gorilla in the Kitchen 고릴라인더키친 **7**: 650 Sinsa-dong, Gangnam-gu, Tel. 02 556 39 60, www.gorilla

kitchen.co.kr, Taxi, tgl. 11–22 Uhr. Weiß, schwarz und verchromt – kühler und minimalistischer kann eine Inneneinrichtung nicht sein. Koreas Frauenschwarm Bae Yong-joon, Star der Seifenoper »Winter Sonata«, startete das Fusionrestaurant 2005 für Gäste auf der Suche nach gesundem Essen. Weder Butter, Sahne noch tiefgefrorene Zutaten, lautet die Erfolgsformel. Zutaten und guter Geschmack stimmen hier. Bezahlbare Preise, Mittagstisch ab ₩ 27 000, abends deutlich teurer.

Vegetarische Tempelküche ▶ **Sanchon** 산촌 8: 14 Gwanhun-dong, Jongno-gu, Tel. 02 735 03 12, www.sanchon.com, U 3 Anguk, Ausgang 6, tgl. 12–22 Uhr. Das Letzte, was man im Restaurant eines ehemaligen Mönchs erwartet, sind Musik- und Tanzvorführungen. Hier gibt es sie (20.15–21 Uhr). Eines von Seouls bekanntesten Restaurants. Mittagstisch ₩ 33 000, Dinner ₩ 59 400.

Beliebter Koreaner ▶ **Itaewon Galbi** 이태원 갈비 9: Itaewon-gil, Itaewon, neben dem Hamilton Hotel, Tel. 02 795 14 74, www.kalbi.co.kr, U 6 Itaewon, Ausgang 2, tgl. 11–22.30 Uhr. Gutes koreanisches Restaurant mit Klassikern wie *bibimbap*. Seit 1986 in Seoul. Gericht ₩ 10 000–30 000.

Koreanische Grillspezialitäten ▶ **Bulgogi Brothers** 불고기브라더스 10: 7-1 Myeong-dong 1-ga, Myeong-dong, Tel. 02 775 78 71, www.bulgogibros.com, U 4 Myeongdong, Ausgang 7, U 2 Euljiro 1-ga, Ausgang 5, tgl. 11.30–22 Uhr. Koreanisches BBQ-Restaurant mit mehreren Filialen im Stadtgebiet (u. a. in Hongdae). Gegrillt wird wie bei allen koreanischen ›Fleischtempeln‹ direkt am Tisch – ein Muss für jeden Koreabesucher. Menü inkl. Getränken ab ₩ 25 000.

Koreanische Spezialitäten ▶ **Bori Koge Choo Euk** 보릿고개추억 11: 5 Insa-dong 12-gil (in einer kleinen Seitenstraße direkt neben dem Ssamziegil), Tel. 02 736 57 07, U 3 Anguk, Ausgang 6, tgl. 12–22 Uhr. Von den zahlreichen Restaurants in Insa-dong ist dies eines der besten. Ginseng-Hühnersuppe *(samgyetang)*, *bibimbap* und der Meeresfrüchte-Pfannkuchen *(dongnae pajeon)* sind hervorragend. Das chinesische Zeichen 食 (Essen) rechts neben dem Eingang gehört zwar zum falschen Restaurant, weist aber den Weg. Traditionelles koreanisches Menü ₩ 25 000, *samgyetang* ₩ 12 000.

Chinesische Dumplings ▶ **Nanxiang** 12: im Seoul Finance Center, 84 Taepyeong-ro 1-ga, Jongno-gu, Tel. 02 37 89 80 74, U 1 City Hall, Ausgang 4, U 5 Gwanghwamun, Ausgang 5, tgl. 10–22 Uhr. Die berühmten chinesischen Teigtaschen haben in ihrer südchinesischen Variante den Weg nach Seoul gefunden. Auch wenn sie woanders preiswerter sind – der Koch muss direkten Kontakt zu Buddha haben, so lecker sind hier die gefüllten Nudeln. Frisch hergestellt in der angeschlossenen offenen Küche. Dumplings ab ₩ 10 000, Menü ab ₩ 25 000.

Beliebt bei Einheimischen ▶ **Restaurant Jaha Sonmandoo** 자하손만두 13: am Changuimun, Tel. 02 310 50 24, www.sonmandoo.com, U 3 Gyeongbokgung, Ausgang 3, dann Bus 0212, 1020, 7022, tgl. 11–22.30 Uhr. Neben dem Club Espresso am Eingang zum Bukak Trail mit schönem Blick auf die umgebenden Berge. Dumplings (Teigtaschen) und *kimchi* gehören zu den Spezialitäten. Dumplings für zwei Personen ₩ 30 000.

Einfach und authentisch ▶ **Gwangjang-Markt** (Gwangjang Sijang 광장시장) 14: am Cheonggyecheon, www.kwangjangmarket.co.kr, U 1 Jongno 5-ga, Ausgang 5, Mo–Sa 9–22 Uhr. Ein riesiger überdachter Markt mit über 100 Ständen, die leckerste Menüs von Pfannkuchen bis zu Nudeln anbieten – frisch zubereitet unter der Beobachtung der vorbeiziehenden Kundschaft. Menü ab ₩ 4000.

Auf dem Noryangjin-Fischmarkt ▶ **Total Sachimi** 43: Tel. 02 815 27 32, U 1, 9 Noryangjin, Ausgang 1, Wegbeschreibung s. S. 146. Empfehlenswert unter den unzähligen Fisch- und Meeresfrüchte-Restaurants ist dieses Lokal. Sushi für ₩ 12 000 für eine Person mit vielen Beilagen wie Suppe und dem allgegenwärtigen *kimchi*.

Im Universitätsviertel Hongdae 24

Italienisch ▶ **Agio** 아지오: Eoulmadang 2-gil, Hongdae, Tel. 02 334 73 11, U 6 Sangsu, Ausgang 1, U 2 Hongik University, Ausgang 5, tgl. 12–24 Uhr. Pizzas und gute Salate in einem Garten unter schattigen Bäumen, die vergessen lassen, dass man nicht in Italien, sondern in Asien ist. Pizza ₩ 19 000.

Multi-Kulti ▶ Oyori 오요리: Hongdae, Tel. 02 332 55 25, www.orgyori.com, U 6 Sangsu, Ausgang 1, U 2 Hongik University, Ausgang 5, Fr–So 11–24 Uhr. Ein soziales Projekt, in dem alleinerziehende Mütter aus asiatischen Ländern ihre Kochkünste zeigen – das Ergebnis sind hervorragende Menüs in einfacher, aber stilsicherer Umgebung. Menü ab ₩ 10 000.

Einkaufen

Seoul besitzt zahlreiche Konsumtempel und Einkaufsstraßen, die ihren Kollegen im Westen in nichts nachstehen. Zudem gibt es zahlreiche Märkte, die das gesamte Sammelsurium von Küchenutensilien über Kleidung bis zu Kräutern bieten.

Kaufhäuser ▶ Das Viertel Myeong-dong (s. S. 136) ist das Paradies für Damen auf der Suche nach Luxus und ›le dernier cri‹ in Sachen Taschen, Schuhe und Kosmetik. Die Gegend kocht vor Energie mit ihren kleinen Shops, großen Flagship-Läden bekannter koreanischer Marken und großen Department Stores. Im **Lotte Department Store** 1 (Lotte Baekhwajeom 롯데백화점, 1 Sogong-dong, Jung-gu, Tel. 02 771 25 00, www.lotte.co.kr, U 2 Euljiro 1-ga, Ausgang 8, tgl. 10.30–20 Uhr) ist alles versammelt – von Designermode, Kosmetik und Schuhen bis zum Supermarkt im Untergeschoss mit westlichen Lebensmitteln. Keine Autos, sondern edelste Mode, z. B. von Prada, Burberry, D&C und lokalen Marken findet man bei **Hyundai** 현대 2 (429 Apgujeong-dong, Gangnam-gu, Tel. 02 547 22 33, www.ehyundai.com, U 3 Apgujeong, Ausgang 6, tgl. 10.30–20 Uhr). Außerdem gibt es hier Restaurants und eine schöne Dachterrasse. Die **COEX Mall** 45 코엑스몰 (159 Samsung-dong, Gangnam-gu, Tel. 02 60 00 01 14, www.coexmall.com, U 2 Samseong, Ausgang 6, tgl. 10–22 Uhr) mit dem **Kimchi-Museum** ist Heimat zahlreicher Läden (u. a. internationale und koreanische Mode, Supermarkt) und Restaurants, eines Kinos und eines Aquariums (s. S. 147). Das **Shinsegae-Kaufhaus** 3 (Sinsegye Baekhwajeom 신세계백화점, 52-50 Chungmuro 1-ga, Jung-gu, Tel. 1588-1234, www.shinsegae.co.kr, U 4 Hoehyeon, Ausgang 7, tgl. 10.30–20 Uhr) am östlichen Ende des Namdaemun-Markts ist Koreas ältestes Super-Kaufhaus und stammt aus den 1930er-Jahren – damals noch Teil einer japanischen Kette. Luxusmode von Gucci, Armani & Co., Schmuck und ein hervorragender Foodcourt mit Importlebensmitteln, in dem selbst verwöhnte Expats noch Entdeckungen machen können. Ein zweites Shinsaegae steht in Gangnam (U 3, 7 und 9, Express Bus Terminal, Ausgang 8).

Modemärkte ▶ Neben den Kaufhäusern und Boutiquen haben auch verschiedene Märkte Kleidung im Angebot. Der **Dongdaemun-Markt** 19 (s. S. 130) ist für Haute-Couture-Fetischisten ein Graus, bietet aber jedes erdenkliche Kleidungsstück zu günstigen Preisen. Das unübersehbare **Doosan-Hochhaus** direkt neben dem Markt ist auf acht Stockwerken vollgepackt mit Mode – für Liebhaber aktueller Modetrends einen Besuch wert, für Käufer zeitloser Designs und edler Materialien eher nicht. Der **Namdaemun-Markt** 30 (s. S. 138) hat ein ähnliches Angebot wie der Dongdaemun-Markt.

Spezialisiert auf Schuhe ▶ ABC Mart 4: 51-2 Myeong-dong 2(i)-ga, Jung-gu, Tel. 02 776 77 11, www.abcmart.co.kr, U 4 Myeongdong, Ausgang 6, tgl. 10.30–22 Uhr. Hier stapeln sich die Schuhe zu Tausenden. Selbst Imelda Marcos würde Freudensprünge machen und hier noch fündig werden. Landesweit gibt es über 70 Läden.

Maßanfertigungen ▶ In Itaewon gibt es eine Reihe von Schneidern, die sich auf Maßanzüge spezialisiert haben, zu ihnen zählt **Dynasty Tailor** 5: 34-76 Itaewon-dong, Itaeon, Tel. 02 37 85 30 35, 02 749 39 88, www.dynastytailor.com, U 6 Itaewon, Ausgang 4, tgl. 10–20 Uhr. Perfekt sitzende Maßanzüge in guter Qualität zum Preis von Stangenware. Ein Anzug ist in 4–5 Tagen fertig und kostet ab ₩ 300 000.

Koreanisches Einkaufserlebnis – der Namdaemun-Markt

홍어
간재미
쭈꾸미
목포식당
갈치조림
선지해장

Elektronik ▶ Yongsan Electronics Market (Yongsan Jeonja Sangga 용산전자상가 6: U 1 Yongsan, Ausgang 3, tgl. 10–20 Uhr, 1./3. So im Monat viele Läden geschlossen. Der größte und preisgünstigste Markt seiner Art in Seoul mit über 20 Gebäuden und mehreren hundert Geschäften, die vom iPod bis zu Kameras das ganze Elektronikspektrum abdecken. Man sollte es wie die Seouler Jugend halten: zuerst im Internet die Preise herausfinden und dann zum Kauf in den Markt.

Antiquitätenmarkt ▶ Janganpyeong-Antikmarkt (Janganpyeong Goldongpum Sangga 장안평골동품상가) 7: U 5 Dapsimni, Ausgang 2, Di–So 10–16.30 Uhr (je nach Händler auch länger). Seoul ist stolz darauf, eine moderne Stadt zu sein, sodass man sich fragt, wo die alten Sachen aus Omas Stube eigentlich landen. Die Antwort liegt hier im Osten Seouls. Seit seiner Geburt 1983 ist dies einer von Asiens größten Märkten für Antiquitäten, darunter aber auch viele nachgemachte Altertümchen. Über 100 Händler preisen Möbel, Keramik, Gemälde, Kalligrafien etc. an. Die Preise variieren von einigen tausend bis zu mehreren Millionen Won und sind Verhandlungssache.

Edle Antiquitäten ▶ Royal Antique 8: 137-2 Bogwang-dong Yongsan-gu, Itaewon, Tel. 02 797 86 37, www.royal-antique.com, U 6 Itaewon, Ausgang 3, 5, dann noch 1,3 km. Di–So 10–18 Uhr. Edle Möbel und Raritäten aus den alten Tagen der Joseon-Dynastie verkauft seit 1959 das Royal Antique. Herrlich aufgearbeitete Stücke auch aus der Mongolei, China oder Tibet. Der Laden liegt etwas abseits, ist aber mit der Karte auf der Internetseite gut zu finden.

Kunst- und Antiquitätenmeilen ▶ Beim Kauf von Antiquitäten ist Vorsicht angebracht, und man sollte nur in seriösen Geschäften kaufen, da der Export von »antiken Schätzen mit nationaler Bedeutung« verboten ist. Seoul quillt über vor Galerien und kleinen Kunstmuseen. Die beiden Zauberworte lauten **Samcheongdong-gil** 3 und **Insa-dong-gil** 11. Beide Flaniermeilen sind voll mit Galerien, Kunstgeschäften und Antiquitätenläden. Auch in den Seitenstraßen im Viertel **Insa-dong** harren viele kleine Läden mit authentischem koreanischem Kunsthandwerk auf Kauflustige, noch mal geballt im **Ssamziegil** 9. Etwas abgelegen, vor dem Eingang der Universität im Viertel Hongdae 24 (s. S. 132) befindet sich der **Hongdae Free** bzw. **Hope Market,** wo Studierende ihre Objekte feilbieten, sowie im selben Viertel das elfstöckige **Sangsangmadang,** in dem neben einem Kunstmarkt auch Alternativkino, Café, Galerie und weitere künstlerische Einrichtungen untergebracht sind.

Weitere Märkte ▶ Besonders auf dem **Hwanghak-dong Flea Market** 20 und dem **Gyeongdong Oriental Medicine Market** 21 gilt: Selbst wer nichts kauft, wird begeistert sein von dem bunten Treiben.

Fotografie ▶ An der **Jilpae-gil/Namdaemunno-Kreuzung** 10 (U 4 Hoehyeon, Ausgang 5, dann fünf Fußminuten durch den Namdaemun-Markt) gegenüber dem Namdaemun finden Fotoliebhaber ihr Glück auf Erden in Form vieler Fotogeschäfte, die alte und neue Kameras, Objektive und Zubehör verkaufen. Selbst alte Schätzchen aus den untergegangenen Tagen der Analogfotografie gibt es in rauen Mengen. Die Ware ist nicht ausgezeichnet, d. h. hier ist Verhandlungsgeschick erforderlich – und das besonders bei gebrauchten Apparaten.

Musikinstrumente ▶ Nakwon Instrument Arcade 11: U 1, 3, 5 Jongno 3-ga, Ausgang 5, Mo–Sa 10–19.30 Uhr. In diesem auf Stelzen über der Straße stehenden Gebäude verkaufen zahllose Shops Gitarren, Blasinstrumente etc.

Bücher 1 ▶ Seoul Selection Bookshop 서울셀렉션북숍 12: 105-2 Sagan-dong, Jongno-gu, Tel. 02 734 95 65, www.seoulselection.com, U 3 Anguk, Ausgang 1, Mo–Sa 9.30–16.30 Uhr. Im Keller des Gebäudes der koreanischen Verlagsvereinigung. Das Geschäft, auch als **Hank's Book Café** bekannt, hat eine breite Auswahl an Büchern über Korea (auch in Deutsch), DVDs und CDs, und das Personal spricht Englisch.

Bücher 2 ▶ Bandi & Luni's: an verschiedenen Orten in der Stadt, z. B. in der **COEX Mall** 45 (U 2 Samseong, Ausgang 6, tgl.

10–22 Uhr) sowie im **Jongno Tower** 5 (in der U-Bahn-Station Jonggak der U 1, Ausgang 3, tgl. 10–22 Uhr). Große Auswahl an importierten englischsprachigen Romanen und Lehrbüchern. Die Preise schwanken, da sie auf den Tauschkursen des Won basieren.

Bücher 3 ▶ **What the Book** 13: 2. Stock, Yeonghwa Building, 176-2 Itaewon-dong, Itaewon, Tel. 02 797 23 42, www.whatthebook.com, U 6 Itaewon, Ausgang 3, Mo–Sa 10–20, So 12–20 Uhr. Gut sortierter Händler für englischsprachige Bücher und Zeitschriften. Neben neuen Titeln stehen gut 18 000 gebrauchte Bücher zum Kauf.

Bücher 4 ▶ **Kyobo Bookshop** 14: Tel. 02 39 73 51 00, U 5 Gwanghwamun, Ausgang 3, tgl. 9.30–22 Uhr. Größte Buchhandelskette Koreas und bekannt für Bücher und Zeitschriften in Englisch, CDs und Geschenke.

Abends & Nachts

Seouls Nachtszene spielt sich in seinen Theatern, Kneipen und Nachtclubs ab – wer es darauf anlegt, wird rund um die Uhr fündig. Bars und Kneipen konzentrieren sich vor allem in den Vierteln **Itaewon** und **Hongdae.** In Itaewon gibt es seit Anfang 2012 hinter dem Hamilton Hotel den neuen Komplex **District** mit Edelrestaurants und -bars wie dem Prost. Theater findet man in der Innenstadt nördlich des Namsan bis in den Palastdistrikt. Karten für einzelne Shows können gebucht werden auf **www.ticketlink.co.kr.** Einen guten Überblick über die Barszene gibt **www.seoulstyle.com.**

Tropenflair ▶ **Bungalow Bar** 1: Itaewon, Tel. 010 90 01 23 80, U 6 Itaewon, Ausgang 2, tgl. 17–3 Uhr. Strandgefühl pur, nicht nur wegen der künstlichen Palmen, sondern auch durch den Sand, der den Boden bedeckt. Dazu passt die lange Cocktailliste und die Loungemusik. Außenterrasse, sehr populär.

Billard und Darts ▶ **Gecko's Terrace** 2: 128-5 Itaewon-dong, Itaewon, Tel. 02 749 94 25, U 6 Itaewon, Ausgang 4, tgl. 11–2 Uhr. In der Mitte des Geschehens in Itaewon liegt diese im europäischen Stil dekorierte Bar mitsamt Restaurant, Billard und Darts. Lunch Specials Mo–Fr 11–14.30 Uhr ab ₩ 10 500.

Bar in Edelambiente ▶ **J.J. Mahoney's** 2: im Grand Hyatt, s. S. 152, Tel. 02 799 86 01, www.grandhyattseoul.co.kr, Taxi, Mo–Mi 18–2, Do–Sa bis 3 Uhr. Eine Bar wie aus den 1920er-Jahren. Sie wirkt, als würde Al Capone von hier sein Imperium regieren. Der Nachtclub für Expats und junge erfolgreiche Koreaner. Nach ein paar Bier ist die Atmosphäre angenehm und mit Musik aus den 1980er-Jahren von der Cover-Band lebt es sich schon viel besser in Seoul.

Musik und Wein ▶ **Pinot** 3: 72-9 Banpo-dong, Gangnam, Tel. 02 34 77 76 22, U 7 Express Bus Terminal, Ausgang 5, tgl. 19–2 Uhr. Eine erstklassige Weinbar, deren Betreiber und Besitzer Lee Doo-hun gleichzeitig Kopf der Musikgruppe Five Fingers ist. In der Bar wird alles gespielt, von Jazz über Blues bis Rock – zusammen mit einem Glas Wein der perfekte Mix für einen entspannten Abend. Livemusik 21.30–23 Uhr. Außer Snacks keine Speisen.

Selbstgebraut ▶ **Platinum Brewery** 4: 648-11 Shinsa-dong, Jaesung B/D B1, Gangnam, Tel. 02 466 60 04, www.platinumbeer.com, U 7 Gangnam-gu Office, Ausgang 3, 4, Mo–Sa 16–4, So 16–2 Uhr. Feines Bier inklusive German Wheat aus dem eigenen Brauhaus in klassischer Atmosphäre – eine Seltenheit in Seoul. Die dunkle Kneipe mit kühlem Metalldekor liegt etwa 150 m südöstlich des Dosan-Parks. Glas (680 ml) ₩ 8800.

Mit Stil im neuen District ▶ **Prost** 5: 116-1 Itaewon-dong, Itaewon, Tel. 02 792 61 64, www.districtprost.com, U 6 Itaewon, Ausgang 1, tgl. 11–1 Uhr. Hier kann man mit Stil relaxen bei einem Pilsner Urquell, Paulaner Hefeweizen oder Caipirinha. In der Gasse in dem Hamilton-Hotel im neuen ›District‹. Bier ab ₩ 7000, Fish & Chips ₩ 12 000.

Irish Pubs ▶ Den **3 Alley Pub** 6 (115-15 Itaewon-dong, Itaewon, Tel. 02 749 33 36, www.3alleypub.com, U 6 Itaewon, Ausgang 1, tgl. 12–1 Uhr) besuchen viele Ausländer und Koreaner. Am Wochenende ist er wegen seiner europäischen Biere von Erdinger bis Guinness und passablem Essen in amerikanisch-europäischer Tradition für Expats mit Heimweh (Burger, Salate etc.) besonders voll.

Im Stockwerk über dem 3 Alley hält **Sam Ryan's Sports Bar & Grill** (Tel. 02 749 79 33, www.samryans.com) eine ähnliche Palette an Bieren und Essen bereit. Ein weiterer Ire wie aus dem Bilderbuch ist der **Wolfhound Irish Pub** 7 (128-6 Itaewon-dong, Itaewon, Tel. 02 749 79 71, www.wolfhoundpub.com, U 6 Itaewon, Ausgang 4, Mo–Do 16–1, Fr/Sa 11–2 Uhr) mit Billard, Guinness, Musik aus den 1980er-Jahren und den besten Burgern der Stadt.

Jazz live ▶ **All that Jazz** 올댓재즈 8: 168-17 Itaewon-dong, Yongsan-gu, Tel. 02 795 57 01, www.allthatjazz.kr, U 6 Itaewon, Ausgang 1, tgl. 19–1 Uhr. Seit 1976 der Jazzclub Seouls. Jeden Abend Livemusik, samstags sogar dreimal (19, 21, 0 Uhr).

Wie in Harlem ▶ **Once in a Blue Moon** 9: 85-1 Chungdam-dong, Gangnam, Tel. 02 549 54 90, www.onceinabluemoon.co.kr, U 7 Gangnam-gu Office, Ausgang 3, 4, tgl. 17–2 Uhr. Live-Jazz-Club. Lange Whisk(e)yliste und gutes Essen – ein Mix aus lokaler und europäischer Küche. Eintritt frei, aber saftige Preise für Getränke und Menüs.

Schwulenszene ▶ Auf Itaewons ›**Homo Hill**‹ (U 6 Itaewon, Ausgang 6, nicht zu verwechseln mit dem ›Hooker Hill‹ um die Ecke) reihen sich die sogenannten alternativen Bars, etwa **Always Homme** 10 (Tel. 02 798 05 78), **Queen** 11 (Tel. 02 793 12 90), **Why not?** 12 (Tel. 02 795 81 93), und **Soho** 13 (Tel. 02 797 22 80). Alle tgl. mindestens 18–4 Uhr.

Bunt und gemütlich ▶ **Comfort Zone** 14: Daehangno, Tel. 02 762 47 93, U 4 Hyehwa, Ausgang 4. Weit weg von den üblichen Itaewon/Hongdae-Barmeilen bietet diese Café-Bar eine große Terrasse oder auf zwei Etagen komfortable Sessel für einen ruhigen Plausch.

Teehaus im Museumsgarten ▶ **Dawon** 다원 15: Insa-dong, Tel. 02 730 63 05, U 3 Anguk, Ausgang 6, tgl. 11–23 Uhr. Schön gelegen im Garten des Kyungin Museum of Fine Art, hat das Teehaus eine schöne Außenterrasse, auf der man nach einem ausgiebigen Spaziergang auf der Insadong-gil die Frühlingssonne bei einem Tee genießen kann.

Skurriles Theater ohne Worte ▶ **Nanta Theatre** (Gangbuk Jeong Dong Nanta Jeonyonggwan 강북정동난타전용관 16: Star Six Jeong-dong Art Hall, Jeong-dong, Jung-gu, Tel. 02 739 82 88, nanta.i-pmc.co.kr, U 5 Seodaemun, Ausgang 5, Vorstellungen tgl. 17, 20 Uhr, ₩ 50 000–60 000. Diese witzige Nanta-Show zieht jährlich etwa 300 000 Besucher an, und das nicht ohne Grund – Musik auf Töpfen und Abfalleimern kombiniert mit traditionellen koreanischen Trommelrhythmen, alles wortlos gespielt in einer Küche. Auf der o. g. Website sind auch die beiden anderen Seouler Nanta-Theater in Myeong-dong (hier auch 14-Uhr-Vorstellung, ₩ 40 000) und Hongdae sowie das Theater auf der Insel Jeju buchbar).

Kampfkunstspektakel ▶ **Jump Theater** 점프 17: Seoul Cinema, 5. Stock, 59-7 Gwansu-dong, Tel. 02 722 39 95, www.yegam.com, U 1, 2, 3 Jongno 3-ga, Ausgang 14, tgl. bis zu drei Vorstellungen, z. B. Mo–Sa 20 Uhr (Details auf der Internetseite). Ein schrilles Kampfkunstspektakel zwischen Stunt, Akrobatik, *taekwondo* und Slapstick, wie es sonst nur in Jackie-Chan-Filmen zu sehen ist. Erzählt wird die Geschichte einer Familie von Kampfkunstspezialisten, die versuchen ihr Haus gegen Einbrecher zu schützen. Die Show ist weltweit erfolgreich und hatte ihre Deutschlandpremiere im Februar 2012 in Hamburg. ₩ 40 000–50 000.

Kaiserliche Küche mit Show ▶ **Korea House** (Hanguk Uijip 한국의집) 2: 80-2 Pil-dong 2-ga, Jung-gu, Tel. 02 22 66 91 -01, -02, -03, www.koreahouse.or.kr, U 3, 4 Chungmuro, Ausgang 3. Tanz und Musik in einem traditionellen koreanischen Restaurant versprechen einen hervorragenden Abend. Das Haus wird von der Korean Cultural Heritage Foundation betrieben, existiert seit 1957 und ist trotz seiner nicht gerade günstigen Preise ein Renner. Für die Showzeiten sollte man die Internetseite konsultieren, ₩ 68 000–300 000/Person inkl. Show (nur Show ₩ 50 000).

Koreanisches Ballett und Oper ▶ **Seoul Arts Center** (Seoul Yesurui Jeondang 서울예술의전당) 18: 700 Seocho-dong, Seocho-gu, Tel. 02 580 13 00, www.sac.or.kr, U 3 Nambu Bus Terminal, Ausgang 5. Koreas bestes Kunstzentrum, in dem neben mehreren Museen und Galerien das Nationalballett, das Seouler Symphonieorchester und diverse Opernensembles untergebracht sind. Ballett- und Opernvorstellungen finden u. a. in der 2500-sitzigen Konzerthalle und der Oper mit 2300 Plätzen statt, Vorstellungen ab ₩ 20 000.

Tanz und Musik traditionell ▶ **Chongdong Theater** (Chongdong Geukjang 정동극장) 19: 41 Jungdong-gil (westlich hinter dem Deoksugung), Jung-gu, Tel. 02 751 15 00, www.chongdong.com, U 1 City Hall, Ausgang 1, U 2 City Hall, Ausgang 12, Vorstellungen Di–So 16, 20 Uhr. Seouls einziges Theater für Musicals mit traditionellem Tanz und Musik ist verkehrsgünstig im Stadtzentrum gelegen und sehr populär. Während der 80-minütigen Shows werden englische Untertitel angezeigt, und nach den Vorführungen können Fotos mit den Darstellern gemacht werden. Da das Chongdong nur über 283 Plätze verfügt, sollten Reservierungen frühzeitig erfolgen. Ab ₩ 30 000.

Filmkunst 1 ▶ Ausländische Filme werden in Südkorea im Original mit koreanischen Untertiteln gezeigt und koreanische Filme nur im Original. Jede große Shopping Mall hat meist mehrere Kinos. Neue koreanische Filme à la Arthouse mit englischen Untertiteln und ausländische Filme zeigt – sogar gratis – das **Korean Film Archive** 20 (Hanguk Yeongsang Jaryowon 한국영상자료원, 1602 DMC, Sangam-dong, Tel. 02 31 53 20 01, www.koreafilm.org, U 6 Digital Media City, Ausgang 2, dann Bus 771, 7711, 7730 und noch ein Stück zu Fuß; Näheres s. Website). Das **Lotte Cinema** 1 (6./7. Stock, Lotte Department Store, www.lottecinema.co.kr, U 2 Euljiro 1-ga, Ausgang 8) zählt zu den Filmvorführungsorten des Chungmuro Film Festival (s. S. 164).

Im Universitätsviertel Hongdae 24

Filmkunst 2 ▶ **Sangsangmadang** 상상마당: 367-5 Seogyo-dong, Tel. 02 330 62 00, U 6 Sangsu, Ausgang 1. Das Kino im Sangsangmadang-Komplex zeigt anspruchsvolle englischsprachige Filme.

Kneipe im Schloss ▶ **Castle Praha:** Solnae 6-gil, Tel. 02 334 21 81, www.castlepraha.co.kr, U 2 Hongik University, Ausgang 5, tgl. 12–15, 17–2 Uhr. Für Liebhaber tschechischen Biers und außergewöhnlicher Gebäudefassaden gibt es keine Alternative in Seoul. Mit eigener Brauerei (betrieben von einem tschechischen Braumeister) und Bäckerei.

Clubdisco ▶ **Club FF:** 407-8 Seogyo-dong, Tel. 011 90 25 34 07, U 2 Hongik University, Ausgang 6, tgl. 19–6 Uhr, Eintritt ₩ 10 000. Ein Nachtclub-Disco-Mix, in dem mehrere lokale Bands bis 24 Uhr spielen. Dann verwandelt sich der Club Funky Funky in eine Diskothek. Gestyltes Jungvolk aus Expats und Koreanern.

Angesagt ▶ **M2** 엠투: Tel. 02 31 43 75 73, www.ohoo.net, U 2 Hongik University, Ausgang 5, So–Do 21–5, Fr/Sa 21–6 Uhr, Eintritt ₩ 10 000, Fr/Sa ₩ 15 000. Ein Nachtclub der Extraklasse, in dem House, Trance, Progressive etc. und definitv keine Beatles oder Boney M. gespielt werden.

Jazz und mehr ▶ **Moonglow:** 373-6 Seogyo-dong, im Keller, Tel. 02 324 51 05, www.moonglow.co.kr, U 2 Hongik University, Ausgang 6, Mo–Sa 18–1 Uhr. In dem riesigen Jazzschuppen mit Livemusik (21–23.30 Uhr) spielt Shin Kwan-Woong, Jazzpianist und Eigentümer des Clubs, mit seiner Band fast jeden Abend.

Aktiv

Ausflüge und Stadtrundfahrten ▶ **Ausflüge** 1, 2, s. Tipp S. 151. Vor dem Dongwha Duty Free Shop (Donghwa Myeonsejeom 동화면세점, U 5 Gwanghwamun, Ausgang 6) starten die Hop-on-Hop-off-Doppeldeckerbusse zu eineinhalb- bis zweistündigen **Stadt(rund)fahrten** 3 (Tel. 02 777 60 90, www.seoulcitybus.com; auch zwei Nachtrouten, z. B. zum N Seoul Tower). Auch in Englisch (Kopfhörer).

Bootsfahrt auf dem Han-Fluss ▶ **Yeouido Ferry Terminal** 4: Yeouido 여의도, Tel. 02 416 86 11, www.hcruise.co.kr, U 5 Yeouinaru, Ausgang 5. Bootstouren auf dem Hangang sind als Streckenfahrt von A nach B oder als Rundkurs buchbar, z. B. die einstündige Tour Yeouido–Yanghwa–Yeouido. Die Rundfahrten gibt es als normale Fahrten, Fahrten mit

Show, Livemusik oder Dinnercruises (₩ 11 000–60 000, Kinder ₩ 5500–35 000).
Fahrradfahren ▶ Fahrradverleih 5: s. Aktiv unterwegs S. 148.
Golf und mehr ▶ In Seouls Stadtgebiet liegen mehrere Golfplätze, die alle nur Mitgliedern zugänglich sind. Eine bessere Option sind die Indoor-Übungsparcours, die zwar längst nicht die Ausmaße eines 18-Loch-Platzes erreichen, aber für Preise zwischen ₩ 15 000 und ₩ 35 000/Std. genutzt werden können. Im **Olympic Coliseum** 6 (Gangnam-gu, Tel. 02 414 79 79, olympiccoliseum.co.kr, U 7 Gangnam-gu Office, Ausgang 3, 4, U 3 Apgujeong, Ausgang 2, tgl. 18–23 Uhr) kann man nicht nur golfen, sondern findet alternativ Erholung im Spa oder im Fitnesscenter, und das alles für ₩ 30 000 (70 Min.).
Von Kochen bis Padok ▶ Yoo's Family 유패밀리 **7:** Tel. 02 36 73 03 23, www.yoosfamily.com, U 3 Anguk, Ausgang 4. Umfangreiches Lehrprogramm in koreanischer Kultur von koreanischer Teezeremonie bis zu *kimchi* und koreanischem Pfannkuchen. Auch Kurse für Kalligrafie und *paduk,* eine koreanische Go-Variante, werden angeboten. In angeschlossenen *hanok* kann man auch übernachten.
Koreanisch kochen ▶ Institute of Traditional Korean Food (Hanguk Jeontong Eumsik Yeonguso 한국전통음식연구소) **8:** Tel. 02 741 54 11, www.kfr.or.kr, U 1, 3, 5, Jongno 3-ga, Ausgang 6. Reiskuchen und verschiedene Gerichte nach traditionellen Rezepten können hier erlernt werden. Reservierung mindestens eine Woche im Voraus.
Koreanisch lernen ▶ Gute Sprachkurse für Koreanisch bieten vor allem die Universitäten, allerdings sind diese Kurse auch am zeitintensivsten und erfordern eine hohe Lerndisziplin. Die **Yonsei-Universität** 9 (Yonsei Daehakgyo 연세대학교, Tel. 02 21 23 85 50, www.yskli.com, U 2 Sinchon, Ausgang 3) veranstaltet zehnwöchige Intensivkurse. Gute Reputation. Auch Abendprogramme und spezielle Sommerprogramme. Das Programm der **Sogang-Universität** 10 (Seogang Daehakgyo 서강대학교, Tel. 02 705 80 88, klec.sogang.ac.kr, U 2 Sinchon, Ausgang 6) reicht von Intensiv- bis zu Spezialkursen wie Koreanisch lernen durch Filme oder Koreanisch über chinesische Schriftzeichen. Im Viertel Hongdae 24 bietet das **Ganada Korean Language Institute** (Ganada Hangugeo Hagwon 가나다한국어학원, Tel. 02 332 60 03, www.gkli.co.kr, U 2 Hongik University, Ausgang 2) vierwöchige Kurse, Samstagskurse und Einzelunterricht an. Im **Korea Foundation Cultural Center** 11 (Hanguk Gukje Gyoryujaedan Munhwa Senteo 한국국제교류재단문화센터, Mirae Asset Center 1, West Tower, 67 Suha-dong, Jung-gu, Tel. 02 37 89 56 00, www.kfcenter.or.kr, U 2 Euljiro 1-ga, Ausgang 3) finden Mo, Mi, Fr Gratiskurse (16–18 oder 19–21Uhr) statt.
Schlittschuhlaufen ▶ Lotte World 46: s. S. 147. Unter einer Glaskuppel befindet sich diese ganzjährig geöffnete Eislaufbahn.
Schwimmen ▶ Hamilton Hotel 해밀턴호텔 **12:** Tel. 02 794 01 71, www.hamilton.co.kr, U 6 Itaewon, Ausgang 1, tgl. 10–17.30 Uhr. Einer der wenigen Hotelpools (Freibad), der nicht nur für Hotelgäste geöffnet ist. ₩ 12 000 (Sa/So ₩ 15 000).
Wandern ▶ Seoul mangelt es nicht an Möglichkeiten für Wandertouren auf einen der 37 Berge im Stadtgebiet. Die Wege sind am Wochenende und im Frühjahr und Herbst sehr gut frequentiert und dann keine Freude für Hiker, die Ruhe suchen. Das bekannteste Gebiet für Wanderungen ist der vor den Toren der Hauptstadt gelegene **Bukhansan-Nationalpark** (s. S. 170) mit dem höchsten Berg der Stadt, dem 836 m hohen Baegundae. Wandern kann man auch auf dem **Yongmasan** und dem **Achasan** 22, s. S. 131. Die Möglichkeit zum Spazierengehen, Picknicken oder die Seele baumeln zu lassen bietet der **Seonyudo-Park** 13 (Seonyudo Gongwon 선유도공원; U 9 Seonyudo, Ausgang 3, tgl. 6–24 Uhr, Eintritt frei). Der Ökopark liegt auf der kleinen Seonyu-Insel westlich von Yeouido und ist durch zwei Brücken mit dem Festland verbunden.
Wellness ▶ Das **Dragon Hill Spa** 드래곤스파 14 (neben der Yongsan Station/ Bahnhof, Tel. 02 7 97 00 02, www.dragonhillspa.co.kr, U 1 Yongsan Station, Ausgang 1, 2, tgl.

Umzug mit Riesenlaternen zum Lotuslaternenfestivals, links der Jongno Tower

24 Std., ₩ 10 000–12 000) versammelt auf sieben Stockwerken alles, was zu einem Luxusspa gehört: Whirlpool, Bäder, Sauna, geheiztes Freibad, Fitnessstudio etc. Alle Einrichtungen zur Entspannung genießt man auch im **Central Spa** 센트럴스파 15 (im Shoppingcenter Central City, Tel. 02 62 82 34 00, U 3, 7, 9 Express Bus Terminal, Ausgang 4, tgl. 24 Std., ₩ 10 000–13 000). Mitten im Ausgehviertel Itaewon ist das **Itaewon Land** 이태원랜드 16 (Tel. 02 7 49 41 -22, -23, www.itaewoland.com, U 6 Itaewon, Ausgang 3, tgl. 24 Std., ₩ 9000–10 000) auf fünf Etagen bestens mit Sauna, DVD-Raum, Bädern, Massage und Karaoke ausgestattet.

Zen-Meditation ▶ **Seoul International Zen Center:** s. S. 171.

Termine

Kirschblütenfest (Beotkkot Chukje 벚꽃축제): April. Wie in Japan ist die Kirschblüte auch in Korea ein farbliches Highlight. Am besten erlebt man das Fest auf Yeouido, wo die Kirschbäume die Straßen in ein rosa Blütenmeer verwandeln, u. a. in der Yujungno hinter der National Assembly Hall und im Yeouido-Park. U 5 Yeouido, Ausgang 2, dann zu Fuß Richtung National Assembly Hall.

Lotuslaternenfestival (Yeondeung Chukje 연등축제): www.llf.or.kr, U 1 Jonggak, Ausgang 2, U 3 Anguk, Ausgang 6, April/Mai. Zu Ehren Buddhas, gefeiert am Sonntag (12.5.2013, 4.5.2014, 10.5.2015) vor dessen Geburtstag, dem 8. Tag des 4. Mondkalendermonats (s. S. 48). Die Straßen in Jongno sind dann mit über 100 000 Laternen ausgeleuchtet. Auch ein Laternenumzug findet statt (s. auch Jogyesa, S. 127).

Hi Seoul Festival 하이서울페스티벌: www.hiseoulfest.org, Mai (wechselnde Termine). Eines der größten Festivals des Landes, bei dem sich die Innenstadt in eine einzige große Partyfläche mit Paraden, kulinarischem Fest und Kulturprogramm verwandelt. Epizentrum dieses einwöchigen Ausnahmezustands sind Seoul Plaza und Seoul City Hall.

Insa Korean Art and Culture Festival (Insa Jeontong Munhwa Chukje 인사전통문화축제): U 1 Jonggak, Ausgang 3, Mai/Juni. Ein Fest für die koreanischen Künste und das traditionelle Handwerk, die in Insa-dong ihren Ursprung haben.

Puchon International Fantastic Film Festival (PiFan/Bucheon Gukje Fantastic Yeonghwaje 부천국제판타스틱영화제): www.pifan.com, U 1 Songnae, Ausgang 2, dann Shuttlebus (7 Min.) zum Information Center im Koryo Hotel, Juli. Fantasy-, Animations- und Science-Fiction-Filme sind die großen Renner dieser Filmgala, die koreanische und andere asiatische Filmemacher und -fans zusammenbringen soll.
Seoul Fringe Festival 서울프린지페스티벌: www.seoulfringefestival.net, U 2 Hongik University, Ausgang 5, Aug. Ein Fest für die Jugend oder diejenigen, die jung geblieben sind. Theaterdarsteller, Maler und Musikgruppen aus ganz Asien übernehmen die Straßen um die Hongik-Universität, Seouls Zentrum der Indie-Bewegung.
Chungmuro International Film Festival 충무로국제영화제: eng.chiffs.kr, Aug./Sept. Seouls größtes internationales Filmfestival mit aktuellen Filmen und zeitlosen Klassikern, die z. B. im **Lotte Cinema** im **Lotte Department Store** 1 (s. S. 156) gezeigt werden.
Seoul Drum Festival 서울드럼페스티벌: www.seouldrum.go.kr, Sept. Lautstärke ist das geheime Motto dieses Festivals, auf dem internationale Trommler ihre Künste vorführen. Wechselnde Veranstaltungsorte; s. Website.
Seoul Performing Arts Festival (Seoul Gukjegongyeon Yesulje 서울국제공연예술제): www.spaf.or.kr, Okt./Nov., an verschiedenen Orten in der Stadt. Seit 2001 Seouls Vorzeigefestival für Theater und Tanz; das größte seiner Art in Korea mit Künstlern aus der gesamten Welt.

Verkehr

Flug: Seoul hat zwei Flughäfen, den alten Gimpo und den größeren Incheon Airport, der etwa 55 km westlich von Seoul liegt, in beiden gibt es eine Touristinfo (s. auch S. 80).
Gimpo International Airport (GMP; Gimpo Gukje Gonghang 김포국제공항): Tel. 02 26 60 21 14, www.airport.co.kr. Inlandziele u. a. Jejudo, Gwangju und über 30 x tgl. Busan. Anbindung an die Stadt über die U-Bahn-Linien 5 und 9 sowie die Arex-Schnellbahn (www.arex.or.kr), Taxis und Busse.
Incheon International Airport (ICN; Incheon Gukje Gonghang 인천국제공항): Tel. 15 77 26 00, www.airport.kr. Inlandziele wie Jejudo, Busan. Busse, Arex-Schnellbahn (www.arex.or.kr) und Taxis pendeln in die Stadt.
Bahn: Seoul hat mehrere Bahnhöfe, davon sind die drei wichtigsten Seoul Station, Yongsan Station und Cheongnyangni Station. Streckennetz und aktuelle Preise der Korean National Railroad unter: www.korail.go.kr.
Seoul Station (Seoul Yeok 서울역): Tel. 02 31 49 25 30, U 1, 4 Seoul Station. Der Hauptbahnhof für die seit 2004 fahrenden KTX-Hochgeschwindigkeitszüge zu vielen Städten Koreas, u. a. nach Busan (2 Std. 40 Min.), nach Daegu (1 Std. 40 Min.), Daejeon (60 Min.) oder Gyeongju (2 Std. 10 Min.).
Yongsan Station (Yongsan Yeok 용산역): Tel. 02 37 80 54 08, U 1 und Jungang Line bis Yongsan. Von hier fahren KTX- und Normalzüge in den Südwesten Koreas, darunter Daejeon (50 Min.), Mokpo (3 Std. 10 Min.) oder Gwangju (2 Std. 50 Min.).
Cheongnyangni Station (Cheongnyangni Yeok 청량리역) Tel. 02 32 99 71 52, U 1 Cheongnyangni. Es gibt keinen KTX-Service, sondern vor allem Verbindungen in die Nordprovinzen Gyeonggi-do und Gangwon-do, z. B. nach Chuncheon, Gangneung und Wonju, aber auch in 4–5 Std. nach Andong.
Bus: Es gibt fünf wichtige Busbahnhöfe.
Seoul Express (Gosok) Bus Terminal 서울고속버스터미널: Tel. 02 535 41 51, 16 88 47 00, www.kobus.co.kr mit Fahrplänen in Englisch, www.exterminal.co.kr, U 3, 7, 9 Express Bus Terminal, Ausgang 1, 2. Der Hauptbusbahnhof Seouls mit Linienverkehr in die meisten Städte des Landes besteht aus zwei Gebäuden: dem Seoul Express Terminal und dem Intercity Terminal. Verbindungen u. a. nach Andong, Busan, Gangneung, Gyeongju, Jirisan-Nationalpark, Mokpo, Sokcho etc.
Dong Seoul Bus Terminal 동서울버스터미널: Tel. 02 453 77 10, www.ti21.co.kr, nur Koreanisch, U 2 Gangbyeon, Ausgang 4. Es bestehen ähnliche Verbindungen wie ab Seoul Express, aber mit ausgedünntem Fahrplan.
Sinchon Bus Terminal 신촌버스터미널: Tel. 02 324 06 11, U 2 Sinchon, Ausgang 7. Ab

hier fahren Busse nach Ganghwa-Stadt und Oepo auf Ganghwado.

Seoul Nambu Bus Terminal 서울남부버스터미널: Tel. 02 521 85 50, www.nambuterminal.co.kr, U 3 Nambu Bus Terminal, Ausgang 5. Der Busbahnhof bedient die südlichen Regionen des Landes, beispielsweise Tongyeong, Osan, Cheonan etc.

Sangbong Bus Terminal 상봉버스터미널: Tel. 02 435 21 29, U 7 Sangbong, Ausgang 2. Vor allem Verbindungen in die Nordprovinzen Gyeonggi-do und Gangwon-do, aber auch zu einigen Zielen in Jeolla-do.

Autovermietungen: Niederlassungen im Flughafen Incheon und in Seoul betreiben (Mindestalter 21 Jahre, ein internationaler Führerschein muss vorgelegt werden; s. S. 84 Hertz (Kumho, Tel. 02 797 80 00, www.kumhorent.com) und Avis (Tel. 02 862 28 47, www.avis.co.kr). Die Preise für einen Tag betragen ab ₩ 35 000 für Kleinwagen plus Versicherung (ca. ₩ 10 000).

Fortbewegung in der Stadt

Verkehrsmittel in Seoul sind ein Traum: ein dichtes und leicht zu navigierendes U-Bahn-Netz und ein effizientes Bussystem, das größtenteils in Englisch ausgeschildert ist. Für längere Aufenthalte besorgt man sich am besten eine aufladbare **T-money-Karte** (₩ 2500), mit der man etwas günstiger je Strecke fährt. Auch erspart man sich den sonst vor jeder Fahrt notwendigen Kauf einer Fahrkarte. Die Karte erhält man in jeder U-Bahn-Station oder in einem der zahlreichen Convenience Stores (Family Mart, 7-Eleven etc.).

Bus: bus.congnamul.com/SeoulRouteWebApp/view_english/map.jsp (Streckennetz mit englischsprachiger Suchfunktion), Busse fahren tgl. von ca. 5.30 bis ca. 1 Uhr, ₩ 1000 Minimumfahrpreis, zahlbar mit der T-money-Karte oder Bargeld. Über das engmaschige Busnetz mit über 8500 Bussen ist jeder Teil der Stadt an die Innenstadt angebunden, wenngleich die Nutzung der U-Bahn einfacher und schneller ist und man das Problem umgeht, die genauen Haltepunkte der Busse nur erahnen zu können. Es gibt vier Arten von Bussen, die alle einem Farbsystem folgen. Blaue Busse verbinden die Außenbezirke Seouls mit der Innenstadt, grüne Busse werden von Privatfirmen betrieben, fahren innerhalb eines Stadtbezirks und verbinden dort Wohngebiete mit U-Bahn-Stationen, Busbahnhöfen etc., während die kleinen gelben Busse Rundkurse in einzelnen Stadtteilen fahren und dabei Touristenattraktionen und Geschäftszentren ansteuern. Die roten Busse, auch als Jwaseok-Busse bekannt, bieten Expressverbindungen zwischen der Innenstadt Seouls und seinen Randzonen.

U-Bahn: www.smrt.co.kr, tgl. von ca. 5.30 bis ca. 23.45 Uhr, ₩ 1150 Minimumfahrpreis. Mit der 1974 eröffneten U-Bahn lässt sich fast jeder markante Punkt in Seoul erreichen. In allen Stationen gibt es einen U-Bahn-Plan in Englisch und Kartenautomaten sowie immer häufiger auch riesige Bildschirme, auf denen man – ideal zur Orientierung – jeden Stadtteil sowie Straßendetails in Satelliten- oder Kartenansicht aufrufen kann. Für den Fall der Fälle eines Konflikts mit Nordkorea verfügt zudem jede U-Bahn-Station über eine Vitrine mit Gasmasken. Die Reisezeit zwischen zwei U-Bahn-Stationen beträgt ca. 2 Min., und die Haltestellen werden sowohl in Englisch als auch in Koreanisch angesagt.

Taxi: Mehrere 10 000 Taxis sollen durch die Hauptstadt kreuzen, fast alle von den koreanischen Herstellern Hyundai und Kia. Sämtliche Fahrzeuge verfügen über ein Taxameter, das anders als in Osteuropa und Südamerika ohne Murren eingeschaltet wird. In Seoul fahren zwei Arten von Taxis. Die normalen Ilban-Taxis in den Farben Silber, Blau oder Weiß kosten ₩ 1900 für die ersten 2 km sowie weitere ₩ 100 für jede 144 m bzw. 35 sek, zwischen Mitternacht und 4 Uhr morgens werden 20 % Aufschlag berechnet. Schwarze Mobeum-Taxis sind größer und luxuriöser, ihre Fahrer besitzen (theoretisch) Grundkenntnisse in Englisch. Zudem können auch achtsitzige Jumbo-Taxis gemietet werden. Beide kosten fast das Doppelte wie Ilban-Taxis, nämlich ₩ 4500 für die ersten 3 km und ₩ 200 für alle weiteren 164 m bzw. 39 sek, kein Nachtzuschlag. Trinkgeld wird von keinem der Taxi-Fahrer erwartet.

Poetisch entrückt – Morgenstimmung im Seoraksan-Nationalpark

Kapitel 2

Der Norden – Gyeonggi-do und Gangwon-do

Die Provinzen Gyeonggi-do und Gangwon-do haben als Nordlichter Koreas eines gemeinsam: Sie grenzen an die Demilitarisierte Zone (DMZ), hinter der Asiens dunkles Imperium Nordkorea liegt. Die Demarkationslinie ist so schwer gesichert, dass ein Besuch des Mars wahrscheinlicher ist als die Überschreitung dieser Grenze.

Obwohl beide Provinzen Seite an Seite liegen, könnten sie unterschiedlicher nicht sein: das dicht besiedelte und industrialisierte Gyeonggi-do und das bewaldete und von Bergen durchzogene Gangwon-do. Hier grenzt Südkoreas Ruhrgebiet an den Schwarzwald des Landes.

Gyeonggi-do hat Seoul fest im Griff und umschließt die Hauptstadt lückenlos, was für Besucher den Vorteil hat, dass jeder Punkt der Provinz in einem Tagesausflug zu erreichen ist. Nur eine Fahrstunde vom Stadtzentrum entfernt liegt die DMZ, von deren Ruhe man sich nicht täuschen lassen sollte, denn dies ist eines der gefährlichsten Gebiete der Erde. Mitten in der DMZ liegt Panmunjeom, wo man nordkoreanischen Soldaten Auge in Auge gegenübersteht.

Koreas zweitgrößte Provinz, Gangwon-do, zählt nur 1,5 Mio. Menschen und ist mit ihren Bergen und ruhigen Stränden eines der besten Gebiete des Landes zum Wandern, Skifahren oder einfach zum Entspannen. Die Provinz hat viel zu bieten: eine schöne Küste, kleine Küstenstädte, bewaldete Berge und mehrere imposante Nationalparks.

Auf den Punkt gebracht: Gangwon-do ist mit seiner überbordenden Natur ein herrlicher Kontrast zum quirligen Seoul. Nur wenige Ausländer verirren sich hierher, was die Region zum Geheimtipp Südkoreas macht.

Auf einen Blick

Der Norden – Gyeonggi-do und Gangwon-do

Sehenswert

2 **Bukhansan-Nationalpark:** Unmittelbar vor Seoul gelegen und sogar mit der U-Bahn erreichbar, bewacht dieser kleine Park den Norden der Stadt und ist zugleich bevorzugtes Trekking- und Kletterparadies der Seouler. Von einfach bis anspruchsvoll bietet der Park alle Schwierigkeitsstufen, dazu zahlreiche Tempel und eine alte Festung (s. S. 170).

3 **Demilitarisierte Zone (DMZ):** Eine schwer bewachte Grenze mit starr blickenden nordkoreanischen Soldaten, viel Geschichte und für den Besucher mit der Erkenntnis, an einem der bizarrsten Orte des Planeten gewesen zu sein (s. S. 190).

4 **Cheorwon:** Ein skurriler Ort, der während des Koreakriegs von nordkoreanischen Truppen überrannt und komplett zerstört wurde. Die wenigen Überbleibsel machen aus Cheorwon eine Geisterstadt ohne Geister (s. S. 197).

Schöne Routen

Spaziergang in Incheons Chinatown und dem alten Kolonialviertel: Eine Zeitreise zurück an den Beginn des 20. Jh., als das Gebiet um die Botschaften Chinas, Japans, Großbritanniens und anderer Staaten das kommerzielle Zentrum Incheons bildete. Einige alte Gebäude der Kolonialzeit stehen noch, darunter auch drei ehemalige japanische Banken (s. S. 177).

Die Inselwelt im Westmeer vor Incheon: Viel Geschichte, Strände, Fischrestaurants und Wanderwege sind ein willkommener Kontrast zum Asphalt und Beton Seouls. Besonders Ganghwado ist mit seinen seltsamen Hügelgräbern und dem schönen Fischerort Oepo einen Tagesausflug wert (s. S. 182).

Meine Tipps

Töpferstadt Icheon: Vormittags eine Shoppingtour durch die Keramikläden, zu Mittag das traditionelle Reisgericht *ssalbap,* und als Siesta der Besuch eines Spas – die alte Keramikstadt hält Geist und Körper auf idealer Umdrehungszahl (s. S. 186).

Surrealistisches Jeongdongjin: Die Absurditäten häufen sich in diesem kleinen Küstendorf, angefangen von einem auf einem Berg thronenden Kreuzfahrtschiff bis zu einem begehbaren nordkoreanischen U-Boot (s. S. 213).

Odaesan-Nationalpark: Ruhiger Wanderpark mit breitschultrigen Bergen und dem legendenumwobenen Sangwon-Tempel, den ein couragierter Offizier im Koreakrieg vor der Zerstörung bewahrte (s. S. 214).

aktiv unterwegs

Rundgang entlang der alten Festungsmauer Suwons: UNESCO-Weltkulturerbe, erreichbar mit der U-Bahn von Seoul und vor über 200 Jahren fast die neue Hauptstadt Koreas – Suwon ist Pflichtprogramm für Koreareisende (s. S. 176).

Wanderung zum Ulsanbawi im Seoraksan-Nationalpark: Einer der schwierigeren Wege im Seoraksan-Nationalpark, dem berühmtesten aller südkoreanischen Parks, wird mit einem herrlichen Blick vom Ulsanbawi über Sokcho und das umgebende Waldmeer belohnt (s. S. 206).

Draisinentour von Gujeol-ri nach Auraji: Kleine und große Kinder werden begeistert sein – die Fahrt per Fahrraddraisine führt entlang einer stillgelegten Bahnstrecke durch eine sehenswerte Landschaft (s. S. 223).

Gyeonggi-do

»Gyeonggi-do – Koreas kulturelles Zentrum und Herz der Agrikultur«, behauptet die am stärksten besiedelte Provinz Südkoreas von sich. Die einst dominierende Landwirtschaft ist längst ersetzt durch Stahl und Glas, und Besuchern bietet die Provinz heute Highlights auf Weltklasseniveau: das UNESCO-Welterbe Suwon-Festung, Incheons Chinatown und die Grenze zu Nordkorea.

Noch in den 1960er-Jahren arbeiteten die Bewohner von Gyeonggi-do 경기도 in der Landwirtschaft, ein Bild, das sich vollständig gewandelt hat. Die fast 11 Mio. Einwohner der Provinz leben heute zum allergrößten Teil in Städten und von der Industrie – Hersteller von Exportgütern und deren Zulieferbetriebe. Das ist auch der Grund, warum viele Reisende nur dann den Fuß auf den Boden von Gyeonggi-do setzen, wenn sie am internationalen Flughafen Incheon ankommen und von dort wieder abreisen oder aber die Demilitarisierte Zone (DMZ) besuchen, die Nord- und Südkorea seit den 1950er-Jahren trennt.

In Gyeonggi-do entwickelte sich durch die Nähe zur jahrhundertealten Hauptstadt Seoul eine Kultur der Händler und Unternehmer, was der Provinz den Titel ›Land der Geizkragen und Feilscher‹ einbrachte. Aber sie ist auch eine touristische Schatzkammer mit historischen und kulturellen Städten wie der alten Festungsstadt Suwon, der Chinatown in Incheon oder der Töpferstadt Icheon. Auch in der Inselwelt des Westmeeres ist vom industriellen Charakter Gyeonggi-dos wenig zu entdecken: Eine ganze Armada von Fischern fährt seit Generationen hinaus aufs Meer, wirft die Netze aus und bewahrt die letzten Reste traditionellen koreanischen Lebens. Namentlich zwei Eilande, Gangwhado und Yeongjongdo, haben sich zu Fluchtpunkten unter den Seoulern entwickelt, die am Wochenende dem Stress des Betondschungels entkommen wollen.

2 Bukhansan-Nationalpark ▶ 2, C/D 1

Bukhansan Gungnip Gongwon
북한산국립공원

Wenige Millionenstädte auf diesem Planeten können sich rühmen, einen Nationalpark direkt vor der Haustür zu haben. Seoul gehört dazu, und der Bukhansan-Nationalpark mit seinen Wäldern und weißen Granitfelsen ist so nah an der Stadt, dass er sogar mit der U-Bahn erreichbar ist. Bequemlichkeit hat ihren Preis, und die 5 Mio. Besucher pro Jahr machen das Areal um den 836 m hohen Baegundae-Gipfel zu einem der beliebtesten Parks weltweit – ein Besuch am Wochenende und gutem Wetter vermittelt einen physisch imponierenden Eindruck des Begriffs Überbevölkerung.

Der Bukhansan (Berg nördlich des Han-Flusses) stieg 1983 in die Oberliga der Touristenziele auf, als Koreas Regierung ihn zum 15. Nationalpark des Landes erklärte. Etwa die Hälfte des Parks liegt im Stadtgebiet Seouls, die andere Hälfte in der Provinz Gyeonggi-do. Die starke Besiedlung um das Berggebiet hat den Park zu einer ökologischen Insel gemacht. Viele seiner Berge sind über 500 m hoch, zwar keine alpinen Höhen, aber am 810 m hohen Insubong können Freikletterer sich in allen Schwierigkeitsstufen austoben, was ihm den Spitznamen ›Asiens kleiner Yosemite‹ einbrachte. Der Insubong und die beiden anderen Gipfel, Mangyeongbong

(799 m) und Baegundae (836 m), liegen dicht beieinander und gaben dem Felsmassiv seinen ursprünglichen Namen – Samgaksan (Dreihörniger Berg).

Seouls Himalaya durchziehen Dutzende von Tälern und Gebirgsbächen. Der Bukhansan ist Heimat von über 1300 verschiedenen Pflanzen und Tieren, darunter Spechte sowie eine spezielle Forsythienart *(Forsythia saxatilis)*, die nur auf der koreanischen Halbinsel vorkommt. Dazu kommen hervorragende Aussichtspunkte, über 100 buddhistische Tempel und die Bukhan-Bergfestung. Von über 30 Startpunkten aus kann die herrliche Natur des Nationalparks erwandert werden. Zu zwei der interessantesten Touren zählen der Bukhansanseong- und der Mangwolsa-Hoeryongsa Trail.

Hwagyesa und Seoul International Zen Center

Einer der entspannendsten buddhistischen Tempel im Park ist der 1522 gegründete **Hwagyesa** 화계사 des Jogye-Ordens. Die 1618 durch ein Feuer zerstörte Tempelanlage wurde 1866 neu errichtet und ist nicht sonderlich groß. Das Dach der Haupthalle und die Holzpaneele ihrer Wände sind typisch für die buddhistische Architektur der Joseon-Dynastie (Tel. 02 902 26 63, www.hwagyesa.org, U 4 Suyu, Ausgang 5, dann ca. 1,5 km nach Südwesten; Ausgang 3, dann Bus 2, Eintritt frei).

Am bekanntesten ist der Tempel als Heimat des **Seoul International Zen Center** (Hwagyesa Gukje Seonwon 화계사국제선원), das der Zen-Meister Seung San 1994 eröffnete. Seung San spielte eine aktive Rolle als Zen-Förderer im Westen, sodass heute viele ausländische Mönche und am Zen interessierte Westler den Tempel besuchen. Das Zentrum bietet 90-tägige Meditationskurse und jeden Sonntagnachmittag zusätzlich einen Schnupperkurs an. Wie in Tempeln üblich, zahlt man zwar keine Kursgebühr, dafür wird jedoch eine Spende erwartet, z. B. ₩ 150 000/Monat (487 Suyu-1-dong, Gangbuk, Tel. 02 900 52 25, www.seoulzen.org; Anfahrt s. Hwagyesa).

Bukhansanseong-Trail

Dieser Weg ist einer der populärsten im gesamten Park und erfordert keine außergewöhnlichen Wanderkünste. Man startet am **Samseong-Eingang** im Westen des Parks und benötigt etwa zwei Stunden bis zum höchsten Gipfel des Areals, dem Baegundae.

Auf dem gut ausgeschilderten Weg passiert man eines der Tore der **Bukhan-Bergfestung** (Bukhansanseong 북한산성), das **Daeseomun** 대서문. Bukhansan spielte in der Geschichte Koreas eine wichtige Rolle. Bereits im 2. Jh. n. Chr. stand hier eine Festung. Die Reste der heute noch zu sehenden und einst 8,5 km langen Mauer stammen jedoch aus dem frühen 18. Jh. Sie wurde errichtet, nachdem die Mandschuren Korea überrannt und als Qing-Dynastie die Herrschaft über China übernommen hatten. Initiator der Bergfestung war König Sukjong, der keinem seiner Nachbarn traute und wegen seiner Leidenschaft für solides Mauerwerk als Festungsbauer in die Geschichte einging. Während des Koreakriegs wurden weite Teile der Festung zerstört. Am Weg zum Gipfel liegt auch eine kleine Einsiedelei, **Yaksuam** 약수암, die über eine Quelle mit klarem und kühlem Wasser verfügt – im Sommer eine willkommene Erfrischung. Von der Bergspitze des **Baegundae** 백운대 führen verschiedene Wege zurück zum Eingang (Samseong-Eingang, U 3 Gupabal, Ausgang 1, dann 10 Min. Busfahrt zum Eingang, tgl. 24 Std., Eintritt frei).

Mangwolsa-Hoeryongsa-Trail

Im nördlichen Teil des Parks liegen einige der besten Wanderwege Seouls. Einer davon ist der Mangwolsa-Hoeryongsa-Trail, der dem Wanderer auf seinen knapp 8 km Länge (2,5 Std.) Entspannung pur bietet. Der Pfad ist weitgehend flach, dafür im Winter umso matschiger, und verläuft wie ein C von einer U-Bahn-Station durch den Park zur nächsten. Man wandert zunächst entlang eines kleinen Flusses zum **Haus von Um Honggil** 엄홍길, dem 1960 geborenen Südkoreaner, der als weltweit erster Kletterer alle 16 Berggipfel über 8000 m erklomm. Anschließend erreicht man den 639 erbauten **Mangwol-Tempel** (Mangwolsa 망월사), einen schönen Tempel mit zweistöckiger Haupthalle, dessen Gittertüren mit herrlichen Tier- und Blumenmotiven verziert sind. Nach etwa einer Stunde gelangt man zum **Hoeryong-Tempel** (Hoeryongsa 회룡사), 681 während der Silla-Ära erbaut, von wo man in weiteren 45 Minuten den Parkausgang erreicht.

Infos

english.knps.or.kr/Knp/Bukhansan/Intro/Introduction.aspx: Website der koreanischen Nationalparks.

Touristeninformation: An allen genannten und weiteren Parkeingängen finden sich Büros, an denen auch Karten erhältlich sind.

Essen & Trinken

Einfach, aber sättigend ▶ Alle Parkeingänge sind umgeben von Lokalen, die zwar keine Tempelküche servieren, aber müde Wanderer mit den bekannten Sattmachern wie *bibimbap* (비빔밥) und *pajeon* (파전) wieder ins Reich der Lebendigen zurückholen.

Verkehr

U-Bahn: Seouls U 1 schlängelt sich im Osten am Bukhansan-Nationalpark entlang und ist die beste Möglichkeit, den Park und seine verschiedenen Eingänge zu erreichen und wieder zu verlassen. Auch mit der U 4 lässt sich der Osten des Parks anfahren und mit der U 3 der Südwesten (z. B. U 3 Gupabal für den Parkeingang Samseong).

Suwon 수원 ▶ 1, H/J 6

Cityplan: S. 174

Wer von Seoul die eine Stunde mit der U-Bahn nach Suwon fährt, meint angesichts der durchgehend bewohnten und bebauten Fläche, Seoul gar nicht verlassen zu haben. Doch es hätte auch anders bzw. umgekehrt kommen können. Denn Ende des 18. Jh. hatte König Jeongjo, 22. Herrscher der Joseon-Dynastie (1392–1910) Großes vor, als er eine neue Festung im Süden Seouls errichten ließ. Mit dem Hwaseong-Fort wollte er nicht nur eine standesgemäße Residenz für sich erschaffen, sondern letztlich auch die Hauptstadt des koreanischen Reiches von Seoul nach Suwon verlegen. Es sollte die letzte und modernste Befestigungsanlage der Joseon-Dynastie werden, erbaut aus dem besten Material und ausgestattet mit allem, was die damalige Militärtechnik zu bieten hatte – mitsamt Kanonen und Pfeilwurfmaschinen. Es kam nicht so weit, denn der König starb 1800 und mit ihm auch der Plan einer neuen Hauptstadt im Süden Seouls.

Heute bildet König Jeongjos Bollwerk den Hauptanziehungspunkt der Stadt, zumindest für ausländische Besucher. Doch Suwon ist auch Sitz des Elektronikgiganten Samsung, den mit über 260 000 Mitarbeitern größten Konzern Koreas (s. S. 24). Samsung unterhält hier nicht nur seine Zentrale, sondern betreibt darüber hinaus in Suwon ein großes Produktionswerk.

Hwaseong 화성

König Jeongjo (1752–1800) gilt zusammen mit König Sejong (1397–1450) als der erfolgreichste und visionärste Herrscher der Joseon-Dynastie, die über 500 Jahre die Geschicke Koreas bestimmte. Seine Versuche, das Land zu reformieren, gipfelten in dem Versuch, durch den Neubau der Hauptstadt in Suwon dem Land einen Ruck zu geben. Jeongjo hatte aber auch persönliche Gründe, Seoul zu verlassen. 1762 ermordete sein Großvater eigenhändig den Vater Jeongjos, Kronprinz Sado (1735–62), den er für geisteskrank hielt. Diesen frühen Tod des Vaters verkraftete Jeongjo nie. 1789 verbrachte er dessen Leichnam nach Suwon und versuchte während seiner gesamten Regierungszeit, den Ruf seines Vaters wiederherzustellen. Sados Frau Hyegyong behielt das Geheimnis um den gewaltsamen Tod ihres Mannes viele Jahre für sich und schrieb später eine Autobiografie über ihr Leben (»The Memoirs of Lady Hyegyong«).

Der Bau der **Festung** begann 1794, endete 1796, und fast alle Bauten mussten in den 1970er-Jahren neu errichtet werden, da

Von der begehbaren Festungsmauer schweift der Blick über Suwon

der Zahn der Zeit, die rasche Verstädterung um Seoul, die japanische Besetzung und der Koreakrieg fast die gesamte Struktur zerstört hatten. Die renovierte Festungsmauer umschließt einen Teil Suwons in einer weit geschwungenen Ellipse von insgesamt 5,7 km Länge. 1997 erhielt die Festung von der UNESCO den Status als Weltkulturerbe.

Als Architekt fungierte Jeong Yak-yong, später führender Vertreter des *silhak* (pragmatisches Lernen), einer Denkströmung, die Konfuzius' Lehre mit modernen Erkenntnissen aus Wissenschaft und Technik verknüpfte. Unter diesem Einfluss wurde die Festung mit neu entwickelten Baugeräten, z. B. Kränen, errichtet. Zudem erstreckte sich die Festungsanlage ebenso über ebenes Land wie über hügeliges Terrain, eine Besonderheit, die es ansonsten in Korea nicht gab und auch in den Nachbarländern China und Japan kaum zu finden ist.

Ein Spaziergang auf und entlang der renovierten **Festungsmauer** 1 (s. Aktiv unterwegs S. 176) vermittelt einen guten Überblick über die Gesamtanlage. Alternativ besucht man als Erstes das Innere der Festung (tgl. 9–17 Uhr, ₩ 1000).

Betritt man die Festung durch das Südtor, das **Paldalmun** 팔달문 2**,** lohnt zunächst ein Blick in das **Suwon Hwaseong Information Center** 3**.** Die Stadtverwaltung von Suwon ist sich der bizarren Erscheinung ihres Vorzeigeprojekts Hwaseong bewusst – eine neue Mauer außen, modernes asiatisches Wohngewusel im Inneren und trotzdem UNESCO-Weltkulturerbe. Hier im Informationszentrum wird mit einer Computeranimation die Zukunftsvision der Stadt gezeigt – innerhalb der Mauer soll ein neues, modernes Suwon entstehen (Tel. 031 2 28 44 10, tgl. 10–17 Uhr, Eintritt frei). Direkt dahinter erstreckt sich am Fuß des Paldal-Hügels (143 m) der Palast der Festung, der Hwaseong Haenggung – ein Muss bei einem Besuch der Stadt.

Hwaseong Haenggung 화성행궁 4

König Jeongjo wollte in Suwon nicht nur ein neues militärisches, sondern auch ein politisches und kulturelles Zentrum bauen. Der **Hwaseong-Palast** ist von großzügigen Höfen durchzogen, durch die es sich lohnt zu schlendern und die Luft der Veränderung einzuatmen, die Ende des 18. Jh. durch Korea

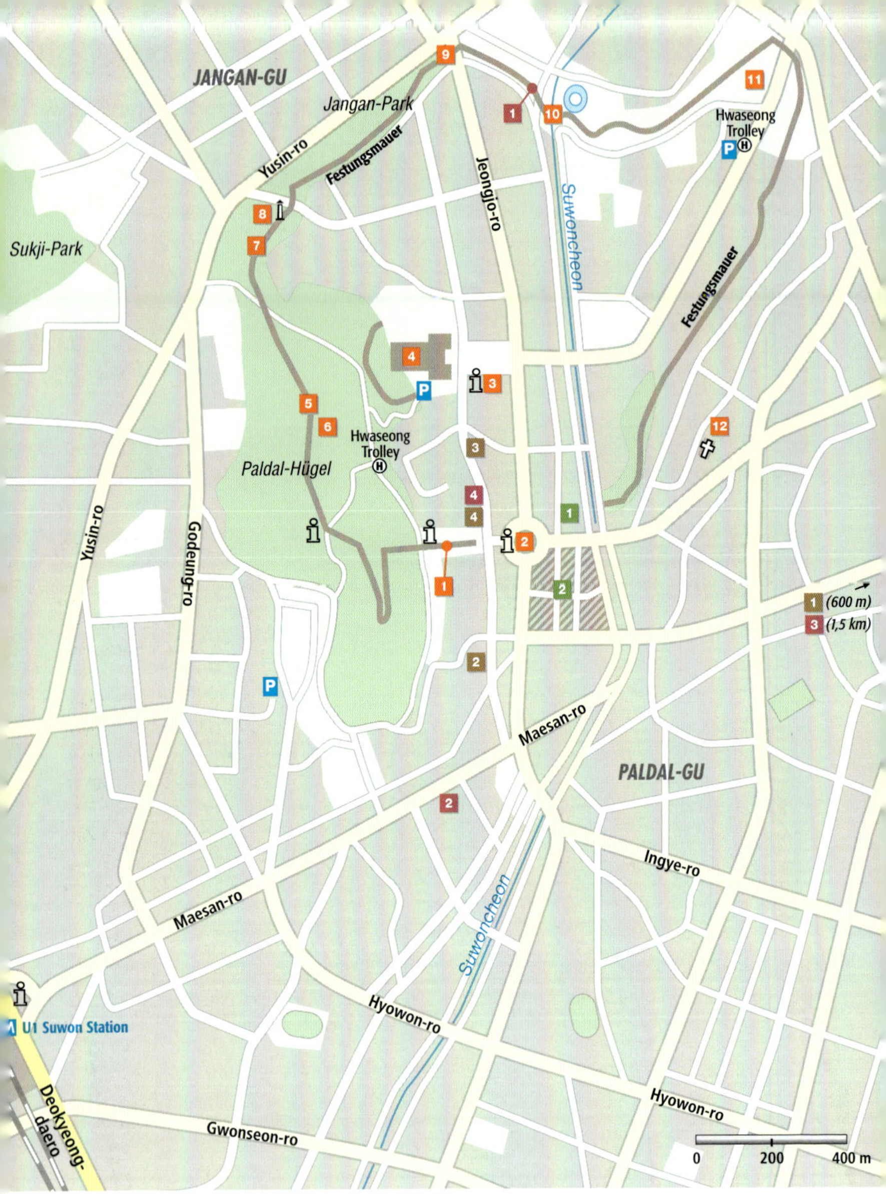

zog. Hier feierte König Jeongjo den 60. Geburtstag seiner Mutter Hyegyong mit einem pompösen Festakt. Während der japanischen Kolonialzeit wurde der Palast schwer beschädigt und erst 2001 komplett renoviert. Ein Jahr nach dem Tod König Jeongjos und nachdem klar war, dass Seoul Hauptstadt bleiben würde, wurden 1801 die Baupläne der Anlage veröffentlicht. Zehn Bände, in denen jedes Detail dokumentiert ist, von den Zeichnungen bis zu den Bautechniken, den benötigten Materialien und sogar den Löhnen der Arbeiter. Diese Aufzeichnungen waren von unschätzbarem Wert für den Wiederaufbau.

Suwon

Sehenswert
1 Festungsmauer
2 Paldalmun
3 Suwon Hwaseong Information Center
4 Hwaseong Haenggung
5 Seonammun
6 Hyowon-Glocke
7 Hwaseomun
8 Seobuk Gongsimdon
9 Janganmun
10 Hwahongmun
11 Bogenschießanlage
12 Erste Kirche von Suwon

Übernachten
1 Ramada Plaza
2 Hotel Central
3 Herb Motel
4 Hwaseong Guest House

Essen & Trinken
1 Yeonpo Galbi
2 Misoya
3 Bonsuwon Galbi
4 Com Pad'Or

Einkaufen
1 Jidong-Markt
2 Yeongdong-Markt

Auf dem Palastgelände sind über 20 Gebäude und Tore angesiedelt, alle streng rechtwinklig angeordnet. Sehenswert ist vor allem das Haupttor, **Sinpungnu** 신풍루, ursprünglich 1790 im typischen Palaststil mit einem großen Haupt- und links und rechts je einem Seiteneingang erbaut. Wie bei allen Palästen Koreas war das mittlere Tor dem König vorbehalten. Etwa 50 m vor dem Sinpungnu befindet sich ein **Rotes Tor** (Hongsalmun 홍살문), in Korea üblicherweise der Zugang zu einer heiligen Stätte, wie beispielsweise zu den Grabstätten der Joseon-Dynastie (s. S. 33). Mit diesem Tor wollte König Jeongjo die Bedeutung seines neuen Palastes betonen.

Hinter dem Sinpungu betritt man einen großen Platz und gelangt geradeaus durch zwei weitere Tore bis zum **Bongsudang** 봉수당 (chin. 堂壽奉, Halle der Ehre der Langlebigkeit), der Thronhalle des Palastes, erbaut 1789. Das Gebäude steht, um seine Erhabenheit zu unterstreichen, erhöht auf einem Steinsockel und ist über drei Treppen zu erreichen. Im Inneren befinden sich Einrichtungsgegenstände der königlichen Familie sowie der Thron König Jeongjos mit dem für Joseon-Herrscher üblichen Gemälde mit den fünf heiligen Bergen, rotstämmigen Bäumen sowie Sonne und Mond (tgl. 9–17 Uhr, ₩ 1000).

Infos

Touristeninformation: links außerhalb von Suwons U-Bahn-Station und in der Nähe des Paldalmun am Aufstieg zum Paldal-Berg, Tel. 031 228 46 72, 031 1330, eng.suwon.ne.kr, tgl. 8.30–17 Uhr. Beide bieten Karten der Festung in Englisch.

Übernachten

Kaum ein Besucher Seouls übernachtet in einer der Satellitenstädte vor den Toren der Hauptstadt, zu denen auch Suwon gehört. Hotels in Suwon sind jedoch preiswerter als in Seoul und können daher eine Alternative sein.

Internationale Hotellerie ▶ **Ramada Plaza** 라마다프라자 **1:** Tel. 031 230 00 01, www.ramadaplazasuwon.com. Suwons beste Herberge gehört zur Ramada-Kette und liegt etwas abgelegen östlich der Hwaseong-Festung, bietet aber liebevoll eingerichtete Zimmer. Beliebt bei Ausländern. DZ ₩ 230 000.

Am Paldalmun ▶ **Hotel Central** (Central Hotel 센츄럴 호텔) **2:** Tel. 031 246 00-11, bis -15, www.suwoncentral.com. Ideale Position am Eingang zur Festung, aber mit Gebrauchsspuren in den Zimmern. Trotzdem sein Geld wert. DZ ₩ 88 000.

Im Herzen der Festung ▶ **Herb Motel** 허브모텔 **3:** Paldal-ro 1-ga 9-2, Tel. 031 245 30 48, 010 33 85 66 16. Lokales Motelflair mit Dusche, guter Lage und Basisausstattung. DZ ab ₩ 30 000.

Hostel mit Charme ▶ **Hwaseong Guest House** 화성게스트하우스 **4:** Paldal-ro 2-ga 4, Tel. 031 2 45 62 26, www.hsguesthouse.com. Nur wenige hundert Meter vom Paldalmun entfernt, liegt das Hostel mitten in der Hwaseong-Festung, ist mit Küche, Computern, Internet und Waschmaschine ausgestattet und ein Preishit dazu. Schlafsaal ₩ 15 000, EZ ₩ 25 000.

aktiv unterwegs

Rundgang entlang der alten Festungsmauer Suwons

Tour-Infos

Start: Paldalmun 팔달문
Länge/Dauer: 5,7 km bzw. 2,5 Std.
Wichtige Hinweise: Außer der Treppe zu Beginn (ab Touristeninformation) ist der Weg einfach zu bewältigen. Alternativ kann man mit dem Hwaseong Trolley, einem kleinen Touristenzug (12 x tgl., 30 Min.), der in der Nähe des Paldalmun startet, bis zum nordöstlichen Ausläufer der Stadtmauer fahren. Mauer und Festung ₩ 1000, tgl. 9–17 Uhr.
Karte: s. S. 174

Die **Festungsmauer** 1 mit ihren Wachtürmen, Haupttoren, Geheimtüren, Kommandoposten und Kanonenstellungen sieht durch die Renovierungen in den 1970er-Jahren kaum wie ein historisches Bauwerk aus, sondern bestenfalls so nagelneu wie zu Zeiten ihrer Einweihung Ende des 18. Jh. oder schlimmstenfalls wie dessen Replika. Auch die quer durch die Festung führende Straße sowie die starke Bebauung mit Läden, Motels und Wohngebäuden tragen kaum dazu bei, dass Besucher sich in geschichtsträchtiger Umgebung fühlen. Trotz aller unvermeidbaren neuen Optik haben die Stadtväter Suwons jedoch beim Neubau ganze Arbeit geleistet und der Mauer mit ihren Bastionen und Türmen ein authentisches Bild der einstigen Größe gegeben. Und wenn dann in künftigen Jahren die Steine Moos angesetzt haben und das Holz der Torrahmen verwittert ist, wird die Festung so aussehen, wie es sich Besucher und Stadt wünschen.

Der Rundgang beginnt am beeindruckendsten Teil der Mauer, dem alten Südtor **Paldalmun** 팔달문 2. Um das Tor kreist heute der Verkehr in typisch asiatischer Dichte, wodurch das einstige Zugangsportal aber an Erhabenheit nichts eingebüßt hat. Am Tor geht man nach Westen durch eine kleine Seitenstraße und erreicht nach wenigen Metern die Touristeninformation, nach der es entlang einer steilen Treppe an der Mauer hinaufgeht. Nach etwa 100 m biegt ein Weg rechts ab, der zum **Hwaseong Trolley** führt. Man folgt der weitgehend – da im 19./20. Jh. verfallenen – neu errichteten Mauer und passiert bald das Südwesttor, **Seonammun** 서남문 5. Dann erreicht man rechts das **Tickethäuschen** für den weiteren Rundgang und die riesige **Hyowon-Glocke** 6 Diese darf man für ₩ 1000 schlagen – mit besten Wünschen für die Eltern, Familie, Hund, Katze und sich selbst.

Am **Hwaseomun** 화서문 7, dem Westtor mit rundem Vorbau, kann man die Festung verlassen, um auch einen Blick von außen auf die Anlage zu werfen, vor allem auf den hoch aufragenden **Seobuk Gongsimdon** 서북공심돈 8 (Nordwestlicher Beobachtungsturm) mit seinen Schießscharten, um dann spätestens am Nordtor, dem **Janganmun** 장안문 9, wieder auf die Mauer zurückzukehren. An diesem Tor prallt die historische Festungsstadt auf das neue Suwon außerhalb des Walles mit seinen gewaltigen Werbeplakaten und Tante-Emma-Läden. Nachdem man das **Hwahongmun** 화홍문 10 passiert hat, ein Fluttor, durch welches der Suwon-Bach (Suwoncheon 수원천) fließt und die Festung von Norden nach Süden in zwei Teile trennt, erreicht man eine **Bogenschießanlage** 11 und sieht schließlich außerhalb der Mauer auf der östlichen Seite die imposante **Erste Kirche von Suwon** 12 (Suwon Jeil Gyohoe 수원제일 교회). Von hier ist es nicht mehr weit zurück bis zum Paldalmun, Start- und Endpunkt des Rundgangs.

Wer noch nicht im Festungsinneren war, kann nun durch das Paldalmun hineingehen und den **Hwaseong Haenggung** 4 besuchen. Oder aber man geht auf einen der beiden Märkte, **Jidong** 1 und **Yeongdong** 2 (s. S. 177), die direkt am Paldalmun liegen.

Essen & Trinken

In der Festung ▶ **Yeonpo Galbi** 연포갈비 **1**: Buksu-dong 25-4, Tel. 031 255 13 37, tgl. 11–22 Uhr. Wenn es ein kulinarisches Weltwunder in Suwon gibt, dann zählt dieses Restaurant dazu: der perfekte Platz für herrliches Suwon *galbi* (Grillfleisch), schönes Interieur. *Galbi* ₩ 8000 bis über ₩ 30 000.

Günstiger Japaner ▶ **Misoya** 미소야 **2**: Maesanmo-ga, www.misoya.co.kr, tgl. 11.30–22 Uhr. Udon-Nudeln, Sushi und andere Leckereien nur 10 Min. vom Paldalmun entfernt. Sushi ₩ 8500.

Galbi ▶ **Bonsuwon Galbi** 본수원갈비 **3**: Uman-dong 51-20, Tel. 031 211 84 34, www.bonsuwon.co.kr, tgl. 17–22.30 Uhr. Mehrere hundert Sitzplätze und die Beliebtheit bei Einheimischen lassen einiges erwarten. Das Bonsuwon enttäuscht nicht und bietet beste Zutaten in einem minimalistischen, museumsähnlichen Bau. *Galbi* ab ₩ 8000 *(galbitang).*

Bäckerei ▶ **Com Pad'Or** **4**: Paldal-ro 2-ga 7-2, 1. Stock des Samgwan-Gebäudes, Tel. 031 243 05 88, www.compador.co.kr, tgl. 6–24 Uhr. Trotz des Namens kann die Bäckerei mit ihren europäischen Kolleginnen nicht mithalten, hat jedoch für koreanische Verhältnisse ein fantastisches Angebot – bis auf einige Ausreißer wie die Kuchen mit ihren alarmierenden Sahnebergen. Kaffeestückchen ab ₩ 1500.

Einkaufen

Mit seiner Nähe zu Seoul gibt es keinen Grund, Suwon wegen seiner Kaufmeilen anzusteuern. Die beiden Märkte **Jidong** **1** (Jidong Sijang 지동시장) und **Yeongdong** **2** (Yeongdong Sijang 영동시장) am Paldalmun sind nur einen Steinwurf auseinander und gehen fast ineinander über und bieten das alltägliche Marktallerlei von Ginseng bis Seide.

Verkehr

U-Bahn: Mit der U 1 ist Suwon leicht in 1 Std. von Seoul aus erreichbar (Suwon-Station). Achtung: In Seoul ist Obacht geboten, in welche U-Bahn man einsteigt. Linie 1 gabelt sich an der Station Guro und fährt einerseits nach Incheon, andererseits Richtung Suwon.

Incheon 인천 ▶ 1, G/H 5

Cityplan Incheon-Chinatown: S. 179

Die Hafenstadt Incheon nimmt einen besonderen Platz in Koreas Geschichte ein. Nach jahrhundertelanger Isolation öffnete sich das Land 1883 hier erstmals dem Rest der Welt. Von damals 4700 Einwohnern hat sich Incheon mit heute 2,7 Mio. Einwohnern zur drittgrößten Stadt des Landes entwickelt, erlangte jedoch trotz Diplomaten und Geschäftsleuten erst 1950 Berühmtheit, als US-General MacArthur hier mit UN-Truppen hinter den feindlichen Linien landete – ein Wendepunkt im Koreakrieg, in dessen Folge Seoul durch die UN-Armee zurückerobert wurde.

Incheon besitzt nach Busan den größten Hafen Südkoreas und ist damit für das nur 35 km entfernte Seoul ein wichtiger Güterumschlagplatz. Die meisten Besucher lernen von der Stadt trotz ihrer Historie nur den internationalen Flughafen kennen – für viele ist Incheon damit wie im 19. Jh. Südkoreas Tor zur Welt. Auch viele Fähren aus China enden in Incheon, und da die Verbindungen mit dem Reich der Mitte seit der Etablierung eines chinesischen Konsulats ein Jahr nach Öffnung des Hafens eine hohe Bedeutung hatten, beheimatet Incheon Koreas einziges Chinatown.

Um seinen Anspruch als dynamische Metropole zu unterstreichen, entsteht im Süden die **Songdo International City,** eine geplante Stadt mit 5,7 km² Fläche, die 2014 fertiggestellt werden soll und nach ökologischen Grundsätzen gestaltet wurde. Hier entsteht seit 2008 der **151 Incheon Tower,** mit 601 m eines der welthöchsten Gebäude, das 2015 vollendet sein soll. 2014 werden in Incheon die Asienspiele stattfinden.

Chinatown und das alte Kolonialviertel

Incheons Highlights sind die gegenüber der U-Bahn-Station Incheon gelegene alte **Chinatown** aus der späten Phase der chinesischen Qing-Dynastie (1644–1911) sowie das östlich davon gelegene alte **Kolonialviertel.**

In diesem Teil der Stadt lebten die westlichen Ausländer und Japaner, die mit Korea seit dessen Öffnung 1883 Handel trieben und von hier ihre Waren verschifften. In den 1940er-Jahren, bevor die Kommunisten Shanghai und den Rest Chinas beherrschten, war Chinatown das kommerzielle Zentrum Incheons, in dem Seide, Kräuter und andere Güter gehandelt wurden. Über 10 000 Bewohner und zahllose chinesische Restaurants waren hier zu finden, bis in den 1960er-Jahren durch den Koreakrieg und eine antichinesische Politik der alte Ruhm des Viertels verblasste und das Chinatown auf seine heutige Größe schrumpfte. 500 Immigranten leben immer noch hier, und wer eine Ahnung erlangen will, wie es in der Vergangenheit in Incheon zuging, erlaubt sich einen Spaziergang durch Chinatown und das ehemalige Kolonialviertel mit einigen gut erhaltenen historischen Gebäuden. An die koloniale Vergangenheit erinnern nur noch japanische Bauten, da die alte britische Botschaft ebenso wie diverse Händlervillen im Koreakrieg niederbrannten (www.ichinatown.or.kr, Seouler U 1 Incheon).

Am Eingang zur Chinatown steht das **Erste Paeru** 패루 1 (Schmucktor, chin. *pailou* 牌樓) – wie zwei weitere von der chinesischen Stadt Weihai gestiftet. Seine chinesische Aufschrift lautet Junghwaga 街華中, Chinastraße. Von hier aus bieten sich ein- bis dreistündige Spaziergänge durch das Viertel an. Wenig südlich des Tores steht das schöne alte **Gonghwachun** 공화춘 **2**, ein zweistöckiges, ehemaliges Zunfthaus der Kaufleute aus der chinesischen Provinz Shandong von 1908. Einst war hier außer einer Herberge auch das gleichnamige Restaurant untergebracht (inzwischen umgezogen, s. Gonghwachun 3). In derselben Gegend steht seit 1934 die chinesische **Jungsan-Mittelschule** 3 (Jungsan Junghagyo 중산중학교) auf dem Platz, wo sich von 1884 bis zur Errichtung der Schule das chinesische Konsulat befand.

Biegt man nun in die Straße links ein, so läuft man auf ein weiteres Schmucktor zu, das **Dritte Paeru 4**. Dahinter beginnt der **Jayu-Park** (Freiheitspark/Jayu Gongwon 자유공원) von 1888, der erste im westlichen Stil gestaltete Park Koreas. Ursprünglich hieß er Manguk (Alle Staaten) und erhielt seinen aktuellen Namen erst 1957 in Erinnerung an General MacArthur. Im Osten des Parks steht die **Statue General MacArthurs 5**, der 1950 den Gegenangriff gegen Nordkorea führte. Besonders am Wochenende siedeln sich um die Statue zahlreiche Brettspieler an, die nach ihrem Alter auch bei der damaligen Invasion hätten dabei sein können. Zurück Richtung Drittes Paeru erreicht man ein **Korea-USA-Monument 6**, 1992 anlässlich der (über) 100-jährigen Beziehungen zwischen den USA und Korea (Handelsabkommen 1882) errichtet. An dieser Stelle stand früher die märchenschlossartige Villa des britischen Geschäftsmanns Johnston.

Südlich um den Parkhügel liegen einige steinerne Zeugen der ehemaligen Chinatown, vor allem in Form von Restaurants und kleinen Läden, die sich in neuerer Zeit in den alten Gebäuden ausbreiteten. Die Gegend verfiel über die Jahrzehnte und ihre Geschichte wurde erst in jüngerer Zeit ›wiederentdeckt‹.

Südwestlich des Parks liegen die von Steinlaternen gesäumten **Grenzstufen 7**, die einst das chinesische vom japanischen Viertel trennten. Am Ende der Stufen steht eine Konfuzius-Statue. Das Gebäude des **Jung-gu Office 8**, der Verwaltung des gleichnamigen Stadtbezirks, steht an der Stelle des 1883 erbauten und später abgerissenen japanischen Konsulats, damals ausgestattet mit einer eigenen Polizeistation und einem Gefängnis. Leider weist die Fassade des heutigen dreistöckigen Baus eine krude Spritzbetonästhetik auf, und der linke Vorbau wurde überdies durch einen architektonisch wenig passenden Zweckbau verunstaltet.

Weiter südlich in der nächsten Parallelstraße sind einige alte Kolonialgebäude zu finden, namentlich **drei ehemalige japanische Banken 9**, die kaum asiatische Spuren aufweisen, sondern deren Architektur westlich geprägt ist. Die mittlere der drei Banken, die einstige 18th Bank of Japan, stammt von 1890 und beherbergt heute ein interessantes **Museum zur Architekturgeschichte** Incheons (Tel. 032 760 75 49, Di–So 9–18 Uhr,

Incheon-Chinatown

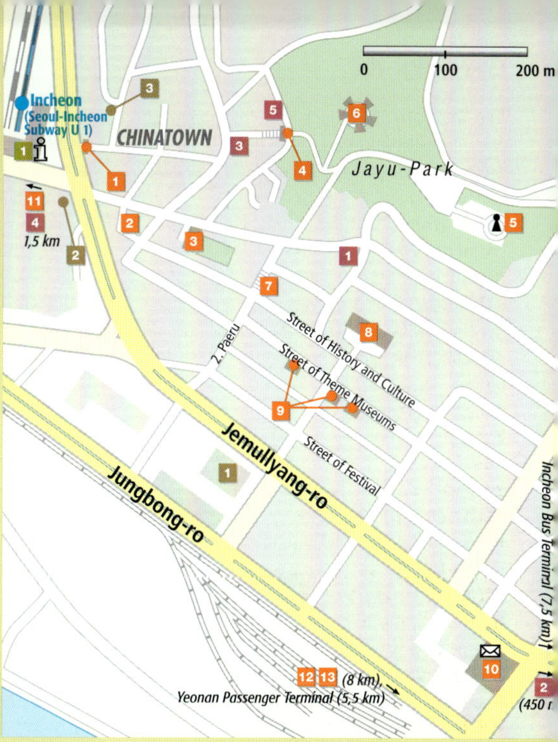

Sehenswert

1 Erstes Paeru
2 Gonghwachun
3 Jungsan-Mittelschule
4 Drittes Paeru
5 Statue General MacArthurs
6 Korea-USA-Monument
7 Grenzstufen
8 Jung-gu Office
9 Drei ehemalige japanische Banken
10 Incheon-Post
11 Wolmido
12 Incheon Landing Operation Memorial Hall
13 Incheon Metropolitan City Museum

Übernachten

1 Harbor Park Hotel
2 Paradise Hotel Incheon
3 White Motel

Essen & Trinken

1 Tochon
2 Samarkand
3 Gonghwachun
4 Yejeon
5 Café Castle

Aktiv

1 Infocenter U-Bahn-Station Incheon

₩ 1000). Im Herbst 2010 öffnete in der ehemaligen 1st Bank of Japan das **Incheon Open Port Museum** mit Artefakten aus der Zeit von 1883 bis 1910 (Tel. 032 760 75 08, Di–So 9–17 Uhr, ₩ 1000).

Noch tiefer im Süden und in etwa 10 Fußminuten erreichbar steht ein weiteres imposantes Kolonialgebäude, die 1923 im Renaissancestil erbaute **Incheon-Post** 10.

Wolmido 월미도 11

Eine Insel *(도 do)* war Wolmido nur bis in die 1920er-Jahre, aber Namen halten sich lange, und mit dem Bau einer Brücke und einem Bauprojekt zur Landrückgewinnung ging der Status als Eiland verloren. Wolmido liegt etwa 1 km vor der Küste Incheons, ist bekannt für seinen Vergnügungspark sowie seine Fischrestaurants. Ursprünglich sollte eine Einschienenbahn die Insel mit der Incheon U-Bahn-Station verbinden und die Anreise vereinfachen, jedoch wurde der Bau der Bahn 2011 gestoppt wegen »colossal corruption«. Aufgrund von »safety issues« soll die Strecke sogar wieder abgerissen werden.

In der Mitte der Insel liegt der **Wolmi-Park** (Wolmi Gongwon 월미공원), bis 2001 militärisches Sperrgebiet, in dem 1950 bei der Landung General MacArthurs heftige Kämpfe stattfanden, von denen heute mehrere Monumente zeugen, beispielsweise am Eingang zur Wolmi Culture Street. Im Wolmi-Park kann man zum 23 m hohen **Wolmi-Aussichtsturm** laufen, von dem man einen guten Blick über die Insel hat. Bei klarer Sicht lassen sich die startenden und landenden Boeings und Airbusse auf der Flughafeninsel Yeongjongdo zählen und in der Ferne die beiden Brücken bestaunen, die Yeongjongdo mit dem Festland verbinden (tgl. März–Okt. 5–23, Nov.–Febr. 5–22 Uhr, letzter Einlass 1 Std. vor Schließung, Eintritt frei).

Die **Wolmi Culture Street,** eine Strandpromenade mit ›Kultur‹ in Form von Cafés, einer Bühne mit gelegentlichen Veranstaltungen, Restaurants und Wasserfontänen, ist einer der wenigen Plätze in der Hafenstadt, an der sich die Seeluft ohne Smog und wilde Bebauung genießen lässt. Von der Promenade fahren regelmäßig Fähren hinüber nach Yeongjongdo.

Incheon Landing Operation Memorial Hall 12

Incheon Sangnyuk Jakjeon Ginyeomgwan
인천상륙작전 기념관

Mit Ausbruch des Koreakriegs mussten sich die UN-Truppen bis in eine kleine Enklave um Busan zurückziehen, und Korea stand kurz davor, vollständig unter nordkoreanische Kontrolle zu kommen. Der Gegenschlag der UN-Truppen startete am 15. September 1950 mit über 260 Kriegsschiffen und 75 000 Soldaten, die Incheon Landing Operation. In Erinnerung an diesen Wendepunkt im Koreakrieg ließ die südkoreanische Regierung 1984 ein **Monument** sowie ein **Museum** errichten. Letzteres führt in die Geschichte dieses im Westen weitgehend vergessenen Krieges ein. Zu sehen sind Schusswaffen und Panzer der Kriegsgegner, Informationen zu den auf südkoreanischer Seite beteiligten Nationen und natürlich eine Büste General MacArthurs. Viele Fotos, Filme und Karten geben einen bewegenden Eindruck aus jener Zeit, als die Welt politisch noch in Ost und West geteilt war und in Korea der erste einer Reihe von Stellvertreterkriegen geführt wurde, die erst Ende der 1980er-Jahre mit dem Zusammenbruch des Ostblocks aufhörten (Tel. 032 832 09 15, www.landing915.com, Di–So 9–18, letzter Einlass 17.30 Uhr, Eintritt frei).

Incheon Metropolitan City Museum 13

Incheon Gwangyeok Silib Bangmulgwan
인전 광역시립 박물관

Direkt neben der Incheon Landing Operation Memorial Hall steht das 1946 eröffnete, erste Stadtmuseum Koreas mit einer kleinen, aber feinen Sammlung von Ausgrabungsstücken, Gemälden, Antiquitäten und Kalligrafien. Besonders interessant sind die Fotos aus den Tagen Incheons, als sich die Stadt der Welt öffnete (Tel. 032 440 61 30, museum.incheon.go.kr, Di-So 9–18 Uhr, ₩ 400).

Infos

Touristeninformation: außerhalb der U-Bahn-Station Incheon, Tel. 032 777 13 30, 032 1330, itour.visitincheon.org, Endstation U 1 aus Seoul, tgl. 9–17 Uhr. Die beste und kompetenteste Touristeninformation der Stadt. Hier erhält man u. a. eine gute Karte in Englisch mit mehreren Spaziergängen und Beschreibungen zu den Gebäuden Chinatowns und des Kolonialviertels. **Weitere Infocenter** gibt es im Incheon International Airport, in den internationalen Fährhäfen sowie im Busbahnhof.

Übernachten

Top-Hotel in Chinatown ▶ **Harbor Park Hotel** 하버파크호텔 **1**: Tel. 032 770 95 00, www.harborparkhotel.com, Seouler U 1 Incheon (Endstation). Das beste Hotel Incheons bietet einen schönen Blick auf das Gelbe Meer und liegt nur einen Katzensprung von der U-Bahn-Station entfernt. DZ ab ₩ 220 000.

Zentrale Lage ▶ **Paradise Hotel Incheon** 파라다이스호텔인천 **2**: Tel. 032 762 51 81, www.paradiseincheon.co.kr, Seouler U 1 Incheon (Endstation). Dieses Businesshotel liegt noch näher an Chinatown als das Harbor Park, und Gäste profitieren vom Wettbewerb mit der teureren Nachbarunterkunft. Nicht auf dem neuesten Stand, was den Service angeht, aber für Langschläfer mit Frühflug eine Alternative zu den Hotels in Seoul. DZ offiziell ab ₩ 190 000 (starke Rabatte möglich und damit meist nur halb so teuer wie das Harbor Park Hotel).

Ruhige Lage ▶ **White Motel** 화이트모텔 **3**: Tel. 032 772 54 98, Seouler U 1 Incheon (Endstation). Näher an der U-Bahn-Station und an Chinatown geht es nicht. Gepflegte Zimmer mit riesigen Fernsehern und ohne schlüpfriges Dekor. DZ ab ₩ 40 000.

Essen & Trinken

Traditionell ▶ **Tochon** 토촌 1: Tel. 032 464 55 11, www.xn--e06bt7f.kr, Seouler U 1 Incheon (Endstation). Die Perle Chinatowns besticht mit einem Interieur aus Hausutensilien, viel Holz und alten Möbeln. Koreanische Gerichte mit erlesenen Zutaten. Auf dem Dach steht der Name des Restaurants (Erddorf) in Chinesisch (土村). *Bibimbap* ₩ 8000, traditionelles koreanisches Abendessen ₩ 35 000.

Usbekisch-asiatische Spezialitäten ▶ **Samarkand** (САМАРКАНД) 2: Sinpo-dong 20-1, Tel. 032 773 67 00, Seouler U 1 Incheon (Endstation), tgl. 11–23 Uhr. Lamm, Rind und Huhn werden von einem usbekischen Küchenchef zubereitet, der sein Handwerk bestens versteht und dessen Gerichte den zehnminütigen Spaziergang von Chinatown lohnen. Lammsuppe ₩ 7000, Grillspieß ₩ 3000.

Alteingesessene Institution ▶ **Gonghwachun** 공화춘 3: Tel. 032 765 05 71, Seouler U 1 Incheon (Endstation), tgl. 11–22 Uhr. Ein Restaurant, das seit 1908 *jajangmyeon* 자장면 serviert, ein Nudelgericht mit einer Sauce aus schwarzen Bohnen. Die Qualität der Menüs ist geblieben, aber der Umzug aus dem alten Gonghwachun-Haus in dieses neue Gebäude hat dem Lokal viel Atmosphäre genommen. Suppe ab ₩ 5000, Menü mit mehreren Beilagen ₩ 25 000.

Very british ▶ **Yejeon** 예전 4: Bukseong-dong 1(il)-ga 98-444, Tel. 032 772 22 56, www.ye-jeon.net, tgl. 12–22 Uhr. Ess- und Kaffeehauskultur in einem weiß-braunen Backsteinhaus direkt am Meer auf der Halbinsel Wolmido – von außen sehr britisch, innen mit soliden westlichen Gerichten. Steak ab ₩ 23 000, Spaghetti ₩ 10 000.

Kaffeehaus ▶ **Café Castle** 5: Tel. 032 773 21 16, Seouler U 1 Incheon (Endstation), tgl. 11.30–24 Uhr. Schnell zu übersehen, aber in zentraler Lage am Dritten Paeru kann man hier Kaffee, Tee oder Bier genießen. Das Café belegt die oberen Stockwerke des Gebäudes und bietet eine hervorragende Aussicht. Bier ₩ 5000, Kaffee ₩ 4000–6000.

Aktiv

Stadttouren ▶ **Infocenter U-Bahn-Station Incheon** 1: Tour 1 – Downtown Tour, 1 Std. 40 Min., 13 x tgl., ₩ 1500; Tour 2 – Incheon International Airport Tour, 2 Std. 55 Min., 6 x tgl., ₩ 6000; Tour 3 – Gangwha Island Tour, 8 Std., nur Sa/So, ₩ 10 000.

Termine

Incheon Bupyeong Pungmul Festival (Incheon Bupyeong Pungmul Daechukje 인천 부평풍물대축제: www.bpf.or.kr, Mai und/oder Juni. Das Fest bietet Kultur und traditionelle Musik mit den besten Künstlern Koreas.

Incheon China Festival (Jungguk Munhwa Chukje 중국문화축제): www.inchinaday.com, meist April/Mai. Ein Fest in Chinatown, um chinesische Kultur kennenzulernen.

Pentaport Rock Festival 펜타포트락 페스티벌: www.pentaportrock.com, Termine variieren, Website aufsuchen. Dreitägige Veranstaltung mit internationalen und koreanischen Rock- und Popgrößen.

Verkehr

Trotz 2,7 Mio. Einwohnern hat Incheon keinen Bahnhof, und für eine Verbindung in andere Städte Koreas muss man nach Seoul fahren.

U-Bahn: Mit Seoul ist Incheon über die U 1 verbunden. Die Incheoner U 1 verbindet sich mit Seouls U 1 an der Station Bupyeong. Die Seouler U 1 fährt bis zur Endstation Incheon, direkt am Rand von Chinatown.

Bus: Der Incheon Bus Terminal liegt ca. 8 km südöstlich von Chinatown und ist an Incheons U 1 (Ausgang 3) angeschlossen. Von hier fahren Busse in alle Städte Koreas, darunter Express- und Intercity-Busse.

Fähre: Die Fähren zu den Inseln im Westen Incheons sowie zu vielen Häfen in China starten am Yeonan Passenger Terminal, der in einen internationalen und einen nationalen Teil getrennt ist (₩ 5000 per Taxi ab U-Bahn-Station Incheon der U 1).

Fortbewegung in der Stadt

U-Bahn: Die Incheoner U 1 quert die Stadt von Nord nach Süd und passiert den Incheon Bus Terminal.

Taxi: Alles Sehenswürdigkeiten lassen sich am besten mit dem Taxi ansteuern, z. B. Wolmido in 5 Min. von Chinatown oder die Incheon Landing Operation Memorial Hall in 10 Min. von Incheons U-Bahnlinie 1, Dongmak Station, aus.

Yeongjongdo und Muuido

Die vorgelagerten Inseln westlich von Incheon im Westmeer (Gelben Meer/Seohae), zu denen auch Ganghwado (s. S. 183) und Baengnyeongdo (s. S. 186) gehören, bilden einen herrlichen Fluchtpunkt aus dem urbanen Incheon und den Betonburgen Seouls. Strände, Fischrestaurants, alte Hügelgräber (Dolmen), Festungen und so mancher Wanderweg bilden die Anziehungspunkte der Inseln, die trotz ihrer Nähe zu Incheon teilweise nur in langer Anreise zu erreichen sind. Die Entfernung vom modernen Korea hat den Inseln gut getan, denn an vielen der Eilande ist die Industrialisierung spurlos vorübergegangen, und die Menschen in den Dörfern scheinen keine Armbanduhren zu kennen und gehen höchstens halb so schnell über die Straße wie die Investmentbanker und Industriemanager im Zentrum Seouls. Einzige Ausnahme ist die Insel Yeongjong mit Koreas modernstem und größtem Flughafen, aber selbst hier konnten sich im Westen Nischen mit einem Leben im Schneckentempo halten.

Yeongjongdo 영종도 ▶ 1, G 5

Yeongjongdo müsste eigentlich Gonghangdo, Flughafeninsel, heißen, denn sie beheimatet Seouls **Incheon International Airport,** den größten Flughafen des Landes. Bis 2001 existierte die Insel in ihrer heutigen Größe nicht, stattdessen gab es nur die drei kleineren Inseln Yongyu, Yeongjong und Sammak. Um den 2001 eröffneten Flughafen bauen zu können, schüttete man in einem Mammutprojekt das Meer um die Eilande zu und schuf damit die neue Yeongjongdo. Auf den ersten Blick hat die Insel wegen des Flughafens für Besucher die Anziehungskraft eines Fabrikgeländes. Mit dem Eurwangni-Strand an der Westküste und dem Yonggung-Tempel im Osten besitzt die Insel jedoch auch zwei Orte, die völlig ungestört vom Flugbetrieb sind.

Der **Eurwangni-Strand** (Eurwangni Haesuyokjang 을왕리해수욕장) ist eine der schönsten Sandmeilen Incheons – brasilianische oder thailändische Paradiesstrände sollte man allerdings dennoch nicht erwarten. Seine Popularität hat dazu geführt, dass Eurwangni mit einer stattlichen Zahl an Restaurants, Motels, Karaokebars und Geschäften ausgerüstet ist – alles, was für ein koreanisches Strandgefühl notwendig ist. Eurwangni ist bei Flut am besten zu genießen; bei Ebbe überwiegt zwar immer noch der Sand, aber es zeigen sich auch große Schlammflächen.

Der im östlichen Teil der Insel gelegene Baekun-Berg (Baekunsan 백운산) ist bekannt für den **Yonggungsa** 용궁사, einen Tempel mit einem 20 m hohen und über 1300 Jahre alten Baum. Vom Baekunsan ist der Flughafen gut zu sehen.

Muuido 무의도 ▶ 1, G 5/6

Im Süden Yeongjongdos liegt die Insel Muui, die mit einer Fähre von Yeongjongdo in wenigen Minuten erreicht werden kann. Muuido besitzt ihren eigenen Charme, und verglichen mit der großen Schwester im Norden hat hier die Entwicklung Mitte des 20. Jh. aufgehört. *Muui* bedeutet Tänzerkleid, und in diesem Namen spiegelt sich die großartige Landschaft der Insel wider, die mit ihren beiden schönen Stränden **Silmi** 실미 und **Hanagae** 하나개 die Besucher anlockt. Hanagae ist der bessere der beiden Strände mit goldenem Sand und auch einigen Fischrestaurants. Bei Ebbe kann man vom Silmi-Strand zur unbewohnten **Insel Silmi** (▶ 1, G 6) im Nordosten laufen.

Die 2,5 km lange Wanderung hinauf auf den 242 m hohen **Horyonggoksan** 호룡곡산 auf Muuido führt durch dichten Wald und ist nicht zu steil (www.muui.co.kr, Fähre ab Südspitze Yeongjongdo: tgl. 7–20 Uhr, alle 30 Min., ₩ 2000).

Ganghwado 강화도 ▶ 1, G 4/5

Südkoreas fünftgrößte Insel, Ganghwado, liegt strategisch günstig an der Mündung des Han-Flusses und diente mit ihrer zerklüfteten Küste und dem starken Wellengang als natürliche Festung. Hierhin zogen sich die Könige der Goryeo- und der Joseon-Zeit in Krisenzeiten zurück. Im 13. Jh. beheimatete die Insel, nachdem die Königsfamilie vor den marodierenden Mongolen hierher geflohen war, fast 40 Jahre lang sogar die Hauptstadt Koreas.

Selbst in der neueren koreanischen Geschichte sah die Insel mehrere Schlachten. So überfiel im Jahr 1866 eine französische Flotte Ganghwado, setzte den Königspalast in Flammen und raubte fast 300 königliche Bücher und Dokumente, die sich noch heute in Frankreich befinden und regelmäßig von der koreanischen Regierung zurückgefordert werden. Fünf Jahre später zerstörte die US-amerikanische Marine mehrere Befestigungsanlagen der Insel. Das Jahr 1875 markierte einen Wendepunkt für Korea, als Japan mit dem Vertrag von Ganghwa die Häfen von Incheon, Busan und Wonsan (in Nordkorea) für den japanisch-koreanischen Handel öffnete und damit den ersten Schritt in ein Land setzte, das 35 Jahre später seine Kolonie werden sollte.

Bei so viel Geschichte wundert es kaum, dass die Relikte der Vergangenheit Hauptanziehungspunkt der Insel sind. Zwei Brücken verbinden Ganghwado mit dem Festland, was von Seoul eine Anfahrt von etwa 1,5 Std. bedeutet und der Insel viele Ferienhäuser von Wochenendflüchtlingen aus der Hauptstadt beschert hat. Berühmt sind der Qualitätsginseng der Insel sowie über 100 alte Hünengräber von Dorffürsten der Bronzezeit. Diese Dolmen gehören seit dem Jahr 2000 zum UNESCO-Welterbe.

Ganghwa-Stadt ▶ 1, G 4

Ganghwa-eup 강화읍

Die Hauptstadt der Insel gewinnt keine Schönheitspreise. Die alte **Stadtmauer** samt Festung und Palast wurde 1866 von den Franzosen zerstört. Ab 1974 wurden etwa 2,5 km der Mauer wieder aufgebaut. Der über dem Stadtzentrum gelegene **Goryeo-Palast** (Goryeo Gungji 고려궁지), 1231–70 Sitz der koreanischen Königsfamilie, hält keinem Vergleich mit den imposanten Bauten in Seoul stand. Nachdem der König den Palast verlassen hatte, verfielen die Gebäude und gelangten 1637 sogar in die Hände der Mandschuren. Die meisten der heutigen Palastgebäude sind Nachbauten von 1977 (tgl. 9–18 Uhr, ₩ 900).

Das **Ganghwa Ginseng Center** (Ganghwa Insam Senteo 강화인삼센터) dagegen hat sich über die Jahre kaum verändert, liegt nur 400 m nördlich des Busbahnhofs und ist der ideale Platz zum Kauf der Wunderwurzel, auch Popeyes koreanischer Spinat genannt. Viele Geschäfte bieten hier das bekannteste Produkt der Insel in allen Alters- und Preisstufen an an (Tel. 032 933 50 01, www.ganghwainsam.co.kr, tgl. 7–19.30 Uhr).

Ganghwa History Museum

Ebenfalls im nördlichen Teil Ganghwados, nicht weit von der Nordbrücke und etwa 2 km östlich von Ganghwa-Stadt, steht das **Ganghwa Yeoksa Bangmulgwan** 강화역사박물관) von 1988. Die interessante Ausstellung des Museums geht zurück bis in die Bronzezeit, greift aber auch die Mongolenkriege und insbesondere die Kämpfe gegen französische und US-amerikanische Kriegsschiffe im 19. Jh. auf (Tel. 032 933 21 78, ghm.ghss.or.kr, Di–So 9–17 Uhr, ₩ 1300).

Ganghwa Goindol und Jeomgol Goindol ▶ 1, G 4

Die auf der Insel verstreuten **Dolmen** *(jiseokmyo* 지석묘 oder *goindol* 고인돌*)* sind vergleichbar mit den in der norddeutschen Tiefebene zu findenden Hünengräbern, von denen es in Südkorea über 30 000 gibt – mehr als 40 % der weltweit bekannten Gräber dieser Art. Die UNESCO erklärte die Dolmen Ganghwados zusammen mit weiteren Hünengräbern in den Provinzen Nord- und Süd-Jeolla im Jahr 2000 zum Weltkulturerbe. Die Gräber Ganghwados sind eine der wenigen Kulturdenkmäler Südkoreas, für deren Besuch man sich schlechtes Wetter wünschen sollte – eingetaucht in Nebel, Nieselregen und

Tor der Festung Gwangseongbo auf Ganghwado

leichte Kälte, wirken die Gräber noch mystischer und dämonischer. Leider sind die meisten der antiken Grabstätten auf Ganghwado nur schwer erreichbar, und man benötigt ein eigenes Auto oder ein Fahrrad.

Der älteste dieser prähistorischen Überreste ist der **Ganghwa Jiseokmyo** oder **Ganghwa Goindol**, etwa 7 km nordwestlich von Ganghwa-Stadt, 150 m abseits der Hauptstraße gelegen. Bis er vor einigen Jahren mit einem Zaun und einem kleinen Park umgeben wurde, stand er mitten auf einem Acker. Der 7 x 5 m große Dachstein des Dolmen dürfte deutlich über 50 t wiegen. Dabei muss man sich die Möglichkeiten der damaligen Zeit vorstellen: keine Kräne, keine Hydraulikpumpen und keine Lkws. Der Bau allein mit Muskelkraft, schiefen Ebenen und Hebeln war eine technische Meisterleistung der jungsteinzeitlichen Menschen, denn die schweren Steine mussten nicht nur an die Grabstelle transportiert, sondern der querliegende Dachstein auch auf die Trägersteine gehievt werden (tgl. 24 Std., Eintritt frei).

Im Umkreis von wenigen Kilometern finden sich weitere Dolmen, beispielsweise der **Jeomgol Goindol** 점골고인돌 bei **Bugeun-ri** 부근리 mit einem ebenfalls beeindruckenden Dachstein, der sogar zwischen 150 und 225 t wiegen soll (tgl. 0–24 Uhr, Eintritt frei).

Gwangseongbo, Deokjinjin und Chojijin

Von der Südbrücke Ganghwados reihen sich wie eine Perlenkette entlang der Ostküste drei alte Befestigungen, die etwa 5 km auseinanderliegen. Die nördlichste Festung, **Gwangseongbo** 광성보 (▶ 1, G 5), stammt von 1636 und sah ebenso wie die anderen Verteidigungsanlagen im 19. Jh. heftige Kämpfe gegen Franzosen und US-Amerikaner. 2,5 km südlich steht **Deokjinjin** 덕지지 (▶ 1, G 4), deren interessantester Teil eine Kanonenbatterie ist; eine der strategisch wichtigsten Geschützanlagen während der französischen und US-amerikanischen Invasion der Insel. **Chojijin** 초지지 (▶ 1, G 4) entstand 1656 und wurde 1973 restauriert. Die Steinnarben an der Außenwand sollen Einschusslöcher von Kanonenkugeln sein, die ein japanisches Schiff 1875 abfeuerte (alle tgl. 9–18 Uhr, ₩ 1100).

Jeondeungsa 전등사 ▶ 1, G 5

Der Jeondeung-Tempel ist der schönste Tempel Ganghwados. Er ist vor allem berühmt als der Ort, wo im 13. Jh. die »Tripitaka Koreana«

geschnitzt wurde – einer der bekanntesten buddhistischen Texte, gleichzusetzen mit der Bibel. Die Druckstöcke der Tripitaka befinden sich heute im Haein-Tempel bei Daegu.

Das interessanteste Gebäude des 381 vom chinesischen Mönch Ado gegründeten buddhistischen Tempels ist die **Daeungjeon** 대웅전, die Haupthalle, vollendet 1621 und innen mit verblassender Malerei und erlesenem Schnitzwerk an Decken und Gebälk ausgestaltet. Am Altar thronen die drei Juwelen des Buddhismus, verkörpert durch die drei Buddhas, Shakyamuni in der Mitte, flankiert von Amitabha und Bhaishajyaguru. Auf jeder Seite der Figuren steht ein Spiegel mit Flammen-Mandala, getragen von einem Tiger. Beim Besuch der Halle sollte man ein Auge auf die Figuren werfen, die in jeder Ecke das Dach tragen. Nach der Legende hat der Tempelarchitekt seine untreue Frau als eine der Figuren verewigt. Sie stahl sein gesamtes Geld und soll zur Strafe für immer die Last der Tempeldecke tragen. Welche der kleinen Figuren die Dame darstellen soll, ist kaum zu erkennen, da sie geschlechtsneutral gefertigt sind und sowohl Menschen als auch Tiere sein können.

Westlich der Daeungjeon steht die **Halle des Medizinbuddha** (Yaksajeon 약사전), die vermutlich auf das 17. Jh. zurückgeht.

In einem **Pavillon** südlich der Haupthalle befindet sich die 1,8 m hohe **Tempelglocke,** ein aus China importierter Bronzeguss aus dem Jahr 1097. Während des Zweiten Weltkriegs wollten die Japaner die Glocke schmelzen, um das Material für Kriegszwecke einzusetzen. Allerdings war der Krieg beendet, bevor dies geschah, und so kehrte die heute einzige chinesische Glocke, die auf der Liste koreanischer Kunstschätze steht (Nr. 393), wieder in ihren Heimattempel zurück.

Der Tempel birgt ein **Teehaus** und nimmt am Templestay-Programm teil (s. S. 88; Tel. 032 937 01 25, www.jeondeungsa.org, Bus ab Busbahnhof in Ganghwa-Stadt, tgl. 6 Uhr bis Sonnenuntergang, ₩ 2000).

Oepo-ri 외포리 ▶ 1, G 4

Im Westen liegt das malerische Fischerdorf Oepo, mit den vielleicht besten Übernachtungsoptionen auf Ganghwado und idealer Ausgangspunkt für Ausflüge zu den Inseln im Westen: Seokmodo, Jumundo 주문도 und Boleumdo 볼음도. Der Ort ist nicht das Epizentrum des südkoreanischen Tourismus, aber bei einem Spaziergang lässt sich der Duft des Fischer- und Landlebens einatmen, in eines der Fischrestaurants einkehren und erahnen, dass sich das Leben hier in den vergangenen Jahrzehnten wenig geändert hat. Oepo hat einen lebendigen Fischmarkt, in dessen Nähe die Fähren nach Seokmodo ablegen (Busse ab Ganghwa-Stadt Bus Terminal alle 30 Min. entlang einer sehenswerten Strecke quer über die Insel, Fahrzeit 30 Min., ₩ 1000).

Ausflug zum Bomun-Tempel auf Seokmodo

Seokmodo 석모도 (▶ 1, G 4) liegt keine 2 km westlich von Ganghwado und ist von Oepo-ri aus am besten erreichbar. Hoch über der Insel gehört der **Bomunsa** 보문사 aus dem Jahr 635 zu den Highlights der Gegend. Das Gelände ist zwar klein, aber mit seinen Pinien und Gingko-Bäumen, einer Grotte und einem 10 m hohen, in Stein gemeißelten Buddha bildet der Tempel einen schönen Ruhepunkt. Koreanerinnen kommen zu diesem buddhistischen, der Gwanseeum (Göttin der Barmherzigkeit) geweihten Tempel, um dafür zu beten, Söhne zu gebären. Der Weg zum Tempel allein ist den Besuch wert: Von Ganghwa-Stadt geht es mit dem Bus über die Insel Ganghwado nach Oepo-ri, wo man mit der Möwen-Fähre nach Seokmodo übersetzt, die von Unmengen kreischender Seevögel begleitet wird. Anschließend fährt man weiter mit den wartenden Bussen durch Reisfelder und Salzfelder in die Nähe des Tempels, von wo es ein steiler Aufstieg ist (Bomunsa, Tel. 032 933 82 71, Fähre ab Oepo-ri alle 30 Min., Fahrzeit 10 Min., ₩ 2000, dann Bus, ₩ 1000, Tempel tgl. 8–19 Uhr, ₩ 1500).

Infos

Touristeninformation: Busbahnhof Ganghwa-Stadt, Tel. 032 930 35 15, 0321330, www.ganghwa.incheon.kr, tgl. 9–18 Uhr; im Hafen von Oepo-ri, Tel. 032 934 55 65, tgl. 9–18 Uhr.

Übernachten

Ganghwado liegt 1,5 Busstunden von Seoul entfernt und damit nah genug für Tagesausflüge. Neben den unten genannten Unterkünften gibt es *minbak* und die Möglichkeit, im Jeondeung-Tempel (s. S. 184) zu übernachten.

Boutique-Pension ▶ **A Some Place:** 1009-7 Seondu-ri 선두리 (▶ 1, G 5), Tel. 032 937 84 04, 011 97 54 04 28, www.asomeplace.co.kr. An einem Hang etwas abgelegen im Süden Ganghwados hat das moderne Hotel schöne Zimmer mit viel Ruhe und Licht. Geschmackvolle und minimalistische Einrichtung. DZ ab ₩ 90 000.

Jugendherberge ▶ **Ganghwa Youth Hostel** 강화유스호스텔: Oepo-ri (▶ 1, G 4), Tel. 032 933 88 91, www.gh-yh.co.kr. 10 Fußminuten nördlich von Oepos Fährhafen liegt an einem Berg dieses Hostel im üblichen Jugendherbergsstil. Schlafsaalbett/Familienzimmer ₩ 12 000/₩ 70 000.

Essen & Trinken

Fisch und Meeresfrüchte ▶ Eine Insel hat normalerweise Meeresfrüchte im Überfluss – Ganghwado bildet dabei keine Ausnahme. Im Hafen des Dorfes **Oepo** (▶ 1, G 4) sind viele Lokale zu finden, wo man frischen Fisch genießen und aufs Meer blicken kann. Eines dieser Restaurants ist das **Seoul Hoetjip** (Tel. 032 933 54 33). Die Menüs sind mit ₩ 50 000 nicht preiswert, reichen allerdings mit ihren opulenten Beilagen problemlos für zwei ausgehungerte Holzfäller.

Verkehr

Bus: Seoul–Ganghwado ab Sincheon-Busbahnhof (U 2 Sincheon, Ausgang 7), alle 15 Min., Fahrzeit 1,5 Std. bis Ganghwa-eup Bus Terminal.

Baengnyeongdo 백령도

▶ 1, A 3

Mit 120 km Entfernung von Incheon liegt die 48 km² große Insel näher an Nordkorea als an ihrem Heimatland. Lediglich 12 km Wasser des chinesischen Meeres trennen Baengnyeongdo (Weiße-Feder-Insel) vom Erzfeind im Norden, was die Insel zu einem bevorzugten Ziel nordkoreanischer Überläufer hat werden lassen. Durch seinen besonderen Status als ›Falkland-Insel‹ Südkoreas ist das Eiland militärisch stark gesichert und hat einige Seetechtelmechtel zwischen beiden Koreas erlebt, zuletzt im März 2010 mit der Versenkung des südkoreanischen Kriegsschiffes Cheonan, bei der 46 Soldaten getötet wurden.

Besucher der erst vor einigen Jahren für den Tourismus geöffneten Insel werden mit Felsformationen wie dem **Elefantenfelsen** oder den vertikalen **Klippen von Dumujin** 두무진 sowie einem der wenigen Plätze Südkoreas mit Seelöwen (Badayeo-Strand/Badayeo Haesuyokyang 바다여해수욕장) und bei guter Sicht einem Blick nach Nordkorea belohnt. Der **Sagot-Strand** (Sagot Haesuyokjang 사곶해수욕장) in der Nähe des Hafens diente während des Koreakriegs wegen seines extrem festen Sandes als natürliche Landepiste für Flugzeuge.

Info

www.ongjin.go.kr: Website mit Informationen zur Insel, auch auf Englisch.

Übernachten

Sehr einfach ▶ Übernachtungsmöglichkeiten sind in der Nähe des Fährhafens vorhanden, aber die Motels sind nur hartgesottenen Individualreisenden zu empfehlen.

Verkehr

Bus: Incheon–Baengnyeongdo ab Yeonan Passenger Terminal (s. S. 181), 3 x tgl., Fahrzeit 4–5 Std., ₩ 57 400).

Icheon 이천 **▶ 1, K 6**

Eine Stadt, ein Synonym – Icheons Geschichte ist seit Jahrhunderten verbunden mit dem Wort Keramik. Dank des reichen Angebots an Ton und anderen notwendigen Materialien in der Umgebung hat sich der Ort während der Goryeo-Dynastie (918–1392) zu einer der Hochburgen koreanischer Töpferkunst entwickelt und diesen Titel nie mehr abgegeben. Die heute in den über 80 Betrieben produzierte Keramik ist von so hoher Güte und Vielfalt, dass Porzellanliebhaber schlaflose Nächte haben werden. Neben hochwertiger Gebrauchskeramik wird Designware in traditioneller Handarbeit hergestellt, beispielsweise echte Seladon-Keramik, erkennbar an ihrer hellgrünen Farbe und den feinen Haarrissen (Craquelé) in der Glasur.

Icheons Herz schlägt inzwischen nicht mehr nur für gebrannten Ton; die Stadt hat sich auch einen Namen gemacht für schmackhafte Pfirsiche und ihren exzellenten Reis, der hier in verschiedenen Varianten wächst. Die Stadt bietet sich geradezu an, vormittags eine Shoppingtour durch die Keramikläden zu machen, eine Mittagspause bei einem *ssalbap* 쌀밥 (ein Reisgericht) einzulegen und am Nachmittag in einem Thermalbad zu entspannen.

Icheon World Ceramics Center

Icheon Segye Doja Senteo 이천세계도자센터
Das Center liegt im Seolbong-Park und ist einer der Ausstellungsorte der World Ceramic Biennale Korea (CEBIKO). In dem von der Korea Ceramic Foundation betriebenen Haus sind in vier Ausstellungshallen das Gestern, Heute und Morgen aus Koreas Welt der Keramik zu sehen (Tel. 031 631 65 01, www.wocef.com, Di–So 9–18, letzter Einlass 17 Uhr, Eintritt frei).

Icheon Ceramic Village

Icheon Doyechon 이천도예촌
Außerhalb von Icheon, etwa 4 km nördlich, liegt dieser Traum aller Freunde traditioneller koreanischer Keramikherstellung. Als Dorf darf man sich das Village nicht vorstellen und schon gar nicht in dem Sinne, dass hier altehrwürdige Keramikmeister ihrer vom Vater am Sterbebett weitergegebenen traditionellen Handwerkskunst an Feuerstelle und Drehscheibe nachgehen. Hier geht es mehr und mehr um Business, aber die Vielfalt ist überwältigend, die meisten der Stücke können erworben und viele der Brennereien besucht werden. Zu den interessantesten gehören die **Goryeo-Manufaktur,** in der sich der Herstellungsprozess verfolgen lässt, und die **Namyang-Manufaktur**, wo man seine eigene Blumenvase drehen, anschließend brennen und nach Hause schicken lassen kann (Bus alle 10 Min. ab Icheon, Fahrzeit 5 Min., ₩ 1000, Taxi ₩ 4500; Goryeo, Tel. 031 632 70 09, Mo–Sa 10–17 Uhr, Eintritt frei; Namyang, Tel. 031 632 71 42, Mo–Sa 10–17 Uhr, ₩ 15 000, inkl. einem selbstgedrehten Gefäß).

Haegang Ceramics Museum

Haegang Doja Misulgwan 해강도자미술관
In der Nähe des Icheon Ceramic Village befindet sich dieses kleine Museum, dessen Ausstellung zwar fast ausschließlich in Koreanisch beschriftet ist, dessen Stücke jedoch für sich selbst sprechen. Gründer des Museums war der Keramikkünstler Yoo Kunhyung, der in den 1930er-Jahren fast alleine die uralten Herstellungstechniken erforschte und sich der Sammlung von Keramik und besonders des Seladons aus der Goryeo-Zeit verschrieb. Das Ergebnis ist hier zu sehen (Tel. 031 634 22 66, www.haegang.org, Di–So 9.30–17.30 Uhr, ₩ 2000).

Infos

Touristeninformation: im Seolbong-Park, nördlich des Stadtzentrums auf dem Weg zum Icheon Ceramic Village, Tel. 031 644 20 20, tour.icheon.go.kr, www.icheon.go.kr, tgl. 9–17 Uhr.

Übernachten

5-Sterne-Unterkunft und -Spa ▶ **Hotel Miranda** 미란다호텔: Tel. 031 633 20 01, www.mirandahotel.com. Mit Leichtigkeit Icheons bestes Hotel, dem mit dem Spaplus (₩ 14 000 bis ₩ 37 000) eines der besten Spas der Stadt angeschlossen ist. Die Hotellobby ist ein einziges Keramikmuseum mit hervorragenden Beispielen der lokalen Handwerkszunft. DZ ₩ 195 000, Suite ₩ 410 000, Rabatte von bis zu 50 % sind nicht unüblich.

Romantische Pension ▶ **Doyegongbang Deulkkot Maeul** 도예공방들꽃마을: Tel. 031

631 68 32, 016 93 35 68 32, www.2000ceramic.com. Eine Übernachtung im Wild Flower Village, wo diese Herberge mit Handwerksbetrieb steht, verspricht Nächte unter Sternen ohne Stadtlärm. Gäste können Keramik herstellen und brennen lassen. Das Dorf liegt mehrere Kilometer nördlich von Icheon und ist mit dem Bus von Icheons Busbahnhof nach Doamni erreichbar. DZ ₩ 50 000.

Essen & Trinken

Koreanisches Dinner ▶ Icheonok 이천옥: Sugwang 1(il)-ri 592-3, Tel. 031 633 47 47, tgl. 10–22 Uhr. Das Restaurant ist auf Hochzeiten spezialisiert, bietet jedoch auch anderen Gästen seine Delikatessen wie das Reisgericht *ssalbap* 쌀밥 oder mit *hanjeongsik* 한정식 ein traditionelles koreanisches Dinner. *Bibimbap* ₩ 12 000, *hanjeongsik* ₩ 12 000.

Japanisches Schnellrestaurant ▶ Misoya 미소야: Tel. 031 631 10 80, www.misoya.co.kr, tgl. 10–21 Uhr. Suppen, Nudeln und Sashimi werden in Minutenschnelle in diesem preiswerten und effizienten Restaurant am Busbahnhof zubereitet. Menü ab ₩ 4000.

Aktiv

Wellness pur ▶ Termeden Spa & Resort (Termeden Oncheon Resort 테르메덴온천리조트): Tel. 031 645 20 00, www.termeden.com, Bus 16-1 ab Icheon Bus Terminal bis Maok Nonghyup in Singal-ri 신갈리 oder Taxi (₩ 10 000); Shuttlebus ab Seoul-Ostbusbahnhof (Tel. 031 645 20 93, 02 4 58 45 50, ₩ 5000 je Richtung, tgl. 9.20, 10.40 Uhr direkt nach Termeden; zurück 16, 17 Uhr), tgl. 8–20 Uhr, ₩ 25 000–39 000. Hier kann man sich im ersten im deutschen Stil gestalteten Spa Asiens entspannen: Termeden = T(h)erme plus Eden. Das 43 ha große Spa bietet diverse Pools, heiße und kalte Bäder, Wassermassage, Bäder mit Zitrone oder Jasmin, Sauna etc. Badekleidung kann gekauft werden.

Termine

World Ceramic Biennale (Segye Dojagi Biennale 세계도자기비엔날레): www.wocef.com, alle zwei Jahre (ungerade Jahreszahl) meist Ende April bis Mai. Ein Megaevent mit Teilnehmern aus 40 Nationen, die sich u. a. im Icheon World Ceramics Center zum Fachsimpeln über Ton, Feuer und Glasur treffen.

Verkehr

Bus: Von Seoul nach Icheon ab Dong Seoul Bus Terminal 동서울 버스터미널 (U 3, 7, 9 Express Bus Terminal, Ausgang 1, 2) und Seoul Express Bus Terminal (U 2 Gangbyeon, Ausgang 4) alle 15–45 Min., ₩ 5700, Fahrzeit 1 Std.

Taxi: Alle Orte innerhalb Icheons (außer Termeden Spa & Resort und Pension Doyegongbang Deulkkot Maeul) sind mit dem Taxi für maximal ₩ 4500 erreichbar.

Donggureung 동구릉 ▶ 1, J 5

Etwa 20 km nordöstlich vom Zentrum Seouls liegen die **Neun Östlichen Gräber** (Donggureung) der Joseon-Dynastie, die eine Zeit von

In einer Keramikmanufaktur des Icheon Ceramic Village

mehr als 500 Jahren überspannen – vom Grab König Taejos, der die Dynastie 1392 gründete, bis zur Gruft Kaiser Sunjongs, der 1910 abdanken musste. Bis auf zwei in Nordkorea bestattete Joseon-Könige wurden alle Herrscher dieser Dynastie im Norden Südkoreas beigesetzt – und Donggureung ist die größte ihrer Grabstätten. Die Bezeichnung Neun Östliche Gräber ist genau genommen nicht zutreffend, denn tatsächlich ruhen in dem Areal sieben Könige und zehn Königinnen – teilweise sind die sterblichen Überreste der Royals jedoch in Doppel- oder sogar Dreifachgräbern beerdigt, sodass die Zahl Neun wieder stimmt. Die Mausoleen liegen in einem dichten Waldgebiet, durchzogen von Wegen, welche die einzelnen Gräber verbinden und zu einem schönen Spaziergang einladen. Vom **Tickethäuschen** läuft man durch den weitläufigen Wald bis zum **Roten Tor** (Hongsalmun 홍살문), das den Eingang zu den Ruhestätten markiert.

Anschließend passiert man rechter Hand zunächst zwei Grabstätten, **Sureung** 수릉, und dann **Hyeolleung** 현릉. Im Sureung liegen Prinz Munjo (1809–1830) und seine Gemahlin bestattet. Munjo war bereits im Alter von elf Jahren mit der nur ein Jahr älteren Sinjeong verheiratet worden, die ihn um 60 Jahre überlebte. Munjos Vater König Sunjo liebte seinen Sohn so sehr, dass er ihn nach dessen frühem Tod posthum zum König ernannte – damit ist Sureung das einzige der Neun Östlichen Gräber, in dem ein nachträglich inthronisiertes Königspaar beigesetzt ist.

Folgt man dem Hauptweg weiter, erreicht man im hinteren Bereich der Anlage mit dem **Geonwolleung** 건원릉 das historische Highlight der Anlage. Es handelt sich um das Grab des Joseon-Gründers Taejo (1335–1408, reg. 1392–98), der 1398 die Macht an seinen Sohn Jeongjong abgab. Das Geonwolleung liegt am tiefsten in dem umgebenden Wald, ist ein Einzelgrab und weist ebenso wie die übrigen Mausoleen von Donggureung ähnliche bis identische Charakteristika auf wie die Joseon-Gräber in Seouls Samneung-Park (s. S. 146). Allerdings kann das Mausoleum Taejos mit einer Besonderheit aufwarten, die jedem aufmerksamen Besucher sofort ins Auge springen sollte: Der Grabhügel sieht aus wie ein Heuhaufen, da er anders als alle anderen Joseon-Gräber nicht mit dem üblichen kurzen Gras bewachsen ist, sondern mit Pampasgras. Das hohe Gras stammt aus Hamheung 함흥시, Geburtsort Taejos und heute zweitgrößte Stadt Nordkoreas, und wurde entsprechend den Wünschen des Königs angeblich bis zum heutigen Tag nicht geschnitten. Wer genau hinschaut, wird zudem feststellen, dass auch die Statuen der Offiziere und Zivilbeamten kräftiger erscheinen als bei den anderen Gräbern – als ob dadurch die langlebige Natur der neuen Dynastie manifestiert werden sollte.

Info

Donggureung: Tel. 031 563 29 09, donggu.cha.go.kr, Di–So 6–18.30 Uhr, Nov.–Febr. bis 17.30 Uhr, Einlass bis 1 Std. vor Schließung, ₩ 1000.

Verkehr

U-Bahn/Bus/Taxi: Die Donggureung sind ab Seoul in etwa 45 Min. per U-Bahn und dann per Bus, Taxi oder zu Fuß erreichbar: U 2 Gangbyeon Station, Ausgang 4, dann Bus 1, 1-1, 9-2; alternativ mit der Jungang Line bis Guri Station, Ausgang 1, dann 1,4 km nach Norden (Taxi oder zu Fuß).

3 Demilitarisierte Zone (DMZ)

Bimujang Jidae 비무장지대

Die ehemalige deutsch-deutsche Demarkationslinie war eine grüne Grenze verglichen mit dem 38. Breitengrad, der bis heute beide koreanischen Staaten trennt. Stacheldraht, Minen, Wachposten und Panzerfallen sind allgegenwärtig auf beiden Seiten der Demilitarisierten Zone oder kurz DMZ, ein 4 km breiter und 248 km langer Pufferkorridor zwischen den verfeindeten Bruderstaaten, für die der Kalte Krieg weitergeht.

Die DMZ entstand, als sich hier Nord- und Südkorea und ihre jeweiligen Verbündeten am Ende des Koreakriegs gegenüberstanden und um einen Waffenstillstand rangen. Das Niemandsland zwischen den beiden Staaten ist einer der bizarrsten Orte dieses Planeten und Pflichtprogramm jeder Südkoreareise, wobei einzelne Gebiete wie die Joint Security Area (JSA) nur mit einer organisierten Gruppentour besucht werden können. Die Grenze ist einerseits schwer bewacht, andererseits lässt sich nördlich von Seoul diese Zone auf einer (streng überwachten) Tour sogar betreten, sodass man einen Blick auf nordkoreanische Soldaten, deren bewegungslose Gesichter und ihr Territorium werfen kann. Außerhalb der JSA hat den Streifen kaum ein Mensch seit den 1950er-Jahren betreten, was sich für die Natur als Glücksfall erwies, denn in dem Refugium konnten sich seltene Pflanzen und Tiere ansiedeln, darunter angeblich der in Korea extrem seltene Sibirische Tiger. Der Medienmogul Ted Turner versprach bei einem Besuch Nordkoreas im Jahr 2005, die Umwandlung der DMZ in einen Friedenspark und zum UNESCO-Weltkulturerbe finanziell zu unterstützen. Im März 2010 kündigte die südkoreanische Regierung an, entlang der DMZ einen Radweg zu bauen – natürlich mit ausreichendem Sicherheitsabstand zur Todeszone.

Joint Security Area (JSA) Panmunjeom ► 1, H 3

Mitten in der DMZ liegt **Panmunjeom** 판문점, offiziell **Joint Security Area** (JSA; Gongdong Gyeongbi Guyeok 공동경비구역) genannt, ein ehemaliges Dorf, das nach den hier stattgefundenen Waffenstillstandsverhandlungen 1953 geräumt wurde und heute im Wesentlichen aus drei blauen UN-Baracken besteht mit jeweils einer Tür auf nordkoreanischer und südkoreanischer Seite. Quer durch die Hütten läuft die Grenze beider Staaten, zwischen den Baracken markiert

Operation Paul Bunyan Thema

Entweder war die Sommerhitze schuld oder die langen Tage an einem der einsamsten DMZ-Wachposten, als im August 1976 die Spannungen zwischen den beiden Koreas einen abrupten Tiefpunkt erreichten. Auslöser war nichts weiter als ein Baum, der an der Brücke ohne Wiederkehr stand und eine Militäraktion riesigen Ausmaßes auslöste.

Der Baum in der vollen Pracht seiner Blätter behinderte die Sicht zwischen zwei UN-Wachtposten auf der südkoreanischen Seite der Grenze. Die UN-Führung beschloss, den Baum zu beschneiden, und schickte eine Gruppe von fünf Männern zur Brücke, begleitet von einer UN-Sicherheitseskorte. Die Truppe begann sofort damit, den Baum zu stutzen, als plötzlich 15 nordkoreanische Soldaten die Brücke überquerten und den Stopp der Aktion forderten. Da die UN-Truppe den Beschnitt fortsetzte, eskalierte die Situation, und die Nordkoreaner attackierten den Trupp mit jenen Äxten, die für die Beschneidung des Baumes vorgesehen waren. Am Ende der nur wenige Minuten dauernden Aktion starben Lieutenant Mark Barrett und Captain Arthur Bonifas, Letzterer angeblich durch einen gezielten Karatehieb eines nordkoreanischen Offiziers.

Als Reaktion auf den Axtmörder-Vorfall entschied das UN-Kommando mit voller Härte durchzugreifen und den Baum nicht mehr zu beschneiden, sondern zu fällen. Die Operation Paul Bunyan begann drei Tage nach dem Zwischenfall. Benannt wurde sie nach Paul Bunyan, einem sagenhaften Holzfäller von riesenhafter Größe und titanischer Kraft. Und tatsächlich war die Operation ein Muskelspiel der besonderen Art mit überwältigendem Militäreinsatz. Ein Konvoi von 23 US-amerikanischen und südkoreanischen Truppentransportern mit über 800 Mann in voller Kampfausrüstung, einige in *taekwondo* trainiert, fuhr ohne die Nordkoreaner vorzuwarnen durch die JSA zu dem Baum, während gleichzeitig die an der Brücke ohne Wiederkehr installierten Sprengsätze aktiviert wurden, um eine Überquerung der Brücke durch Nordkoreaner zu verhindern. Rückendeckung erhielt die Truppe von Cobra-Angriffshubschraubern und F-4-Kampfjägern, die über dem Operationsgebiet kreisten, sowie B-52-Bombern, die in großer Höhe, aber sichtbar über dem Territorium flogen. Für den Fall der Fälle wurde der Flugzeugträger Midway vor der koreanischen Küste stationiert, und 12 000 zusätzliche Soldaten wurden nach Korea beordert, darunter 1800 Marines-Elitesoldaten aus dem japanischen Okinawa. Sämtliche UN-Truppen in Südkorea waren zuvor in Kampfbereitschaft versetzt worden. Die Nordkoreaner sahen sich die Aktion von der gegenüberliegenden Seite der Brücke stumm an, feuerten keinen einzigen Schuss ab, sodass der Baum ohne Zwischenfälle gefällt werden konnte.

1987 wurde der verbliebene Stumpf des Baumes, dem die wahrscheinlich größte Militäraktion der Geschichte für einen einzelnen Baum galt, ersetzt durch einen Gedenkstein mit einer Inschrift für die beiden gefallenen Soldaten. Eine der bei dem Vorfall eingesetzten Äxte landete später im Friedensmuseum in dem nordkoreanischen Dorf Panmunjeom, das in der Nähe der JSA liegt.

durch einen Betonstreifen. Die gesamte JSA ist ca. 700 x 700 m groß, hat die UN-Gebäude etwa im Zentrum und erlaubt den nahsten Blick auf beide Seiten der Grenze und den ›closest possible encounter‹ mit nordkoreanischen Soldaten, der möglich ist, ohne das eigene Leben zu riskieren.

Seit der Schaffung der DMZ ereigneten sich in der JSA mehrere schwere Zwischenfälle mit Schießereien, Flüchtlingen und Militärmanövern (Operation Paul Bunyan, s. Thema S. 191). Über 1000 Treffen beider Seiten fanden bislang in der JSA statt, mit zahllosen Bekundungen koreanischer Solidarität, aber umgekehrt proportionaler Annäherung. All dies ist surreal genug, um eine DMZ-Tour für Spätgeborene und Kuriositätensammler zu einer Zeitreise zurück an die innerdeutsche Grenze der 1980er-Jahre werden zu lassen.

Die meisten Touren zur DMZ beginnen außerhalb der JSA in **Camp Bonifas,** wo mit militärischer Knappheit von jungen Rekruten eine Einweisung in die Spielregeln zum Besuch der Zone gegeben wird (in der Gruppe bleiben, kein Gespräch mit nordkoreanischen Soldaten etc.). Von hier geht es in speziellen Bussen nach Panmunjeom und in eine der drei blauen UN-Hütten, in denen man nordkoreanischen Boden betreten darf. Zum Standardprogramm einer guten Tour gehört auch die Visite eines der Aussichtsposten in der Nähe, von dem die beiden ›Propagandadörfer‹ innerhalb der DMZ zu sehen sind, eines auf jeder Seite der Grenze.

Das eine Dorf, **Daesong-dong** 대송동 (▶ 1, H 3, Dorf des Großen Erfolgs), steht auf der Südseite, und die Farmer, die hier noch wohnen dürfen, waren bereits vor 1953 ansässig oder ihre Vorfahren waren es. Obwohl die Bewohner keine Steuern zahlen und keinen Wehrdienst leisten müssen, gleicht der Ort einem goldenen Gefängnis: Ab 22 Uhr herrscht Ausgangssperre, und wer dann noch auf den Feldern angetroffen wird, muss mit Erschießung rechnen.

Auf der nordkoreanischen Seite steht das Geisterdorf **Kijong-dong** 평화촌 (▶ 1, G 3, Friedensdorf), von dem lange behauptet wurde, es bestünde nur aus Fassaden und als Bewohner würden tagsüber als Bauern verkleidete Soldaten umherwandern und den Eindruck eines wohlhabenden Dorfes vortäuschen, was sich jedoch als Propaganda-Trick herausstellte. In dem Dorf steht eine 160 m hohe nordkoreanische Flagge, höchster Flaggenmast der Welt, als Antwort auf einen zuvor vom Süden auf der gegenüberliegenden Grenzweite aufgestellten, knapp hundert Meter hohen Mast – die DMZ ist auch eine Spielwiese der Eitelkeiten.

Innerhalb der JSA steht auch die **Brücke ohne Wiederkehr** (Bridge of No Return), über die am Ende des Koreakriegs Gefangene ausgetauscht wurden. Damals wurden die Kriegsgefangenen der UN-Truppen an diese Brücke gebracht und konnten sich entscheiden, in welchem Teil Koreas sie künftig leben wollten. Wer allerdings die Brücke überquerte, durfte nicht zurückkehren – daher der Name. Letztmalig kam die Brücke 1968 zum Einsatz, als die gefangenen Marinesoldaten des US-Aufklärungsschiffs USS Pueblo, das vorher von nordkoreanischen Truppen gekapert worden war, an dieser Stelle nach Südkorea entlassen wurden. Die USS Pueblo liegt heute in Pjöngjang und ist eine der größten Touristenattraktionen Nordkoreas.

Dritter Infiltrationstunnel ▶ 1, H 3

Da die DMZ oberirdisch nicht passierbar ist, erfanden nordkoreanische Bergbauexperten eine andere Möglichkeit, rasch auf die Südseite zu gelangen. Ein Beispiel für den Erfindungsreichtum des Nordens ist der 3. Infiltrationstunnel, ein in 73 m Tiefe gegrabener Tunnel von 1,6 km Länge, 2 m Breite und 2 m Höhe – ausreichend, um mehrere tausend Soldaten binnen einer Stunde in den Süden zu schicken. Der Tunnel wurde 1978 entdeckt und war für Südkorea kein Schock mehr, denn zwei andere unterirdische Röhren waren bereits 1974 und 1975 entdeckt worden. Der vierte und bislang letzte ›Tunnel der Aggression‹ wurde 1990 aufgespürt. Nordkorea behauptete zunächst, die Tunnel seien vom ›imperialistischen Süden‹ gegraben worden, um einen Überraschungsangriff auf den Norden vorzubereiten, schwenkte dann jedoch auf die Erklärung ein, es seien Kohleminen, obgleich nie Kohle darin gefunden wurde. Tatsächlich hatte Pjöngjang in der Vorahnung auf eine mögliche Entdeckung die Felsen im Tunnel schwarz gestrichen.

Dorasan 도라산 ► 1, H 3

Mit seinem Tarnfarbenanstrich, Betondesign und der breiten Treppe erinnert das **Dora-Observatorium** (Dora Jeonmangdae 도라전망대) mehr an einen Bunker aus der Hochzeit des Kalten Krieges als an einen Aussichtspunkt. Von hier lassen sich gut Nordkoreas Industriestadt Kaesong sowie das Propagandadorf Kijong-dong mit seiner riesigen Fahne erkennen. Auf dem 1986 erbauten Observatorium, Zwischenstopp vieler DMZ-Touren von Seoul aus, stehen Ferngläser (₩ 500) bereit, um einen näheren Blick auf das xenophobe Mysterium jenseits der DMZ zu werfen.

Ebenso seltsam wie das Geschehen im Norden ist der **Dorasan-Bahnhof** (Dorasan Yeok 도라산역) in der Nähe des Observatoriums – der letzte Bahnhof Südkoreas an der einstigen Verbindung Seoul–Pjöngjang–China. Der Bahnhof erhielt 2007 ein vollständig neues, supermodernes Gesicht und fungiert seitdem als Transitbahnhof für Güter zum und vom Industriekomplex Kaesong, in dem als ein weiteres Kuriosum seit 2005 mehrere zehntausend Arbeiter des kommunistischen Nordens in den Fabriken kapitalistischer, südkoreanischer Konzerne arbeiten. Vor allem aber wurde er für den Fall der Wiedervereinigung gebaut und ist für den Passagierverkehr bestens ausgerüstet – die Gleise sind bereits vorsorglich bis nach Pjöngjang ausgeschildert, auch wenn der Gleiszugang Richtung Nordkorea von Soldaten verstellt ist. Ein Schild fasst die Idee des Bahnhofs zusammen: »Not the last from the South, but the first toward the North.«

Odusan Unification Observatory ► 1, H 4

Während das Dora-Observatorium nur mit einer organisierten Tour besucht werden kann, ist das **Odusan-(Wieder-)Vereinigungs-Observatorium** (Odusan Tonggil Jeonmangdae 오두산통일전망대) auch mit öffentlichen Transportmitteln zugänglich, allerdings sind dazu Geduld und Zeit notwendig. Für Südkoreaner aus der Gegend von Seoul ist dies der dem stummen Bruderstaat im Norden nächstgelegene Punkt, da Panmunjeom für sie wie für einige andere Staatsangehörige gesperrt ist. Anders als in der Joint Security Area ist die greifbare Spannung, als ob Armeen beider Länder gleich aufeinander losgingen, in Odusan nicht spürbar. Das Observatorium steht auf einem 118 m hohen Hügel und ist kein einfacher Aussichtsposten, sondern ein mehrstöckiges Gebäude mit einem **Laden,** der auch nordkoreanischen Schnaps verkauft, und einer **Ausstellung** (nur Koreanisch beschriftet) über das Leben im nördlichen Bruderstaat. Den Norden sieht man von einer klimatisierten und verglasten **Aussichtsplattform** im ersten Stock, in dem auch Ferngläser (₩ 500) gemietet werden können (Tel. 031 945 31 71, www.jmd.co.kr, mit Hinweisen zur Anfahrt, tgl. 9–16.30 Uhr, ₩ 2500; bei der Anfahrtsplanung kann die Touristeninformation KTO in Seoul helfen).

Infos

Die DMZ lässt sich nur als organisierte Tour besuchen, die meisten und besten Touren starten in Seoul; s. Tipp S. 151.

Achtung: Für den Besuch der DMZ ist ein konservativer Kleidungsstil mit langen Hosen, festen Schuhen etc. ebenso Pflicht wie der Reisepass, der mitgebracht werden muss. Die Demilitarisierte Zone ist militärisches Gebiet und Fotografieren daher nur eingeschränkt erlaubt.

Einkaufen

Militaria ► In der DMZ oder in Panmunjeom gibt es weder Supermarkt noch Ginseng-Shop, jedoch in Camp Bonifas einen **Souvenirladen** mit T-Shirts, Armeekleidung, Tarnkappen und anderen Kriegsmitbringseln – in einer der gefährlichsten Weltgegenden ein durchaus merkwürdiges Shoppingerlebnis.

Gangwon-do

Die nordöstliche Provinz Gangwon-do ist mit allem gesegnet, was zivilsationsmüde und naturliebende Großstädter sich wünschen. Koreas ›God's own county‹ besteht zu über 80 % aus teils spektakulären Bergen, ist zu mehr als 70 % bewaldet, durchzogen von ruhigen Seen und Flüssen und herrlich weißen Stränden – und alles ist ohne großen Aufwand erreichbar.

Wegen ihres zerfurchten Geländes war die Provinz Gwangwon-do 강원도 seit jeher isoliert vom Rest Koreas. Erst im Koreakrieg 1950–53, als Truppen beider Länder versuchten, strategisch wichtige Bergkämme zu erobern, rückte sie in den Mittelpunkt. Seit Ende des Krieges verläuft die Demilitarisierte Zone durch das Gebiet, sodass die Provinzen Gangwon-do (Südkorea) und Kangwon-do (Nordkorea) denselben Namen in verschiedener Transkription tragen. Im südkoreanischen Teil begann die Ausbeutung der Rohstoffschätze, vor allem Kohle und Holz, was dem Gebiet Straßen, Häfen und Eisenbahn brachte. Als in den 1990er-Jahren viele Minen schlossen und die Holzfäller wieder abzogen, musste sich Gangwon-do neue Erwerbszeige suchen – die Geburtsstunde der Tourismusbranche. In der üppigen Natur sind Freizeit- und Sportaktivitäten zu jeder Jahreszeit möglich, und die Infrastruktur ist dazu exzellent ausgebaut. Die beste Saison ist der Herbst, wenn die Vegetation in allen Farben des Regenbogens leuchtet und Gangwon-do sich wie der Indian Summer in den Neuengland-Staaten der USA präsentiert – Wandern in einem der Nationalparks Gangwon-dos gehört zu den Highlights.

Chuncheon 춘천 ▶1, L 4

Chuncheon, Frühlingsfluss, heißt die Hauptstadt Gangwon-dos. Mit den sie umgebenden bewaldeten Bergen und aufgestauten Flusstälern bildet Chuncheon das urbane Zentrum für Südkoreas nördliche Seenlandschaft, die zwar künstlich erzeugt wurde, jedoch für Angler ein ideales Refugium ist.

Die Stadt ist kaum mit Attraktionen ausgestattet, diese liegen außerhalb in der Natur, aber die frische Luft und der Charme einer kleinen Provinzhauptstadt sind mehr als ein Ausgleich. Als größte Stadt zwischen Seoul und der Ostküste ist Chuncheon ein wichtiger Verkehrsknotenpunkt: Durch eine im Juli 2009 eröffnete Autobahn ist es nur noch eine Autostunde nach Seoul und nicht weit zu den Seen der Umgebung und Outdoor-Aktivitäten.

Seit 1995 findet im Mai jeden Jahres das **Chuncheon International Mime Festival** statt, eine Festwoche mit Pantomime, Straßentheater, Installationen und so illustren Gruppen wie der No Frustration & Hope Provoking Group – der Name bringt das Motto des Festivals auf den Punkt.

Auf **Jungdo** 중도, der kleinen Insel im Uiam-See (Uiam-ho 의암호), einem beliebten Angelsee, kann sich freuen, wer aktiv sein will. Für Landratten führt ein schöner Fahrradwege, von dem man einen herrlichen Blick auf die Chuncheon umgebende Bergszenerie hat, um die Insel (Fähre tgl. 9–18 Uhr, alle 30 Min., ₩ 5300).

Infos

Touristeninformation: nahe Chuncheon Intercity Bus Terminal, Tel. 033 255 00 88, tour.chuncheon.go.kr, www.provin.gangwon.kr, tgl. 9–17 Uhr), gute Infos über Chuncheon und die Provinz; **weitere Infocenter** im Chuncheon Intercity Bus Terminal (Tel. 033 250 38 96, tgl. 9–17 Uhr); im Namcheuncheon-Bahnhof (Tel. 033 250 33 22, tgl. 9–17 Uhr). Alle drei Touristeninfos verfügen über englischsprechendes Personal.

Übernachten

Rustikal mit bestem Ausblick ▶ **Chuncheon Sejong Hotel 춘천세종호텔:** Tel. 033 252 11-91, bis -95, www.chunchonsejong.co.kr. Bestes Hotel am Ort, dem allerdings das Baujahr (1962) anzumerken ist. Schöne Lage mit Garten am Fuß des Bongui-Bergs, etwa 1 km Luftlinie östlich des Bahnhofs Chuncheon. 51 westlich und 14 koreanisch eingerichtete Zimmer. DZ ₩ 80 000.

Freundliches Hostel ▶ **Grand Motel 그랜드 모텔:** Tel. 033 243 50 21. Geräumige Zimmer mit Fernseher, Kühlschrank und vereinzelt Computern (vorher fragen). Keines der üblichen Love-Motels, sondern eher ein Hostel und nur ca. 5 Min. zu Fuß vom Zentrum Chuncheons entfernt. Die Besitzer sprechen Englisch und geben gerne Tipps für Ausflüge. DZ ₩ 35 000.

Essen & Trinken

Galbi, insbesondere *dakgalbi* 닭갈비 (gebratenes Huhn mit Gemüse und Reisfladen), ist die Spezialität Chuncheons. Im Stadtzentrum reihen sich in einer Straße die *dakgalbi*-Restaurants.

Büfett mit Musik ▶ **Spoon 스푼:** Saeromgongwon-gil 27, Tel. 033 251 85 63, tgl. 11–23 Uhr. Ein modernes Restaurant auf zwei Stockwerken etwa 2 km südöstlich des neuen Chuncheon-Bahnhofs in der Nähe des KNU-Krankenhauses. Einfache Einrichtung, aber ein gutes Büfett für ₩ 12 000.

Galbi & Co. ▶ **Myeongdong 1 Beonji 명동1번지:** Joyang-dong 131-9, Tel. 033 256 64 48, www.dakgalbee.co.kr, tgl. 10–1 Uhr. Eine der besten Möglichkeiten, um Chuncheons Stolz, *dakgalbi,* zu probieren. 400 m südwestlich der City Hall und 800 m südöstlich des Chuncheon-Bahnhofs. *Dakgalbi* ₩ 10 000.

Aktiv

Radfahren ▶ Am besten erkundet man Chuncheon mit dem Fahrrad: Eine Strecke führt um Jungdo (s. S. 194), eine weitere Route entlang des Ufers gegenüber der Insel. Räder lassen sich auf Jungdo gegenüber der Bootsanlegestelle für ₩ 4000/Std. mieten.

Wassersport ▶ Auf der Insel haben Wasserenthusiasten mit Rudern, Jetski, Wasserski und einem Freibad ausreichend Gelegenheit sich auszutoben.

Termine

Chuncheon International Mime Festival (Chuncheon Mime Chukje 춘천마임축제): www.mimefestival.com, Mai. Pantomime und Straßenparaden stehen im Mittelpunkt von Asiens größtem Fest dieser Art, das an verschiedenen Orten der Stadt mit internationalen Gästen abgehalten wird.

Chuncheon Puppet Festival (Chuncheon Inhyeong Geukje 춘천인형극제): festival.cocobau.com, Mitte August. Puppenfest mit Amateuren und Profis.

Verkehr

Chuncheon hat zwei Bahnhöfe: den Namchuncheon-Bahnhof (Namchuncheon Yeok 남춘천역/Chuncheon-Südbahnhof) sowie den Ende 2010 eröffneten Chuncheon-Bahnhof (Chuncheon Yeok 춘천역).

S-Bahn: Vom Chuncheon-Bahnhof bzw. Namchuncheon-Bahnhof zu den beiden Seouler Bahnhöfen Yongsan (U 1 Yongsan) und Cheongnyangni (U 1 Cheongnyangni) auf der Gyeongchun-Linie ca. 95 Min., ₩ 5600. Die Fahrt führt durch Berge und an Flüssen entlang ist landschaftlich ein Augenschmaus.

Bahn: Schneller geht es auf derselben Trasse seit Februar 2012 mit dem ITX-Service (Intercity Train EXpress), der beide Bahnhöfe in Chuncheon in 55 Min. mit Seouls Cheongnyangni-Bahnhof und in 70 Min. mit dem Hauptstadtbahnhof Yongsan (₩ 13 000) verbindet.

Bus: Der Chuncheon Intercity (Sioe) Bus Terminal 춘천시외 버스 터미널 liegt 2,5 km außerhalb des Stadtzentrums, ihm gegenüber liegt der kleinere Chuncheon Express (Gosok)

Bus Terminal 춘천고속버스터미널). Seoul–Chuncheon, ab Dong Seoul Bus Terminal (U 2 Gangbyeon, Ausgang 4) zum Chuncheon Intercity Bus Terminal, 90 Min., ₩ 9000. Incheon International Airport–Chuncheon, Direktbusse zum Intercity Bus Terminal. Ferner bestehen ab Chuncheon Intercity Bus Terminal Busverbindungen von/nach Wonju, Cheorwon, Gangneung, Sokcho und in weitere größere Städte in Gangwon-do und dem Süden. Ab Chuncheon Express Bus Terminal fahren Busse von/nach Daegu und Gwangju.

Taxi: Taxis sind preiswert und sollten für die Fahrt vom/zum Busbahnhof oder Bahnhof genutzt werden (₩ 2400 für die ersten 2 km, Deluxe-Taxi ₩ 4500).

Die Umgebung von Chuncheon

Namiseom 남이섬 ▶ 1, K 4

Zwischen Seoul und Chuncheon, etwa 15 km südwestlich Chuncheons gelegen, liegt die halbmondförmige **Nami-Insel,** die 1944 in dem See entstand, der sich durch den Bau des Cheongpyeong-Damms (Cheongpyeong-daem 청평댐) gebildet hatte. Die kleine Insel erstaunt westliche Besucher durch die vielen japanischen Touristen, welche das Eiland in Geschwaderstärke aufsuchen. Der Grund dafür sind Yu-jin und Joon-sang, die beiden Hauptprotagonisten der südkoreanischen TV-Seifenoper »Winter Sonata« (»Gyeoul Yeonga« 겨울연가) von 2002, einem der ganz großen Erfolge der Koreanischen Welle und damals ein Straßenfeger in Japan. Auf Namiseom war es, dass beide sich das erste Mal trafen und das erste Mal küssten. All das ist zwar Jahre her, aber besonders von japanischen Damen im mittleren Alter noch nicht vergessen, die für karnevalistische Stimmung sorgen, wenn sie mit schwarzen Perücken dahermarschieren, um den männlichen Hauptdarsteller zu imitieren, und den mehr oder minder freiwillig mitgereisten Gatten am Minenspiel abzulesen ist, dass sie diesem Schauspiel keine heitere Seite abgewinnen können. Wie es nicht anders sein kann bei einem derartigen TV-Hit, startete Ende 2009 eine japanische Zeichentrickserie als Fortsetzung von »Winter Sonata« mit 23 Schauspielern des Originals als Sprechern – und japanischen Untertiteln.

Unabhängig von der Telenovela-Hysterie bietet die Insel schöne **Spazierwege** unter Kastanien- und Ahornbäumen, einen **Freizeitpark** mit Freibad, Radwege und eine weitere Besonderheit, die einmalig ist in Korea: 2006 erklärte die Insel ihre Unabhängigkeit. Eine Flagge, Briefmarken und eine eigene Währung wurden eingeführt (5000-Nami-Münze, die ₩ 5000 entspricht und mit der tatsächlich gezahlt werden kann). Die Republik Naminara ist allerdings nur kulturell unabhängig vom Rest Südkoreas.

Infos

Touristeninformation: wenige hundert Meter südlich der Bootsanlegestelle, Tel. 031 580 80 08, www.namisum.com, tgl. 9–17 Uhr. Mit Wechselstube zum provisionsfreien Kauf der lokalen ›Währung‹.

Verkehr

Wer nach Namiseom möchte, muss zunächst Gapyeong 가평 (▶ 1, K 4) anfahren, um von dort mit der Fähre überzusetzen.

Fähre: Die Fähre zur Insel ist ca. 5 Min. unterwegs (tgl. 7.30–21.40 Uhr, mindestens alle 30 Min., Hin- und Rückfahrt inkl. Inseleintritt Jan.–März ₩ 6000, April–Dez. ₩ 8000).

Bahn: Gapyeong erreicht man von Seoul ab Cheongnyangni (U 1 Cheongnyangni), Zug Richtung Chuncheon, vorher in Gapyeong aussteigen (tgl. 16 x, Fahrzeit 85 Min., ₩ 5200).

Bus: Nach Gapyeong fahren Busse von Seoul ab Dong Seoul Bus Terminal (U 2 Gangbyeon, Ausgang 4, tgl. 6.15–22 Uhr, alle 30 Min., Fahrzeit 80 Min., ₩ 5000) und ab Sangbong Bus Terminal (U 7 Sangbong, Ausgang 2, tgl. 6.15–21.30 Uhr, alle 40 Min., Fahrzeit 80 Min., ₩ 5000). Direktbusse starten in Seoul ab Tapgol-Park (U 3 Anguk, Ausgang 5, 6) am südlichen Ende der Insadong-gil (vorherige Reservierung erforderlich, Tel. 02 753

12 47, tgl. 9.30 Uhr, Rückfahrt um 16 Uhr, ₩ 15 000). Von Chuncheon alle 5–10 Minuten Busse vom Chuncheon Intercity (Sioe) Bus Terminal nach Gapyeong (Fahrzeit 25 Min.).

Cheongpyeongsa 청평사 ▶ 1, L 3

20 km nordöstlich von Chuncheon liegt der buddhistische **Cheongpyeong-Tempel,** im Jahr 973 als Privatakademie erbaut. Mehrfach verfallen oder – insbesondere im Koreakrieg – zerstört, blieb wenig der ursprünglichen Bausubstanz erhalten. Lediglich die Front-(Dreh-)Tür, welche die Seelenwanderung symbolisieren soll, und einige andere Teile, darunter die Paradieshalle, haben den Frevel überstanden.

Der idyllische, halbstündige Weg zum Tempel führt durch das **Cheongpyeong-Tal,** bekannt für sein klares Wasser und den bescheidenen **Guseong-Wasserfall** (Guseong Pokpo 구성폭포), der auf dem Weg zum Tempel liegt und neun verschiedene Töne erzeugen soll – nur wahrzunehmen für Leute mit absolutem Gehör, alle anderen hören nur das immer gleiche Einheitsrauschen des Wassers.

Oberhalb des Wasserfalls steht die **Pagode der Prinzessin** (*gongjutap* 공주탑), eine kleine dreistöckige Steinpagode, die nach der Legende durch eine Liebesgeschichte ihren Weg hierher fand: Ein junger Mann, der sich einst in eine Prinzessin verliebt hatte, wurde hier getötet. Als Schlange wiedergeboren, wich er seiner Angebeteten nicht mehr von der Seite. Die Prinzessin betete daraufhin in mehreren Tempeln darum, dass die Schlange sie verlassen möge. Nachdem am Cheongpyeong-Tempel ihre Gebete schließlich erhört wurden und die Schlange verschwand, ließ die Prinzessin diese Pagode errichten und kehrte in ihr Reich zurück.

Der Tempel ist längst kein Geheimnis mehr, was nicht heißt, dass er überlaufen ist, sondern dass sich der koreanische Geschäftssinn in Form von kleinen Restaurants und Ständen vor dem Tempel manifestiert (tgl. 24 Std., ₩ 1300).

Verkehr

Bus/Fähre: Ab Chuncheon Bus 12 ab Namchuncheon-Bahnhof via Intercity Bus Terminal oder Bus 11 ab Chuncheon-Bahnhof zum Soyang-Damm (Soyangdaem 소양댐), Fahrzeit 30 Min., ₩ 1100. Dann 1 km zu Fuß zur Anlegestelle der Fähre (tgl. 9.30–17 Uhr, alle 30 Min., Fahrzeit 15 Min., ₩ 5000 hin und zurück); nach der Ankunft am Tempelpier 30 Min. zu Fuß.

4 Cheorwon 철원 ▶ 1, J/K 3

Nur etwa 40 km entfernt von der Grenze mit Nordkorea hat diese Stadt alle Tiefen des Koreakriegs erlebt. Als südlicher Punkt des ›eisernen Dreiecks‹, einer der zentralen Invasionsrouten der nordkoreanischen Truppen nach Seoul, verschwand die Stadt Anfang der 1950er-Jahre von der Landkarte, wurde jedoch später als Neu-Cheorwon wieder aufgebaut. Einige der damals zerbombten Gebäude stehen noch heute als Koreas beeindruckendste Ruinen aus dem Koreakrieg. Die Aura der Mahnmale ist beklemmend und ein Besuch mindestens ebenso bewegend wie eine DMZ-Tour nach Panmunjeom nördlich von Seoul.

Die Security Tour beginnt am **Hantangang Tourism Office** und führt zunächst zur sogenannten **Civilian Control Line,** die ohne vorherige Registrierung und eigenen fahrbaren Untersatz (oder als Tramper) unpassierbar ist. Hinter dieser Linie liegt der **Zweite Infiltrationstunnel,** ein im Mai 1975 entdeckter Tunnel, der von Nordkorea 50–150 m unter der Erde gegraben wurde und den Durchmarsch einer voll bewaffneten Division (etwa 20 000 Soldaten) pro Stunde erlaubte. Die 3,7 km lange Höhle, die an die irrealen Mega-Bauwerke der Schurken aus den James-Bond-Filmen erinnert, kam nie zum Einsatz, seine Existenz löste jedoch einen Schock in Südkorea aus, zumal dies nicht der einzige entdeckte Tunnel blieb (s. S. 192).

Nur eine kurze Fahrt vom Zweiten Infiltrationstunnel liegt das **Friedensobservatorium** (Ganghwa Pyeonghwa Jeonmangdae

Vom Friedensobservatorium der DMZ reicht der Blick bis nach Nordkorea

강화평화전망대), erbaut 2007, von dem man einen Blick über die Grenze nach Nordkorea werfen kann. Das Observatorium befindet sich ebenso wie die daneben stehende **Woljeong-Bahnstation** (Woljeong-ri Yeok 월정리역) nur wenige Meter von der DMZ entfernt. Die Bahnstation war einst letzter Stopp vor einer Reise von Cheorwon über den 38. Breitengrad nach Gagok im heutigen Nordkorea. Der Bahnhof ist heute die nördlichste Station des südkoreanischen Eisenbahnsystems (die allerdings nicht angefahren wird), und bis die Strecke eines Tages wieder eröffnet wird, ist die Hauptattraktion das verrostete Gerippe eines von den US-Amerikanern im Koreakrieg zerbombten nordkoreanischen Zugs.

Die überwältigendste Ruine auf der Tour ist die der ehemaligen **Zentrale der Arbeiterpartei Koreas** (ZAK, Nodongdangsa 노동당사), ein 1946 fertiggestellter Bau in bester sowjetischer Betontradition. Cheorwon lag vor dem Koreakrieg im kommunistischen Nordkorea. Stalinistische Zweckbauten zeichnen sich normalerweise nicht durch Designraffinesse oder gar Langlebigkeit aus, aber diesmal müssen die Ingenieure ihr Bestes gegeben haben, denn auch wenn das Dach einstürzte, so überstanden die Mauern heftiges Artilleriefeuer und stehen bis heute. In der Nähe der ZAK präsentieren sich die Reste einer 1936 erbauten **Methodistenkirche,** von der erstaunlicherweise in der Kirchenlobby die karierten Bodenkacheln den Kugelhagel, Wind, Schnee und Touristen überlebt haben.

Die Ruinen liegen abseits aller Haupttouristenpfade, was den Vorteil großer (eher gespenstischer) Ruhe hat – zwischen überwachsenen Trümmern und nackten Hauswänden. Durch manche der zerstörten Bauten weht ein Hauch von Angkor Wat.

Infos

Hantangang Tourism Office (Hantangang Gwan Gwangji Gwallisamuso 한탄강 관 광지 관리사무소): Cheorwon, Tel. 033 455 82 75, 033 4 50 55 58, www.cwg.go.kr. Das Touristenbüro hat rudimentäre Infos, nimmt aber die Pflichtregistrierung für die hier auch startende Security Tour jenseits der Civilian Control Line entgegen (Touren Sa/So 9.30, 10.30, 11.30, 13.30, 14.40 Uhr, ₩ 8000).

Aktiv

Besichtigung ▶ Am einfachsten ist es, man schließt sich einer organisierten **Security**

Tour an (Anmeldung bei der Touristeninformation). Alternativ fährt man, will man die Sights jenseits der Civilian Control Line besuchen, mit dem eigenen Fahrzeug, dem Taxi (₩ 60 000 Cheorwon hin und zurück) oder hofft auf eine Mitfahrgelegenheit bei einem anderen Besucher. Aber aufgepasst: Wegen der Abgelegenheit dieses Teils der DMZ erscheint manchmal kein einziger Besucher am Tag und damit auch kein Transportmittel. Auf jeden Fall muss man sich für einen eigenständigen Besuch ebenfalls registrieren (Eintritt Civilian Control Line ₩ 4000).

Verkehr

Bahn: ab Seoul mit der U 1 bis Dongducheon 동두천 (▶ 1, J 3/4), dann Zug bis Sintan 신탄리 (▶ 1, J 2, Endstation). Von hier Busse, die an der ZAK vorbeifahren (Fahrzeit 2 Std.).
Bus: ab Dong Seoul Bus Terminal bis Cheorwon (2,5 Std.), dann Taxi zum Hantangang Tourism Office (15 Min.). Auch zur Zentrale der Arbeiterpartei (ZAK) und der Methodistenkirche, beide außerhalb der Civilian Control Line, gelangt man vom Dong Seoul Bus Terminal, allerdings fährt man zuerst nach Dongsong-eup 동송읍 und nimmt von dort (gegenüber dem Dongsong-eup Bus Terminal) einen Bus Richtung Sintan 신탄리 (20 Min.) oder alternativ ein Taxi.

Sokcho und Umgebung

Sokcho 속초 ▶ 1, N 2

Cityplan: S. 200
Im Osten das Donghae 동해 (Ostmeer/Japanisches Meer), auf das täglich die Fischerboote fahren, und im Westen die grünen Täler und Gipfel des Seoraksan-Nationalparks – das Städtchen hat sich die Aura eines Fischerdorfs mit angeschlossenem Urwald erhalten. Tatsächlich ist dies nicht nur das Flair des 90 000-Seelen-Dorfs, sondern auch Realität, denn in Sokcho dominiert trotz der überwältigenden Popularität des Nationalparks nach wie vor der Fischfang. Überall hängen Tintenfische wie Wäsche zum Trocknen an Leinen, und in vielen Läden werden getrocknete Kalmarententakeln, Makrelen oder Sardinen angeboten – aufgespießt, eingeschweißt oder offen nach Gewicht.

Sokcho selbst hält wenige Attraktionen für seine Besucher bereit. Die meisten Besucher nutzen die Stadt als Ausgangspunkt für Touren im Seoraksan-Nationalpark (s. S. 202).

Interessant ist es morgens an der **Anlegestelle** der von ihrer nächtlichen Fangfahrt einlaufenden Fischerboote. Das Treiben um die Sortierung der richtigen Fische in die richtigen Körbe und die Begutachtung des Fanges ist ein Durcheinander der besonderen Art, für das man allerdings früh am Hafen sein muss. Die Boote treffen zwischen fünf und sechs Uhr ein. Am Nachmittag werden noch die Reste aus den Netzen gepflückt und die gefangenen Tintenfische zu Hunderten in der Sonne getrocknet.

Der **Sokcho-Leuchtturm** 1 (Sokcho Deungdae Jeonmangdae 속초등대전망대 und der kleine **Yeonggeum-Pavillon** 2 (Yeonggeumjeong 영금정) in der Nähe der Anlegestelle für Fähren aus Japan und Russland erlauben einen Blick aufs Meer und entlang der stark bewachten Küste. Bis zum Ende des Koreakriegs lag Sokcho in Nordkorea, und wegen verschiedener Flucht- oder Spionageversuche (s. S. 198) ist die Ostküste im Norden bis zur DMZ und bis weit in den Süden mit Stacheldraht und Wachtürmen gespickt. Vom **Expo Tower** 엑스포타워 3, 74 m hoch und 1999 zusammen mit anderen Gebäuden für die Gangwon International Tourism Expo errichtet, öffnet sich ein Blick über die umgebenden Lagunen, die Berge sowie die Stadt selbst.

Cheoksan Hot Spring 4

Cheoksan Oncheon 척산온천
Im Westen der Stadt, auf dem Weg zum Seoraksan-Nationalpark (s. S. 202), liegen diese **heißen Quellen** mit über 40 °C warmem Wasser und der Atmosphäre eines türkischen Bades – gut geeignet als Jungbrunnen für die abgekämpfte Physis nach einem Aufstieg zum Ulsanbawi (s. S. 206; Bus 3, 3–1 ab Express Bus Terminal und Dongmyeong-Hafen, tgl. 5.30–21 Uhr, ₩ 6000).

Sokcho

Sehenswert
1 Sokcho-Leuchtturm
2 Yeonggeum-Pavillon
3 Expo Tower
4 Cheoksan Hot Spring

Übernachten
1 Sinaburo Motel
2 Donggyeong Motel
3 The House Hostel

Essen & Trinken
1 Dongmyeong-Fischmarkt
2 Jinyang Hwaetjib
3 Dancheon Sikdang
4 Wangshipri Goihanmadang

Einkaufen
1 E-Mart
2 Überdachter Markt

Aktiv
1 Fahrradverleih

Hwajinpo-Lagune ▶ 1, N 1

Hwajinpo 화지포

Im Norden, etwa 40 km von Sokcho, breitet sich diese Lagune aus, eine Flussmündung, an deren Ufer die ehemaligen Häuser von drei hohen koreanischen Politikern thronen. Alle drei sollten wenig Freude an ihren Seevillen haben. Das Steinhaus mit Burgzinnen gehörte keinem Geringeren als Kim-Il-sung, Nordkoreas Gründer und – trotz seines Todes 1994 – ewiger Präsident. Da dieser Teil Koreas nach dem Koreakrieg an Südkorea fiel, verlor damit auch der ›große Führer‹ seinen Sommersitz. In der Folge errichteten sowohl Rhee Syng-man, 1948–60 Präsident Südkoreas, als auch sein Stellvertreter Lee Ki-poong hier ihre Bungalows. Rhee Syngman musste, da Studentenproteste seine vierte Amtszeit verhinderten, 1960 nach Hawaii fliehen, wo er 1965 mit 90 Jahren starb. Der unbeliebte Lee Ki-poong, rechte Hand Rhees, sah keine andere Möglichkeit, als nach den Unruhen mit seiner gesamten Familie Selbstmord zu begehen. Die Geschichte sämtlicher Häuser ist interessanter als die Ausstellungen in den Bauten, die vor allem aus Gegenständen des Lebens der Herrscher bestehen – darunter Kim-Il-sungs Bett (Bus ab Sokcho Express Bus Terminal, Fahrzeit 1 Std.).

Goseong Observatorium für Wiedervereinigung ▶ 1, N 1

Goseong Tongil Jeonmangdae
고성 통일 전망대

Hoch im Nordosten Südkoreas liegt 60 km nördlich von Sokcho an der DMZ das einsam auf einem Hügel gelegene **Goseong Unification Observatory.** Dies ist der nördlichste Punkt auf der koreanischen Halbinsel, der sich ohne erschossen oder verhaftet zu werden von In- und Ausländern betreten lässt.

Bis 1953 gehörte dieser Teil Südkoreas zu Nordkorea, das nur wenige tausend Meter entfernt liegt und durch bereitgestellte Ferngläser beobachtet werden kann. Bei klarer Sicht kann man die etwa 40 km entfernten Diamantberge (Geumgangsan; s. S. 209) sehen, eine Deluxe-Version des Seoraksan-Nationalparks. Außerdem sind im ersten Stock des Observatoriums Alltagsgegenstände aus Nordkorea zu sehen. In der Nähe befindet sich eine Ausstellung mit Waffen und Ausrüstung aus dem Koreakrieg.

Ungeachtet der Abgelegenheit finden sich am nahen Parkplatz kleine Restaurants und und ein Souvenirshop, der nordkoreanische Produkte verkauft, je nach politischem Tau- oder Krisenwetter beispielsweise Bier, ein ominöses Pilsgebräu, oder eben nichts.

Man erreicht das Observatorium durch den **Tongil Security Park,** wo man sich vor dem Besuch registrieren muss und eine Sicherheitsunterweisung erhält (Tel. 033 682 00 88, www.tongiltour.co.kr, Bus ab Seoul Express Bus Terminal Bus nach Sokcho oder Ganseong, von dort jeweils Bus 1 oder 1-1 mit dem Schild Goseong Unification Observatory Bus. Von der Endstation sind es noch 15 Fußminuten, tgl. 9–15.50, Juli/Aug. bis 17.30 Uhr, ₩ 3000).

Infos

Touristeninformationen: sokcho.gangwon.kr. Die Zentrale (Tel. 033 635 2003, tgl. 9–17 Uhr) liegt leider unpraktisch am Sunrise Park. Kleine Touristeninfostände mit englischsprachigem Personal finden sich an allen wichtigen Punkten der Stadt, u. a. am Intercity Bus Terminal und am Express Bus Terminal. Weitere liegen an der Fahrstrecke der Busse 7 und 7-1 nach Seorak-dong, das am Eingang des Seoraksan-Nationalparks liegt.

Übernachten

Viele Besucher übernachten nicht in Sokcho selbst, sondern in der Nähe des Eingangs zum oder auch im Seoraksan-Nationalpark selbst (s. S. 208).

Mit Seeblick ▶ **Sinaburo Motel** 시나브로 모텔 1: Tel. 033 636 59 59. Am Expo-Park reiht sich eine ganze Armada von Motels, viele mit schlichtem bis geschmacklosem Interieur. Das Sinaburo ist eines der besten in der Gegend – die meisten der Zimmer mit Blick über den Cheongcho-See. DZ ab ₩ 45 000.

Am Busbahnhof ▶ **Donggyeong Motel** 동경모텔 2: Tel. 033 6 31 64 44. Unterkünfte direkt neben dem Busbahnhof haben eigentlich keinen guten Ruf. Das Donggyeong bildet eine Ausnahme: Die Zimmer sind gut und gepflegt und, um gegen das Klischee anzukämpfen, mit günstigem Preis. DZ ₩ 30 000.

Preiswert und freundlich ▶ **The House Hostel** 더하우스호스텔 3: Tel. 033 633 34 77, www.thehouse-hostel.com. Nur drei Minuten zu Fuß vom Intercity Bus Terminal mit schöner kleiner Terrasse, Waschgelegenheiten, Internet und sauberen Räumen. Ein kleines Frühstück ist im Preis inbegriffen. Der freundliche und englischsprechende Yoo ist das Herz des Hauses und zugleich ein hervorragender Reiseführer. Für Sparfüchse bleibt ein Wermutstropfen: Das Hostel hat keinen Schlafsaal. EZ/DZ ₩ 20 000/30 000.

Essen & Trinken

Fischliebhaber sollten das langgestreckte Gebäude am nordöstlichen Ende des Hafens, den **Dongmyeong-Fischmarkt** 1 (Dongmyeonghang Eosijang 동명항어시장), aufsuchen, wo im Erdgeschoss frisches Meeresgetier verkauft wird, das dann im ersten Stock zubereitet wird. Menüs sind ab ₩ 30 000 zu haben – nicht preiswert, aber die Menge reicht für zwei Personen und alles ist garantiert frisch.

Meeresdelikatessen ▶ **Jinyang Hwaetjib** 지양횟집 2: Jungang-dong 478-35, Tel. 033 635 99 99, tgl. 11–22.30 Uhr. Roher Fisch und die Spezialität des Hauses: gefüllter Tintenfisch (*ojingeo sundae* 오징어순대). Unbedingt probieren. Menü ab ₩ 10 000.

Gefüllter Tintenfisch ▶ **Dancheon Sikdang** 단천식당 3: Cheongho-dong 842, Tel. 033 632 78 28, tgl. 11–21 Uhr. Einfaches Restaurant für Liebhaber japanischer Sitzkultur (auf dem Boden) und Tintenfisch (ojingeo sundae 오징어순대). Der Tintenfisch ist gefüllt mit

Blutwurst, Karotten, Zwiebeln und weiteren Zutaten – die einen lieben es, die anderen hassen es. *Ojingeo sundae* ab ₩ 10 000.
Uriges Grillerlebnis ▶ Wangshipri Goihanmadang 왕십리구이한마당 **4**: Tel. 033 636 78 49, tgl. 17–23 Uhr. Das Paradies für hungrige Mäuler: koreanisches All-you-can-eat-Büfett mit Tintenfisch, Kartoffeln, Fisch und Fleisch, alles gegrillt am eigenen Tisch. Bier gibt es extra, herumstreunende Katzen ebenfalls, und alles zusammen ist dies für ₩ 7000 ein kaum zu schlagendes Angebot in authentisch-koreanischer Atmosphäre.

Einkaufen

Zwischen dem Express Bus Terminal und dem Expo-Park befindet sich ein **E-Mart** 1 für den täglichen Bedarf. 1 km südlich der City Hall um den **überdachten Markt** 2 herum liegt Sokchos Haupteinkaufsareal mitsamt mehreren Trekking-Shops. Getrockneter Tintenfisch ist eine Spezialität Sokchos und überall zu bekommen.

Aktiv

Die Vokabel ›aktiv‹ ist ein Synonym für Seoraksan, den Nationalpark direkt vor Sokchos Haustür mit einigen der besten Wandermöglichkeiten Südkoreas (s. S 206). Der **Fahrradverleih** 1 im Expo-Park unterhalb des Expo Tower verleiht Räder für ₩ 3000/Std., ₩ 10 000/Tag.

Verkehr

Bus: Verbindungen von und in viele Städte Südkoreas, u. a. mindestens stündlich ab Seoul Express Bus Terminal (₩ 16 200) und Dong Seoul (₩ 14 100), Busan und Gangneung zum Sokcho Intercity (Sioe) Bus Terminal 속초시외버스터미널 (Tel. 033 633 23 28).

Seoraksan-Nationalpark ▶ 1, M/N 2/3

Seoraksan Gungnip Gongwon
설악산국립공원
Karte: S. 203

Als einer der malerischsten Parks in ganz Südkorea mit dem dritthöchsten Berg des Landes, dem **Daecheong-Gipfel** (Daecheongbong 대청봉, 1708 m), steht Seoraksan – der Schneebedeckte Berg – weit oben auf der Hitliste der Natursehenswürdigkeiten Südkoreas. Wenn die Provinz Gangwon mit ihrer üppigen Natur das unschuldige Kind Koreas ist, dann ist dessen Lächeln der Seoraksan-Nationalpark. Vor allem im Herbst ist ein atemberaubendes Farbenspiel zu bestaunen mit roten und gelben Wäldern, zwischen denen Felsen, Bergflüsse und Tempel die Postkartenkulisse noch spektakulärer machen. Zu Recht wurde der Park 1982 wegen seiner Vielfalt und Einzigartigkeit an Flora und Fauna von der UNESCO in die Liste der Biosphärenreservate aufgenommen (bis heute als einziger in Korea). Neben 1400 Pflanzen, darunter auch das Edelweiß, sind fast 2000 verschiedene Tiere wie Reptilien, Vögel, Insekten, Otter und Hirsche hier beheimatet. Seit mehreren Jahrzehnten nicht mehr zu finden ist der Schwarzbär mit seiner charakteristischen weißen V-Markierung, der am Eingang als Symbol des Parks in Stein auf einem Sockel verewigt ist.

Der Seoraksan ist eine Ansammlung zerklüfteter und wilder Gipfel, von denen sieben über 1000 m ragen, und Teil des **Taebaek-Gebirges** (Taebaek Sanmaek 태백산맥), das sich an der Ostküste von Nordkorea bis fast nach Busan zieht. Als bedeutendster der drei wichtigen Gebirgszüge Südkoreas (neben Sobaek und Jiri) bildet Taebaek das Rückgrat der koreanischen Halbinsel. Die Täler des Seoraksan sind durchzogen von Bächen und Teichen, gespeist von Wasserfällen, während die Berge dicht mit Kiefern bewachsen sind und sich in den oberen Regionen schroff, zerklüftet und blank in den Himmel strecken.

Die Schönheit des Seoraksan ist gleichzeitig auch sein größtes Problem, denn an Feiertagen und Herbstwochenenden ist der Ansturm an Besuchern für Mitteleuropäer nur schwer zu ertragen, und die befestigten Wege, Brücken und Treppen gleichen Ameisenpfaden, auf denen mitten in der Wildnis

mehr um die Trittfläche auf den Wegen gekämpft wird als um die beste Sicht. Wer tiefer in den Park eindringt, kann den Horden (teilweise) entkommen, zumindest den Tagesausflüglern.

Der Park lässt sich in drei geografische Zonen einteilen: Inner Seorak im Westen, Outer Seorak im Osten sowie Southern Seorak, die durch Wanderwege miteinander verbunden sind. **Inner Seorak** ist bestens geeignet für Wanderer, die Ruhe suchen, denn hier sind die Ausblicke immer noch großartig, aber nicht so imposant wie im Outer Seorak, von Sokcho fahren weniger Busse, und so kommen auch weniger Ausflügler. Am zugänglichsten ist **Outer Seorak,** für viele der rauste und beeindruckendste Teil des Parks, wo die besten Panoramen und höchsten Gipfel auf das Auge des Besuchers warten. Outer Seorak liegt am nächsten zu Sokcho und ist von dort sehr einfach zu erreichen. **Southern Seorak** ist vor allem als Startpunkt zum Erklimmen von Seoraksans Zugspitze, dem Daecheong-Gipfel, beliebt (s. S. 202).

Der Seoraksan-Nationalpark bietet zahlreiche Zwei-Tages-Touren oder auch Tagesrouten und ist am besten über die zahlreichen Pfade zu erkunden, die den 400 km² großen Park wie ein Spinnennetz überziehen. Eine Karte erhält man am Parkeingang. Planen lässt sich eine Wanderung auch über die exzellente Website der koreanischen Nationalparks, auf der zahlreiche Vorschläge für Wanderungen gegliedert nach Dauer und Schwierigkeitsgrad zu finden sind (seorak.knps.or.kr, 1 Std. vor Sonnenaufgang bis 1 Std. nach Sonnenuntergang, ₩ 3000).

Outer Seorak

Oe Seorak 외설악

Outer Seorak liegt am nächsten zum Ostmeer (Japanisches Meer), und auf der Anfahrt von Sokcho nach Seorak-dong (20 Min.) erlebt man eine landschaftliche Metamorphose von Seewind, Fischrestaurants und Stränden ins bewaldete Mittelgebirge mit Tempeln und Wasserfällen. Das Herz im Outer Seorak ist **Seorak-dong** 설악동 **1** (▶ 1, N 2/3), Ein-

Der Große Buddha der (Wieder-)Vereinigung am Weg ins Cheonbuldong-Tal

gang zum Park und mehr eine Ansammlung an Restaurants, Hotels und Souvenirläden als eine Siedlung mit Geschichte und Dorfleben. Das ›Dorf‹ fungiert als Zentrum der Hotellerie, hat sich gänzlich dem Kommerz verschrieben, besitzt jedoch auch die einzige **Seilbahn** des Parks, mit der sich im Schnellgang einige schöne Aussichten ansteuern lassen (Tel. 033 636 73 62, Sommer tgl. 7–18, sonst 9–17 Uhr, ₩ 5000 einfach, ₩ 8000 hin und zurück).

Outer Seorak gilt als das schönste Gebiet des Gebirges und ist durch den leichten Zugang über Seorak-dong auch der überlaufenste Teil. Er bietet die beste Auswahl an halbtägigen (oder kürzeren) Wanderungen. Der Felsblock Heundeulbawi, die Tempeleinsiedelei Gyejoam, die Felsformation Ulsanbawi (s. Aktiv unterwegs, S. 206), der Biryong-Wasserfall und das Seorak-Tal (Cheonbuldong-Tal) gehören zu den Hauptattraktionen Outer Seoraks, und alle liegen nicht weit von Seorak-dong. Das Ziel der meisten Wanderer ist jedoch der Daecheongbong (1708 m, s. S. 202), der alles überragende Gipfel des Parks.

Von Seorak-dong führen mehrere Wege in die Umgebung und zu den Highlights. Alle Pfade sind in Englisch ausgeschildert.

Weg 1 – Wasserfälle: Dieser Pfad führt zu drei Wasserfällen im Süden Seorak-dongs. Zuerst passiert man entlang eines verführerisch schönen Weges den **Yukdam Pokpo** 육담폭포 **2**, kein ›echter‹ Wasserfall, sondern eher ein zu steil geratener Sturzbach, und gelangt dann zum **Biryong Pokpo** 비룡폭포 **3** (Wasserfall des Fliegenden Drachen), der wegen seiner 40 m Fallhöhe den Namen Wasserfall verdient, auch wenn viel Fantasie dazugehört, im herabstürzenden Wasser die Form eines Drachens zu erkennen, der aus dem Dunst aufsteigt. Nach weiteren 20 Minuten erreicht man den **Towangseong-Wasserfall** **4** (Towangseong Pokpo 토왕성폭포,) allerdings ist der Weg dorthin felsig und nicht ganz ungefährlich und von daher je nach Laune der Parkverwaltung geschlossen.

Weg 2 – Cheonbuldong-Tal: Das Seorak- oder Cheonbuldong-Tal (Tal der 1000-Buddha-Höhlen, Cheonbuldong Gyegok 천불동계곡) ist das Haupttal des Parks und mit einem der optisch stimulierendsten Wege gesegnet, den Seoraksan zu bieten hat. Auf dem Weg zum Tal passiert man den **Tongil Daebul** 통일대부 **5**, den Großen Buddha der (Wieder-)Vereinigung. Das Innere des über 14 m – mit Lotosthron fast 19 m hohen – sitzenden Bronze-Buddha birgt drei Reliquien (*sari*) des historischen Buddha Shakyamuni (ein Geschenk der birmesischen Regierung) sowie eine Ausgabe des »Tripitaka«. Dann erreicht man den buddhistischen **Sinheungsa** 신흥사 **6** (www.sinheungsa.or.kr), den Tempel des Göttlichen Gedeihens. Der bescheidene Tempel wurde 652/653 (oder bereits 637 nach seiner Rückkehr aus dem Tang-zeitlichen China) von dem Mönch Jajang gegründet und mehrfach wieder aufgebaut bzw. erweitert, sodass kaum noch Originalteile erhalten sind. Einen Blick verdienen aber die Statuen der Vier Himmelskönige, die zu den schönsten ihrer Art in ganz Korea gehören. Nach Passieren des Sinheung-Tempels führt ein Weg links nach 45 Gehminuten zum **Biseondae** 비선대 **7**, flachen Felsen, in die chinesische Schriftzeichen gemeißelt sind, und von hier ins **Cheonbuldong-Tal** **8**. Dieses einst schwierig zu erwandernde Tal ist heute leicht zu meistern und ein gebirgiges Märchenland, von einem Flüsschen durchzogen und mit vielen Felsgipfeln links und rechts, die früheren Besuchern als Buddha-Statuen erschienen sein müssen. Hartgesottene Wanderer schaffen die 12 km vom Parkeingang in Seorak-dong durch das Seorak-Tal bis zum Daecheongbong in sechs Stunden. Um pünktlich zum Sonnenaufgang auf dem Gipfel zu sein, ist eine Übernachtung in einer der einfachen Unterkünfte notwendig, die auf dem Weg liegen (s. S. 208).

Inner Seorak

Nae Seorak 내설악

Inner Seorak ist der am wenigsten kommerzialisierte und beschaulichste Teil Seoraksans, verglichen mit dem Rest wirkt dieses Gebiet sogar wie ein Open-Air-Zenkloster. Es ist auch der am schwierigsten zu erreichende Teil des Parks, der aber schöne Wanderwege und Aussichtspunkte bereithält.

Startpunkt für Hikingtouren ins innerste Innere Seoraksans ist **Yongdae-ri** 용대리 **9** (▶ 1, N 2), ein Dörfchen, das einst lediglich aus einer lehmigen Durchgangsstraße bestand, heute aber zum letzten Vorposten einer Wanderung in Inner Seorak mitsamt (bescheidenen) Hotels und Geschäften mutierte – letzte Möglichkeit, sich vor einer Wanderung mit Proviant zu versorgen. Die bekanntesten Flecken in Inner Seorak sind der Baekdam-Tempel, das Suryeomdong-Tal und das Gayadong-Tal.

Der 643 erbaute **Baekdamsa** 백담사 **10** (Tempel der 100 Kleinen Becken) bildet den kulturellen Höhepunkt Inner Seoraks und liegt im gleichnamigen Tal, durch das ein Fluss sprudelt, der angeblich stromaufwärts zahllose kleine Wassertümpel füllt – daher der Name Baekdam. Wie den Sinheungsa gründete auch diesen Tempel Jajang. Der Tempel blickt auf eine wechselvolle, von Bränden und Standortwechseln geprägte Geschichte zurück. Anfang des 20. Jh. lebte der Poet und Mönch Han Yong-un (1879–1944), der gegen die japanische Besetzung kämpfte und 1919 einer der 33 Unterzeichner der koreanischen Unabhängigkeitserklärung war, hier im Tempel. 1988 ernannte eine weitere Berühmtheit Baekdamsa zu seiner Heimat: Ex-Präsident Chun Doo-hwan (1931 bis heute), der im selben Jahr seine Präsidentschaft beendet hatte und hier zwei Jahre Buße tat (für die Verfehlungen während seiner Amtszeit, darunter das Gwangju-Massaker; s. S. 292). Die Haupthalle des Tempels birgt eine vergoldete Figur des Buddha Amitabha. Vom Baekdamsa starten mehrere Wege in die (gezähmte) Wildnis Seoraksans.

Weg 3 – Suryeomdong-Tal: Ein Pfad führt durch das idyllische **Suryeomdong-Tal** **11** (Suryeomdong Gyegok 수렴동계곡), das sich in einigen Stunden erkunden lässt und bis zum Outer Seorak führt. Wanderer mit ausgeprägtem Durchhaltewillen können sich in einem langen, acht- bis neunstündigen Marsch so-

aktiv unterwegs

Wanderung zum Ulsanbawi im Seoraksan-Nationalpark

Tour-Infos zu Weg 6

Start: Eingang Seoraksan-Nationalpark, Seorak-dong, s. Karte S. 203
Länge: 4 km
Dauer: 4,5 Std. (2,5 Std. Aufstieg, 2 Std. Abstieg)
Anfahrt: s. S. 208
Wichtige Hinweise: Für den Aufstieg ist zwar keine Karte erforderlich, aber das Information Center hinter dem Ticket Office hält eine englischsprachige Karte bereit. Der Aufstieg zum Ulsanbawi ist den ersten Kilometer einfach, dann 1,5 km mit spürbarem Anstieg und die letzten 1,5 km bis zum Gipfel über Treppen steil und anstrengend.

Die Trekking-Route auf den Ulsanbawi 울산바위 (*bawi* 바위 = Felsen), ein 875 m hohes Felsmassiv, ist eine der populärsten im Seoraksan-Nationalpark und bietet einen herrlichen Blick über den Park sowie in Richtung Meer. Der Weg ist gut ausgeschildert (auch in Englisch) und in der Woche ohne viel Rummel, nicht zu lang, aber trotzdem herausfordernd.

Vom Parkeingang erreicht man nach lockerem Spaziergang vorbei an der riesigen Statue des **Tongil Daebul** 5 (s. S. 205) und dem Überqueren einer Brücke den **Sinheungsa** 6 (s. S. 205), der links des Weges liegt. Weiter geht es nach Norden, wo man nach 500 m rechts **Anyangam** 안양암 20 erreicht, zwei kleine Einsiedeleien mit farbenfrohen Wandmalereien und grün gestrichenen Dachüberständen, wie man sie von den Palästen Seouls kennt. Der Pfad führt nun etwa eine Stunde auf der rechten Seite des Tales weiter den Berg hinauf, vorbei an **Naewonam** 내원암 **21**, einer weiteren buddhistischen Anlage, und **Gyejoam** 계조암 22, die den vom Anstieg bereits leicht erschöpften Ankömmling mit sphärischen Klängen aus der im Meditationsraum installierten CD-Anlage erwartet. Der kleine Tempel wird seit Jahrhunderten von Mönchen als Ort der Stille und Meditation genutzt, und wer dasselbe im Sinn hat, tut gut daran, sehr früh zu kommen, denn ansonsten ist es bei der Beliebtheit des Weges mit der Ruhe kurz nach dem koreanischen Frühstück vorbei.

Unmittelbar neben Gyejoam steht der **Heundeulbawi** 흔들바위, der Wackel-Felsen, ein Felsklotz mit 2,5 m Durchmesser und 16 t Gewicht, der sich mit viel Kraft sogar von einer Person bewegen lässt. Wahrscheinlich hat sich bereits die halbe Bevölkerung Südkoreas als Möchte-gern-Superman mit dem Stein ablichten lassen. Auf dem Boden der Felsplatte davor und an der Wand daneben haben zahlreiche Graffiti-Künstler aus der Zeit vor der Sprühdose ihre Inschriften hinterlassen als in den Stein gemeißelte chinesische Schriftzeichen. Ab dem Tempel wird es mit dem Aufstieg zum Gipfel ernst. Dieser

gar bis zum Daecheongbong durchschlagen. Im Suryeomdong-Tal existiert eine gleichnamige Hütte, in der man übernachten kann. Nach weiteren 30 Minuten Fußmarsch beginnt dann der Zugangsweg zum **Gayadong-Tal** 12 (Gayadong Gyegok 가야동계곡), einem kleinen charmanten Tal jenseits der Touristenströme.

Weg 4 – Shibiseonnyeotang-Tal: Ein alternativer Wanderweg beginnt in **Namgyo** 13 und verläuft durch das wunderbare **Shibiseonnyeotang-Tal** 14 (Tal des Zwölf Engel-Bades). Nach etwa 4–5 Std. kann man hier einen Abstecher zum **Ansan** 15 안산 (1430 m) machen (30 Min.). Weiter führt der Weg am **Daeseung-Wasserfall** 16 Daeseung Pokpo 대승폭포) vorbei bis **Jangsudae** 장수대 **17**. Für diesen 12 km langen Pfad müssen sieben Stunden veranschlagt werden.

letzte Kilometer zum Ulsanbawi fordert den Wanderer mit Treppen, Leitern und Brücken, denn ohne diese wäre der Gipfel nur für Bergsteiger zu erreichen. Etwa eine Stunde dauert der Weg hinauf zum **Ulsanbawi** 23, dessen Spitze aus einer flachen Aussichtsplattform besteht, die wie eine Vulkaninsel vom grünen Waldmeer umspült wird und von der an klaren Tagen ein Blick bis nach Sokcho und über das Ostmeer möglich ist. Da es nur einen Pfad zum Ulsanbawi gibt, ist dies gleichzeitig der Rückweg.

Treppenstufen führen hinauf auf den Ulsanbawi

Southern Seorak

Nam Seorak 남설악

Weg 5 – auf den Daecheongbong: Der schnellste Weg zum Mekka des Parks, dem Daecheong-Gipfel, beginnt in **Osaek** 18 (▶ 1, N 3, Osaek-ri 오색리). Die Hauptattraktion Osaeks selbst sind die vor etwa 500 Jahren entdeckten heißen Quellen, die nach der Legende einst von Nymphen besucht wurden, die hier badeten, in den Himmel zurückkehrten und eines Tages wiederkommen sollen. Dies ist vielleicht eine Erklärung dafür, dass die Quellen vor allem von koreanischen Männern so stark frequentiert werden. Eine andere Erklärung ist das Quellwasser mit einer angenehm warmen Temperatur von 42 °C und seiner – dank der besonderen Zusammensetzung – Pflegewirkung für die Haut.

Der Weg von hier auf den 1708 m hohen **Daecheongbong** 19 dauert etwa 4,5 Stunden und ist steil und anstrengend. In weiteren sechs Stunden gelangt man von hier hinunter nach Seorak-dong.

Infos

Touristeninformationen: seorak.knps.or.kr, in Seorak-dong, Tel. 033 636 77 00; in Osaek, Tel. 033 672 28 83. Beide sind eher aufgepeppte Parkranger-Büros als gut ausgestattete Touristeninformationen. Das bessere Infocenter liegt unpraktisch etwa 4 km südlich von Sokcho.

Übernachten

Alternativ zu den folgenden Unterkünften kann man auch in Sokcho selbst übernachten, von wo aus der Park einfach zu erreichen ist (s. S. 201). Darüber hinaus gibt es im Park auch einige **Campingplätze,** und zwar in Seorak-dong, Jangsudae und Osaek.

Englischer Luxus am Seoraksan ▶ **Seorak Kensington Stars Hotel** 설악 켄싱턴 스타 호텔: 160-1 Seorak-dong, Tel. 033 635 40 01, www.kensington.co.kr. Das neunstöckige Hotel ist eines der besten in der Nähe des Parkeingangs und von diesem nur fünf Gehminuten entfernt. In britischem Stil eingerichtet, als wäre das Empire immer noch das Zentrum der Welt, aber auch etwas altbacken. Ein Haus mit Geschichte: Präsident Park Chung-hee hatte eine eigene Suite im Kensington. Komfortables Ambiente, guter Blick, großer Garten und zu Weihnachten sogar mit Tannenbaum. DZ offiziell ab ₩ 165 000 (kräftige Rabatte möglich).

Traumlage ▶ **Seoraksan Tourist Hotel** (Seoraksan Gwangwang Hotel 설악산관광 호텔): 151 Seorak-dong, Tel. 033 636 71-01, bis -05, www.seorakhotel.com. Das einzige Hotel im Park protzt nicht mit Spa oder Edelgastronomie, sondern mit sozialistisch verschlafenem Charme. Saubere und schöne Räume. Aufgrund seiner Lage kann man den Parkeingang und somit die Eintrittsgebühr umgehen. DZ ab ₩ 65 000 (Hochsaison ₩ 121 000).

Am Fuß des Parks ▶ **Mt. Sorak Youth Hostel** (Seoraksan Yuseu Hoseutel 설악산 유스호스텔: 246-77 Seorak-dong, Tel. 033 636 71 15, www.sorakyhostel.com, www.hihostels.com. Etwa 20 Fußminuten vom Parkeingang ist dies die preiswerteste Übernachtungsmöglichkeit in Seorak-dong und die zweitpreiswerteste für Einzelreisende in ganz Sokcho – was will der Backpacker mehr? Zuverlässige Herberge mit viel jungem Volk, aber auch Familien und Pärchen, die alle hier ihr entsprechendes Quartier finden. Schlafsaal/DZ/Familie ₩ 25 000/40 000/50 000.

Outer Seorak ▶ **Berghütten:** Vom Parkeingang auf dem Weg zu Südkoreas dritthöchstem Gipfel, dem Daecheongbong, passiert man mehrere einfache Hütten, wobei **Jungcheong** nur 150 m unterhalb des Gipfels liegt und als einzige eine Reservierung erlaubt (Tel. 033 672 17 08). Die zweitnächste Hütte, **Huiungak**, liegt ca. 1,5 km vom Gipfel entfernt. Alle Hütten kosten ₩ 6000–8000 je Bett.

Essen & Trinken

Einfache Wandererkost ▶ Ein Naturpark bietet keine Gourmetküche, und der Seoraksan-Nationalpark bildet da keine Ausnahme. Restaurants gibt es in Seorak-dong, Osaek, Yongdae, Namgyo und Jangsudae ausreichend. Geboten wird einfache Kost wie *gamja buchim* 감자부침 (₩ 5500), ein leckerer Kartoffelpuffer mit beigemischtem Gemüse (u. a. Tomaten), gebraten in Öl, oder *sanchae bibimbap* 산채비빔밥, ein Mix aus Gemüse, Gewürzen und Reis (₩ 6000).

Verkehr

Bus: Outer und Inner Seorak lassen sich am besten ab Sokcho Intercity Bus Terminal (s. S. 202) ansteuern. Outer Seorak: ab Sokcho Intercity Bus Terminal, Bus 7, 7-1, alle 10 Min. (Fahrzeit 15 Min., ₩ 1000) nach Seorak-dong. Die Busse halten vor dem Ticket Office am Parkeingang. Inner Seorak: ab Sokcho Intercity Bus Terminal gehen stündlich Busse nach Jinburyeong 지부령 mit Stopp in Yongdae (₩ 6600) und Namgyo. Von Yongdae fahren alle 20 Min. Busse zum Baekdam-Tempel, oder man geht zu Fuß durch das Tal (1 Std.). Southern Seorak: ab Sokcho Intercity Bus Terminal Busse nach Osaek (₩ 4200) und weiter bis Jangsudae (₩ 5600); ab Jangsudae tgl. elf Busse nach Sokcho (8.15–20.15 Uhr). Auch ab Yangyang (s. S. 211) fahren Busse nach Osaek (₩ 2300). Ab Seoul fahren ab Dong Seoul Bus Terminal tgl. acht Busse direkt zum Baekdam-Tempel, Inner Seorak (6.30–14.30 Uhr, 2 Std., ₩ 14 900; ab Dong Seoul Bus Terminal mehrmals tgl. nach Osaek (₩ 20 500).

Abstecher nach Nordkorea

Geumgangsan 금강산

▶ 1, M/N 1 (Richtung)

Vier Worte reichen, um die Gebirgskette im äußersten Südosten Nordkoreas zu beschreiben: spektakulärste Naturlandschaft ganz Koreas. Der chinesische Dichter Su Dongpo (960–1277) schrieb eine Lobeshymne auf das **Geumgang-Gebirge:** »Wenn ich am Tag nach Anblick des Geumgangsan stürbe, so würde ich es nicht bedauern.« Dies ist keine Übertreibung, denn Geumgangsan (Diamantgebirge) bietet tatsächlich eine einzigartige Landschaft, die selbst weltweit ihresgleichen sucht. Der Zugang zu dem Gebirge ist seit 2008 geschlossen, auch wenn die Wiedereröffnung für Touristen mehrfach angekündigt wurde.

Das Gebirge erstreckt sich etwa 30 km nördlich der DMZ auf nordkoreanischem Territorium, aber trotz des Namens gibt es hier keine Diamanten. Der begrenzte Zugang zu dem Land und der Mangel an ausbeutbaren Bodenschätzen haben das Diamantgebirge weitgehend vor Veränderungen und dem Massentourismus geschützt. Seit Chinas Tang-Dynastie (618–917) gehören die Berge für die sinozentrischen Chinesen, die über Jahrhunderte engste Beziehungen zu Korea unterhielten, zu den fünf beeindruckendsten Gebirgen weltweit (die anderen vier liegen selbstverständlich in China).

Geumgangsan konnte bis 2008 sowohl von Nord- als auch von Südkorea aus besucht werden, wenngleich die mit Abstand meisten Gäste seit 1998 aus Südkorea kamen, anfangs mit Tourbooten und seit 2003 mit Bussen. Die Touren standen unter strengen Sicherheitsauflagen, ein Kontakt mit der lokalen Bevölkerung war ebenso ausgeschlossen wie ein Einblick in nordkoreanisches Leben.

Der Park ist untergliedert in drei Teile: das Innere Diamantgebirge, das Äußere Diamantgebirge sowie das Meeresdiamantgebirge. Dabei gilt das **Innere Diamantgebirge** mit seinen vielen buddhistischen Tempeln und Einsiedeleien und dem höchsten Gipfel des Geumgangsan, dem Bilobong (1638 m), als ›femininer‹ Teil und das **Äußere Gebirge** mit seinen schroffen Felsen und steilen Gipfeln als der ›maskuline‹ Teil. Die meisten Touren führten zu den Highlights des Parks, darunter die 74 m hohen Kuryong-Wasserfälle oder eine Wanderung zum Manmulsang-Gebiet mit seinen karstigen Felsformationen.

Das Gebirge ist seit 2002 eine Sonderwirtschaftszone und steht unter der Verwaltung des südkoreanischen Hyundai-Konzerns, der sogar einen Golfkurs und ein Skigebiet plante. Die Arbeitsteilung war über lange Jahre perfekt: Hyundai entwickelte die Infrastuktur in den Bergen und organisierte die teuren Touren aus dem Süden, während Nordkorea an dringend notwendige Devisen kam. Für zehn Jahre ging alles seinen Gang, bis 2008 ein Tourist von nordkoreanischen Soldaten erschossen wurde und Seoul daraufhin die Touren stoppte.

Derzeit sind Touren nur von Nordkorea aus möglich. Sollte in naher Zukunft wieder eine Reise vom Süden aus möglich sein (ab Seoul), werden sie am bereits im Jahr 1958 eröffneten Kumgangsan Hotel enden, das für den Tourpreis einiges erwarten lässt, aber nach internationalen Standards überteuert ist.

Aktiv

Organisierte Touren ▶ Bis 2008 kosteten zwei- bzw. dreitägige Touren ab Seoul ₩ 280 000–440 000. Individualreisen waren nicht möglich und werden es auch in Zukunft nicht sein. **Infos und Reiseagenturen** in Seoul finden Sie bei Mt. Kumgang Tour (Hyundai Asan), Tel. 02 36 69 30 00, www.mtkumgang.com.

Yangyang und der Naksan-Provinzpark

Der 32 000-Seelenort **Yangyang** 양양t (► 1, O 3) erlebte 2009 eine herbe Identitätskrise – sein internationaler Flughafen wurde wegen Passagiermangels geschlossen. Der normalerweise damit verbundene Abstieg in die Provinzialität blieb dem 25 km südlich von Sokcho gelegenen Ort erspart, und das aus gutem Grund, denn in der Nähe liegen der Naksan-Tempel und der Naksan-Provinzpark mit seinen Stränden.

Naksansa 낙산사 ► 1, N 3

Zwischen Sokcho und Yangyang liegt der **Naksan-Tempel**, einer der wenigen küstennahen Tempel Koreas. Uisang, einer der bekanntesten buddhistischen Mönche Koreas, gründete ihn nach seiner Rückkehr aus China zum Dank: Seine Hoffnung, Bodhisattva Avalokiteshvara – dem Bodhisattva des Mit-Leidens – zu begegnen, der hier in einer Höhle leben sollte, war nicht enttäuscht worden. So bedeutet der Name Naksansa denn auch Potalaka-Tempel. Potalaka ist jener Berg, der als ›Wohnsitz‹ des Bodhisattva gilt.

Der Naksansa blickt auf eine wechselvolle Geschichte zurück: erbaut 671, wurde er 858 erneuert, und im Koreakrieg völlig zerstört. Der 1953 neu errichtete Tempel fiel dann 2005 einem Waldbrand zum Opfer, wurde aber 2009 wieder aufgebaut. Doch einige Bestandteile des Tempels haben die Zeiten überdauert. So steht am Eingang des Naksansa das anlässlich des Besuchs König Sejos 1467 erbaute Steintor **Hongyemun** 홍예문. Auch die siebenstöckige **Steinpagode** stammt von 1467. Aus ihrem bronzenen Abschluss ragt ein Yasti – Symbol des Weltenbaums – empor, eine Gestaltung, die an tibetische Pagoden der chinesischen Yuan-Dynastie (1279–1368) erinnert.

Seit 1977 besitzt der Tempel eine majestätische, 15 m hohe **Statue Avalokiteshvaras,** die die See überblickt. Auch sie überstand das Feuer unbeschadet. Die Statue ist in ein langes Schleiergewand gehüllt, steht auf einer Lotusblüte und hält ein Gefäß mit dem Nektar der Unsterblichkeit in der Hand. In dieser Form geleitet Avalokiteshvara die Seelen der Toten über das Meer in das Westliche Paradies Buddha Amitabhas.

Unterhalb des Tempels steht der kleine **Uisangdae** 의상대, ein Schrein. Hier soll Uisang einst häufiger gesessen und über das Meer geschaut haben. Der Panoramablick ist hervorragend. Einen Spaziergang vom Tempel entfernt befindet sich die Einsiedelei des Roten Lotus, **Hongryeonam** 홍련암, ein Pavillon mit einem Loch im Boden, durch das man die Brandung sieht (www.naksansa.or.kr, tgl. Sonnenauf- bis -untergang, Eintritt frei).

Naksan-Provinzpark ► 1, O 2

(Naksan Dorip Gongwon 낙산도립공원)
Der schöne Küstenpark erstreckt sich über 20 km entlang der Küste, beginnend südlich von Sokcho etwas nördlich des Naksan-Tempels. Im Park liegen mit **Naksan** (nur 500 m südlich des Naksansa) und Hajodae zwei der besten (und überlaufensten) Strände an der gesamten Ostküste (tgl. 5–19 Uhr, ₩ 2800).

Der **Hajodae-Strand** (Hajodae Beach 비치/Hajodae Haesuyogjang 하조대 해수욕장) liegt im Süden des Parks, knapp nördlich des 38. Breitengrads, und gehörte zwischen dem Zweiten Weltkrieg und der Unterschrift unter das Waffenstillstandsabkommen nach dem Koreakrieg 1953 wie alles Gebiet nördlich dieser Linie zu Nordkorea. An der Küstenstraße südlich des Hajodae-Pavillons (der Betonpavillon greift die Form seines Vorgängers aus der Joseon-Zeit auf) weist ein Felsblock auf diesen Umstand hin.

Übernachten

Mit Meerblick ► **Naksan Beach Hotel** 호텔 낙산비치: 4,5 km von Yangyang, Naksan-Strand, Tel. 033 672 40 00, www.naksanbeach.co.kr. Schön auf einer Anhöhe am Strand gelegen, ist dies das beste Hotel in der Gegend mit Spa, Internet und Satelliten-TV. DZ ab ₩ 130 000, Suite ₩ 350 000.

Essen & Trinken

Edle französische Küche ► **Seollakyeok** 설악역: Ganghyeon-myeon 강현면, 13-1

Kunstvoll geschnitzte Drachenköpfe schmücken den Naksan-Tempel

Jeongam-ri 정암리, 9 km nördlich von Yangyang, Tel. 033 671 78 96, Bus 9 ab Yangyang-Busbahnhof bis Jeongam-Strand, tgl. 12–22 Uhr. Dieses am Jeongam-Strand gelegene schöne Restaurant mit Café und einzigartiger Architektur ist berühmt für Hummer. Mittagsmenü ab ₩ 25 000, Dinner ab ₩ 52 000, gegrillter Hummer ab ₩ 51 000.

Verkehr

Bus 9, 9-1 ab Sokcho Intercity Bus Terminal via Sokcho Express Bus Terminal zum Naksansa und weiter zum Bus Terminal in Yangyang (Fahrzeit Sokcho Intercity Bus Terminal–Yangyang 40 Min.). Die Busse passieren auch den Naksan-Strand (von der Straße noch 5 Min. zu Fuß).
Taxi: Taxis benötigen von Yangyang aus zum Tempel und den Stränden jeweils 10 Min.

Gangneung und Umgebung

Südkoreas Osten wird dominiert vom Seoraksan-Nationalpark, was für den Süden der Provinz Gangwon-do eine Aschenputtel-Existenz bedeutet, wenn es um ausländische Besucher geht. Gangneung und seine Umgebung können nicht mit modernen Städten aufwarten, aber wer genug hat vom verrückten Seoul, ist in drei Autostunden in Gangneung und von dort rasch in fast allen Ecken des südlichen Gangwon-do. In dieser Gegend liegen die Schätze im Verborgenen, und mit dem Odaesan-Nationalpark, dem obskuren Ort Jeongdongjin, in dem ein gekapertes nordkoreanisches U-Boot liegt, sowie dem Danoje-Festival in Gangneung hat der Süden der Provinz Gangwon-do einiges zu bieten.

Gangneung 강릉 ► 1, O 4

In die größte Stadt an Gangwon-dos Ostküste verschlägt es ausländische Besucher aus drei Gründen: als Umsteigestation für eine Fahrt zum skurrilen Örtchen Jeongdongjin (s. S. 212), wegen des Chamsori-Museums oder für einen Besuch des Ojukheon.

Das **Chamsori Gramophone & Edison Science Museum** (Chamsori Chugeumgi & Edison Gwahak Bangmulgwan 참소리 축음기 & 에디슨 과학 박물관; *chamsori* 참소리 =

Wahrer Klang) am Gyeongpo-See (Gyeongpoho 경포호) ist eine weitere Kuriosität in einem Land, dem es an Sonderbarkeiten nicht mangelt. Eine Ausstellung alter Plattenspieler mit ihren gewaltigen Rüssellautsprechern gepaart mit einem großen Edison-Museum – es gehört schon ein gehöriges Maß an Verrücktheit dazu, solche Exponate gerade an diesem verlassenen Ort zu platzieren. Das Museum enthält eine der weltgrößten Ausstellungen an Edison-Erfindungen wie Lockenwickler, Waffeleisen, Glühbirnen oder Filmprojektoren, und das, obwohl zwischen dem US-amerikanischen Erfinder und Südkorea keinerlei kulturelle oder historische Verbindungen bestehen. Die gesamte Sammlung von über 4500 Grammofonen aus 30 Ländern, 150 000 Musikalben und über 5000 Büchern stammt vom exzentrischen Präsidenten des Museums, Son Sung-mok, dessen Stolz ein Columbia-Grammofon G241 aus den 1920er-Jahren ist, das er von seinen Eltern mit sechs Jahren erhielt. Im Außenbereich sind einige alte Ford-Pkws ausgestellt, darunter das berühmte T-Modell, sowie ein Citröen-Lkw von 1924, mit dem für ›talking machines‹ geworben wurde (www.edison.kr/english/index.php, Bus 202 ab Intercity Bus Terminal, Bus 313 ab Bahnhof Gangneung, dann 150 m zu Fuß, Taxi ab Intercity Bus Terminal ₩ 4500, Mo–So 9–17 Uhr, ₩ 7000 inkl. koreanischsprachiger Führung).

Etwa 3 km nördlich des Gangneung Intercity Bus Terminal liegt der **Ojukheon** 오죽헌, der Schrein des Schwarzen Bambus. Dieser herrliche Komplex aus der Joseon-Zeit ist berühmt als Geburtsstätte von Yi I 이이 (1536–84), bekannt auch unter seinem Literatennamen Yulgok, und Wohnort seiner ebenso bekannten Mutter Sin Saidang 신사임당 (1504–51). Yi I gilt neben Yi Hwang (s. S. 348) als einer der beiden prominentesten konfuzianischen Gelehrten Koreas, der zudem hohe Staatsämter bekleidete. Sein Porträt sowie der Ojukheon sind auf dem 5000-Won-Schein abgebildet. Sin Saidang war Malerin, Dichterin und Philosophin und die vielleicht begabteste Künstlerin der gesamten Joseon-Zeit. Sie gilt heute als Vorbild einer ›weisen Mutter und guten Ehefrau‹, die ihrem Sohn zu seiner Position und seinem Ansehen verhalf. Ihr Abbild ist auf dem 50 000-Won-Schein abgedruckt – die erste Frau überhaupt auf einer südkoreanischen Banknote. Der Ojukheon trägt seinen Namen nach dem schwarzen Bambuswald, der das Anwesen umgibt. Der Schrein stammt aus den Anfängen des 15. Jh. und besteht aus mehreren Gebäuden, die sich perfekt in die umgebenden Gärten und Lotusteiche einfügen. Bemerkenswert ist vor allem der **Mongryongsil** 몽룡실 (Raum des Drachentraums), wo Yi I geboren wurde. Der Raum ist benannt nach dem Traum von einem Drachen, den Sin Saidang hier kurz vor der Geburt ihres Sohnes hatte. Hinter dem Mongryongsil steht der **Eojegak** 어제각, ein 1788 erbauter kleiner Pavillon mit einem Tintenreibstein von Yi I sowie seinem 1577 geschriebenen Buch »Gyeongmongyogyeol 격몽요결« (»Die Geheimnisse zur Überwindung von Ignoranz«), ein Handbuch für erfolgreiches Lernen. Auf dem Gelände befindet sich auch die **Yulgok Memorial Exhibition Hall** mit Werken der talentierten Familie Yulgoks (Tel. 033 640 44-57, -58, -59, -60, www.ojukheon.or.kr, Bus 202 ab Intercity Bus Terminal, Bus 303 ab Bahnhof Gangneung, tgl. März–Okt. 8–17.30 Uhr, Nov.–Febr. 8–18 Uhr, letzter Einlass 30 Min. vor Schließung, ₩ 3000).

Infos

Touristeninformation Gangneung: im Busbahnhof und am Bahnhof von Gangneung, Tel. 033 640 44 14, www.gangneung.go.kr, tgl. 9–17 Uhr. Kundiges Personal.

Übernachten

Sehr schick ▶ **Benikea Gyungpo Beach Hotel 베니키아경포비치호텔:** 303-4 Gangmun-dong, Tel. 033 643 66 99, www.benikea.com. Der Gyeongpo Beach ist eine Sandbank zwischen dem Meer und dem Gyeungpo-See. Das Hotel ist mit Cocktailbar, Restaurants und gediegenen Räumen ausgestattet und stellt seinen Gästen gratis Fahrräder zur Verfügung. Diese lassen sich für eine Fahrt um den Gyeungpoho, bei den Einheimischen besser bekannt als der See so klar wie ein Spiegel, nutzen. DZ ab ₩ 120 000.

Am Meer ▶ Four Season Hotel Gangneung 포시즌호텔강릉: Anhyeon-dong 10-5, Tel. 033 655 99 00, www.four-seasons.co.kr. Modernes Hotel am nördlichen Ende des Gyeongpo-Strands, nicht annähernd auf dem Preis- und Ausstattungsniveau der gleichnamigen berühmten Hotelkette, aber mit Meerblick. DZ ab ₩ 60 000, Frühstück ₩ 7000.

Essen & Trinken

Frisch zubereitet ▶ Seafood World (Haemulnala 해물나라): Gyo-dong 1804-2, Tel. 033 6 41 77 57, tgl. 10–22 Uhr, jeden 1. und 3. So geschlossen. Großartige Fischgerichte und -suppen. Keine Stühle, denn hier sitzt man auf dem Boden. Meeresfrüchte-Eintopf (*haemultang* 해물탕) ab ₩ 20 000.

Fisch der Extraklasse ▶ Silverwaves (Eunpa Hoesjib 은파횟집): Gyeongpo, Gangmun-dong 223, Tel. 033 653 95 66, www.silverwavess.co.kr, tgl. 10.30–0.30 Uhr. In dem dreistöckigen Gebäude wird edler Fisch angeboten, frisch und zu Preisen, die je nach Wahl schwindelig machen können. Menü ₩ 10 000 bis über ₩ 100 000.

Einfacher Koreaner ▶ Wonjo Chodang Sundubu 원조초당순두부: Tel. 033 652 26 60, D–So 5–22 Uhr. In dem ›Tofu Dorf‹ Chodang-dong freuen sich fast zwei Dutzend Restaurants über Kundschaft, und das Wonjo ist eine der besten dieser einfachen Stuben. Die Spezialität ist *sundubu* 순두부, ein Eintopf aus Tofu (두부 *dubu*), Meeresfrüchten und Gemüse. ₩ 6000–8000.

Termine

Gyeongpo Sunrise Festival (Gyeongpo Haedoji Chukje경포 해돋이축제): Gangneung feiert jährlich in der Nacht vom 31. Dez. zum 1. Jan. am Gyeongpo-Strand den ersten Sonnenaufgang des Jahres (ab Gangneung Intercity Bus Terminal Bus 202 bis Gyeongpodae 경포대.

Gangneung Dano Festival (Gangneung Danoje 강릉단오제): 5. Tag des 5. Mondmonats (12.6.2013, 2.6.2014, 20.6.2015). Im Mai/Juni jeden Jahres steht die Stadt Kopf und feiert das Ende der Aussaat. Zwar hat sich Korea längst von einem Agrar- in einen Industriestaat verwandelt, der Grund zum Feiern wurde aber beibehalten und beschert Gangneung für eine Woche Tänze, Pantomime und schamanistische Rituale. Das ursprünglich schamanistische Dano-Fest wurde einst zu Ehren des Himmelsgottes abgehalten, in späterer Zeit verschob sich der Akzent stärker auf die Ahnenverehrung. Neben dem Ernte-Mond-Fest und Koreanisch-Neujahr ist Dano das größte Fest des Landes. Wegen seiner Gedenkrituale und der traditionellen Spiele wurde es 2005 von der UNESCO auf die Liste des Immateriellen Kulturerbes der Menschheit gesetzt.

Verkehr

Bahn: mehrmals tgl. von Gangneung (₩ 2500, 20 Min.) nach Jeongdongjin. Der Seaside Train (Sitze 90 Grad gedreht mit direktem Blick aus den großen Fenstern) verbindet Gangneung mit Samcheok (₩ 12 500, 1,5 Std.).

Bus: Von Sokcho aus erreicht man den Gangneung Intercity Bus Terminal binnen 1 Std. (alle 20 Min., ₩ 6000). Busbahnhof und Bahnhof sind durch Bus 202 miteinander verbunden. Ab Gangneung Intercity/Express Bus Terminal fährt Bus 109 nach Jeongdongjin (alle 2 Std., ₩ 1400).)

Jeongdongjin 정동진 ▶ 1, P 4

Ein kleiner Küstenort schafft es nur selten ins Rampenlicht der Öffentlichkeit, aber diesem Dorf ist es gleich aus mehreren Gründen gelungen. Es gibt wohl kaum einen Südkoreaner, der den **Bahnhof von Jeongdongjin** (Jeongdongjin Yeok 정동지역) nicht kennt. Der kleine Bahnhof liegt nur 80 m vom Ostmeer entfernt. Dies ließ ihm einerseits die (seltsame) Ehre zuteil werden, im Guinnessbuch der Rekorde als der dem Meer am nächsten gelegene Bahnhof der Welt verewigt zu sein, andererseits besteht bei großen Wellen die Gefahr einer Totalüberschwemmung. Bekannt ist er in Korea aber vor allem wegen einiger romantischer Szenen in der koreanischen Seifenoper »Sanduhr« von 1995. So steht im kleinen **Sanduhr-Park** (Moraeshigae Gongwon 모래시계공원) am

Strand seit 2000 als Hommage an die Telenovela eine immense Sanduhr *(moraeshige)* mit 8 t Sand.

Etwa 4,5 km nördlich des Bahnhofs befindet sich am Ufer der **Unification Park** (Tongil Gongwon 통일공원), wo sich ein US-amerikanisches Kriegsschiff und ein nordkoreanisches U-Boot aufgebockt gegenüberstehen. Der **US-Zerstörer** von 1944 kam im Koreakrieg, im Vietnamkrieg und auch im Golfkrieg zum Einsatz. Er wurde 1999 ausgemustert und kann von innen besichtigt werden. Seine Geschichte ist weniger spektakulär als die des **nordkoreanischen U-Boots.** Im September 1996 erreichte das 35 m lange U-Boot mit 25 nordkoreanischen Spionen die südkoreanische Küste. Drei der Nordkoreaner schafften es an Land, spionierten einen Militärstützpunkt aus und kehrten unerkannt auf das Boot zurück, das dann allerdings bei Jeongdongjin auf Grund lief. Nachdem der Kapitän wichtige Dokumente verbrannt hatte, retteten sich alle Mannschaftsmitglieder an Land und versuchten, sich in den Norden durchzuschlagen. Das südkoreanische Militär benötigte 49 Tage, um die Spione aufzuspüren. Dabei starben 17 südkoreanische Soldaten und Zivilisten, weitere 22 wurden verwundet. Nur ein Nordkoreaner wurde lebendig gefangen genommen, die anderen starben auf der Flucht. Die Bootsröhre kann durchlaufen werden, und wer dies tut, bekommt schnell ein Gespür dafür, was für ein Gedränge hier bei 25 Seeleuten geherrscht haben muss – das Innere von U 96 aus Wolfgang Petersens »Das Boot« ist dagegen ein Konzertsaal. Im Park ist außerdem das **Holzboot** von elf nordkoreanischen Flüchtlingen ausgestellt, die sich im September 2009 nach jahrelangen Vorbereitungen in den Süden des geteilten Landes absetzten – kein leichtes Unterfangen angesichts der wackeligen Barkasse und streng bewachten nordkoreanischen Grenze (Bus 111, 112, 113 Unification Park, Abfahrt 150 m vom Jeongdongjin-Bahnhof links an der Hauptverkehrsstraße, etwa stdl., Fahrzeit 10 Min., ₩ 1100, oder Taxi, tgl. März–Okt. 9–18, Nov.–Febr. 9–17 Uhr, ₩ 3000).

Als wäre das alles noch nicht genug Skurrilität in dem kleinen Jeongdongjin, hat die Stadtverwaltung am südlichen Ende den Bau des **Sun Cruise Hotel** (s. u.) genehmigt, dessen Fassade wie ein riesiges Schiff konstruiert wurde und das über dem Ort thront wie ein nach einem Tsunami gestrandetes Kreuzfahrtschiff.

Infos

Touristeninformation Jeongdongjin: im Sanduhr-Park (400 m südlich des Bahnhofs Jeongdongjin) und im Unification Park, tgl. 9 –17 Uhr. No English spoken.

Übernachten

Imposant ▶ **Sun Cruise Hotel 썬크루즈 호텔:** Tel. 033 610 70 00, www.esuncruise.com. Dieses gigantische Hotel ist nicht zu übersehen. Die Lage garantiert beste Sicht über das Meer. Allerdings können die Zimmer nicht mit dem beeindruckenden Äußeren mithalten. DZ ab ₩ 70 000.

Termine

Jeongdongjin Sunrise Festival (Jeongdongjin Haedoji Chukje 정동진 해돋이축제): Wie Gangneung gestattet sich auch Jeongdongjin in der Nacht zum 1. Jan. ein Fest zum ersten Sonnenaufgang im neuen Jahr – mit Drehen der großen Sanduhr.

Verkehr

Bahn: Jeongdongjin ist am besten mit dem Zug erreichbar. Ein normaler Zug verkehrt mehrmals tgl. von Gangneung (₩ 2500, 20 Min.) und von Donghae (₩ 2500, 25 Min.).
Bus: Bus 109 fährt von Jeongdongjin zum Gangneung Intercity/Express Bus Terminal (₩ 1400).)

Odaesan-Nationalpark ▶ 1, N/O 4

Odaesan Gungnip Gongwon 오대산국립공원
Der fast 304 km² große Odaesan an der Schnittstelle des von Norden nach Süden verlaufenden Taebaek- und des sich von

Westen nach Osten ziehenden Charyeong-Gebirges wurde 1975 zum elften Nationalpark Südkoreas ernannt. Seine schönen Täler und die Artenvielfalt waren ausschlaggebend für den Status als Nationalpark. Über 3700 verschiedene Pflanzen- und Tierarten leben hier, darunter Wildschweine, fast 2000 Insektenarten und der in Korea sehr selten zu findende Habichtskauz *(Strix uralensis).*

Für koreanische Maßstäbe ist Odaesan ein einsamer Park: Die Besucherzahlen erreichen nicht annähernd die schwindelnden Höhen seiner Konkurrenten Jirisan und Seoraksan. Seine Bergspitzen und Felswände sind nicht ganz so spektakulär wie die der beiden Rivalen, aber immer noch beeindruckend genug für ein paar schöne Hiking-Touren. Gerade seine relative Ruhe macht Odaesan interessant. Darüber hinaus birgt er zwei bekannte Tempel, Woljeongsa und Sangwonsa.

Die höchsten Gipfel sind alle über 1400 m hoch und werden überragt vom Bilobong, mit 1563 m der höchste Berg, der über einen Hiking-Trail erreicht werden kann. Der Park war einst ein abgelegenes Rückzugsgebiet zur Meditation. Mehrere berühmte koreanische Mönche besuchten ihn, darunter auch Jajang, der im 7. Jh. in China am Wutai Shan studiert hatte. Nach seiner Rückkehr in die Heimat soll er sich hier an seinen Studienort erinnert gefühlt und das Gebirge daher ebenfalls Fünf-Terrassen-Berg, Odaesan (五臺山 / 오대산), genannt haben. Wie sein chinesischer Namensvetter hat auch der Odaesan fünf Gipfel (Tel. 033 332 64 17, 033 1330, tgl. 9–19 Uhr, zw. Sonnenuntergang und zwei Std. vor Sonnenaufgang sind Wanderungen nicht erlaubt, ₩ 2500, einzelne Gebiete des Parks sind für Wanderungen gesperrt).

Woljeongsa 월정사 ► 1, O 4

Am südlichen Fuß des Odaesan-Parks steht der 643 von Jajang erbaute **Woljeong-Tempel,** der Tempel der Energie des Mondes, heute einer der Haupttempel des Jogye-Ordens. Er wurde mehrfach zerstört: 1307 durch einen Brand, erneut 1833, und nach dem Wiederaufbau überlebte er den Koreakrieg nicht, in dessen Wirren die meisten der Gebäude niedergebrannt wurden. Umso verwunderlicher ist es, dass die große neunstöckige und achteckige **Sarira-Pagode** (Reliquienpagode) seit ihrem mutmaßlichen Bau im 10. Jh. ebenso wie die vor ihr kniende Bodhisattva-Statue alle Übergriffe überstand. Die Pagode erinnert an chinesische Pagoden, was durch die damaligen engen Beziehungen zum Reich der Mitte kaum erstaunt. Zum Tempel gehört die **Jeokmyeol Bogung** 적멸보궁 (Schatzhalle des Glanzes der Leere), die Relikte des historischen Buddha Shakyamuni bergen soll, die Jajang aus China mitbrachte. Auf dem Altar liegt ein leeres Kissen, das den Abschied Buddhas, seinen Eingang ins Nirvana, symbolisieren soll. In der großen Lehrhalle, der **Jeokwangjeon** 저광전 (Halle des Endgültigen Verlöschens/ Parinirvana-Halle), in der normalerweise eine Statue des Transzendenten Buddha Vairochana zu finden wäre, steht im Woljeongsa Buddha Shakyamuni. Im Tempel gibt es ein **Museum** mit Objekten zur buddhistischen Kultur der Goryeo-Zeit (918–1392). Im Woljeongsa sind längere Aufenthalte möglich (Tel. 033 334 66 06, www.woljeongsa.org, tgl. 5–21 Uhr, ₩ 2500, Kombiticket mit Sangwonsa ₩ 3400; Museum April–Okt. Mi–Mo 9.30–18, Nov.–März 9.30–17 Uhr, letzter Einlass 30 Min. vor Schließung, ₩ 1000; Templestay-Programm s. S. 88).

Sangwonsa 상원사 ► 1, N 4

Die genauen Ursprünge des etwa 8 km nördlich des Woljeongsal gelegenen Tempels sind unbekannt. Eine Geschichte besagt, dass die Anlage 643 vom Mönch Jajang gebaut wurde, eine andere datiert den Bau in die 680er-Jahre und schreibt sie den Söhnen des Königs Sinmun zu. Wer auch immer der Bauherr war, 705 wurde die Anlage neu erbaut und blieb über 1200 Jahre unverändert, bis 1946 ein Feuer den Komplex bis auf die Grundmauern zerstörte. Bereits ein Jahr später stand der neue Tempel, der sogar den Koreakrieg überlebte – nach einem weiteren Mythos durch den beherzten Einsatz und befehlswidrigen Mut eines südkoreanischen Offiziers: Während des Krieges und ihrem

Rückzug nach Busan zerstörten die Südkoreaner so viele Gebäude wie möglich, um den vorstoßenden Nordkoreanern keine Schutzräume zu bieten. So wurden am Odaesan alle Bauten niedergebrannt, bis man zum Sangwonsa kam. Auch dieser sollte ein Opfer des Feuers werden, aber ein im Tempel meditierender Mönch weigerte sich, das Gebäude zu verlassen. Der befehlshabende Leutnant fragte seinen vorgesetzten Offizier, der darauf bestand, den Tempel in Brand zu stecken – Mönch hin oder her. Kurzum ließ der Leutnant alle Fenster und Türen aus den Gebäuden reißen und verbrennen, sodass sein Vorgesetzter meinte, der gesamte Tempel sei in Brand. Bei der anschließenden Flucht aus dem Tal starb der Offizier bei einem Hubschrauberabsturz, der Leutnant überlebte.

Vom Ursprungstempel aus dem Jahr 705 existieren noch wenige Stücke, darunter eine bronzene **Glocke,** gegossen 725 und damit nicht nur die älteste Glocke Koreas, sondern auch eine von nur noch drei existierenden Glocken des Silla-Reichs. Wie andere Bergtempel liegt auch der Sangwonsa in einer herrlichen Umgebung mit Wäldern und einer Bergkette im Rücken. Zusammen mit dem kleinen Teehaus ist dies die letzte Stätte der Entspannung vor dem anstrengenden Aufstieg zum Bilobong. Berühmt ist der Tempel ferner für die vergoldete Holzskulptur des Bodhisattvas der Weisheit, **Munsu** (Manjushri), der hier sitzend und als Kind dargestellt ist (tgl. Sonnenaufgang bis 17 Uhr, ₩ 2500, Kombiticket inkl. Woljeongsa ₩ 3400).

Wanderungen im Odaesan-Nationalpark

Einen Besuch sollte man am besten im Frühjahr oder Herbst planen, wenn die Blätter ihre kräftigsten Farben zur Schau stellen und die Temperaturen eine Wanderung ohne Eiseskälte oder Kanisterladungen an Flüssigkeit erlauben. Im Park gibt es mehrere gute Trekkingwege, die alle an einem Tag oder weniger zu bewältigen sind. Dazu gehört der **Pfad zum Bilobong** 비로봉, der am Sangwon-Tempel startet und in gut drei Stunden zum Gipfel und zurück führt. Vom Bilobong hat man einen schönen Blick über einen Großteil des gesamten Parks, der Weg hinauf vom Tempel ist allerdings steil. Anstatt zurück zum Tempel zu marschieren, kann man vom Bilobong zum 1493 m hohen **Sangwangbong** 상왕봉 laufen und von dort entweder weiter zum **Durobong** 두로봉 (1421 m) oder zurück zum Sangwonsa. Für den 12,5 km langen Rundgang Sangwonsa–Bilobong–Sangwangbong–Sangwonsa sind etwa fünf Stunden zu veranschlagen, für einen zusätzlichen Schwenk Sangwangbong–Durobong–Sangwonsa sind zwei weitere Stunden einzuplanen.

Erleuchtetes Lächeln – kniender Bodhisattva im Woljeongsa

Vom Durobong ist es möglich, 6 km zum 1433 m hohen **Dongdaesan** 동대산 und von dort bergab 2,5 km zur Straße 446 zu laufen, auf der Busse zurück nach Jinbu 진부 fahren – dieser Weg ist zusammen mit einem Aufstieg zum Bilobong und Durobong allerdings nur Wanderern mit hervorragender Kondition zu empfehlen, da drei Gipfel von über 1400 m Höhe an einem Tag erklommen werden.

Anfang 2012 wurde die Verbindung **Dongdaesan** 동대산 **– Jingogae** 진고개 wieder für Wanderer geöffnet, sodass vom West- zum Ostteil des Parks gelaufen werden kann. Dies erlaubt eine Alternative zum Start im Haupttal, nämlich im nordöstlichen Teil am **Sogeumgang Information Center** (Sogeumgang 소금강), wo sich ein Dorf befindet, von dem man bis zum Sangwon-Tempel wandern kann. Von Sogeumgang sind es sieben Stunden entlang eines Flusses über den Noinbong (1338 m) bis zum (kleinen) **Jingogae Information Center.** Der schöne Weg führt vorbei am einzigen Kloster des Tales, dem **Geumgangsa** 금강사, auf dessen gegenüberliegender Talseite hoch in den Bergen die Reste der **Ami-Bergfestung** liegen, wohin sich angeblich Maui, letzter Kronprinz von Silla (Silla-Reich 57 v. Chr. – 935 n. Chr.), einst zurückzog und um den Zerfall seines Reiches trauerte. Nach dem beschaulichen Kloster ist das Tal eine Orgie für die Sinne mit Wasserfällen, Felswänden und Wald. Dies ist für zwei Stunden der beste Teil des Parks und nicht umsonst bedeutet Sogeumgang übersetzt Kleines Diamantgebirge – benannt nach dem atemberaubenden Gebirgszug in Nordkorea (s. S. 209). Der Weg verläuft bis zum **Noinbong Shelter** (Noinbong 노인봉), wo sich für Spätstarter eine Übernachtungsmöglichkeit bietet, von der man am kommenden Morgen seine Wanderung zum Dongdaesan und dann weiter zum Durobong und Sangwon-Tempel fortsetzen kann.

Infos

http://english.knps.or.kr: Wie für alle anderen Nationalparks bietet die hervorragende Website des Korea National Park Service auch zum Odaesan gute Informationen.
Telefonische Infos zum Park: Tel. 033 332 64 17, tgl. 9–18 Uhr.
Informationcenter: die auch Wanderkarten verkaufen, finden sich in Woljeong, Sogeumgang und Jingogae.

Übernachten

Luxus mit Ausblick ▶ Kensington Flora Hotel 켄싱턴플로라호텔: etwa 4,5 km südlich des Woljeongsa, Tel. 033 3 30 50 00, www.kensingtonflorahotel.co.kr. Das beste Hotel weit und breit mit Spitzenblick auf die umliegende Natur. DZ ab ₩ 180 000, in der Nebensaison Abschläge bis 50 % möglich.
Für Anspruchslose ▶ In den Dörfern an den Parkeingängen Woljeong (2,5 km südlich von Woljeongsa) und Sogeumgang befinden sich einige sehr einfache **Unterkünfte** (₩ 25 000–35 000).

Essen & Trinken

In den Dörfern an den Parkeingängen (s. Übernachten) sind mehrere einfache Restaurants zu finden.

Verkehr

Bus: Der Odaesan-Nationalpark hat zwei wesentliche Zugangspunkte – Jinbu im Süden und Sogeumgang im Nordosten. Jinbu erreicht man direkt ab Dong Seoul Bus Terminal (tgl. 29 x) oder ab Gangneung Intercity Bus Terminal, von wo auch Busse (Nr. 303) nach Sogeumgang fahren. Die Touristeninformation im Gangneung Intercity Bus Terminal (s. S. 219) kennt die Busfahrpläne und kann weitere Tipps geben.
Parkbus: Von Jinbu fahren 12 x tgl. Busse die Straße 446 entlang nach Norden und halten an allen wichtigen Punkten des Nationalparks, z. B. am Woljeongsa und am Sangwonsa. Zum Jingogae Information Center gelangt man über die Straße 6.

Yongpyeong-Skigebiet ▶ 1, N/O 5

Yongpyeong Resort 용평리조트
Zwar kommen die wenigsten Besucher zum Skifahren nach Südkorea, Liebhaber des Sports sollten jedoch das **Yongpyong Resort** (eigentlich Yongpyeong) ganz oben auf ihre Reiseliste setzen. Dies ist Koreas größtes Wintersportgebiet und eines der besten Asiens dazu. Nicht umsonst ist Yongpyeong einer der Austragungsorte für die Olympischen Winterspiele 2018 in Pyeongchang.

Das Areal liegt direkt südöstlich von Jinbu und bietet auf Weltklasseniveau und 31 Pisten alle Wintersportmöglichkeiten von Snowboarding bis Skifahren. Unvorbereitete und Kurzentschlossene ohne Ski und entsprechende Kleidung können die komplette Ausrüstung auch vor Ort leihen (Tel. 033 335 57 57, www.yongpyong.co.kr, Skipass ab ₩ 58 000/Tag oder ₩ 390 000/Saison, Ausrüstung ab ₩ 33 000/Tag, Skischulen vorhanden, Saison Nov.–Anfang April).

Weniger berühmt und damit weniger populär sind die kleineren Skiresorts westlich von Yongpyeong entlang der Nationalstraße 50 (Yeongdong-Expressway), u. a. **Phoenix Park** auf 1050 m (Tel. 15 77 00 69, www.phoenixpark.co.kr), **Hansol Oak Valley** (Tel. 033 730 36 00, www.oakvalley.co.kr) oder das **Alpensia Resort** www.alpensiaresort.co.kr), das bei Yongpyeong liegt und wie die anderen Resorts in der oberen Preisliga spielt.

Übernachten

Alle Unterkünfte sind mit Restaurant oder Verpflegungsmöglichkeiten ausgestattet.

Top-Hotel im Skigebiet ▶ Dragon Valley Hotel 드래곤밸리호텔: Reservierung Tel. 02 32 70 12-31, bis -33, 033 335 57 57, www.yongpyong.co.kr. 191 Räume in westlichem und koreanischem Stil *(ondol)*. Das Hotel liegt unmittelbar neben den Pisten, hat aber etwas unter dem Besucheransturm gelitten. DZ ab ₩ 250 000, Präsidentensuite ₩ 1 700 000, im Sommer Preisnachlässe.
Gehobene Mittelklasse ▶ Greenpia Condominium 그린피아 콘도: Reservierung s. Dragon Valley Hotel. In den familientauglichen Apartments fühlt man sich schnell wie zu Hause. Das Hotel ist wenige Schritte vom Hauptskigebäude entfernt, wo sich Ausrüstung und Skikurse buchen lassen. Zimmer für 4 Personen ab ₩ 280 000.
Jugendherberge ▶ Yongpyong Hostel 용평유스호스텔: Reservierung s. Dragon Valley Hotel. Die preiswerteste Übernachtungsmöglichkeit im Skigebiet, einfach und sauber. Schlafsaal ₩ 70 000 für 5 Personen.

Verkehr

Bus: Von Seoul Direktbus ab Dong Seoul Bus Terminal. Von Gangneung Bus alle 10–20 Min. ab Gangneung Intercity Bus Terminal nach Hoenggye (30 Min.), von wo ein Gratis-Shuttlebus nach Yongpyeong fährt.

Chiaksan-Nationalpark ▶ 1, M 5/6

Chiaksan Gungnip Gongwon
치악산국립공원
Der 181,6 km² große Chiaksan erhielt 1984 wegen seiner schönen und steilen Berghänge sowie hervorragenden Ausblicke den Nationalparkstatus. Im Guryong-Tal, das zum Guryong-Tempel führt, befindet sich ein kleiner Wald mit Kiefern, die mehrere hundert Jahre alt sind. Im Park wachsen über 800 verschiedene Pflanzen, darunter die mongolische und japanische Eiche. Über 2300 unterschiedliche Tierarten leben im Park, darunter das Flughörnchen und eine spezielle Mausohrenart *(Myotis formosus)* aus der Gattung der Fledermäuse.

Unter den drei Nationalparks in Gangwando ist Chiaksan das Mauerblümchen – die Besucherströme halten sich in Grenzen, obwohl der Park für die Hiking-verrückten Seouler nur 1,5 Autostunden entfernt ist. Dadurch ist der Park für überbevölkerungssensible Europäer ideales Terrain für einen Wanderausflug, auf dem sich über ein Dutzend Gipfel von mehr als 1000 m Höhe bestaunen und teilweise erklimmen lassen. Den Wanderer erwarten in Chiaksan weite Wälder, klare Wasserfälle, Tempel sowie mehrere hervorragende und anspruchsvolle Trekkingwege. Die Aussichten und Felsformationen sind nicht so spektakulär wie im großen nördlichen Bruder Seoraksan, können aber mit Odaesan oder Seouls Bukhansan durchaus mithalten (tgl. Sonnenaufgang bis -untergang, ₩ 1600).

Höchster Berg ist mit 1288 m der **Chiaksan** (Berg des Fasanengipfels) oder Bilobong 비로봉, von dem der Park seinen Namen hat und der – wie sollte es anders sein – auf eine Legende zurückgeht. Die Geschichte: Der Jäger lief eines Tages in der Nähe des Chiaksan durch den Wald und sah eine Schlange, die einen Fasan umschlang und kurz davor war, diesen zu erdrücken. Er erbarmte sich des Fasans und erschoss die Schlange mit einem Pfeil. Als er später nach einem Nachtquartier suchte, lud ihn eine Frau in ihr Haus ein. In der Nacht verwandelte sich die Frau jedoch in eine Schlange und beschuldigte den Jäger, ihren Mann getötet zu haben, und wollte ihn deshalb ebenfalls umbringen. Nur wenn die Glocke im Sangwon-Tempel vor Sonnenaufgang dreimal erklingen würde, ließe sie ihn gehen. Wie durch ein Wunder schlug die Glocke tatsächlich dreimal, und der Jäger war erlöst. Als er am nächsten Tag zu der Glocke ging, fand er dort den Fasan tot liegen. Der Vogel hatte seinen Kopf gegen die Glocke geschlagen, um das Leben des Jägers zu retten und seine Schuld zurückzuzahlen. Im **Sangwonsa** 상원사 erzählt ein Wandbild diese Geschichte (tgl. 24 Std., Eintritt frei).

Am Nordeingang des Nationalparks, in der Gegend um den **Guryong-Tempel** (Neun-Drachen-Tempel bzw. Schildkröten-Drachen-Tempel, Guryongsa 구룡사), liegen einige rustikale **Dörfer.** Ein Spaziergang durch die Dorfwelten ist ein selten zu erhaschender Blick ins Innere des koreanischen Landlebens, das hier fast nordkoreanischen Charme hat.

Im Park gibt es mehrere Wanderrouten, von denen die beliebtesten in Nord-Süd-Richtung verlaufen, darunter der **Pfad vom Guryongsa zum Bilobong** 비로봉**,** dem Vorzeigegipfel des Parks (3 Std.). Aber Obacht: Der Weg vom Guryong Information Center zum Guryangsa und weiter zum **Seryeom-Wasserfall** (Seryeom Pokpo 세렴 폭포) ist einfach zu laufen und schmeichelt dem Wanderer, rächt sich dann aber mit einem steilen Anstieg bis zum Gipfel und lässt dabei keine Gemeinheit aus. Der von Uisang gegründete Guryong-Tempel geht auf das Jahr 668 zurück. Er soll an einer Stelle errichtet worden sein, an der sich einst ein Teich befand, in dem neun Drachen lebten, daher der ursprüngliche Name Neun-Drachen-Tempel (www.guryongsa.or.kr, tgl. 6–21 Uhr, ₩ 3200).

Alternativ bietet sich z. B. ein Weg vom Südeingang aus an. Der Pfad führt vom **Seongnam** (성남) **Park Ranger Post** zum **Namdaebong** 남대봉 (1181 m, 2,5 Std.). Auf dieser Route passiert man den auf 1100 m gelegenen Sangwon-Tempel (s. S. 215), einen der höchstgelegenen Tempel des Landes.

Infos

english.knps.or.kr

Parkinformationszentrum: Tel. 033 732 52 31. Hier erhält man auch Karten.

Übernachten

Am Eingang des Chiaksan-Nationalparks gibt es keine Unterkünfte. Einfache Privatzimmer in den Dörfern nördlich des Guryong-Tempels (₩ 25 000–35 000).

Türkisblau schillert das Meer an den Stränden von Samcheok

Gute Mittelklasse ▶ Chiaksan Hotel 치악산호텔: Tel. 033 731 79 31, www.chiaksanhotel.co.kr. Das Hotel liegt in Wonju, aber trotzdem weit außerhalb in der Nähe des Parkeingangs, etwa 2,5 km Luftlinie nördlich des Guryong-Tempels. Moderne Zimmer mit großem Spiegel und Retro-TV-Geräten (Kathodenstrahl). Schöner, aber unspektakulärer Blick auf den Hakgok-See. DZ ab ₩ 60 000.

Essen & Trinken

Wo es Übernachtungsmöglichkeiten gibt, siedeln sich auch Restaurants an. Also wird man in den Dörfern um den Guryongsa nicht verhungern. Allerdings sind die Gerichte simpel, die Auswahl an Lokalen gering.

In der Natur ▶ Mullebanga Sikdang 물레반아식당, Tel. 033 731 85 50. 2 km vom Chiaksan Hotel entfernt auf dem Weg zum Parkeingang liegt dieses kleine rustikale Restaurant an einem Bach im Wald. Hier kann man drinnen und draußen sitzen. Spezialität sind *gamja buchim* 감자부침, Kartoffelpuffer mit Gemüse, und Huhn. *Gamja buchim* ₩ 6500.

Verkehr

Ausgangspunkt für den Besuch des Chiaksan-Nationalparks ist die Stadt **Wonju** 원주 (▶ 1, L/M 6) 15 km westlich des nördlichen bzw. südlichen Parkeingangs.

Bus: Von Seoul ab Seoul Express Bus Terminal und Dong Seoul Bus Terminal nach Wonju, dort mit dem Bus 41 zum Guryongsa; Bus 21, 25 zum Sangwonsa.

Bahn: Von Seoul ab Cheonnyangni nach Wonju.

Von Samcheok zum Haesindang-Park

Samcheok 삼척 ▶ 1, P 5

Obwohl Samcheok mit seinen 72 000 Einwohnern im Schatten seines größeren Nachbarn **Donghae** (ab Donghae, Mukho Port bestehen Fährverbindungen nach Ulleungdo, s. S. 353) steht, hat die Umgebung des Städtchens erheblich mehr Anziehungspunkte. Samcheok selbst ist ein zu groß geratenes Bauerndorf mit einem unvermeidlichen Geschäftsviertel sowie einem Hafen- und Industriegebiet, das für den Besucher wenig zu bieten hat – außer seinen Stränden.

Selbst Nichtschwimmer werden von der Küste und den Stränden um Samcheok begeistert sein. Koreatypisch muss der moderne Mensch auch auf der Suche nach Südsee-Feeling mit tiefblauem und flachem Wasser nicht darben. Etwa 1,5 km nördlich von Samcheok befindet sich der gleichnamige **Strand** (Samcheok Haesuyokjang 삼척해수욕장, ausgestattet mit ebenjenen Glücksfaktoren und allen Einrichtungen eines populären Stadtstrands, darunter Duschen, Motels und Geschäfte.

Infos

Touristeninformation: vor dem Express Bus Terminal, eng.samcheok.go.kr, tgl. 9–17 Uhr.

Übernachten

Die meisten Besucher übernachten nicht in Samcheok, was sich auch im Hotelangebot widerspiegelt. Einige einfache Motels haben sich um den Busbahnhof angesiedelt.

Samcheoks Luxusoption ▶ **Hotel Palace** 팰리스호텔: Tel. 033 575 70 00, www.palace-hotel.co.kr, 1 Jeongha-dong, 1,5 km nördlich des Busbahnhofs, außerhalb von Samcheok. Ruhig und direkt am Meer erscheint das Palace mit seiner sachlichen Linienführung wie ein Entwurf aus der Architekturschule Bauhaus der 1920er-Jahre, als die Welt noch in Ordnung war. 100 Zimmer, die meisten davon im westlichen Stil. DZ ₩ 198 000, Präsidentensuite ₩ 2 000 000, erhebliche Rabatte außerhalb der Sommersaison.

Business Style ▶ **New Donghae (Tourist) Hotel** (Nyu Donghae Gwangwang Hotel 뉴동해 관광호텔), Tel. 033 533 92 15, www.hotelnd.com, 484-bunri, Cheongok-dong, 9 km nördlich von Samcheok in Donghae. Gutes Hotel für Geschäftsreisende, das auch über Zimmer für Familien verfügt, mit Sauna, Restaurant. DZ ₩ 100 000.

150 m westlich des Busbahnhofs ▶ **International Motel** (Gukje Motel 국제 모텔): Namyang-dong 94-7, Tel. 033 5 75 55 77. Südkoreas noch-nicht-Weltkulturerbe-geschütztes Motelambiente aus hypermodernen Badezimmern und Pressspanmöbeln ist auch bis in dieses Motel vorgedrungen. Saubere Räume mit Gratis-Internet, allesamt in Ordnung für den Preis. DZ ab ₩ 35 000.

Essen & Trinken

Berühmter Reisbrei ▶ **Bonjuk** 본죽: Jungang Building No. 105, Namnyang-dong 17-11, Tel. 033 572 62 81. www.bonif.co.kr, tgl. 10–22 Uhr. Eines der führenden Restaurants für *juk* 죽, Reisbrei, mit über 1000 Filialen in Südkorea. Nicht preiswert, aber reif für einen Michelin-Stern. 600 m nordwestlich der Busbahnhöfe. *Juk* ab ₩ 7500, *juk*-Special mit Abalone (*jeonbok juk* 전복죽) ₩ 20 000.

Verkehr

Bus: Express (Gosok) und Intercity (Sioe) Bus Terminal von Samcheok liegen nah beieinander. Busse fahren von/nach Seoul, Donghae, Gangneung u. a.

Maengbang- und Yonghwa-Strand ▶ 1, Q 6

An der Nationalstraße 7, eine landschaftlich schöne Strecke, die nach Süden bis Busan führt, liegen die folgenden und weitere, teils namenlose und ruhige Strände.

Die beiden besten Strände in der Nähe von Samcheok sind Maengbang und Yonghwa. Das Wasser am **Maengbang-Strand** (Maengbang Haesuyokjang 맹방해수욕장), dessen Kapazitätsgrenze im Hochsommer mitunter überschritten wird, ist klar und kinderfreundlich (1–1,5 m tief). Die umgebenden Kiefern ragen bis auf den Strand und lassen (fast) karibische Gefühle aufkommen. 13 km weiter im Süden liegt der **Yonghwa Haesuyokjang** 용화해수욕장, der nur wenige 100 m lang und bekannt für seine Fischrestaurants ist.

Haesindang-Park ▶ 1, Q 6

Haesindang Gongwon 해신당 공원

Etwa 20 km südlich von Samcheok bei Sinnam ragen an der Küste die über **50 Phallus-Skulpturen** des Haesindang-Parks in die Höhe, gerne besucht von kichernden Damen und verschämt dreinblickenden Herren, die sich alle diesen seltsamen Park nicht entgehen lassen wollen. Die Metall-, Holz- und Steinskulpturen gehen auf den Mythos von Aebawi und Haesindang zurück – ein junges Paar, das einst hier an der Küste lebte. Als eines Tages Aebawi, Haesindangs Frau, in einem schweren Sturm auf See ertrank, irrte ihre rastlose Seele durch das Meer und vertrieb alle Fische. Erst nachdem Haesindang und die Dorfbewohner große Holzschnitzereien in Phallus-Form am Ufer aufgestellt hatten, war Aebawis Geist beruhigt, und die Fische kehrten zurück. Der Fels, wo Aebawi ertrank, wurde nach ihr benannt, und ein jährliches Festival erinnert an ihren Liebhaber Haesindang. Die Feierlichkeiten, bei denen sich alles um die eigenwilligen Skulpturen drehte, mussten vor einigen Jahren wegen des Protests christlicher Gruppen eingestellt werden (Tel. 033 570 35 68, Bus 20, 90, 90-1

aktiv unterwegs

Draisinentour von Gujeol-ri nach Auraji

Tour-Infos

Start: stillgelegter Bahnhof von Gujeol-ri, Gemeinde Jeongseon
Länge: 7,2 km
Dauer: 50 Min.
Wichtige Hinweise: www.ariaritour.com, www.railbike.co.kr, 4–5 x tgl., März–Okt. 9–18, Nov.–Febr. 9–15 Uhr, zweisitzige Draisine ₩ 22 000, viersitzige ₩ 32 000 (Fußbetrieb). Die Fahrt ist familientauglich. Anfahrt per Bus von Jeongseon nach Yeoryang 여량 (▶ 1, O 6), 10 x tgl., dann Minibus nach Gujeol-ri (▶ 1, O 6). Jeongseon ist an das Korail-Bahnnetz angeschlossen.

Die Fahrt beginnt am Bahnhof von Gujeol-ri, (Gujeol-ri Yeok 구절리역) gegenüber dem unübersehbaren Café Grasshoppers Dream, das aus zwei aufeinandergestapelten alten Eisenbahnwaggons besteht, grün angestrichen und mit allerlei Stangen und Stützpfeilern versehen, was dem Haus die Form einer Heuschrecke verleiht. Sich verirren oder falsch abbiegen kann man auf der Fahrt nicht, denn die Strecke verläuft eingleisig ohne Weichen. Die Reise führt durch mehrere Tunnel, über Brücken, entlang eines Flusses und ist besonders für Kinder ein einmaliges Erlebnis. Die Strecke ist leicht abschüssig, was das Treten erleichtert. An der Endstation am Bahnhof Auraji (▶ 1, O 5, Auraji Yeok 아우라지역) steht ein weiteres Café, diesmal in der Form zweier Fische, von wo man per Zug zurück nach Jecheon (KTX-Anschluss) oder per Bus nach Jeongseon fahren kann.

stdl. ab Samcheok-Busbahnhof, Fahrzeit 45 Min., tgl. März–Okt. 9–18, Nov.–Febr. 9–17 Uhr, ₩ 3000).

Das **Folkloremuseum** des Parks ist wenig interessant, einzig der zugehörige Skulpturengarten mit Repliken antiker Erotikfiguren aus ganz Asien lohnt einen Blick (Eintritt frei).

Im Hinterland von Samcheok

Im Landesinneren westlich von Samcheok locken Kalksteinhöhlen, das Arirang-Festival in Jeonseong, eine – langsame – Zugfahrt und die Möglichkeit, einmal mittels einer Draisinenfahrt (s. Aktiv unterwegs s. o.) die Anfänge des Schienenverkehrs zu erleben.

Hwanseongul 환선굴 ▶ 1, O/P 6

Die beeindruckendste der Kalksteinhöhlen ist die Hwanseongul, mit 6,5 km Länge die größte Koreas. Ihre riesigen Hallen würden das Gefühl vermitteln, in einer dunklen Kathedrale aus der Zeit der Inquisition zu stehen, wären da nicht die kitschig bunten Illuminationen.

Etwa 1,8 km der Höhle stehen Besuchern offen und sind über Treppen, Laufstege und Brücken begehbar. Illuminationen – ob bunt angestrahlte Brücken und Stege oder ein projizierter Regenbogen – beleuchten den Weg, der vorbei an Tropfsteinen, Wasserfällen und unterirdischen Seen führt – festes Schuhwerk ist Pflicht. Auch an einen warmen Pullover sollte man denken, denn bei 10–15 °C ist es zwar in der Höhle im Hochsommer anfangs angenehm kühl, nach längerer Zeit aber ungemütlich kalt.

Eintrittskarten können am Höhleneingang erworben werden, zu dem man nach einem halbstündigen steilen Aufstieg vom Parkplatz am Fuß des Berges gelangt (Tel. 033 570 32 55, Bus 60 ab Samcheok, Fahrzeit 40 Min., tgl. März–Okt. 8–17, Nov.–Febr. 8.30–16, letzter Einlass jeweils 30 Min. vor Schließung, ₩ 4000).

Jeongseon 정선 ▶ 1, O 6

Unter Koreanern ist Jeongseon als Ursprungsort des koreanischen Volkslieds »Arirang« aus dem 15. Jh. berühmt. Als Verfasser gelten sieben Literatenbeamte, die sich aus Treue zum letzten Goryeo-Herrscher mit Beginn der Choseon-Herrschaft zurückzogen und im Verborgenen Gedichte schrieben. Eines dieser Gedichte ist das ursprüngliche »Arirang«. Das Stück genießt seit dem Koreakrieg, seit der Trennung in Nord- und Südkorea, große Popularität und ist Namensgeber des jährlichen Arirang-Festivals in Pjöngjang. Das Arirang-Festival in Jeongseon ist – anders als das gleichnamige Festival in Nordkorea – keine gigantische Massenveranstaltung, sondern eine Kostümparade mit Straßenumzügen und dem Arirang-Gesangswettbewerb.

Infos

eng.jeongseon.go.kr

Jeongseon verfügt über keine Touristeninformation, also muss man sich in Samcheok (s. S. 221) oder Gangneung (s. S. 211) mit Informationen eindecken.

Einkaufen

Lokales ▶ **5-Tage-Markt:** Folklore, lokale Produkte und Künstler prägen den Markt in Jeongseon, der alle fünf Tage abgehalten wird, und zwar an den Tagen, deren Datum mit einer 2 oder 7 endet (2., 7., 12. etc.).

Termine

Jeongseong Arirang Festival: Okt. Eine Hommage an das berühmteste aller koreanischen Volkslieder in Jeongseon.

Verkehr

Bus: Über zehn Busse fahren tgl. sowohl ab Dong Seoul Bus Terminal (3,5 Std.) als auch ab Gangneung Intercity Bus Terminal nach Jeongseon.

Bahn: Von Jeongseon fahren zwei Züge tgl. von/nach Jecheon, das an das KTX-Hochgeschwindigkeitsnetz angeschlossen ist. Von dort bestehen Verbindungen zu Seouls Cheongnyangni Station, Wonju, Gyeongju und in andere Städte. Verbindungen von Jeongseon auch nach Auraji.

Per Zug von Auraji via Jeongseon nach Jecheon

Ein weiteres Highlight der Gegend ist die Zugfahrt nach Jecheon 제천 (▶ 1, M 7) über Jeongseon. Besonders die Strecke von der Endstation Auraji 아우라지 (▶ 1, O 5) bis zum Bahnhof Mindungsan 민둥산 im Ort Mureung 무릉 (▶ 1, O 6), 40 km südwestlich von Samcheok, verspricht ein herrliches Erlebnis: Die langsame Reise führt durch ein schönes Tal, vorbei an bewaldeten Hügeln und kleinen Dörfern. Bei der gemächlichen Fahrt fehlt nur noch eine Dampflok, um sich in die Anfangszeit des Schienenverkehrs im 19. Jh. zurückzuversetzen.

Eine noch ursprünglichere Bahnerfahrung kann man ab **Gujeol-ri** 구절리 (▶ 1, O 5) erleben. Denn dort besteht die Möglichkeit, mit einer pedalgetriebenen Draisine eine 7,2 km lange, stillgelegte Bahnstrecke bis Auraji zu befahren (s. Aktiv unterwegs S. 223). Gujeol-ri ist von Samcheok am einfachsten mit dem eigenen Fahrzeug zu erreichen oder komplizierter zunächst per Bus nach Taebaek (alle 10 Min.), dann mit Zug oder Bus nach Jeongseon und von dort weiter mit dem Bus.

Hwaam Donggul 화암동굴 ▶ 1, O 6

Die knapp 3 km lange, kalksteinerne Hwaam-Höhle diente von 1922 bis 1945 als Goldmine. Besucher, die den 1,8 km langen zugänglichen Bereich durchwandern, erfahren etwas über die frühere Goldgewinnung, auch Goldadern sind noch sichtbar. Bemerkenswert aber ist vor allem die mit ca. 500 m Länge größte Höhlenkammer Koreas, die u. a. 7–8 m hohe Stalagmiten, deren Umfang stolze 5 m beträgt, und einen Stalaktit-›Wasserfall‹ von 25–30 m Höhe und 20 m Breite birgt (Tel. 033 560 25 77, tgl. 9–17 Uhr, Stadtbus tgl. 13 x ab Jeongson, Fahrzeit 25 Min., dann ca. 20 Min. zu Fuß oder Monorail/ ₩ 2000 zum Höhleneingang, ₩ 5000).

Zugstrecke mit Landschaftspanorama zwischen Auraji und Jecheon

Über den zweitgrößten Stausee Südkoreas, Chungjuho, touren Fährschiffe

Kapitel 3

Die Mitte – Chungcheong-do

Im Herzen Südkoreas liegen Chungcheongbuk-do und Chungcheongnam-do. Wer sich bereits mit Korea, seinen Provinzen und koreanischen Wörtern beschäftigt hat, wird wissen, dass es sich dabei um den Norden *(buk)* und den Süden *(nam)* des Gebietes Chungcheong handelt. Dies entspricht geografisch allerdings nicht den Tatsachen, denn die beiden Provinzen liegen nebeneinander, müssten also *dong* (Ost) bzw. *seo* (West) im Namen führen.

Die Geschichte Chungcheong-dos ist eng verknüpft mit der des Baekje-Reichs (18 v. Chr.– 660 n. Chr.), das einst den gesamten Südwesten Koreas beherrschte, bevor es vom Silla-Reich geschluckt wurde. Die Hauptstädte Baekjes waren von 475 bis 538 Gongju und anschließend Buyeo (Sabi), die beide einige historische Schmuckstücke bereithalten, darunter Festungen und Gräber. Baekje pflegte enge Beziehungen zu Japan und hatte starken Einfluss auf dessen Kultur – zu bestaunen in den Museen Gongjus und Buyeos. In der Nähe der alten Kapitalen entsteht derzeit Südkoreas neue Hauptstadt Sejong, die in einigen Jahren Seoul ablösen soll.

Chungcheong-do hat nicht nur alte Schätze zu bieten, sondern lockt darüber hinaus mit seinen Erholungsgebieten, beispielsweise den Nationalparks Songnisan und Woraksan, oder seinen weiten Stränden. Eine weitere Attraktion der Provinz ist die fast weltfremde Langsamkeit seiner Bewohner, die selbst in der Metropole Daejeon beim Business Lunch nur halb so häufig auf die Uhr schauen wie in Seoul oder Busan. Chungcheonger sind es gewohnt, dafür vom Rest des Landes belächelt zu werden, aber sie sind auch stolz auf ihren Ruf als Müßiggänger.

Auf einen Blick

Die Mitte – Chungcheong-do

Sehenswert

5 **Daecheon-Strand:** Mitte Juli spielen Koreaner am Daecheon-Strand verrückt und wälzen sich im Schlamm – ein Spaß sondergleichen und zudem gesund, denn der Schlamm soll heilende Wirkung besitzen (s. S. 249).

6 **Cheollipo Arboretum:** Einer der schönsten botanischen Gärten Koreas ist ein Mix aus über 7000 einheimischen und importierten Pflanzen, und es ist ein Vergnügen, darin spazieren zu gehen (s. S. 252).

7 **Independence Hall:** Patriotischer geht es nicht, denn dieses größte Museum Südkoreas in Cheonan ist eine einzige Proklamation des unbändigen koreanischen Unabhängigkeitswillens und zeigt die Epochen des nationalen Freiheitskampfes in allen Facetten (s. S. 254).

Schöne Routen

Bootsfahrt auf dem Chungju-Stausee: Eine entspannte Bootsfahrt auf Südkoreas zweitgrößtem See führt durch eine Berglandschaft bis zum Woraksan-Nationalpark oder nach Danyang, wo tiefe Tropfsteinhöhlen und ein riesiger Tempel warten (s. S. 264).

In den Höhlen von Danyang: Ein Spazier- und Kletterausflug durch die Höhlengänge mit Tropfsteinen und Steinformationen, die an Weintrauben erinnern, ist eine kühle und ungewöhnliche Abwechslung, aber nichts für Klaustrophobiker (s. S. 268 f.).

Durch den Gyeryongsan-Nationalpark: An gut einem halben Tag ist es möglich, einmal quer von Westen nach Osten durch diesen kleinen Park zu laufen, vorbei an Pagoden und auf einen über 800 m hohen Gipfel (s. S. 235).

Meine Tipps

Heiße Quellen von Suanbo: Schon während des 11. Jh. erholten sich Koreaner in dem 50 °C heißen Quellwasser Suanbos vom Tagesstress oder einer ausgiebigen Wanderung im nahen Woraksan-Nationalpark – heutige Besucher Suanbos können es ihnen gleichtun (s. S. 265).

Gongju-Nationalmuseum: Koreas beste Ausstellung über das untergegangene Baekje-Reich mit vielen Artefakten aus dem Grab König Muryeongs, das als eines der wenigen Königsgräber der Ära nicht ausgeraubt wurde (s. S. 240).

Sapsido: Faulenzen, Wandern und Fahrten mit Traktortaxis – die grüne und wundersame Insel erwacht erst im Sommer zum Leben und ist ansonsten ein ideales Pflaster, um die Seele baumeln zu lassen (s. S. 250).

aktiv unterwegs

Wanderung im Süden des Songnisan: Der Nationalpark lockt mit einem 1054 m hohen Gipfel, einer Berghütte wie auf einer Alpen-Postkarte und einer uralten Holzpagode, die in einem Bruce-Lee-Film eine zentrale Rolle spielte (s. S. 261).

Wanderung im Woraksan-Nationalpark: Ein noch ›unentdeckter‹ Park mit einem schönen Weg, an dem ein Tempel, ein altes Festungstor, zwei imposante Bergspitzen und mit etwas Glück auch eine der raren Goralantilopen zu sehen sind (s. S. 268).

Paragliding vom Yangbangsan: Selbst Sportmuffel ohne Freiluftambitionen können hier ihren Traum vom Fliegen wahr machen – Tandemschirm mit Trainer und Suchtpotenzial inklusive (s. S. 271).

Daejeon und die Hauptstädte des Baekje-Reichs

In den Städten Daejeon, Gongju und Buyeo dreht sich alles um Wissenschaft und Geschichte. Während Daejeon Universitäten und Forschungseinrichtungen anzieht, spielt in Gongju und Buyeo die Geschichte des Baekje-Reichs eine große Rolle. Entspannende Heilquellen, Museen, die Reste einst mächtiger Festungen und Königsgräber machen die Faszination dieses Städtedreiecks aus.

Daejeon 대전 ▶ 1, K 10

Daejeon, Koreas fünftgrößte Stadt und Hauptstadt der Provinz Chungcheongnam do 충청남도, ist mit über 200 Hochschulen und wissenschaftlichen Instituten, darunter Hochkaräter wie das Korea Aerospace Research Institute und das Korea Atomic Energy Research Institute, der Think Tank des Landes. Die Kombination aus Forschung, Bildung und der nachziehenden Industrie hat bei der Metamorphose von einem Agrar- in einen modernen Industriestaat aus Daejeon einen der Vorreiter Südkoreas gemacht. Vielleicht ist Daejeon damit künftig sogar Seoul einen Schritt voraus: Einige Parlamentarier haben vorgeschlagen, die Hauptstadt von Seoul, das mit über 20 Mio. Einwohnern im Großraum aus allen Nähten platzt, nach Daejeon zu verlegen. Und auch die Nähe Seouls zu Nordkorea ist manchen Regierungsvertretern nicht geheuer.

Daejeon begann ab den 1970er-Jahren seine heutige Bedeutung zu entwickeln. Damals wurden zwei Schnellstraßen gebaut, die von Seoul via Daejeon nach Busan bzw. Mokpo führen. Darüber hinaus bedienen zwei Bahnlinien, die sich ebenfalls in Daejeon kreuzen, dieselben Strecken, sodass sich die Stadt zu einem bedeutenden Verkehrsknotenpunkt entwickeln konnte. Heute hat Daejeon 1,4 Mio. Einwohner, die ihren Lebensunterhalt u. a. in Industriebetrieben der Branchen Reifen, Chemie sowie Maschinen verdienen. Attraktionen für ausländische Besucher sind bis heute eher rar. Die interessantesten Sehenswürdigkeiten sind die heißen Quellen von Yuseong sowie der Gyeryongsan-Nationalpark. Daneben nutzen viele Besucher die Stadt als Zwischenstopp auf der Fahrt nach Geumsan, der Ginseng-Hauptstadt Südkoreas (s. S. 236).

Heiße Quellen von Yuseong

Yuseong Oncheon 유성온천

Schon in der Baekje-Zeit (18 v. Chr.–660 n. Chr.) waren die Quellen von Yuseong berühmt für ihre angeblich heilende Wirkung, Grund genug, dass sowohl das einfache Volk als auch die Königsfamilie gerne in die über 50 °C heißen Bäder eintauchte. Die Quellen liegen im Westen der Stadt. Gut ein Dutzend Hotels und Spas haben sich hier etabliert, alle mit direktem Zugriff auf die Heilquellen und im oberen Preissegment angesiedelt. Das Wasser kommt aus 350 m Tiefe und soll durch seine hohe Konzentration an Kalzium, Radium und anderen Mineralien gegen Hautkrankheiten, Arthritis und sogar Diabetes helfen.

Eine der bekanntesten Quellen ist der Spa im **Hotel Yousung Spa,** das mit Quellen im Außen- sowie Innenbereich ausgestattet ist. Weitere Quellen gibt es z. B. im **Hotel Riviera Yuseong** oder im **Legend Hotel** (U-Bahn-Station Yuseong Spa, Ausgang 7).

Expo Science Park

Expo Gwahak Gongwon 엑스포과학공원

Daejeons Paukenschlag, um den Blick der Weltgemeinschaft auf diesen abgelegenen

Daejeon: Stadtansicht mit dem Hanbat Stadium

Fleck Asiens zu lenken, war die Weltausstellung im Jahr 1993. 108 Länder nahmen damals an der Expo teil, die unter dem Motto »The Challenge of a New Road to Development« stand. Mit ihren 14 Mio. Besuchern – darunter 5 % internationale Gäste und fast 50 % koreanische Studierende – war die Expo 1993 eine der ersten Mega-Shows Südkoreas. Besonders das Maskottchen Kumdori, das wie ein liebenswertes, kleines Alien aussieht und von einem Atom umkreist wird, sollte den Aufbruch der Nation in ein neues Zeitalter darstellen. Letzteres ist dem Land gelungen, was die wirtschaftlichen Wachstumszahlen und die weltweite Präsenz koreanischer Automobile, Fernseher und Mobiltelefone eindrucksvoll bestätigen.

Nach Ende der Weltausstellung 1993 blieben 18 Expo-Pavillons erhalten, das Gelände wurde in den Expo Science Park umgewandelt. Die Pavillons im Park zeigen in audiovisuellen Shows die Errungenschaften aus Technik und Naturwissenschaften. Allerdings wirkt der Park, außer an Wochenenden oder während der Schulferien, fast wie ausgestorben (Tel. 042 866 51 14, www.expopark.co.kr, Bus 180, 185, 513 ab Daejeon-Bahnhof oder, besser, per Taxi, tgl. 9.30–18 Uhr, Eintritt frei, Pavillons ₩ 1500–2500).

National Science Museum

Gungnip Jungang Gwahakwan
국립중앙과학관

Dieses Technikmuseum hat eine einzige Zielgruppe – Kinder. Neben seinen Exponaten zur Geschichte von Wissenschaft und Technik in Korea ist das Museum zugleich Lehrinstitut mit eingängigen Beispielen, wie der Mensch es schaffte, die Natur für seine Zwecke zu nutzen. Neben einem Atommeiler und dem Nachbau eines Schildkrötenboots (s. S. 327) ist auch ein 1:10-Modell der Raumfähre Columbia ausgestellt, die 2003 beim Wiedereintritt in die Erdatmosphäre zerbrach. Die permanente Ausstellung des Museums zeigt über 4000 Exponate aus dem Bereich Natur und Forschung. Leider sind die Erläuterungen meist nur auf Koreanisch. Das Planetarium präsentiert in einer vierzigminütigen Show den nächtlichen Himmel (Tel. 042 601

78 94, www.science.go.kr, Bus 105, 180, 513 ab Daejeon-Bahnhof oder, besser, per Taxi, Di–So 9.30–17.50, letzter Einlass 17.10 Uhr, ₩ 1000, Planetarium weitere ₩ 1000).

Currency Museum

Hwapye Bangmulgwan 화폐박물관
Nur wenige 100 m westlich des National Science Museum versteckt sich das Währungsmuseum. Neben den obligatorischen Münzen und Banknoten aus 1000 Jahren koreanischer Geldgeschichte sind auch ausländische Währungen ausgestellt. Eine Besonderheit bietet Halle 4: Geld aus Nordkorea, das wie auch immer seinen Weg hierher fand, denn der Export des nordkoreanischen Won ist offiziell verboten. Die Objekte sind großteils auch in Englisch beschriftet (Tel. 042 870 11 00, 20 Min. zu Fuß ab Expo Science Park oder Taxi, Di–So 10–16 Uhr, Eintritt frei).

Uam Historical Park

Uam Sajoek Gongwon 우암사적공원
Etwa 2,5 km nordöstlich des Bahnhofs schmiegt sich dieser Park an den Hang des Gyejoksan. Hier lebte Song Si-yeol (1607–89, Literatenname Uam oder Ujae), einer der berühmtesten neokonfuzianischen Gelehrten des Joseon-Reichs. Über 50 Jahre stand er in den Diensten des Königs, wurde sogar Premierminister, bevor er wegen eines aufrührerischen Briefes in Ungnade fiel.

Der Park birgt einige gut restaurierte Gebäude, einen kleinen See und schöne Wege für einen Spaziergang. Links neben dem Eingangstor zum Park steht die 300 Jahre alte **Studierhalle Uams,** wo er auch seine Schüler unterrichtete. Ein Stück bergauf sind in einem kleinen **Museum** Schriften, Briefe, Stempel sowie einige Habseligkeiten Uams ausgestellt, darunter auch des Meisters Pelzmantel, der die Jahrhunderte erstaunlich gut (zu gut) überstanden hat. In einer neuen **Bibliothek** neben dem Verwaltungsbüro des Parks werden über 11 000 hölzerne Druckstöcke, teils mit Werken Uams, aufbewahrt. Allerdings fielen die originalen Druckstöcke 1907 einem Feuer zum Opfer, die ausgestellten Stücke wurden 1929 neu geschnitzt. Der etwas versteckt liegende Pfad am hinteren Ende des Parks (linke Parkseite) führt an einer Quelle vorbei den Berg hinauf. Der halbstündige Aufstieg wird mit einem herrlichen Blick über den riesigen **Daecheong-See** belohnt (Bus 310, 311 ab Daejeon-Bahnhof, tgl. 5–21 Uhr, Eintritt frei).

Infos

www.daejeon.go.kr
Daejeon Tourist Information Center: im Expo Science Park, Tel. 042 1330, Bus 180, 185, 513 ab Daejeon-Bahnhof oder, besser, per Taxi, tgl. 9–17 Uhr. Hier erhält man eine breite Palette an Broschüren und Karten (in Englisch. Mehrsprachiges Personal. Weitere **Infocenter** befinden sich vor dem Express Bus Terminal und im Bahnhof von Daejeon.

Übernachten

Die meisten und besten Hotels liegen im Bereich der Yuseong Spa und sind durch die U-Bahn (Yuseong Spa Station) mit dem Bahnhof verbunden.

Luxus ohne Reue ▶ **Hotel Riviera Yuseong** 호텔유성리베라: 444-5 Bongmyeong-dong, Tel. 042 823 21 11, www.hotelriviera.co.kr, U Yuseong Spa, Ausgang 5, dann 200 m. Daejeons Herberge Nr. 1, was Komfort, Ausstattung und Preis angeht, aber die schönen, koreanisch (*ondol* 온돌) oder westlich eingerichteten Räume lassen die hohen Won-Beträge schnell vergessen. Eigene Bäckerei, allerdings mit asiatischen Weichbroten; ein Restaurant mit japanischer, chinesischer, koreanischer und westlicher Karte sowie ein Büfettrestaurant. Gäste erhalten im hoteleigenen Spa (s. S. 234) 50 % Rabatt. DZ ab ₩ 200 000.

Mit berühmtem Spa ▶ **Hotel Yousung** 유성호텔: 480 Bongmyeong-dong, Tel. 042 820 01 00, www.yousunghotel.com, U Yuseong Spa, Ausgang 5. Eines der besten Hotels in der Stadt, zum normalen Preis allerdings überteuert. Großzügige Rabatte bis zu einem Drittel sind aber möglich. Exzellenter Service, mehrere Restaurants und hoteleigene Bäder, gespeist aus den heißen Quellen. Nur 100 m hinter dem Hotel Riviera gelegen. DZ ab ₩ 160 000.

Gediegen und komfortabel ▶ Daelim Tourist Hotel (Daelim Gwangwang Hotel 대림관광호텔): 230-6 Sunhwadong, Tel. 042 251 95 00, 042 2 51 94 00, www.daelimhotel.com. Modernes Hotel, das – in Bahnhofsnähe – die schönsten Zimmer bietet. DZ ab ₩ 80 000, Royal Business Suite ₩ 250 000.

Zentral und gut ▶ Kyungha Spa Hotel (Gyeongha Oncheon Hotel 경하온천호텔): 540-16 Bongmyeong-dong, Tel. 042 822 56 56, www.khhotel.com, U Yuseong Spa, Ausgang 8. Etwas weiter entfernt von der U-Bahn-Station als die Topadressen bietet das Kyungha westliche Zimmer und *ondol*-Räume zu sehr guten Preisen. Spa-Einrichtungen ohne viel Brimborium. DZ ab ₩ 50 000.

Einfach und günstig ▶ Paragon Motel 파라곤: 535-2 Bongmyeong-dong, Tel. 042 825 99 77, www.iparagon.kr, U Yuseong Spa, Ausgang 6. Standardunterkunft mit akzeptablen Räumen. 300 m von der U-Bahn-Station. DZ ₩ 40 000.

Essen & Trinken

Königliche Küche ▶ Rainbow (Mujigae Hanjeongsik 무지개한정식): 2.–4. Stock, 498-2 Daeheung-dong, Tel. 042 255 88 81, www.rainbow-food.com, U Jungangno, Ausgang 4, tgl. 11.30–22 Uhr. Beste Joseon-Küche mit authentischen koreanischen Gerichten in stilvollem Ambiente, was alles zusammen kaum Wünsche offen lässt. Das Restaurant in einem silbergrauen Gebäude hat keine lateinische Beschriftung (auf die koreanischen Zeichen achten)! Mittagstisch ₩ 15 000, traditionelles Menü ab ₩ 20 000.

Boof und Tradition ▶ Manna 만나: 552-9 Bongmyeong-dong, Tel. 042 825 20 01, www.manna.co.kr, U Yuseong Spa, Ausgang 5, tgl. 11.30–22 Uhr. Über 440 Sitzplätze zeugen von der Beliebtheit des Restaurants, wozu auch die Lage im Spa-Distrikt beiträgt. Spezialitäten sind Shabu Shabu und die erstklassigen traditionellen Menüs, die allerdings ihren Preis haben. Shabu Shabu ab ₩ 11 000, traditionelles koreanisches Menü ₩ 60 000.

Italienische Küche ▶ Flying Pan 플라잉팬: 153 Eunhaeng-dong, Tel. 042 223 30 04, www.sungsimdang.co.kr, U Jungangno, Ausgang 2, tgl. 11–22 Uhr. Das italienische Interieur lässt erahnen, was sich später bestätigt – Pizza und Pasta für wahre Kenner italienischer Küche. Die Pizza kommt aus dem Steinofen. Ebenso wie das Little Tomo zum Restaurant-›Imperium‹ Sung Sim Dang gehörend. Pasta ab ₩ 10 000, Steak ab ₩ 15 000.

Japanisch-koreanisch ▶ Little Tomo 리틀토모: 153 Eunhaeng-dong, in der Shopping Mall unter dem Flying Pan, Tel. 042 223 10 04, www.sungsimdang.co.kr, 2, tgl. 11–22 Uhr. Das Beste aus den Küchenwelten Japans und Koreas mit Preisen auf koreanischem Niveau. Von den Menüfotos am Eingang sollte man sich nicht abschrecken lassen – die Köche zaubern deutlich bessere Kreationen auf die Teller. Menü ab ₩ 6000.

Mexikanisch ▶ Takorea Mexican Grill 타코리아: 206-5 Daeheung-dong, Tel. 042 242 16 00, www.takoreamg.com, U Jungangno, Ausgang 4, dann 2–3 Min. zu Fuß, Mo–Fr 17–23, Sa 13–23, So 13–20 Uhr. Das edlere (und teurere) unter den wenigen mexikanischen Restaurants in Daejeon. Auch für Vegetarier geeignet, die z. B. den Tofu Burrito probieren sollten. Menü ₩ 6000–20 000.

Einkaufen

Großes Kaufhaus ▶ Galleria Timeworld 갤러리타임월드점: 1036 Dunsan 2-dong, www.timeworld.co.kr, U Government Complex, tgl. 10–20 Uhr. Eines der größten Kaufhäuser Daejeons verfügt über elf Stockwerke mit Geschäften für Luxusgüter, Haushaltsartikel, Restaurants etc.

Primär Lebensmittel ▶ E-Mart 이마트: U Government Complex.

Abends & Nachts

Ausgehviertel ▶ Das Nightlife von Daejeon spielt sich vor allem in zwei Stadtvierteln ab. **Dunsan-dong** 둔산동 breitet sich gegenüber der Galleria Timeworld, U Government Complex, aus. Zu den zahlreichen Lokalitäten zählen etwa **Yellow Taxi** (mit Billard-Tisch, am Wochenende Livemusik), die **Ethnic Bar** (für Shisha-Raucher, mit kleinem Bach in der Mitte) oder die Disco **Cocoon** (₩ 15 000, Bier unbegrenzt inkl.). Das Angebot in **Eun-**

haeng-dong 은행동 (U Jungangno) ist ebenfalls breit gefächert. Zu den Bars gehört z. B. das **J-Rock** mit Billard und englischsprachigem Personal. Die meisten Bars öffnen spätestens um 17 Uhr.

Aktiv

Stadtrundfahrten ▶ **Daejeon Tourist Information Center:** s. S. 232. Das Infocenter bietet lohnende Stadtrundfahrten an, die alle wichtigen Sehenswürdigkeiten ansteuern, z. B. den Expo Science Park, das Währungsmuseum, die heißen Quellen etc. (Tel. 042 253 00 05, Di–So 9, 10.40, 12.20, 14, 15.40 Uhr, ₩ 2000, Abendtour April–Okt. Sa 19–23 Uhr, ₩ 3000). Erkundigen Sie sich vorab, ob die Tour auch in englischer Sprache stattfindet. Alle Touren starten ab Daejeon Station.

Spa ▶ Zu empfehlen ist ein Spa-Besuch in einem der drei folgenden Hotels, alle sind via U-Bahn-Station Yuseong Spa erreichbar: **Hotel Yousung,** Tel. 042 820 01 00, U-Bahn Ausgang 5, tgl. 5–22 Uhr, ₩ 5000; **Hotel Riviera Yuseong,** U-Bahn Ausgang 5, tgl. 6–22 Uhr, ₩ 6000; **Legend Hotel** 레전드호텔, Tel. 042 822 40 00, www.legendhotel.co.kr, U-Bahn Ausgang 8, tgl. 5–21 Uhr, ₩ 5000.

Entspannung im Park ▶ **Hanbat Arboretum** (Hanbat Sumokwon 한밭수목원): Tel. 042 472 49 72. Der Park steht zwar noch im Anfang seiner Entwicklung, lädt aber trotzdem zu einem ruhigen Spaziergang ein.

Verkehr

Durch seine Lage an einem Verkehrsknotenpunkt ist Daejeon hervorragend mit Seoul, Busan und fast allen Orten des Landes verbunden. Allerdings hat die Stadt keinen eigenen Flughafen, der nächstgelegene befindet sich 40 km nördlich. Die Busverbindungen vom Cheongju Airport (Tel. 043 210 61 14) nach Daejeon sind dürftig, sodass man besser per Zug oder Bus (Direktbus ab Incheon International Airport) nach/ab Daejeon reist.

Bahn: Daejeon hat zwei Bahnhöfe, die beide an das KTX-Netz angeschlossen sind. Vom Westbahnhof (Seodaejeon Yeok 서대전역, Tel. 042 522 77 89) fahren Züge nach Mokpo und Yeosu. Ab Bahnhof Daejeon (Daejeon Yeok 대전역, Tel. 042 2 53 81-50 bis -54) bestehen täglich über 100 Bahnverbindungen nach Busan (Fahrzeit 100 Min.) bzw. Seoul (50 Min.). Die Bahnhöfe liegen etwa 2,5 km Luftlinie auseinander. Ein Taxi von einem zum anderen Bahnhof kostet ca. ₩ 4000.

Bus: Ein Wirrwarr an Busbahnhöfen ist über die Stadt verteilt, die wichtigsten liegen nebeneinander. Dies trifft für den Daejeon Dongbu Intercity Bus Terminal und den Daejeon Express Bus Terminal zu, die sich auf gegenüberliegenden Straßenseiten befinden.

Daejeon Express (Gosok) Bus Terminal 대전고속버스터미널: Tel. 042 625 87 91. Busse nach Busan (alle 2 Std., ₩ 15 000, Fahrzeit 3 ¼ Std.), zu mehreren Busbahnhöfen Seouls (alle 15 Min., ab ₩ 8000, Fahrzeit 2 Std.) sowie nach Suwon, Gwangju, Gyeongju etc.

Daejeon Dongbu Intercity (Sioe) Bus Terminal 대전동부시외버스터미널: Tel. 042 624 44-52, -53. Verbindungen u. a. nach Andong und zum Incheon International Airport.

Yuseong Intercity (Sioe) Bus Terminal 유성시외버스터미널. Tel. 042 822 03 86, U Yuseong. Busse in den Norden u. a. nach Gongju und Cheonan.

Daejeon Seobu Intercity (Sioe) Bus Terminal 대전서부시외버스터미널: Tel. 042 584 16 17. Busse u. a. zu den alten Baekje-Hauptstädten Buyeo (alle 30 Min., ₩ 6300, Fahrzeit 1 ¼ Std.) und Gongju (alle 40 Min., ₩ 3700, Fahrzeit 1 Std.).

Fortbewegung in der Stadt

U-Bahn: Daejeon hat seit 2007 eine U-Bahn (www.djet.co.kr, tgl. 5.30–23 Uhr, ₩ 1000–1100). Die einzige Linie durchquert die Stadt von Osten nach Westen. Vier weitere Linien sind geplant, deren Eröffnungsdatum aber in den Sternen steht.

Ausflüge in die Umgebung von Daejeon

Geumsan 금산 ▶ 1, K 11

Der südlich von Daejeon gelegene Landkreis Geumsan (Goldberg) ist bekannt als Südkoreas Ginsengzentrum und bewältigt mit seinen gut 60 000 Einwohnern den bei weitem größten Teil des landesweiten Handels mit der Heilwurzel (s. Thema S. 236). Überall gibt es Geschäfte, ein Museum, ein jährlich im August/September stattfindendes Festival und einen großen Markt – alles dreht sich um Ginseng. Das wenig interessante **Museum** zeigt über 50 verschiedene Ginsenggerichte, Filme (nur Koreanisch) und führt in die Welt und Heilwirkung der Wurzel ein. Ein Besuch der gleichnamigen **Bezirkshauptstadt Geumsan** bietet sich am besten an den Markttagen an, d. h. am 2., 7., 12., 17., 22. und 27. Tag jeden Monats ab 14 Uhr. Der Markt liegt 15 Fußminuten vom Busbahnhof Geumsans entfernt (Bus alle 15 Min. ab Daejeon Dongbu Intercity Bus Terminal, Fahrzeit 1 Std., alle 2,5 Std. ab Seoul Express Bus Terminal, Fahrzeit 3 Std., Eintritt frei).

Gyeryongsan-Nationalpark ► 1, J 9/10

Gyeryongsan Gungnip Gongwon
계룡산국립공원

Endlich ein Park, der einfach zu erreichen ist, sich in seiner vollen Pracht an weniger als einem Tag erwandern lässt und dessen Fengshui als exzellent gilt. Ebendies begeistert auch die Bewohner Seouls und Daejeons, die den Gyeryongsan-Nationalpark jährlich in siebenstelliger Zahl stürmen. In diesem 1968 zum Nationalpark erklärten Berggebiet ist man selbst bei schlechtem Wetter nie allein. Der Name Gyeryongsan bedeutet übrigens Hahn-Drachen-Berg und rührt daher, dass Einheimische beim Anblick der Bergkette meinten, einen Drachen mit Hahnenkamm zu erkennen.

Der Park liegt nur 20 km westlich von Daejeon und ist mit gut 64 km^2 so klein, dass er sich von West nach Ost in 4,5 Stunden durchqueren lässt, was sogar eine Tagestour von Seoul aus möglich macht. Trotz des Besucheransturms sind im Gyeryongsan-Nationalpark über 600 Tierarten, über 1800 Insektenarten und über 1200 Pflanzenarten beheimatet. Zu den im Park lebenden elf bedrohten Tierarten zählen Otter, Marder und Schwarzspecht, die man jedoch kaum zu Gesicht bekommen wird, denn die Wege verlaufen weit entfernt von deren Lebensraum.

Neben der Natur verdienen auch die drei wichtigsten Tempel des Bergmassivs Beachtung. Sie sind über ein dünnes Geflecht von Pfaden miteinander verbunden: Dongghaksa im Osten, Gapsa im Nordwesten und Sinwonsa im Südwesten. Die Wanderwege sind vor allem an Wochenenden voll mit einheimischen Familien, die Picknickdecken und ihr in mindestens ein Dutzend Schälchen verpacktes Lunchpaket mitbringen, um Punkt 12 Uhr irgendwo im Park ihren Claim abzustecken und dann dort zu speisen.

Der beliebteste **Wanderweg** führt vom **Gap- zum Dongghak-Tempel** (oder umgekehrt), ist gut ausgeschildert, in besagten 4,5 Stunden zu bewältigen, aber ›nicht ohne‹. Man passiert die Doppelpagode **Nammaetap** 남매탑, letztes Relikt einer alten Tempelanlage, und passiert den dritthöchsten Berg des Parks, **Gwaneumbong** 관음봉 (816 m), sowie zwei weitere Gipfel, den 775 m hohen **Sambulbong** 삼불봉 sowie den 738 m hohen **Yeoncheonbong** 연천봉.

Der **Donghaksa** 동학사 wurde 724 ursprünglich als Mönchstempel gegründet. Heute beherbergt er u. a. das Donghak Buddhist College des Jogye-Ordens, eine der wenigen Lehranstalten in Korea, an denen buddhistische Nonnen ausgebildet werden. Die Frauen studieren und meditieren hier sechs bis acht Jahre. Die Anlage wurde wiederholt neu aufgebaut bzw. teils (über-)modernisiert (Tel. 042 825 25 70, 042 825 30 04, www.donghaksa.or.kr, ₩ 2000).

Die beste Zeit für einen Besuch des **Gapsa** 갑사 ist der Herbst. Dann taucht der auf das Jahr 420 zurückgehende Tempel in ein Meer roter, grüner, gelber und brauner Blätter der umgebenden Ahornbäume ein. Der Gapsa zählt zu den ältesten Tempeln des Landes. Er soll von Ado gegründet worden sein, jenem Mönch, der den Buddhismus ins Silla-Reich gebracht haben soll. Im 7. Jh. wandelte Uisang den Gapsa in einen Tempel der Hwaeom-(Blumengirlanden-)Schule um. Auch in dieser Anlage ist nichts aus der Gründungszeit erhalten.

Ginseng – und alles wird wieder gut

Südkorea mag sich in den letzten drei Jahrzehnten zum größten Schiffsbauer der Welt und einem der wichtigsten Produzenten von Automobilen und Handys emporgearbeitet haben, mit einem ganz anderen Produkt steht das Land jedoch seit Jahrhunderten, vielleicht sogar Jahrtausenden, an der Weltspitze: Korea ist und war das Ginsengzentrum des Planeten.

In Korea wachsen in rauen Mengen jene Wurzeln, denen Wunderkräfte nachgesagt werden. Bluthochdruck, Stress, Diabetes und sogar eine schwächelnde Libido lassen sich angeblich mit der Königin der Heilpflanzen bekämpfen. In den vergangenen Jahren wurde über die Wirkung des Lebenselixiers heftig gestritten, vor allem Mediziner halten die heilenden Effekte für wissenschaftlich bisher nicht nachgewiesen.

In der Botanik gehört Ginseng (griech. *Panax ginseng* C. A. Meyer) zur Familie der Araliengewächse, zu der auch der Efeu zählt. Die Ginsengwurzel, die sich über der Erde als 30–60 cm krautige Pflanze fortsetzt, findet sich in vielen Gegenden der nördlichen Hemisphäre, seit den 1980er-Jahren sogar in Deutschland. Am bekanntesten und medizinisch besonders wertvoll ist der nordostasiatische Ginseng, der z. B. in Korea und China gedeiht. Die diesem Universalheilmittel zugeschriebene gesundheitliche Wirkung beruht vor allem auf Saponinen, die im koreanischen Ginseng in besonders hoher Konzentration vorkommen. Dieser Wirkstoff ist in Hülsenfrüchten wie Kastanien zu finden, aber auch in Roter Bete, Spargel, Zuckerrüben und dem Gänseblümchen.

Die heilende Wirkung des Ginseng war schon vor Christi Geburt in Asien bekannt und soll erstmals in dem ältesten chinesischen Buch über Heilpflanzen erwähnt worden sein, dem »Shennong Bencao Jing« aus dem 2. Jh. v. Chr., das sich auf den mythischen chinesischen Herrscher Shennong beruft, der um 2800 v. Chr. gelebt haben soll. Das dreibändige Originalbuch ist nicht mehr erhalten, sondern nur noch spätere Abschriften, soll aber 365 verschiedene Heil- und Arzneipflanzen und deren Wirkung beschrieben haben, darunter auch Ginseng, der »die Lebensgeister beruhigt, die Seele harmonisiert, Ängste beseitigt und die bösen Kräfte vertreibt«. Nicht umsonst heißt die Wunderwurzel auf Griechisch *panax* = heilt alles. Ursprünglich kommt der Name Ginseng aus dem Chinesischen und führt in seiner Bezeichnung wegen des menschenähnlichen Aussehens der Wurzel das Zeichen für Mensch = *ren* 人. Auf Koreanisch heißt Ginseng *insam* 인삼.

In den vergangenen Jahrzehnten hat sich Ginseng zu einem süd- wie nordkoreanischen Verkaufsschlager entwickelt, wenngleich Nordkorea aufgrund seiner politischen Isolation wesentlich geringere Mengen exportiert. Die in guter Qualität 2–3 cm dicke und 20–30 cm lange Wurzel wird als ganze verkauft oder findet sich weiterverarbeitet in Pillen, Kaugummi, Eiscreme, Shampoo, Tee und sogar als Zutat für die koreanische *samgyetang* 삼계탕 (Ginseng-Hühnersuppe mit Reis).

Auf dem Gyeongong Oriental Medicine Market und dem Namdaemun-Markt in Seoul oder in der Ginseng-Hauptstadt Geumsan ist

Thema

die gesamte Palette zu finden, wobei zwischen drei Ginseng-Arten unterschieden wird: **Frischer Ginseng** ist weniger als vier Jahre alt, kann roh konsumiert werden und wird meist als ›Alltagsginseng‹ verwendet. Für die allgegenwärtige *samgyetang* werden nur Wurzeln verwendet, die nicht älter als zwei Jahre sind. **Weißer Ginseng** ist vier bis sechs Jahre alt und nichts anderes als frischer, geschälter Ginseng, der in der Sonne getrocknet wurde und dadurch seine gebleichte, gelblich-weiße Farbe erhält. **Roter Ginseng** kommt in der Natur nicht vor, sondern ist Weißer Ginseng, der allerdings erst nach sechs Jahren geerntet und dann bei 100 °C mehrere Stunden gedünstet wird, wodurch die Wurzel ihre rötliche Farbe erhält. Anschließend wird sie getrocknet und durch diesen Prozess haltbar. Für mehrere Jahrhunderte gab es ein staatliches Monopol auf den teuren Roten Ginseng, das erst 1997 aufgehoben wurde.

Daneben gibt es (bei uns kaum erhältlich) **Schwarzen Ginseng,** der nicht nur einmal, sondern mehrfach mit heißem Wasserdampf bearbeitet wird, sowie **Wilden Ginseng,** der keine eigenständige Art ist, sondern frei in der Natur und nicht auf Plantagen wächst. Diesem wird die größte Heilkraft nachgesagt, allerdings sind durch die übermäßige Ernte die Bestände stark zurückgegangen.

Als Faustregel gilt, dass Ginseng umso teurer ist, je älter die Wurzel ist und je menschenähnlicher sie aussieht. Die Kultivierung der Pflanze ist aufwendig und zeitintensiv – nicht zuletzt aufgrund der langen Wachstumsphase. In Südkorea wird Ginseng vor allem in und um Geumsan angebaut, wo auch etwa 80 % des gesamten koreanischen Ginseng-Handels abgewickelt werden. Wer koreanischen Ginseng kaufen möchte, sollte es in einem der unzähligen Läden Geumsans (s. S. 231) tun – die Preise liegen 20–50 % unter denjenigen in anderen Orten des Landes.

Die Ginseng-Wurzeln ziehen oft mehrere Jahre in Alkohol

Der Pavillon mit der Bronzeglocke im Gapsa

Ältestes Relikt ist eine schwere **Bronzeglocke** aus dem Jahr 1584, alles andere wurde während der japanischen Invasion 1592–98 zerstört. Die **Haupthalle,** Daeungjeon 대웅전, des Tempels, die sich im Zentrum der Anlage auf einer Steinterrasse erhebt, ist zugleich sein ältestes erhaltenes Gebäude und stammt aus dem Jahr 1604. Ein Augenmerk sollte man vor allem auf die ornamentreich und fein geschnitzten Darstellungen an ihren Eingangsportalen richten: Auch farblich schön gefasst, zeigen die Schnitzereien Kirschblüten, Bambus und andere florale Dekore. Derart filigran gearbeitete Türen sind in koreanischen Tempeln eine Seltenheit. In der Halle finden sich eine Buddha-Trinität, bestehend aus dem historischen Buddha Shakyamuni, Buddha Amitabha und dem Medizinbuddha Bhaisajyaguru, sowie zwei Bodhisattva-Paare. Avalokiteshvara steht für das Mit-Leiden, Mahasthamaprapta für die Kraft der Weisheit, Manjushri für die Transzendente Weisheit und Samantabhadra, der Segensreiche, für die Güte. Einer der bekanntesten Bauten im Gapsa ist die etwas abgelegen im südöstlichen Teil der Anlage stehende **Gong-utap** 공우탑. Die Pagode wurde, so die Legende, zu Ehren eines Ochsen errichtet. Dieser soll beim Wiederaufbau des Gapsa geholfen haben, dann aber bei der Tempeleinweihung zusammengebrochen und an Erschöpfung gestorben sein (Tel. 041 857 89 81, www.gapsa.org, tgl. 8–18 Uhr, ₩ 2000).

2 km abseits der am meisten begangenen Pfade liegt der eher schlichte **Sinwonsa** 신원사. Der 651, kurz vor dem Zusammenbruch des Baekje-Reichs, erbaute Tempel erlebte im 14. Jh. eine kurze Blütezeit. Damals beabsichtigte der Gründer der Joseon-Dynastie, König Taejo, wegen des exzellenten Fengshui in der Nähe die neue Hauptstadt Koreas zu errichten. Doch kurz nach Baubeginn erfuhr der Herrscher, dass die Lage am Fuß des Gyeryongsan trotz des guten Fengshui unheilvoll sei. So wurden die Arbeiten wieder gestoppt, und 1394 wurde Hanyang,

das heutige Seoul, die neue Hauptstadt des Reiches. Wie alle Tempel wurde auch der Sinwonsa wiederholt renoviert oder neu errichtet, die letzten Reparaturarbeiten erfolgten in den 1980er-Jahren. Ein Besuch des Sinwonsa, dessen Haupthalle Buddha Amitabha gewidmet ist, lohnt sich nur bei einem Wanderstart am südwestlichen Ende Gyeryongsans – Architektur und Exponate sind allenfalls für Tempelfans eine Extra-Visite wert (₩ 2000).

Wer hierherkommt, sollte auch dem rechts des Tempelkomplexes in einer separaten Anlage gelegenen **Jungakdan** 중악단, dem Altar des Mittleren Berges, einen Blick schenken. Von der Joseon-Zeit bis zur japanischen Invasion wurden hier alljährlich Riten zu Ehren der Berggottheit des Gyeryongsan abgehalten. Auch heute finden wieder schamanistische Zeremonien statt.

Infos

Touristeninformation: am Osteingang, Tel. 042 825 30 -02, -03, tgl. 6–19 Uhr (Park und Touristeninfo, Parkeintritt ₩ 2000). Hier erhält man Infomaterial (nur auf Koreanisch). Auch das Parkpersonal spricht nur Koreanisch.

Verkehr

Bus: Bus 107 zum Osteingang/Donghaksa alle 15 Min. ab Daejeon-Bahnhof oder Daejeon Express Bus Terminal via Yuseong. Stadtbus zum Westeingang/Gapsa tgl. 6 x ab Daejeon Express Bus Terminal. Von Gongju Bus 10 zum Sinwonsa, Bus 2 zum Gapsa (30 Min., stdl.) sowie Stadtbusse zum Donghaksa (30 Min., tgl. 3–4 x).

Gongju 공주 ▸ 1, J 9

Etwa 50 km nordwestlich Daejeons liegt Gongju, das nach europäischen Maßstäben mit seinen 130 000 Einwohnern zur Kategorie Großstadt zählt, in Korea dagegen reicht dies gerade für den Status ›großes Dorf‹. Entgegen vielen Millionenstädten des heutigen Korea kann Gongju allerdings auf eine Besonderheit zurückblicken: Die Stadt war von 475 bis 538 Hauptstadt des Baekje-Reichs (18 v. Chr–660 n. Chr.) und damit wie Buyeo im Süden und das damalige Hanseong (bei Seoul) eine der drei Hauptstädte der ältesten Dynastie Koreas. Relikte aus dieser Zeit finden sich bis heute vor allem in Gongju und Buyeo. Das erst Anfang der 1970er-Jahre in Gongju entdeckte Grab von König Muryeong (462–523) zählt ebenso zu den Attraktionen wie die die Stadt überragende Festung. Im Gongju-Nationalmuseum sind die Schätze aus der Zeit des Baekje-Reichs untergebracht.

Nach den Plänen der Regierung sollte Gongju in der nahen Zukunft an seine große Tradition anknüpfen und die Hauptstadt von Seoul hierhin verlegt werden. Dazu wurde die neue Retortenstadt Sejong 세종 geplant, benannt nach dem Vater des koreanischen Alphabets Hangeul, König Sejong. Die Errichtung der neuen Hauptstadt ist jedoch umstritten, sodass bislang lediglich der Bau der Stadt als Wissenschaftszentrum vorangetrieben wird. Berühmtester Sohn Gongjus ist der seit 2009 amtierende Ministerpräsident Südkoreas, Chung Woon-chan.

Gongsanseong 공산성

Zu Gongjus Zeit als Hauptstadt des Baekje-Reichs war die auf einer Bergkuppe gelegene Festung das dominante Bauwerk des Reiches. Seitdem sind fast 1500 Jahre vergangen und obgleich die Lehmmauern im 17. Jh. durch steinerne ersetzt wurden, benötigen heutige Besucher viel Fantasie, um sich dieses Fort als Zentrum der einstigen Baekje-Macht vorzustellen. Man kann an der gesamten 2,6 km langen Mauer entlanglaufen, wobei sich teils ein Blick über den Goldfluss (Geumgang 금강) auftut. Zusammen mit einem Abstecher zu einigen Gebäuden im Inneren der Burganlage ergibt sich so ein schöner Nachmittagsspaziergang.

Am Haupteingang der Bergfeste, dem Westtor oder **Geumseoru** 금서루, führen in traditionelle Uniformen gekleidete Soldaten im Frühjahr und Herbst an den Wochenenden Wachablösungen wie zu Zeiten der Baekje-Dynastie durch (April–Juni, Sept.–Okt. Sa/So stdl. 11–18 Uhr).

Das Innere der Burganlage ist von zahlreichen Wegen durchzogen und vermittelt kaum das Gefühl, sich in einer ehemals schwer befestigten Militäranlage zu befinden. Eher mutet die Feste wie ein Park an, den man in eineinhalb Stunden entspannt durchstreifen kann. Interessant ist die Geschichte, die sich um den Pavillon **Ssangsujeong** 쌍수정 rankt. 1624 war König Injo (1595–1649) während einer Rebellion aus Hanseong in die Bergfestung nach Gongju geflohen. Als er sich eines Tages dort unter zwei Bäumen aufhielt, ereilte ihn die Nachricht von der Niederschlagung des Aufstands. Die Bäume soll er daraufhin zu Regierungsbeamten erklärt haben. An ihrem alten Standort wurde später der Ssangsujeong errichtet. Ganz in der Nähe stand einst vermutlich auch der Palast der Baekje-Könige (tgl. 9–17 Uhr, ₩ 1200).

Songsanni-Gräberfeld und Grab von König Muryeong

Etwa 15–20 Minuten Fußweg von Gongsanseung nach Westen liegen das **Songsanni Gobungun** 송산리고분군 und das **Muryeong Wangneung** 무령왕릉 – insgesamt sieben Königsgräber der Baekje-Dynastie. Wie fast alle königlichen Grablegen Koreas handelt es sich auch hier um schlichte, mit Gras bewachsene Grabhügel.

Während sechs der hiesigen Gräber kurz nach ihrer Entdeckung (1927, 1932) ausgeraubt wurden, konnte dies im Fall des **Muryeong-Grabs** verhindert werden. Erst nach über 1400 Jahren wurde es 1971 zufällig entdeckt und dann archäologisch gesichert. Für Südkorea war der Fund wie für Ägypten die Entdeckung des Grabs von Tutenchamun 1922 im Tal der Könige – wegen der damaligen Bedeutungslosigkeit Koreas blieb der Fund jedoch ohne großes Echo in der Welt. Die aus der 4 m langen, 3 m breiten und 3 m hohen Grabkammer geborgenen Grabbeigaben wurden in Museen verbracht (Gongju-Nationalmuseum und National Museum of Korea, Seoul).

Das kleine **Museum** am Gräberfeld lohnt auf jeden Fall einen Besuch – am besten vor dem Rundgang über das Areal –, da das Innere der Gräber nicht mehr zugänglich ist. Unter anderem birgt es eine verkleinerte Kopie des Muryeong-Grabs sowie Repliken der darin gefundenen Objekte. Wie das gesamte Areal ist auch das Museum mit exzellenten englischen Erläuterungen versehen (Tel. 041 856 03 31, tgl. 9–18 Uhr, ₩ 1500).

Gongju-Nationalmuseum

Gungnip Gongju Bangmulgwan
국립공주박물관

Ursprünglich bereits 1939 gegründet, zog das Museum 2004 in diesen Neubau um, der ganz im Hinblick auf die im Erdgeschoss präsentierten Artefakte aus dem Grab König Muryeongs konzipiert wurde. Zwar sind hier nicht alle 2906 Fundstücke aus diesem Grab ausgestellt, doch einige der schönsten sind zu sehen – darunter Golddiademe und Schuhe aus Bronze. Im zweiten Stock finden sich weitere Objekte aus Chungcheongnamdo, etwa herrliche Goldohrringe und Tonwaren. Das Gongju-Nationalmuseum bietet die koreaweit beste Ausstellung zur Ära des Baekje-Reichs.

Im **Museumsgarten** sind steinerne Fundstücke aus der Gegend um Gongju zu sehen. Zu ihnen gehört auch ein ›Steinkorb‹: ein Stein, der ausgehöhlt wurde, um darin zu waschen oder Lotusblumen zu kultivieren (10 Min. zu Fuß von König Muryeongs Grab, ₩ 3000 per Taxi ab Gongsanseong, Tel. 041 850 63 00, gongju.museum.go.kr, Di–Fr 9–18 Uhr, Sa/So 9–19 Uhr, Eintritt frei).

Ausflug zum Magoksa ► 1, H 9

Etwa 24 km nordwestlich von Gongju breiten sich die Pavillons und Schlafhallen des **Magoksa** 마곡사 (Flachstal-Tempel) aus, eine herrliche Tempelanlage des Jogye-Ordens. Der Name rührt daher, dass hier früher viel Flachs gewachsen sein soll. Ein Flusslauf, dessen Mäander an das Yin-Yang-Symbol erinnern, durchquert den von Bergen umgebenen Tempel. Vielleicht war es diese so meditative Szenerie, die den Tempel die Joseon-Dynastie (1392–1910) weitgehend unbeschadet überstehen ließ. Über die Jahrhunderte erlebte der Tempel An- und Umbauten, sein guter Erhaltungszustand verweist heute auf die finanzielle Stärke des Jogye-Ordens.

Gegründet wurde der Magoksa vermutlich von dem aus Silla stammenden Mönch Jajang im Jahr 640. Jajang soll beabsichtigt haben, hier Mönche auszubilden, um so die Verbreitung des Buddhismus zügig voranzubringen. Im 20. Jh. hielt sich der bekannte antijapanische Widerstandskämpfer Kim Ku im Flachstal-Tempel versteckt. Kim Ku war der letzte Präsident der provisorischen Regierung der Republik Korea, die in Shanghai ihr Hauptquartier hatte.

Vom kleinen Dorf unterhalb des Tempels, das sich mit Restaurants, kleinen Läden und eher einfachen Unterkünften um das Wohl der Besucher kümmert, schlängelt sich ein Weg zur Tempelanlage hinauf, die man nach ca. 10 Min. erreicht. Die **erste Torhalle** birgt Skulpturen des Bodhisattva Munsu (Manjushri) auf seinem Reittier, einem blauen Tiger, und des Bodhisattva Bohyeon (Samantabhadra) auf seinem weißen Elefanten. Das zweite Tor, das **Sacheonwangmun** (Tor der Vier Himmelskönige), birgt Statuen dieser Wächtergottheiten. Westlich des ersten Eingangstors steht eines der ältesten Gebäude der Anlage, die Buddha Shakyamuni geweihte **Yeongsanjeon** 영산전 aus dem Jahr 1651 mit über 1000 kleinen Buddha-Darstellungen. Wer im Anschluss die **Myeongbujeon** 명부전, die Höllenhalle, betritt, steht Bodhisattva Kshitigarbha und den ihm zugeordneten zehn Höllenherrschern gegenüber.

Auf der anderen Seite des Flüsschens erreicht man die **Daegwangbojeon** 대광보전 (Halle des Großen Lichtes). Hier steht der Altar anders als in den meisten Tempelhallen an der schmalen Westseite. Die Halle ist dem Transzendenten bzw. Ur-Buddha Vairochana – dem Überallhin Leuchtenden – gewidmet. Schließlich erreicht man die Haupthalle des Magoksa, die **Daeungojeon** 마곡사대웅보전 (Mahavira-Halle) mit der Buddha-Trinität Seokgamoni (Shakyamuni), Amita (Amitabha) und dem Medizinbuddha Bhaisajyaguru.

Einen Blick verdient auch die schlanke fünfstöckige **Steinpagode** vor der Halle des Großen Lichtes. Sie ist, eine Seltenheit in Korea, von einer bronzenen, Chörten-förmigen Spitze bekrönt (Chörten ist die tibetische Bezeichnung eines Stupa; Tel. 041 841 62 21, www.magoksa.or.kr, Bus 7 ab Gongju Bus Terminal, alle 30 Min., Fahrzeit 45 Min. tgl. 6–18 Uhr, ₩ 2000).

Infos

Touristeninformation: Gongsanseong-Westtor und Eingang Muryeong-Grab, Tel. 041 856 77 00, www.gongju.do.kr, tgl. 9–17 Uhr. An beiden Touristinfos wird Englisch gesprochen.

Übernachten

Modern und zentral ▶ **Geumgang Tourist Hotel** (Geumgang Wangwang Hotel 금강관광호텔: 595-8 Shinkwan-dong, Tel. 041 852 10 -71, bis -73. Wenige hundert Meter vom Busbahnhof entfernt kann das moderne Hotel mit freundlichem Personal aufwarten sowie Internetzugang in fast allen Räumen. DZ ab ₩ 50 000.

Außerhalb von Gongju

Holzhaus am Berg ▶ **Pension Awoollim** 펜션어울림: 3 km nordwestlich des Magoksa, 452-3 Gugye-ri 구계리 (▶ 1, H 9), Tel. 041 841 99 63, www.awoollimpension.com. In der Hotelwüste Gongju ist dies eine der besten Möglichkeiten in Stadtnähe (ca. 30 km zu den Busbahnhöfen), die Nacht zu verbringen. Eigenwilliges Dekor mit bunten Räumen, die an Jugendzimmer der 1970er-Jahre erinnern. Nur sechs Zimmer, daher rechtzeitig reservieren. DZ ab ₩ 70 000.

Nähe Magok-Tempel ▶ **Magok Motel** 마곡모텔**:** 23 km von Gongju an der Straße zum Magoksa, 723-2 Unam-ri 운암리 (▶ 1, J 9), Tel. 041 8 41 00-42, -47, www.magokmotel.com. Eines der besseren Motels unter den bescheidenen Unterkünften. DZ ab ₩ 30 000.

Templestay ▶ **Magoksa** 마곡사: Der Magok-Tempel nimmt am Templestay-Programm teil (s. S. 88).

Jugendherberge ▶ **Gongju Youth Hostel** 공주유스호스텔**:** 20 km südwestlich von Gongju, 15-8 Samgak-ri 삼각리, Tancheon-myeon 탄천면 (▶ 1, J 10), Tel. 041 8 52 12 12, www.gongjuyh.com. Ein Goliath unter den Jugendherbergen Südkoreas mit über 600

Tipp: Entspannte Tagestour ab Gongju

Die Tempelanlage Magoksa und die umliegenden Berge bieten sich für einen entspannten Tagesausflug von Gongju aus an. Vom Tempel aus führen mehrere Wege in die Berge, vorbei an kleinen malerischen Einsiedeleien bis hinauf auf zwei Bergspitzen, beide gut über 400 m hoch. Die Pfade sind nicht anstrengend, für den längsten benötigt man etwa 3–4 Std., sodass sich Tempelbesuch und Wanderung gut kombinieren lassen.

Schlafplätzen. Die Herberge ist gleichzeitig ein Trainingszentrum für Jugendliche, erkennbar an den ›survival grounds‹ und dem Lagerfeuer-Areal. Mit Swimmingpool. Schlafsaal ₩ 12 100.

Essen & Trinken

Himmlisch ▶ **Gomanaru** 고마나루: Tel. 041 857 99 98-9, www.gomanaru.co.kr. Unscheinbar, ohne Straßennamen, aber mit exzellenten Menüs wie *ssambap* 쌈밥 (Reis, Fleisch und Beilagen, in Salatblätter gewickelt). Ab ₩ 6000, *ssambap* ₩ 10 000.

Japanisch ▶ **Misicca** 미시까: Tel. 041 856 85 60, www.misicca.kr. Nicht edel, sondern günstig und lecker, so könnte das Motto dieser japanischen Schnellrestaurantkette lauten, die Filialen in ganz Südkorea hat. Nudeln ₩ 4000, Sushi ab ₩ 5500.

Außerhalb von Gongju ▶ **Taehwa Sikdang** 태화식당: 728-5 Unam-ri 운암리 (▶ 1, J 9), Tel. 041 841 80 20. Weit außerhalb von Gongju am Magok-Tempel (s. S. 240) gelegen, setzt dieses Restaurant auf Bio-Gemüse, Pilze und Kräuter aus der Umgebung und bewirtet seine Gäste mit fein arrangierten Gerichten wie *pyogo ddeopbap* (Shiitake auf Reis) oder herzhaften Eintöpfen. *Bibimbap* ₩ 7000.

Abends & Nachts

Studentenszene ▶ Als Universitätsstadt hat Gongju ein gewisses, allerdings eher bescheidenes Nachtleben. Die **Bars** konzentrieren sich westlich der Gongju National University (Gungnip Gongju Daehakgyo 국립공주대학교).

Aktiv

Stadtrundfahrten ▶ Die **Touristeninfo an der Festung** erteilt Auskunft über die Touren (April–Okt. So 10 Uhr, 7 Std., auch in Englisch, gratis), die zu allen wichtigen Sehenswürdigkeiten fahren und an der Festung starten.

Termine

Baekje Cultural Festival (Baekje Munhwaje 백제문화제): www.baekje.org, Ende Sept./Anfang Okt., in Gongju und Buyeo. Mit über 100 Veranstaltungen eines der drei großen Kulturfestivals in Korea. Den Beginn läutet eine große Eröffnungszermonie ein. Zum Programm gehören Paraden, Maskeraden, Spiele und Folkloretänze. Sehenswert sind insbesondere eine Parade von berittenen Baekje-Soldaten, eine koreanische Falkenjagd sowie die Nachstellung der berühmten Schlacht von Hwangsanbeol (s. S. 243), die im Jahr 660 den Untergang Baekjes bedeutete.

Verkehr

Bus: Express (Gosok) wie auch Intercity (Sioe) Bus Terminal, beide auf einem gemeinsamen Areal nördlich des Geumgang gelegen. Verbindungen bestehen alle 30 Min. nach Seoul (105 Min., ₩ 7500), Buyeo (45 Min., ₩ 3500) und Daejeon (1 Std., ₩ 4000).

Buyeo 부여 ▶ 1, H 10

Cityplan: S. 245

Nach zweistündiger Busfahrt aus dem modernen Seoul in der letzten Hauptstadt des Baekje-Reichs anzukommen, gleicht einem Kulturschock. Buyeo ist in einem Architektur-Zeitloch der 1970er-Jahre gefangen: graue Apartmentblocks und riesige Werbetafeln an jedem Gebäude der Innenstadt. Verschlafen und mit 80 000 Einwohnern alles andere als eine Metropole, bewegt sich

Grüne Oase im städtischen Grau Buyeos: der Seodong-Park

Buyeo in meditativer Zeitlupe, hat jedoch mindestens ebenso viele Attraktionen aus der Baekje-Zeit wie Gongju zu bieten. Um die Schätze Buyeos zu erkennen, ist ein genauer Blick und eine ebenso gute Vorbereitung erforderlich.

Buyeo wurde 538, als das überlegene Goguryeo immer weiter nach Süden vordrang und die Bedrohung für Gongju zu groß wurde, Hauptstadt des Baekje-Reichs. In den letzten 123 Jahren seines Bestehens florierte das Reich, sah sich allerdings 660 einer Invasion der Silla-China-Allianz ausgesetzt, die mit einer riesigen Armee von 50 000 Mann gegen Baekje marschierte. Baekje-General Gyemaek, an den eine **Statue** im Stadtzentrum erinnert, sammelte seine besten Männer, um dem Ansturm zu begegnen, wusste allerdings, dass seine 5000 Soldaten keine Chance gegen die Übermacht hatten. »Ich sterbe lieber, als dass ich als Sklave des Feindes ende«, soll er vor seinem Marsch in den Kampf gesagt haben. Von seiner hoffnungslosen Mission überzeugt, tötete er vorher seine Frau und seine Familie, um ihnen die Sklaverei zu ersparen und den Kopf frei zu haben für den Kampf. Er konnte vier kleinere Scharmützel gewinnen, bevor er sich auf dem Hwangsan-Feld im heutigen Nonsan mit der geballten Macht des Gegners konfrontiert sah (Schlacht von Hwangsanbeol/Hwangsanbeol Jeontu 황산벌전투). Nach der Niederlage machten sich die Silla-China-Truppen im Jahr 660 über die Hauptstadt Sabi her, das heutige Buyeo, die allerdings einer Geisterstadt glich, denn die meisten Männer waren im Kampf gefallen und Tausende Frauen waren zuvor von einer Klippe in der Festung der Stadt, der Busosanseong, in den Tod gesprungen. Mit ihnen ging auch das Baekje-Reich unter, und Silla hatte nun zusammen mit der chinesischen Tang-Dynastie freie Bahn, um auch das riesige Goguryeo im Norden anzugreifen. Acht Jahre später fiel auch dieses Reich, und 668 ist jene berühmte Jahreszahl der Vereinigung Koreas – eine Nation, deren Territorium bis zum Ende des Zweiten Weltkriegs fast unverändert bleiben sollte.

Buyeo

Sehenswert
1 Busosanseong
2 Gudeurae-Skulpturenpark
3 Jeongnimsaji
4 Buyeo-Nationalmuseum
5 Gungnamji
6 Neungsan-ri-Königsgräber

Übernachten
1 Baekje Tourist Hotel
2 Samjung Buyeo Youth Hostel

Essen & Trinken
1 Baekje-uijib
2 Eiffel Bakery

Aktiv
1 Geumseongsan

Busosanseong 부소산성 1

Wann genau die auf einem gut 100 m hohen Berg über dem Baengma-Fluss liegende **Buso-Bergfestung** errichtet wurde, ist unbekannt. Manche Historiker datieren die Grundsteinlegung ins 5. Jh. Im Jahr 605, als Buyeo bereits jahrzehntelang Hauptstadt des Baekje-Reichs war, wurde die Festung umgebaut. Die Burg war 660 die letzte Baekje-Verteidigungslinie gegen die Silla-China-Allianz. Heute ist von der Bergfeste kaum noch etwas übrig, doch sind die drei **Tore** der Burg erhalten. Sie eröffnen den Zugang in den heutigen Festungspark. Das Areal, auf dem mehrere Pavillons, Schreine und der berühmte Nakhwa-Felsen stehen, ist von Wegen durchzogen. Für einen Spaziergang durch den Park benötigt man ca. 1–2 Stunden.

Auf dem höchsten Punkt der ehemaligen Festung steht der **Sajalu** 사자루, von dem aus die königliche Familie früher den Mond betrachtete – was heute aufgrund von Bäumen nicht mehr möglich wäre. Was bleibt, ist der Blick auf den Fluss. Das Pendant zu diesem Pavillon bildet im Osten der ehemaligen Festung der **Yeonggillu** 영길루. Von dort aus beobachtete man den Sonnenaufgang – gemeinsam stehen beide Pavillons für Yin (Mond, weiblich) und Yang (Sonne, männlich).

Der **Nakhwaam** 낙화암 (Fels der Fallenden Blumen) ist jene Klippe, von der sich im Jahr 660 3000 Frauen in den Tod stürzten, um den zu erwartenden Gräueltaten der anrückenden Feindarmee zu entkommen. Ein kleiner Schrein auf dem Felsen erinnert seit 1929 an die Märtyrerinnen. Von hier bietet sich der beste Blick über den Fluss und die Gegend nördlich von Buyeo.

Wenige Meter neben der Klippe führt ein Felsweg hinunter zum kleinen **Goransa** 고란사. Hinter dem Tempel befindet sich eine Quelle, aus der einst Wasser für die Könige geschöpft wurde. Dem Quellnass wird nachgesagt, dass man mit jedem Schluck drei Jahre jünger würde. Der Name Goran kommt von Gorancho, eine Farnart (*Crypsinus hastatus* bzw. *Selliguea hastata*), die nur hier wuchs. Die Hofbediensteten mussten dem kühlen Nass stets ein Blatt Gorancho hinzufügen, als Nachweis, das Wasser hier geschöpft zu haben (tgl. März–Okt. 7–19, Nov.–Febr. tgl. 8–17 Uhr, Festung inkl. Goransa und Nakhwaam-Schrein ₩ 2000).

Gudeurae-Skulpturenpark 2

Eine Besichtigung des Festungsparks lässt sich am besten mit einer Bootsfahrt vom Goran-Tempel zum gut 1 km entfernten und 1996 eröffneten **Gudeurae Jogak Gongwon** 구드래 조각공원 beenden. Der Park ist bedeckt mit modernen bis kruden Stein- und Metallmonumenten, deren Schönheit nicht jeder Kurzzeitbesucher sofort zu schätzen weiß. Die Boote fahren dann, wenn genügend Besucher für die Überfahrt anstehen (im Sommer etwa alle 30 Min., einfache Fahrt ₩ 3500, Gudeurae tgl. 24 Std., Eintritt frei).

Jeongnimsaji 정림사지 3

Von den vielen Tempeln, die einst in der ehemaligen Hauptstadt Koreas standen, haben in Buyeo nicht viele dem Zahn der Zeit widerstanden. Dies gilt auch für den **Jeongnimsa** 정림사, nur wenige hundert Meter vom Zentrum Buyeos entfernt im Südosten gelegen. Dennoch lohnt ein Besuch, denn wie Ausgrabungen ergaben, war dies einst ein bedeutendes buddhistisches Lehrzentrum, das nach dem Niedergang Baekjes zuerst Opfer des Vandalismus und dann vergessen wurde.

Aus der Baekje-Zeit blieb eine 8,4 m hohe fünfstöckige **Granitpagode** erhalten. Obwohl

Bootsanlegestelle
Goransa
Quelle
Nakhwaam
Sajalu
Geumgang
Bootsanlegestelle
Busosan
1
1
P
2
2
Yeonggillu
Südtor
(Haupteingang)
P
Seongwang-ro
Statue
König Seongs
1
2
Buyeo Intercity
Bus Terminal
Baekgang-ro
Sabi-ro
Cungnam-ro
3
1
Statue
General Gyebaeks
4
Gongju (30 km), Daejeon (60 km)
P
6
(1,5 km)
Seodong-
5
Park
P
Wangpogyo
4
0
150
300 m

ausgesprochen schlicht, ohne aufwendiges Dekor gestaltet, beeindruckt das Monument durch seine Größe und sein Alter. Es gilt als Prototyp koreanischer Steinpagoden, die sich an älteren, hölzernen Formen orientierten. Die Pagode ist eine von nur zwei erhaltenen Pagoden aus der Baekje- bzw. dreien aus der Zeit der Drei Königreiche, die erhalten blieben. In der Halle dahinter befindet sich eine stark verwitterte – ihr Gesicht ist kaum mehr zu erkennen – **Statue eines sitzenden Buddha,** die vermutlich aus dem 11. Jh. stammt.

Das **Museum** auf dem Gelände zeigt einige Fundstücke, die während der Ausgrabungen im Tempel zutage kamen, und ein Modell des Tempels, wie es Archäologen aufgrund des Ausgrabungsbefundes entwickelt haben. Darüber hinaus widmet sich das Museum der Geschichte des Buddhismus in Korea im Speziellen und in Ostasien im Allgemeinen (Tel. 041 832 27 21, www.jeongnimsaji.or.kr, Di–So April–Sept. 9–19, Okt.–März 10–17 Uhr, ₩ 1500).

Buyeo-Nationalmuseum 4

Gungnip Buyeo Bangmulgwan
국립부여박물관

Wer sich für das Baekje-Reich interessiert, findet im Nationalmuseum von Buyeo Artefakte aus der gesamten Baekje-Ära. Das Museum besitzt die beste Baekje-Sammlung Koreas und präsentiert sie mit ausführlichen Erläuterungen auch auf Englisch.

Raum 1 führt in die Kulturgeschichte der Region von der Bronzezeit bis in die Baekje-Zeit (bevor Sabi/Buyeo Hauptstadt des Reiches wurde) ein. Raum 2 und Raum 3 widmen sich dann ganz der Sabi/Buyeo-Ära. Ausgestellt sind Waffen, Gefäße, Musikinstrumente, Buddha-Häupter, die das berühmte sanfte Lächeln des Baekje-Stils zeigen, und weitere Objekte aus Bronze, Ton, Silber oder Gold.

Raum 2 birgt das Prunkstück der Ausstellung, ein 1993 auf dem Gelände eines buddhistischen Tempels ausgegrabenes Weihrauchgefäß aus Bronze (Nationalschatz). 64 cm hoch, wiegt es fast 12 kg und datiert wahrscheinlich auf das 6. Jh. Der lotusförmige Gefäßkörper ruht auf einem Drachen. Genauere Betrachtung verdienen die filigran gearbeiteten Motive auf dem oberen Teil des Gefäßes: 74 Berge staffeln sich in fünf Stufen rund um den Deckel. Auf den fünf höchsten Berggipfeln hockt je ein Vogel. Dazu kommen verschiedene Baumarten, Wege, Wasserfälle etc. – ein Spiegelbild einer idealen Landschaft, in die sich Eremiten zur Meditation zurückziehen. Ein Phönix, der eine magische Perle in seinen Krallen hält, bildet den Knauf des Deckels. Interessant sind auch die fünf Musiker mit ihren unterschiedlichen Instrumenten, darunter ein besonderes Saiteninstrument, ein *wanham* 완함, das einen Bezug zu Nordostasien herstellt. Die früheste Darstellung eines solchen Instruments kennt man aus den Grotten von Kizil bei Kucha an der nördlichen Seidenstraße im heutigen Xinjiang (VR China).

Ausstellungsraum 4 zeigt Tonwaren der Baekje-Zeit, die ein Privatmann gesammelt und dem Museum gestiftet hat. Im **Außenbereich** des Museums sind die wetterfesten, steinernen Funde zu sehen – ob Pagode, Tempellaterne, Lotusschüssel, Buddha-Statue oder Gedenkstele etc. (Tel. 041 833 85 62, buyeo.museum.go.kr, 10 Min. zu Fuß vom Bus Terminal, Di–So 9–18 Uhr, Sa und Fei 1 Std. länger, Eintritt frei).

Gungnamji 궁남지 5

Etwa 500 m südlich der Statue General Gyebaeks ruht wie eine Oase der Gungnam-Teich mit einer Insel in seiner Mitte – einst angelegt als Lustgarten für die Königsfamilie und Mätressen des Königs. Heute liegt der See im Seodong-Park (Seodong Gongwon 서동공원), einem Skulpturengarten mit Arbeiten koreanischer Künstler. Über eine Bogenbrücke gelangt man auf die kleine Insel, auf der ein Pavillon steht. Folgt man der »Chronik der Drei Königreiche« (»*Samguksagi*«), ließ König Mu 634 den See südlich seines Palastes (*gungnam* 궁남) ausheben und einen fast 8 km langen Kanal graben, um ihn mit Wasser füllen zu können. Damit hätte er den ersten künstlichen See ganz Koreas geschaffen. Der See ist umgeben von Weidenbäumen und atmosphärisch so schön, dass sich ein einstündiger Spaziergang zu jeder Jahreszeit lohnt (tgl. 24 Std., Eintritt frei).

Neungsan-ri-Königsgräber 6

Neungsan-ri Gobungun 능산리고분군

Etwa 3 km östlich von Buyeo an der Straße nach Nonsan (Neungsan) 논산 liegen sieben Hügel, die die **Grabkammern** der Königsfamilien aus der letzten Phase des Baekje-Reichs bergen. Die Gräber stammen aus den Jahren 538 bis 660. Wer genau hier bestattet war, ist nicht bekannt – die Gräber waren bei ihrer Wiederentdeckung bereits geplündert. Eines der Gräber ist geöffnet, allerdings blickt man lediglich in eine Steinkammer ohne Inhalt.

Das kleine **Museum** auf dem Areal zeigt u. a. die Rekonstruktion des ältesten Grabes, wahrscheinlich die Grablege König Seongs, der die Hauptstadt Baekjes 538 von Gongju nach Buyeo verlegt hatte. Außerdem werden die Grabbautechniken erläutert und Wandmalereien aus jener Zeit gezeigt (Taxi ab Busosanseong ₩ 3500, tgl. März–Okt. 8–18, Nov.–Febr. 8–17 Uhr, ₩ 1000).

Infos

Touristeninformation: Busosanseong-Südeingang, Tel. 041 830 25 23, www.buyeo.go.kr (nur auf Koreanisch), www.buyeotour.net (auch auf Englisch), tgl. 9–18 Uhr. Sofern die entsprechende Dame nicht gekündigt hat, wird hier auch Englisch gesprochen.

Übernachten

Bestes Haus am Platz ▶ **Baekje Tourist Hotel** (Baekje Gwangwang Hotel 백제관광호텔) 1**:** 433 Ssangbuk-li, Tel. 041 835 08 -70, -71, www.bchotel.co.kr. In der kärglichen Übernachtungslandschaft Buyeos ist auch das Baekje kein Stern am Himmel, liegt aber schön am Baengma-Fluss. Große und komfortable Räume trösten über die 2,5 km zum Stadtzentrum hinweg. Taxis sind einfach zu bekommen. Holpriges Englisch wird gesprochen. DZ ab ₩ 75 000.

Jugendherberge ▶ **Samjung Buyeo Youth Hostel** 삼정부여유스호스텔 1**:** 105-1 Gukyo-ri, Tel. 041 835 31 01, www.buyeoyh.com. Neben den üblichen, sehr sauberen Schlafsälen verfügt das Hostel über vier Familienzimmer mit je zwei Betten. Zentrale Lage und gehobener Standard gegenüber der Profanausstattung anderer Herbergen der YH-Kette, z. B. Swimmingpool. Rechtzeitig buchen, viele Schulgruppen. Schlafsaal ₩ 16 000, Familienzimmer ₩ 44 000.

Essen & Trinken

Buyeos Hauptstraße, die Sabi-ro 사비로, verläuft vom Kreisverkehr mit der Statue König Seongs bis zur Statue von General Gyebaek. An diesen 600 m liegen der Busbahnhof und mehrere Restaurants. Auch an der Straße zum Fährhafen finden sich auf der linken Seite Restaurants, alle ohne englischsprachige Karte.

Koreanische Schlemmereien ▶ **Baekje-ui-Jib** 백제의집 1**:** Tel. 041 834 12 12, www.baekje-house.co.kr, tgl. 10–22 Uhr. Riesige Portionen mit Ente oder Rind und unzähligen Beilagen. Ab ₩ 7000/Person.

Für zwischendurch ▶ **Eiffel Bakery** 2**:** Bäckerei mit ähnlichem Angebot wie die überall sprießenden Paris Baguette – Kaffeestückchen, Muffins, Brot und Kekse.

Aktiv

Wanderung ▶ Im Südosten des Stadtzentrums liegt der **Geumseongsan** 금성산 1, erreichbar über einen Weg, der nördlich des Buyeo-Nationalmuseums beginnt, bis zum Gipfel des Berges und dann weiter zu den Neungsan-ri-Königsgräbern führt.

Termine

Baekje Cultural Festival (Baekje Munhwaje 백제문화제): www.baekje.org, s. S. 242.

Verkehr

Bus: Buyeo Intercity (Sioe) Bus Terminal 부여시외버스 터미널, im Stadtzentrum. Verbindungen bestehen alle 30 Min. nach Gongju (45 Min., ₩ 3500), Daejeon (1 Std., ₩ 6300), Seoul Nambu (2 Std., ₩ 11 000), Gunsan (50 Min., ₩ 5000, von dort Busse nach Gwangju) und zu weiteren Städten. Alle Sehenswürdigkeiten Buyeos sind vom Busbahnhof aus zu Fuß gut zu erreichen.

Die Küstenregion

Die Westküste Chungcheongnam-dos liegt weniger als zwei Autostunden von Seoul entfernt und wird von den Hauptstädtern für eine rasche Flucht zu Strand, Sonne und ruhigen Inseln genutzt. Hierher zieht es die Politiker und Unternehmensbosse aus der Metropole, denn hier können sie ihre Sandburgen bauen und vom Ruhestand träumen.

Zwei der bekanntesten Strände sind der Daecheon-Strand sowie Mallipo, aber auch die Inseln im Westmeer (Seohae, Gelbes Meer), besonders im und um den Taean-Küstennationalpark, haben exzellente Strände, die erheblich ruhiger sind als die beiden erstgenannten Strandhochburgen. Am Daecheon-Strand findet das jährliche Boryeong-Schlammfestival statt – wilder wird es im Sommer nirgends in Korea.

Boryeong und Umgebung

Boryeong 보령 ▶ 1, G 10

In die 110 000 Einwohner große Stadt – vormals bekannt als Daecheon – kommen Reisende aus genau zwei Gründen: um von hier das Boryeong-Schlammfestival zu besuchen oder als Durchgangsstation zum Daecheon-Hafen, von dem die Fähren zu den benachbarten Inseln im Westmeer fahren. Die Stadt war einst ein kleiner Kohlenpott Koreas und hat daher ein Kohlemuseum, das an die Zeit des schwarzen Goldes erinnert, die in Korea noch nicht allzu lange zurückliegt.

Wie in Westeuropa hat auch in Korea die Kohleära ihren Zenit längst überschritten, was durch den starken Rückgang des Kohleverbrauchs seit Ende der 1980er-Jahre viele Minen zur Aufgabe zwang. Das 1995 eröffnete **Boryeong-Kohlemuseum** (Boryeong Seoktan Bangmulgwan 보령석탄박물관) liegt 7 km südöstlich der Stadt, ist das erste seiner Art in Südkorea und sieht mit seiner schwarzen Narbenfassade aus, als hätte man den Bau in eine riesige Kohlehalde hineingebohrt. In der Ausstellung sind Drucklufthämmer, Lampen und Messinstrumente aus der Hochphase der koreanischen Kohleproduktion zu sehen. Die Erläuterungen sind fast ausschließlich in Koreanisch, sodass ohne entsprechende Sprachkenntnisse fast nur der selbsterklärende Maschinenpark interessant ist, dessen Exponate teils wie das Neandertal des Bergbaus wirken (San 23-1, Gaehwa-ri, Seongju-myeon, Tel. 041 934 19 02, 041 930 35 66, www.1stcoal.go.kr, Di–So 9–18 Uhr, ₩ 1000).

Infos

www.boryeong.chungnam.kr

Touristeninformationen: im Bahnhof von Boryeong (Tel. 041 932 20 23, tgl. 9–18 Uhr), mit englischsprachigem Service; im Mud Skincare Center am Daecheon-Strand (Tel. 041 931 40 22, tgl. 8–20 Uhr).

Übernachten

Boryeong quillt nicht gerade über vor Hotels und Motels. Am besten sucht man sich eine Herberge am Daecheon-Strand (s. rechts).

Essen & Trinken

Fisch ▶ Die Restaurants in Boryeong sind meist spezialisiert auf alles, was aus dem Wasser kommt. Eines der besseren Lokale ist das **Daecheon Fish Restaurant** (Daecheon Hoesjib 대천횟집): 1921 Sinheuk-dong, Tel. 041 933 71 21, in der Nähe des Hafens.

Einkaufen

Graues ›Gold‹ vom Strand ▶ Schlamm, Schlamm und nochmals Schlamm vom Daecheon-Strand ist der Verkaufsschlager der Stadt und soll gut für die Haut sein – in verschiedenen Kosmetikprodukten verarbeitet, wird er in ganz Korea verkauft. Ein nicht alltägliches Souvenir, das seinen Preis hat: eine Packung Hautcreme ₩ 25 000, zwei Stück Seife ₩ 9000.

Verkehr

Bus/Taxi: Bus ab Boryeong Bus Terminal via Bahnhof Boryeong oder Taxi zum Daecheon-Strand bzw. zum Fährhafen von Daecheon (der Hafen liegt 2 km vom Daecheon-Strand). Ein Taxi für die 12 km lange Strecke Boryeong–Daecheon-Fährhafen kostet ₩ 1600.

5 Daecheon-Strand ▶ 1, G 10

Daecheon Haesuyokjang 대천해수욕장

Für Sonnenanbeter ist dies fraglos der Sandstreifen Nr. 1 an der Westküste. Bei 3 km weißem Traumstrand, 100 m breit, und mit badewasserwarmem Meer im Sommer ist es kein Wunder, dass dieses Goldstück im Juli und August Tausende von Einheimischen anzieht, die hier Erholung vom Stress der Moderne suchen. Höhepunkt des Strandlebens ist das seit 1998 jedes Jahr im Juli stattfindende **Boryeong Mud Festival.** Dann legt das ansonsten so züchtige Korea alle Hemmungen ab und wühlt im Schlamm (dem Heilkräfte zugeschrieben werden), seift sich damit ein und wirft mit ihm um sich – das Fest ist ein riesiger Spaß, der den Strand in ein Meer von Körpern verwandelt. Über 30 000 Ausländer strömen jedes Jahr hierher, um an der Gaudi teilzunehmen. Das ganze Theater wurde 2001 sogar nach einer internationalen Qualitätsmanagementnorm zertifiziert.

Auch sonst geht es in Daecheon hoch her: Tagsüber vergnügt sich die Jugend im Wasser, abends geht es weiter mit Alkoholischem bis tief in die Nacht, in der die Feuerwerkskörper gezündet werden. Der Strand ist lang genug, um mehr als nur Halligalli parat zu haben. Während sich im nördlichen Teil Restaurants, Bars und Karaoke-Buden jeden Quadratzentimeter streitig machen, liegt im Süden der Zen-Teil des Strandes mit den Häusern wohlhabender Koreaner und Langzeit-Expats. In der Nebensaison ist der gesamte Strand eine wohltuend ruhige Flaniermeile mit Meeresgeplätscher und Möwengeschrei. Im Anschluss an einen Spaziergang kann man im direkt am Strand gelegenen **Mud Skincare Center** auch außerhalb des Dreckfests ein Schlammbad nehmen – Süßwasserduschen inklusive (Tel. 041 931 40 21, Di–So 8–20 Uhr, Bad ₩ 5000, Gesichtspackung ₩ 15 000).

Übernachten

Direkt am Strand ▶ Hanwha Resort Daecheon 한화리조트대천: 2017 Sinheuk-dong, Tel. 041 931 55 00, www.hanwharesort.co.kr. Eine der besten Optionen am Strand bietet 305 Zimmer, Schlammtherapiezentrum, Spa, Seminarräume, einen Supermarkt und Restaurants. DZ ab ₩ 110 000.

Für Liebespaare und Familien ▶ Ocean of Fantasy Resort (Hwasang Uibada 환상의바다 리조트): 945-15 Sinheuk-dong, Tel. 041 931 11 11, www.oceanoffantasy.com. Meerblick und Küche für Selbstversorger sind die Pluspunkte dieses Hotels. Vom bizarren Namen und den seltsamen Schachbrettmustern an den Wänden mancher Zimmer sollte man sich nicht abschrecken lassen. DZ ab ₩ 40 000.

Farbenfroh ▶ Motel Coconuts 모텔코코넛스: Tel. 041 934 65 95. Kokosnussbäume säumen den Eingang dieses Motels, das mit seinen grellen Raumfarben aus dem Rahmen des Motelstandards fällt. DZ ab ₩ 30 000.

Essen & Trinken

Fischgerichte am Strand ▶ Die kulinarische Bandbreite der **Restaurants** am Daecheon-Strand ist schnell zusammengefasst: Fisch. In den Aquarien vor den Restaurants schwimmen die zu verspeisenden Meerestiere, können ausgesucht und frisch auf den Teller bestellt werden. Die Konkurrenz ist stark, die Preise überall ähnlich und der Geschmack ebenfalls. Abends sollte man früh erscheinen, um einen der Plätze mit Meerblick zu ergattern.

Termine

Boryeong Mud Festival (Boryeong Mud Chukje 보령머드축제): Mitte Juli, am Daecheon-Strand, www.mudfestival.or.kr; s. S. 49.

Verkehr

Fähre: mindestens 3 x tgl. Autofähren von Daecheon nach Sapsido, Fahrzeit 40 Min., einfache Fahrt ₩ 10 000. Sapsido hat zwei Häfen, Sulttung im Norden und Bamseom im Süden, von denen der nördliche bei Flut und der südliche bei Ebbe angefahren wird.

Sapsido 삽시도 ▶ 1, F 10

Es gibt nicht viel zu tun auf diesem kleinen Eiland, aber eine Aktivität lässt sich mit voller Hingabe praktizieren: Ausruhen. Die 13 km vom Festland entfernte Insel liegt noch unter einer Zeitglocke – wie Südkorea vor seinem Aufstieg in die Erste Welt –, d. h. mehr Fußgänger als Autos und keine Taxis, sondern gelegentlich zu sehende, von kleinen Traktoren gezogene Anhänger, auf die zum Transport gebeten wird.

Das Inselinnere durchziehen Wege, die sich für eine Inspizierung des Eilands nutzen lassen, wobei Sapsido so klein ist, dass man entweder in einer dreiviertel Stunde vom südlichsten zum nördlichsten Punkt gelangt oder in vier Stunden einmal rundherum laufen kann. Während der Wanderung wird man an den Häusern der 300 Bewohner vorbeikommen, die von – ja was wohl? – Fischfang und Reisanbau leben und denen anzusehen ist, dass sie lieber Kühe im Stall haben als Rennpferde. Willkommen auf der Insel der Bedürfnislosigkeit.

Im Sommer wird es auf Sapsido etwas lebhafter, denn dann kommen die Urlauber und nisten sich in den Häusern ein. Jeder Haushalt verwandelt sich in dieser Zeit in eine Pension, deren Preise ein einprägsames Beispiel des alten ökonomischen Gesetzes von Angebot und Nachfrage bieten – sie erreichen 5-Sterne-Niveau. In dieser Zeit ist die Ausruh-Insel aber auch am besten zu besuchen, zumindest für diejenigen mit Kontaktbedarf: Die Fährenfrequenz steigt und die Einsamkeit tendiert in Richtung Klosterruhe und nicht Isolationshaft. Einziger Wermutstropfen in dieser Jahreszeit sind die abschreckenden Mengen an Quallen, die das Wasser und einige der Strände verseuchen.

Übernachten

Inselurlaub ▶ Einfache Unterkünfte sind südlich des Hafens **Sulttung** entlang der Ostküste zu finden sowie einen halben Kilometer entlang der Straße landeinwärts vom Hafen **Bamseom** (ab ₩ 30 000). Obacht im Juli/August bei Übernachtungen: Mondpreise von bis zu ₩ 100 000 für Linoleumboden, Pressspan-Möbel und Raufasertapete sind in dieser Zeit keine Seltenheit.

Verkehr

Auf der Insel existiert außer den besagten Traktorgespannen kein öffentlicher Transport.

Taean-Küstennationalpark ▶ 1, F 7, E/F 8–F/G 10

Taean Haean Gungnip Gongwon
태안해안국립공원

Die Fakten zuerst: knapp 330 km² Fläche, großenteils Wasser, in dem sich je nach Zählweise 72 oder 130 Inseln tummeln, von denen die allermeisten unbewohnbare raubauzige Felsen sind und die – zusammen mit dem Küstenstreifen der Taean-Halbinsel und dem Westteil der Anmyeondo – allesamt 1978 zum Nationalpark erklärt wurden. Was sollte nun den nach elf Stunden Interkontinental-Flug eingeschwebten Besucher aus dem kultivierten Europa hierhertreiben? Fakten erzählen nur die halbe Geschichte, und der Rest sind pittoreske Landschaften, schöne Strände und faszinierende Kliffs und Berge. Besonders die Sandmeilen gehören zu den feinsten an Koreas Westküste, allen voran die Strände (Strand = *haesuyokjang* 해수욕장) Mallipo 만리포, Cheollipo 천리포 und Kkotji 꽃지.

Wem Strände nichts sagen, der findet auf den wenigen bewohnten Inseln genügend Auswahl an Fischer- und Bauerndörfern sowie am Rand des Nationalparks einen wundervollen botanischen Garten.

Anmyeondo 안면도 ▶ 1, F/G 9

Die größte Insel im Taean-Archipel, die teilweise zum Nationalpark gehört, liegt etwa 30 km südlich des Städtchens Taean 태안 und ist über eine 1970 fertiggestellte Brücke mit der koreanischen Halbinsel verbunden. Die ›Hauptstadt‹ der Insel, Anmyeon 안면, liegt im südwestlichen Teil des Eilands. Anmyeondo lockt mit Kiefernwäldern und 14 Stränden, von denen der **Kkotji-Strand** (Kkotji Haesuyokjang 꽃지해수욕장) der beste der Insel ist – über 3 km Sand mit schönen Felsformationen. Von hier lässt sich hervorragend der Sonnenuntergang über dem Gelben Meer genießen. In der Nähe des Strandes wartet der kleine Fischmarkt **Baeksajang** auf Käufer. Die ebenfalls hier angesiedelten Garküchen kochen den aus den Tanks frisch ausgesuchten Fisch und servieren ihn anschließend. Unbedingt ausprobieren, denn auch ohne Koreanischkenntnisse – oder gerade deswegen – ist dies ein einzigartiges Erlebnis (www.anmyondo.com, Bus zum Ort Anmyeon stdl. ab Seoul Nambu Bus Terminal, Fahrzeit 3 Std., ₩ 10 000, alle 30 Min. ab Taean Bus Terminal, Fahrzeit 40 Min., ₩ 3000, ständig zugänglich, Eintritt frei).

Mallipo- und Cheollipo-Strand ▶ 1, F 8

Einer der besten und populärsten Strände Südkoreas und noch dazu im Taean-Küstennationalpark gelegen – dank des flachen Wassers, des weiten Sandes und seiner Nähe zu Seoul – ist der Mallipo-Strand (Mallipo Haesuyokjang 만리포해수욕장) im Norden des Nationalparks. Seine Beliebtheit ist zugleich auch sein Problem: Die Einrichtungen am Strand sind sehr ›modern‹ und zu schnell in alle Himmelsrichtungen gewachsen, was die Sandmeile überentwickelt erscheinen lässt. Der Vorteil von so viel Entwicklung sind die guten Transportmöglichkeiten und die mehr als ausreichend vorhandenen Restaurants, Motels und kleinen Geschäfte. In der Nebensaison klingt der Betrieb rapide ab, und die an beiden Enden des Strandes aufsteigenden Hügel werden Idylle Suchende nicht enttäuschen. In dieser Zeit artet das Schwimmen im Meer und Campen in dem nahen Kiefernwald nicht in einen Kampf um den eigenen Quadratmeter Privatsphäre aus (Bus ab Seoul Nambu Bus Terminal, 6.40–22 Uhr alle 10–40 Min., Fahrzeit 2,5 Std., ab Taean alle 20 Min., Fahrzeit 20 Min.).

30 Fußminuten nördlich liegt der ruhigere **Cheollipo-Strand** (Cheollipo Haesuyokjang 천리포해수욕장), ausgestattet mit Restaurants, einigen einfachen Privatunterkünften, Fischerhafen und weniger Menschen in der Hauptsaison.

Tipp: Taean-Küstenwanderweg

Nach einer schweren Ölpest 2007 an der Taean-Küste tat die Regierung viel, um die Spuren der Katastrophe zu beseitigen und die Region wieder für Besucher attraktiv zu machen. So soll bis 2013 der wunderbare, 120 km lange **Taean-Küstenwanderweg** (Taean Haebyeon-gil 태안해변길) fertiggestellt sein, der dann den Hafen Hagampo 학암포 (▶ 1, F 8, 20 km nordwestlich von Taean) mit dem entfernten Hafen Yeongmokhang 영목항 (▶ 1, G 9, südlichster Zipfel von Anmyeondo) verbinden wird. Die ersten erwanderbaren 25 km wurden im Juni 2011 eröffnet und bestehen aus einem 13 km langen Abschnitt zwischen Mongsanpo 몽산포 (▶ 1, F 8) und Deureunihang 드르니항 (▶ 1, F 9), getauft auf den Namen **Solmorae(t)gil** 소모래길 (Pinien- und Sand-Weg), sowie einem 12 km langen Abschnitt zwischen Deureunihang und dem Kkotji-Strand (▶ 1, F 9, s. links) auf Anmyeondo, der **Noeulgil** 노을길 (Sonnenuntergangsweg) genannt wird.

Üppige Pflanzenpracht beeindruckt im Cheollipo Arboretum

6 Cheollipo Arboretum ►1, F 8

Cheollipo Sumokwon 천리포수목원

Zwischen den beiden Stränden Mallipo und Cheollipo liegt etwas landeinwärts knapp außerhalb des Nationalparks ein fantastischer, 60 ha großer botanischer Garten, in dem Pflanzen aus über 60 Ländern gedeihen – aus Korea, Asien sowie Europa und vom amerikanischen Kontinent. Der US-Amerikaner Carl Ferris Miller (korean. Min Byung-gal) , der u. a. als Banker in Seoul arbeitete und Ende der 1970er-Jahre koreanischer Staatsbürger wurde, schuf dieses für Korea und ganz Asien so untypische Biotop ab dem Jahr 1966. Miller war, was seine Botanikkenntnisse anbelangt, Autodidakt. Bei seinem Tod 2002 hinterließ Miller über 7000 Pflanzen, die heute in diesem wundervollen Areal weiter gedeihen.

Auch heute noch sucht die Anlage ihresgleichen, was vor allem an der Harmonie liegt, die sie ausstrahlt. Der Park ist in **sieben Bereiche** geteilt: Hauptgarten (Miller-Garten), Lehrinstitut, Magnoliengarten, Insel Nangsaeseom, Koniferengarten, Garten mit verschiedenen Bäumen (Jonghapwon) und ein großer Garten (Keungol). Von allen Gärten der Welt ist Cheollipo Arboretum der einzige, in dem über 400 verschiedene Magnolien wachsen. Allein von der Kobushi-Magnolie *(Magnolia kobus)* existieren hier über 1800 Exemplare.

Bei aller Pflege und Natürlichkeit sollte nicht vergessen werden, dass alle Pflanzen bewusst gesetzt wurden – hier ist nichts dem Zufall überlassen, selbst wenn das Vogelgezwitscher, die Seen und voluminösen Baum-

bestände dies nicht vermuten lassen. Miller hatte ein geschicktes Händchen für ein ausbalanciertes und gesundes Ökosystem.

Viele Jahre diente der Park als Privatgarten, zugänglich nur für Wissenschaftler und Schulklassen. Mit dem Tod des alten Meisters hat sich dies geändert, und heute ist das Areal für jedermann geöffnet. Die einzigen Sünden beim Besuch des Arboretum sind, keine Kamera mitzubringen oder eine Blume zu pflücken (Tel. 041 672 99 82, 041 1330, www.chollipo.org – zwar nur auf Koreanisch, aber mit herrlichen Fotos –, Stadtbus ab Taean Bus Terminal, tgl. 9–17 Uhr, nur mit Reservierung!, Mo–Fr ₩ 7000, Sa/So ₩ 8000).

Infos

www.taean.go.kr

Auf der Website Beschreibung der Parkattraktionen und Telefonnummern von Unterkünften. Weitere Auskünfte erhält man in den Touristeninfos von Boryeong oder in Seoul.

Übernachten

Am Strand ▶ Alle Strände im Bereich des Nationalparks haben sehr schlichte Unterkünfte (ab ₩ 25 000), in denen sich allerdings nicht mehr als eine einfache Matratze befindet.

Verkehr

Bus: Ab Dong Seoul oder Seoul Nambu Bus Terminal gelangt man per Bus in 2,5 Std. nach Taean 태안 (▶ 1, F 8). Weitere Verkehrsverbindungen bei den einzelnen Einträgen zum Nationalpark.

Von Cheonan zum Songnisan-Nationalpark

Tief im Landesinneren und doch in kürzester Zeit von Seoul aus erreichbar – das Gebiet westlich und östlich von Cheongju bietet vor allem Natur pur. Die kulturellen Sehenswürdigkeiten sind entweder sehr alt wie das Early Printing Museum oder neu und gigantisch wie das Monument des südkoreanischen Patriotismus, die Independence Hall.

Cheonan 천안 ▶ 1, J 8

Cheonan, »the world's best city« (Eigenwerbung), steht als zweitgrößte Stadt (460 000 Einwohner) in Chungcheongnam-do nur selten auf der Besuchsliste von Touristen, obgleich die Metropole nach Daejeon der größte Transportknotenpunkt der Provinz mit eigenem KTX-Bahnhof ist. 85 km vor den Toren Seouls gelegen, ist sie sogar an dessen U-Bahn-Netz angeschlossen. Doch wenn unter Koreanern der Name Cheonan fällt, kommen schnell Emotionen ins Spiel. Dies hat zwei Gründe. Zum einen steht in der Nähe der Stadt das größte Museum des Landes, die gewaltige Independence Hall, wo schon allein die Science-Fiction-Architektur sehenswert ist. Zum anderen war Cheonan der Name eines südkoreanischen Kriegsschiffs, das im März 2010 von der nordkoreanischen Marine in südkoreanischen Gewässern versenkt wurde – zumindest behauptet dies die südkoreanische Propaganda.

Wer sich statt per Bus mit dem Taxi zur Independence Hall aufmacht, könnte einen Abstecher zum **Gakwonsa** 각원사 einplanen. Diese große Tempelanlage am Fuß des Taejosan 태조산 nur wenige Kilometer östlich des Stadtzentrums nahe dem Cheonan-Autobahnkreuz wurde 1977 dem Gebet für die Wiedervereinigung Koreas geweiht. Beeindruckend ist die aus 60 t Bronze gegossene, 14,5 m hohe Statue des Buddha Amitabha (Tel. 041 561 14 25, www.gakwonsa.org, tgl. 4–18 Uhr, Eintritt frei).

7 Independence Hall ▶ 1, J 8

Dongnip Kinyeomgwan 독립기념관

Etwa 15 km östlich von Cheonan steht die Halle der Unabhängigkeit – genauer gesagt ein Museumskomplex –, der sich dem Unabhängigkeitskampf des koreanischen Volkes verschrieben hat.

Das 51 m hohe **»Monument to the Nation«** vor der Grand Hall of the Nation besteht aus zwei stilisierten betenden Händen, soll den Fortschritt sowie den Nationalstolz Koreas symbolisieren und überstrahlt das gesamte Gelände. Das Monument könnte mit seinen stalinistischen Dimensionen auch in Nordkorea stehen – als ein in Beton gegossener Ausdruck unerschütterlichen Patriotismus. Einziger Unterschied im Wettstreit beider Koreas um die größten Statuen, höchsten Türme und den ausgeprägtesten Nationalismus ist, dass Südkorea sich solche Extravaganzen leisten kann, Nordkorea jedoch nicht. Zusammen mit der 126 m langen, 68 m breiten und 45 m hohen **Grand Hall of the Nation,** der zentralen Gedenkhalle, bildet das Mahnmal das Herzstück der 1987 eröffneten Independence Hall.

Hinter der Grand Hall gruppieren sich sieben Ausstellungsbauten, die alle für sich alleine ein Museum sein könnten. Jedes der Gebäude widmet sich einer Epoche des nationalen Freiheitskampfs – begonnen mit den

Kleine Pavillons liegen über das Gelände des Gakwonsa verstreut

Anfängen, **Root of the Nation,** über **Japanese Aggression** bis zur **Republic of Korea.** Über 80 000 Fotos, Modelle und historische Artefakte sind zu sehen, darunter die Wachsfiguren der 42 Mitglieder der koreanischen Exilregierung in Shanghai sowie der berühmte Eulsa-Vertrag zwischen Japan und Korea von 1905, mit dem Korea seine Außenpolitik und Handelsangelegenheiten in die Hände Japans gab – der erste Schritt in die koloniale Abhängigkeit, die 1910 bittere Realität wurde.

Auch der koreanischen Sehnsucht nach Wiedervereinigung wird Rechnung getragen, etwa mit der knapp 3 m großen **Unification Bell** oder dem **Reunification Monument** im Außenbereich der Anlage.

Um den gesamten Komplex zu erkunden, ist ein ganzer Tag notwendig, für Besucher ohne gute Vorbereitung in koreanischer Geschichte ist die Menge an Material jedoch schnell ermüdend und schlicht zu viel. Die Erläuterungen sind in Englisch, was den Informationsgehalt einer Tour erheblich erhöht. Wer zwischendurch der Entspannung bedarf: der umliegende Wald bietet sich für einen Spaziergang an, und in der mensaähnlichen Cafeteria lässt sich ein Kaffee genießen (Tel. 041 560 01 14, www.independence.or.kr, Bus 400 ab Cheonan Bus Terminal oder Bahnhof, Di–So März–Okt. 9.30–18, Nov.–Febr. bis 17 Uhr, Eintritt frei).

Infos

Touristeninformation: am Bahnhof, Tel. 041 550 24 45, www.cheonan.go.kr, tgl. 9–17 Uhr. Nur Koreanisch sprechendes Personal. Die hier erhältlichen Stadtpläne sind wie für viele südkoreanische Städte mehr oder weniger detailliert und wie so häufig ohne Straßennamen.

Übernachten

Die wenigsten Besucher werden in Cheonan übernachten, da der Zug nur eine Stunde bis Seoul benötigt. In der Nähe des Busbahnhofs sind einige Motels zu finden.

Boutique-Hotel ▶ Cheonan Metro Tourist Hotel (Cheonan Metro Gwangwang Hotel 천안메트로관광호텔): 57-9 Daeheung-dong, Tel. 041 6 2 82 11, www.hotelmetro.co.kr, U 1 ab Seoul (s. Verkehr), in Cheonan Ausgang 1, oder Zug ab Seoul Station, dann 100 m links, U-Bahn-Station und Bahnhof sind im selben Gebäude. Das Hotel müsste aufgrund seiner Ausstattung in der Hauptstadt stehen, auch wenn es seinem eigenen Anspruch (und Preis) nicht in allen Einzelheiten gerecht wird. DZ ab ₩ 130 000.

Nähe Busbahnhof ▶ Western Hotel 웨스턴호텔: 468-7 Shinbu-dong, Tel. 041 5 51 06 06. Nur 300 m östlich des Busbahnhofs liegt dieses sehr gute, als Hotel getarnte Motel mit Internetzugang und nicht allzu geschmacklos eingerichteten, angenehmen Räumen. DZ ₩ 35 000.

Essen & Trinken

Rund um den Busbahnhof ▶ Neben den **Fast-Food-Ketten** Burger King, Pizza Hut und KFC befinden sich viele weitere Restaurants um den Busbahnhof, darunter ein Ableger der Seouler BBQ-Restaurants **Bulgogi Brothers** (Tel. 041 554 76 51, www.bulgogibros.com, s. S. 155) direkt gegenüber der Hauptstraße außerhalb des Busbahnhofs.

Verkehr

U-Bahn oder Bahn: Die U 1 ab Seoul fährt nach Cheonan Station. Sie benötigt allerdings mehrere Stunden für die fast 100 km lange Strecke. Zug ab Seoul Station, Fahrzeit 70 Min., ₩ 9300. Der Bahnhof und die U-Bahn-Station Cheonan befinden sich im selben Gebäude. Alternativ fährt der KTX mindestens 3 x in der Std. in nur 30 Min. ab Seoul Station (₩ 14 100). Allerdings liegt Cheonans KTX-Bahnhof 6 km südwestlich von Cheonans Bahnhof (Cheonan Asan). Die Seouler U 1 verbindet jedoch den KTX-Bahnhof mit dem Bahnhof in der Stadt.

Bus: Der Cheonan Bus Terminal liegt etwa 1 km nordöstlich des Cheonan-Bahnhofs. Busse fahren von hier nach Seoul (1 Std., ₩ 4800), Daejeon (1 Std., ₩ 4200) und in weitere Städte.

Cheongju 청주 ▶ 1, K 8/9

Cheongju, die Hauptstadt der Provinz Chungcheongbuk, ist ein Abbild ihrer Umgebung: Platz ist in der dünn besiedelten Provinz genug da, und so spielt Größe keine Rolle. Dafür ist die Anzahl an Attraktionen aus Menschenhand überschaubar. Highlights sind die riesige Bergfestung Sangdang, der einstige Präsidentenpalast Cheongnamdae sowie das kleine Early Printing Museum. In nächster Umgebung liegt der Songnisan-Nationalpark mit reichlich Gelegenheiten für Hiking-Touren. Die Stadt teilt sich in zwei Distrikte: Heungdeok 흥덕 westlich des Musim-Flusses (Musimcheon 무심천, ein Nebenfluss des Geumgang) und Sangdang 상당 östlich des Musimcheon.

Early Printing Museum

Cheongju Go Inswae Bangmulgwan
청주고인쇄박물관

Der Name sagt alles: Dieses Museum im Uncheon-Park (Uncheon Gongwon 운천공원) ist ganz auf die ersten Drucktechniken fixiert, die im angrenzenden **Heungdeoksa** 흥덕사 angewendet wurden. In diesem Tempel wurde 1377 der erste Text der Welt, das *»Jikji«*, mit beweglichen Buchstaben gedruckt – über 70 Jahre vor Gutenberg. Auch nach Ansicht der UNESCO handelt es sich um das älteste gedruckte und (in Teilen) noch erhaltene Buch der Welt. Gutenberg hingegen muss zugute gehalten werden, dass er erstmals bewegliche Lettern in einer maschinell betriebenen Presse für die Massenproduktion von Druckwerken einsetzte. Damit löste er eine Medienrevolution und die Alphabetisierung breiter Bevölkerungsschichten aus, während in Korea und vermutlich noch davor in China der Druck vor allem eine arbeitsintensive Handarbeit war, die nur sporadisch zum Einsatz kam. Vom Heungdeok-Tempel 흥덕사 stehen nur noch eine wiederaufgebaute Halle sowie eine Pagode. Der zerstörte Tempel wurde erst 1985 entdeckt, das Museum sieben Jahre später eröffnet. Mit seinen runden Dächern sieht es wie eine überdimensionale Champignonfamilie aus.

Das **Museum** zeigt über 600 Stücke aus der Geschichte des Druckes, u. a. historische Lettern, Relikte aus dem Heungdeok-Tempel sowie gedruckte Bücher aus dem 15. und 16. Jh. Alle Erläuterungen sind auch in Englisch. Das berühmte Erstlingswerk der Buchdruckkunst, »Jikji«, ist eine Anthologie über den Zen-Buddhismus und nur als Kopie zu sehen, denn das Original steht in der Bibliothèque Nationale de France in Paris. Es kam Ende des 19. Jh. in die Hände eines französischen Diplomaten in Korea und tauchte anschließend in Frankreich auf, wo es 1911 auf einer Auktion von einem französischen Diamantenhändler erworben wurde, der es 1950 der Bibliothèque Nationale vermachte, wo es für Jahrzehnte verschwand und erst 1972 wiederentdeckt wurde. Seit 2001 gehört es zusammen mit der Gutenberg-Bibel zum UNESCO-Weltdokumentenerbe, zu dem auch Werke wie der Stummfilm »Metropolis« von Fritz Lang oder die über halb Asien verteilten Archive der niederländischen Ostindienkompanie gehören. Südkorea hat mehrfach versucht, das Buch zurückzuerhalten, von dem nur noch der zweite Teil einer zweibändigen Ausgabe existiert – bislang und wohl auch für die kommenden Jahrzehnte erfolglos (Tel. 043 200 45 15, www.jikjiworld.net, Bus 831, 831-1 ab Cheongju Express Bus Terminal, Fahrzeit 15 Min., Di–So 9–17 Uhr, ₩ 800).

Yonghwasa 용화사

Ebenfalls im Heungdeok-gu steht dieser Tempel, dessen Besonderheit sieben steinerne Statuen sind – fünf Buddha-Maitreya- und zwei Bodhisattva-Darstellungen–, die man im Morast des Flusses fand. Angeblich waren die Statuen einer Konkubine König Gojongs im Traum erschienen, die sie daraufhin suchen und 1902 am Musimcheon den Tempel für die Statuen errichten ließ.

Im Sangdang-Distrikt

Jenseits des Musimcheon findet sich direkt östlich des Central Park (Jungang Gongwon 중앙공원) ein 13 m hoher **Eiserner Flaggen-**

Nachgestellte Geschichte des Drucks im Early Printing Museum

mast (Yongdusaji Cheongdanggan 용두사지 청당간), eines der wenigen in Korea noch erhaltenen Exemplare seiner Art. Er wurde 962 auf dem Areal des nicht mehr existenten Yongdu-Tempels aufgestellt.

Weiter östlich steht hinter dem Gebäude der Provinzregierung mit dem **Cheongju Hanggyo** 청주향교 eine 1683 hierher verlegte und 1920–21 erneuerte, inzwischen ihrer Funktion beraubte Konfuziusakademie. In der zugehörigen Daeseongjeon 대성전, der Halle der Großen Vollendung, werden noch heute konfuzianische Gelehrte aus China und Korea verehrt.

Begibt man sich stadtauswärts Richtung Sangdangsanseong, so kann, wer sich noch Artefakte aus prähistorischer bis Goryeo-Zeit anschauen möchte, das **Cheongju-Nationalmuseum** (Gungnip Cheongju Bangmulgwan 국립청주박물관) besuchen. Es liegt etwas nördlich des Myeongam-Sees am Ostrand Cheongjus (Tel. 043 252 0710, cheongju.museum.go.kr, Di–Fr 9–18, Sa/So, Fei 9–19 Uhr, ₩ 1000).

Sangdangsanseong 상당산성

Die 5 km nordöstlich von Cheongju gelegene **Bergfestung** wird nur in Reisebroschüren der Korea Tourism Organization als solche bezeichnet, denn außer der (restaurierten) 4,2 km langen Mauer steht von der riesigen und treffender als Garnison betitelten Anlage kaum noch ein Stein auf dem anderen. Die Antwort auf die Frage, wer sie wann errichtete, liegt im Dunkel der Geschichte. Als gesichert gilt, dass die Festung im Jahr 1716 erneut aufgebaut wurde, nachdem sie während der japanischen Invasion über 100 Jahre zuvor fast vollständig zerstört worden war.

Die 3–4 m hohe **Mauer** besteht aus Steinen, Erde und Sand und ist begehbar. Die einfachere Route verläuft gegen den Uhrzeigersinn und ist in etwa 1,5 Stunden zu bewältigen. Inbegriffen ist wie vor Hunderten von Jahren ein grandioser Blick über die Umgebung – und heute über das moderne Cheongju. Kein Wunder bei einer Verteidigungsanlage, die ihren Zweck erfüllen sollte. Sangdangsanseong besitzt drei **Tore** in drei Himmelsrichtungen (außer Norden), die weitgehend intakt sind und den Zugang zum Inneren der Anlage ermöglichen, wo Einheimische ihre traditionellen Häuser in Restaurants und Trinkhallen verwandelt haben, um in der Woche das Leben zu genießen und am Wochenende auf Spaziergänger aus Cheongju zu warten.

Seit November 2010 steht Sangdangsanseong wie sechs weitere koreanische Bergfesten auf der Anwärterliste für das UNESCO-Weltkulturerbe – sieben von sage und schreibe über 2300 ehemaligen Festungsanlagen, die bislang in Korea entdeckt wurden. Sollten anderen Nationen jemals die Ideen für Kulturerbe-Anträge ausgehen, dürfte es ein Leichtes für Koreas Kultusministerium sein, die UNESCO mit Arbeit zu versorgen (Bus 862, alle 30 Min., zum Südtor und bis zu einem kleinen Dorf innerhalb der Festung, tgl. 24 Std., Eintritt frei).

Ausflug zur Präsidentenvilla Cheongnamdae ▶ 1, K 9

Schön und versteckt in der Nähe des Daecheong-Sees (Daecheongho 대청호) gelegen, 25 km südöstlich von Cheongju, war **Cheongnamdae** 청남대 für zwei Jahrzehnte ein Refugium für die Präsidenten der Republik. Das zweistöckige Gebäude ist in westlichem Stil gebaut mit den üblichen Einrichtungen einer Präsidentenvilla, d. h. Bibliothek, Besprechungsraum etc., ist jedoch für eine derartige Repräsentanz nicht übergebührlich opulent. Wegen seiner abgelegenen und schönen Lage nutzten die Staatsoberhäupter die Villa gerne während einer Krise, um mit klarem Kopf in die Höhle des Löwen nach Seoul zurückzukehren – 88 Krisen muss es in den 20 Jahren der Nutzung gegeben haben, denn so häufig suchten Südkoreas Präsidenten den Palast auf. Bekannt wurde dies als ›Nachdenken in Cheongnamdae‹. Alle drei Monate eine Staatskrise ist in Südkorea zu wenig, um den Unterhalt einer Präsidentenresidenz zu rechtfertigen, und so schloss man die Villa und öffnete sie 2003 für den Publikumsverkehr.

1983 ließ Präsident Chun Doo Hwan die Anlage erbauten. Sie verfügt über zwei Heliports, einen Golfplatz, einen riesigen Garten, einen See und verschiedene Pavillons. Besucher können sich frei auf dem Gelände bewegen. Am schönsten ist ein 2008 eröffneter, über 3 km langer Weg mit Blick auf den Daecheong-See. Eine separate Ausstellung widmet sich den fünf Präsidenten, die das Feriendomizil während ihrer Amtszeit aufsuchten (Tel. 043 220 56 79, chnam.cb21.net, ab Cheongju Express Bus Terminal, Bus 311 alle 20 Min. in 50 Min. zum Munui Interchange/ Cheongnamdae Ticket Office, dann Shuttlebus – tgl. 9–16.30, Dez.–Jan. bis 15.30 Uhr, alle 20 Min., Fahrzeit 30 Min., ₩ 2400 hin und zurück, Palast Di–So 9–17 Uhr, ₩ 5000).

Infos

Touristeninformation: am Intercity Bus Terminal, Tel. 043 233 84 31, english.cjcity.net, tgl. 9–18 Uhr; im Cheongju International Airport, Tel. 043 210 66 16, 043 214 21 14, tgl. 7–22 Uhr.

Übernachten

Internationaler Luxus ▶ **Ramada Hotel** 라마다호텔: 500-3 Yullyang-dong, Tel. 043 290 10 00, www.ramadakorea.co.kr. Mit 21 Stockwerken das höchste und beste Hotel der Stadt, das über mehrere Restaurants, Schwimmbad, Fitnessraum etc. verfügt und zur internationalen Ramada-Kette gehört. DZ ab ₩ 250 000 (Rabatt möglich).

Zentral und freundlich ▶ **Newvera Tourist Hotel** (Nowvera Gwangwang Hotel 뉴베라관광호텔): 1027 Gagyeong-dong, 150 m nördlich hinter dem Express Bus Terminal, Tel. 043 235 81-81 bis -84, www.newvera.co.kr. Vom Namen Tourist Hotel sollte man sich nicht abschrecken lassen – das Newvera ist ein modernes Hotel, manche Zimmer allerdings mit Motel-Flair. DZ ab ₩ 96 000.

Große Betten, günstig ▶ **Motel Olive**: östlich hinter dem Intercity Bus Terminal, Tel. 043 231 02 07. Diese Gegend quillt vor Motels über. Das Olive unterscheidet sich wenig von seinen Konkurrenten und hat moderne Bäder und Computer im Zimmer. Ein englischer Schriftzug mit dem Namen des Motels am Gebäude weist den Weg. DZ ab ₩ 40 000.

Essen & Trinken

Restaurantviertel ▶ Gute und einfache Restaurants gibt es im Stadtzentrum nördlich der Post in der **Seongan-gil** 성간길 sowie nordöstlich der Chungbuk National University (Chungbuk Daehakgyo 충북대학교). Am besten sagt man dem Taxifahrer die beiden Zauberworte **Chungdae Jungmun** 충대중문, was bedeutet: Mittleres Tor der Chungbuk-Universität.

Steaks und Pasta ▶ **Outback Steakhouse** 아웃백스테이크하우스: 1455-5 Gagyeong-dong, direkt südlich des Intercity Bus Terminal, Tel. 043 232 09 61, www.outback.co.kr, tgl. 11–23 Uhr. Mit Ihrer Auswahl wurde die US-Kette auch in Korea bekannt. Saftige Steaks, Huhn, Nudeln und Salate. Menü ab ₩ 9900.

Pizza amerikanisch ▶ **Pizza Hut** 피자헛: nordöstlich des Intercity Bus Terminal. Manchmal hat man einfach Lust auf eine Pizza, vertraute Menüs und englische Speisekarten, und hier ist alles am einfachsten und schnellsten zu bekommen. Pizza ab ₩ 7500.

Rustikal Koreanisch ▶ **Golden Pine** (Hwanggeum Sonamu 황금소나무): Tel. 043 231 05 88. *Galbi, bulgogi* und Nudeln sind in diesem einfachen Restaurant in allen Variationen erhältlich. Menü ab ₩ 4500.

Einkaufen

Department Stores ▶ Kaufhäuser sind über die gesamte Stadt verteilt, zwei Einkaufspaläste finden sich jedoch bei den Busbahnhöfen: **Dream Plus** und **Lotte Mart.** Die Gegend um die **Seongan-gil** ist ebenfalls mit Shopping-Center ausgestattet, darunter **Lotte Young Plaza** (tgl. 10.30–20 Uhr).

Abends & Nachts

Rund um die Universität ▶ Für Unterhaltung am Abend gibt man dem Taxifahrer am besten Chungdae Jungmun 충대중문 an, wo sich im Nordosten der Universität auch Bars befinden, z. B. die **Buzz Bar** oder das **Pearl Jam** (tgl. ab 18 Uhr).

Verkehr

Flug: Cheongju International Airport, 16 km nördlich der Stadt, Tel. 043 210 61 14, www.airport.co.kr, Bus 747 zum/ab Cheongju Intercity Bus Terminal (1 Std., ₩ 1100). Vom Flughafen fahren auch Busse zum Seoul Nambu Bus Terminal sowie nach Daejeon und Cheonan.

Bahn: Der Bahnhof von Cheongju (Cheongju Yeok 청주역, Tel. 043 232 77 88) liegt weit außerhalb im Westen der Stadt und ist mit den Bussen 502 und 511 an die Busbahnhöfe angebunden. Von hier gehen Züge nach Daejeon (40 Min.). Noch tiefer im Westen (10 km von Cheongju Yeok) befindet sich die Ortschaft Jochiwon mit einem Bahnhof (Jochiwon Yeok 조치원역), an dem Züge von und nach Seoul fahren (1,5 Std., alle 30 Min.).

Bus: Dem Durcheinander von Express (*gosok* 고속) und Intercity (*sioe* 시외) Bus Terminal ist auch Cheongju bislang nicht Herr geworden, und so muss man im schlimmsten Fall beide Busbahnhöfe aufsuchen, um das Ziel zu finden. Glücklicherweise liegen sie nur wenige Meter auseinander. Verbindungen existieren nach Seoul (1,5 Std., ₩ 6200), Busan, Suwon, Daejeon etc.

Songnisan-Nationalpark ▸ 1, L/M 8–L 9

Songnisan Gungnip Gongwon
속리산국립공원

Gut 1000 verschiedene Tierarten bevölkern den Park, darunter große Säugetiere wie Rehe und Eber, aber auch der bunt gefiederte Wiedehopf *(Upupa epops)*. Zudem wachsen hier über 800 Pflanzenarten, beispielsweise sehr alte Kiefern am Parkeingang, zu denen auch die riesige, 600 Jahre alte Jeongipumsong 정이품송 zählt. Schnee, Sturm und Alter haben ihre Spuren an der allein stehenden Kiefer hinterlassen, und so werden einige ihrer Äste mit Metallstangen gestützt.

Koreas Parkverwaltung tat gut daran, 1970 das 250 km² große Songnisan-(auch Sokrisan-)Gebiet zum sechsten Nationalpark des Landes zu deklarieren. 1975 schlug man dem Nationalpark die Täler Hwayangdong, Seonyudong und Ssangok sowie angrenzende Gebiete im Norden zu, sodass er heute um die 280 km² umfasst. Schöne Wanderwege, tiefe Täler, dichte Wälder und scharfkantige Felsen machen aus Songnisan eine der sehenswertesten Gegenden im Herzen Südkoreas. Der Park ist zentraler Teil des Sobaek-Gebirges, das sich über die Grenze der Provinzen Chungcheongbuk und Chungcheongnam erstreckt.

Auch wenn die Landschaft die größte Attraktion des Nationalparks bildet, übt der im 6. Jh. gegründete Beopju-Tempel (s. S. 262) eine mindestens ebenso große Anziehungskraft aus. Der Tempel liegt, umrahmt von Bergen, mitten in einem Kiefernwald – bei richtigem Licht und mit ein wenig Ausdauer bei der Suche nach dem besten Motiv lassen sich hier herrliche Aufnahmen machen. Der Name der Gebirgslandschaft, Songni, bedeutet übrigens so viel wie Am Ende der Welt oder Fern von Allem Weltlichen – ein Name, der treffend von der Lage des Tempels herrührt (Park, english.knps.or.kr, tgl. März–Okt. 5–19, Nov.–Febr. 5–17 Uhr, ₩ 2000).

Wanderung im Songnisan

Der Songnisan hat ein halbes Dutzend Gipfel über 1000 m, die sich entlang eines Bergkamms ziehen. Der beliebteste, wenngleich nicht der höchste ist der **Munjangdae** 문장대 (1054 m). Diese Ehre gebührt dem **Cheonwangbong** 천왕봉 (1057 m), von dem sich Rundblicke über den Park eröffnen.

Eine Tour durch den Nationalpark beginnt häufig am Beopju-Tempel und führt von dort in den **Ostteil** des Parks. Mein Vorschlag ist, den Weg umgekehrt zu gehen, da dies verkehrstechnisch einfacher ist (s. Aktiv unterwegs, S. 261). Viele Wanderer machen auch einen Rundkurs, der am Tempel startet, zuerst auf den Munjangdae und dann auf den Cheonwangbong führt und von dort zurück zum Tempel (6,5 Std.).

Der **Nordteil** Songnisans ist weitgehend unbekanntes Land, in das sich selbst Koreaner mit langer Trekking-Historie nur selten wagen. Für wahre Entdecker und eine Tour

aktiv unterwegs

Wanderung im Süden des Songnisan

Tour-Infos

Start: Bushaltestelle in Jangam-ri und von dort zu Fuß zum Hwabuk Information Center (Tel. 054 533 33 89).
Länge: 14 km
Dauer: 5,5 Stunden
Schwierigkeitsgrad: Einfach bis mittelschwer, anstrengender Aufstieg zum Munjangdae.
Anfahrt: Bus ab Cheongju Intercity Bus Terminal nach Jangam-ri 장암리.
Wichtige Hinweise: Der Weg ist gut ausgeschildert und im Herbst und Frühjahr am stärksten besucht. Am besten kommt man in der Woche, wenn die Besucherströme ausdünnen, aber auch dann verliert der Park nie seine touristische Atmosphäre.

Ohne den Aufstieg auf den 1054 m hohen Munjangdae war man nicht im Songnisan-Park – so sehen es Koreaner, die den Park und seinen zweithöchsten Gipfel am Wochenende stürmen. Die Tour setzt sogar noch ein Highlight obendrauf, nämlich einen Besuch des höchsten Berges des Nationalparks, Cheonwangbong – mit diesem Wanderweg sollte es keine Schwierigkeiten geben, in Diskussionen mit Koreanern zu bestehen.

Von der Bushaltestelle in **Jangam-ri** geht es ca. 1,5 km zum **Hwabuk Information Center** am Parkeingang. Von hier marschiert man vorbei am 10 m hohen **Osong-Wasserfall** (Osong Pokpo 오송폭포) und dem **Seongbulsa** 성불사, einem kleinen Tempel, den Berg hinauf zum **Munjangdae** 문장대, den man nach etwa zwei Stunden erreicht. Der Gipfel ist ein unspektakulärer, blanker Felsen mit der Besonderheit, dass der Berg das Zentrum Südkoreas bildet, sodass Regentropfen von hier je nach Auftreffpunkt – angeblich – in drei verschiedene Richtungen abfließen: nach Norden in Seouls Han-Fluss, nach Süden in den Nakdong-Fluss von Busan oder nach Westen in den Geum-Fluss, der durch Gongju fließt und dann ins Westmeer mündet.

Vom Munjangdae führt der Weg schnurstracks nach Süden vorbei am 1032 m hohen **Birobong** 비로봉 zum 90 Minuten entfernten **Cheonwangbong** 천왕봉 (1057 m). Dieser Berg sieht klein aus, bietet jedoch einen Blick zu allen umliegenden Gipfeln, u. a. zum gerade passierten Munjangdae im Norden und zum 847 m kleinen Myobong 묘봉 im Westen.

Vom Cheonwangbong geht man den Weg ein Stück zurück und biegt dann nach Westen (nach links) ab auf den Hauptweg zum Beopju-Tempel. Nach etwa 1 km erreicht man eine Gabelung, an der man entweder die Straße nach links zum Tempel nimmt oder aber nach rechts abbiegt zum nahen Rasthaus **Birosanjang** 비로산장 (s. S. 263) – eine einfache, wie in einem Schweizer Alpendorf gelegene Berghütte, die an einem gurgelnden Flüsschen liegt, wo man sich mit *bibimbap* stärken kann. Von hier ist es eine gute Stunde bis zum **Beopjusa** 법주사 (s. S. 262) und dem wenige hundert Meter entfernten Dorf Songnisan 속리산, wo das **Lake Hills Songnisan Hotel** (s. S. 263) eine weitere Übernachtungsmöglichkeit bietet.

Stets im Blick des Buddha Mireuk: der Beopju-Tempel

abseits der ›Ameisenstraßen‹ ist dieser Teil des Parks ein ideales Wanderrefugium.

Beopjusa 법주사

Über einen mit gebrannten Lehmziegeln gepflasterten und von Bäumen gesäumten Weg gelangt man vom Dorf Songsan am Eingang des Nationalparks zum 2 km entfernten **Beopju-Tempel.** Der 553 von Uisang gegründete und 1592 von den Japanern zerstörte Tempel wurde im 17. Jh. wieder aufgebaut und ist einer der Hauptsitze des Jogye-Ordens. Noch heute ist die Anlage eine der größten in Korea, obwohl der Beopjusa seine einstigen Ausmaße nicht wiedererlangt hat. Zeitweise sollen 60 Gebäude und 70 Einsiedeleien zu ihm gehört haben, in denen ca. 3000 Mönche wohnten, arbeiteten und meditierten. Zeuge der einstigen Größe des Tempelareals ist ein riesiger **Eisentopf,** der zum Kochen von Reis verwendet worden sein soll. Bekannt ist der Beopjusa vor allem für seine vergoldete, bronzene **Buddha-Statue** (s. u.) sowie eine einzigartige fünfstöckige **Holzpagode** (Palsangjeon, s. u.).

Alter, Architektur und die attraktive Landschaft beeindrucken nicht nur heutige Besucher, sondern haben in den 1970er-Jahren bereits Filmschaffende inspiriert wie Hongkongs Kung-Fu-Ikone Bruce Lee, der hier den Showdown für seinen Film »Mein letzter Kampf« drehen wollte, bevor er 1973 vor Abschluss der Dreharbeiten starb.

Die 33 m hohe, innen hohle vergoldete **Bronzestatue des Buddha Mireuk** (Maitreya), des Buddhas der Zukunft, die 1988 eine Betonstatue ersetzte, ist das beeindruckendste Objekt des Tempels. Dies nicht allein wegen ihrer Größe und ihres Gewichts von gewaltigen 150 t, sondern auch, weil sie stolze 4 Mio. US-$ kostete. Einmal mehr steht Buddha Maitreya für die Hoffnung auf die zukünftige Wiedervereinigung des Landes. Hier im Beopjusa passt diese Symbolik besonders gut, denn in der früheren Haupthalle des Tempels standen ab 776 drei Maitreya-Buddhas als Dank für die Vereinigung Koreas unter der Silla-Dynastie.

Die fast 23 m hohe, fünfstöckige Pagode **Palsangjeon** 팔상전 (Halle der Acht Bilder) stammt von 1624 und ist die älteste Holzpagode Koreas. Eine ähnliche, aber kleinere Holzpagode findet sich zwar im Ssangbongsa, doch 1986 musste Letztere nach einem Brand als Replik neu errichtet werden. Die Pagode im Beopju-Tempel besteht eigentlich aus fünf übereinandergestapelten Hallen, in deren Mitte ein riesiger Pfeiler steht, der durch die Decke des obersten Stockwerks ragt und die Hauptlast der Konstruktion hält. Im unteren Stockwerk der Pagode befinden sich die vier goldlackierten Plastiken des **Buddha Shakyamuni** mit unterschiedlichen Gesten: Im Süden ist seine rechte Hand zur Geste der Erdberührung gesenkt, im Osten ist sie zur Schutzgebung erhoben und im Westen formt sie das Rad der Lehre. Sehr selten in Korea ist die vierte Variante, die des liegenden Shakyamuni vor seinem Eintritt ins Nirvana. Sein Gefolge bilden neben bunt bemalten (ansonsten goldenen) Arhats u. a. über 300 weiße Buddhas, die als Gleichnis stehen für unzählige Erleuchtete in der Welt und zu jeder Zeit. Hinter den vier Statuen beschreiben acht Wandgemälde Shakyamunis Leben (daher der Name der Pagode) – vom Herabstieg aus dem Tushita-Himmel bis zum Eintritt ins letzte und höchste Nirvana, das Parinirvana.

Nördlich der Pagode steht die Haupthalle des Beopjusa, die **Mahavira-Halle** (Daeungbojeon 대웅보전), die drittgrößte alte Tempelhalle (ebenfalls im 17. Jh. errichtet), die in Korea erhalten blieb. In ihr wird eine Buddha-Trinität, bestehend aus dem Ur-Buddha Vairochana (korean. Birokana) in der Mitte, flankiert von seinem Strahlungsleib Rochana oder Losana rechts und seiner Emanation Buddha Shakyamuni links, verehrt (Tel. 043 543 36 15, 86 55, www.beopjusa.or.kr, tgl. 6–18 Uhr, ₩ 3000).

Infos

Touristeninformation: am Parkeingang im Dorf Songnisan, Tel. 043 542 52 67, english.knps.or.kr, tgl. 9–17 Uhr.

Übernachten

Unzählige Motels liegen in den Gassen links der Hauptstraße zum Parkeingang. Auch ein Campingplatz ist vorhanden.

Edel und in bester Lage ▶ **Lake Hills Songnisan Hotel** 레이크힐스속리산호텔: am Parkeingang im Dorf Songnisan, Tel. 043 542 52 81, www.lakehills.co.kr. Mit schönen Zimmern ist das Lake Hill der Favorit aller Parkbesucher, die sich ein wenig Luxus gönnen wollen. DZ ab ₩ 175 000 (Rabatte von bis zu 50 % in der Nebensaison möglich).

Romantisch in den Bergen ▶ **Birosanjang** 비로산장: Tel. 043 543 47 82. Wow, so stellen sich Städter Unterkünfte in Naturparks vor. Optisch und ausstattungstechnisch zwar nichts Besonderes, aber die Lage macht alles wieder wett: Mitten im Songnisan-Park liegt das Birosanjang an einem plätschernden Bach umgeben von Wald. *Bibimbap* und andere einfache Gerichte sind erhältlich und schmecken in dieser Umgebung doppelt so gut wie in der Stadt. Reservierung sinnvoll. DZ ab ₩ 40 000 (in der Woche), im Sommer ₩ 60 000.

Essen & Trinken

Schlicht, aber gut ▶ Entlang der Straße zum Eingang des Songnisan-Nationalparks sind viele einfache, aber exzellente **Gaststätten** zu finden.

Verkehr

Bus: ab Cheongju Intercity Bus Terminal, alle 20 Min., Fahrzeit 105 Min., ₩ 7500 bis Bushaltestelle am südwestlichen Parkeingang im Dorf Songnisan 속리산. Auch nach Jangam-ri 장암리 auf der Ostseite des Parks fahren, allerdings seltener, Busse ab Cheongju Intercity Bus Terminal.

Chungju und der Nordosten

Berge, Tempel und heiße Quellen sind die Highlights der am wenigsten besuchten Gegend Südkoreas. Die Nationalparks locken mit großartigen Wanderwegen, die Städte sind unbeschwert und der Chungju-Stausee an der gleichnamigen Stadt windet sich pittoresk durch die Landschaft, in der einige relativ einfach zugängliche Höhlen liegen.

Chungju und Umgebung

Chungju 충주 ▶ 1, L 7

Chungju, die zweitgrößte Stadt Chungcheongbuk-dos 충청북도, werden die meisten Besucher zunächst mit ihrer großen Schwester Cheongju verwechseln – zwei ähnliche Namen, aber völlig verschiedene Städte. Zumindest eines verbindet beide Städte außer der Namensgleichheit: Beide haben Touristen nicht allzu viel zu bieten. Zwar ging UN-Generalsekretär Ban Ki-moon im 220 000 Einwohner zählenden Chungju zur Schule, aber außer bei einer Wanderung im nahen Woraksan-Nationalpark (s. S. 266 und Aktiv unterwegs S. 268) und einer Bootsfahrt auf dem riesigen Chungju-Stausee gibt es hier nur wenig Gelegenheiten, sein Geld auszugeben oder sich zu bewegen. Nischenangebote sind ein jährlich im Herbst stattfindendes Kampfkunst-Festival oder aber Äpfel, Pfirsiche und Kastanien, die auf den umliegenden Feldern wachsen.

Infos

www.cj100.net: Website der Stadt Chungju (inkl. Suanbo).

Touristeninformation Chungju: im Busbahnhof, Tel. 043 850 73 29, 8.30–17 Uhr.

Übernachten

Anstatt in Chungju zu nächtigen, ist es vorteilhafter, sich in Suanbo in der Nähe der heißen Quellen niederzulassen (s. S. 265).

Verkehr

Bahn: Von Seoul gibt es nur einen Direktzug täglich nach Chungju (2,5 Std., ₩ 13 400).

Bus: Der Chungju Bus Terminal liegt ca. 600 m nordöstlich des Bahnhofs Chungju. Verbindungen bestehen alle 15 Min. nach Seoul (2 Std.), stdl. nach Daejeon (2 Std. 15 Min.) und zu weiteren Orten. Nach Suanbo fahren Busse ab Chungju Bus Terminal und Bahnhof, Bus 240, 246, alle 40 Min., Fahrzeit 35 Min., ₩ 1200. Busse zum Woraksan Nationalpark ab Chungju Bus Terminal und Bahnhof, Bus 246 (Mireuk-Tempel, Deokju und Songgye).

Chungju-Stausee ▶ 1, M 7

Chungjuho 충주호

1985 wurde hier bei Chungju der gleichnamige Staudamm (Chungjudaem 충주댐) fertiggestellt. Er staut den südlichen Abzweig des Hangang auf und dient der Elektrizitätsgewinnung ebenso wie der Bewässerung und der Hochwasserregulierung. Der durch den Damm entstandene Chungjuho ist der zweitgrößte Stausee Südkoreas und zudem neben dem Soyangho in Gangwon-do der einzige See mit kommerzieller Schifffahrt.

Eine Bootsfahrt auf dem extrem sauberen See (Trinkwasser) führt vom Chungju-Damm in drei Stunden bis nach **Danyang** 단양 (▶ 1, N 7, s. S. 268), von wo der Wasserweg als schlankes Flüsschen seinen Weg fortsetzt. Von den Schiffen aus kann man den Blick über das gebirgige Binnenland Zentralkoreas schweifen lassen, während die Fluten sich seelenruhig durch die teils hoch über den See ragenden Schluchten winden. Je nach Wasserstand fahren die Boote allerdings nicht bis Danyang, sondern stoppen bereits in **Janghoe** 장회 (▶ 1, M 7), bevor sie wieder zurückfahren zum Damm. Zwei Stopps sind besonders interessant: Von der Anlegestelle Worak 월악 (▶ 1, M 7, 1 Std. ab Chungju Naru, s. u.) kann man bequem den Woraksan-Nationalpark (s. S. 266) besuchen, der Janghoe-Stopp liegt dessen Gipfeln Gudambong und Oksunbong am nächsten. Für die längste mögliche Strecke vom Damm nach Danyang (53 km) benötigt das Schnellboot knapp zwei Stunden, während die Big Ferry eine Stunde länger unterwegs ist (www.chungjuho.com/home/doc/sub_02/index.php, nur Koreanisch, Bus 301 ab Chungju zur Anlegestelle Chungju Naru 충주나루 in der Nähe des Dammes; Chungju–Danyang per Big Ferry, Sommer stdl. 9–16.30 Uhr, Winter 10–15 Uhr je nach Passagieraufkommen, je nach Strecke ₩ 12 000–20 000; Abfahrtszeiten erfährt man bei der Touristeninformation in Chungju).

Suanbo 수안보 ▶ 1, M 8

Etwa 20 km südöstlich von Chungju quillt über 50 °C heißes Wasser aus dem Boden, das Einheimische bereits seit dem Jahr 1000 für ein erholsames Bad nutzen. Das Örtchen Suanbo ist um die **heißen Quellen** herumgewachsen und lebt zum großen Teil von deren stetem Sprudeln. Im Ort gibt es viele Bäder, fast alle überdacht, da auch an die Gäste des 2 km entfernten **Sajo Ski Resort** (Tel. 043 846 07 50, www.sajoresort.co.kr) gedacht wurde, die sich im Winter über die Quellen freuen.

Suanbo besteht aus nicht viel mehr als Restaurants, Geschäften, Motels und Hotels, wobei Letztere über den Quellen gebaut wurden, deren Wasser in die Thermalbecken und bis in die Gästezimmer geleitet wird. Verirren kann man sich nicht in Suanbo. Der Ort ist klein genug, um zu Fuß erkundet zu werden, was gut ist, denn andere Fortbewegungsmittel existieren sowieso nicht.

Infos

Touristeninformation Suanbo: am Ortseingang, neben dem Suanbo Sangnok Hotel 수안보상록호텔, Tel. 043 845 78 29, tgl. 9–17 Uhr. Geringe Englischkenntnisse, aber man erhält eine Karte Suanbos.

Übernachten

Luxus mitten in der Natur ▶ Suanbo Park Hotel 수안보파크호텔: Tel. 043 8 46 23-31, bis -36, www.suanbopark.co.kr. Eine der besten Übernachtungsoptionen Suanbos, nicht billig und daher gerne von wohlhabenden Koreanern mittleren Alters auf der Suche nach einem Jungbrunnen in den Thermalbädern besucht. Etwas kühl eingerichtete westliche und koreanische Zimmer *(ondol)* sowie alle Annehmlichkeiten, die man in dieser Preisklasse erwarten darf. Im Westen Suanbos gelegen. DZ ab ₩ 143 000, Spa ₩ 6000.

Kultivierte Mittelklasse ▶ Suanbo Royal Hotel 수안보로얄호텔: gegenüber dem Suanbo Hi Spa, Tel. 043 846 01 90. Halb Hotel, halb Motel, aber Letzteres ohne den koreaüblichen Beigeschmack eines Stundenhotels. Elegante Unterkunft mit sauberen und gemütlichen Räumen, Klimaanlage sowie Spa/Sauna im Keller. DZ ₩ 60 000, Spa ₩ 3500.

Essen & Trinken

Regionales ▶ Eine Empfehlung für eines der vielen Restaurants in Suanbo lässt sich kaum geben, da sie alle gut sind und sich entlang der Hauptstraße aufreihen. Am besten man probiert einfach eines aus, wobei Hase, Ente oder Gemüse aus den umliegenden Bergen zu den Spezialitäten gehören.

Aktiv

Spa-Besuch ▶ Der Preis für einen Spa-Besuch in Suanbo beträgt etwa ₩ 4000, kann aber für Nicht-Gäste in besseren Hotels auch deutlich darüber liegen. Zu den empfehlenswerten Bädern gehören der **Suanbo Hi-Spa** 수안보하이스파 (gegenüber dem Suanbo Royal Hotel, Tel. 043 846 88 98, tgl. 9–21 Uhr, ₩ 6000) in der ›Hauptstraße‹ des Ortes oder – für ein galaktisches Spa-Erlebnis – das **Park Hotel** (s. oben, Spa tgl. 6–21 Uhr), das einen Außenpool und einen wunderbaren Blick über die Umgebung vorweisen kann.

Woraksan-Nationalpark ▶ 1, M/N 7/8

Woraksan Gungnip Gongwon
월악산국립공원

Der **Mondfelsenberg** (Woraksan 월악산) ist ein Ausläufer der von Osten nach Westen verlaufenden Sobaek-Berge, in denen auch der Sobaeksan-Nationalpark liegt. Wie auch viele der anderen Bergnationalparks Südkoreas erhielt der 288 km^2 große Woraksan seinen Status aufgrund seiner Szenerie, seiner Tiere und Pflanzen. Über 1700 verschiedene Tierarten sind hier beheimatet, darunter die Goralantilope, von denen nach letzten Zählungen über 20 im Park leben. Besucher sollten sich keinen Illusionen hingeben: Da die Tiere sehr scheu sind, ist es höchst unwahrscheinlich, ein Exemplar bei der Tränke an einem der Bäche zu sichten.

Unter den 20 Nationalparks Koreas ist Woraksan einer der wenigen, bei denen sich Besucher auf die Landschaft konzentrieren können und nicht auf den Kampf mit anderen Wanderfreunden um jeden Zoll des Weggeländers. Der Woraksan verfügt nicht über die spektakulären Bergspitzen und Felswände wie andere Parks, ist aber dennoch keineswegs ein hässliches Entlein, sondern bietet schöne Wanderwege, Wälder und Bäche, die sich alle nicht verstecken müssen. Im Verborgenen liegt allenfalls der Park selbst, dem von seinen beiden nur wenige Kilometer entfernten Nachbarn, den Nationalparks Songnisan und Sobaeksan, gerne die Show gestohlen wird. Vielleicht liegt es daran, dass der Woraksan bis vor einigen Jahren tatsächlich nur schwer erreichbar war und entlegen im Zentrum Südkoreas lag. Heute ist die Anfahrt kein Abenteuer mehr, und eine Straße führt im Westen durch ihn hindurch, über die sich drei Hauptzugangspunkte des Parks gut mit dem Bus oder eigenen Pkw anfahren lassen.

Die Eingänge – die Dörfer **Songgye** 송계리, **Mireuk** 미륵리 und **Deokju** 덕주리 (alle ▶ 1, M 8) – liegen im Norden, Süden bzw. der Mitte des westlichen Parkteils, während der alternative Eingang am Chungju-See am besten über eine Bootsfahrt vom Chungju-Damm aus zugänglich ist. Songgye, Mireuk und Deokju bestehen aus dem üblichen Sammelsurium an koreanischen Parkeingängen: familienbetriebene Restaurants und ebensolche Geschäfte, alle gerüstet dafür, auch Himalaya-Expeditionen mit ausreichend Proviant zu versorgen.

Im Woraksan-Nationalpark stehen mehrere Tempel bzw. ihre Relikte. Letzteres gilt für den **Mireuksa** (Mireuksaji 미륵사지) in der Nähe des gleichnamigen Zugangsdorfs. Der ursprüngliche Tempel geht vermutlich auf die Anfänge der Goryeo-Zeit (918–1392) zurück. Nach einer Legende sollen Prinz Naeui nebst Gattin (Prinzessin Deokju) damals von Gye-

Stimmungsvoller Ausblick vom Gudambong-Gipfel auf den Chungju-See

ongju aus in Richtung Geumgangsan (im heutigen Nordkorea) unterwegs gewesen sein, um ein Leben in religiöser Versunkenheit zu führen. Am Woraksan hielten sie an und gründeten den Maitreya-Tempel, der in späterer Zeit verfiel. Erhalten blieben u. a. eine 10 m hohe steinerne Statue des Buddha Maitreya und eine fünfstöckige, 6 m hohe Steinpagode und eine steinerne Schildkröte. Von **Mireuksa** kann man eine **Wanderung** nach Südosten über den schönen **Haneul-jae-Pass** 하늘재 zum Dorf Gwaneum 관음리 unternehmen. Der Pass ist eine der ältesten Verkehrs›straßen‹ Koreas, deren Geschichte sich bis 156 n. Chr. zurückverfolgen lässt. Damals spielte sie eine entscheidende Rolle als Hauptverbindung zwischen dem Südosten und Südwesten Koreas. Für die Strecke nach Gwaneum und wieder zurück benötigt man ca. 3 Std. (6,5 km). Etwa 1 km vom Dorf Deokju entfernt, steht der **Deokjusa** (s. Aktiv unterwegs S. 268), der in der Zeit des Vereinten Silla gegründet und in jüngster Zeit massiv erweitert wurde.

Die besten **Wanderwege** starten zwar im Westteil des Parks und sind am einfachsten von Chungju oder Suanbo aus zu erreichen, allerdings gibt es auch einige Wanderwege im Osten. Einer davon ist der Pfad zu den beiden nicht sonderlich hohen Gipfeln **Gudambong** 구담봉 (330 m) sowie **Oksunbong** 옥순봉 (286 m), die über den Chungju-See (Janghoe-Anlegestelle) angefahren werden können. Besucher können hier die kühle Brise und den fantastischen Blick über den Stausee genießen. Der Aufstieg ist einfach und in 5 Std. Wanderung zu schaffen. Beide Gipfel gehören zu den acht Sehenswürdigkeiten des verschlafenen Städtchens Danyang (Tel. 043 653 32 50, english.knps.or.kr, Bus, Boot s. S. 272, tgl. Sonnenaufgang bis -untergang, ₩ 2000).

aktiv unterwegs

Wanderung im Woraksan-Nationalpark

Tour-Infos

Start: Dorf Deokju
Länge: 9,6 km
Dauer: 5 Std.
Schwierigkeitsgrad: mittelschwer, wobei der Aufstieg zum Woraksan-Gipfel (1097 m) sehr anstrengend ist.
Anfahrt: Bus 246 ab Chungjus Bus- und Zugbahnhof via Suanbo zum Dorf Deokju und weiter nach Songgye und dieselbe Strecke wieder zurück.
Wichtige Hinweise: Für den Weg ist eine gute Wanderausrüstung (Schuhe!) empfehlenswert, da zwischen dem Woraksan-Gipfel und Songgye bereits mehrere unvorsichtige und unpassend besohlte Wanderer verunglückt sind.

Der Wanderweg verbindet alle Highlights des Nationalparks. Der Weg startet an der Bushaltestelle in Deokju, von wo aus man nach 15 Fußminuten das **Osttor** der restaurierten **Goryeo-Festung** (Deokjusanseong 덕주산성) aus dem Jahr 1256 erreicht. Nun geht es einen halben Kilometer entlang eines klaren Gebirgsbachs zum **Deokjusa** 덕주사, einem kleinen, aber umso farbenfroheren Tempel, der auf die Zeit des Vereinten Silla zurückgeht.

Nächste Station ist nach 1,5 km ein Buddha-Bildnis, der **Bangeosan Maaebul** 방어산마애불, der in einen senkrechten, flachen Felsen eingemeißelt wurde. Die Darstellung stammt aus den Anfängen der Goryeo-Dynastie (918–1392) und blickt in Richtung der Buddha-Statue im Mireuk-Tempel mehrere Kilometer südlich, was beim damaligen Stand der Messtechnik an ein kleines Wunder grenzt. Nach der Legende soll das Gesicht des Buddha dasjenige von Prinzessin Deokju zeigen – Fantasie hilft, in dem Felskopf mit seinem Doppelkinn ein weibliches Gesicht zu erkennen.

Ab jetzt wird es mit dem Aufstieg zum Woraksan-Gipfel sportlich. Der schwierigste Teil ist geschafft, wenn man den Bergkamm erklommen hat und 1 km nach dem Maaebul einen namenlosen Gipfel erreicht, der nach seiner Höhe schlicht **960-Gipfel** genannt wird. Nun geht es geradewegs nach Norden, wo

Danyang und Umgebung

▶ 1, N 7

Danyang 단양

In der agrargeprägten Provinz Chungcheongbuk ist Danyang ein Außenseiter. Das heutige 40 000-Seelen-Städtchen ist die Reinkarnation des alten Danyang, das 1986 in den Fluten des Chungju-Stausees unterging und mehrere Kilometer flussaufwärts neu aufgebaut wurde. Umgeben von zwei Nationalparks – Sobaeksan und Woraksan – hat sich das junge Danyang zu einer der Top-Attraktionen der Provinz gemausert. Retortenstädten haftet zwar eine seelenlose Aura an, was auch Danyang nach über einem Vierteljahrhundert nicht abschütteln konnte, aber die beiden Nationalparks, ein für koreanische Verhältnisse zu junger Tempel und Kalksteinhöhlen machen dies mehr als wett. Danyang selbst ist eine moderne Kleinstadt am Namhan-Fluss (dem wichtigsten Zufluss zum Chungju-Stausee) mit neuen Gebäuden, einer attraktiven, knallroten Bogenbrücke und großzügig ausgelegten Straßen. Das Städtchen bildet eine hervorragende Basis für die Erkundung der Umgebung.

Gosu Donggul 고수동굴

Danyangs berühmteste Höhle wurde erst in den 1970er-Jahren entdeckt und ist in bequemen 15 Fußminuten vom Stadtzentrum aus erreichbar. Gosu bedeutet etwa so viel wie Schilffeld, ein Hinweis darauf, dass die

der 1097 m hohe **Woraksan** (auch Yeongbong 영봉 genannt) bereits mit einem fotogenen Blick auf den Chungjuho (Stausee) wartet. Bis zu diesem höchsten Punkt im Park sind vom Deokju-Tempel etwa 3,5 Stunden einzuplanen. Der Weg hinunter auf fast Normalnull geht naturgemäß deutlich schneller.

Für den Abstieg vom Gipfel hat man die Wahl zwischen zwei Wegen. Am besten folgt man der westlichen Route zum **Songgye-Tal** und zum Dorf **Songgye** 송계리. Das Dorf ist vom Gipfel in unter 1,5 Stunden erreichbar, eher sogar schneller, denn viel Ablenkung gibt es auf dem durch einen dichten Wald führenden Weg außer einigen Wildblumen nich, es sei denn, man trifft beim Abstieg wider Erwarten auf eine der überaus raren Goralantilopen. Im Dorf kann man sich in einem der Restaurants stärken oder direkt den Bus zurück nehmen, etwa nach Suanbo für ein Erholungsbad in den heißen Quellen des Ortes (s. S. 265).

Alternativ führt ein Weg vom Gipfel nach Norden vorbei am **Bodeokam,** einer kleinen Einsiedelei, zum Ort **Susan** 수산리 in der Nähe des Stausees.

Gegend in der Vergangenheit von hohem Gras überwuchert war.

Koreaner kommen zu Tausenden, um die spektakuläre Höhle – ein 1,3 km langes, verwinkeltes Labyrinth mit Kavernen, engen Grotten und Tropfsteinen – zu sehen. Wie viele Höhlen hat auch Gosu einen leicht muffigen Geruch, der vielleicht darauf zurückzuführen ist, dass die Höhle einst bewohnt war. Fakt ist, dass man bei der Entdeckung Gosus primitive Werkzeuge fand – eindeutiges Indiz dafür, dass hier in prähistorischer Zeit Menschen lebten.

Die Höhle kann in etwa einer halben Stunde über Metallgitter und -treppen durchlaufen werden und ist dabei zu jeder Jahreszeit konstant 15 °C kühl (oder warm, je nach Jahreszeit). Am besten kommt man während der koreanischen Werktage hierher, da man sonst über eine Stunde benötigt, um sich mit den Besuchermassen durch die Höhle zu drängen. Die Beleuchtung ist düster und die Laufstege sind teilweise sehr eng – Klaustrophobiker werden auf eine harte Probe gestellt oder sollten den Besuch unterlassen (Tel. 043 422 30 72, tgl. 9–17 Uhr, ₩ 4000).

Cheondong Donggul 천동동굴

3 km südöstlich der Gosu Donggul gräbt sich eine weitere Höhle in den Berg, die zwar nur 300 m lang und weniger beeindruckend ist als die lange Schwester Gosu, sich aber dafür fast senkrecht ins Erdreich bohrt. Cheondong wurde 1977 entdeckt, ist noch enger

als Gosu und daher definitiv nichts für Klaustrophobiker (Tel. 043 422 29 72, tgl. 9–17 Uhr, ₩ 5000). Cheondong lässt sich ideal mit einem Besuch des Sobaeksan-Nationalparks kombinieren, dessen Eingang nur 15 Fußminuten entfernt in Darian 다리안 liegt. Alle Busse von Danyang nach Darian passieren sowohl die Gosu als auch die Cheondong Donggul (Bus stdl., Fahrzeit 10 Min., ₩ 1100).

Nodong Donggul 노동동굴

Die letzte bislang entdeckte Höhle bei Danyang ist Nodong Donggul, die gleichzeitig die bei weitem am wenigsten besuchte ist. Die Kalksteinhöhle hat eine Länge von über 1 km, wobei 300 m steil hinabführen, und ist ebenfalls mit einem ausgedehnten Treppen- und Geländersystem ausgestattet – ansonsten wäre der Abstieg gar nicht möglich. Neben Stalaktiten und Stalagmiten geizt die Höhle nicht mit ungewöhnlichen Steinformationen: Steinpfeiler, die aus dem Zusammenwachsen von Stalaktiten und Stalagmiten entstanden sind, sowie runde Kalksteine, die aussehen wie ein Bund Weintrauben.

In der Mitte der Höhle liegen vereinzelt Tonscherben herum, die nicht von prähistorischen Höhlenmenschen stammen, sondern wahrscheinlich von Flüchtlingen, die hier während der japanischen Invasion 1592–98 Schutz suchten (Tel. 043 422 22 51, Bus nur unregelmäßig ab Danyang, am besten per Taxi, tgl. 9–17 Uhr, ₩ 4000).

Infos

dy21.net: Website zu Danyang und Umgebung, auch auf Englisch, mit Infos zu kulturhistorischen und landschaftlichen Sehenswürdigkeiten.

Touristeninformation: direkt an der roten Brücke im Osten Danyangs, Tel. 043 422 11 46, tgl. 9–18 Uhr.

Übernachten

Schöne Lage ▶ **Danyang Tourist Hotel Edelweiss** (Danyang Gwangwang Hotel Edelweiss 단양관광호텔 Edelweiss): gut 1 km westlich des Intercity Bus Terminal, Tel. 043 421 99 88, 043 423 70 70, www.danyanghotel.com. Trotz des Namens wird hier kein Wort Schweizerdeutsch gesprochen, und auch das Englisch des Personals ist wenig geeignet für schnelle Freundschaften. Schöne Räume und eine Sauna verbreiten eine entspannte Atmosphäre. Das Interieur der Family- und der Emerald-Suite ist mit seinen falschen Louis-XIV-Vitrinen und -Sesseln starker Tobak. DZ ₩ 60 000.

Flussblick ▶ **Sky Motel** 스카이모텔: 100 m nördlich des Busbahnhofs, Tel. 043 423 58 91. Ideal gelegen, bietet das Sky darüber hinaus Flussblick sowie schöne und saubere Zimmer. DZ ₩ 50 000.

Prima für Backpacker ▶ **Motel Rivertel** 리버텔: Tel. 043 422 26 19, www.erivertel.com. Von außen nicht gerade geeignet, Designpreise zu gewinnen, ist der Motelbesitzer eine unerschöpfliche Informationsquelle zu Danyang und Umgebung. Die Räume sind einfach, aber in Ordnung. DZ ₩ 30 000.

Essen & Trinken

Sehr koreanisch ▶ **Jeonwon Hwagwan** 전원화관: von der roten Brücke den Berg hinauf auf der linken Seite, Tel. 043 423 31 31. Fleischliebhaber aufgepasst: *Galbi* mit der vollen Palette an Rind- und Schweinefleisch sind hier für ₩ 10 000/Person zu bekommen.

Knoblauch-Tempel ▶ **Jangdari Sikdang** 장다리식당: Tel. 043 423 39 60. Danyang ist berühmt für Knoblauch, und in diesem Restaurant gibt es die lokale Spezialität mit Reis, Kastanien, Datteln und anderen feinen Zutaten. Ein Muss für alle Besucher Danyangs. Auf dem Dach des zweistöckigen Gebäudes stehen die drei Zeichen 장다리. Knoblauchmenü ₩ 10 000.

Aktiv

Familienspaß im Wasserpark ▶ **Daemyung Resort** 대명리조트: Tel. 043 420 83 85, 02 22 22 70 00, www.daemyungresort. com. Südlich des Daesongsan, nördlich des Flusses, befindet sich das 2003 eröffnete Resort mit Wasserpark und Sauna. Der Wasserpark lässt sich auch ohne Zimmerbuchung besuchen: Sommer tgl. 6–22 Uhr, Mo–Fr ₩ 18 000, Sa/So ₩ 24 000, Winter Mo–Fr

aktiv unterwegs

Paragliding vom Yangbangsan

Tour-Infos

Start: Berg Yangbang (Yangbangsan 양방산)
Anfahrt: 15 Min. per Taxi ab Danyang
Wichtige Hinweise: ₩ 70 000 (ausschließlich Barzahlung). Sowohl Anfänger als auch Fortgeschrittene können von dem Berg starten, da sich auf dem Yangbangsan ein Übungsgebiet befindet, wo man auch ohne Vorkenntnisse ein Training absolvieren kann. Gleitschirmfliegen (Paragliding) mit Lehrer ist ebenfalls möglich. Die Ausrüstung wird gestellt. Reservierung ist Pflicht: Tel. 043 421 27 22 (Englisch), 011 483 08 51 (Koreanisch).

Der **Yangbangsan** liegt sehr nah an Danyang (▶ 1, N 7) und bietet mit 650 m über dem Meeresspiegel ausreichend Nervenkitzel. Bereits von der Startbahn hat man einen hervorragenden Blick auf Danyang und den Namhan-Fluss. Das Gefühl von Grenzenlosigkeit und Freiheit stellt sich aber erst dann ein, wenn man über den Fluss und die umliegenden Berge durch die Lüfte schwebt. Da Gleitschirmfliegen vom Yangbangsan auch im Duett mit ausgebildeten Piloten und einem Tandemschirm möglich ist, eröffnet dies die einfachste Art, die Welt aus der Vogelperspektive kennenzulernen – ohne Vorkenntnisse oder schützendes Glas und Metall. Diese unmittelbare Erfahrung der dritten Dimension macht die Faszination des Gleitschirmfliegens aus. Yangbangsan ist bekannt als Ort für nationale und internationale Drachenflieger- und Paragliding-Wettkämpfe. Das Abflugfeld liegt gegenüber von Danyang auf der anderen Flussseite neben einem Observatorium und ist in einer Stunde auch zu Fuß erreichbar.

Ein zweiter Abflugplatz befindet sich auf dem **Du-Berg** (Dusan 두산) etwa 10 km nordöstlich von Danyang.

Nervenkitzel gefällig? Auch Anfänger können hier starten

10–21.30 Uhr, ₩ 24 000, Sa/So 921.30 Uhr, ₩ 27 000. Übernachtung (nur Familienzimmer für 4 Personen) ₩ 240 000.

Gleitschirmfliegen ▶ Paragliding vom Yangbangsan: s. Aktiv unterwegs, S. 271.

Wandern ▶ In den **Nationalparks Woraksan** (s.S. 268) und **Sobaeksan** (s. unten) sind ausreichend Wandermöglichkeiten vorhanden, um überschüssige Energie abzubauen. Der 380 m hohe **Daesongsan** liegt nur 200 m vom Danyang Intercity Bus Terminal entfernt. Die Wege um den Berg sind gut ausgeschildert (leider nur in Koreanisch).

Verkehr

Bahn: Danyangs Bahnhof (Danyang Yeok 단양역) liegt 3 km westlich des Zentrums. Züge verkehren von/zu Seouls Cheongnyangni-Bahnhof. Taxi von/nach Danyang-Zentrum ₩ 5000.

Bus: Erheblich praktischer liegt der Intercity Bus Terminal südwestlich der roten Brücke, der Gosudaegyo 고수대교, in der Stadt. Vom modernen Busbahnhof fahren stündlich Busse zu Seouls Express Bus Terminal (2,5 Std., ₩ 14 500). Die meisten Busse aus Seoul fahren weiter nach Guinsa (30 Min., ₩ 3100, s. S. 273). Zusätzlich bestehen Verbindungen nach Daejeon, Busan und Chungju.

Fähre: Vom Ferry Terminal fahren im Sommer Boote über den Chungju-Stausee bis nach Chungju (s. S. 264).

Fortbewegung in der Stadt

Da alle Stadtbusse nur in Koreanisch beschriftet (keine Nummern) sind, ist man auf Taxis oder den eigenen Pkw angewiesen.

Sobaeksan-Nationalpark ▶ 1, N/O 7

Sobaeksan Gungnip Gongwon
소백산국립공원

Der Kleine Weiße Berg (Sobaeksan) war Namensgeber für den drittgrößten Nationalpark Koreas, wobei der Berg mit seinen 1439 m für koreanische Maßstäbe zu den Riesen zählt und heute als Birobong bekannt ist. Der Sobaeksan ist Teil des Taebaek-Gebirges (Großes Weißes Gebirge), des Hauptgebirgszugs der koreanischen Halbinsel, der sich über 500 km in Nord-Süd-Richtung parallel zur Ostküste erstreckt. Der Park ist berühmt für seine Azaleen, die im Mai und Juni die Bergrücken in violette Farbteppiche verwandeln. Einer der beiden prominentesten konfuzianischen Gelehrten der Joseon-Zeit, Yi Hwang (1501–70), schrieb über den Sobaeksan und seine Azaleen: »Es fühlt sich an, als ginge man durch einen farbenfrohen Seidenvorhang zu einer extravaganten Feier.«

Der populärste **Wanderweg** führt vom Eingang des Nationalparks in **Darian** 다리안 (▶ 1, N 7) zum Birobong und zurück oder – für die Hartgesottenen – weiter in insgesamt 6,5 Stunden vorbei an zwei gleichnamigen, knapp 1400 m hohen Gipfeln, den Yeonhwabong, und einer für Besucher geschlossenen Sternwarte zum Huibang-Parkeingang. Während des ersten Abschnitts wandert man durch das herrliche Cheondong-Tal und erreicht dann das offene Grasfeld des Birobong, wo man sich wie in den Alpen fühlt (english.knps.or.kr, Sobaeksan National Park Northern Office, Darian, Tel. 043 423 07 08, Anfahrt s. Cheondong Donggul links, Sonnenaufgang bis -untergang, Eintritt frei, März/April, Mitte Nov. – Mitte Dez. Parkwege wegen Feuergefahr geschlossen, diese Zeiträume können ohne Ankündigung geändert werden, daher vorab erkundigen).

Der bekannteste Tempel im Nationalpark ist der 676 gegründete **Buseoksa** 부석사 (▶ 1, O 7, Tempel des Schwimmenden Felsens). Er liegt versteckt im östlichsten Teil des Nationalparks und damit fernab der meisten Hiking-Pfade. Am Ende eines Tales zieht der Tempel sich den Südhang des Bonghwangsan 봉황산 (Phönixberg) hinauf. Der Buseoksa zählt zu den zahlreichen von Uisang nach seiner Rückkehr aus dem Tang-zeitlichen China gegründeten buddhistischen Kultstätten und birgt diverse zu Nationalschätzen erklärte Objekte. Uisang propagierte hier die Hwaeom-Lehre (chin. Huayan, Sanskrit Avatamsaka), obgleich dem Buseoksa einige typische Merkmale, etwa eine Buddha Vairochana geweihte Halle, fehlen. Vielmehr entspricht der Tempel und insbesondere die Haupthalle, die **Muryangsujeon** 무량수전, die Halle der Unermesslichen Lebensdauer bzw. Amitayus-Halle (1376, Goryeo-Zeit), der Schule des Reinen Landes. Sie zählt zu den ältesten erhaltenen Holzbauten Koreas. Die Halle birgt eine Statue Buddha Amitas (Amitabha, Buddha des Unermesslichen Lichtes) bzw. des Buddha Amitayus (Buddha der Unermesslichen Lebensdauer), die auf das 11./12. Jh. datiert wird und die Geste der Erdanrufung zeigt. Man betritt den Tempel durch ein unspektakuläres **Eingangstor,** passiert zwei granitene **Fahnenstangen** (Nationalschatz) aus der Gründungszeit des Tempels und erreicht dann das **Cheonwangmun** – das Tor der Himmelskönige, der Tempelwächter. Auf der unteren Terrasse finden sich zwei **steinerne Pagoden** aus der Zeit der Vereinten Silla und das **Tempelmuseum.** Dieses bewahrt heute Fresken aus dem Josodang-Schrein des Buseoksa auf. Darunter befindet sich eine überlebensgroße Darstellung des Brahmadeva (Brahma als buddhistische Gottheit), die zu den ältesten erhaltenen Malereien aus der Goryeo-Zeit zählt. Hat man die oberste Terrasse mit der eher schlichten **Muryangsujeon** (s. o.) erreicht, so findet man links hinter ihr den sogenannten **Schwimmenden Felsen,** dem der Buseoksa seinen Namen verdankt. Weiter bergauf führen Pfade u. a. zum **Josadang** 조사당, einem im 14. Jh. zu Ehren des Tempelgründers Uisang errichteten Schrein (Tel. 041 662 38 24, www.busuksa.com, Bus ab Yeongju, Fahrzeit 50 Min., oder ab Punggi 풍기 Bus 27, Fahrzeit 30 Min. zum Tempel, tgl. 7–17.30 Uhr, ₩ 1200).

Am Ostrand des Nationalparks

Wer zum Buseoksa fährt, kann den Besuch des buddhistischen Tempels mit der Visite der Konfuziusakademie **Sosu Seowon** 소수서원 (▶ 1, N/O 7) im Dorf Naejuk 내죽리 (Sunheung-myeon 순흥면) knapp 10 km nordöstlich von Punggi 풍기 verbinden. Diese Akademie, die erste private konfuzianische Lehranstalt Koreas, wurde 1543 als Baegundong Seowon zu Ehren des konfuzianischen Gelehrten An Hyang (1243–1306) errichtet. An Hyang war es, der die neokonfuzianische Lehre, wie sie Zhu Xi in China prägte, nach Korea brachte. Im Jahr 1550 erkannte Koreas König Myeongjong die Akademie an und verlieh ihr den Namen Sosu Seowon, Akademie zur Bewahrung des Geistigen Erbes. Zur damaligen Zeit zählte sie unter der Leitung des bedeutenden Gelehrten Toegye Yi Hwang (1501–70) bis zu 4000 Schüler. Heute gehört sie zu den Nationalschätzen Südkoreas und steht auf der Vorschlagsliste für das UNESCO-Welterbe. Auch Schüler kommen wieder hierher, um Unterricht in konfuzianischer Etikette zu nehmen. Lange als altmodisch betrachtet, sehen immer mehr Eltern wieder einen Sinn darin, dass ihre Söhne mit den alten Traditionen, den – (neo-)konfuzianischen – Tugenden vertraut gemacht werden.

Sosu Seowon liegt in einem Pinien- und Ginkgo-Hain am Rand des Dorfes Sunheung. Zur **Anlage** gehört ein Schrein für An Hyang, Konfuzius und andere konfuzianische Gelehrte, eine Lehrhalle, eine Studienhalle etc. Leider sind diese Hallen meist verschlossen, sodass man nur durch die Fenster hineinblicken kann. Der Akademie ist ein **Museum** angeschlossen, das neben Exponaten aus der Sosu Seowon auch eine Einführung in die Geschichte des Konfuzianismus in Korea bietet (Tel. 054 634 33 10, ab Punggi Bus Richtung Sunheung bis Sosu Confucian School, tgl. Sommer 9–18, Winter bis 17 Uhr, ₩ 3000).

Der Akademie benachbart liegt das Dorf **Seonbichon** 선비촌. Hier hat man traditionelle koreanische Häuser wieder aufgebaut und gewährt Einblick in die traditionelle (konfuzianische) Kultur des Landes (Tel. 054 638 64 44, ab Punggi Bus 27 Richtung Buseoksa bzw. Bus Richtung Sunheung, tgl. Nov.–Febr. 9–17, März–Mai, Sept./Okt. 9–18, Juni–Aug. 9–19 Uhr, letzter Einlass 1 Std. vor Schließung, ₩ 3000).

Guinsa 구인사 ▶ 1, N 7

Tief in den Bergausläufern des Sobaeksan-Nationalparks und eingezwängt in ein enges Tal liegt der Haupttempel des koreanischen

Cheontae-Ordens, zu dem über 140 weitere Tempel und Schreine in ganz Südkorea gehören. Die Cheontae-Schule ist die koreanische Ausprägung des chinesischen Tiantai-Buddhismus (jap. Tendai), die durch Uicheon (1055–1101) in Korea etabliert wurde. Im Kern der Cheontae-Lehre steht das Lotus-sutra und die Auffassung, dass alle Erfahrungen der Sinneswelt Ausdruck des buddhistischen Gesetzes, des Dharma, sind und daher den Schlüssel zur Erleuchtung in sich tragen. Daraus resultieren die – gerade im Vergleich zu Seon-(Zen-)Tempeln – opulent und farbenprächtig gestalteten Gebäude und Altäre. Obwohl der Orden einst landesweit einer der größten und mächtigsten war, verlor er an Einfluss und verschwand über Jahrhunderte sogar vollständig, bis ihn der Mönch Sangwol Wongak 1945 neu gründete. Heute hat die Cheontae-Schule wieder 2 Mio. Anhänger.

Im Gegensatz zu vielen anderen Tempeln Koreas ist Guinsa ein neuer Tempel, erbaut 1945. Der Originaltempel brannte während des Koreakriegs vollständig nieder, erst 1966 entstand das erste neue Gebäude, aus dem inzwischen ein Tempelkomplex mit über 50 aus Zement errichteten Bauten wurde. Die meisten Dächer sind mit schwarzen, manche auch mit goldfarbenen Pfannen gedeckt. Die Cheontae-Schule ist keineswegs arm, was sich allein in den immensen Wohnanlagen zeigt, in denen bis zu 10 000 Ordensbrüder gleichzeitig untergebracht werden können – selbstverständlich nicht in königlichen Suiten, sondern in asketischen Mönchsquartieren.

Die Anlage des Tempels folgt dem üblichen Schema mit zwei Eingangstoren, darunter das **Tor der Himmelskönige** (Sacheonwangmun 사천왕문), diversen Hallen mit Bodhisattva-Statuen etc. Dennoch fällt ein Unterschied sofort ins Auge: Viele der Gebäude sind abweichend zu anderen Tempelkomplexen mehrstöckig, ein Tribut an die Lage in dem engen Tal, das wenig Platz in die Breite, sondern vornehmlich in die Höhe offeriert. So ist die **Fünfstöckige Dharma-Halle** (5층대법당 Ocheung Daebeopdang) mit Meditationshallen im ersten und zweiten

Stock eine der größten ihrer Art in Korea. Im obersten Stock findet sich der beeindruckende Altar mit Buddha Shakyamuni im Zentrum.

Im zentralen Hof des Guinsa mag man verblüfft sein über die immense Anzahl an **Steintöpfen,** die Sojasauce, *kimchi* und andere Gewürze für die Besucher und die Mönche beinhalten. Diese Vorräte kommen in der riesigen **Cafeteria** (Hyangjeokdang 향적당) zum Einsatz, die für die Verköstigung von ca. 10 000 Besuchern ausgelegt ist und ihre vegetarischen Mahlzeiten für jeden kostenlos

Wegen der Enge des Tals wurden die Gebäude des Guinsa in die Höhe gebaut

anbietet (tgl. 6–7.30 Uhr, 11.30–13.30, 18.30–21 Uhr, eine Spende wird erwartet, ist aber keine Pflicht).

Die dreistöckige **Halle des Großen Lehrers** (Daejosajeon 대조사전) im hinteren Teil des Komplexes ist mit ihren feinen Malereien und Ornamenten das Prunkstück des Tempels. Sie birgt eine goldene Statue des Ordenspatriarchen Sangwol Wongak im Lotussitz. Hinter der Daejosajeon beginnt ein schmaler und steiler Weg, der nach 30 Fußminuten zum **Grab des Tempelgründers** führt.

Der Tempel nimmt am Templestay-Programm teil (s. S. 88), allerdings ist es mit der Ruhe bei dem manchmal ausufernden Besucheransturm nicht weit her. Sogar eine Busstation sowie ein Touristendorf entstanden am Fuß des Tempels. Es fehlt an nichts, um die Besucher zu versorgen, einzig das Nachtleben hat es noch nicht bis hierhin geschafft. Von Danyangs Busbahnhof fahren stündlich Busse in 30 Min. zur Busstation am Tempel (Tel. 043 423 71 00, www.cheontae.org, stdl. Bus ab Danyang Intercity Bus Terminal, Fahrzeit 30 Min., 24 Std., Eintritt frei).

Winterliche Stille – der Ahnenschrein Jeongjus im Januar

Kapitel 4

Der Südwesten – Jeolla-do

Jedes Land hat seine Kornkammer, in Südkorea fällt diese Funktion den beiden Jeolla-Provinzen mit ihren großen Reis- und Gemüseanbauflächen zu. Jeolla-do steht auch für Widersprüche, Gegensätze zwischen der Region und der Zentralregierung in Seoul. 1894 begann hier in Jeolla-do der Donghak-Aufstand, eine Bauernrevolte, die sich gegen die Joseon-Dynastie richtete und dazu beitrug, dass diese schließlich unterging. Bis heute fällt dem Gebiet, dessen Menschen ein gewisser Eigensinn nachgesagt wird, die Rolle des rebellischen kleinen Bruders zu, der vom boomenden Restkorea bewusst übersehen wird. Die Menschen in Jeolla stören sich nicht daran, sie sind gutmütig und etwas verschroben, und für ausländische Besucher bildet die Gegend sogar einen wundervollen Kontrast zu Wirtschaftsmetropolen wie Busan oder Seoul – Autobahnen und Fabrikanlagen sind rar, stattdessen ist es hier grün, und es geht herzlich zu.

Das seit 1896 in die Provinzen Jeollabuk-do 전라북도 (Provinz Nord-Jeolla) und Jeollanam-do 전라남도 (Provinz Süd-Jeolla) geteilte Land erhielt seinen Namen von den Städten Jeonju und Naju (aus nn wird im Koreanischen ll). Naju wurde 1985 durch eine Blutstränen weinende Jungfrau-Maria-Statue und das Hostienwunder Julia Kim bekannt.

Die Schönheit der beiden Provinzen, ihre Sehenswürdigkeiten müssen sich nicht verstecken. Im Westen liegen Tausende von Inseln, von denen viele noch keine ›Langnase‹ gesehen haben, wie vom Meer umspülte Kieselsteine vor der Küste. Weitere Trümpfe sind in den Hügeln und auf den Inseln verborgen und wurden selbst von den reisefreudigen Koreanern noch nicht entdeckt.

Auf einen Blick

Der Südwesten – Jeolla-do

Sehenswert

8 **Gwangju:** Das eigentliche Highlight der Stadt ist die Gwangju Art Street – Shoppers Paradise mit allem, was man von einem asiatischen Markt erwartet: Kunst, Kalligrafien und Tee. Hier wird jeder fündig, und die Preise sind niedriger als auf Seouls Konkurrenzmeile Insadong-gil (s. S. 288).

9 **Daehan Dawon:** Lange Reihen perfekt getrimmter Teebüsche beherrschen die Hügel von Boseong, wo auf Koreas ältester Plantage Daehan Dawon die besten Blätter für grünen Tee wachsen – ideales Refugium für Fotografen (s. S. 315).

Schöne Routen

Bummel durch das Hanok Maeul: Ein ganzes Viertel in Jeonju, das übersät ist mit traditionellen Häusern, in denen man sogar übernachten oder aber im Traditional Liquor Museum gratis Schnäpse testen kann (s. S. 280).

Wanderung ›übers‹ Wasser nach Modo: Wie Moses trockenen Fußes das Wasser durchqueren – der gewaltige Tidenhub macht es möglich, zusammen mit mehreren 10 000 Einheimischen ›übers‹ Meer zu der kleinen Insel zu stapfen (s. S. 308).

Spaziergang auf Odongdo: Mit ihren knallroten Kameliensträuchern und zahllosen Wegen ist die Insel ein Erholungspunkt für alle Einheimischen und Besucher – Wasserspiele für Kinder und ein erklimmbarer Leuchtturm inklusive (s. S. 326).

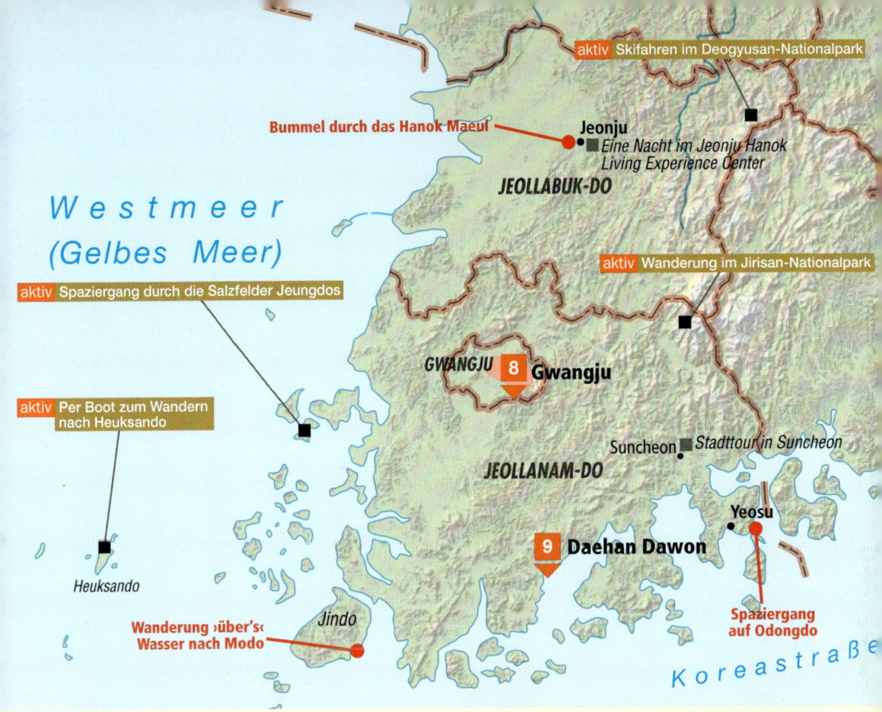

Meine Tipps

Stadttour in Suncheon: Ohne eigenes Fahrzeug ist dies die beste Möglichkeit, die Attraktionen der Stadt zu erkunden, und davon gibt es einige – Vogelschutzgebiet, Filmstadt, das alte Dorf Nagan und die Tempel Songgwang oder Seonam. Eine der besten Stadttouren Südkoreas (s. S. 317).

Eine Nacht im Jeonju Hanok Living Experience Center: Übernachten in einem *hanok* ist ein Erlebnis der besonderen Art und lässt das alte Korea wieder aufleben. Das Gasthaus liegt mitten in Hanok Maeul und ist mit der traditionellen *ondol*-Fußbodenheizung ausgestattet (s. S. 286).

aktiv unterwegs

Skifahren im Deogyusan-Nationalpark: Über 20 Pisten machen Koreas ›kleine Alpen‹ zum beliebtesten Skigebiet des Landes, in dem jeder seinen Abhang findet (s. S. 285).

Per Boot zum Wandern nach Heuksando: Hiking pur auf einer Insel mit wenig Verkehr – entlang der Küstenstraße lassen sich Pagoden und Gräber erreichen (s. S. 306).

Spaziergang durch die Salzfelder Jeungdos: Meersalzgewinnung wie einst beobachten und sein eigenes Kilo Salz gewinnen (s. S. 310).

Wanderung im Jirisan-Nationalpark: Die Berglandschaft des Jirisan ist legendär – die herausfordernde Trekkingtour führt zum Nogodan-Pass, einem Höhenpass mit Aussicht, und einem der bekanntesten Tempel des Landes, dem Hwaeomsa (s. S. 322).

Jeonju und Umgebung ▸ 3, J 12

Die Hauptstadt Jeollabuk-dos hat ihren Teil zur Geschichte Südkoreas beigetragen: Jeonju gab der einstigen Provinz Jeolla die Hälfte seines Namens und ist Geburtsort der Joseon-Dynastie, der am längsten regierenden Herrscherlinie Koreas (1392–1910). Die Stadt pflegt ihre Vergangenheit und dient zudem vielen Reisenden als Ausgangspunkt für die Erkundung der gesamten Provinz.

Jeonju 전주 ▸ 3, J 12

Cityplan: S. 283

Vergangenheit und historische Bauten mögen Jeonju geprägt haben – die meisten Einheimischen verbinden mit der Stadt jedoch etwas anderes, nämlich Koreas Nationalgericht *bibimbap.* Viele Ausländer machen mit dem Reis-Gemüse-Gemisch erstmals im Flugzeug von Europa nach Seoul Bekanntschaft (um dann doch das vertrautere westliche Essen zu wählen).

Jeonju ist stolz auf seine starken kulturellen Wurzeln, auch wenn es sich in den letzten Jahren der Industrialisierung nicht verwehren konnte. Die Stadt ist bekannt für ihre vielen gut erhaltenen *hanok*-Häuser und ihre bereits in der Zeit der Drei Königreiche (57 v. Chr. – 668) über die koreanischen Grenzen hinaus berühmte Papierherstellung. Die für eine Stadt mit 630 000 Einwohnern überproportional vielen Kinos und das Jeonju International Film Festival tragen ebenfalls dazu bei, den Ruf der Stadt als Kulturhochburg zu festigen. In der näheren Umgebung liegt der Deogyusan-Nationalpark mit einem der besten Skigebiete des Landes.

Pungnammun 풍남문 1

Jeonjus ehemaliges **Südtor** ist das bekannteste historische Gebäude der Stadt und das einzige Bauwerk, das von der 1389 erbauten Stadtmauer übrig blieb. Das gewaltige Tor war eines von vier einstigen Zugangstoren zur Stadt und ist kein Original, sondern ›nur‹ die restaurierte Version eines Neubaus von 1768. Wie die alten Stadtmauern in vielen asiatischen Städten, z. B. in Shanghai, fiel auch die Stadtmauer Jeonjus Anfang des 20. Jh. dem Bauboom zum Opfer (zumindest das, was man damals darunter verstand).

Das Tor liegt in unmittelbarer Nähe des Hanok Maeul und ist daher idealer Startpunkt für eine Wanderung durch das historische Dorf. Wie in Suwon schützt auch hier eine U-förmige Stadtmauer das Tor, sodass das eigentliche Tor nicht der vollen Wucht eines Angriffs ausgesetzt war.

Das Pungnammun war Schauplatz eines dunklen Teiles der koreanischen Geschichte: Hier wurden 1801 die Köpfe jener christlichen Märtyrer zur Schau gestellt, die zuvor beim Konflikt zwischen Christen und Buddhisten getötet worden waren. Die nur 200 m entfernt gelegene Jeondong Catholic Church (s. S. 281) entstand 1914 in Erinnerung an die Ereignisse.

Hanok Maeul 전주한옥마을

Nach Jeonju zu kommen und das Dorf Hanok Maeul nicht zu besichtigen, ist ein ähnliches Sakrileg, wie bei der ersten Parisfahrt ohne Besuch des Eiffelturms wieder abzureisen. Das Dorf trägt die Schönheit des alten Korea in die Moderne und ist ohne Frage Jeonjus Juwel – viele Besucher kommen nur deshalb in die Stadt. Mit über 700 traditionellen *hanok*-Häusern in ihrer charakteristischen Holzbauweise mit schwarzem Dach ist dies je nach Zählweise das größte, zumindest aber eines der größten *hanok*-Dörfer im gesamten Land. Hanok Maeul lässt sich in zwei bis drei Stunden erkunden, wenn man nicht in jedes Museum, in jede Ausstellung und jedes bedeutende Haus geht. Für die Besichtigung aller Sehenswürdigkeiten inklusive eines ausgedehnten Spaziergangs durch die kleinsten Gässchen kann getrost ein ganzer Tag eingeplant werden – danach ist man allerdings immun gegen alle Versuchungen zum Besuch weiterer *hanok*-Dörfer.

Die Gebäude im Dorf sind entweder alte Originalgebäude oder gekonnt im traditionellen Stil errichtete Neubauten. Mit dem wachsenden Zulauf an Besuchern in den letzten Jahrzehnten hat sich auch das Dorf weiterentwickelt und beherbergt in einigen Häusern Unterkünfte, Teestuben, Restaurants oder Souvenirläden. Die Gebäude im Dorf spiegeln einen langen Abschnitt der koreanischen Kultur und Geschichte wider, in Stein, Holz und Museen verewigt (hanok.jeonju.go.kr, tgl. 24 Std., Eintritt frei).

Kurz hinter dem Pungnammun steht eine der ersten katholischen Kathedralen (heute Kirche) in Korea, die **Jeondong Catholic Church** 2 (Jeondong Seongdang 전동성당), 1908–14 vom französischen Missionar Xavier Baudounet als neoromanische Basilika erbaut. Das Gotteshaus wurde dort errichtet, wo 1781 zwei Christen und 1801 der christlich-koreanische Bischof Yu Hang-gom, Gründer der katholischen Mission in der Gegend, exekutiert worden waren. Wahrscheinlich legten die Kirchenleute bei ihrer Arbeit eine Spur zu viel Missionseifer an den Tag, was die Regierung als Versuch zum Staatsumsturz interpretierte und kurzen Prozess mit dem Bischof und seinen Gefolgsmännern machte. Die neoromanische Basilika mit ihren roten Backsteinen ist heute das größte westliche Gebäude in Jeolla-do.

Links der Kirche steht eine weiße **Christusstatue** mit ausgebreiteten Armen. Eine

Jeonju ist für sein Bibimbap berühmt, Koreas Nationalgericht

Jeonju

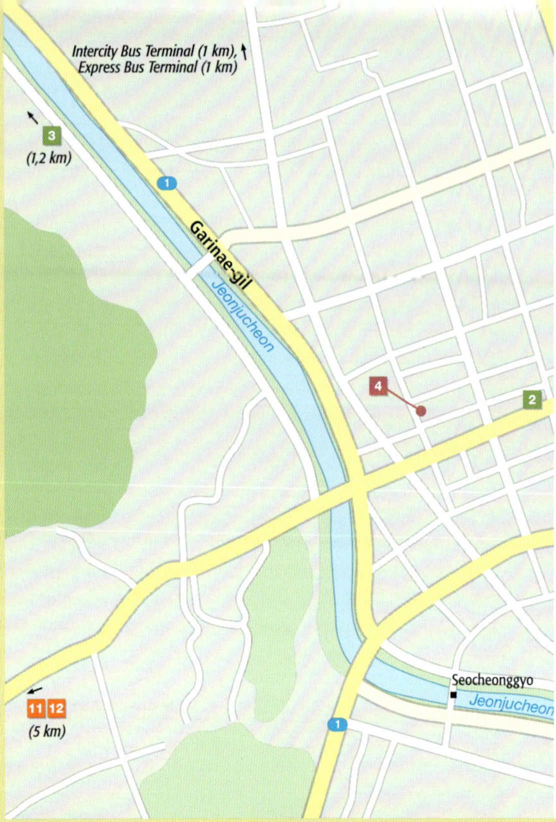

Sehenswert

1 Pungnammun
2 Jeondong Catholic Church
3 Ahnenschrein
4 Traditional Liquor Museum
5 Jeonju Traditional Korean Paper Institute
6 Jeonju Oriental Medicine Center
7 Jeonju Traditional Culture Center
8 Jeonju Hyanggyo
9 Hanbyeokdang
10 Gangam Calligraphy Museum
11 Jeonju-Nationalmuseum
12 Historisches Museum

Übernachten

1 Jeonju Core Riviera Hotel
2 Jeonju Hanok Living Experience Center
3 Jeonju Guest House

Essen & Trinken

1 Cheon Nyeon Nungri Bom
2 Gajeok Hwaegwan
3 Daho Teahouse
4 Sambaek Jip

Einkaufen

1 Ntepia
2 Message
3 Lotte Department Store
4 Ostmarkt

weitere Skulptur ist die Replika von Michelangelos »Pietà« aus dem Petersdom des Vatikan – Maria mit dem Leichnam des vom Kreuz abgenommenen Jesus. Beide Monumente kamen erst viele Jahre nach dem Bau der Kirche dazu (www.jeondong.or.kr, tgl. 24 Std., Eintritt frei).

Gegenüber der Jeondong Catholic Church liegt ein kleines, von einer Mauer umgebenes, parkähnliches Areal, ein **Ahnenschrein** 3, dessen Eingang zwei Löwen bewachen. Einer der Löwen ist weiblich, der andere männlich (Preisfrage: who is who?). Auf dem Stein, den die Löwen tragen, steht in Chinesisch: »Alle Besucher von Gyeonggijeon, egal welcher sozialen Schicht oder welchen Ranges, müssen von ihren Pferden absteigen. Kein Zutritt für Fremde.« Durch das **Rote Tor** (Hongsalmun 홍살문) betritt man die Anlage, in welcher die **Gyeonggijeon** 경기전 (Gyeonggi-Halle) steht, ein 1410 erbauter und mehrfach zerstörter Schrein, der das Porträt des in Jeonju geborenen ersten Joseon-Königs Yi Seong-gye (König Taejo) birgt. Es wird von den Porträts weiterer fünf Joseon-Könige, darunter Cheol-jong (1831–63), flankiert. Letzterer regierte zwar 13 Jahre lang, war aber wegen seines Analphabetentums, seiner Unerfahrenheit und seines jugendlichen Alters ein Spielball rivalisierender Clans. Bis zu seinem Tod fühlte er sich in seiner Rolle unwohl und wusste nicht so recht, wie

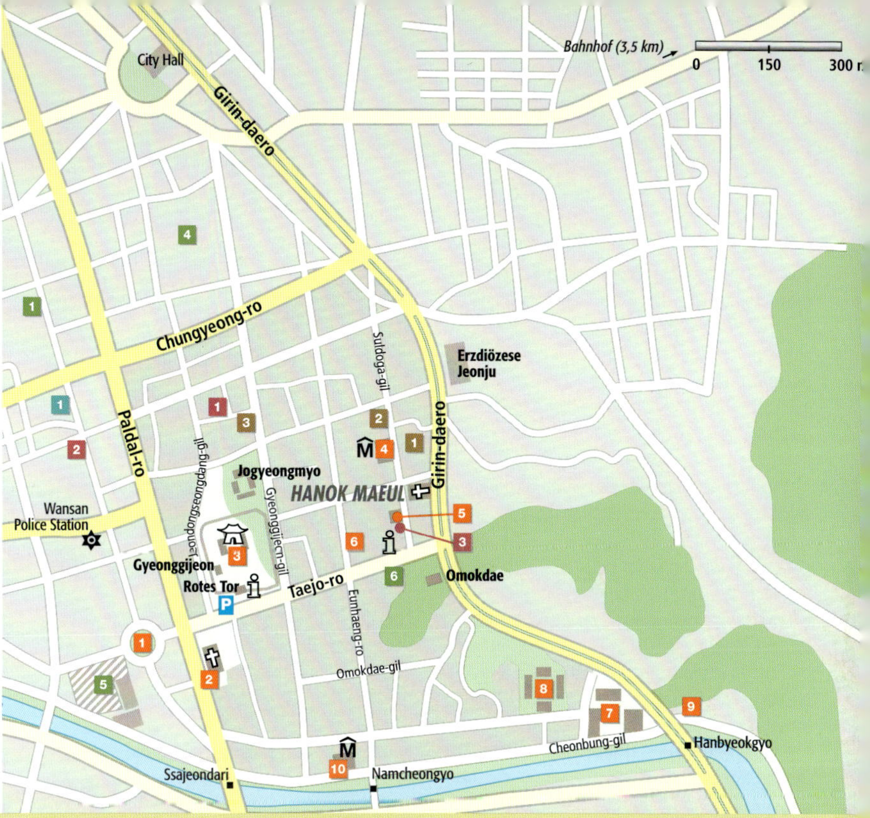

5 Südmarkt
6 Craft Treasures Center

Abends & Nachts
1 Deepin

er sich mit königlicher Würde zu bewegen hatte. Im hinteren Bereich des Areals findet sich der **Jogyeongmyo** 조경묘, der Schrein zur Feier des Anbeginns, in dem die Ahnentafeln des Begründers der Joseon-Dynastie und seiner Gemahlin aufbewahrt werden (tgl. März–Okt. 9–18, Nov.–Febr. 9–17 Uhr, letzter Einlass 1 Std. vor Schließung, Eintritt frei).

Allein der Name des **Traditional Liquor Museum** 4 (Jeontong Sul Bangmulgwan 전통술박물관) lässt das Herz vorwiegend männlicher Besucher höher schlagen, aber all diesen sei gesagt: Auf den Genuss köstlicher Liköre ohne Mengenlimit muss verzichtet werden. Das Museum ist die seriöse Variante eines Reisschnaps-Museums und allein wegen des schönen *hanok*-Gebäudes einen Abstecher wert. Die Ausstellung ist nicht sonderlich aufregend, was wohl auch die Museumsverwaltung weiß, denn sie sorgte dafür, dass es (gelegentlich) einen Probeausschank traditioneller ›Wässerchen‹ gibt. Wem das nicht reicht, der kann trinkfertigen Schnaps direkt erwerben (Tel. 063 287 63 05, Di–So 9–18 Uhr, Eintritt frei).

Im **Jeonju Traditional Korean Paper Institute** 5 (Jeonju Jeontong Hanjiwon 전주전통한지원) steht die Herstellung von handgeschöpftem koreanischem Papier, *hanji,* im Mittelpunkt. Auch ein mehrere Jahrhunderte altes Handwerk benötigt Technik, die hier in allen Varianten ausgestellt ist. Zur Herstellung von *hanji* dient die innere Rinde des Papiermaulbeerbaums (*dak* 닥), die unter Zugabe des Wurzelsekrets der Aibika, einer Pflanze aus der Familie der Malvengewächse, in großen Bottichen in Wasser aufgelöst wird. Aus dem Faserbrei wird dann das *hanji* geschöpft, dünn auf Blöcke aufgetragen und getrocknet. Trotz des ähnlichen Verfahrens ist die traditionelle Produktion von *hanji* erheblich aufwendiger als von modernem Papier, hat dadurch aber auch eine höhere Widerstandsfähigkeit und längere Haltbarkeit. Auf *hanji* wurden in Korea viele Bücher gedruckt, z. B. das 1377 gefertigte »*Jikji*« (s. S. 256).

Die Ausstellung mit über 3000 Exponaten zeigt auch zwei- und dreidimensionale Kunstwerke aus *hanji*. Bei der Hanji Experience geht ein Papierexperte den unerfahrenen Besuchern bei der Herstellung eines eigenen Stückes *hanji* zur Hand. Im angeschlossenen **Laden** lassen sich darüber hinaus in aufwendiger Handarbeit hergestellte Produkte kaufen (Tel. 063 232 65 91, www.hanjimuseum.co.kr, Di–So 9–18 Uhr, Eintritt frei).

Im **Jeonju Oriental Medicine Center** 6 (eigentlich Jeonju Oriental Culture Center/ Jeonju Hanbang Munhwa Senteo 전주한방문화센터) versteht man den gesamten Organismus des Menschen und sein geistig-seelisches Leben als Einheit. In diesem kleinen ›Krankenhaus‹ in einem *hanok* kann man sich selbst von der Wirkung östlicher Medizin überzeugen. Akupunktur, Massage und andere Anwendungen sowie medizinische Diagnosen zählen zum Schaffensspektrum der Therapeuten. Hier spricht niemand Englisch, was aus der Behandlung ohne Koreanischkenntnisse oder Übersetzer schnell ein Experiment mit offenem Ausgang macht (Tel. 063 232 25 -00, -01, -02, www.hanbangcenter.com, Di–So 10–18 Uhr).

In einem berühmten Dorf darf auch ein Kulturzentrum nicht fehlen, im Hanok Maeul übernimmt diese Aufgabe das **Jeonju Traditional Culture Center** 7 (Jeonju Jeontong Munhwa Senteo전주전통문화센터), dessen klassische *pansori*-Musik, hochkalibrige Künstler und günstige Eintrittskarten es zusammen mit dem angeschlossenen Restaurant und Teehaus zu einem Kulturvergnügen erster Klasse machen. Zuerst ein Rundgang durch Hanok Maeul, dann zu Gast im Restaurant (s. S. 286) und anschließend eine *pansori*-Show (s. Tipp S. 287) – mehr koreanische Kultur in so geballter Form geht nicht (Tel. 063 280 70 00, www.jt.or.kr).

Gegenüber dem Jeonju Traditional Culture Center befindet sich die **Jeonju Hyanggyo** 전주향교 8, eine ehemalige Konfuziusakademie, die sich ursprünglich nicht hier, sondern in der Gyeonggijeon befand. Nach den Zerstörungen während der japanischen Invasion ab 1592, denen auch Schule und Schrein zum Opfer fielen, ging es drunter und drüber in Korea, sodass der Neubau an der heutigen Stelle erst 1603 abgeschlossen wurde. In der Haupthalle sind die Gedenktafeln für Konfuzius und weitere chinesische und koreanische Weise untergebracht. Einige herrliche, alte Ginkgo-Bäume beschatten das Gelände und verstärken die würdevolle Atmosphäre, die schon die traditionellen Holzbauten verbreiten. Vielleicht ist es die Lage im südöstlichen Winkel von Hanok Maeul – viele Besucher schaffen es nicht bis hierher –, die dem Jeonju Hyanggyo mehr als gut bekommt. Im Frühling und im Herbst finden hier traditionelle konfuzianische Zeremonien statt (Tel. 063 288 45 48, Di–So 9–17 Uhr, Eintritt frei).

Alle Poeten, Maler und Inspirationssucher werden im **Hanbyeokdang** 한벽당 9 auf ihre Kosten kommen, ein auf einem Felsen stehender Pavillon, der einen schönen Blick auf den Fluss erlaubt. Zumindest war dies seit dem Bau im Jahr 1404 über viele Jahrhunderte so, bis, ja bis sich Jeonjus Stadtverwaltung entschloss, direkt daneben eine Schnellstraße zu bauen. Noch immer finden sich hier in schönen Sommermonaten vereinzelt Künstler ein. Besucher werden sich über den Weg entlang des Flusses nach Osten freuen, der zu einem malerischen Dorf führt, dem angeblichen Geburtsort des ersten Königshauses der Joseon-Dynastie. Um zu dem Pavillon zu gelangen, unterquert man unmittelbar hinter dem Jeonju Traditional Culture Center eine Brücke (tgl. 24 Std., Eintritt frei).

Im 1995 eröffneten **Gangam Calligraphy Museum** 10 (Gangam Seoyaegwan 강암

aktiv unterwegs

Skifahren im Deogyusan-Nationalpark ► 3, L 8/9

Tour-Infos

Start: Muju Resort 무주리조트, Tel. 063 322 90 00, www.mujuresort.com.

Anfahrt: Während der Wintersaison fahren von vielen Städten Südkoreas Shuttlebusse direkt zum Resort.

Wichtige Hinweise: Das Resort ist im Winter sehr populär, was den Vorteil mit sich bringt, dass man die **Ausrüstung** vor Ort mieten kann (Ski ab ₩ 25 000/halber Tag). Sogar **Skikurse** in Englisch werden angeboten. Der Nachteil ist, dass die **Hotelpreise** hier im Winter astronomische Höhen erreichen. Das im österreichischen Stil erbaute **Hotel Tirol** 티롤호텔 (Tel. 063 320 72 00, www.mujuresort.com) nimmt in der Hauptsaison ₩ 182 000–1 552 000/DZ, liegt allerdings direkt neben den Pisten. **Preiswertere Unterkünfte** sind um den Parkeingang zu finden, 3 km nordöstlich der Gondel. Hier halten auch die Busse aus Muju.

Im östlichsten Winkel Jeollabuk-dos liegt der **Deogyusan-Nationalpark** (Deogyusan Gungnip Gongwon 덕유산국립공원), Koreas einziger Nationalpark mit Skigebiet, das obendrein mit der längsten, über 3 km langen Abfahrt des Landes aufwarten kann. Das Resort eröffnete 1990 und erlaubt durch seine Höhenlage von bis zu 1520 m (Seolcheonbong 설천봉) eine ausgedehnte Skisaison, die von Mitte Dezember bis in den April reicht. Sollte der Schnee früher schwinden, wird mit Schneekanonen nachgeholfen.

Mehr als 20 **Pisten** bieten jedem Skifahrer und Snowboarder – vom blutigen Anfänger bis zum Olympiasieger – ausreichende Gelegenheit zum Ausreizen der eigenen Fähigkeiten. Darüber hinaus verfügt das Gebiet über zwei **Skischanzen** sowie fast 50 km **Loipen** für den Skilanglauf, die sich quer durch das umgebende Terrain ziehen. Das Muju Resort ist ohne Frage das populärste und bekannteste Skigebiet Koreas, das über die gesamte Palette an Wintersportmöglichkeiten im Freien verfügt. Jedes Jahr im Februar veranstaltet das Resort ein internationales **Skifestival** mit Skiskulpturen-Wettbewerb, Musik und Tanz.

서예관) sind über 1000 Arbeiten ausgestellt – Gemälde, Briefe und natürlich Kalligrafien. Viele Werke bekannter koreanischer Kalligrafiemeister sind hier zu finden, darunter Kim Jeong-hui (1786–1856) oder Lee Sam-man (1770–1845). Die Sammlung stammt von Song Seong-yong, mit Künstlernamen Gangam, selbst Kalligraf, der sich viele Jahre seines Lebens der Kunst widmete (Tel. 063 285 74 42, Di–So 9–17 Uhr, Eintritt frei).

Im Südwesten Jeonjus

Jeonjus Umgebung ist bescheiden ausgestattet mit Sehenswürdigkeiten, einzig das 1990 eröffnete **Jeonju-Nationalmuseum** 11 (Gungnip Jeonju Bangmulgwan 국립전주박물관) ist einen Besuch wert. Es liegt isoliert mehrere Kilometer entfernt von Hanok Maeul im Südwesten der Stadt und zeigt in seiner permanenten Ausstellung Exponate aus der Geschichte der Provinz Nord-Jeolla. In drei Hallen ist lediglich ein Teil der über 20 000 Stücke ausgestellt, zu denen Vasen und historische Dokumente gehören. Das Museum ist nur eingeschränkt mit atemberaubenden Objekten und noch weniger mit ausführlichen englischsprachigen Erläuterungen ausgestattet und daher nur für Geschichtsenthusiasten ein Muss (Tel. 063 223 56 51, jeonju.museum.go.kr, z. B. Bus 9, 31, 49, 61, 62, 161 ab Jeonju Express Bus Terminal, Fahrzeit 20 Min. oder ab Bahnhof Jeonju, 30 Min.,

Mo–Fr 9–18, Sa/So 9–19, März–Okt. Sa bis 21, letzter Einlass 1 Std. vor Schließung, Eintritt frei).

Neben dem Nationalmuseum steht das bescheidene **Historische Museum** 12 (Jeonju Yeoksa Bangmulgwan 전주역사박물관), das sich der Geschichte der Stadt Jeonju widmet (www.jeonjumuseum.org, Tel. 063 228 64-85, -86, Di–So 9–18, letzter Einlass 17.30 Uhr, Eintritt frei).

Infos

Touristeninformation: im östlichen Teil von Hanok Maeul, am Bahnhof, am Gyeonggijeon sowie gegenüber dem Express Bus Terminal, Tel. 063 281 27 39 (Bus Terminal), www.jeonju.go.kr, alle tgl. 9–18 Uhr.

Übernachten

Blick über Hanok Maeul ▶ Jeonju Core Riviera Hotel 전주코아리베라호텔 **1:** 26-5 Pungnam-dong, Wansan-gu, Tel. 063 232 70 00, www.core-riviera.co.kr. Jeonjus Top-Adresse in Sachen Unterkunft. Dies sollte aber nicht darüber hinwegtäuschen, dass dem Haus schon geringfügige Renovierungsarbeiten gut täten. DZ ab ₩ 140 000.

Schlafen wie im alten Korea ▶ Jeonju Hanok Living Experience Center (Jeonju Hanok Saenghwal Cheheomgwan 전주한옥생활체험관) **2:** 33-4 Pungnam-dong 3-a, Tel. 063 287 63 00, www.jjhanok.com. Unmittelbar neben dem Traditional Liquor Museum im alten Stadtviertel Hanok Maeul liegt dieses schöne Gasthaus in einem neu erbauten *hanok*. Alle Räume sind im *ondol*-Stil eingerichtet. Fahrräder und ein koreanisches Frühstück sind im Preis inbegriffen. Diese Unterkunft ist bei koreanischen Touristen sehr beliebt, daher sollte man unbedingt früh buchen. DZ ₩ 65 000–130 000.

Für Preisbewusste ▶ Jeonju Guest House 전주게스트하우스 **3:** 62 Gyeongwon-dong 2-ga, Tel. 063 286 88 86, www.koreabackpackers.net. Pluspunkte sind die Küche, eine große Lounge und dass es keine Alternativen in dieser Preislage in Jeonju gibt. Der Preis beinhaltet ein Mini-Frühstück. Schlafsaal ₩ 18 000, DZ ₩ 35 000.

Essen & Trinken

Jeonju ist für seine Küche bekannt und dabei vor allem und bedingungslos für *bibimbap*, eines der berühmtesten Gerichte des ganzen Landes. Mindestens einmal sollte man Koreas Nationalspeise probiert haben.

Gratis Essen ▶ Cheon Nyeon Nungri Bom 천년능리봄 **1:** Gyeongwon-dong 2-ga 53-1, Tel. 063 288 88 13, tgl. 11–24 Uhr. Keine 100 m nördlich des Gyeonggijeon-Areals bietet dieses Restaurant seine Speisen ohne Preise an – die Gerichte sind tatsächlich umsonst. Allerdings ist die Bestellung von Reiswein obligatorisch. Anschließend kann aus den Menüs frei gewählt werden. Reiswein ₩ 15 000.

Bibimbap über alles ▶ Gajeok Hwaegwan 가족회관 **2:** Joongang-dong 3-ga 30, Tel. 063 284 09 82, www.jeonjubibimbap.com, tgl. 11.30–21 Uhr. Nicht ganz billig, aber wer im Gajeok Hwaegwan war, kann in Sachen *bibimbap* immer mitreden, denn neun von zehn Besuchern der Stadt haben in dieser Restaurantlegende gespeist. Ab ₩ 12 000.

Edel und gut ▶ Jeonju Traditional Culture Center (Jeonju Jeontong Munhwa Senteo 전주전통문화센터) **7:** im gleichnamigen Center in Hanok Maeul, Tel. 063 280 70 00, www.jt.or.kr, tgl. 11–21 Uhr. Koreanische Küche wie *bibimbap* in adäquater Umgebung. Hervorragende Abrundung nach einem Tag im *hanok*-Dorf. Menü ab ₩ 10 000.

Rustikale Umgebung ▶ Daho Teahouse (Daho Chatjip 다호찻집) **3:** Hanok Maeul, tgl. 11–24 Uhr. Schönes Teehaus, in dem man bei beruhigender Musik und Blick in einen Garten an seinem Tee nippen und die Gedanken schweifen lassen kann. Tee ab ₩ 4500.

Eintopftempel ▶ Sambaek Jip 삼백집 **4:** Gosa-dong 454-1, Tel. 063 284 22 27, www.300zip.com, Di–So 24 Std. Niemand kann nur von *bibimbap* leben, was dieser Eintopfinstitution seit Jahrzehnten einen regen Gästestrom beschert. Die Spezialität ist *kongnamul gukbap* 콩나물국밥, eine Mischung der Extraklasse aus Reis, Gemüse und Ei. Menü ab ₩ 4000.

Einkaufen

Jeonjus Einkaufsparadies liegt nordwestlich des Gyeonggijeon-Areals. Hier finden sich die großen Department Stores und alle weiteren Läden, die auch Bedürfnisse über den täglichen Bedarf an Milch, Reis und Tabakwaren hinaus decken.

Kaufhäuser ▶ Um den Kaufgelüsten freien Lauf zu lassen, steuert man die beiden, nur 300 m auseinanderliegenden Department Stores **Ntepia** 엔테피아 1 (11–23 Uhr) und **Message** 2 (11–23 Uhr) an. Westlich der beiden Busbahnhöfe liegt der **Lotte Department Store** 3 (Lotte Baekhwajeon 롯데백화점, tgl. 10.30–20 Uhr) mit ähnlicher Auswahl an Mode, Restaurants etc.

Buntes Allerlei ▶ Im **Ostmarkt** 4 (Dongbu Sijang 동부시장) und im ähnlichen **Südmarkt** 5 (Nambu Sijang 남부시장) drängen sich die kleinen Läden, mit deren Hilfe sich Kühl- und Kleiderschrank füllen lassen.

Kunsthandwerk ▶ Craft Treasures Center (Jeonju Myeongpum Gwan 전주명품관) 6: im Hanok Maeul, Tel. 063 285 44 04, Di–So 10–18, März–Okt. bis 19 Uhr. Hier wird in verschiedenen Läden hochwertiges Kunsthandwerk angeboten, z. B. Laternen, koreanisches Papier oder Kleidung.

Abends & Nachts

Die vielleicht beste Gegend für einen nächtlichen Streifzug ist die **Jeonbuk National University** (Jeonbuk Daehakgyo 전북대학교). Hier finden sich zahlreiche Kneipen und Restaurants.

Studentenkneipe ▶ Deepin 1: Tel. 063 231 96 95, tgl. 19–4 Uhr. Das Deepin ist bei Einheimischen und den wenigen Ausländern Jeonjus wegen seines preiswerten Biers beliebt. Lokales Bier ab ₩ 3000.

Termine

Jeonju International Film Festival (JIFF/Jeonju Gukje Yeonghwaje 전주국제영화제): Ende April/Anfang Mai, www.jiff.or.kr. Das Festival findet seit 2000 statt und zieht jährlich über 50 000 Besucher an. Schwerpunkte des Festivals mit Streifen aus über 40 Ländern sind Independent- und Digitalfilme.

Verkehr

Bahn: Ab Seoul, Yongsan Station fahren etwa jede Stunde KTX-Züge zunächst nach Iksan 익산, wo man in Züge nach Jeonju umsteigt (Fahrzeit insgesamt 2,5–3 Std., ₩ 25 000–30 000). Jeonjus Bahnhof (Jeonju Yeok 전주역) liegt 4 km Luftlinie nordöstlich von Hanok Maeul. Taxi vom Bahnhof zum Pungnammun ca. ₩ 10 000. Die Busse 79 und 119 fahren vom Bahnhof zur Jeondong Catholic Church im Hanok Maeul.

Bus: Im Norden Jeonjus liegen der Express und der Intercity Bus Terminal nur 200 m auseinander. Ab Jeonju Express (Gosok) Bus Terminal (전주고속버스터미널) fahren alle 10 Min. Busse in 3 Std. nach Seoul (₩ 12 000) oder vom Jeonju Intercity (Sioe) Bus Terminal (전주시외버스터미널) mehrmals tgl. nach Busan (1 Std., ₩ 4500). Taxi vom Express-/Intercity Bus Terminal zum Pungnammun ca. ₩ 5000–6000. Bus 79 vom Bahnhof über das Express-/Intercity Bus Terminal zur Jeondong Catholic Church im Hanok Maeul.

Tipp: Pansori-Vorführung

Pansori 판소리 besteht aus den beiden Wörtern *pan* und *sori* und bedeutet ungefähr so viel wie Gesang an einem zur Unterhaltung bestimmten Ort. Gute *pansori*-Vorführungen sind nicht einfach zu finden, im Jeonju Traditional Culture Center sind sie exzellent. Dabei handelt es sich um einen langen Gesang eines einzelnen Sängers oder einer Sängerin, die von einem zweiten Musiker auf der Fasstrommel begleitet werden. Die Gesänge erzählen ähnlich wie westliche Opern eine Geschichte und werden daher auch Gesungene Romane oder wegen der lebhaften Gestik und Mimik Ein-Mann-Opern genannt. In der Ära ohne Fernseher, Kino und Internet wurde *pansori* von Schaustellern auf den Dorfplätzen vorgeführt. Auf keinen Fall verpassen!

Jeonju Traditional Culture Center (Jeonju Jeontong Munhwa Senteo 전주전통문화센터) 7: Tel. 063 280 70 00, www.jt.or.kr, Vorführungen Di–Sa 19.30 Uhr, ₩ 5000.

Gwangju und Umgebung

Gwangju ist stolz auf seine rebellische Vergangenheit. Seine Einwohner protestierten gleich mehrfach lautstark gegen die Regierung und sandten Schockwellen durch das Land. Heute präsentiert sich Gwangju als das ›neue‹ Jeolla und gibt der grünen und naturverwöhnten Umgebung einen modernen Klecks.

8 Gwangju 광주 ▶ 3, H 14

Cityplan: S. 290

Die Hauptstadt der Provinz Jeollanam-do ist seit Jahrhunderten kulturelles, politisches und wirtschaftliches Zentrum der Region. Hinter dem braven Gesicht der 1,4 Mio.-Einwohner-Stadt mit ihren Shopping-Malls und Apartment-Hochhäusern verbirgt sich jedoch ein Löwe, der im vergangenen Jahrhundert mehrfach seine Zähne zeigte. 1929, während der japanischen Besatzung, demonstrierten koreanische Studierende hier für die Wiedereinführung der koreanischen Sprache und Geschichte als Unterrichtsfach, was sich zu einem ausgewachsenen Aufstand gegen die japanische Obrigkeit in der Region entwickelte. Noch heftiger meuterte Gwangjus Bevölkerung 1980, diesmal gegen die neue Militärregierung unter Präsident Chun Doo-hwan. Dabei starben Hunderte von Zivilisten im Kugelhagel des koreanischen Militärs. Der Vorfall ging als Gwangju-Massaker in die koreanische Geschichte ein (s. S. 292).

Nachdem die Stadt Gwangju 1986 den Status einer Sonderzone und damit denselben Rang wie eine Provinz erhielt, nahm die Entwicklung einen rasanten Lauf. Heute präsentiert sich Gwangju als das moderne Gesicht Jeollas, beheimatet ein großes Werk des Automobilherstellers Kia, hat seit 2004 eine U-Bahn und im Osten der Stadt ein Vergnügungsviertel, das mit seinen Dutzenden von Restaurants, Bars und Kinos auf Nachtschwärmer wartet.

Gwangju Art Street 1

Gwangju Yesuluigeori 광주예술의거리

Die kleine Schwester von Seouls Insadonggil bildet das eigentliche Highlight der Stadt. Auf ihren 300 m lockt sie mit ähnlichen Angeboten und ist damit ideal für eine Shoppingtour durch **Galerien, Schmuck- und Antiquitätengeschäfte oder Teeläden.** Von traditionellen koreanischen Trachten (*hanbok* 한복) über Keramiken, Gemälde, Holzskulpturen, handgemachtes Papier *(hanji* 한지) bis zu klassischen Büchern und Tinte ist hier die gesamte Palette koreanischer Kunst vertreten. Widerstand gegen die Reizüberflutung ist kaum möglich, und man sollte ruhig das eine oder andere Mitbringsel erwerben. Jeden Samstag verwandelt sich die Straße in einen Kunstflohmarkt, an dem die Versuchung noch größer ist, die Taschen mit den angebotenen Holzstatuen, Gemälden, Münzen etc. zu füllen. Ein Auge sollte man auf die aus der Region stammenden Kalligrafien haben – sie sind preiswerter und mindestens ebenso gut wie in Seouls Kunstmeilen. Die Art Street ist erkennbar daran, dass sie mit Kopfsteinen gepflastert ist (U Geumgamno 4-ga, dann 150 m nach Nordosten, Läden und Markt 10–19.30 Uhr).

Asian Culture Complex 2

Gungnib Asia Munhwa Jeondang
국립아시아문화전당

Gwangju hat Großes vor und blickt dabei zugleich auf seine rebellische Vergangenheit zurück – so etwa lässt sich dieses Megaprojekt am 5.18 Democracy Square beschreiben. Der 500-Mio.-Euro-Komplex wird derzeit gebaut und soll 2012 eröffnet werden (oder später). Der US-Architekt Kyu Sung Woo entwarf den modernen Bau, der am alten Regierungssitz entsteht und nach Fertigstellung Galerien, eine Bibliothek und ein Theater sowie ausreichend Platz für Kulturvorstellungen bieten wird. Woos Design sieht viel natürliches Licht vor sowie Lichttunnel und -spiele, die den Anspruch Gwangjus als Stadt des Lichtes ausdrücken sollen (U Culture Complex, Ausgang 4).

Gwangju Hyanggyo 광주향교 3

Die kleine **Konfuziusakademie** entstand im 15. Jh. am Fuß des Seoseok-Bergs im Osten der Stadt, allerdings brachte die schöne Lage kein Glück, und wegen fortwährender Überfälle wilder Tiger und Überschwemmungsgefahr wurde die Schule 1488 an ihren heutigen Standort verlegt. Die japanische Invasion ab 1592 forderte auch von der Konfuziusschule ihren Tribut, sie wurde vollständig zerstört und wieder aufgebaut, bevor die Anlage Anfang des 20. Jh. in großen Teilen einem Feuer zum Opfer fiel.

Der Grundriss Hyanggyos folgt dem typischen Design aller Baukomplexe an Berghängen: Der obere Teil besteht aus der **Haupthalle** und zwei sich gegenüberstehenden kleineren Schreinen. In den **Schreinen** sind die Gedenktafeln von Konfuzius und anderen Gelehrten zu finden, und um den unteren Platz gruppieren sich die Schlafgemächer der Schüler. Ihre Funktion als konfuzianische Lehranstalt hat Hyanggyo zwar eingebüßt, doch mehrmals im Jahr werden Zeremonien zu Ehren von Konfuzius abgehalten. Das junge Volk nutzt den Tempel gerne für traditionelle Hochzeiten, ältere Semester für Kalligrafie-Kurse und Lesungen in chinesischer Literatur (Jungang-ro, 500 m hinter dem Gwangju-Fluss auf der rechten Seite, U Geumgamno 4-ga, Ausgang 1, 1 km auf der Jungang-ro nach Südwesten, Tel. 062 672 70 08, www.gjhyanggyo.or.kr, Mo–Fr 9–17 Uhr, Eintritt frei).

Gwangju-Nationalmuseum 4

Gungnip Gwangju Bangmulgwan
국립광주박물관

Das 1978 eröffnete und auf die Provinz Jeollanam spezialisierte Museum befindet sich in

Einstige Lehranstalt: die Konfuziusakademie von Gwangju

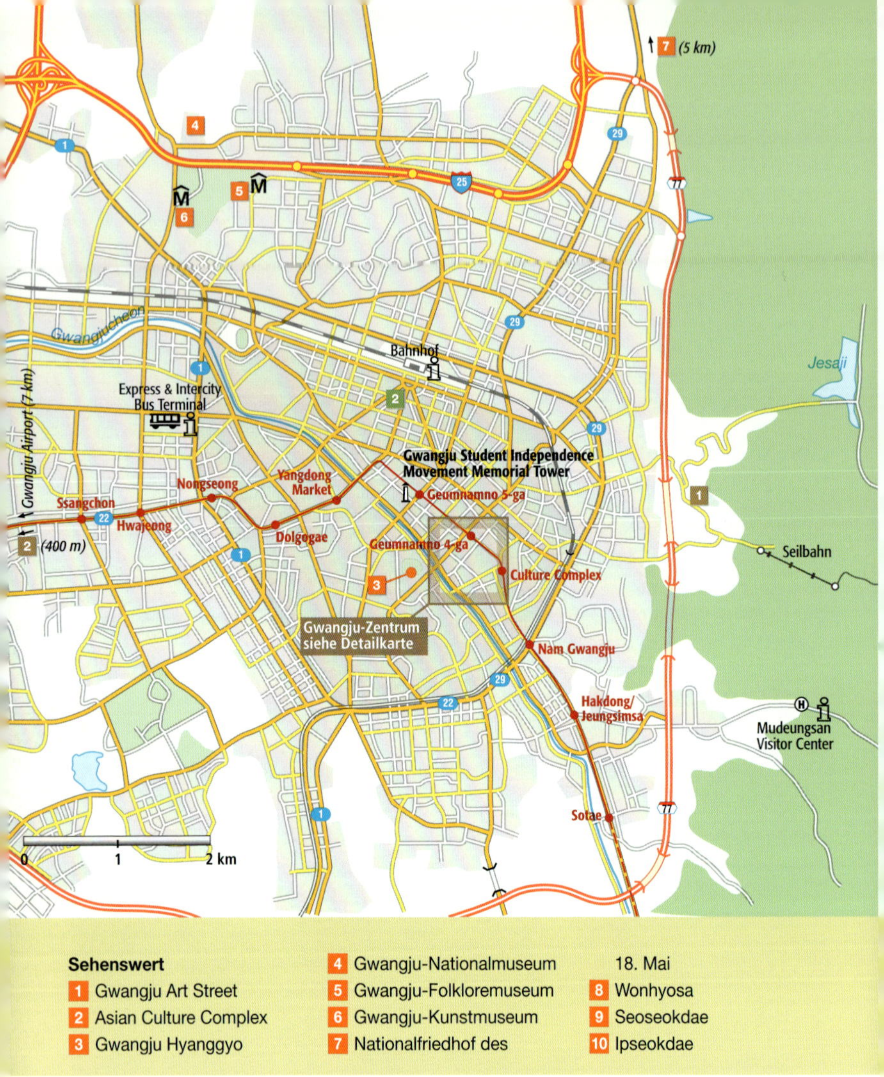

Sehenswert

1 Gwangju Art Street
2 Asian Culture Complex
3 Gwangju Hyanggyo
4 Gwangju-Nationalmuseum
5 Gwangju-Folkloremuseum
6 Gwangju-Kunstmuseum
7 Nationalfriedhof des 18. Mai
8 Wonhyosa
9 Seoseokdae
10 Ipseokdae

einem Gebäude, das in seiner Architektur Tradition und Moderne kombiniert. So erinnert seine Dachform an den Baustil der Joseon-Dynastie (1392–1910). Auf zwei Etagen präsentiert das Museum Exponate zur Kulturgeschichte der Provinz von prähistorischer Zeit bis in die Moderne.

Der Stolz der Sammlung ist in einem separaten Raum zu sehen: Fundstücke aus einem chinesischen Handelsschiff, das im 14. Jh. vor der Küste Mokpos sank. Über 20 000 Objekte barg man aus dem sogenannten Sinan-Wrack, darunter edles Seladon und steinerne Artefakte. Ein Teil der Funde sowie die Überreste des Schiffes selbst sind im National Maritime Museum in Mokpo (s. S. 301) ausgestellt (Tel. 062 570 70 14, gwangju.museum.go.kr, per Bus, Infos hierzu bei der Touristeninformation, oder per Taxi, Di–Sa 9–18, So 9–19, März–Dez. Sa bis 21 Uhr, letzter Einlass 1 Std. vor Schließung, ₩ 1000).

Gwangju

Übernachten

1 Shin Yang Park Hotel
2 Ramada Plaza
3 Hiddink Continental Tourist Hotel
4 Palace Hotel
5 Windmill Motel

Essen & Trinken

1 Sushi Oh!
2 Quirinale
3 Café Harrar
4 Gloria Jean's Coffee
5 Café Olive
6 Sinpo Woori Mandoo

Einkaufen

1 Migliore
2 Hyundai Department Store

Abends & Nachts

1 Wow & Joy Bar
2 Soul Train
3 (Mike and Dave) Speakeasy
4 German Bar
5 Ethnic Café
6 Megabox

11 Yaksasa
12 Jeungsimsa
13 Uijae-Kunstmuseum
14 Grab des Meisters
15 Teeplantage

Gwangju-Folkloremuseum 5

Gwangju Sirim Minsok Bangmulgwan
광주시립민속박물관
Zehn Fußminuten vom Nationalmuseum auf der anderen Seite der Autobahn (Fußgängertunnel) hat sich das Folkloremuseum der traditionellen Kultur Jeollanam-dos verschrieben. Neben den üppigen Sammlungsbeständen bringen Multimedia-Präsentationen – Musik, Videos, Dioramen und Modelle dem Besucher Leben und Kultur der Provinz nahe (Tel. 062 525 86 33, Anfahrt s. Nationalmuseum, Di–So 9–18, letzter Einlass 17.30 Uhr, ₩ 500).

Gwangju-Kunstmuseum 6

Gwangju Misulgwan 광주미술관
Das 1992 in einem modernistischen Gebäude eröffnete Kunstmuseum zeigt vorwiegend moderne und zeitgenössische Werke koreanischer Künstler. Darüber hinaus werden hier auch Arbeiten gezeigt, die auf der Gwangju Biennale (s. S. 297) präsentiert wur-

Auf der Suche nach Demokratie – das Gwangju-Massaker

5.18, diese Zahlenkombination markiert ein Ereignis, das in die Geschichte Südkoreas einging: Am 18. Mai 1980 wurde in Gwangju die Demokratiebewegung des Landes mit Gewalt im Keim erstickt. Jeder Koreaner, der den Namen der Stadt hört, verbindet damit automatisch dieses Blutbad, dessen heute in Gwangju mit einem Friedhof und mehreren Parks gedacht wird.

Die Ermordung von Präsident Park Chung-hee nach 18 Jahren an der Regierungsspitze hinterließ im Oktober 1979 in Südkorea ein Machtvakuum, das sein Nachfolger Choi Kyu-hah füllen sollte. Park Chung-hee hatte sein Land mit eiserner Hand und starker Unterstützung des Militärs geführt, das sich dem neuen Präsidenten nicht unterordnen wollte.

Im Dezember 1979 putschte sich das Militär mit General Chun Doo-hwan an der Spitze an die Macht. Eine erneute Diktatur wollte die junge Generation jedoch keinesfalls akzeptieren, und so bildeten sich zum Start des neuen Semesters im März 1980 im ganzen Land Studentengruppen, die immer offener Demokratie und eine freie Presse forderten. Um der Lage Herr zu werden und seine Macht zu bewahren, rief Chun Doo-hwan am 17. Mai 1980 landesweit den Ausnahmezustand aus, in dessen Folge auch die Universität Gwangjus geschlossen wurde.

Daraufhin kam es am Morgen des 18. Mai zu einem Zusammenstoß zwischen Studenten und einer Fallschirmspringereinheit, die zur Durchsetzung des Ausnahmezustands nach Gwangju entsandt worden war. Nachdem sich Teile der Bevölkerung auf die Seite der Studenten geschlagen hatten, eskalierte die Situation: Auf beiden Seiten gab es erste Todesopfer. Das Militär forderte Verstärkung an.

Am 20. Mai erreichte die Gewalt einen neuen Höhepunkt: 150 000 Menschen protestierten vor der Stadtverwaltung Gwangjus, und die Armee begann, in die Menge zu schießen. Am selben Tag brannten die Demonstranten die MBC-Fernsehstation nieder, die über die Protestierenden als eine wilde Gruppe kommunistischer Terroristen berichtet hatte. Wieder kam es zu Zusammenstößen mit dem Militär, bei denen auch unbeteiligte Bürger getötet wurden. Schockiert von der ausufernden Gewalt gegen Zivilisten schlossen sich die Taxifahrer der Stadt zu einem Konvoi zusammen und machten sich auf den Weg zum Sitz der Stadtverwaltung. Die Regierungssoldaten versuchten, die Sternfahrt gewaltsam zu unterdrücken, zerrten viele Fahrer aus ihren Wagen und knüppelten sie nieder.

Die Auseinandersetzung spitzte sich immer weiter zu. Am Mittag des 21. Mai feuerte die Armee erneut auf eine Gruppe von Demonstranten. Nun bewaffnete sich die Menge selbst, stürmte mehrere Polizeistationen und erbeutete Gewehre und Faustfeuerwaffen. Die ›Zivilistenarmee‹ lieferte sich Gefechte mit dem Militär, das sich angesichts der schieren Menge an Demonstranten aus dem Stadtzentrum zurückziehen musste.

Nun machte die Regierung ernst, riegelte die Stadt hermetisch vom Rest des Landes ab und berief weitere Truppen in die Stadt. Die in der Stadt lebenden Ausländer verließen Gwangju. Alle Verhandlungen zwischen dem Militär und dem rasch gebildeten Bürgerkomitee scheiterten. Am siebten Tag, dem 25. Mai, begann der Showdown: Fünf Divisionen un-

Thema

terstützt von Panzern, Kampfhubschraubern und Fallschirmspringern griffen die Stadt an. Die gesamte Aktion dauerte nur wenig mehr als 90 Minuten, dann war der kurze Demokratie-Ausflug der Demonstranten vorbei. Viele Protestierende wurden bei dem Angriff erschossen; andere wurden zu Tode geprügelt oder starben später an ihren Verletzungen.

Offiziell starben oder verschwanden bei dem als Demokratiebewegung von Gwangju in die Geschichte eingegangenen Massaker mehr als 200 Menschen, und über 4000 wurden verletzt; inoffiziell sollen die Zahlen weit höher sein. Außerdem wurden mehrere tausend Sympathisanten verhaftet, gefoltert und einzelne Demonstranten zum Tode verurteilt. Dazu zählte auch Kim Dae-jung, einer der führenden Köpfe der Bewegung, der jedoch später begnadigt und für Jahre unter Hausarrest gestellt wurde. Kim erhielt fast 20 Jahre nach dem Gemetzel trotzdem die Chance, seine Ideen umzusetzen: 1997 wurde er für fünf Jahre zum Präsidenten Südkoreas gewählt, und 2000 erhielt er für seine Politik gegenüber Nordkorea den Friedensnobelpreis.

Zuvor hatte es jedoch über zehn Jahre gedauert, bis eine zögerliche Aufarbeitung der Gwangju-Ereignisse stattfand. 1995 erließ die südkoreanische Nationalversammlung ein Gesetz, das die Bestrafung der Verantwortlichen des Massakers und des vorangegangenen Militärputsches ermöglichte. Sowohl Ex-Präsident Chun Doo-hwan als auch sein Freund, Mitputschist und Nachfolger im Präsidentenamt, Roh Tae-Woo, wurden angeklagt. Chun erhielt die Todes- und Roh eine lebenslange Haftstrafe. Beide wurden jedoch vom frisch gewählten Präsidenten ebenso wie alle weiteren Verurteilten begnadigt. Dieser Präsident war niemand anderes als Kim Dae-jung, der selbst nach dem 5.18-Geschehen nur knapp der Todesstrafe entkommen war und mit der Geste einen Schlussstrich unter eines der blutigsten Kapitel der jüngeren südkoreanischen Geschichte ziehen wollte (www.518.org).

Rigoros ging die Regierung 1980 gegen die Demokratiebewegung vor

den (Tel. 062 613 71 00, www.artmuse.gjcity.net, Anfahrt s. Nationalmuseum, Di–So 9–18, letzter Einlass 17.30 Uhr, ₩ 500).

Nationalfriedhof des 18. Mai 7

Gungnip 5.18 Minjum Yoji 국립 5.18 민주묘지
Weit außerhalb im Norden der Stadt liegt die 1997 erbaute letzte Ruhestätte für die Opfer der gescheiterten Demokratiebewegung von Gwangju (18.–25. Mai 1980; s. S. 292), des Gwangju-Massakers. Dieses Ereignis hat den Charakter Gwangjus entscheidend geprägt, was sich in den zahlreichen Parks und Monumenten der Stadt widerspiegelt. Hauptgedenkstätte ist der 5.18-Nationalfriedhof.

Hinter seinem Eingangstor, dem **Tor zur Demokratie,** öffnet sich der weite **Platz der Demokratie,** von wo Stufen hinauf zum **Platz des Gedenkens** führen. Dort stehen die Gedenksäule des 18. Mai und zwei Skulpturen, die an das Geschehen und die Opfer erinnern.

Hinter dem Gedenkplatz liegen die **Grabstätten** der hierher umgebetteten Opfer. Ihre ursprüngliche Ruhestatt, an der sie nach Niederschlagung des Aufstands hastig begraben wurden, erreicht man, indem man sich vom Gedenkplatz aus nach links wendet. Durch ein Tor gelangt man hier zum **Memorial Monument** und weiter zum **Alten Friedhof.**

Hält man sich stattdessen rechts, so erreicht man die **Portray Enshrinement Hall,** die Fotos auch unbeteiligter Bürger, die der Militäraktion im Mai 1980 zum Opfer fielen, birgt. Bevor man den Friedhof verlässt, verdient die **May 18 Memorial Hall** neben dem Eingang Aufmerksamkeit. Ihre Ausstellung und die hier gezeigten Filme zu den Ereignissen sind selbst für jeden nicht direkt von dem Zwischenfall betroffenen Besucher emotional bewegend (Tel. 062 266 51 87, 518.mpva.go.kr, Bus 518 ab U-Square Bus Terminal, Bahnhof oder U-Bahn-Station Geumnamno 4-ga, tgl. 8–17, März–Okt. bis 19 Uhr, Eintritt frei).

Mudeungsan-Provinzpark

Im Osten Gwangjus ist der Mudeungsan-Provinzpark ein bedeutendes Ausflugsziel 8–15 (s. S. 297).

Infos

Touristeninformation: im Bahnhof, im Busbahnhof und am Flughafen, Tel. 062 13 30, www.gwangjuguide.or.kr (sehr informative Internetseite), www.gjcity.go.kr, www.gic.or.kr, alle tgl. 9–17 Uhr.

Übernachten

Ruhig und luxuriös ▶ Shin Yang Park Hotel 신양파크호텔 **1:** 20-8 Ji-San Dong, Donggu, Tel. 062 228 80 00, www.shinyangparkhotel.com. Großzügige Räume mit *ondol-* oder westlicher Einrichtung sowie guter Service helfen über den etwas abgelegenen Ort hinweg. Hügellage, daher toller Stadtblick. Sehr gutes Büfett am Wochenende. DZ ab ₩ 190 000, für ₩ 210 000 ›mit Blick‹.

Gutes Businesshotel ▶ Ramada Plaza 라마다플라자호텔 **2:** 1238-3 Chi Pyeong Dong, Seogu, Tel. 062 717 70 00, www.ramadagwangju.com, U Sangmu, Ausgang 5. Zur US-amerikanischen Kette gehörendes 4-Sterne-Hotel mit allen typischen Einrichtungen (Spa, Fitness etc.). Japanisches Restaurant und gutes Sky Restaurant im 17. Stock. Das Hotel liegt 300 m westlich des 5.18 Memorial Park und etwa 400 m nordöstlich der U-Bahn-Station. DZ ab ₩ 171 000.

Haus mit Geschichte ▶ Hiddink Continental Tourist Hotel (Hidingkeu Gwangwang Hotel 히딩크관광호텔) **3:** 160-1 Bulro-dong, Donggu, Tel. 062 227 85 00, www.hiddinkhotel.com, U Cultural Complex, Ausgang 1. Ohne die riesigen Rabatte zu teuer, aber die beste Option im Zentrum und für Fußballfanatiker sowieso ein Muss: Hier nächtigte 2002 Südkoreas Nationalteam vor dem Viertelfinalspiel gegen Spanien. Die Südkoreaner gewannen, und entsprechend wurde das Hotel nach dem damaligen südkoreanischen Trainer Guus Hiddink benannt. DZ ab ₩ 90 000.

Mitten im Nachtleben ▶ Palace Hotel 호텔 파레스 **4:** 11-4 Hwanggeum-dong, Chungjang, Tel. 062 222 25 25, U Geumgamno 4-ga, Ausgang 1. Beste Lage für Nachtschwärmer mit der Wa Bar direkt daneben und obskuren Soju Rooms im zweiten Stock – abgetrennte Räume, in denen Gruppen unter sich sein können und reichlich Alkohol fließt. Kleine, aber gepflegte Zimmer. DZ ab ₩ 50 000.

Perfekte Lage ▶ **Windmill Motel** 윈드밀 모텔 5: 42-6 Honam-dong, Chungjang, Tel. 062 223 53 33, www.windmillmotel.co.kr, U Geumgamno 4-ga, Ausgang 1. Wer über die jugendgefährdenden Videokassetten in den Korridoren hinwegsehen kann und saubere und große Räume sucht, wird vom Windmill nicht enttäuscht. Unschlagbar für seinen Preis und mitten im Shopping- und Nightlife-Bezirk gelegen, aber trotzdem ruhig. DZ ₩ 30 000, mit Computer und Internetzugang ₩ 35 000.

Essen & Trinken

Sushi-Bar ▶ **Sushi Oh!** 스시오 1: Chungjang, U Culture Complex, Ausgang 3, tgl. 11.30–21.30 Uhr. Sushi und weitere japanische Fisch- und Fleischvarianten vom Fließband an der Bar. Das Restaurant liegt im ersten Stock und ist leicht zu übersehen. All-you-can-eat für ₩ 13 900.

Pasta & Pizza ▶ **Quirinale** 퀴리날레 2: Chungjang, U Geumnamno 4-ga, Ausgang 1, tgl. 11.30–22.30 Uhr. Sehr guter Italiener mit zivilen Preisen, guten Weinen und ruhiger Atmosphäre, obwohl mitten in der turbulenten Fußgängerzone Chungjangs gelegen. Authentische Pizza ₩ 10 000, Pasta ab ₩ 8000.

Süßes und Kaltes ▶ **Café Harrar** 카페 하라 3: Chungjang, U Geumnamno 4-ga, Ausgang 1, tgl. 11–22 Uhr. Waffeln, Eis und weitere süße Versuchungen, z. B. gefährlich leckere und überaus ungesunde Gelato Choco Brownies für ₩ 8000. Gwangju hat wie alle Städte Südkoreas eine Reihe schöner Cafés, in denen sich bei einem Latte Macchiato die weitere Besichtigungstour überdenken lässt. In Chungjang zählen dazu **Gloria Jean's Coffee** 4 sowie gegenüber dem kleinen Park das **Café Olive** 5 (U-Bahn s. o.).

Preiswerter Koreaner ▶ **Sinpo Woori Mandoo** 신보우리만두 6: Chungjang, U Geumnamno 4-ga, Ausgang 1, tgl. 10–22 Uhr. Auf die einfachen Gerichte von Nudeln bis Dumplings (Teigtaschen) muss man in diesem effizienten Schnellrestaurant nicht lange warten – in Minutenschnelle ist alles auf dem Tisch. Nudelsuppe ₩ 5000.

Einkaufen

Das Viertel **Chungjang** 충장 um Post und Palace Hotel, die **Geumnam-ro** (Geumnanno 금남로) sowie die **Gwangju Art Street** 1 sind die Hauptkonsummeilen Gwangjus mit allen modernen und antiken Produkten des Landes im Angebot. Alle drei Straßen liegen dicht beieinander in unmittelbarer Nähe der U-Bahn-Station Geumnamno 4-ga.

Weltmode ▶ In der **Chungjang-ro** (Chungjangno 충장로) und der **Geumnam-ro** (Geumnamno 금남로) werben Boutiquen und Kaufhäuser um die Won-Scheine der Shopper. In der Geumnamno, etwa ab dem **Asian Culture Complex** 2 in Richtung U-Bahn-Station Geumnamno 4-ga, trägt eine mehrere hundert Meter lange unterirdische **Shopping-Mall** zum erhöhten Puls von Einkaufswilligen bei. In der Nähe befindet sich das Kaufhaus **Migliore** 밀리오레 1 (tgl. 8–22 Uhr) mit Kino, Modeläden und Sauna.

Kunst ▶ Secondhand- und Kunst-Jäger zieht es in die **Gwangju Art Street** 1, die sich zudem samstags in einen sehenswerten **Kunstflohmarkt** verwandelt (s. S. 288).

Kaufhäuser ▶ Um den Bahnhof liegen weitere, preislich höher angesiedelte Shoppingtempel, z. B. der **Hyundai Department Store** (Hyeondae Baekhwajeom 현대백화점) 2, tgl. 10.30–20 Uhr.

Abends & Nachts

Gwangjus Nachtszene ist aktiv genug, um eine ganze Reihe Bars am Leben zu erhalten.

Imposant ▶ **Wow & Joy Bar** 1: U Culture Complex, Ausgang 3, tgl. 16–2 Uhr. Eine Bar, die mit ihrem geräumigen Ambiente und der langen Cocktailliste wie geschaffen ist für einen späten Absacker. Cocktails ab ₩ 4000.

Billard-Bar ▶ **Soul Train** 2: Tel. 062 232 18 23, U Culture Complex, Ausgang 3, tgl. 18–5 Uhr. Neben dem Speakeasy der zweitbeliebteste Pub in Gwangju mit großer Bar und guter Mischung von Einheimischen und Ausländern. Getränke ab ₩ 3000.

Legendär ▶ **(Mike and Dave) Speakeasy** 마이크 와 데이브의 스픽이지 3: Tel. 010 47 13 38 25, www.speakeasygwangju.com, U Culture Complex, Ausgang 3, tgl. 19–2 Uhr.

MAJAN
마야
Salsa & Tango Bar
3F
진입금지
ROSE COFFEE
G 댄스아카데미
cafe ROSE 로즈
Urban
아미노래방
황금로사거리
호프 소주
본능
INSTINCT
소주방
바닐라헤어
LG텔레콤

Beliebt bei Ausländern, die sich hier bei importiertem Bier über die in der Ferne immer schöner werdende Heimat austauschen. Liveband. Getränke ab ₩ 3500.

**Deutsches Bier ▶ German Bar 4: U Culture Complex, Ausgang 3, tgl. 16–4 Uhr. Mr. Song hat seine Braukunst in Deutschland gelernt, und das merkt man dem hausgebrauten Bier an – Dunkles, Weizen und Helles schmecken hervorragend. Qualität und Design des Holzdekors in der dunklen Bar sind gewöhnungsbedürftig. 0,5 l Weizen ₩ 4000.

Exotisch ▶ Ethnic Café 5: Tel. 062 234 09 01, U Culture Complex, Ausgang 3, U Geumnamno 4-ga, Ausgang 1, tgl. 14–2 Uhr. Dieses ›Café‹ muss man gesehen haben. Die Mischung aus Drogenhöhle und indischem Ashram verleiht der Bar ein überaus esoterisches Flair. In dem kerzenbeleuchteten Kellerraum sitzt man mit Kissen auf dem Boden um einen Teich und bestellt zur Säuselmusik einen Cocktail. Getränke ab ₩ 5000.

Kino ▶ Megabox 6: U Culture Complex, Ausgang 3, U Geumnamno 4-ga, Ausgang 1, Filmpalast neben und über dem Tom N Toms Coffee. Blockbuster aus Hollywood.

Termine

Gwangju Biennale 광주비엔날레: www.gb.or.kr, Biennale Exhibition Hall, Museumsdistrikt, Sept./Okt. Alle zwei Jahre (gerade Jahreszahlen) wird Gwangju zum Kunstmekka mit über 400 Künstlern aus über 60 Ländern. An ungeraden Jahreszahlen findet zur selben Zeit die kleinere **Gwangju Design Biennale** 광주디자인비엔날레 statt.

Gwangju World Kimchi Cultural Festival (Gwangju Segye Kimchi Munhwa Chukje 광주세계김치문화축제): Okt. Ein jährlich stattfindendes, fünftägiges Spektakel, bei dem sich alles um *kimchi* dreht, ohne das kein Menü vollständig ist.

Verkehr

Flug: Der Gwangju Airport (Gwangju Gonghang 광주공항, www.airport.co.kr/doc/gwang ju_eng) liegt 15 km westlich des Asian Culture Complex und ist an die U-Bahn der Stadt angeschlossen. Gute Anbindung an Seoul-Gimpo und Jeju. Flugtickets können bei Lotte Tour in der Geumnamno im Zentrum Gwangjus erworben werden.

Bahn: Ab Bahnhof Gwangju (Gwangju Yeok 광주역, Tel. 062 529 91 63) bestehen KTX-Verbindungen nach Seoul Yongsan (3 Std.) und Mokpo (35 Min.). Ferner verkehren Express- und Nahverkehrszüge).

Bus: Fast alle Winkel Südkoreas sind von einem der beiden Busbahnhöfe am/im U-Square 유스퀘어 (früher Gwangcheon Terminal 광천터미널, jetzt U-Square, Tel. 062 360 81 14, www.usquare.co.kr) im Norden der Stadt erreichbar, u. a. Seoul und Busan in 4 Std. Express und Intercity Bus Terminal befinden sich im selben ultramodernen Gebäude mit Restaurants etc.

Fortbewegung in der Stadt

U-Bahn: www.gwangjusubway.co.kr, tgl. 5.30–23.40 Uhr. Die einzige U-Bahn-Linie in Gwangju verläuft von Osten nach Westen.

Bus: Mit den Stadtbussen erreicht man alle Sehenswürdigkeiten (s. Angaben im Text).

Bummel in der Nähe des Windmill Motel

Mudeungsan-Provinzpark

Mudeungsan Dorip Gongwon 무등산도립공원
Cityplan Gwangju: S. 290

Im Osten Gwangjus erhebt sich der **Mudeungsan** 무등산, ein Bergmassiv mit grünen und weiten Tälern, dessen höchster Gipfel, der **Cheonwangbong** 천왕봉 (1187 m; Gipfel des Himmelskönigs), wie der ganze Park einfach – wenngleich schweißtreibend – zu erwandern ist. Einst pilgerten Einheimische zum Cheonwangbong und seinen Nachbargipfeln Jiwangbong (Gipfel des Erdkönigs) und Inwanbong (Gipfel des Menschenkönigs), denen göttliche Kräfte nachgesagt werden. Ein 30 km² großes Areal um das königliche Dreigestirn erhielt 1972 den Status eines Provinzparks und ist von einem Netz gut beschilderter Wanderwege durchzogen. Zwei weitere Gipfel im Park sind der 1100 m hohe **Seoseokdae** 서석대 und der

83 m niedrigere **Ipseokdae** 입석대. Am Mudeungsan wachsen übrigens gigantische Wassermelonen, die angeblich seit Anfang des 20. Jh. hier angebaut werden. Die Melonen werden von August bis September gepflückt und sind mit bis zu einem halben Meter Durchmesser etwa dreimal so groß wie normale Exemplare.

Die besten **Wanderwege** durch den Park starten an der Bushaltestelle in der Nähe des Wonhyosa. Eine der beliebtesten Routen dauert je nach Kondition vier bis fünf Stunden (8,5 km) und führt zunächst von der Bushaltestelle geradeaus zum Parkeingang. Wer möchte, kann vorab noch den Abstecher zum **Wonhyosa** 원효사 8 machen. Der kleine Tempel steht nur wenige hundert Meter vom Parkeingang entfernt (von Gwangju kommend am Parkplatz rechts hoch). Der im 7. Jh. von dem Mönch Wonhyo gegründete Tempel wurde im Koreakrieg zerstört und anschließend neu aufgebaut. Beim Wiederaufbau dreier Hauptgebäude der Anlage in den 1980er-Jahren fand man im Erdreich gut 100 Artefakte aus Kupfer, Gold und Ton, die heute im Gwangju-Nationalmuseum ausgestellt sind. Der Wonhyosa birgt eine Bronzeglocke aus den Anfängen des 18. Jh. und verschiedene Bronzestatuen (Tel. 062 266 03 26, www.wonhyosa.or.kr, Bus 1187 Wonhyosa).

Von hier geht es, dem Weg Nr. 2 (Wanderkarte am Parkeingang) folgend, zu zwei Plätzen – eine Wiese und ein durch einen beschrifteten Felsen markierter Platz –, wo im 16. Jh. Waffen hergestellt wurden, und weiter zu einem Höhenzug. Hier am **Jangbuljae** 장불재 (ein Pass) kann man zu den Felsformationen **Seoseokdae** 9 und **Ipseokdae** 10 aufsteigen, die mit ihren kerzengeraden Steintürmen wie eine sehr kleine Version des Grand Canyon aussehen. Vorbei an einem gigantischen Horchposten des südkoreanischen Militärs geht es hinab zu einer **Wasserquelle.** Nach 1,5 km hat man dann den kleinen **Yaksasa** 약사사 11 erreicht, der sich hier im Tal an den Bergrücken schmiegt. Der Medizinbuddha-Tempel überstand als einziger Tempel Gwangjus den Koreakrieg ohne größere Blessuren. Gegründet wurde er um

die Mitte des 9. Jh. vom Seon-(Zen-)Mönch Chulgam.

Etwa 400 m weiter entlang des Weges befindet sich der größte Tempel des Parks, **Jeungsimsa** 증심사 **12,** der rechts ein Stück den Berg hinauf liegt. Auch dieser 860 von Chulgam gegründete Tempel wurde im Koreakrieg weitgehend zerstört und inzwischen großteils wieder aufgebaut. Seine Mahavira-Halle, die Daeungjeon 대웅전, ist reich verziert und mit Wandmalereien dekoriert. Auf sie folgt die Birojeon, die Vairochana-Halle mit einer eisernen Statue desselbigen Buddha aus dem 15. Jh. Das älteste erhaltene Gebäude des Tempels, die Obaekjeon 오백전 (Halle der 500) vom Anfang des 17. Jh., birgt 500 aus Holz gefertigte Arhats (*nahan*) – Erleuchtete, die das befreit-asketische Mönchsideal verkörpern – sowie Darstellungen der zehn Richter der Unterwelt (Tel. 062 226 01 07, www.jeungsimsa.org, tgl. 9–17 Uhr, Eintritt frei).

Weitere 150 m entfernt steht das **Uijae-Kunstmuseum** 13 (Uijae Misulgwan 의재 미술관). Es widmet sich den Arbeiten eines

Bei Wanderungen im Mudeungsan-Provinzpark eröffnen sich weite Ausblicke

der bekanntesten Söhne Gwangjus – dem Werk des Malers und Poeten Ho Baeknyon (1891–1977), besser bekannt unter seinem Künstlernamen Uijae. Ein Stockwerk des elegant in Glas und dunklem Holz gehaltenen Museums gehört ganz Uijae und seinen Landschaftsbildern, während der Rest mit Werken anderer zeitgenössischer Künstler belegt ist (Tel. 062 222 30 40, www.ujam.org, Di–So 10–17.30, Sommer bis 18 Uhr, letzter Einlass 30 Min. vor Schließung, ₩ 2000).

In der Nähe der Galerie befindet sich nicht nur das **Grab des Meisters** **14**, sondern auch seine alte **Teeplantage** **15**, nicht überwuchert von Gestrüpp und Gras, sondern gepflegt und kultiviert von Mönchen des benachbarten Jeungsim-Tempels. Der Tee ist bekannt als Chunseolheon (Frühlingsschnee-Tee), da er bereits gepflückt wird, wenn noch Schnee die Blätter bedeckt. Er kann in den umliegenden Teestuben probiert werden. Der Weg ist gut ausgeschildert. Vom Kunstmuseum erreicht man nach wenigen hundert Metern vorbei am **Mudeungsan Park Visitor Center** die Bushaltestelle für die Rückfahrt.

Info

Mudeungsan Park Visitor Center: Tel. 062 625 07 61, tgl. 9–16.30 Uhr, mudeungsan.gjcity.net, nur Koreanisch. Hier und am Parkeingang Wonhyosa ist eine wenig informative Wanderkarte, Maßstab 1 : 25 000, erhältlich, die aber für die Wanderung ausreicht. Park: tgl. 24 Std., Eintritt frei.

Essen & Trinken

Snacks und mehr ▶ Zwischen dem Visitor Center und dem Busbahnhof befindet sich ein neu geschaffenes ›**Dorf**‹ mit netten Cafés, Restaurants und Outdoor-Geschäften.

Verkehr

Bus/U-Bahn: Bus 1187 fährt entlang der Geumnam-ro im Zentrum Gwangjus bis zum Wonhyosa. Zurück von der Bushaltestelle am Mudeungsan Park Visitor Center geht es mit den Bussen 9 und 51 zur U-Bahn-Station Geumnamno 4-ga im Zentrum Gwangjus oder vom Visitor Center 3,5 km zu Fuß zur U-Bahn-Station Hakdong-Jeungsimsa und dann mit der U-Bahn ins Zentrum.

Mokpo und Umgebung

Inseln sind an Südkoreas Küste keine Seltenheit, und von den mehreren tausend teils unbewohnten Eilanden liegt ein erheblicher Teil vor der alten Hafenstadt Mokpo. Wer es hierherschafft, sollte sich ein paar Tage für sie Zeit nehmen. Mokpo selbst ist bekannt für alles, was aus dem Meer auf den Tisch kommt.

Mokpo 목포 ► 3, F/G 16

Cityplan: S. 302

Mokpo war jahrhundertelang nicht mehr als ein Fischerdorf. Doch vor allem die Öffnung des Hafens für den internationalen Handel im Jahr 1897 läutete eine rasante Entwicklung der Stadt ein. Unter japanischer Herrschaft ab 1910 gewann das Städtchen erheblich an Bedeutung, da es den Besatzern, die ein Auge auf China geworfen hatten, als strategisch wichtiger Seehafen galt. Noch heute sind einige der japanischen Kolonialbauten zu besichtigen. Ein weiterer Boom folgte auf die Eröffnung der Eisenbahnlinie nach Seoul im Jahr 1914. Ebenfalls Anfang des 20. Jh. entstanden die beiden ersten Nationalstraßen Koreas, die ihren Ursprung in Mokpo haben: Nr. 1 führt nach Seoul und Nr. 2 Richtung Busan. Kein Wunder also, dass die Stadt bis in die 1970er-Jahre eine der bevölkerungsreichsten Koreas war.

Einen Einbruch bezogen auf Wachstum und Bevölkerungsentwicklung erlebte die Stadt in den 1980er-Jahren, da die Zentralregierung nach mehreren größeren Ausschreitungen, u. a. im Umfeld des Gwangju-Massakers von 1980, Mokpo bei der Zuteilung von Fördergeldern überging. Dies hat sich seit den 1990er-Jahren wieder geändert, insbesondere nachdem Kim Dae-jung 1998 zum Präsidenten des Landes gewählt wurde. Kim wuchs in Mokpo auf und erhielt 2000 für seinen Dialog mit Nordkorea den Friedensnobelpreis.

Im 21. Jh. hat sich Mokpo zu einer quirligen Stadt mit 260 000 Einwohnern entwickelt. Sie beheimatet zwar eine starke, in der Werftindustrie arbeitende Ausländergemeinde, wird von Touristen aber zumeist nur zur Durchreise genutzt. Dies versucht die Stadt durch einige Großprojekte zu ändern. Dazu zählt auch die Formel-1-Strecke bei Yeongam im Wolchulsan-Nationalpark (s. S. 312).

Zum Yudalsan 유달산

Auf dem Weg zu Mokpos Vorzeigeberg im gleichnamigen Park kann man einen kleinen Abstecher zum ehemaligen **Japanischen Konsulat** 1 machen. 1897 aus roten Ziegelsteinen erbaut, zog hier nach dem Abzug der Japaner 1945 zunächst die Stadtverwaltung und dann ein Kulturzentrum ein.

Kurz hinter dem Eingang zum **Yudalsan-Park** 2 begrüßt eine **Statue von Admiral Yi Sun-sin** 3 die Besucher. Während der Imjin-Kriege Ende des 16. Jh. ließ der Admiral hier im Park angeblich Tausende von Strohsäcken aufstellen, um den angreifenden japanischen Seestreitkräften eine wesentlich größere Armee als tatsächlich auf koreanischer Seite vorhanden vorzutäuschen. Es ist nicht überliefert, ob der Trick funktionierte, aber der gewiefte Admiral war am Ende in Tongyeong erfolgreich und vertrieb die Japaner aus Korea. Der Kriegsheld ist überall in der Stadt präsent.

Ein Spaziergang im Yudalsan-Park lohnt vor allem, weil man von dessen 228 m hohemGipfelchen Ildeungbawi 일등바위 die beste Sicht über die Stadt und einen betörenden Blick auf die unzähligen Inseln im Westmeer (Gelbes Meer) genießen kann. Darüber hinaus liegt ein **Skulpturengarten** 4 mit über 50 Arbeiten von Mitgliedern der Korean Sculpture Association im Park (tgl. 8–18 Uhr, ₩ 1000).

Links vor dem **Soyojeong** 소요정 5**,** einem Pavillon, führt zwischen den Felsen ein Weg hinunter zum kleinen **Yudal-Strand** 6 (Yudal Haesuyokjang 유달해수욕장), an dem sich einige Restaurants und Kneipen zum Entspannen finden. Vom nahe gelegenen **Shinan Beach Hotel** 1 starten **Fähren** zu den umliegenden Inseln. Vor dem Strand entsteht derzeit eine riesige **Hängebrücke,** die den Blick auf die Inselwelt künftig erheblich beeinträchtigen wird (Park, Tel. 061 242 23 44, 15 Min. zu Fuß ab Bahnhof oder per Taxi, tgl. 8–18 Uhr, Eintritt frei).

Gatbawi-Museumsviertel

Im Osten Mokpos ballen sich auf engem Raum nahe dem Yeongsan-Fluss eine Handvoll Museen und Galerien, unter denen besonders das National Maritime Museum hervorsticht (Museumsdistrikt, Bus 15 ab Bahnhof oder Taxi/₩ 4500 ab Bahnhof).

In einem Land, das in drei Himmelsrichtungen von Wasser umgeben ist, sollte man reihenweise Museen mit maritimem Bezug erwarten. Nicht so in Südkorea. Als einzige Ausstellung Koreas, die sich ausschließlich der See widmet, bietet das **National Maritime Museum** 7 (Gungnip Haeyang Yumul Jeonsigwan 국립해양유물 전시관) in einem weitgehend fensterlosen Gebäude eine atemberaubende Vielfalt an Exponaten zu Koreas reicher maritimer Geschichte. Das 1994 eröffnete Museum verfügt über vier Hallen für die Dauer- und eine Halle für Sonderausstellungen. Halle 1 ist dem Wando-Wrack

Zahllose Inseln liegen an der Küste vor Mokpo

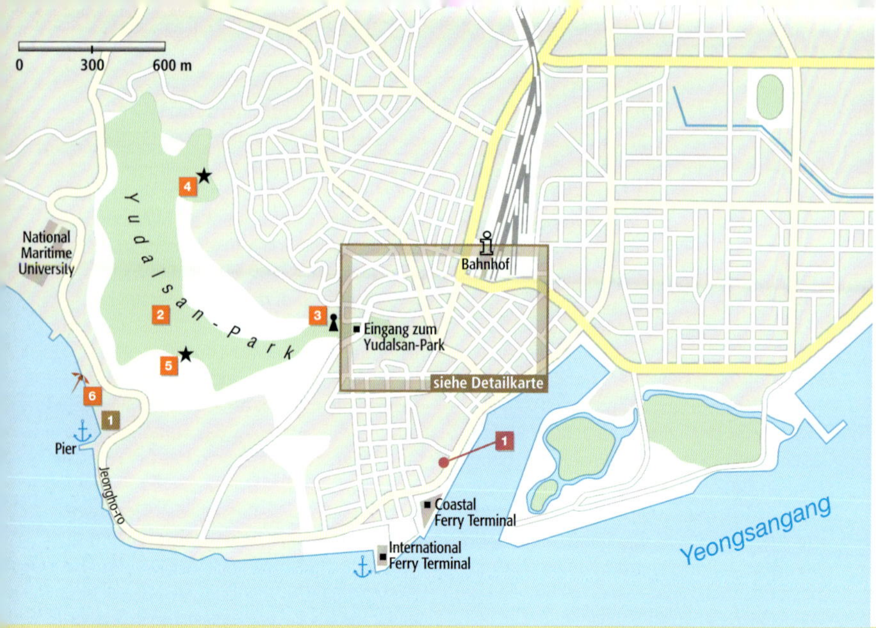

Sehenswert

1 Ehem. Japanisches Konsulat
2 Yudalsan-Park
3 Statue von Admiral Yi Sun-sin
4 Skulpturengarten
5 Soyojeong
6 Yudal-Strand

aus dem 12. Jh. gewidmet, Halle 2 dem Sinan-Wrack aus dem 14. Jh. Beide Schiffe, von denen außer einigen Holzplanken des Rumpfes wenig die Jahrhunderte überdauert hat, hatten vor allem wertvolles Seladon, Münzen und andere Handelsgüter geladen. Die Reproduktion des nur 9 m langen Wando-Boots gibt jedoch einen Eindruck, mit welchen Nussschalen man damals die offene See befuhr. Anders sah das Sinan-Schiff aus, das von China aus voll beladen nach Japan unterwegs war, bevor es 1323 vor der Küste von Jeungdo (nordwestlich von Mokpo) sank. Mit 34 m und drei Masten war der Kahn ein Riese seiner Zeit und für lange Strecken gebaut. Neben Keramik und Unmengen an rotem Sandelholz hatte das Schiff acht Millionen chinesische Kupfermünzen an Bord, die allein 28 t wogen. Weitere Artefakte aus dem Wrack sind im Gwangju-Nationalmuseum (s. S. 289) ausgestellt. Halle 3 widmet sich dem Leben der koreanischen Fischer und ihren Fangtechniken. In Halle 4 schließlich geht es um traditionelle koreanische Boote. Hier ist auch eine historische Schiffswerft als Miniaturversion zu sehen – allerdings keines ihrer hypermodernen Gegenstücke vom Schlage Daewoo oder Samsun auf Geojedo (Tel. 061 270 20 00, www.seamuse.go.kr, Di–So 9–18, letzter Einlass 17 Uhr, ₩ 600).

Das 1997 erbaute, vierstöckige **Culture & Arts Center** 8 (Munhwa Yesul Hoegwan 문화예술회관) zeigt keine permanente Ausstellung, sondern versteht sich als Präsentationsforum für lokale Künstler. Die künstlerische Bandbreite reicht von moderner Fotografie über traditionelle und moderne Malerei bis zur Bildhauerei. Das Center birgt darüber hinaus ein Theater mit 700 Sitzplätzen, in dem unterschiedliche kulturelle Veranstaltungen stattfinden (Tel. 061 274 36 55, Di–So 9–18 Uhr, Eintritt frei).

Das **Mokpo History Museum** 9 (Mokpo Jayeonsa Bangmulgwan 목포자연사박물관) ist der Freund aller Kinder. Dinosaurierskelette, mehrere 10 000 Insekten sowie ein Be-

Mokpo

Übernachten
- 1 Shinan Beach Hotel
- 2 F-1 Hotel
- 3 Kumho Beach Motel

Essen & Trinken
- 1 Fischrestaurants
- 2 Namupo
- 3 Laura
- 4 Café Manon

Einkaufen
- 1 Haupteinkaufsstraße

- 7 National Maritime Museum
- 8 Culture & Arts Center
- 9 Mokpo History Museum
- 10 Gatbawi

cken mit Schnecken, Fischen und anderen Kreaturen aus Koreas Flüssen und Seen sollten jedes schläfrige Kind wieder munter machen. Die Sammlung an bunten Faltern aus allen Winkeln Koreas bietet bestes Gedankenkino für Schmetterlingsforscher (Tel. 061 276 63 31, museum.mokpo.go.kr, Di–Fr 9–18, Sa/So, Fei bis 19 Uhr, letzter Einlass 1 Std. vor Schließung, ₩ 3000).

Nur etwa 250 m östlich erreicht man eine unter Mokpoern beliebte Sehenswürdigkeit, die zum Wahrzeichen der Stadt avancierte und dem Museumsviertel zu seinem Namen verhalf: **Gatbawi** 갓바위 10. Es handelt sich um zwei ca. 8 m hohe Felsen am Ufer des Yeongsan-Flusses. Beide sind über die Jahre weitgehend erodiert und sehen heute aus wie zwei übergewichtige Mönche mit Kapuzen. Ähnlich wie bei der Meerjungfrau in Kopenhagen scharen sich die Besucher gerne um die Felsen, was die Stadtverwaltung 2008 dazu veranlasste, eine Fußgängerbrücke um die Erosionsopfer zu bauen (Brücke tgl. April–Okt. 8–23, Nov.–März 7–21 Uhr, Eintritt frei).

Infos

Touristeninformation: Zentrale, 2 km entfernt vom Museumsviertel im Osten, Tel. 061 270 85 98, tgl. 9–17 Uhr. Dürftiges Informationsmaterial, aber englischsprachiges Personal. **Weitere Touristeninfos** gibt es im Bahnhof, Tel. 061 270 85 99, im Busbahnhof, am Eingang zum Yudalsan-Park (Tel. 061 270 84 11, jeweils tgl. 9–17 Uhr) und gegenüber dem National Maritime Museum (tgl. 9–16 Uhr). Alle bieten nur dürftige Infos, das Personal spricht ›Korenglisch‹.

Übernachten

Klassiker mit Meerblick ▶ **Shinan Beach Hotel** 신안비치호텔 1: Tel. 061 243 33 99, www.shinanbeachhotel.com. Westlich des Yudalsan-Parks in einer Bucht mit Blick auf das Westmeer vor Mokpo (künftig getrübt durch eine neue Hängebrücke) ist dies seit eh und je das beste Hotel der Stadt. Einrichtung im Stil alter Schule, in der die Flachbildschirme dem Rest der Zimmer um 50 Jahre voraus sind. DZ ab ₩ 100 000.

Nagelneu in guter Lage ▶ F-1 Hotel 2: Tel. 061 242 35 13. Das Mitte 2011 eröffnete F-1 ist das beste Hotel/Motel in der Nähe von Hafen und Bahnhof und liegt direkt gegenüber dem Kumho Beach Motel. Das grau aufragende Gebäude mit seinen Blumen an der Fassade ist nicht zu übersehen. Sauber und gepflegt. Einzelne Zimmer mit Küchenzeile. DZ ab ₩ 60 000.

Preiswertes Motel ▶ Kumho Beach Motel 금호비치모텔 **3:** Tel. 061 242 57 00. Perfekte Lage zwischen Hafen und Bahnhof ohne die übliche Liebesnest-Atmosphäre koreanischer Motels, dafür mit beruhigend synthetischer Ansage im Aufzug, die verdächtig an die Stimme des Computers HAL 9000 aus »2001 – Odyssee im Weltraum« erinnert. TV, Klimaanlage und Kühlschrank in jedem Zimmer. DZ ab ₩ 30 000, mit Computer und Internetzugang ₩ 40 000.

Essen & Trinken

Frisch aus dem Meer ▶ Südöstlich des Bahnhofs und in der Nähe des Coastal Ferry Terminal reihen sich in Hülle und Fülle **Fischrestaurants an der Uferstraße 1**. Keines der Restaurants ist preiswert, wie die einfache Einrichtung vermuten ließe, aber für frischen Fisch sind dies die besten Adressen in ganz Mokpo. Englischsprachige Speisekarten: Fehlanzeige.

Galbi-Spezialitäten ▶ Namupo 나무포 **2:** in der Straße gegenüber dem Bahnhof, tgl. 10–24 Uhr. Einer der populärsten *galbi*-Tempel Mokpos, der auch über englischsprachige Karten verfügt. Ab ₩ 7000.

Westlich ▶ Laura 3: tgl. 11–21 Uhr. Bergabwärts neben dem Café Manon gelegen, kommen hier *kimchi*- und Fischgestresste auf ihre Kosten. Westliche Gerichte mit koreanischem Einschlag zu anständigen Preisen. Gericht ab ₩ 6000.

Behaglich ▶ Café Manon 4: tgl. 11–22 Uhr. Ideal gelegen für einen Besuch nach einem Spaziergang durch den Yudalsan-Park. Tee und Kaffee werden zwischen alten Plattenspielern und Grammofonen serviert. Kaffee ab ₩ 3500.

Einkaufen

Shoppen in Mokpo bedeutet Einkaufen mit überschaubarem Angebot im unteren Preissegment. Die **Haupteinkaufsstraße 1** liegt zwischen Bahnhof und Yudalsan-Park. Hier sind auch gute Restaurants zu finden.

Verkehr

Flug: Der Muan International Airport (Muan Gukje Gonghang 무안국제공항, Tel. 061 4 55 21 14, muan.airport.co.kr) liegt 30 km nördlich von Mokpo. Verbindungen bestehen nach Seoul, Jejudo, China (Beijing und Shanghai) und Taipei. Busse fahren in einer Stunde zum/vom Mokpo Jonghap Bus Terminal.

Bahn: Der Bahnhof von Mokpo (Mokpo Yeok 목포역) liegt im Stadtzentrum. Zwischen Seoul Yongsan und Mokpo verkehren stündlich KTX-Züge, die für die Strecke 3 Std. 45 Min. benötigen. Weitere Züge fahren nach Gwangju, Boseong etc.

Bus: Der Mokpo Jonghap Bus Terminal 목포종합버스터미널 (Tel. 061 276 02 20) befindet sich zwar mehrere Kilometer nordöstlich des Bahnhofs, ist jedoch gut mit Taxis erreichbar. Von hier fahren Busse u. a. nach Busan (5 Std.), Seoul (4,5 Std.), Yeosu (3,5 Std.).

Schiff: Ab dem 1 km südöstlich des Bahnhofs gelegenen Coastal Ferry Terminal (Mokpo Yeogaek Terminal 목포여객터미널) gelangt man u. a. nach Hongdo und Heuksando. Vom Pier gegenüber dem Shinan Beach Hotel fahren Ausflugsschiffe zu den umliegenden Inseln. 200 m vom Coastal Ferry Terminal liegt der Mokpo International Ferry Terminal (Mokpo Gukjeyeogaek Terminal 목포국제여객터미널), von dem allerdings keine außerkoreanischen Ziele angefahren werden, dafür verkehrt von hier jedoch eine Autofähre nach Jejudo (4,5 Std.).

Fortbewegung in der Stadt

Bus: Die Busse 1, 1-1, 1-2 verkehren zwischen Bahnhof und Busbahnhof.

Taxis: sind preiswert und reichlich vorhanden.

Die Inselwelt vor Mokpo

Koreas verborgener Schatz liegt westlich von Mokpo und erstreckt sich über eine fast unendlich weite Fläche. Hier im Westen und Süden Jeollanam-dos liegen zahllose Inseln und Felsen im Meer, die teils seit Jahrhunderten unbewohnt sind. Der 1981 etablierte **Dadohae-Meeresnationalpark** (Dadohae Haesang Gungnip Gongwon 다도해해상국립공원) umfasst den größten Teil der Wasser- und Inselwelt, die im Norden Mokpos beginnt und sich bis Yeosu im Südosten der Provinz zieht. Die am meisten besuchten Inseln vor Mokpo sind Hongdo und Heuksando. Andere sehenswerte Inseln sind Jindo, dessen südliche Spitze Teil des Nationalparks ist, oder die mit Ruhe gesegnete Bogildo (s. S. 313). Neben diesen vier Highlights warten nicht weniger als 1591 weitere Inseln im Dadohae-Haesang-Nationalpark auf Besucher.

Heuksando 흑산도 ►3, C 16

Heuksando (Insel des Schwarzen Berges), 90 km vom Festland entfernt gelegen, ist das größte Eiland einer Gruppe von elf bewohnten und 80 unbewohnten Inseln. Schwarze Berge oder Felsen gibt es hier nicht. Doch vielleicht rührt der Name Heuksando von dem Choryeongmok-Baum *(Michelia compressa)* aus der Familie der Magnoliengewächse her. Ihm werden magische Kräfte nachgesagt. Bricht man einen seiner Äste ab und legt ihn auf den Altar eines buddhistischen Tempels, sollen die Geister herbeigerufen werden.

Die 5000 Bewohner Heuksandos leben vor allem in den beiden Dörfern **Jinri** 지리 (Jilli) und Yeri. **Yeri** 예리, der größte Ort der Insel, beheimatete einst eine Walfängerflotte und ist heute der Hafen für die Katamarane aus Mokpo. Westlich von dem im Nordosten der Insel gelegenen Yeri befinden sich einige **Dolmen,** die jedoch nicht mit den Hünengräbern auf Ganghwado westlich von Seoul zu vergleichen sind. Um die Insel führt eine schöne Küstenstraße, die sich zu Fuß erkunden lässt, wobei man sich über zu viel Verkehr keine Gedanken machen muss – hier geht es immer noch genügsam zu und motorisierter Transport ist die Ausnahme. Über die Insel und teils auch auf die Berge (Munambong 문암봉, 405 m, Gitdaebong 깃대봉, 382 m, Chilaksan 칠락산, 272 m oder Sangnabong 상라봉, 227 m) führen zudem vereinzelt Wege. Der **Sangnabong** ist das beliebteste Wanderziel.

Infos

www.heuksando.com: nur auf Koreanisch.
Touristeninformation: am Hafen von Yeri, nicht immer besetzt. Das Personal spricht kein Englisch, und auch die hier erhältliche kleine Karte der Insel ist leider nur auf Koreanisch.

Übernachten

Möglich ► Die meisten Unterkünfte gibt es in Yeri. Mehr als Backpacker-Standard darf aber nicht erwartet werden. Preise ab ₩ 25 000. In den Sommermonaten ist eine Vorabbuchung dringend zu empfehlen.

Essen & Trinken

Einfach ► Restaurants mit gängigem Angebot sind in Yeri vorhanden.

Verkehr

Anreise: s. Hongdo s. unten.
Bus: Seit 2009 ist die Straße um die gesamte Insel asphaltiert, allerdings fahren nicht alle Busse die gesamte Runde (1,5 Std.), sondern die meisten pendeln zwischen Yeri und Eupdong.
Boot: Touren um die Insel dauern ca. 3 Std.

Hongdo 홍도 ►3, C 16

Eine der schönsten Bootstouren führt von Mokpo zur ca. 115 km entfernten **Roten Insel.** Nur knapp 7 km² groß erhebt sich die rot pigmentierte Insel bis auf eine Höhe von 368 m aus dem Westmeer (Gelbes Meer). Hongdo ist von tiefen Tälern durchschnitten und von dichten Wäldern überwuchert. Ein Paradies für Wanderer, sollte man meinen. Das ist das kleine rote Eiland auch, allerdings steht es unter Naturschutz, sodass lediglich seine beiden Dörfer besucht werden dürfen.

aktiv unterwegs

Per Boot zum Wandern nach Heuksando

Tour-Infos

Start: Coastal Ferry Terminal in Mokpo
Länge: 180 km per Katamaran (4 Std. hin und zurück) sowie 13 km zu Fuß. Gesamte Küstenstraße über 30 km.
Dauer: 4,5 Std., gesamte Küstenstraße 13 Std. (jeweils ohne Anfahrt zur Insel).
Anfahrt: per Katamaran von Mokpo nach Yeri 예리.
Wichtige Hinweise: Wer die Insel komplett umwandern möchte, benötigt einen vollen Tag (sehr früh starten) und aufgrund des Fährfahrplans eine Übernachtung auf der Insel. Für den Rundweg ist vorab dringend für ausreichende Wasserreserven zu sorgen, da nicht alle Dörfer direkt an der Straße liegen und der Weg mit seinem Auf und Ab nicht zu unterschätzen ist. Drei bis vier Busse täglich fahren einmal um die Insel.

Liebhaber von Natur und Einsamkeit werden bei dieser Tour auf ihre Kosten kommen. Es geht vorbei an alten Hünengräbern, Kirchen und kleinen Dörfern auf den über 200 m hohen Sangnabong, von dem der Blick über die Inseln des Westmeers schweifen kann. Eine Route für Erholungssuchende, auch wenn die Anfahrt von Mokpo mit den schnellen Katamaranen sehr schaukelig sein kann.

Von Yeri geht es 100 m bis zur Rundstraße um die Insel, auf die man nach rechts einbiegt und dann erneut nach rechts in Richtung Sangnabong. Der Straße folgt man nach Westen vorbei an einem halben Dutzend **Dolmen** (Hünengräber). Die Gräber sind die am weitesten vom koreanischen Festland entfernten, aber mehr von akademischer als touristischer Bedeutung, denn für Laien sind die herumliegenden Steine trotz des Hinweisschilds nicht auf Anhieb als Grabsteine erkennbar.

Von hier geht es weiter nach **Jinri** 지리 (Jilli), dem nächsten Ort. Jinri besteht zwar nur aus wenigen Häusern, und sein Strand wurde 2011 zubetoniert, kann aber zwei Kirchen aufweisen. Das Gotteshaus mit dem orangefarbenen Dach wirkt innen mit seiner schmucken Holzvertäfelung wie eine zu groß geratene finnische Sauna.

Die Straße führt nun den Hügel hinab und dann wieder hinauf, bis man nach einigen hundert Metern vor dem **Garden of the Gods** steht. Von dem Namen sollte man sich nicht täuschen lassen, nur einige Pflanzen sind in Lateinisch beschriftet – das war dann schon das Besondere. Durch dichtes Gestrüpp führt ein enger Pfad zu einer **Aussichtsplattform** mit Blick auf Eup-dong und Jinri.

Zurück auf der Straße erreicht man bald **Eup-dong** 읍동, eine kleine Siedlung mit Hafensteg. Von hier geht es erneut bergauf, wobei man eine dreistöckige **Pagode,** eine **Steinlaterne** und die Überreste der **Sangla-Festung,** die rechts auf der Anhöhe zu erkennen ist, passiert. Dieser Aufstieg zum **Parkplatz** unterhalb des Sangnabong ist der

Ein Pfad – zugleich das einzig nennenswerte Stück Weg auf der Insel – verbindet die beiden Gemeinden (1 Std. zu Fuß). Der Rest Hongdos ist für Besucher gesperrt und lässt sich nur vom Wasser aus betrachten. 2,5 Stunden dauert eine Rundfahrt um die Insel. Für Fotografen sind weniger die roten Erdpigmente Hongdos, daher der Inselname, als vielmehr seine bizarren Felsformationen interessant. Von den Ausflugsbooten wirken Teile des Eilands wie ein von Menschen geschaffenes, uneinnehmbares Fort, während andere wie Seelöwen oder Drachen aussehen (sollen). Der Fantasie, welcher Felsen welche Tierform hat, sind keinerlei Grenzen gesetzt.

Trotz der obskuren Küstengebilde siedelten sich bereits im 17. Jh. Menschen auf dem

anstrengendste Teil des gesamten Weges – selbst die Inselbusse schnaufen die Serpentinenstraße im ersten Gang den Berg hinauf. Am Parkplatz angekommen, erwartet den tapferen Wanderer ein einsamer Getränkeautomat, eine Quelle mit Gratiswasser sowie ein Toilettenhäuschen, das wie an allen noch so kleinen Touristenorten in Korea nicht fehlen darf. Der 227 m hohe **Sangnabong** 상라봉 ist nun in Reichweite und nach der ›Besteigung‹ (5 Fußminuten) läuft man die Straße weiter bis zum **Wanderweg,** der durch den Wald zurückführt bis nach Yeri.

Alternativ folgt man der Küstenstraße um die gesamte Insel herum. Zunächst geht es vorbei am **Jidobawi** 지도바위, einem Felsen mit einem großen Loch, bis nach **Simri** 심리 und dann über den Hügel nach Osten bis zum Fischerdorf **Sari** 사리. In Sari lebte Jeong Yak-jeon (1758–1816), ein koreanischer Gelehrter und Bruder des Philosophen Jeong Yak-yong (1762–1836), einige Jahre im Exil. Jeong Yak-jeon schrieb hier das *»Jasaneobo«,* ein berühmtes Werk über regionale Verteilung, Vorkommen und Gestalt von über 150 Fischarten. Sein (rekonstruiertes) Haus steht noch, bietet aber wenig spektakuläre Einblicke in das Eremitendasein des ersten koreanischen Ichthyologen.

Von Sari führt die Straße nach Norden zum Dörfchen **Sosari** 소사리 mit seinem weißen Sandstrand, von dort parallel zur Küste zurück nach **Yeri.**

felsigen Eiland an, deren Zahl seit Jahren konstant bei 500 liegt. Dazu gesellen sich über 100 000 Besucher jährlich, die mit Katamaranen kommen, um gleich darauf eine Rundtour zu starten.

Infos

Auf der Insel gibt es keine Touristeninformation. Inselzutritt ₩ 2600.

Übernachten

Einfach ▶ Die meisten Besucher machen lediglich einen Tagesausflug nach Hongdo. Möchte doch jemand übernachten, so stehen im Hafenörtchen **Ilgu** 일구, in dem die Katamarane ankommen, einfache Unterkünfte zur Verfügung; sie sind allerdings nicht jedermanns Sache. Wer es trotzdem wagt: Die Preise liegen zwischen ₩ 35 000 und ₩

55 000. Alternativ, aber unwesentlich komfortabler, kann die Nacht auf Heuksando verbracht werden.

Essen & Trinken

Fisch ► Die Insel lebt mehr vom Tourismus als von den gefangenen Fischen, die in jedem Restaurant ähnlich zubereitet werden – zu Preisen ab ₩ 15 000. Trotz dieser stolzen Preise hat die Menüqualität dem Niveau der Unterkünfte nichts voraus.

Verkehr

Katamaran: ab Mokpo Coastal Ferry Terminal, tgl. 4 x (7.50, 8.10, 13, 16 Uhr, zurück von Heuksando nach Mokpo um 9, 11.10, 15.30, 16.20 Uhr, von Hongdo etwa 45 Min. früher; zusätzlicher Service in den Sommermonaten), Fahrtdauer Mokpo–Hongdo 2,5 Std. Da Heuksando auf dem Weg liegt, fahren die Katamarane beide Inseln an. Eine einfache Fahrt kostet ₩ 28 500 (Heuksando), ₩ 34 500 (Hongdo).
Boot: Rundfahrten um Hongdo, Abfahrt kurz nach Ankunft des Katamarans aus Mokpo, Dauer 2 Std., ₩ 20 000.

Jindo 진도 ► 3, E/F 17

Die 320 km² große und damit drittgrößte Insel Koreas ist durch zwei Brücken mit dem Festland verbunden. In den meisten Touristenbroschüren präsentiert sich Jindo mit einem Foto, das eine lange Menschenkette zeigt, die scheinbar übers Meer zu einer Insel wandert – dieses Moses-Wunder ist Synonym für Jindo. Wie so häufig haben übernatürliche Erscheinungen eine simple Erklärung, und im Fall von Jindo ist dies der gigantische Gezeitenhub von bis zu 8 m, der jährlich (meist im Frühjahr) die Wanderung von Jindo zur 2,8 km entfernten **Modo** 모도 (► 3, F 17) ermöglicht. Bei extremer Ebbe öffnet sich eine 40–60 m breite schlammige Landbrücke zwischen den beiden Inseln, über die 400 000 Menschen in Gummistiefeln durch, nein über das flache Meer stapfen – ein Spektakel, das man gesehen haben muss. Vor allem die vielen Christen in Korea sehen darin die biblische Teilung des Meeres im Altertum, bei der Moses die Israeliten durch das Rote Meer führte.

Die Insel ist auch für die Hunderasse bekannt, die ihren Namen trägt – Jindo. Mit ihrem meist weißen Fell sehen sie wie zu klein geratene Huskys aus. Die Rasse kommt nur auf der Insel vor und wurde 1938 zum Nationaltier erklärt. Ihr Export ist verboten, obgleich einige Tiere mit ihrem charakteristischen, gebogenen Schwanz in den 1980er-Jahren wegen ihrer Seltenheit und ihres Wertes außer Landes geschmuggelt wurden. Im **Jindo Dog Research and Testing Center** werden die Hunde aufgezogen und trainiert. Das Center ist öffentlich zugänglich, sodass man die Tiere in ihren Gehegen und beim Training beobachten kann (Tel. 061 540 30 93, keine festen Öffnungszeiten, Eintritt frei).

Info

www.jindo.go.kr
Touristeninformation: im Busbahnhof der Inselhauptstadt Jindo, variable Öffnungszeiten.

Termine

Jindo Miracle Sea Festival (auch Jindo Miraculous Sea Road Festival/Jindo Sinbiui Badatgil Chukje 진도신비의바닷길축제): 1 x jährlich, Termin bei der koreaweiten Touristeninformation erfragen (s. S. 73). Gleichzeitig mit dem ›Moses-Wunder‹ findet dieses sehenswerte Fest statt.

Verkehr

Bus: Busse von Mokpo fahren alle 30 Min. in einer Stunde nach Jindo-Stadt. Weitere Busse von/nach Busan und Seoul.
Fähre: von Mokpo, die jedoch länger braucht. Während des Jindo Festival richtet die Inselverwaltung einen Gratis-Shuttleservice von Jindo-Stadt zum Festival ein.

Jeungdo 증도 ► 3, F 15

Willkommen in der Langsamkeit! Dieses gut 19 km² große Inselchen mit seinen Salzgewinnungsbecken erhielt 2007 von der International Federation of Slow Cities (www.cit

Salzgewinnung aus dem Meer – Salzfelder der Taepyeong-Salzfarm auf Jeungdo

taslow.org) den offiziellen Status als Stadt, respektive Insel, der Gemächlichkeit. So klein, überschaubar und über Jahre bekannt ist alles, dass hier jeder jeden kennt.

Das Besondere Jeungdos sind die riesigen **Trocknungsseen,** mit denen wie zu biblischen Zeiten Salz aus dem Meer gewonnen wird. Im hochindustrialisierten Südkorea sind solche Manufakturmuseen selten geworden. All dies muss die Inspektoren aus der Cittaslow-Zentrale in Italien so begeistert haben, dass sie gleich die gesamte Insel kürten, obwohl sonst nur Städte die Auszeichnung erhalten. Die Insel, auf der es weder Taxis noch öffentliche Verkehrsmittel gibt, erkundet man am besten auf einem Spaziergang (s. Aktiv unterwegs S. 310)

Übernachten

Luxus auf der Ökoinsel ▶ **El Dorado Resort** 엘도라도리조트: Ujeon-ri 우전리 233-42, Tel. 02 60 33 00, www.eldoradoresort.co.kr. Perfekt eingebettet in die Umgebung und direkt am Ujeon-Strand gelegen, ist das 2008 eröffnete Resort das beste und schönste der Insel. Übernachtet wird in mehrstöckigen Villen unterschiedlichen Standards – alle mit 5-Sterne-Niveau und Blick auf das Meer. Frühstück und die Benutzung der Meerwasser-Sauna sind im Preis enthalten. DZ ab ₩ 200 000.

Essen & Trinken

Ein schwieriges Thema. Außer im El Dorado Resort gibt es kaum Restaurants.

Einfach ▶ Einige wenige **einfache Garküchen** befinden sich vom Ujeon-Strand kommend wenige Meter hinter der Jjangttungeo-Brücke. Weitere **einfache Restaurants** befinden sich auf dem Weg vom Salzmuseum zur Fähranlegestelle.

Termine

(Germanium) Mudflats Festival (Seomgaetbeol Chukje 섬갯벌축제): Aug. Bei diesem

aktiv unterwegs

Spaziergang durch die Salzfelder Jeungdos

Tour-Infos

Start: Bushaltestelle am El Dorado Resort, Ujeon-ri (▶ 3, F 15)
Länge: 10 km
Dauer: 2,5 Std., ohne An-/Abfahrt nach Jeungdo
Wichtige Hinweise: Der gesamte Weg ist flach und daher ohne Schwierigkeiten zu bewältigen, führt jedoch ohne Schatten durch die Sonne.

Alle Highlights der Salzinsel in 2,5 Stunden – dieser ausgedehnte Spaziergang führt Sie entlang des Ujeon-Strands bis zu den Salzplantagen Jeungdos, die erst langsam vom Tourismus entdeckt werden. Beginn des Spaziergangs ist die Endhaltestelle der Busse aus Mokpo/Gwangju am **El Dorado Resort,** das wenige Meter vom Ujeon-Strand entfernt liegt. Am südwestlichen Zipfel Jeungdos liegt der **Ujeon-Strand** (Ujeon Haesuyokjang 우전 해수욕장), den im Hintergrund ein uralter Kiefernwald einrahmt. Der Strand lädt zu einem langen Spaziergang ein – oder im August zum Germanium-Wattfestival (s. S. 309). Vom Strand aus kann man den Blick über die Inseln im Westmeer schweifen lassen und sich bei der Sicht auf das klare Wasser und die Strohsonnenschirme an den letzten Urlaub in südlichen Gefilden erinnern. Hier zieht man am besten die Schuhe aus und genießt den Sand unter den Füßen barfuß. Erst nach etwa 2 km muss man das Schuhwerk wieder anlegen, denn man erreicht die **Jjangttungeo-Brücke** (Jjangttungeodari 짱뚱어다리), eine 470 m lange Metallkonstruktion, die dem Salzwasser bislang wacker widerstanden hat. Bei Ebbe blickt man von der Brücke unter sich auf das Wattenmeer, das besiedelt ist von Tausenden, wenn nicht Millionen von Krebsen. Hier sind auch die *jjangttungeo* 짱뚱어 heimisch, eine Schlammspringerart, die unterschiedlich zubereitet als Spezialität der Region gilt.

Nach der Brücke hält man sich rechts und folgt der Straße, von der schon bald bei einem Blick nach links die **Taepyeong-Salzfarm** (Taepyeong Yeomjeon 태평염전), die größte Salzgewinnungsanlage Koreas, zu sehen ist. Man erkennt sie schon aus der Ferne an ihrer schnurgeraden Reihe von etwa 30 einfachen alten Lagerhäusern mit weißen Blechdächern und parallel dazu aufgestellten Strommasten, was alles zusammen aussieht wie ein Dorf im Wilden Westen der USA zu Zeiten des Goldrauschs. Tatsächlich stammen die schwarzen Holzhütten aus den 1950er-Jahren und wurden damals als Salzlager gebaut und genutzt; eine Funktion, die sie noch heute erfüllen. Genau in Richtung der Lagerhäuser geht es, wenn man etwa 1 km nach der Brücke die Straße verlässt und nach links einem Weg folgt, der geradewegs zu den Hütten führt. Die Salzfarm ist die Besucherattraktion der Insel, denn den Arbeitern bei der archaischen Ernte des Salzes zuzusehen ist ein Erlebnis für sich. Seit 1953 werden hier alljährlich 16 000 t Salz gewonnen und mit einfachen Loren auf wackeligen Schienen in die Lagerhäuser transportiert. An dem Weg vorbei an den Holzba-

jährlichen Fest am Ujeon-Strand steht die heilende Wirkung des Wattschlamms im Mittelpunkt, da das Watt bei Jeungdo einen besonders hohen Gehalt an Germanium und Mineralen besitzt. Daneben runden Events das Programm ab, z. B. Schwimmwettbewerbe im Meer und Konzerte.

Verkehr

Die Brückenverbindung mit dem Festland erleichtert erheblich die Anreise.

Bus: Direktbus zum El Dorado Resort am Ujeon-Strand ab Mokpo 6.20, 9.25, 13, 16.30 Uhr, Fahrzeit 2 Std; ab Gwangju 5.45, 8.30, 13 Uhr, Fahrzeit 2 Std. Rückfahrt jeweils ca.

racken, in die man gelegentlich einen Blick werfen kann und auf die gewaltigen Salzmengen schaut, die dem Meer entrissen wurden, ist zu sehen, dass sich die Lagerhäuser mit den Wohnhäusern der Salzbauern abwechseln. Die Häuser sind sehr primitiv gebaut und meist von scharfen, aber angeketteten Hunden bewacht, die sofort bellen, sobald sich ein Fremder nähert.

Am Ende der Häuserkolonne führt links ein kurzer Weg zu einem Naturlehrpfad, der vor dem kleinen, wenig inspirierenden **Salzmuseum** (Sogeum Bangmulgwan 소금박물관) endet. Das Museum hat sich ganz dem Thema Salzgewinnung verschrieben. Untergebracht ist es im Gebäude einer alten Salzlagerstätte aus der Anfangszeit der Salzgewinnung in Südkorea. Wer selbst an der Gewinnung teilnehmen möchte, kann dies hier buchen und erhält am Ende 1 kg des selbstgewonnenen Salzes oder kann hier Salz erwerben. In Korea gilt Jeungdo-Salz als das beste der gesamten Halbinsel und wird häufig mit dem Salz aus Guérande in der Bretagne verglichen, dem edelsten (und teuersten) Salz weltweit (Tel. 061 275 08 29, saltmuseum.org, Do–Mo 9–18, Di/Mi 9–14, ₩ 2000, Salzgewinnungstour inkl. 1 kg Salz ₩ 7000, nur März–Okt.).

Interessanter als das Museum ist der 110 m hohe **Aussichtspunkt** gegenüber, von dem aus man die gerade besuchte und eine weitere Salzfarm überblicken kann. Von hier sind es nur wenige hundert Meter zur Anlegestelle der Fähre, mit der man nach Saokdo 사옥도 übersetzen kann. Ab Saokdo geht es mit dem Bus weiter nach Gwangju oder Mokpo. Alternativ zu einer Rückreise mit der unregelmäßig verkehrenden Fähre (die wahrscheinlich bald eingestellt wird) kann man auch vom Salzmuseum die Küstenstraße entlanglaufen bis zu einer Kreuzung mit **Bushaltestelle,** an der Busse nach/von Mokpo/Gwangju halten (30 Fußminuten).

30 Min. nach Ankunft. Alternativ per Bus nach Jido 지도, dann per Taxi oder Bus nach Saokdo 사옥도 und von dort mit der Fähre nach Jeungdo (Fahrplan auf Fährplan abgestimmt).
Fähre: Zwischen Saokdo und Jeungdo Ferry Terminal verkehren (noch) tgl. Fähren. Die einfache Fahrt kostet ₩ 3600. Wann die Boote genau fahren, sollte man vorher bei der Touristeninformation in Mokpo (s. S. 303) in Erfahrung bringen.

Fortbewegung auf der Insel

Auf der Insel gibt es keinen öffentlichen Transport, selbst Taxis sind nicht vorhanden.

Von Mokpo nach Yeosu

Fantastische Nationalparks im Wasser und an Land, die Teeplantagen von Boseong und schöne Inseln machen den Reiz der Südküste Jeolla-dos aus – hier ist Südkorea am ursprünglichsten. Die erhabenen Tempel lassen die Hektik der Moderne vergessen. Jeolla-dos Süden ist ein kleines Geheimnis, das bewahrt werden will.

Wolchulsan-Nationalpark ▶ 3, G/H 16

Wolchulsan Gungnip Gongwon
월출산국립공원
Der Berg, an dem der Mond aufgeht (Wolchulsan) ist Südkoreas südlichster und mit 56 km² kleinster Nationalpark, dessen Gipfel Cheonghwangbong gerade 809 m hoch ist. Die schönen Seiten des Parks erschließen sich über die ausgedehnten Wanderwege mit Blick auf die Granitfelsen, die aus den sie umgebenden flachen Feldern emporragen. Wolchulsan ist einer der am wenigsten überlaufenen Nationalparks des Landes, da er nicht über imposante Tempel verfügt (Tel. 061 473 52 10, Sonnenaufgang bis 2 Std. vor Sonnenuntergang, ₩ 1600).

Im Westen des Gebirges liegt der Dogap-Tempel (s. S. s. u.). Der zweite wichtige Tempel, Muwisa 무위사, geht auf das Jahr 875 zurück. Er liegt aber so weit im Süden und abseits des von Westen nach Osten verlaufenden Hauptwegs, dass die meisten Wanderer den Tempel nicht besuchen.

Der Park eignet sich für eine eintägige Erholungswanderung ohne viel Publikum für alle, die genug Wasser und Inseln um Mokpo gesehen haben und wieder Land und Berge unter den Füßen haben möchten.

Yeongam 영암 ▶ 3, G 16

Ausgangspunkt für den Wolchulsan-Nationalpark ist für viele Hiker das Örtchen Yeongam im Norden des Parks. Zumindest Fans lauter Motoren und schneller Wagen haben diesen Namen schon einmal gehört, denn Ende 2010 eröffnete hier Koreas erste Formel-1-Strecke – an einem Ort, der nicht auf derartige Veranstaltungen vorbereitet war und über den die Branche damals hereinbrach wie ein tropischer Wirbelsturm. Für Wanderer wichtiger ist, dass von hier Busse sowohl zum Dogapsa als auch zum Cheonhwangsa fahren.

Vom Dogapsa zum Cheonhwangsa

Der populärste **Wanderweg** im Wolchulsan-Nationalpark führt vom Dogap- zum Cheonhwang-Tempel (oder umgekehrt). Er verläuft entlang des Höhenkamms vorbei an den meisten und besten Highlights – Tempel und Berggipfel. Der gesamte Weg ist gut ausgeschildert und 9,5 km lang; durch die teils steilen Aufstiege sollten trotzdem sechs Stunden für den Marsch eingeplant werden.

Startpunkt ist der **Dogapsa** 도갑사 (▶ 3, G 16), ein kleiner Tempel (Nationalschatz), den der Mönch Doseon Guksa 1473 errichtete (www.dogapsa.org, Eintritt frei). Von hier sind es 5 km bis zum **Gujeonbong** 구정봉 (738 m). Da es dort immer Wasser gibt, muss, so die Legende, auf diesem Gipfel einst ein Drache gehaust haben. 500 m entfernt findet sich eine gut 8 m hohe, aus dem Fels herausgearbeitete **Statue eines sitzenden Buddha** (Nationalschatz). Nach weiteren 2 km erreicht man den **Cheonhwangbong** 천황봉 (809 m), den man erklimmen kann. Von hier geht es ein Stück bergab und dann über die **Cloud Bridge** (Gureumdari 구름다리), eine 52 m lange Stahlseilbrücke, die in 120 m Höhe ein Tal überspannt – nichts für Wanderer mit Höhenangst. Wenige hundert Meter hinter der Brücke erreicht man den **Tempel Cheonhwang** (Cheonwangsa 천황사), der 2001 niederbrannte, jedoch in den letzten Jahren wieder aufgebaut wurde.

Info

english.knps.or.kr: Infos zu allen südkoreanischen Nationalparks.
yeongam.go.kr: Auch englischsprachige Website zu Yeongam und den umliegenden touristischen Sehenswürdigkeiten, inklusive Wolchulsan-Nationalpark.

Verkehr

Bus: Yeongam ist durch Busse mit Mokpo und Gwangju verbunden. Ab Yeongnam fahren alle 15–20 Min. Busse sowohl zum Cheonhwang- als auch zum Dogap-Tempel.

Wando und umgebende Inseln

Wando 완도 ► 3, G 17–H 17/18

Für die meisten Reisenden ist die Insel des Lächelns, Wando, Durchgangsstation auf dem Weg nach Jejudo, Koreas subtropischer Ferieninsel. Wando ist mit dem Festland durch eine Brücke verbunden, und vom wichtigsten Städtchen Wando-eup fahren Fähren selbst zu den kleinsten der 60 bewohnten Inseln der Gemeinde. Berühmtester Sohn der Stadt ist Choi Kyung-ju, der 2011 die Players Championship in Florida gewann und wochenlang unter den Top-10-Golfern der Welt rangierte.

Touristische Highlights hat die Insel nicht wirklich zu bieten. Wer jedoch ein wenig Zeit auf Wando hat, kann sich wenige Kilometer nördlich der Ortschaft Wando die **Cheonghaejin** 청해진 anschauen. Der Silla-General Jang Bogo ließ diese Befestigung anlegen, um von hier aus die Handelsroute zwischen Korea und China vor Piratenangriffen zu schützen. An der südlichen Küste Wandos liegt nahe des Dorfes **Jeungdo** 증도 die kleine Parkanlage **Gugyedeung** 구계등 mit Kieselsteinstrand, von der aus man die Inseln und Felsenkliffs entlang der Südküste sehen kann (tgl. 9–17 Uhr, ₩ 1600).

Wando ist berühmt für seinen Seetang (*gim* 김), der in unglaublichen Mengen aus dem Meer geerntet und überall auf der Insel getrocknet wird. Gegenüber dem Ferry Terminal befindet sich ein Laden, der *gim* verkauft.

Sinjido 신지도 ► 3, H 17/18

Wer Zeit am Strand verbringen möchte, kann auch zur östlichen Nachbarinsel hinüberfahren. Eine Brücke verbindet Wando mit Sinjido, deren Westteil wie der äußerste Südostzipfel Wandos zum Dadohae-Haesang-Nationalpark gehört. Im Südwesten Sinjidos breitet sich der 4 km lange Sandstrand **Myeongsasimni** 명사십리 aus – der vielleicht beste Strand in Jeollanam-do. Am im Sommer überfüllten Myeongsasimni ist es selbst in der Nebensaison (Juni, Sept./Okt.) warm genug für ein Nickerchen in der Sonne. Im Hintergrund erhebt sich ein Kiefernwald, und die üppig vorhandenen Restaurants und Motels machen den Strand zum perfekten Ort für einen Faulenzertag.

Bogildo 보길도 ► 3, G 18

Eine gute Bootsstunde südlich von Wando liegt dieses mit 8 km Durchmesser überschaubar bemessene Stück Land, das durch Yun Seon-do (윤선도, 1587–1671) bekannt wurde. Yun, einer der größten Poeten Koreas, lebte zehn Jahre auf Bogildo und verfasste hier seine bekannteste Dichtung, »The Fisherman's Calendar«. In der klassischen koreanischen Dichtkunst symbolisiert der Fischer einen weisen Mann, der sich für ein bescheidenes und naturbezogenes Leben entschieden hat. Der Legende nach verschlug es Yun Seon-do während eines Sturmes auf die Insel, die ihn mit ihrer Schönheit derart beeindruckte, dass er blieb, hier einige seiner besten Stücke schrieb und nicht weniger als

25 Häuser baute. In dem kleinen Park **Munhakcheheom** 문학체험 (Literarische Erfahrung) hängen an den Bäumen einige von Yun Seon-dos Gedichten – leider in Koreanisch.

Bogildo wird im Sommer gerne wegen seiner Strände Yesongni, Jungni und Tongni besucht. Der im Süden gelegene **Yesongni Haesuyokjang** 예송리해수욕장 mit seinen Kieselsteinen und dem angrenzenden immergrünen Hain ist vielleicht der schönste.

Infos

Karten der umliegenden Inseln sind im Ferry Terminal von Wando erhältlich, von wo fast alle Fähren ablegen.

Übernachten

Auf **Wando** stehen fast ausschließlich Motels zum Übernachten zur Verfügung. Sie liegen vor allem in der Nähe des Ferry Terminal, von dem die Boote nach Jejudo ablegen. Am Myeongsasimni-Strand auf **Sinjido** gibt es ebenfalls Motels.

Modern ▶ **Wando Hotel** (Wando Gwangwang Hotel 완도관광호텔): Wando-eup, Tel. 061 552 30 05, www.wandohotel.com. Einziges Hotel der Stadt, direkt am Ufer und etwa 1,5 km nordwestlich des Ferry Terminal. Mit Sauna, japanisch-koreanischem Fischrestaurant und Café mit herrlichem Seeblick. DZ ab ₩ 60 000.

Günstiger Komfort ▶ **Dubai Motel** 두바이모텔: Wando-eup, Tel. 061 553 06 88. Nur 300 m westlich des Ferry Terminal gegenüber von zwei Wasserfontänen kann das einfache Motel mit Meerblick und Internetzugang glänzen. Bessere Unterkünfte sind in Wando kaum zu finden. DZ ₩ 50 000.

Essen & Trinken

Auf **Wando** reihen sich 200 m westlich des Ferry Terminal zahlreiche Fischrestaurants aneinander. Auch am Myeongsasimni-Strand auf **Sinjido** herrscht kein Mangel an Restaurants.

Fleisch statt Fisch ▶ **Ijo Sutbul Galbi** 미조숯불갈비: Wando-eup, Tel. 061 554 85 55. Koreanisches Grillfleisch *(galbi)*, serviert im Fischrestaurantviertel im 2. Stock eines Gebäudes. Gerichte ab ₩ 6000.

Teeplantage mit langer Tradition – Daehan Dawon

Verkehr

Bus: Vom Wando Bus Terminal 완도버스 터미널 in der Ortschaft Wando bestehen Verbindungen von/nach Mokpo (2 Std.), Gwangju (knapp 3 Std.) sowie Busan Seobu Intercity Bus Terminal (6 Std. 40 Min.) und Seoul Express Bus Terminal (5 Std. 40 Min.). Zum Myeongsasimni-Strand auf Sinjido fahren stündlich Busse ab Wando Bus Terminal.
Fähre: ab Wando Ferry Terminal, Ortschaft Wando, 2–3 x tgl. nach Jejudo (3 Std.); ab Hwaheung-Hafen (Hwaheung Pohang 화흥포[항]), 10 km westlich von Wando, fahren mehrmals tgl. Autofähren in gut 1 Std. nach Bogildo.

Boseong und Umgebung

▶ 3, J 16

Südkoreas Darjeeling liegt im Süden des Landes, heißt **Boseong** 보성 und klingt in koreanischen Ohren nach unendlichen **Teeplantagen,** auf denen jene Blätter wachsen, aus denen später Koreas edelster grüner Tee gebrüht wird. Die langen Reihen von Teebüschen, die sich in weiten Bögen terrassenförmig in die bergige Landschaft einfügen, sind eine Augenweide. Tee war bis ins 9. Jh. in Korea unbekannt. Erst als Händler die Samen aus China nach Korea brachten, begannen die ersten Aussaaten in der Nähe des Ssanggye-Tempels im Jirisan. Die Plantagen Boseongs gehen auf die Japaner zurück. Sie stellten, als sie in den 1930er-Jahren die koreanische Halbinsel als Kolonie besetzt hielten, in Boseong die für den Teeanbau perfekte Mischung aus Luftfeuchtigkeit, Bodenbeschaffenheit und Temperatur fest. Während der Ernte von Ende April bis August beschäftigen die Plantagen in Boseong Hunderte von Saisonarbeitern, die die Teeblätter pflücken, bevor diese getrocknet, verpackt und dann meist exportiert werden. Über 40 % der koreanischen Grünteeproduktion kommt von den Feldern Boseongs, und wie es anders nicht sein kann, beherrscht grüner Tee das lokale Leben bis ins Badezimmer: Seife, Shampoo, Eiscreme, Schokolade und natürlich Tee sind alle in der Geschmacks- oder Duftrichtung Grüner Tee erhältlich.

Zur größten und ältesten Teeplantage, **Daehan Dawon** (s. u.), gelangt man über die Nationalstraße 18, die nach Süden bis zur Küste führt. Entlang dieser Straße sowie einer Straße nach Westen sind **weitere Plantagen** angesiedelt, die nicht ganz so malerisch liegen, aber keinen Eintritt verlangen und vom Besucherstrom noch nicht entdeckt wurden.

9 Daehan Dawon

대한다원 **▶ 3, J 16**

Die älteste und berühmteste aller Plantagen ist zugleich die größte Plantage Boseongs. Reihe an Reihe klettern die Teebüsche den Berg hinauf, und besonders am Morgen, wenn der Nebel sich langsam von den Feldern erhebt, ist Daehan Dawon ein Paradies für Fotografen. Der herrliche Weg vom Eingang der Plantage zu den Teefeldern führt durch eine ebenfalls von den Japanern gepflanzte Pinienallee, welche die Ruhe eines Zen-Klosters ausstrahlt (Tel. 061 853 25 95, www.dhdawon.com, ab Boseong alle 45 Min. Bus Richtung Yulpo, 15 Min., Stopp 200 m vom Eingang der Plantage, ₩ 1100, tgl. 6–17, Winter bis 16 Uhr, ₩ 2000).

Doch Daehan Dawon ist nicht nur eine Teeplantage, sondern kann auch mit einem **Restaurant** aufwarten, in dem sogar Grüner-Tee-Nudeln auf der Karte stehen.

Daewonsa und Tibet-Museum **▶ 3, J 15**

Zur Zeit der Kirschblüte (April) ist die Anfahrt zum Tempel besonders schön. Kirschbäume säumen die letzten 5 km – eine Fahrt durch eine fantastische, rosa blühende Allee. Der kleine, auf mehreren Terrassen errichtete **Daewonsa** 대원사 ist einer der ältesten Tempel des Landes, unter König Muryeong im Jahr 503 (Baekje-Zeit) von Ado gegründet. Im Koreakrieg weitgehend zerstört, wurde der Daewonsa in den 1980er- und verstärkt den 1990er-Jahren fast vollständig wieder aufgebaut. Vorbei am Tibetmuseum (s. u.) geht es über Treppenstufen hinauf zu den Tempelhallen. Ungewöhnlich sind die unzähligen großen und kleinen **Teiche,** die sich auf dem Areal verteilen. Ein kleines Naturreservat, in dem insbesondere verschiedene **Lotus-** und **Wasserlilienarten** gezogen werden. Die Haupt- und älteste Halle des Tempels, **Geungnakjeon** 극락전, ist Buddha Amitabha, dem Buddha des Unermesslichen Lichts geweiht und strahlt eine ehrwürdige Aura aus. Der Daewonsa nimmt am Templestay-Programm teil (Tel. 061 852 17 55, www.daewonsa.or.kr, Direktbus ab Boseong, tgl. Sommer 10–18, Winter bis 17 Uhr).

Das **Tibet-Museum** (Daewonsa Tibet Bangmulgwan 티벳박물관) ist das einzige seiner Art in ganz Korea. Das einem tibetischen Tempel nachempfundene Gebäude birgt u. a. tibetische Thangka, Skulpturen, und Ritualobjekte. Ein Ausstellungsraum widmet sich dem Dalai Lama mitsamt Videos und Reden (Tel. 062 852 30 38, www.tibetanmuseum.org, Direktbus ab Boseong, Di–So Sommer 10–18, Winter bis 17 Uhr, ₩ 2000).

Infos

www.boseong.go.kr: Website auch auf Englisch (eher rudimentäre Infos).

Verkehr

Bahn: Jeder Zug auf der Strecke Mokpo–Suncheon und Gwangju–Suncheon hält in Boseong.

Bus: Jeder Bus auf der Route Mokpo–Suncheon hält in Boseong. Ab Gwangju Bus Terminal fahren ca. alle 30 Min. Busse nach Boseong.

Suncheon und Umgebung ► 3, J/K 15

Suncheon 순천 ► 3, K 15

Die Stadt selbst bietet keine touristischen Höhepunkte. Besucher kommen hierher, um das größte Filmset Südkoreas, den Suncheon, Öko-Park mit seinem Vogelschutzgebiet, den Jogyesan-Provinzpark mit seinen Tempeln und das Nagan Folk Village zu besuchen. Alle diese Ziele werden von Suncheon aus als Rundfahrt kombiniert angesteuert. Die durch Agrarwirtschaft und Leichtindustrie geprägte 270 000-Einwohner-Stadt wirbt für sich selbst mit dem Slogan »City of Beautiful People« und erlebt derzeit eine rapide Industrialisierung, vor allem wegen ihrer Zugehörigkeit zur Gwangyang Bay Free Economic Zone.

Infos

www.suncheon.go.kr

Touristeninformation: vor dem Bahnhof (Tel. 061 749 31 07, 061 13 30, tgl. 9–18 Uhr). Hier starten Stadtrundfahrten (s. Tipp S. 317).

Übernachten

In Suncheon gibt es wenige Hotels, dafür aber – nicht nur rund um den Bahnhof – eine Vielzahl von Love Motels. Also Obacht bei der Buchung.

Drei Sterne ► **Suncheon Royal** 순천로얄: 35-8 Jangcheon-dong, Tel. 061 7 43 00 03. Ein echtes Hotel, kein Motel, das nur fünf Taximinuten von Suncheons Bahnhof und 20 Fahrmin. von Yeosus Flughafen entfernt liegt. Das fünfstöckige Hotel ist erste Adresse für Geschäftsreisende. DZ ab ₩ 80 000.

Gut und zuverlässig ► **Ivy Motel** 아이비 모텔: 1031-1 Jorye-dong, Tel. 061 724 78 78, www.ivymotel.co.kr. Der Hotel-Slogan »Wir bieten dauerhafte Erinnerung« ist zwar übertrieben, aber das Ivy ist mit seinen semimodernen, wenngleich etwas speckigen Zimmern weit entfernt vom Liebesnest-Ambiente anderer koreanischer Motels. Luftlinie sind es etwa 2 km zum südwestlich gelegenen Bahnhof. DZ ab ₩ 40 000.

Essen & Trinken

Koreanische Küche ► Gute **koreanische Restaurants** finden sich im alten Stadtzentrum in der Gegend um das Hotel Suncheon Royal.

Verkehr

Bahn: tgl. 10 x Seoul Yongsan Station–Bahnhof Suncheon (Suncheon Yeok 순천역), Fahrzeit 4,5–5,5 Std., sowie regelmäßige Verbindungen mit Mokpo und Gwangju.

Bus: alle 15 Min. Bus ab Gwangju U-Square

Tipp: Bequemes Sightseeing in und um Suncheon

Für den Besuch der Attraktionen von Suncheons Umgebung bucht man am besten die preiswerten eintägigen **Stadtrundfahrten,** die ausreichend Zeit für einen Besuch der verschiedenen Stopps wie Filmset oder Tempel des Jogyesan-Provinzparks lassen. Je nach Tag variieren die Routen. Enthalten sind immer die Suncheon-Bucht und das Nagan Folk Village, ein Tempel im Jogyesan-Provinzpark (Songwangsa oder Seonamsa) und Mo–Mi sowie Fr das Suncheon-Filmset (₩ 7000–9000). Reservierung ist Pflicht. Allerdings sollte man für den Besuch der Suncheon-Bucht erwägen, separat mit Bus oder Taxi zu fahren, da die Tourbusse hier meist nur 2,5 Std. Aufenthalt einplanen.

Reservierung: Tel. 061 749 31 07, Di–So 9.50–17.30 Uhr, Abfahrt vor dem Bahnhof Suncheon.

유스퀘어 zum Suncheon Jonghap Bus Terminal 순천종합버스터미널 (Tel. 061 7 44 65 65).

Suncheon-Filmset

Suncheon Drama Studios/Suncheon Drama Waryeongjang 드라마촬영장

Auf Zeitreise in die 1950er- bis 1980er-Jahre geht es in der TV- und Kinostadt Suncheons, in der einige der berühmt-berüchtigten TV-Serien Koreas gedreht wurden, darunter »East of Eden« (»Jenseits von Eden«/»Edenui Dongjjok« 에덴의 동쪽) – nicht zu verwechseln mit dem gleichnamigen Filmklassiker. Auf fast 40 000 m² stehen über 200 Gebäude aus vier Jahrzehnten. So findet man hier beispielsweise die Innenstadt Suncheons der 1960er-Jahre, ein Bergbaudorf und Straßen aus dem Seoul der 1980er- sowie einen Seouler Slum aus den 1970er-Jahren. Dieses kleine Hollywood ist die größte künstliche Kulissenstadt Südkoreas (scdrama.sc.go.kr, ab Suncheon Jonghap Bus Terminal Bus 77, 99, 777, alternativ können die Studios auch im Rahmen einer Stadtrundfahrt besucht werden/s. Tipp oben, tgl. 9–18 Uhr, ₩ 3000).

Öko-Park Suncheon-Bucht ▶ 3, K 15

Suncheonman Jayeonsaengtae Gongwon 순천만자연생태공원

Ein weites Flussdelta mit Sümpfen, Schilf und Wattenmeer, das sich auf einer endlosen Ebene ausbreitet und in dem seltene Zugvögel Rast machen – Naturliebhaber werden fasziniert sein von der Suncheon-Bucht (Suncheonman 순천만). Als erstes Gebiet in Korea erhielt sie 2006 den Status eines geschützten Wattenmeers unter der Ramsar-Konvention, einer 1960 gegründeten internationalen Vereinigung zum Schutz von Feuchtgebieten als Lebensraum von Wasser- und Watvögeln.

Das 200 ha große Schilfgebiet der Suncheon-Bucht bildet ein eigenes Ökosystem, in dem viele Zugvögel Schutz und Nahrung finden. So bleibt z. B. der Große Brachvogel zur Nahrungsaufnahme zwei Wochen in der Suncheon-Bucht, um seinen 4000–5000 km langen Flug von Sibirien nach Australien bzw. zurück zu überstehen. Auf diesem Flug verliert der Vogel über die Hälfte seines Gewichts. Auch Mönchs- und Weißnackenkraniche sowie viele andere Vögel passieren die oder überwintern in der Suncheon-Bucht, sodass sie besonders im Winter (trotz des oft eisig kalten Windes) hervorragend für die Vogelbeobachtung geeignet ist. Letztlich aber ist die Bucht das ganze Jahr hindurch ein Vogelrefugium. Je nach Jahreszeit entdeckt man hier Reiher-, Enten- oder Gänsearten, Regenpfeifer und Strand- oder Wasserläufer. Besucher können das Schilfgebiet auf einem der Wanderwege oder bei Flut per Schiff erkunden. Im **Suncheon Bay Öko-Museum/-Observatorium** mit Kino, Aussichtsturm und allen Informationen rund um den Mönchskranich, von dem weltweit noch etwa 10 000 Tiere existieren, lassen sich die Eindrücke vertiefen (www.suncheonbay.go.kr, Bus 66,

67 ab Suncheon Bus- und Zugbahnhof alle 20 Min., Fahrzeit 30 Min., tgl. 0–24 Uhr, Eintritt frei, Museum Di–So 9–22, letzter Einlass 21 Uhr, ₩ 2000).

Jogyesan-Provinzpark ▶ 3, J 15

Jogyesan Dorip Gongwon 조계산도립공원
Klein, aber fein und ausgestattet mit zwei bekannten Tempelanlagen, Songgwangsa und Seonamsa, – der mit Kiefernwäldern bestandene 27 km² große Jogyesan-Provinzpark ist bereit für den Sprung in die Liga der Nationalparks. Fast mittig zwischen den beiden Tempel liegen die wichtigsten Gipfel, Janggunbong (884 m) und Yeongsanbong (851 m), die durch Stichwege vom Hauptwanderweg, der beide Tempel verbindet, erreichbar sind.

Der **Songgwangsa** 송광사 im Westen des Parks gilt als der bedeutendste unter den drei Tempeljuwelen Südkoreas, zu denen auch der Haeinsa (s. S. 341) und der Tongdosa zählen. Der Songgwangsa ist bekannt als ›Mönchsschmiede‹, da er viele hochrangige Mönche hervorbrachte. Mit ihren 46 Gebäuden ist die Anlage heute einer der größten, wenn nicht der größte Tempel in Korea.

Im 9. Jh. wurde hier zunächst ein kleiner Tempel, der Gilsangsa, erbaut, der aber schließlich in Vergessenheit geriet. Erst im späten 12. Jh. baute der Seon-Meister Jinul (1158–1210), der den koreanischen Meditationsbuddhismus maßgeblich prägte, ihn als größeren Tempel wieder auf. Im 17. Jh. nochmals erneuert, erfuhr der Tempel dank seiner Bedeutung ab Ende der 1980er-Jahre kontinuierliche Restaurierungen und Renovierungen. Obwohl zum Jogye-Orden gehörend und einer seiner Hauptsitze, genießt der Tempel Autonomie und zieht heute als internationales Meditationszentrum für alle Richtungen des Mahayana-Buddhismus Mönche aus ganz Asien an.

Man betritt den Tempel über eine Brücke und steht dann vor einem Tor, über dem in chinesischer Schrift **Tor der Himmelskönige** 天王門 steht: Im Inneren des Tors hält Jiguk, der Hüter des Ostens eine (chinesische bzw. koreanische) Laute, Gwangmok, der Hüter des Westens, eine Schlange, Chungjang, der Hüter des Südens, trägt ein Schwert, und Damun, der Wächter des Nordens, trägt eine zusammengerollte Fahne, das Siegesbanner der buddhistischen Lehre.

Hat man das Tor der Himmelskönige passiert und folgt weiter der Hauptachse des Tempels, so gelangt man auf den größten Hof der Anlage. Auf der linken Hofseite steht die **Seungbojeon** 승보전, die Halle des Sangha-Juwels, (*seungga* 승가, Skr. *sangha* = die Gemeinschaft aller Buddhisten). Auf der rechten Hofseite ist eine kleine Halle, die **Yaksajeon** 약사전, dem Medizin-Buddha, geweiht ist. Die größere Halle rechts ist die Kshitigarbha-Halle (Jijangjeon 지장전), die Halle jenes Bodhisattva, der über die Höllenfürsten herrscht. Geradeaus steht die größte Halle des Tempels mit doppelt gestaffeltem Dach, die **Daeungbojeon** 대웅보전 oder Daeungjeon 대웅전, die Mahavira-Halle. Sie birgt die Buddhas der Drei Zeiten: im Zentrum Seokgamoni (Shakyamuni), flankiert links von Dipamkara, dem Buddha der Vergangenheit, und rechts von Maitreya, dem Buddha der Zukunft.

Geht man rechts an der Haupthalle vorbei, so gelangt man in einer etwas kleineren weiteren Hof, indem sich hinten rechts die **Guksajeon** 국사전, die Halle der Meister, befindet. Dieses älteste Gebäude des Tempels birgt 16 Porträts der wichtigsten Seon-Meister, die der Tempel hervorgebracht hat.

Zum Tempel gehören zahlreiche weitere Hallen, darunter Lehrhallen und die Wohngebäude für die Mönche. Ebenfalls auf dem Gelände steht **Bisari Gusi,** ein aus zwei Bäumen geschnitzter Vorratsbehälter für Reis. Trotz seiner beeindruckenden Maße darf bezweifelt werden, ob der Inhalt tatsächlich – wie behauptet – für die Speisung von 4000 Mönchen reichen würde, und wenn, dann nur für ein einziges bescheidenes Mahl.

Der Tempel erscheint tagsüber wenig betriebsam; die meiste Arbeit in dem Tempel wird von den Novizen erbracht, während die Mönche sich der Meditation widmen – auch in Tempel herrschen klare hierarchische Verhältnisse. Der Tempel nimmt am Templestay-

In der ›Mönchsschmiede‹ Songgwangsa, einem der drei Tempeljuwelen Koreas

Programm (s. S. 88) teil (Tel. 061 755 01 07, www.songgwangsa.org, ab Suncheon Station, City Express Bus/*jwaseok* 좌석 111, Fahrzeit 80 Min., ab Gwangju Bus Terminal Direktbus, tgl. 7–18 Uhr, ₩ 3000).

Der im Osten des Jogyesan liegende **Seonamsa** 선암사 ist zwar kleiner, aber nicht weniger beeindruckend als der Songgwangsa. Baudatum und Gründungsmönch sind umstritten: Entweder geht der Tempel auf das 6. Jh. (Mönch Ado) oder aber auf das Jahr 871 zurück. Wie dem auch sei, auch der Seonamsa erfuhr wiederholt Zerstörung, Renovierung und Wiederaufbau. Die heutigen Gebäude gehen großteils auf die 1820er-Jahre zurück. Der Tempel besticht nicht zuletzt durch verwittertes Holz und verblichene Farben. Während der Songgwangsa als maskuliner Tempel gilt, gilt der Seonamsa mit seiner unaufdringlichen Ästhetik als femininer Tempel. Wer weiß, vielleicht liegt dies auch daran, dass er der Haupttempel des Daego-Ordens ist, der seinen Mönchen das Heiraten erlaubt. Um zum Tempel zu gelangen, überquert man eine uralte Steinbrücke, die **Seungseongyo** 승선교, die vermutlich aus dem 17. oder 18. Jh. stammt und eine Besonderheit aufweist: Unter dem granitenen Viadukt, in der Mitte des Steinbogens, hängt ein Drachenkopf als Schutz vor schlechten Einflüssen. Sehenswert ist zudem eine über 200 Jahre alte **Kiefer,** die nicht nach oben, sondern zur Seite wächst. Hat man das **Eingangstor** des Seonamsa durchschritten und folgt der Tempelachse, erreicht man die Buddha Shakyamuni geweihte **Daeungjeon** 대웅전, während die, was ungewöhnlich ist, in T-Form konzipierte **Wontongjeon** 원통전 aus dem 17. Jh. den Bodhisattva Avalokiteshvara bzw. seine weibliche Ausprägung als Gwaneum/Wontong birgt (Tel. 061 754 52 47, www.seonamsa.net, ab Suncheon Station, Bus 1, Fahrzeit 40–45 Min. oder Taxi, tgl. 8.30–18 Uhr, ₩ 1500).

Natürlich gibt es diverse **Wandermöglichkeiten** im Park, der meistbegangene Pfad führt von Westen nach Osten vom Songgwangsa zum Seonamsa (oder umgekehrt) mit einem Schwenk zum fast 900 m hohen Janggunbong 장군봉, ist etwa 8 km lang und nicht unter 5–6 Stunden zu meistern. Entlohnt wird man mit einer fantastischen Strecke über Höhenkämme, vorbei an ungestümen Bächen und hinauf auf den höchsten Gipfel des Parks. Beide Tempel sind als Start- oder Endpunkt mit dem Bus ab Suncheon erreichbar (Tel. 061 755 01 07, english.suncheon.go.kr, tgl. 8–17 Uhr, ₩ 2500, Anfahrt s. Songgwangsa, Seonamsa S. 319).

Nagan Folk Village ► 3, K 15

Naganeupseong Minsok Maeul
낙안읍성민속마을

Im Süden des Jogyesan-Provinzparks liegt das besterhaltene, von einer Stadtmauer umgebene traditionelle Dorf Koreas – selbst das als UNESCO-Weltkulturerbe gelistete Suwon bei Seoul verblasst angesichts der strohgedeckten Hütten und alten Steinmauern. Kurzum: Eigentlich hätte das Nagan-Dorf die Auszeichnung verdient.

Die einstige Festung (*eupsong* 읍성) ist umgeben von einer 1,4 km langen Steinmauer, die 1424 einen Erdwall ersetzte, der den plündernden japanischen Piraten nicht mehr standhalten konnte. In der Mitte des Dorfes steht ein Monument in Erinnerung an General Lim Kyong-op (1594–1646), von dem es heißt, er habe das Fort 1639 innerhalb eines Tages wieder aufgebaut – kein Vergleich zu den Reparaturarbeiten in den 1980er-Jahren, die vier Jahre dauerten.

Die Burg ist heute Heimat von über 250 Menschen, die in den schönen, aber zugigen Häusern leben. Anders als in manchen anderen traditionellen Dörfern Koreas gehört den Bewohnern ihr Haus mit den kleinen Gärten. Das Leben in einem offenen Museum bedeutet allerdings auch, die Gebäude regelmäßig zu warten, was besonders bei den Strohdächern eine Menge Arbeit nach sich zieht: Wegen Schnee, Regen und Hitze müssen sie jährlich erneuert werden. Dachpfannen wären zwar praktischer, dürfen jedoch nicht verbaut werden (Denkmalschutz).

In Nagan sind neben den **Wohnhäusern** einige interessante historische Gebäude restauriert worden, etwa das **ehemalige ›Bürgermeisteramt‹**, Donghon, oder das **einstige Gästehaus** des Dorfes, Kaeksa. Beim Besuch sollte man kein altertümliches Dorf mit Bewohnern, die der Zivilisation abgeschworen haben, erwarten. Die Familien leben in ihren Häusern durchaus modern – die zahlreichen Antennen und Automobile zeugen davon.

Im Dorf gibt es ein kleines **Museum** mit Exponaten zum Leben in den ›guten alten Zeiten‹ (www.nagan.or.kr, kleine Broschüre in der Touristeninfo im Dorf erhältlich, ab Suncheon Station stdl. Bus, Fahrzeit 50 Min., sowie Bus ab Beolgyo, tgl. Sommer 9–18, Winter 9–17 Uhr, ₩ 2000).

Termine

Nagan Suncheon Folk Cultural Festival (Suncheon Nagan Minsong Munhwa Chukje 순천낙안민속문화축제): Mai, Nagan Folk Village. Mit Feuerwerk, Musik, einer traditionellen Hochzeitszeremonie und Leckereien aus der Region.

Namdo Food Festival (Namdo Eumsik Munhwa Keunjanchi 남도 음식 문화 큰잔치): www.namdofood.or.kr, 5 Tage im Okt., Nagan Folk Village. Über 200 verschiedene Gerichte, Snacks und weitere Gaumenfreuden locken über 150 000 Besucher in das Dorf.

Jirisan-Nationalpark ► 3, K/L 13/14

Die Diva unter Südkoreas Nationalparks ist Jirisan (Jirisan Gungnip Gongwon 지리산국립공원) – 1967 als erster Südkoreas gegründet und der größte Gebirgspark der 20 Nationalparks des Landes. Jirisan hat einiges zu bieten, beispielsweise neben dem Seoraksan die besten Bergtouren ganz Südkoreas und zwölf über 1000 m hohe Gipfel. Gleich drei Flüsse entspringen in Jirisan, und Koreas letztes Dutzend wilder Kragenbären (auch Asiatischer Schwarzbär oder Mondbär, *Ursus thibetanus ussuricus*) lebt in einem entlegenen Winkel des Parks. Das Rudel wurde erst

2001 entdeckt, nachdem die Population über Jahrzehnte als ausgestorben galt. Zwar ist es äußerst unwahrscheinlich, bei einem Marsch durch die engen und gewundenen Pfade Jirisans plötzlich einem der Kragenbären gegenüberzustehen, aber das Wissen um ihre Existenz macht jede Hikingtour zu einem knisternden Erlebnis – besonders dann, wenn man die etwas abgelegenen Wege aufsucht. Im Park gibt es das **Jirisan Endangered Species Restauration Project,** das wegen des langen Winterschlafs der Faulpelze nur von April bis Oktober arbeitet (www.bear.or.kr). Dort wird für die Bären erheblich besser gesorgt als in den etwa 110 anderen Bärenfarmen Koreas, wo die Haltung der Tiere Tierschützern schlaflose Nächte bereiten dürfte.

Der gesamte Jirisan-Nationalpark besitzt mit 440 km² etwa die Fläche Hamburgs und ist so groß, dass er sich über drei Provinzen erstreckt: Gyeongsangnam-do, Jeollanam-do und Jeollabuk-do. Von seinen drei Hauptzugängen dringen spinnennetzartig Wanderwege in die Bergwelt vor und führen meist zu einem Gebirgskamm, dem Rückgrat des Parks, auf dem sich zahlreiche über 1500 m hohe Gipfel aneinanderreihen. Dazu zählt auch der Cheonwangbong 천왕봉 (1915 m), Südkoreas zweithöchster Berg nach dem 1950 m hohen Hallasan auf Jejudo. Im Westteil des Jirisan setzt sich die Reihe der Gipfel fort: Jongbong 종봉 (1732 m), Myeongseonbong 명선봉 (1586 m), Tokkibong 토끼봉 (1534 m), Nogodan 노고단 (1507 m) und Samgakbong 삼각봉 (1452 m).

Der beliebteste Zugang zum Jirisan liegt im Westteil in Jeollanam-do beim Hwaeom-Tempel. Von Gyeongsangnam-do aus gelangt man gut in den Ostteil des Parks, wobei der Eingang am Ssanggye-Tempel beliebter ist als der am Daewon-Tempel (Sonnenaufgang bis -untergang, Eintritt frei).

Westlicher Jirisan-Nationalpark

Der Westen des Jirisan-Nationalparks (Jirisan Gungnip Gongwon 지리산국립공원) ragt weniger in die Höhe als der Ostteil, ist nicht so zerklüftet, aber ebenso kolossal und weist mit dem Hwaeom-Tempel den beliebtesten Zugang zum Park auf. Eine Alternative bildet der Seongsamjae-Eingang, von wo aus man in einer Stunde den Nogodan und nach weiteren zweieinhalb Stunden den Hwaeomsa erreicht (s. Aktiv unterwegs S. 322).

Der **Hwaeomsa** 화엄사 (▶ 3, K 14) ist der bekannteste und größte unter den Tempeln Jirisans, wurde 544 gegründet, brannte dann jedoch ab, sodass die heutige Anlage aus dem Jahr 1636 stammt. Der wunderbar gepflegte Tempel – gestutzte Bäume, frisch gestrichene und in Ehren gealterte Bauten sowie laubfrei gefegte Höfe – liegt etwa 1 km von der Bushaltestelle am südlichen Parkeingang entfernt. Nicht ganz perfekt geriet einzig der Laute spielende Gott im dritten Eingangstor, dessen Zähne an die eines Hasen erinnern.

Hat man den zentralen Teil der Anlage erreicht, so findet man zwei fünfstöckige **Steinpagoden** vor. Beide sollen aus dem 9. oder 10. Jh. stammen, also gegen Ende der Silla-Zeit gefertigt worden sein. Bei der westlichen Pagode sind Darstellungen buddhistischer Gottheiten erkennbar. Die **Haupthalle** im oberen Hof birgt drei große Altarfiguren mit Buddha Vairochana in der Mitte.

Ihr benachbart, steht links die **Gakhwangjeon** 각황전, ein im Original erhaltener zweistöckiger Holzbau aus dem Jahr 1702. Hinter dem Altar hängen mehrere große Gemälde mit Buddha- und Schutzgott-Darstellungen. Auf dem Altar selbst stehen sieben vergoldete Statuen aus dem Jahr 1703: Die Buddha-Trinität Shakyamuni (Mitte), Amitabha (außen rechts), und Prabhutaratna (außen links) wird begleitet von den Bodhisattvas Avalokiteshvara, Samantabhadra, Manjushri und Kshitigarbha (von links nach rechts). Links und rechts von diesen stehen zwei beachtenswerte Türme mit Hunderten goldener Buddhafigürchen. Wenige Meter vor der Gakhwangjeon beeindruckt eine über 6 m hohe **Steinlaterne,** damit ist sie die größte Südkoreas. Die Laterne ruht auf einem achteckigen Sockel, was für Laternen aus der Silla-Zeit ungewöhnlich ist. Etwas abgelegen,

aktiv unterwegs

Wanderung im Jirisan-Nationalpark

Tour-Infos

Start: Seongsamjae-(성삼재)-Eingang
Länge: 9,5 km
Dauer: 3,5 Std.
Anfahrt: Busstation an der Seongsamjae Service Area
Wichtige Hinweise: Der Weg ist mittelmäßig schwierig, wird an beiden Enden von Bussen angefahren und bietet einen guten Blick vom Hauptbergkamm, der sich von Osten nach Westen durch den Jirisan-Nationalpark zieht.

Aktiv unterwegs darf auf dieser Wanderung wörtlich genommen werden, denn nach der kurzen Wanderung über den Nogodan-Pass (1250 m) und dem Abstieg zum Hwaeomsa sind die Beine gut zu spüren. Erst am Ende des Weges, am Hwaeom-Tempel, sind wieder andere Kräfte gefordert, nämlich Auge und Geist für eines der am meisten geachteten Gotteshäuser des Landes. Der Weg ab der Busstation an der Seongsamjae Service Area zum Pass ist einfach zu laufen und steigt nur etwa 150 m an, da Seongsamjae bereits auf gut 1100 m liegt, der Bus also die Hauptarbeit für die zu erklimmende Höhe geleistet hat.

Von Seongsamjae läuft man etwa 30 Minuten in Richtung Nogodan Ridge bis zu einer auf 1250 m gelegenen **Aussichtsplattform** mit bestem Blick auf das Örtchen Gurye, die südlichen Berge des Parks und den im Wald versteckten Hwaeom-Tempel. Nach weiteren 100 m erreicht man eine Abzweigung nach rechts, die hinab in den Wald führt. Folgt man stattdessen dem befestigten Weg weiter, erreicht man zunächst die **Nogodan-Hütte** und schließlich den **Nogodan** (der 1507 m hohe Gipfel ist nicht zugänglich), und wer nicht aufpasst, nach über 40 km den Tempel Daewon im Osten Jirisans.

Um zum Hwaeom-Tempel zu gelangen, nimmt man aber die genannte Abzweigung nach rechts, die schnurstracks über einen Felsenweg vorbei an der **Yeongiam** 연기암, einer Einsiedelei, zum Hwaeomsa führt. Der 5,7 km lange Weg geht anfangs sehr steil

etwa 50 m neben der Gakhwangjeon und eine Treppe hinauf, steht eine dreistöckige **Steinpagode,** die von vier Löwen getragen wird, von denen jeder eine der vier Grundemotionen repräsentiert – Liebe, Trauer, Ärger und Freude. Davor befindet sich eine kleine **Steinlaterne** mit einer Figur, die Yeongi, den Tempelgründer, darstellt (Tel. 061 783 91 05, www.hwaeomsa.org, 7–19.30 Uhr, ₩ 3500).

Weitere lohnende Wanderungen im westlichen Jirisan führen durch eines der schönsten Täler des Parkes, das **Baemsagol** 뱀사골, oder im Herbst durch das sehenswerte **Piagol** 피아골. Eine Dreitagestour, die nur erfahrenen Wanderern anzuraten ist, führt vom Hwaeomsa zum 45 km entfernten **Daewonsa** 대원사 im Nordosten des Nationalparks (Sonnenaufgang bis -untergang, Eintritt frei).

Östlicher Jirisan-Nationalpark

Steuert man den Eingang am Ssanggyesa im Süden des Parks an, so fährt man die letzten 4 km vom Marktort **Hwagae** 화개 (▶ 3, K 14) auf der **10-Ri-Kirschblütenstraße** (*ri* ist eine traditionelle koreanische Maßeinheit, 1 ri = ca. 400 m), die auf beiden Seiten von Kirschbäumen gesäumt wird. Im März/April bilden sie einen fantastischen Blütentunnel. Aber aufgepasst: Die Straße wird auch Heiratsstraße genannt, denn ihr werden magische Kräfte nachgesagt: Jedes Paar, das vom Beginn bis zum Ende der Straße folgt, wird schließlich den Bund der Ehe eingehen. Links und rechts der Straße passiert man zahlrei-

bergab. Man läuft die gesamte Zeit durch den Wald und entlang eines Bergflusses. Gut 2,5 Stunden nach der Abzweigung hat man das Ziel **Hwaeomsa** (s. S. 321) erreicht. Verirren kann man sich nicht, da der Weg gut ausgeschildert ist und man dauernd andere Wanderer mit demselben Ziel trifft.

Obwohl der Weg ausschließlich den Berg hinab geht, ist das permanente Springen über und Auftreten auf die Felsen anstrengend. Dies ist jedoch kein Vergleich mit den Strapazen, denen man sich aussetzt, wenn man die Tour in umgekehrter Richtung läuft – dann ist nicht nur mindestens eine Stunde mehr zu veranschlagen, sondern der Pfad vom Tempel zur Seongsamjae Service Area hat es in sich, ist ermüdend steil und zieht sich scheinbar endlos. Vom Hwaeomsa läuft man etwa 20 bis 30 Minuten weiter bis zum Parkeingang, der nur 50 m vom **Busbahnhof** entfernt ist und in einem kleinen Ort liegt, in dem man sich in einem der preiswerten Restaurants nach dem Kampf mit dem Berg stärken kann.

che **Teeplantagen.** Im 9. Jh. soll der Mönch Jingam (774–850) erste Teesamen aus China hierhergebracht und damit den Teeanbau in Korea begründet haben. Heute ist die Gegend eines von Koreas bedeutendsten Teeanbaugebieten. Der Bus hält am Bus Terminal in der Nähe des **Ssanggyesa Information Center** am Parkeingang, von wo aus man nach ca. 700 m Fußweg den Tempeleingang erreicht. Ein angenehmer Weg, der vom Plätschern des rechter Hand fließenden Bachlaufs begleitet wird.

Der **Ssanggyesa** 쌍계사 (▶ 3, K/L 14, Zwillingstal-Tempel) wurde 722 als Okcheonsa, Jadequellen-Tempel, gegründet. Zwei koreanische Mönche waren damals aus China zurückgekehrt – mit dem Schädel und einem Porträt des Sechsten Patriarchen des Chan-(Zen-)Buddhismus Huineng. Die heutigen Gebäude stammen aus dem 17. Jh., da der Tempel im 16. Jh. während des Krieges mit Japan zerstört wurde. Die elegante Anlage liegt in einer schönen Tallandschaft mit alten Bäumen und einem Bach inmitten der Bergszenerie des Jirisan. Eine Brücke führt zum **Ticketschalter** des Tempels, vor dem zwei Steine stehen. Auf ihnen sind in chinesischen Zeichen *ssanggye* 雙磎 (Zwei Täler) und *seokmun* 石門 (Steintor) eingemeißelt – angeblich vom Gelehrten Choe Chi-Won mit seinem Wanderstock geschrieben. Nun folgen drei **Tore.** Hat man das letzte, das Tor der Himmelskönige, passiert, steht man vor einer granitenen neunstufigen **Pagode** aus dem Jahr 1990. Dringt man in den Haupthof des Tempels vor, so erblickt man vor der Haupt-

Die Azaleenblüte ist ein Natur-Highlight im Jirisan-Nationalpark

halle eine 3,6 m hohe **Steinsäule.** Sie erinnert an den oben erwähnten Mönch Jingam und seine musikalischen Errungenschaften. Denn Jingam gilt auch als Begründer der koreanisch-buddhistischen Musik (*beompae* 범패). Am nahe gelegenen Seomjingang komponierte er beim Betrachten der Fische im Fluss mit acht Tönen und Rhythmen *(paleumryul)* das Opus »Fischberg« (*»Eosan«* 어산). Ruhe und Zeit zum Sinnieren braucht es eben, um den Gedanken einen inspirierenden Schub zu verpassen (Tel. 055 883 19 01, www.ssang gyesa.net, tgl. 9–18 Uhr bzw. Sonnenaufgang bis -untergang, ₩ 3400).

Nach Verlassen des Tempels (Eingang = Ausgang) kann, wer Lust und Zeit hat, in ca. 1,5 Stunden die etwa 2,5 km zum **Buril-Wasserfall** (Buril Pokpo 불일폭포) weiterwandern. Ein Weg, der keine allzu großen Ansprüche an die Wandersleut stellt. Der Pfad windet sich zunächst durch den Wald bergauf, der schönste Teil des Weges, der nach etwa 2 km in ein offenes Feld mündet. Kurz darauf hört man dann schon das Rauschen des Wasserfalls. Allerdings nicht im Winter, denn dann friert er zu und bildet eine riesige Eiswand – ideal, um das Klettern an Eiswänden zu üben, wie dies viele Einheimische mit Hochgebirgsambitionen tun. Hat man den Campingplatz erreicht, bietet sich ein herrlicher Blick auf den über 60 m in die Tiefe stürzenden Wasserfall – einer der größten Koreas. Von hier geht man denselben Weg zurück zum Tempel. Wer stärker ambitioniert ist,

kann natürlich noch 6 km weiter zum 1285 m hohen Samsinbong 삼신봉 wandern.

Infos

Hwaeom Information Center, Ssangyesa Information Center (Tel. 055 883 17 50), **Daewonsa/Yupyeong Information Center** (Tel. 055 972 77 75), **Seongsamjae Information Center:** knps.or.kr. Darüber hinaus gibt es mehrere Park-Ranger-Stationen. An den Parkeingängen am Hwaeom-Tempel und am Seongsamjae-Eingang ist ein Faltplan (auch engl.) erhältlich, in den die Berggipfel eingezeichnet sind. Allerdings sind die höchsten Berge nur in der koreanischen Karte vermerkt. Der Park ist äußerst beliebt, daher sind die Wege gut und in Englisch ausgeschildert.

Übernachten

Wanderer kommst du nach Jirisan ..., dann übernachtest Du auf einem Campingplatz, in einer Hütte im Park oder in Jinju (s. S. 394). An den Eingängen zum Ostteil gibt es keine Hotels oder Motels, einzig an der Zufahrtsstraße zum Ssanggyesa sind einfache Unterkünfte zu finden (ab ₩ 30 000).

Nachts im Park ▶ Zehn einfache Hütten sind über den gesamten Park verteilt, darunter der **Nogodan Shelter,** die größte Hütte im Westteil Jirisans, in der etwa 100 Leute Unterschlupf finden können. Eine frühe Reservierung ist ein absolutes Muss (₩ 8000). Die Hütten **Piagol** und **Yeonhacheon** sind deutlich kleiner als Nogodan, und auch hier ist eine Reservierung empfohlen, um nicht nach

Einbruch der Dunkelheit ohne Dach über dem Kopf mitten im Park zu stehen. Für alle Hütten gilt: Essen, Kochgeschirr, Brenner und Schlafsack mitbringen. Decken werden gestellt. Tel. 02 13 30 (koreaweite Touristen-Hotline, die auch Reservierungen übernimmt). Campingplatz am Buril-Wasserfall.

Essen & Trinken

Einfach ▶ Einzelne Unterkünfte wie die Seseok-Hütte im mittleren Süden bieten einfache Mahlzeiten wie Schnell-Nudeln im Plastikbecher und Getränke. Wer zum Buril-Wasserfall laufen möchte, sollte sich ein wenig Verpflegung und Wasser mitnehmen. Verköstigungsmöglichkeiten finden sich an der Zufahrtsstraße zum Ssanggyesa.

Verkehr

Bus: *Zum westlichen Parkeingang,* von dem es etwa 1 km zum Hwaeumsa-Tempel ist, fahren Direktbusse von Gwangju, Yeosu, Busan und weiteren Städten in Jeolla-do. Von allen anderen Destinationen ist ein Buswechsel im Städtchen Gurye(-gun) 구례군 erforderlich, von wo täglich zahlreiche Busse zum Parkeingang am Hwaeumsa fahren (20 Min.) sowie acht Busse zum Seongsamjae-Eingang. Von Gwangju fahren tgl. Busse nach Gurye und direkt zum Hwaeumsa-Parkeingang.
Zum Sanggyesa Information Center im Osten des Jirisan-Parks bestehen gute Busverbindugen von der 25 km (30 Min.) südlich gelegenen Provinzstadt Hadong 하동. Hadong ist von Busan, Jinju und sogar Seoul über Busse und teilweise Züge erreichbar.
Pkw: Der östliche Teil des Parks ist am bequemsten mit dem Auto zu erreichen.

Yeosu und Umgebung

▶ 3, K/L 16

Cityplan: s. S. 327
Yeosu 여수 bedeutet übersetzt Schöne Gewässer – ein besserer Name für die in der Mitte der Südküste Koreas gelegene Stadt ist kaum möglich, denn tatsächlich liegt Yeosu in einer zerklüfteten Buchtenlandschaft am östlichen Ende des Dadohae-Haesang-Nationalparks und an den westlichen Ausläufern des Hallyeo-Meeresparks. 317 Inseln verteilen sich wie Sommersprossen im Meer vor der Yeosu-Halbinsel und gehören ebenfalls zur Stadt, 268 davon sind unbewohnt.

Yeosu ist eine mittelgroße Hafenstadt mit knapp 300 000 Einwohnern, eine Zahl, die laut Stadtverwaltung bis 2025 auf 400 000 steigen soll. Die Hoffnungen sind berechtigt, denn ebenso wie Suncheon liegt die Stadt in der Gwangyang Bay Free Economic Zone. Nördlich der Stadt breitet sich bereits eine hohe Konzentration an Ölraffinerien und petrochemischen Anlagen aus. Die in der Stadt stattgefundene Expo 2012 (s. S. 328) zog im Vorfeld einen riesigen Bauboom nach sich.

Die Highlights der Stadt sind alle gut zu Fuß erreichbar. Dazu gehören die baum- und bambusbewachsene Odong-Insel, die Replik eines Schildkrötenboots von Admiral Yi Sun-sin, das südlich des Bahnhofs gelegene Gelände der Expo 2012 sowie der kleine Hyangiram.

Odongdo 오동도

Wer zu der kleinen Insel hinüber möchte, kann zuvor noch einen kurzen Abstecher in den **Jasan-Park** 1 (Jasan Gongwon

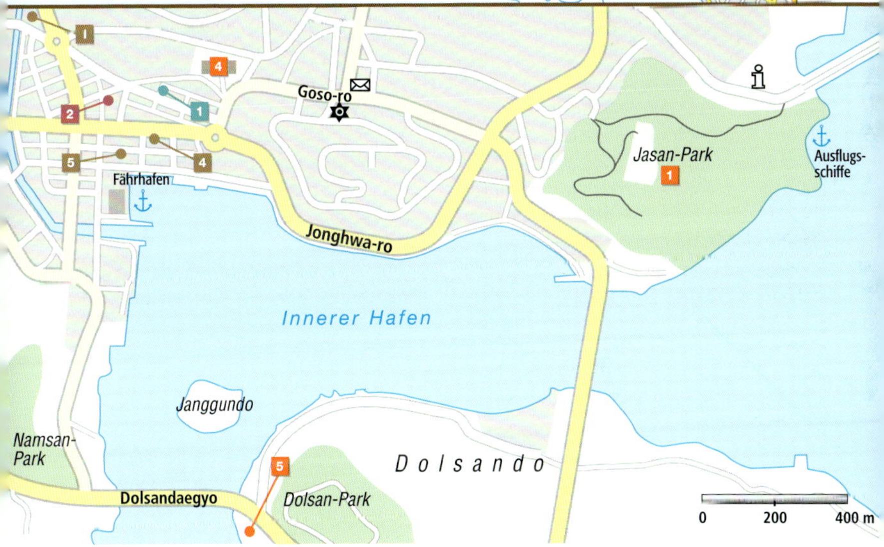

자산공원) machen. Hier findet sich eine Statue Admiral Yi Sun-sins – wie in Seoul steht der Kriegsherr hier in voller Kampfmontur auf seinem Sockel.

Odongdo 2 ist heute durch einen 700 m langen Damm mit dem Festland verbunden. Wer nicht zu Fuß gehen möchte, kann mit dem Kamelien-Zug fahren, um dann einen botanischen Garten zu betreten, der mit seinen zahllosen Kamelien im Spätherbst einem scharlachroten Feuermeer gleicht. Ein Spaziergang um die Insel dauert nicht länger als eine halbe Stunde. Es lohnt sich, auf den 1952 gebauten Leuchtturm (tgl. 8.30-17.30 Uhr) hinaufzufahren, um den schönen Blick über das Meer und Yeosu zu genießen. Einen Blick verdient auch der verkleinerte Nachbau eines **Schildkrötenboots.** Diese Boote spielten in der Geschichte Koreas eine bedeutende Rolle, sicherten seine Unabhängigkeit von Japan. Kinder werden im Sommer die mit Musik untermalten **Wasserfontänen** lieben – die

Show läuft etwa alle 30 Minuten (odong do.go.kr, Bus 2, 8, 10, 17, 107 zum Damm, dann zu Fuß oder per Kamelien-Zug/ März–Okt. tgl. 9–19, Nov.–Febr. 9–17 Uhr, nach Bedarf, ₩ 500, Insel: tgl. 6–23 Uhr, ₩ 1600, Eintrittskarte an der Touristeninformation erhältlich).

Expo 2012 3

Vom 12. Mai bis 12. August 2012 fand in Yeosu die Expo 2012 unter dem Motto »Der lebende Ozean und die Küste« statt. Vorgestellt wurden verschiedene Konzepte für die Harmonie von Stadt, Meer, Mensch und Natur, die dem Besucher Anregungen für eine künftige Lebenswelt bieten sollen. Diverse architektonische Highlights sollen Besuchern auch nach Ende der Weltausstellung offen stehen, darunter das 3000 Besucher fassende Open Theatre mit schwimmender Bühne, das Big O und ein Aquarium.

Herzstück der Expo ist das **Big O** (O von Ocean), eine 43 m hohe ovale Konstruktion, die mitten in einem künstlich geschaffenen Meeresbecken steht. Sie ist Schauplatz einer Hightech-Multimediashow aus Wasserspiel und Hologrammen, die auf eine Wasserleinwand innerhalb des Big O projiziert werden. Das **Aquarium** auf dem Gelände ist das größte des Landes und bietet 33 000 Meeresbewohnern einen Lebensraum, darunter so seltene Tiere wie Belugas, Baikalrobben und Seepferdchen. Ebenso wie das **Open Theatre** bleiben Big O und Aquarium auch nach der Expo für Besucher geöffnet.

Das Expo-Gelände befindet sich im Hafengebiet zwischen Bahnhof und Odongdo-Damm. Maskottchen der Expo waren Yeony und Suny, zwei niedliche Figuren in Rot und Blau, die das Plankton personifizieren sollen. Plankton bildet ein Hauptnahrungsmittel für Meereslebewesen und ist ein wichtiger Absorber von Kohlendioxid aus der Atmosphäre (www.expo2012.or.kr).

Jinnamgwan 지남관 4

Auf einer Anhöhe mit guter Sicht über die Bucht, aus der einst die Schildkrötenschiffe gegen die japanische Übermacht antraten, steht die Jinnamgwan. Die 75 m lange und 14 m hohe und bei Nacht eindrucksvoll beleuchtete **Säulenhalle** ist das älteste Gebäude in der Kernstadt Yeosus. Darüber hinaus ist die Jinnamgwan der größte einstöckige Holzbau Südkoreas. Ihr Vorgänger war Teil des Kommandopostens von Admiral Yi Sun-sin, der von hier aus – bis er sein Hauptquartier nach Tongyeong verlegte – seine Flotte befehligte. Der herrliche Pavillon mit seinen 68 massiven Holzpfeilern hat allerdings nichts mehr von seiner ursprünglichen Architektur, denn nach Yi Sun-sins Weggang, entstand hier 1599 zunächst ein Gasthaus, in dem auch der niederländische Abenteurer Hendrik Hamel (s. S. 34) als ›Gast‹ eine Zeitlang lebte, bevor er nach Japan fliehen konnte. Allerdings brannte das Gasthaus später nieder. 1716 wurde dann die Säulenhalle in ihrer heutigen Form errichtet (tgl. 24 Std., Eintritt frei).

Vor dem Gebäude steht etwas verloren eine 2 m große umzäunte **Steinfigur** – eine von ehemals sieben, die entweder als Dekoration dienten oder als Schutzpatrone die Gäste vor bösen Geistern schützen sollten.

Das kleine **Museum** neben der Jinnamgwan ist Admiral Yi Sun-sin und seiner Taktik, die letztlich den Sieg über Japan brachte, gewidmet (Di–So 10–17 Uhr, Eintritt frei).

Dolsando 돌산도 ► 3, L 16/17

Die größte Insel vor Yeosu, Dolsando, ist nicht nur Südkoreas siebtgrößte Insel, sondern auch so ideal platziert, dass sie die Stadt zu einem gut geschützten Hafen macht. Durch die 1984 erbaute, imposante **Große-Dolsan-Brücke** (Dolsandaegyo 돌산대교) und eine zweite **neuere Brücke** vom Jasan-Park ist die Insel gut mit dem Festland verbunden.

Unterhalb der Dolsandaegyo befindet sich auf der Insel ein **Anleger** für Ausflugsschiffe. Das Besondere ist das hier ankernde **Schildkrötenboot** 5, ein in Originalgröße reproduziertes Holzschiff mit den typischen Metallplanken auf der Oberseite und einem Drachenkopf am Bug. Mit diesen Schiffen

Yeosu ist mit der Dolsando über zwei Brücken verbunden, hier die Große-Dolsan-Brücke (Dolsandaegyo)

besiegte Admiral Yi Sun-sin die vordringende japanische Marine im Imjin-Krieg Ende des 16. Jh. Das Äußere des Bootes ist mindestens so interessant wie sein Inneres, in dem eine moderne Armee aus Schaufensterpuppen, kostümiert in damaliger Uniform, einen Eindruck der einstigen Gefechtssituation auf See simulieren soll. Die Boote fassten etwa 130 Mann, waren äußerst wendig und für die auf Entern spezialisierten Japaner wegen der Metallplatten und -dornen kaum einzunehmen Tel. 061 644 14 11, tgl. 8–18 Uhr, ₩ 1200).

Am Ende der Welt, oder genauer gesagt am südöstlichen Ende der Insel Dolsando, schwebt einsam **Hyangiram** 향일암 (▶ 3, L 16) zwischen hochragenden Felsen über dem Meer. Das Nonnenkloster, in dem insbesondere Gwaneum verehrt wird, scheint der Welt sagen zu wollen: Haltet ein mit der Hast und besinnt euch auf die wahren Werte. Davon ist zwar in Yeosu wenig zu spüren, aber die Besucher kommen trotzdem in Scharen, denn der Blick auf das Meer ist spektakulär. Anders als andere Tempel beeindruckt Hyangiram nicht mit seiner Größe, sondern mit seiner Lage. Dies ist ein perfekter Platz, um den Sonnenaufgang zu erleben. Der Tempel entstand 659 als Wontongam, erhielt seinen heutigen Namen erst 1715 und war während des Imjin-Kriegs ein Ausbildungslager für Mönche, die Yi Sun-sin im Kampf gegen die japanische Invasion halfen. Leider brannte der Tempel im Dezember

2009 fast vollständig nieder, wurde jedoch bis zur Expo 2012 wieder aufgebaut (tgl. 24 Std., ₩ 2000).

Unterhalb des Tempels liegt das kleine Dorf **Impo** 임포, in dessen Nähe der Bus aus Yeosu hält und das vorwiegend aus einfachen Motels und Restaurants besteht (Bus 111, 113 ab Bus Terminal oder Bahnhof, 1 Std. bis Impo/Hyangiram, dann 291 Stufen hinauf zum Tempel).

Manseongni-Strand

▶ 3, L 16

Manseongni Haesuyokjang 만성리해수욕장 Yeosus bekanntester und ca. 300 m langer Strand liegt 4 km nördlich von Odongdo und ist alles andere als ein gewöhnlicher Strand. Sein schwarzer (eigentlich grauer) Sand heizt sich in der Sommersonne extrem auf, was sonnenhungrige Koreaner keineswegs von einem Besuch abhält. Im Gegenteil: Sie graben sich bis zum Hals in den heißen Sand ein – angeblich soll er therapeutische Qualitäten besitzen. Am Manseongni-Strand reihen sich ganze Heerscharen von Restaurants, was zusammen mit dem Schauspiel der eingegrabenen bleichen Körper einen interessanten Nachmittag verspricht (Bus 6 oder Taxi).

Infos

www.yeosu.go.kr

Touristeninformation: in der Nähe des Dammes nach Odongdo, Tel. 061 664 89 78, tgl. 9–17 Uhr. Hier erhält man auch die Eintrittskarten für die Insel.

Übernachten

Im Viertel Hak-dong, etwa 7 km nordwestlich des Fährhafens, finden sich eine ganze Reihe guter Hotels und Motels. Sie sind zwar unpraktisch gelegen, bieten aber einen höheren Standard als die Herbergen zwischen Fährhafen und Jasan-Park.

Im Zentrum ▶ **Hotel Eastern Jewelry** 호텔이스턴주얼리 **1**: 346 Chungmu-dong, Tel. 061 663 20 11, 061 6 64 70 70. Ausgestattet mit schönen Räumen und gutem Restaurant ist dieses nur 1,5 km vom Bahnhof entfernte Hotel eines der besseren Häuser in einer Stadt, die das Thema Unterkunft im Vorfeld der Expo 2012 etwas zu nachlässig anging. DZ ab ₩ 110 000 (Rabatte möglich).

Neu und modern mit Meerblick ▶ **Tiffany Hotel** (Tiffany Wangwang Hotel 티파니관광호텔) **2**: 200-14 Hak-dong, Tel. 061 685 22 00, www.tiffanyhotel.net. Mit seinen 42 Zimmern mit neuer Ausstattung wie Flachbildschirmen, einem japanischen Restaurant, Sauna und gelber Hausfassade sticht das Tiffany aus der Masse der Unterkünfte hervor. Das Englisch der Belegschaft ist hanebüchen, aber erheblich besser als in vielen anderen Hotels der Stadt. DZ ab ₩ 50 000, Suite ₩ 130 000.

Freundlich mit Meerblick ▶ **Bellagio Hotel** (Yeosu Bellagio Wangwang Hotel 여수벨라지오관광호텔) **3**: 200-19 Hak-dong, Tel. 061 6 86 79-77, -78, www.blghotel.com. Sympathisches Hotel am Hafen mit zuvorkommendem Personal. Drei Restaurants: Koreanisch, Japanisch und Chinesisch, die aber alle kulinarisch einen Stern unterhalb ihres Preisniveaus rangieren. DZ ab ₩ 50 000.

Einfach und sauber ▶ **Sky Motel** 스카이모텔 **4**: 454 Gyo-dong, Tel. 061 662 77 80. Hafennähe und akzeptable Räume sind die Stärken dieses betagteren Motels im Zentrum. In den oberen Stockwerken mit Hafenblick. DZ ab ₩ 35 000.

Meerblick ▶ **Motel T** 모텔 T **5**: 534 Gyo-dong, Tel. 061 665 57 57. Die Eigentümer des schlichten weißen Baues, der Erinnerungen an die ehemalige DDR wiederbelebt, waren keine Innenarchitekten oder schlecht beraten: Elfenbeinfarbene Wände streiten sich mit braunen Möbeln und lila Betten um die Farbhoheit in den Zimmern. Davon abgesehen sind die Räume ok und im 5. Stock mit gutem Hafenblick. DZ ab ₩ 35 000.

Für Abenteurer und Preisbewusste ▶ **France Motel** 프랑스 모텔 **6**: 200-15 Hak-dong, Tel. 061 681 00 01. Einst nah am Abgrund zum Liebesnest, hat das Motel nach einer Komplettrenovierung jetzt moderne Zimmer und schicke Bäder und gehört zu den besten Unterkünften in Hak-dong. Direkt links neben dem Tiffany Hotel. DZ ab ₩ 50 000.

Essen & Trinken

Meeresgenüsse ▶ Raw Fish Street 1: Dolsando, ca. 11.30–21 Uhr. Eine ganze Palette an Fischrestaurants hat sich in der Nähe von Admiral Yi Sun-sins Schildkrötenboot eingerichtet, die alle nicht preiswert sind und mit ihren Riesenportionen eher auf Familien als auf Einzelreisende warten. Fischplatte für zwei bis drei Personen ab ₩ 30 000.

Japanisch ▶ Ihak Sikdang 이학식당 **2:** 391-2 Gyo-dong, Tel. 061 662 16 61, tgl. 9–22 Uhr. Feine japanische Küche und eine bestens organisierte Bedienung begrüßen die Gäste. Der Eigentümer hat 30 Jahre Erfahrung als japanischer Küchenchef. Sashimi ₩ 15 000.

Westlich ▶ Moiri 모이리 **3:** 1564 Ungcheon-dong, Tel. 061 682 11 50, tgl. 9–22 Uhr. Dieses feine Restaurant steckt in einem antiken, efeuumwucherten Gebäude und überzeugt mit seinen koreanisch-westlichen Gerichten. Salatbüfett im 2. Stock. Menü ab ₩ 12 000.

Aal ▶ Jakeun Eochon 작은어촌 **4:** 163-7 Munsu-dong, 1 km südwestlich des Busbahnhofs, Tel. 061 653 95 00, tgl. 10–21 Uhr. Dieses Gourmet-Restaurant in einem schönen Holzhaus verspricht wahren Gaumenschmaus. Spezialität ist Aal, der in allen Variationen angeboten wird. Am besten: gegrillter Aal mit Sesam. Gerichte ab ₩ 10 000.

Verführt mit Fisch und Fleisch ▶ Miso Ssambap 미소쌈밥 **5:** Tel. 061 652 49 00, tgl. 10–22 Uhr. Das Eckhaus-Restaurant mit niedrigen japanischen Tischen hat sich mit seinen Fisch- und Fleischgerichten einen Namen gemacht, ist beliebt unter Einheimischen und jedem Taxifahrer ein Begriff. Gerichte ab ₩ 6000.

Fast Food ▶ Lotteria 6: tgl. 8–22 Uhr. Wer Fisch, *kimchi* und *bibimbap* nicht mehr aushält, kann in dieser koreanischen McDonald's-Variante seinen Hunger stillen.

Abends & Nachts

Cocktails ▶ Yellow Monkey 옐로우몽키 **1:** 176-6 Hak-dong, Tel. 061 653 66 33. Da Downtown-Yeosu abends in einen Tiefschlaf fällt, bleibt für eine Ausgehnacht nur das neue Viertel Hak-dong im Westen der Stadt, was eine Taxifahrt von 15 Minuten vom Fährhafen erfordert. Hier liegt die von Ausländern und Einheimischen gerne besuchte Bar Yellow Monkey. Cocktails, Schnäpse und Bier in allen Variationen.

Termine

Yeosu Schildkrötenboot-Festival (Yeosu Geobukseon Chukje 여수거북선축제): www.ystour.kr/en/festival/geobuksun.jsp, Mai. Im Mittelpunkt dieses Festes steht seit 1967 jedes Jahr ab dem 3. Mai der Sieg über Japan im Imjin-Krieg, gefeiert mit einer großen Parade.

Verkehr

Flug: Der Flughafen Yeosu (Yeosu Gonghang 여수공항, Tel. 061 689 63 00, www.airport.co.kr/doc/yeosu_eng/), 17 km nördlich des Stadtzentrums, bietet Verbindungen nach Seoul und zur Insel Jeju.

Bahn: In Zentrumsnähe liegt der Bahnhof Yeosu (Yeosu Yeok 여수역, Tel. 061 652 69 77). Ein normaler Zug benötigt für die Strecke Seoul–Yeosu 5,5 Std., ein KTX-Zug 3,5 Std.

Bus: Der Yeosu Public (Gongyong) Bus Terminal 여수공용버스터미널 (Tel. 061 652 18 77, -68 77, -69 77, www.usquare.co.kr/Local/yeosu.asp) liegt über 7 km nordwestlich des Odongdo-Damms. Alle 40 Min. fahren Busse ab Seoul Gangnam Express Bus Terminal (4,5 Std.) nach Yeosu. Von Busan, Mokpo und Gwangju erreichen Busse stündlich in 4 Std., 3,5 Std. bzw. 2,5 Std. die Stadt.

Fähren: Vom Passenger Terminal (Yeosu Yeogaek Terminal 여수여객터미널, Tel. 061 663 01 17) verkehren Boote zu den umliegenden Inseln, z. B. tgl. 7.40, 13 Uhr in 2,5 Std. nach Geomundo 거문도, eine südlich von Dolsando gelegene Inselgruppe, die sich gut zum Wandern eignet.

Ausflugsschiffe: Vom Anleger für Ausflugsschiffe neben dem Schildkrötenboot fahren Boote für ₩ 20 000 zum Hyangil-Kloster (Hyangiram 향일암). Vom westlichen Ende des Odongdo-Damms (in der Nähe des Kartenschalters) fahren Ausflugsschiffe mit verschiedenen Routen, u. a. um die Odong-Insel herum.

Die Treppenaufgänge zum Bulguksa bei Gyeongju

Kapitel 5

Der Südosten – Gyeongsang-do und Busan

Südkoreas vielseitigste Provinz war einst Geburtsort der Silla-Reichs, des ersten vereinigten Königreichs auf der koreanischen Halbinsel, das prägend war für das kulturelle Selbstverständnis des Landes. Bis heute spiegeln die Grenzen der 1896 in Gyeongsangbuk-do und Gyeongsangnam-do geteilten Provinz die Umrisse des einstigen Silla-Reichs wider. Mit der alten Silla-Hauptstadt Gyeongju hat Gyeongsang-do ein Highlight zu bieten, das seinesgleichen in Korea sucht. Hier liegen die Grabkammern zahlloser Könige und die Schätze von über 1000 Jahren koreanischer Hochkultur.

Das Gegenstück zu Gyeongju ist die Hafenstadt Busan, die zweitgrößte Stadt des Landes. Mit seinem riesigen Containerhafen – die Nr. 5 weltweit – ist Busan das bedeutendste Logistikzentrum Südkoreas für den internationalen Handel. Anders als in Gyeongju und im Rest Gyeongsang-dos tanzt hier das moderne Leben mit allen seinen Facetten, und das alles aus nur einem Grund – um dem ewigen Rivalen Seoul Paroli zu bieten.

Wie viele andere Regionen Südkoreas ist auch Gyeongsang-do den Weg der Industrialisierung gegangen. Schnell, manchmal zu schnell, sind weite Teile des Südostens im 21. Jahrhundert angekommen. Die Provinz hat jedoch auch einen starken Bezug zur Vergangenheit. Davon zeugen die zahlreichen Weltkulturerbe-Stätten: Die alte Hauptstadt Gyeongju, die Dörfer Yangdong und Hahoe oder die Seokguram-Grotte stehen neben anderen Orten auf der UNESCO-Liste. Dazu kommen fünf Nationalparks, in denen die wanderfanatischen Koreaner sich austoben können, von denen der Hallyeo-Meerespark den Besucher in die malerische Inselwelt des südlichen Südkorea eintauchen lässt.

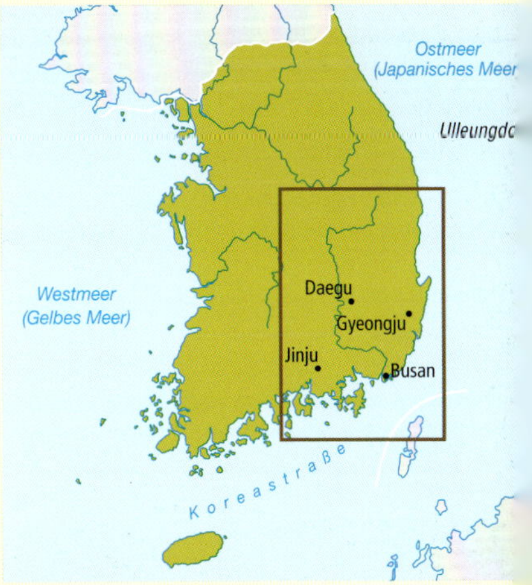

Auf einen Blick

Der Südosten – Gyeongsang-do und Busan

Sehenswert

Haeinsa: Tief in den Bergen des Gayasan-Nationalparks liegt dieses UNESCO-Welterbe, ein Tempel, in dem die berühmte »Tripitaka Koreana« aufbewahrt wird (s. S. 341).

10 **Hahoe Folk Village:** Ein traditionelles Dorf an einem romantischen Fluss, das sich seit Jahrhunderten kaum verändert hat und UNESCO-Welterbe ist (s. S. 146).

11 **Gyeongju:** Einstige Hauptstadt des Silla-Reichs und eine Fundgrube für Archäologen – jeder Stein ist Geschichte (s. S. 358).

12 **Jinju:** Eine kleine Stadt, in die man sich leicht verliebt. Eine Festung aus dem 14. Jh., eine berühmte Heldin und zahlreiche Aalrestaurants geben dem Städtchen seinen unverwechselbaren Charme (s. S. 394).

Schöne Routen

Wanderwege im Palgongsan-Provinzpark: Vor den Toren Daegus breitet sich Südkoreas größter Provinzpark aus – leicht zu erreichen, mit schönen Pfaden und für Faulenzer mit der Seilbahn stressfrei anzufahren (s. S. 340).

Bootstrip um Ulleungdo: Undressiert und touristisch kaum erschlossen, ist die Insel ein riesiger Abenteuerpark und eine Tour um das Eiland wie eine Fahrt um King Kongs Heimat Skull Island (s. S. 353).

Entdeckung der Inselwelt im Hallyeo-Meeresnationalpark: Unter den über 400 Inseln des Meeresparks findet sich für jeden Geschmack ein Fleckchen Erde – angefangen bei der geschichtsträchtigen Hansan-Insel bis zur Geojedo mit ihren schönen Stränden und Wäldern (s. S. 397).

Meine Tipps

Per Fahrrad durch Gyeongju: Im Stadtzentrum Gyeongjus lassen sich die Hauptsehenswürdigkeiten als Rundkurs gut per Fahrrad erkunden (s. S. 362).

Jagalchi-Fischmarkt: Fische in allen Geruchsnoten, kleine Stände und resolute ältere Frauen – einer der größten Fischmärkte des Landes (s. S. 376).

United Nations Memorial Cemetery in Busan: Ein Friedhof für die Gefallenen des Koreakriegs und ein bewegendes Stück Zeitgeschichte (s. S. 380).

Haegeumgang: Eine der fotogensten Inseln Koreas und für viele Koreaner ein ebensolches Highlight wie das berühmte Diamantgebirge in Nordkorea (s. S. 402).

aktiv unterwegs

Trekking im Juwangsan-Nationalpark: Die reizvolle Tagestour durch Südkoreas kleinsten Nationalpark führt durch das grüne Jubang-Tal zu zwei über 700 m hohen Gipfeln (s. S. 352).

Wanderung auf den Seonginbong: Wer schon immer einen Vulkan besteigen wollte, hat dazu auf der tief im östlichen Meer gelegenen Insel Ulleung beste Gelegenheit (s. S. 355).

Wanderung in der einstigen Geumjeong Sanseong: Eine entspannte Wandertour in Busan entlang der Relikte einer riesigen Burganlage bis zum schön gelegenen Beomeo-Tempel (s. S. 385).

Daegu und der Norden

Der nördliche Teil Gyeongsang-dos war Heimat der Silla-Könige und hat viele seiner kulturellen Traditionen bewahrt. Im Hahoe Folk Village ebenso wie in einer ehemaligen Konfuziusakademie sind die konfuzianischen Wurzeln noch heute spürbar. Einen willkommenen Kontrast bildet die Vulkaninsel Ulleungdo – Südkoreas letztes Stück ungebändigten Landes.

Daegu 대구 ▶ 1, N/O 11/!2

Was Mailand und Paris in Europa sind, ist Daegu für Südkorea – die Stadt hat sich als Mode- und Textil-Mekka Südkoreas einen Namen gemacht. Die Kollektionen auf den Laufstegen der Weltmetropolen kommen zwar immer noch aus Europa, aber der Abstand zu Versace & Co. hat sich zumindest nicht vergrößert. Inzwischen setzen Daegus Stadtväter auf ein zweites Standbein mit weniger Prestige, aber mindestens ebenso guten Erfolgschancen: Seit mehreren Jahren boomt hier die Metall- und Maschinenindustrie. Daegu ist mit 2,5 Mio. Einwohnern Südkoreas viertgrößte Stadt und eine der wenigen Städte des Landes mit einer U-Bahn. Diese geriet allerdings durch ein Attentat mit über 100 Toten 2003 weltweit in die Schlagzeilen.

Vor dem Koreakrieg war Daegu – Großer Hügel – eine verschlafene Provinzhauptstadt, wuchs aber ab den 1970er-Jahren explosionsartig auf mehr als die doppelte Einwohnerzahl. In den Mittelpunkt der Weltpresse gelangte die Stadt 2002 als Austragungsort der Fußballweltmeisterschaft mit dem Spiel um den dritten Platz zwischen Südkorea und der Türkei (3:2 für die Türkei) sowie 2011 mit der 13. Leichtathletik-Weltmeisterschaft.

Als dritte wichtige Stadt Gyeongsang-dos steht Daegu im Schatten seiner Konkurrenten Busan und Gyeongju, hat jedoch mit seinem Kräutermarkt, einem aktiven Nachtleben und dem in nächster Umgebung liegenden Haein-Tempel einige – wenngleich wenige – Attraktionen. Im Sommer kann es in der Stadt unerträglich heiß werden – 1940 wurde hier mit 40 °C die bislang höchste Temperatur auf der koreanischen Halbinsel gemessen.

Dongseongno und Bongsan Culture Street

Im Viertel **Dongseongno** 동성로 (Dongseong-ro) zwischen der U-Bahn-Station Jungangno und der Rodeo Street schlägt das modische Herz der Stadt. Die Straßen sind hier offiziell nach US-amerikanischem Muster durchnummeriert (Dongseongno 1-gil 동성로1길, Dongseongno 2-gil 동성로2길 etc.), wenngleich – wie überall in Südkorea – die Namen nicht immer ihren Weg an die Straßenränder gefunden haben. In Dongseongno sind viele kleine Boutiquen aller Preisklassen angesiedelt, in denen die neuesten Trends von Daegus Designern zu finden sind. Dazu gesellen sich Einkaufszentren und Restaurants. Die kleineren Geschäfte haben eine kurze Halbwertszeit und repräsentieren damit die Schnelllebigkeit der Modetrends. Der ideale Ort für Window-Shopping (U 1 Jungangno, Ausgang 2, dann wenige Min. zu Fuß).

Nur 300 m südlich lockt jenseits der Dalgubeol-daero 달구벌대로 die **Bongsan Culture Street** (Bongsan Munhwa Geori 봉산문화거리), in der sich fast zwei Dutzend Galerien präsentieren. Geboten werden Töpferwaren, Gemälde, Handwerkskunst und weiterer Kunsttrödel. Nicht ganz so kreativ und professionell wie Seouls Insadong-gil, aber preiswerter und entspannter. Zweimal pro Jahr findet ein Festival in der Straße statt (www.bongsanart.com, U 1, 2 Banwoldang, Ausgang 9).

Yangnyeongsi 약령시

Der **Heilkräutermarkt** liegt etwa 1 km vom Daegu-Bahnhof entfernt und erstreckt sich entlang der ca. 700 m langen Yakjeon-golmok 약전골목 (Arzneibuchgasse) im Bereich der Namseong-ro 남성로 (Namseongno). Seit Mitte des 17. Jh. ist Yangnyeongsi der wichtigste Kräutermarkt Südkoreas, auf dem fast 40 % der nationalen Kräuter umgeschlagen werden, und inzwischen nicht nur Handelsplatz, sondern auch die wichtigste Touristenattraktion Daegus. Die Stände und Geschäfte zu zählen ist fast unmöglich, denn die Grenzen zwischen den Läden und fliegenden Händlern ist kaum erkennbar – ein babylonisches Getümmel und der Alptraum für jede Gewerbeaufsicht. Die zum Verkauf angebotenen Wurzeln, Blätter, Eidechsenschwänze oder getrockneten Tausendfüßler liegen teils direkt auf dem Boden oder stehen sorgsam verpackt in Vitrinen und sollen – je nach Verkaufsrhetorik – eine besonders wirksame Medizin sein oder Wunder vollbringen. Die in die Nase wehenden Gerüche und Aromen sind so vielfältig wie die Krankheiten, welche die Kräutermixturen heilen sollen, und sensible Naturen dürften bereits beim Anblick der Süppchen und Kreaturen von kleinen Wehwehchen kuriert sein. Wem das noch nicht hilft, für den steht vor fast jeder der 50 Apotheken ein ›Berater‹ bereit, der für die meisten Zipperlein ein Rezept parat hat und sofort ein heilendes Elixier aus einem Bündel verschiedener Kräuter, Baumrinden und ›Magic‹-Pilzen zusammenbraut. Ohne fließende Koreanischkenntnisse sollte man von solchen Experimenten allerdings Abstand nehmen (www.herbmart.or.kr, U 1, 2 Banwoldang, Mo–Sa 10–17 Uhr, Eintritt frei).

Für ein besseres Verständnis der angebotenen Naturprodukte und deren Wirkung kann man den zweiten Stock des **Yang-**

Hier werden Heilmittel fachgerecht zerkleinert – auf dem Yangnyeongsi

nyeongsi Exhibition Center besuchen, wo eine kleine Ausstellung alte Medizinbücher, Kräutersammelkörbe etc. zeigt (U 1 Banwoldang, Mo–Sa 9–17 Uhr, Eintritt frei, leider fast ausschließlich Koreanisch).

In dem Stadtviertel gibt es weitere, auf bestimmte Waren **spezialisierte Gassen,** etwa für Handtücher, Schmuck, Socken, Nähmaschinen oder aber bunte Reiskuchen (Regenbogen-Reiskuchen/*mujigae tteok* 무지개떡). Solche Reiskuchen werden traditionell anlässlich des ersten Geburtstags eines Kindes verzehrt.

Infos

Touristeninformation: im Bahnhof Dongdaegu, im Flughafen, außerhalb des Yangnyeongsi Exhibition Center sowie in der U-Bahn-Station Banwoldang, Tel. 053 627 89 00, 053 13 30, www.daegu.go.kr, utour.daegu.go.kr, jeweils tgl. 9–17 Uhr.

Übernachten

Elegant ▶ **Novotel Daegu City Center** 노보텔대구시티센터호텔: 611 Gukchaebosang-ro (11-1 Munhwa-dong), Tel. 053 664 11 01, novotel.ambatel.com, U 1 Jungangno, Ausgang 3. Seit seiner Eröffnung 2008 Daegus Vorzeigehotel mit frechen Listenpreisen, die sich beim Nachfragen drastisch reduzieren. Erstklassige Zimmer, Café mit Terrasse, nahe U-Bahn-Station und die Lage im Finanz-, Shopping- und ›Kultur‹-Viertel machen das Novotel zur ersten Wahl, für den, der es sich leisten kann. DZ ab ₩ 472 000 (Liste), Preisnachlass bis zu über 50 % möglich.

Gute Mittelklasse ▶ **Hotel Ariana** 호텔아리아나: 200-1 Dosan-dong, Tel. 053 765 77 76, www.ariana.co.kr, U 2 Beomeo, Ausgang 4, dann ca. 2 km nach Süden. Mit 50 Zimmern kein Riese in der Hotelszene Daegus, dafür aber mit in dieser Preislage exzellentem Service und ebensolcher Ausstattung. Im Erdgeschoss befindet sich ein Brauhaus im deutschen Stil (s. rechts). DZ ab ₩ 90 000.

Spitzenservice ▶ **Union Tourist Hotel** (Union Gwangwang Hotel 유니온관광호텔): 1-9 Taepyeong-ro 2-ga, Tel. 053 252 22 21, U 1 Daegu Station, Ausgang 1, 2. Die Eigentümerin dieses Hotels ist eine freundliche Dame mit gutem Englisch. Die Zimmer sind groß und sauber. Zentrale Lage. DZ ab ₩ 50 000.

Praktische Lage und sauber ▶ **Grand Motel** 그랜드모텔: 302-207 Chilseong 2(i)-ga, Tel. 053 424 41 14, 053 422 24 81, U 1 Daegu Station, Ausgang 3. Das sechsstöckige Grand kann nicht mit riesigen Zimmern protzen, aber mit zwei Minuten Laufentfernung zu U-Bahn und Lotte Department Store. DZ ₩ 45 000.

Alleinstellungsmerkmal: Hostel ▶ **Danim Backpackers** 다님백패커스: 2. Stock, 135-9 Bongsan-dong, Jungu, Tel. 070 75 32 91 19, 010 77 57 61 16, U 1, 2 Banwaldang, Ausgang 9. Daegus einziges Hostel. Mit Internet (inkl. Wifi), Waschmaschine, Schließfächern sowie Etagenbetten. 5 Fußminuten von der U-Bahn-Station. Schlafsaal ₩ 25 000 (inkl. bescheidenem Frühstück).

Essen & Trinken

Niveauvoll ▶ **Dijon** 디종: 21-9 Samdeok-dong 1-ga, Tel. 053 422 24 26, U 1 Jungangno, Ausgang 2, tgl. 11.30–22 Uhr. Herrliches Restaurant mit mediterraner Küche, unaufdringlicher Bedienung und gedämpftem Licht – perfekt für ein Rendevous. All dies hat seinen Preis. Menü ab ₩ 30 000/Person.

Feine, westliche Speisekarte ▶ **Atrium** 아트리움: Tel. 053 754 31 11, www.atriumkorea.co.kr, U 2 Suseong-gu Office, Ausgang 2, tgl. 11.30–23 Uhr. Viel Holz und romantisches Licht – das Atrium ist der Platz für ein Dinner zu zweit. Elegantes Ambiente mit französisch-italienisch-amerikanischer Küche. Lange Weinkarte. Pasta ab ₩ 21 000, neungängiger Atrium Course ₩ 59 000.

Deutsche Braukunst ▶ **Ariana Brau** 아리아나 브라이: im Hotel Ariana, Tel. 053 765 77 76, 053 762 09 00, www.ariana.co.kr/brau/brau.php, U 2 Beomeo, Ausgang 4, dann ca. 2 km nach Süden, Mo–Sa 17–2, So 15–2 Uhr. Restaurant, das sich abends in eine Kneipe mit Livemusik verwandelt. Seit 2002 kommen Weizen, Pils und Stout aus der hauseigenen Brauerei. Gerichte ₩ 9000 bis über ₩ 30 000, Sa Mittagsbüfett ₩ 16 900.

Rinderrippchen ▶ Bongsan Jjimgalbi 봉산찜갈비: 332-3 Dongin-dong 1-ga, Tel. 053 425 42 03, U 1 Chilseong Market, Ausgang 3, tgl. 9–22 Uhr. Dieses Restaurant hat sich *jjimgalbi* 찜갈비 verschrieben, gedämpften Rinderrippchen, die seit seiner Eröffnung in den 1960er-Jahren einen Popularitätsschub erfahren haben. In der gleichen Straße haben sich inzwischen weitere *jjimgalbi*-Restaurants angesiedelt. *Jjimgalbi* ₩ 14 000 (importiert), ₩ 25 000 (lokal).

Spezialitäten vom Huhn ▶ Geumgok Samgyetang: 금곡삼계탕, 46-5 Gongpyeongdong, Tel. 053 424 44 49, U 1 Jungangno, Ausgang 2, tgl. 10–22 Uhr. Der Name sagt es: *Samgyetang* 삼계탕 (Ginseng-Hühnersuppe) ist der Renner des Hauses. *Samgyetang* ₩ 11 000, halbes Grillhuhn ₩ 5500.

Reiskuchen-Café ▶ Bizeun 빚은: 254-3 Suseongdong 3-ga, Tel. 053 741 33 86, www.bizeun.co.kr, U 2 Daegu Bank, Ausgang 3, tgl. 7–22 Uhr. Kein Restaurant, sondern ein Café ohne Kaffee. Hier gibt es traditionellen Reiskuchen in über 250 Varianten. Ideales Mitbringsel. Stück Reiskuchen ab ₩ 2000. Geschenkbox ab ₩ 10 000.

Einkaufen

Mode ▶ Dongseongno, s. S. 336.

Kunst und Kunsthandwerk ▶ Bongsan Culture Street, s. S. 336.

Das Einkaufszentrum ▶ Der **Lotte Department Store** liegt unmittelbar an der U-Bahn-Station Daegu der U 1, Ausgang 1, 2, tgl. 10.30–20 Uhr.

Abends & Nachts

Hotspot 1 ▶ Zwei abendliche Hotspots bestimmen das Daeguer Nachtleben. Im Zentrum Daegus ist es die Gegend um die **Samdeok Fire Station** (Samdeok Sobangseo 삼덕소방서) und hier besonders die **Rodeo Street** (Rodeo-geori 로데오거리). Empfehlungen sind schwierig, weil hier steter Wandel herrscht: Zwei neue Bars öffnen, zwei andere schließen, drei weitere wechseln Besitzer und Namen. Gegangen ist die Funky Bar, gekommen ist der **Commune's Club** 꼬뮨클럽, der so dunkel ist, wie es der Eingang dieser Kellerbar verspricht, und mindestens einmal pro Woche Livemusik im Programm hat (Rodeo Street: U 1 Kyungpook University Hospital, Ausgang 1, U 1, 2 Banwaldang, Ausgang 10).

Hotspot 2 ▶ Der Bereich am Nordeingang der **Kyungpook-Universität** (Gyeongbuk Daehakgyo 경북대학교, U 1 Dongdaegu, Ausgang 1, Keungogae, Ausgang 1), wenige hundert Meter nordwestlich des Dongdaegu-KTX-Bahnhofs, ist ebenfalls Ort nächtlicher Trink- und Knutschszenen. Die Beteiligten sind meist im Teen- und Twenalter und treffen sich in den Kneipen, Straßen und DVD-Bars.

Termine

Daegu Yangnyeongsi Oriental Medicine Culture Festival (Daegu Yangnyeongsi Hanbang Munhwa Chukje 대구약령시한방문화축제): herb.daegu.go.kr/festival, herb.daegu.go.kr/eng/herbcity/festival.info2.asp, U 1, 2 Banwoldang, Ausgang 15. Mai. Das Festival mit traditioneller Musik, Ausstellung und Kräuterschneid-Wettbewerb findet in der Straße des Yangnyeongsi statt.

Bongsan Art Festival (Bongsan Misulje 봉산미술제): www.bongsanart.com, www.bongsanart.org, Okt. jeden Jahres in der Bongsan Culture Street. Ein ähnliches Fest, die **Bongsan Craft & Design Fair** (Bongsan Gongye Dijain Jeon 봉산공예디자인전), findet am selben Ort im April statt.

Verkehr

Flug: Der Daegu International Airport (Daegu Gukje Gonghang 대구국제공항, Tel. 053 984 19 94) liegt nur 5 km außerhalb der Stadt im Nordosten. Taxis in die Innenstadt kosten ca. ₩ 10 000).

Bahn: Daegu besitzt zwei Bahnhöfe. Der Bahnhof Dongdaegu (Dongdaegu Yeok 동대구역) im Osten der Stadt ist an das KTX-Netz angeschlossen und verbindet die Stadt mit dem Rest des Landes (von/nach Seoul alle 20–30 Min., Fahrzeit 1 Std. 40 Min.). Vom älteren Bahnhof Daegu (Daegu Yeok 대구역) fahren Vorstadtzüge sowie langsamere Saemaul- und Mugunghwa-Züge in die großen Städte Südkoreas, z. B. nach Busan (75 Min.)

oder Seoul (3,5 Std.). Beide Bahnhöfe sind an das U-Bahn-Netz Daegus angeschlossen. Es ist zumindest von Seoul einfacher und schneller, Daegu per Zug anzusteuern als per Überlandbus.

Bus: Daegu hat mehrere Busbahnhöfe, von denen teilweise dieselben Ziele angefahren werden. Unbedingt genau erkundigen, welcher Bus zu welchem Ziel von wo fährt! Der Dongdaegu Express (Gosok) Bus Terminal 동대구고속버스터미널 (U 1 Dongdaegu, Ausgang 4) liegt neben dem KTX-Bahnhof Dongdaegu. Hier kommen die Expressbusse ab Seoul Express Bus Terminal an (alle 20 Min., Fahrzeit 3 Std. 45 Min.). Ein spezieller Busservice bedient vom Dongdaegu-Bahnhof aus den Palgongsan-Provinzpark (verschiedene Stopps, u. a. Donghwasa, Fahrzeit 50 Min., Seilbahnstation und Boeunsa). Von Daegus Seobu Bus Terminal 서부바스트름이나 (U 1 Seongdangmot, Ausgang 3) fahren Busse u. a. nach Busan, zum Haein-Tempel und nach Tongyeong.

Fortbewegung in der Stadt

U-Bahn: www.dtro.or.kr. Daegu hat eine aus zwei Linien bestehende U-Bahn, mit der sich alle wichtigen Orte in der Stadt erreichen lassen, u. a. beide Bahnhöfe.

Bus: Daegus Busnetz erschließt die gesamte Stadt, ist aber für Ausländer längst nicht so leicht zu durchschauen wie das in Seoul.

Stadtrundfahrten: Tel. 053 627 89 00, www.daegucitytour.com, ab Dongdaegu-Bahnhof oder U-Bahn-Station Banwoldang, tgl. 10–17 Uhr, ₩ 5000. Sechs Routen, die zu den wichtigsten Touristenattraktionen führen, werden angeboten, darunter ein Rundkurs (tgl. 10–18.20 Uhr, 6 x tgl., Dauer 80 Min., ₩ 5000).

Ausflüge von Daegu

Palgongsan-Provinzpark ► 1, N/O 11

Palgongsan Dorip Gongwon팔공산도립공원
Daegus Hauspark ist der ca. 20 km nördlich der Stadt gelegene Palgongsan, mit 122 km^2 Südkoreas größter Provinzpark. Die Reize des Parks liegen in seiner leichten Erreichbarkeit mit dem Bus, einem halben Dutzend bedeutender Tempel wie dem Donghwasa, einem von Pjöngjang höchstwahrscheinlich argwöhnisch beäugten Wiedervereinigungs-Buddha sowie zahlreichen Hiking-Trails (www.gbpalgong.go.kr. Infos und Kartenmaterial zum Palgongsan-Provinzpark erhält man in Daegu am Dongdaegu Express Bus Terminal oder vor Ort am Donghwasa, s. S. 341).

Palgongsan ist kein undurchlässiges, dschungelüberwachsenes Gebirge, sondern durchzogen von leichten bis anspruchsvollen, aber keineswegs gefährlichen Wegen. Die Kammlinie des Bergzugs zieht sich von Osten nach Westen und formt damit eine natürliche Grenze und Schutzmauer nach Norden. Der höchste Berg im Park, der gleichnamige **Palgongsan** (1192 m), galt in der Vergangenheit als heiliger Berg, da er die Form von drei Buddhas haben soll, wobei die meisten Besucher ihre Schwierigkeiten haben werden, dies auf den ersten Blick zu erkennen. Ab etwa 700 m Höhe weist der Park großartige Granitformationen mit herrlichen Tälern auf, die allesamt mit dichtem Wald überzogen sind.

Ein Tag auf Palgongsans Pfaden reicht, um die Tempel, Statuen und Berge zu erkunden. Der schnellste und bequemste Weg für einen Rundblick ist die Fahrt mit der **Seilbahn,** die von der Bushaltestelle im Park zu einer über 800 m hohen Aussichtsplattform führt und den besten Blick auf den südlichen Teil des Parks eröffnet (tgl. 9.30–18.30 Uhr, ₩ 4000 einfach, ₩ 6000 hin und zurück).

An der Bushaltestelle liegt der **Haupteingang** zum Park, umgeben von Restaurants, Souvenirläden und sehr einfachen Unterkünften. Im Palgongsan-Provinzpark gibt es verschiedene **Wanderwege,** von denen die besten mehr oder weniger der von Ost nach West verlaufenden Kammlinie folgen. Am unbeschwerlichsten und beliebtesten ist der Weg von der **oberen Seilbahnstation** (820 m) zum **Yeombulam** 염불암 (1 km), eine zum Donghwasa gehörende Einsiedelei, und von dort 1 km zum **Yeombulbong** 염불봉

(1121 m) und zum nahe gelegenen zweithöchsten Gipfel, dem **Dongbong** 동봉 (Ostgipfel, 1155 m). Dieser Weg führt zunächst nach Norden und nach Erreichen der beiden Gipfel wieder nach Süden am **Donghwasa** vorbei zur Bushaltestelle. Für diese kurze Strecke muss man ca. 2 Std. rechnen; wählt man die umgekehrte Route, benötigt man eine Stunde länger. Eine weitere Möglichkeit ist der Weg vom **Boeunsa** 보은사, der ab Dongdaegu Bus Terminal mit dem Bus angefahren werden kann, und von dort vorbei am **Gatbawi** zu **Dongbong** und **Yeombulbong** (4 Std.). Von hier lässt sich der Weg zurück über den Donghwasa nehmen (3 km), oder aber man wandert weiter den gesamten Höhenkamm entlang bis zum 991 m hohen **Gagyebong** und dann zum **Pagye-Tempel** (Pagyesa 파계사). Von dort in 1 km Entfernung fährt wieder ein Bus zurück nach Daegu. Die Gesamtstrecke Boeunsa–Pagyesa ist kaum unter 7 Std. zu bewältigen, realistischer sind 8–9 Std. (Bus in kurzen Intervallen ab Dongdaegu Express Bus Terminal zur Bushaltestelle an der unteren Seilbahnstation, zum Boeunsa sowie zu/von einer Straßenkreuzung 1 km südlich des Pagyesa).

Von der **unteren Seilbahnstation** ist es weniger als 1 km zum auf das Jahr 493 zurückgehenden **Donghwasa** 동화사, dem ohne Frage bedeutendsten Tempel in Palgongsan. Sein Name, Tempel der Winterblume, hat wie immer einen romantischen, in diesem Fall sogar realistischen Hintergrund: Beim Umbau des Tempels im Winter des 8. oder 9. Jh. blühten plötzlich überall um die Baustelle Paulownien (Blauglockenbäume), was ihm zu seinem heutigen Namen verhalf. Der aktuelle Tempel von 1732 hat in den vergangenen Jahrzehnten zahlreiche Renovierungen und Erweiterungen erlebt und ist heute einer der Haupttempel der in Korea flächendeckend vertretenen Jogye-Sekte. Auch hier birgt die Haupthalle, **Daeungjeon,** Statuen der Buddha-Trinität Shakyamuni, Amithaba und Bhaisajyaguru. 1992 wurde ein großer Platz angelegt, auf dem eine 17 m – mit Sockel 33 m – hohe Buddha-Statue platziert ist, der **Tongil Daebul** 통일대분 (Großer Wiedervereinigungsbuddha) in Gestalt des Medizin-Buddhas Bhaisajyaguru (Yaksayeorae 약사여래). Wie in vielen Bergtempeln gibt es auch im Donghwa-Komplex mehrere Einsiedeleien. So liegt z. B. oberhalb des Donghwasa **Budoam** 부도암, eine Nonneneremitage (Tel. 053 982 01 01, www.donghwasa.net, ab Dongdaegu Bus Terminal, Bus 105, alle 10 Min., Fahrzeit 45 Min., tgl. 8–17 Uhr, ₩ 2500).

Wer einen anstrengenden, einstündigen Aufstieg nicht scheut, der kann am östlichen Ende des Bergrückens den 850 m hohen Gwanbong 관봉 erklimmen. Unterhalb liegt im Norden der **Seonbon-Tempel** (Seonbonsa 선본사), von dem aus ein steiler Pfad hinauf zum Gipfel führt (www.seonbonsa.org, Sonnenaufgang bis -untergang, Eintritt frei).

300 m nordwestlich des Gwanbong steht bzw. sitzt der 4 m hohe **Gatbawi-Buddha** (Gatbawi Bucheo 갓바위부처, Steinhut-Buddha) oder Gwanbong Seokjo Yeorae Jwasang 관봉석조여래좌상 (Sitzender Gwanbong-Steinbuddha). Die 15 cm dicke Felsplatte auf seinem Haupt erinnert an einen traditionellen koreanischen Hut, *gat* 갓. Die Statue gilt als Meisterstück unter den großen Buddhas aus dem 9. Jh. Dieser Medizin-Buddha soll, so man aus tiefstem und reinem Herzen zu ihm betet, Wünsche erfüllen. Am 1. und 15. Tag eines Monats besuchen ihn besonders viele Gläubige, denn dann – so heißt es – soll jedem mindestens ein Wunsch gewährt werden (Bus 401 zum Boeunsa im Südwesten des Gatbawi, von dort ca. 1,5 km zu Fuß, Fahrzeit 50 Min.; alternativ Bus 311 von Hayang zum Seonbonsa).

In den Hügeln unterhalb von Gatbawi liegen etwa ein Dutzend Tempel und Kapellen. 1,5 km nordwestlich des Buddha hört die Spiritualität abrupt auf und die reale Welt lockt mit dem 18-Loch-Golfplatz des Country Club.

Haeinsa 해인사 ▶ 1, M 12

Der schönste Tempel Koreas ist für viele Besucher der Haeinsa, der nicht nur deshalb in die UNESCO-Welterbeliste aufgenommen wurde. Der größte Schatz des 50 km süd-

Die »Tripitaka Koreana« wird in einer Prozession zurück zu ihrem Aufbewahrungsort im Haeinsa gebracht

westlich von Daegu gelegenen Tempel ist die berühmte und ebenfalls als Welterbe gelistete »Tripitaka Koreana« (»Goryeo Daejanggyeong« 고려 대장경 oder »80 000 Tripitaka«/ Palman Daejanggyeong 팔만 대장경) – die weltgrößte erhaltene, in *hanja* (chinesischen Zeichen) verfasste Bibliothek buddhistischer Texte. Seine Bedeutung ist vergleichbar mit der von Bibel oder Koran.

Der Tempel liegt tief in den Bergen des Gayasan-Nationalparks. Bereits der Weg zum Eingang ist atemberaubend und an beiden Seiten von königlichen Bäumen gesäumt, die den Besucher wie eine Tempelgarde von den Widrigkeiten der weltlichen Umgebung abschirmen. Über dem Tempel scheint eine Glasglocke zu liegen, die der Gegend Ruhe und Schutz verleiht. Erst von oberhalb des in mehreren Terrassen angelegten Tempels wird klar – beim Blick auf das Meer der dunklen Ziegeldächer –, was dieser Tempel in seiner langen Geschichte erlebt hat: Ab dem 9. Jh. drei Dynastien, zuerst die Vereinten Silla, dann Goryeo, schließlich der Aufstieg und 1910 der Fall Joseons und nicht zuletzt die nationalen Katastrophen der japanischen Invasion 1592, die Kolonialisierung durch Japan im 20. Jh. und den Koreakrieg. Und der Haeinsa steht trotz aller Turbulenzen noch immer.

Die Gründung des Tempels im Jahr 802 geht zurück auf zwei koreanische Mönche, die aus China zurückkehrten und die Frau König Aejangs heilten, der daraufhin seine Schatzkammer öffnete und als Dank den

Tempel bauen ließ. Haeinsa (Tempel der Meeres-Mudra oder Tempel der Reflexion an einem Ruhigen Meer) hat seinen Namen von einer Passage im »Avatamsaka Sutra«, umfangreichen buddhistischen Lehrreden, in denen die Weisheit Buddhas mit einem ruhigen Meer verglichen wird. Heute gehört Haeinsa zu den Drei-Juwelen-Tempeln des Buddhismus in Korea, von denen Haeinsa die buddhistische Lehre (Skr. *dharma*) repräsentiert. Die anderen beiden Tempel sind der Buddha selbst repräsentierende Songgwangsa (s. S. 318) und der den Sangha, die buddhistische Gemeinschaft, repräsentierende Tongdosa.

Der bis heute aktive Zen-Tempel des Jogye-Ordens wurde mehrfach durch Feuer zerstört, sodass heute nur noch die **Steinpagode** vor der Haupthalle aus der Anfangszeit stammt. Man erreicht sie, indem man vom **Eingangstor,** dem Iljumun, der Hauptachse des Tempels folgt. Eine breite Treppe führt dahinter zur Haupthalle, **Daejeokgwangjeon** 대적광전 (Halle der Großen Stille und des Lichtes), hinauf. 1817 niedergebrannt, wurde die Halle noch im selben Jahr wieder aufgebaut und 1971 umfangreich renoviert. Bemerkenswert ist, dass sie – anders als die Haupthallen der meisten koreanischen Tempel – nicht Shakyamuni, sondern Vairochana geweiht ist.

Oberhalb der Daejeokgwangjeon bilden vier Hallen, die **Janggyeong Panjeon,** die insgesamt 108 Säulen – Symbol für die 108 Vergehen – aufweisen, ein Rechteck. In ihnen ist seit dem 13. Jh. die »Tripitaka Koreana« untergebracht. Die heute im Tempel gelagerte Ausgabe ist eine Kopie der Ur-Version, die der Zerstörung durch mongolische Angreifer zum Opfer fiel. Die exakt 81 258 Druckstöcke aus Holz sind jeweils 68–78 cm hoch und etwa 24 cm breit, wurden zwischen 1236 und 1251 gefertigt und beinhalten keinen einzigen Schreibfehler. Erstaunlicherweise überlebte die Schrift alle nachfolgenden Feuer und sogar die japanische Invasion 1592 sowie den Koreakrieg. Unterhalb des Tempels, an der Hauptstraße, steht das **Haeinsa Seongbo Museum,** spezialisiert auf historische Gegenstände aus dem Tempel, u. a. mit einem Porträt von Suneung, einem der beiden Gründermönche.

Der Haeinsa ist für Gäste geöffnet, die sich auf der Suche nach Ruhe für einen Tempelaufenthalt interessieren (s. S. 88). Dafür muss man allerdings wie bei allen derartigen Angeboten früh aus den Federn: Um 3 Uhr morgens, vor dem Sonnenaufgang, geht es bereits zur morgendlichen Meditation (Haeinsa, Tel. 055 934 30 00, www.haeinsa.or.kr, 80000.or.kr, Bus ab Daegu Seobu Bus Terminal, alle 20 Min., Fahrzeit 1 Std., mehrere Busse pro Tag auch ab Jinju, tgl. 8–17 Uhr, ₩ 2000; Museum, www.haeinsamuseum.com, März–Okt. Mo, Mi–Fr 9–18, Sa/So, Fei 9–19, Nov.–Febr. Mo, Mi–Fr 9–17, Sa/So, Fei 18 Uhr, letzter Einlass jeweils 30 Min. vor Schließung; Templestay, Tel. 02 20 11 19 72, 80000.or.kr, ₩ 50 000–80 000/zwei Tage).

Andong 안동 ▸1, O 9

Die pastorale Landschaft im nördlichen Teil Gyeongsangs wird von Andong dominiert, der größten Stadt der Region mit knapp 170 000 Einwohnern. Für koreanische Verhältnisse sind dies die Größenordnungen einer Kleinstadt, was der Stadt gut tut. Andong selbst hat nur wenige Sehenswürdigkeiten, die allerdings nicht direkt im Zentrum liegen, dafür bietet seine Umgebung (s. S. 346) umso schönere Landschaften und magische Winkel.

Andong erlebte im Juli 1950 während des Koreakriegs einen heftigen Kampf zwischen nord- und südkoreanischen Verbänden, bei dem zwar der Vormarsch Nordkoreas zunächst gestoppt werden konnte, aber fast sämtliche Gebäude der Stadt zerstört wurden. Seit den 1970er-Jahren erleidet Andong das übliche Schicksal eines ländlichen asiatischen Städtchens – den steten Schwund insbesondere an jungen Einwohnern. Und dies, obwohl sich Andong gleichzeitig rasch entwickelt hat. Besonders das Jahr 1999 bleibt in der Geschichte der Stadt unvergessen, als Königin Elisabeth II. Andong besuchte und hier ihren 73. Geburtstag feierte. Viele Straßen waren im Vorfeld erneuert und die Durchgangsstraße (Nationalstraße Nr. 34) sogar auf zwei Spuren je Richtung verbreitert worden.

Die Bewohner Andongs sind stolz auf ihre Geschichte und ihre Traditionen, und allen Modernisierungen zum Trotz spielt das Familienleben eine nach wie vor wichtige Rolle. So verwundert es kaum, dass jedes Jahr im Herbst das bekannte **Andong Folk Festival** stattfindet, bei dem die Stadt in allen Farben erstrahlt, kulturelle Traditionen aufleben und das Maskentanz-Festival gefeiert wird.

Das Stadtzentrum Andongs ist überschaubar, lässt sich bequem zu Fuß erkunden und beginnt mit der **Essensstraße** (Eumsigui-geori 음식의거리), schräg gegenüber dem Bahnhof gelegen und erreichbar über ein dekoratives Tor. Die Straße ist hervorragend bestückt mit Restaurants, die sich spezialisiert haben auf lokale Leckereien wie *geonjin guksu* 건진국수, ein Nudelgericht, *Andong jjimdak* 안동찜닭, ein gedünstetes Hähnchen mit Tomaten, süßen Kartoffeln und Sojasauce, sowie *Andong soju* 안동소주, einer von Koreas feinsten Reisweinen. Gourmets finden ihr Restaurant aber eher abseits dieser Straße.

Andong Folk Village

Andong Minsong Maeul 안동민속마을

Beim Bau des **Andong-Damms** (83 m hoch, 610 m lang), des drittgrößten Staudamms Koreas, mussten bis zu dessen Fertigstellung 1976 viele Dörfer und Bauten weichen bzw. wurden von den Fluten des neuen 30 km langen Stausees verschlungen. Einige Originalbauten aber rettete man, um 3,5 km östlich des Bahnhofs Andong das Andong Folk Village zu errichten. Heute finden sich hier **Bauernhäuser** ebenso wie opulent ausgestattete ehemalige **Häuser von Regierungsangestellten.** Auch ein **Eishaus** aus dem Jahr 1737, das ursprünglich am Nakdong-Fluss (Nakgonggang 낙동강) stand, ist darunter. Früher schnitt man im Winter Eis aus dem zugefrorenen Fluss, das sich dann bis in den Sommer hielt. Zwar hält das Andong Folk Village aufgrund seiner geringeren Größe einem Vergleich mit seinem Pendant Hahoe (s. S. 346) nicht wirklich stand, doch ein vierzigminütiger Spaziergang durch den Komplex ist eine angenehme Abwechslung. Am anderen Ende des Dorfes kann man über die Mondlichtbrücke, die **Wolyeonggyo** 월영교 – die längste Holzbrücke Koreas –, den Nakgunggang queren und auf der anderen Flussseite den Bus zurück nach Andong nehmen (Bus 3 ab/zum Andong Bus Terminal, 24 Std., Eintritt frei).

Neben dem Dorf steht das **Andong Folklore-Museum** (Andong Minsok Bangmulgwan 안동민속박물관) mit erhellenden Erläuterungen in Englisch über die verschiedenen Stufen eines traditionellen koreanischen Lebens von der Geburt bis zum Tod. Sehenswert (Anfahrt wie Folk Village, tgl. 9–17 Uhr, ₩ 1000).

Soju-Museum Andong

Andong Soju Bangmulgwan 안동소주박물관 ›Katerfreundlicher‹ Reiswein ist das Geheimnis Andongs. Hier in diesem kleinen Museum 2 km südwestlich des Stadtzentrums wird er nicht nur ausgestellt, sondern kann auch verkostet werden. Das 1995 eröffnete Museum ist auf dem Gelände einer *soju*-Fabrik angesiedelt, die den Schnaps mit 45 % Alkohol produziert. Man liebt ihn oder hasst ihn (oder zuerst lieben und am nächsten Morgen hassen). Das Museum zeigt den Herstellungsprozess, der sich seit den Anfängen der Reisdestillation nicht wesentlich verändert hat; lediglich die Gerätschaften sind moderner geworden. Angeblich soll ein Bewohner Andongs ein altes medizinisches Buch besitzen, in dem *soju* zur Behandlung von Wunden, Magenproblemen und zur Steigerung des Appetits eingesetzt wird (Tel. 054 858 45 41, www.andongsoju.com, Taxi, Mo–Sa 9–17.30 Uhr, Eintritt und Kostprobe frei, englischsprachige Erläuterungen).

Infos

Touristeninformation: außerhalb des Bahnhofs, Tel. 054 852 68 00, www.andong.go.kr, en.tourandong.com, tgl. 9–17 Uhr. Das Personal hat gute Englischkenntnisse.

Übernachten

Nobles Hanok-Gasthaus ▶ **Chiamgotaek** 치암고택: 119-1 Anmak-dong, Tel. 054 858 44 11, 011 5 30 44 13, www.chiamgotaek.com. Schönes traditionelles *hanok* mit viel Geschichte und sehr sauberen, gemütlichen Räumen. Ein echter Tipp. Leider etwas außerhalb Andongs gelegen. Taxi vom Bahnhof etwa ₩ 4000. DZ ₩ 40 000–130 000.

Business-Hotel ▶ **Andong Park Hotel** 안동파크호텔: 324 Unheungdong, Tel. 054 853 15 01. Wird hier erwähnt, weil es das einzige Hotel Andongs ist, das über ein Business-Center verfügt und eher auf Geschäftsreisende zielt. Zimmer speckig, aber für den Preis gerade noch okay. DZ ab ₩ 50 000.

Typisches Motel ▶ **Moonwha Motel** 문화모텔: 119-4 Dongbudong, Tel. 054 857 70 01. Eines der preiswerteren Motels, was sich in schmucklosen Zimmern und lichtarmen Gängen niederschlägt. Ansprechend und sauber. DZ ₩ 30 000.

Übernachten im Spa ▶ **Spaland** 스파랜드: 141-26 Unheungdong, Tel. 054 857 81 18. Das ultimative und preiswerteste Übernachtungserlebnis Andongs bietet dieses 24 Std. geöffnete Spa. Auf Matratzen kann man sich hier von den Dampf- und Saunabädern erholen und auch über Nacht bleiben. Das Gebäude ist kaum zu übersehen, da es mit einem großen Neonzeichen auf dem Dach versehen ist. Eintritt ohne Aufenthaltsbegrenzung ₩ 6500.

Essen & Trinken

Lokale Spezialitäten ▶ **Essensstraße,** s. S. 344.

Galbi-Institution ▶ **Andong Hanu Galbi** 안동한우갈비: 677-10 Unheung-dong, gegenüber dem Bahnhof, Tel. 054 857 63 37, tgl. 10–23 Uhr. Seit Jahrzehnten Andongs Zentrum für *galbi* 갈비. Menü ab ₩ 13 000.

Makrelen **Andong Gangodeungeo Yangban Bapsang** 안동간고등어양반밥상: 513 Sanga-dong, Tel. 054 855 99 00, www.yangban.net, tgl. 10–21 Uhr. Makrele – ob geschmort oder gegrillt –, in jedem Fall der beste Fisch Andongs. Makrelenmenü ab ₩ 9000.

Termine

Andong Folk Festival (Andong Minsok Chukje 안동민속축제): Sept. und/oder Okt. In Andong und Umgebung werden bei diesem bunten und musikreichen Fest die alten Traditionen gepflegt. Wichtigster Teil ist das International Mask Dance Festival.

Andong Mask Dance Festival (Andong Talchum Chukje 안동탈춤축제): www.maskdance.com, Ende Sept.–Okt. Andongs bekanntestes Event bietet die beste Gelegenheit, Andong zu besuchen. Koreanischer Maskentanz mit fantastischen Kostümen und Tänze aus anderen Ländern stehen im Mittelpunkt.

Verkehr

Bahn: Vom/zum Bahnhof Andong (Andong Yeok 안동역) im Stadtzentrum bestehen regelmäßige Verbindungen nach Seoul (8 x tgl., mindestens 4 Std.), Busan, Daegu und Gyeongju. Andongs Bahnhof ist nicht an das KTX-Netz angeschlossen. Von Seoul gelangt man entweder ohne Umsteigen ab Seoul Cheongnyangni Station oder über die KTX-Strecke Seoul–Daegu nach Andong. Kommt man im KTX-Bahnhof Dongdaegu an, ist meist ein umständlicher Transfer zum Bahnhof Daegu notwendig, da tgl. nur zwei Züge von Dongdaegu nach Andong fahren.

Bus: Vom/zum Andong Bus Terminal (für Express- und Intercity-Busse) im Stadtzentrum und nur 200 m vom Bahnhof entfernt bestehen Verbindungen mit Seoul (Dong Seoul Bus Terminal, alle 20 Min.; Seoul Express Bus Terminal, stdl., Fahrzeit jeweils 2 Std. 45 Min., ₩ 18 500), nach Daejeon (alle 30 Min., 2 Std. 15 Min., ₩ 14 500), Busan (alle 45 Min., 2 Std. 30 Min., ₩ 15 500) und in weitere Städte.

Ausflüge von Andong

Die Sehenswürdigkeiten in der Umgebung Andongs sind in weniger als einer Stunde zu erreichen, erfordern aber in manchen Fällen ein eigenes Fahrzeug bzw. die Anfahrt per Taxi. Das traditionelle Dorf Hahoe, die Künstlerkolonie Jirye sowie die Konfuziusakademie Dosan Seowon sind sehenswerte Stationen außerhalb Andongs, für die sich jeweils ein Halbtagesausflug lohnt.

10 Hahoe Folk Village ► 1, N 9

Andong Hahoe Maeul 안동하회마을

Ein kleines Dorf wie aus Grimms Märchen mit stroh- und ziegelgedeckten Bauernhäusern, eingebettet in weite Felder und umflossen von einem ruhigen Strom mit weiten Sandstränden – kein Wunder, dass die UNESCO das Kleinod 2010 in ihre Liste als Welterbe aufnahm. Hahoe gibt die »unverwechselbare aristokratische Konfuziuskultur aus den Anfangsjahren der Joseon-Dynastie (1392–1910)« wieder, wie die UNESCO ihre Entscheidung begründete. Die Beschreibung passt gut auf dieses idyllische Dorf, dessen Wurzeln im 14. und 15. Jh. liegen und das sich seitdem kaum verändert hat, abgesehen vom Soundtrack der Klimaanlagen und Kühlschränke. Hahoe ist kein menschenleeres Museum, sondern hier leben mehrere hundert Einwohner, die das Dorf als lebendiges Symbol der alten koreanischen Kultur betrachten und diese Tradition bewahren wollen. Der beste Blick auf das Dorf und die herrliche Umgebung bietet sich vom **Buyongdae** 부용대, einem Felsen auf der anderen Flussseite, zu dem Boote ab Hahoe fahren.

Hahoe ist seit über 600 Jahren Heimat der Ryu-Familie, der zwei berühmte Männer entstammen: Ryu Unryong (1539–1601) wurde ein bekannter Konfuziusgelehrter, und Ryu Seongryong (1542–1607) war während der japanischen Invasion ab 1592 Ministerpräsident des Landes. Nachdem Ryu Seongryong aus dem Staatsdienst ausgeschieden war, zog er sich in seine Heimat zurück und begann hier zu schreiben und zu lehren.

Im **Yongmogak-Haus** im Ostteil des Dorfes sind einige von Ryu Seongryongs Büchern untergebracht, u. a. »*Jingbirok* 징비록«, die von ihm verfasste Chronik über die japanische Invasion 1592–98.

In der Mitte des Hahoe Folk Village befindet sich das älteste Haus Hahoes, das Stammhaus der Ryu-Familie, **Yangjin-dang.** Wenige Schritte entfernt steht ein zweites Haus der Ryus, **Chunghyo-dang**, mit 400 Jahren annähernd so alt wie das Yangjin-dang. Durch den Status als Weltkulturerbe ist das Dorf besonders am Wochenende schnell bis an oder über die Kapazitätsgrenze besucht (tgl. März–Okt. 9–19, Nov.–Febr 9–18 Uhr, ₩ 2000).

2 km nördlich des Dorfes liegt das **Hahoe-Maskenmuseum** (Hahoe-Dong Tal Bangmulgwan 하회동탈박물관) mit einer umfangreichen Sammlung an Masken aus Korea und aller Welt. Es gibt sogar gute Erläuterungen in englischer Sprache (www.maskmuseum.com, Bus 46, s. Verkehr, Di–So 9.30–18 Uhr, ₩ 2200).

Insbesondere an Dorfeingängen stellte man ›Totempfähle‹ auf, die Schutzgeister der jeweiligen Stätte – hier in Hahoe

Info

Touristeninformation: am Dorfeingang gegenüber der Kartenverkaufsstelle, www.hahoe.or.kr, tgl. 10–17 Uhr.

Übernachten

Am Puls der Tradition ▶ Um ein Gespür für das Dorf, seine Geschichte und das Leben dort zu bekommen, lohnt es sich, in Hahoe in einem der alten Häuser zu übernachten. Einige Familien bieten *minbak*-Zimmer zu Preisen ab ₩ 30 000, was je nach Haus ein naturnahes Erlebnis in Lehmhütten bedeutet wie im **Didilbanga** 디딜방아 (Tel. 054 853 92 24, 010 66 06 92 24. Luxuriöser sind das **Bukchondaek** 북촌댁 (Tel. 010 22 28 17 86, www.bukchondaek.com, DZ ab ₩ 200 000) in einem Haus von 1862 oder das **Gajangkeunminbak** 가장큰민박 (Tel. 054 853 23 88, 010 97 47 04 12, www.hahoebighouse.com,

DZ ab ₩ 50 000). Die Touristeninfo in Andong wird gerne ein Zimmer buchen.

Essen & Trinken

Verköstigung ▶ In Hahoe gibt es einige **Restaurants** mit lokalen Spezialitäten, alle nicht allzu teuer.

Verkehr

Bus: Ab Andong fährt von der Bushaltestelle gegenüber dem Bus Terminal Bus 46 mehrmals von/nach Hahoe Folk Village, Fahrzeit 50 Min., ₩ 1200. Dabei fährt er am Maskenmuseum vorbei (kein offizieller Stopp, den Busfahrer bitten, dort zu halten) und 2 x tgl. weiter zum Byeongsan Seowon. Ab dem Parkplatz Hahoe fährt ein Shuttlebus ins Dorf (hin und zurück ₩ 1200).

Byeongsan Seowon
병산서원 ▶ 1, N 9

Das Haus, in dem Ryu Seongryong nach seinem Rückzug aus dem Staatsdienst lebte, steht etwa 3 km östlich des Hahoe Folk Village und ist eine ehemalige Konfuziusschule. Die Akademie zog 1572 an ihren heutigen Platz und beherbergt die sterblichen Überreste des berühmten Gelehrten Rye. Direkt hinter dem Eingangstor, dem **Bokryemun** 복례문, mit den chinesischen Schriftzeichen 門禮復 (Tor zur Wiederholung/Pflege der Riten), steht das imposanteste Gebäude des Areals, das **Mandaeru** 만대루, ein offener zweistöckiger Holzpavillon, der zu Lehr- und Studierzwecken genutzt wurde und durch zwei jeweils aus einem vollen Baumstamm geschnitzte Treppen erreicht wird.

Die einstige Hochschule liegt direkt am Nakdong-Fluss, an dessen anderem Ufer der Byeong-Berg (Byeongsan 병산) einen wunderbaren Rahmen für sie bildet – eine ruhigere und schönere Umgebung für eine alte Universität ist kaum vorstellbar (www.byeongsan.net, Bus 46, s. Verkehr, 24 Std., Eintritt frei).

Pungsan ▶ 1, N 9
Pungsan Hanji Gongjang 풍산한지공장

4 km nördlich des Hahoe Folk Village liegt der Ort Pungsan mit einer Papierfabrik, der **Pungsan Hanji Gongjang.** Koreanisches Papier (*hanji* 한지; s. S. 283) aus der Rinde des Maulbeerbaums ist eines der bekanntesten Produkte des Landes und wird in dieser Fabrik auf traditionelle Weise hergestellt. Die Qualität des Papiers und die Produktionskapazität sind mit die höchsten in Korea und haben zum exzellenten Ruf von **Andong Hanji** 안동한지 geführt, wie die Fabrik auch einfach genannt wird.

Im angeschlossenen **Laden** kann *hanji* in allen Farben, Größen und Qualitäten erworben werden – allein dies ist schon einen Besuch der Fabrik wert (Tel. 054 858 70 07, www.andonghanji.com, 30 Min. per Taxi ab Andong, Mo–Sa 9–18 Uhr, Eintritt und 25-minütiger Fabrikrundgang frei).

Dosan Seowon 도산서원 ▶ 1, O 8

Neben dem Dorf Hahoe stellt diese ehemalige Konfuziusschule, etwa 28 km nördlich Andongs an den Ausläufern des Andong-Stausees gelegen, zweifellos den größten Kulturschatz Andongs dar. Es ist wohl nur noch eine Frage der Zeit, bis sie auf die Liste des UNESCO-Welterbes kommt.

1561 gründete einer der berühmtesten konfuzianischen Gelehrten Koreas, Yi Hwang 이황 (Schriftstellername Toegye 퇴계, 1501–70) die Dosan Seowon, die 1576 von seinen Schülern fertiggestellt wurde. Yi Hwang, Sohn einer privilegierten Familie, genoss die beste Ausbildung und zog sich mit 48 Jahren desillusioniert aus seinem Berufsleben als Beamter zurück, um sich fortan auf dem Land seinen Studien, der Lehre und dem Schreiben zu widmen. Er entwickelte sich später mit seinen Schriften schnell zu einem der führenden Intellektuellen Koreas, der sogar in Japan und China Anerkennung fand. In heutiger Zeit findet alljährlich im Februar und August im Dosan Seowon eine Zeremonie zu seinen Ehren statt.

Die Dosan Seowon war über viele Jahrhunderte eine der Eliteschulen Koreas und die einzige außerhalb Seouls, wo jene harten Prüfungen abgenommen wurden, die bei Erfolg den Eintritt in eine sichere und gut dotierte Beamtenlaufbahn und damit den Aufstieg in der Gesellschaftshierarchie ermöglichten. Diese Funktion übt Dosan Seowon heute längst nicht mehr aus, sondern dient als Museum, in dem gelegentlich Feiern in Erinnerung an den großen koreanischen Philosophen stattfinden. Wegen seiner Lage und den alten Mauern benutzen es Regisseure häufig für die Verfilmung von historischen Dramen oder Geschichtsdokumentationen. Auch wer es nicht nach Dosan Seowon schafft, wird die Schule häufig genug sehen – sie ist auf der Rückseite des ₩-1000-Geldscheins und der alte Meister auf der Vorderseite abgedruckt.

Dosan Seowon ist wie ein traditioneller Hofkomplex angelegt. Eine Mauer umschließt den gesamten, terrassenförmig angeordneten Komplex, dessen Gebäude bzw. Höfe jeweils wieder durch Mauern voneinander abgegrenzt sind.

Betritt man die Gesamtanlage, so steht man zunächst im **Seodang-Komplex.** Rechter Hand liegt hier die **Dosan Seodang** 도산서당 (Dosan-Lehrhalle/堂書山陶), die Toegye selbst 1557–60 plante und bauen ließ. Hier unterrichtete er seine Schüler. Im südöstlichen Teil dieses Hofes ließ er einen kleinen, quadratischen Teich, den Teich des Klaren Freundes (Jeongudang 정구당), in den Boden ein. Einst spiegelten sich hier bei Mondschein die umliegenden Berge im Wasser, doch heute wachsen Lotuspflanzen im Teich. Der Hof linker Hand (westlich) birgt die **Schlafräume** für Schüler und Bedienstete. Am Westrand des Areals befindet sich ein weiterer Hof. Er birgt die **Okjingak** 옥진각, die in den 1970er-Jahren zur Erinnerung an Toegye als **Museum** eingerichtet wurde. Zu sehen sind Aufzeichnungen, Gebrauchsgegenstände wie Schreibutensilien oder Kopfkissen und der Schreibtisch des Meisters. Die Erläuterungen sind in Englisch. Ihr südlich vorgelagert befindet sich mit **Yeongnakseojae** 역락서재 ein weiterer Schlafsaal, der außerhalb des eigentlichen Schulgeländes errichtet wurde. Wie jedes Gebäude hier ist er mit einem Schild mit chinesischen Schriftzeichen benannt. In diesem Fall stammt der Schriftzug angeblich aus der Hand Toegyes persönlich: 齋書樂亦 (von links nach rechts gelesen: Yeongnak Seojae) – Gemeinsame-Freude-Studierzimmer. An der Westseite des Gebäudes gibt es, was ungewöhnlich ist, eine **Feuerstelle.**

Folgt man dem Hauptweg weiter nach Norden, so betritt man durch ein **Tor**, an das links und rechts Bibliotheksräume angrenzen, den **Seowon-Komplex.** Diesen Hof dominiert die **Jeongyodang** 전교당 (Schild: 堂敎典), eine Halle, die einen Lehrraum und einen Raum für den Schulleiter birgt. Sie wird links und rechts von weiteren **Lehrhallen** flankiert. Hinter diesem Hof liegt u. a. der **Sangdeoksa** 상덕사 (Schild: 祠德尙), ein Schrein mit den Ahnentafeln von Yi Hwang und einem seiner Schüler – wie die Jeongyodang 1574 von Schülern Toegyes erbaut.

Gegenüber dem Eingang zur Konfuziusschule liegt der Gedenkpavillon **Sisadan** 시사단, Altar der Prüfungskandidaten, als Erinnerung an den Platz, wo einst die konfuzianischen Examina abgehalten wurden. Es handelt sich um einen Gedenkpavillon, der im Zuge des Baus des Andong-Staudamms 1974 auf einem künstlichen Hügel neu aufgestellt werden musste (Info am Eingang der Dosan Seowon, Tel. 054 856 10 73, www.dosanseowon.com, ab Andong Bus Terminal 4 x tgl. Bus 67, Fahrzeit 30 Min., tgl. 9–17, Sommer bis 18 Uhr, ₩ 1500).

Jirye 지례 ►1, P 9

Als 1991 der Banbyeoncheon 반변천 mittels des Imha-Damms gestaut wurde, sah sich die Provinzregierung mit demselben Problem konfrontiert wie 14 Jahre zuvor beim 10 km entfernten Andong-Damm: Wohin mit den teils jahrhundertealten Gebäuden und vor allem wohin mit dem Kim-Clan, der seit Generationen am Ufer des Flusses lebt? Das Ergebnis der Überlegungen steht heute 45 Autominuten von Andong entfernt am Imha-See (Imha-ho 임하호) – die sogenannte **Künstlerkolonie Jirye** (Jirye Yesulchon 지례 예술촌), deren im Jahr 1663 erbaute Häuser 200 m versetzt wurden. Die Kims wohnen immer noch hier, einige Häuser im Dorf offerieren Übernachtungsmöglichkeiten für Besucher, doch der Begriff Künstlerkolonie ist etwas irreführend. Hier leben keine Künstler, obwohl der Ort ideal wäre, um sich von der schönen Umgebung inspirieren zu lassen. Kunstschaffende wie der koreanische Musiker Lim Dong-chang oder der Schriftsteller Han Su-san erscheinen nur gelegentlich in dem Dorf, sodass Jirye weitestgehend ohne künstlerische Eskapaden auskommt.

Dennoch werden Besucher im über eine pittoreske Waldstraße zu erreichenden Jirye, seiner bewaldeten Umgebung und am nahen Stausee schnell alle weltliche Last ablegen und die Geschichte des Landes der Morgenstille in den traditionellen Häusern mit *ondol* (Fußbodenheizung) genießen. Noch mehr werden sie von den zehn Mal jährlich stattfindenden *jesa* 제사 begeistert sein, **Gedenkfeiern mit Ritualen** zu Ehren der Vorfahren (www.jirye.com, ab Andong 45 Min. per Taxi, tgl. 24 Std., Eintritt frei).

Übernachten

Traditionell ▶ In der Siedlung können **hanok-Zimmer** mit *ondol* ab ₩ 50 000 gebucht werden (Reservierung Tel. 054 822 25 90). Wer vorab bucht, wird am Bahnhof oder Bus Terminal Andong abgeholt.

Icheondong-Buddha ▶ 1, O 9

Icheondong Seokbulsang 이천동석불상

Wie in vielen anderen Winkeln Asiens findet sich auch 5 km nördlich von Andong am Fuß der Taehwa-Berge (Taehwasan 태화산) eine steinerne Buddha-Statue. Es handelt sich um einen *maae*(마애)-Buddha, d. h. er wurde aus dem Fels herausgearbeitet, steht nicht frei. Wobei der Icheondong-Buddha (auch 제비원 Jebiwon) eine Besonderheit aufweist: Sein 2 m hohes Haupt wurde separat gefertigt und dem Körper aufgesetzt. Ein Umstand, der zu mancher Legende führte: So heißt es etwa, die Buddha-Skulptur sei dereinst geköpft worden – und entsprechend werden die auf ihrem Gewand erkennbaren senkrechten Rillen gern als Blutspuren gedeutet. Der insgesamt gut 12 m hohe Buddha ist nach Osten ausgerichtet und blickt so seit der Goryeo-Zeit (918–1392) der aufgehenden Sonne entgegen (Bus 54 ab Haltestelle gegenüber Andong Bus Terminal, tgl. 24 Std., Eintritt frei).

Bongjeongsa 봉정사 ▶ 1, O 8

Etwa 16 km außerhalb im Nordwesten der Stadt steht Andongs größter Tempel, der zudem Koreas ältestes Holzgebäude, die Geungnakjeon, birgt. Die Architektur des **Tempels, wo der Phönix verweilt** ist bescheidener, als diese Superlative erwarten lassen, mit einer langen Geschichte kann der Bongjeongsa aber durchaus aufwarten. Die Tempelgründung im Jahr 672 wird zwar Uisang zugeschrieben, allerdings erfolgte sie wohl durch seinen Schüler Neungin, was eine bei Restaurierungsarbeiten gefundene Inschrift belegt. Übrigens soll sich Uisang, der so maßgeblich die Verbreitung des Buddhismus in Korea prägte (s. auch S. 262, 272), aus enttäuschter Liebe der Religion zugewandt haben: Seine Jugendliebe wurde vom Silla-König zum chinesischen Kaiser entsandt.

Die berühmte, ockerfarbene **Geungnakjeon** 극락전 (Schild: 殿樂極), die Paradieshalle aus dem 12. Jh., steht hinter einer kleinen umzäunten dreistöckigen Steinpagode (ebenfalls Goryeo-Zeit). Fast die gesamte Holzkonstruktion des Gebäudes ist noch original erhalten. Die Anfänge der gegenüber liegenden Haupthalle des Tempels, der **Daeungjeon,** hingegen gehen auf die Joseon-Dynastie (1392–1910) zurück. Die kaum noch zu erkennende Malerei an den beiden Pfeilern links und rechts des Altars soll noch aus der Zeit des Hallenbaus stammen. Die verblichenen Farben, das Moos auf den Dächern, die schiefen Bodenpaneele und das ausgetrocknete Holz verleihen dem Gebäude viel Charakter. Die große, reich verzierte **Bronzeglocke** im westlichen Teil des Tempels ist übrigens eine moderne Zugabe (www.bongjeongsa.org, 20 Min. per Taxi ab Bahnhof Andong oder Bus 51, 7 x tgl. ab Grundschule Andong/Andong Chodeung Hakgyo 안동초등학교, 800 m westlich des Bahnhofs, tgl. 7–17 Uhr, ₩ 2000).

Juwangsan-Nationalpark ▶ 1, P/Q 9/10

Juwangsan Gungnip Gongwon
주왕산국립공원
Endlich ein Nationalpark, der an sonnigen Wochenenden nicht überlaufen ist. Die Erklärung: Der Juwangsan liegt fast 60 km südöstlich von Andong und weitab von anderen Städten, aus denen an Feiertagen Bienenschwärme von Wanderfreaks aufbrechen könnten. Trotz seiner fast unkoreanischen Ruhe kann Juwangsan mit allen Attributen eines koreanischen Nationalparks aufwarten: dichte grüne Wälder, kühle Wasserfälle, versteckte Tempel und spektakuläre Felslandschaften. Mit 107 km² ist Juwangsan der kleinste aller Nationalparks Südkoreas.

Sein Name bezieht sich auf eine Legende, nach der ein Rebell namens Judo, der sich sogar zum König krönte, angeblich einen Coup d'état gegen die untergehende Tang-Dynastie in China (618–907) unternahm. Nach dem gescheiterten Putsch floh Judo nach Korea und suchte in den Bergen des heutigen Parks Zuflucht. Allerdings wurde der selbsternannte König von den Häschern des chinesischen Kaisers aufgespürt und in jener Schlucht getötet, in der heute eine nach ihm benannte Einsiedelei, Juwangam, steht. Seitdem heißt die gesamte Gegend nach jenem vom Schicksal wenig beglückten König Juwangsan (*wang* bedeutet König und *san* Berg).

Aus der Ferne ist der Gebirgszug wenig beeindruckend, erst beim Betreten des Parks im Westen, am **Sangui Information Center,** zeigt sich die Schönheit Juwangsans.

Direkt hinter dem Eingang zum Park liegt der 672 von Uisang gegründete **Daejeonsa** 대전사, der größte der Tempel und Schreine im Park. Während des Imjin-Kriegs gegen Japan Ende des 16. Jh. wurden hier Mönchskrieger ausgebildet – mit der Konsequenz, dass der Tempel von den Soldaten des Inselreichs zerstört wurde. Nur zwei ältere Hallen sind erhalten, darunter die **Bogwangjeon** 보광전 aus dem Jahr 1672. In jüngerer Zeit wurde am Standort des Berggott-Schreins ein neues Gebäude errichtet. Nur zwei der Gebäude sind halbwegs restauriert und haben fast 350 Jahre Geschichte hinter sich.

Spürbare Besucherzuwächse erlebte der Park, nachdem Kim Ki-duk am 6 km südöstlich vom Haupteingang gelegenen **Jusanji** 주산지 Szenen für seinen berühmten Film »Frühling, Sommer, Herbst, Winter ... und Frühling« drehte. Der 1721 angelegte künstliche See ist gut über einen Weg zu Fuß erreichbar, allerdings benötigt man bis zum Weg ein eigenes Auto oder ein Taxi, das dann bis zur Rückfahrt warten sollte.

Durch den Park ziehen sich mehrere Wanderwege, die schöne Tagestouren ermöglichen. Besonders sehenswert ist das **Jubang-Tal,** das hinter dem Parkeingang beginnt und an einigen der Hauptattraktionen des Parks vorbeiführt (1 Std. vor Sonnenaufgang bis 1 Std. vor -untergang, ₩ 2000; s. auch Aktiv unterwegs, S. 352).

Infos

Sangui Information Center: am Parkeingang, Tel. 054 873 00 14, knps.or.kr, tgl. 9–17 Uh. Hier erhält man neben Infos aller Art auch englischsprachige Karten.

Übernachten

Da der Park fast ausschließlich im Rahmen eines Tagesausflugs besucht wird, gibt es kaum Unterkünfte.

Mit Spa ▶ Juwangsan Spa Tourist Hotel (Juwangsan Oncheon Gwangwang Hotel 주왕산온천관광호텔: 15 km vom Parkeingang, 69-2 Wolmak-ri, Cheongsong, Tel. 054 874 70 00, www.juwangspahotel.co.kr. Dieses kleine Hotel ist die beste Unterkunft in Parknähe (15 km vom Sangui Information Center entfernt). Sauber und mit eigener heißer Quelle. DZ 100 000 (Rabatte möglich).

Am Parkeingang ▶ Gegenüber der Bushaltestelle gibt es einfache **Privatunterkünfte** *(minbak).* Nebenan liegt der **Sangui-Campingplatz** (Tel. 054 873 00 14, ₩ 6000–9000 pro Mietzelt).

Essen & Trinken

Einfache Speisen ▶ Im *minbak*-Dorf am Parkeingang sind einige schlichte **Restau-**

aktiv unterwegs

Trekking im Juwangsan-Nationalpark

Tour-Infos

Start: Sangui Information Center
Länge: 9 km
Dauer: 4,5 Std.
Wichtige Hinweise: Der Kurs ist mittelschwer, im Hochsommer droht aufgrund der Hitze Erschöpfung. Karten mit Routen und Entfernungsangaben für die Planung erhält man im Sangui Information Center. Gelegentlich werden Teile des Parks gesperrt, etwa um der Natur Zeit für die Regeneration zu geben oder aufgrund der Wetterbedingungen. Vor einem Parkbesuch sollte man sich bei der KTO (s. S. 73) erkundigen, ob der hier beschriebene Weg für Wanderungen geöffnet ist.

Eine der landschaftlich reizvollsten Tagesetappen führt durch das bekannte und vielbesuchte Jubanggol-Tal, über den Kaldeung-Pass und auf die Gipfel von zwei über 700 m hohen Bergen. Die Tour startet und endet am selben Punkt und erlaubt kleine Abstecher zu mehreren Höhlen und einer Einsiedelei. Vom **Daejeonsa** führt der Weg entlang eines Baches durch das **Jubanggol** 주방골, das gespickt ist mit Felsformationen. Bereits wenige Meter hinter dem Tempel gabelt sich der Weg, wobei der rechte Pfad (dem man folgt) bergauf führt und sich dann nach einer Brücke erneut teilt. Der rechte Weg führt an der **Einsiedelei Juwang** (Juwangam 주왕암) vorbei durch eine enge Schlucht steil bergauf zur bescheidenen **Juwanggul** 주왕굴, jener Höhle, in der Judo angeblich durch einen Pfeil seiner Verfolger getötet wurde. Folgt man dem Weg von der Einsiedelei, erreicht man die **Mujanggul** 무장굴, eine Höhle und angeblich ein ehemaliges Waffenlager. Diesen kleinen Abstecher nach rechts sollte man nehmen und im Anschluss zur Gabelung zurückkehren.

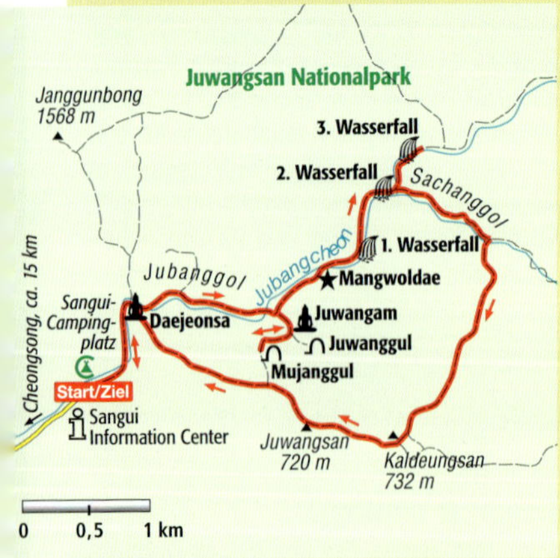

Nun folgt man dem linken Pfad durch das Jubang-Tal vorbei am **Mangwoldae** 망월대, einem Felsen. Weiter auf dem linken Pfad geht man den Bach entlang und gelangt zum **1. Wasserfall** (Je 1 Pokpo 제1폭포), dem schönsten der drei Fälle im Jubang-Tal. Er sieht aus, als sei er aus einer Landschaftslithografie des 19. Jh. ausgeschnitten worden. Etwa 1 km weiter befindet sich auf der rechten Seite auf einem Seitenweg der **2. Wasserfall.** Nun kann, wer mag, dem Tal einige hundert Meter zum **3. Wasserfall** folgen. Dieser ist offener gelegen als die beiden anderen und bietet im Sommer angenehme Abkühlung.

Danach geht es zurück zum 2. Wasserfall und von dort weiter bis zu einer Kreuzung, an der man rechts entlang eines weiteren Baches durch das **Sachanggol** wandert. Schließlich überquert man den Bach und folgt dem Weg rechts Richtung **Kaldeung-Pass** (Kaldeunggogae 칼등고개). Über diesen erreicht man zunächst den 732 m hohen Kaldeungsan 칼등산 und anschließend den 720 m hohen **Juwangsan** 주왕산, von dem es abwärts zurück zum Ausgangspunkt geht.

Erwacht nur selten aus dem Dornröschenschlaf: die Vulkaninsel Ulleungdo

rants stationiert, die sich im Angebot (*bibimbap*, *samgyetang*) wenig unterscheiden.

Verkehr

Bus: Ab Andong Bus Terminal fahren Busse 1,5 Std. ins Städtchen Cheongsong 청송, das etwa 15 km nordwestlich des Sangui Information Center liegt. Auch ab Busan und vom Dong Seoul Bus Terminal fahren Busse nach Cheongsong. Ab Cheongsong fährt alle 20 Min. ein Bus zum Sangui Information Center; alternativ nimmt man ein Taxi.

Ulleungdo 울릉도 ▶ 1, U/V 5

Die entlegene, 73 km² große **Ulleung-Insel** hat zwar nicht den Status eines Nationalparks, besitzt aber alle Attribute, um augenblicklich ›gelistet‹ zu werden. Die kleine Insel muss sich von den Galápagos-Inseln hierher verirrt haben und passt mit ihrem wilden Charakter eher ins ungezähmte Südamerika als ins industrielle Südkorea.

Nach Jejudo ist dies Südkoreas zweitbekannteste Insel, und sie ist ebenso wie ihre südliche Schwester das Kind eines Vulkans und des Meeres. 120 km vom Festland entfernt im östlichen Meer, ist Ulleungdo Koreas ungekrönte ›Miss Insel‹ – zwar bereits vom Tourismus entdeckt, aber mangels Flughafen und wegen ihrer Entfernung vom Rest Koreas noch immer zügellos und unbekümmert. Bewegung kommt nur dann auf das Eiland, wenn die Fähre einläuft und die eintreffenden Besucher in ihre Hotels gebracht werden müssen. Kurz darauf verfällt die ›Hauptstadt‹ der Insel, Dodong, wieder zurück in Lethargie – wie ein Außenposten am Rande der Galaxis nach dem Abflug des nur einmal jährlich eintreffenden Versorgungsschiffs.

Tintenfischfang spielt eine große Rolle auf Ulleungdo, das verrät die Menge der allerorts zum Trocknen aufgehängten Tiere. Jedes Dorf hat in irgendeiner Form mit den Kreaturen zu tun, entweder dem Fang, dem Trocknen, dem Verpacken, dem Verkauf oder zumindest dem Verspeisen. Vor keinem Lokal fehlt ein Becken mit Tintenfischen zum frischen Verzehr.

Trotz ihres Charmes als einsame Fischerinsel hat die Vulkaninsel allerhand mehr zu bieten, auch wenn 5-Sterne-Hotellerie und alle anderen Annehmlichkeiten des gehobenen Tourismus nicht dazugehören. Da sind zunächst die schroffen Berghänge, die der Insel ihren gesetzlosen Charakter geben und durch die sich mehrere Wanderwege ziehen. Im Inselinneren finden sich Wasserfälle, und der Seonginbong (984 m) überragt das herrliche Nari-Becken (Naribunji) im Norden, das gar nicht zum Rest der klippenübersäten und waldbedeckten Vulkaninsel passt. Die Senke erreicht man, indem man einige beschauliche Fischer- und Bauerndörfer durchquert – alles weitgehend unberührt vom modernen Leben. Der Aufstieg zum Gipfel führt durch dichten und unberührten Wald und bietet Sicht über die gesamte Insel. Die lokale Touristeninformation wirbt augenzwinkernd damit, dass die Insel fünf Dinge im Überfluss bietet: duftende Bäume, Wind, Wasser, Felsen und schöne Frauen. Nur drei Dinge fehlen: Diebe, Umweltverschmutzung und Schlangen.

Ulleungdo ist ein stiller Ort, an dem sich der ruhigste Abend ganz Südkoreas verbringen lässt. Luxus ist nicht vorhanden; aber Reisende auf der Suche nach ungestümer Natur werden auf Ulleungdo fündig. Noch bis 1977 gab es lediglich Trampelpfade auf der Insel, jetzt führen eine Straße fast um den gesamten ehemaligen Vulkan und mehrere Stichstraßen ins Inselinnere. Lediglich im Nordosten fehlt noch das letzte Verbindungsstück für einen kompletten Rundkurs.

Dodong 도동

Von den gut 10 000 Bewohnern Ulleungdos lebt die Mehrheit in Dodong. Das Städtchen liegt in einem Tal zwischen zwei steil aufsteigenden und bewaldeten Bergen und sieht bei Ankunft mit der Fähre aus wie das Touristenzentrum vor den Toren zum Jurassic Park. Die meisten Inselbesucher übernachten in Dodong, und mindestens zwei kurze Besichtigungsmärsche sollten von hier unternommen werden. Der erste Weg führt zum Yaksu-Park, der zweite auf dem Haenam-Küstenpfad zum Dodong-Leuchtturm und weiter nach Jeodong (s. S. 357).

Der Weg zum **Yaksu-Park** (Yaksu Gongwon 약수공원, Heilwasser-Park) führt aus Dodong hinaus und 600 m bergaufwärts. Die im Park entspringende Quelle ist wegen ihres mineralhaltigen Wassers einer der Magneten für Besucher und Einheimische, Letztere strömen morgens für einen heilenden Schluck herbei. Das Wasser schmeckt leicht metallisch und soll wie Aspirin alle denkbaren positiven Körperwirkungen auslösen. Im Park befinden sich darüber hinaus zwei **Museen:** Eines widmet sich der Inselgeschichte (tgl. 9–18 Uhr, Eintritt frei), das zweite und interessantere dem Felsarchipel Dokdo 독도 (Tel. 054 790 62-32, -33, www.dokdomuseum.go.kr, tgl. 9–18, letzter Einlass 17.30 Uhr, Fei geschlossen, Eintritt frei), um deren Besitz sich Japan und Korea streiten und dessen Internetseite Koreas Standpunkt klarmacht: »As you know, Dokdo is the Korean territory ...« Die Inselgruppe (auch als Liancourt-Felsen oder Hornet Islands bekannt) liegt 80 km südöstlich von Ulleungdo, besteht aus zwei Felsinseln und 89 kleineren Felsen.

Vom Park kann man über einen Pfad den **Manghyangbong** (316 m) erklimmen oder aber eine **Seilbahn** (tgl. 30 Min. vor Sonnenaufgang bis 20 Uhr, ₩ 7500 hin und zurück) nehmen, die während der Fahrt einen großartigen Blick auf Dodong, das Ostmeer und bei klarem Wetter bis nach Dokdo erlaubt.

Tipp: Geld mitbringen

In Dodong gibt es ebenso wie in Jeodong in Hafennähe eine Bank mit dem seltsamen Slogan »Fresh Bank, Fresh Fish« und einem 24-Std.-Geldautomaten, der allerdings nicht alle ausländischen Karten akzeptiert. Decken Sie sich deshalb am besten auf dem Festland mit Koreanischen Won ein!

Infos

Touristeninformation: neben dem Fährhafen, Tel. 054 790 64 65, www.ulleung.go.kr, tgl. bei Ankunft der Fähre. Kleiner Infostand, an dem alle Weltsprachen gesprochen werden, sofern es Koreanisch ist, und wo man eine Inselkarte in englischer und einen Busfahrplan in koreanischer Sprache erhält.

aktiv unterwegs

Wanderung auf den Seonginbong

Tour-Infos

Start: Bushaltestelle Seongpanak
Länge: 5 km
Dauer: 4 Std.
Anfahrt: Bus nach Cheonbu (s. S. 356), dort wartet ein Kleinbus (₩ 1000), der die Reisenden ins Nari-Becken bringt und vor einem militärischen Sperrgelände entlässt. Der Pfad beginnt rechts neben dem Sperrgebiet.
Wichtige Hinweise: Der Weg auf den Seonginbong und von dort nach Dodong ist einfach zu finden und führt durch weitgehend unberührten Primärwald. Der Aufstieg ist steil und damit anstrengend, teilweise sehr anstrengend, jedoch gut mit Treppen befestigt.

In einem Vulkankrater zu wandern und dann zu einem Gipfel am Kraterrand aufzusteigen mit Blick über die gesamte Insel – es gibt wenige Orte weltweit, an denen das möglich ist. Einer davon ist Ulleungdo mit seinem höchsten Berg, dem Seonginbong.

Vom Startpunkt folgt man der Beschilderung 성인봉 (Seonginbong), die zunächst an einem Chrysanthemenfeld vorbei zu einem alten **Strohhaus** aus den 1940er-Jahren – Relikt des nicht mehr existenten Dorfes Albong – führt. Dann geht es durch den dichten **Seonginbong-Primärwald,** der hier seit Jahrtausenden unberührt wächst. Beim Aufstieg kommt man zu einem Zwischengipfel von fast 700 m Höhe, von dem man einen herrlichen Blick über das Nari-Becken und den Seonginbong-Wald hat. Im Herbst überwältigend, leuchtet doch das Laub seiner Bäume in allen Farben von Grün über Gelb bis Rot.

Der weitere Weg zum 984 m hohen **Seonginbong** 성인봉 lässt sich nicht verfehlen. Der Gipfel ist ein kleines Felsplateau, auf dem ein aufrecht stehender Felsen drei chinesische Schriftzeichen trägt: 聖人峯 – Seonginbong –, Gipfel des Heiligen. Vom Plateau aus genießt man eine ungehinderte Rundum-Sicht über die gesamte Insel.

Von hier geht es bergab zurück nach Dodong. Der Waldpfad gabelt sich zwar an mehreren Stellen, doch verlaufen kann man sich nicht. Einfach der Beschilderung 도동 (Dodong) folgen.

Übernachten

Einfach und mit Ondol ▶ Bei der Ankunft am Fährhafen Dodong wird jeder Neuankömmling augenblicklich von einer Traube an Damen mittleren Alters umgeben, die (auf Koreanisch) ihre **einfachen Unterkünfte** feilbieten. Man sollte sich ruhig darauf einlassen und einer der Damen folgen, was das Problem einer Bleibe schnell und effizient löst. Etagenbad und leckerer Tintenfischgeruch in jeder Ritze gehören zum Standard. DZ etwa ₩ 30 000 (nur *ondol*).

Beste Unterkunft der Insel ▶ Daea Ulleung Resort 대아울릉리조트: Dodong 2-ri 252,

Tel. 054 791 88 00, www.daearesort.com. Ulleungdos teuerste Herberge liegt auf einem Berg, hat damit die beste Lage – und ist selbst auf Konferenzen vorbereitet. Die Zimmer sind jedoch klein und schmucklos. DZ ab ₩ 80 000, im Sommer mehr als doppelt so teuer.

Essen & Trinken

Fast alle Restaurants Dodongs reihen entlang der drei Straßen vom Fährhafen und sind mit ihren Tintenfischbecken kaum zu übersehen.
Englische Speisekarte ▶ **99 Sikdang** 99 식당: Dodong, Tel. 054 791 22 87. Das vielleicht einzige Restaurant Dodongs mit englischer Speisekarte. Berühmt für *ojingeo bulgogi* 오징어불고기 (scharfer Tintenfisch mit Gemüse). *Ojingeo bulgogi* ₩ 10 000.

Aktiv

Bootsfahrten ▶ **Fährhafen Dodong:** Von hier aus lässt sich eine vierstündige Rundfahrt um Dokdo 독도 unternehmen (tgl. 14 Uhr, ₩ 45 000). Das umstrittene Eiland (s. S. 354) darf nicht betreten werden, und der Preis für die Bootsfahrt ist für eine Fernsicht auf Südkoreas entferntestes Stück Land nur etwas für Patrioten. Eine Rundfahrt um Ulleungdo dauert 2 Std. (tgl. 9 Uhr, je nach Jahreszeit weitere Touren, ₩ 18 000). Die Kommentare auf den Booten sind in Koreanisch, und der Seegang im Westen der Insel ist deutlich spürbar. Erst auf dieser Tour erkennt man die schroffe Natur der Insel.

Verkehr

Fähre: Zur Insel gelangt man nur mit einer Fähre von Pohang 포항 (▶ 1, Q 11) oder Mukho 묵호 (▶ 1, P 5, Donghae, Gangwon-do). Anlegestation auf Ulleungdo ist Dodong. Ab Pohang tgl. mindestens ein Boot, Fahrzeit 3 Std. (www.daea.com, ₩ 58 800 einfach). Ab Mukho Fahrzeit 2,5 Std. (www.daea.com, ₩ 49 000 einfach). Der Fahrplan der Fähren ändert sich laufend, und bei schwierigen Wetterbedingungen werden die Verbindungen sogar eingestellt. Meist fahren die Schiffe morgens zwischen 9 und 10 Uhr nach Dodong und mittags zwischen 14 und 16 Uhr zurück. Am besten erkundigt man sich bei der koreaweiten Touristen-Hotline (Tel. jeweilige Ortsvorwahl, dann 1330) nach dem aktuellen Stand.
Bus: Busse umfahren die Insel ab Dodong im Uhrzeigersinn bis nach Cheonbu (₩ 1500) und klappern dabei alle Dörfer auf der Route ab. In östlicher Richtung pendeln Busse ebenfalls im 30-Min.-Rhythmus, und zwar zwischen den Orten Dodong und Jeodong (₩ 1000). Von Jeodong fahren sie weiter zum Bongnae-Wasserfall (₩ 1500). Zum Naribunji gelangt man entweder mit dem Taxi in einer Stunde oder mit dem Bus vom Hafen in Dodong nach Cheonbu (₩ 1500) und von hier mit einem weiteren Kleinbus (₩ 1000) nach Naribunji. Die Fahrt dauert insgesamt 1,5 Std.
Tourbusse: Neben den regulären Inselbussen fahren Tourbusse in 4 Std. (₩ 18 000) die Insel ab, sind aber ausschließlich auf koreanischsprechende Besucher zugeschnitten.
Taxi: Wer unabhängig sein möchte, kann auch ein Taxi chartern. Taxis für einen gesamten Tag kosten ca. ₩ 150 000.
Boot: In einem der Fischerdörfer lässt sich mit gutem Willen auf beiden Seiten und etwas Koreanisch eine nächtliche Mitfahrt auf einem der Fischerboote arrangieren.

Über den Haengnam-Küstenpfad nach Jeodong

Ein Muss ist der **Küstenpfad** (Haengnam Haean Sanchaengno 행남해안산책로) von Dodong via Dodong-Leuchtturm nach Jeodong. Zumindest bis zum Leuchtfeuer sollte man ihn laufen (30 Min.). Der insgesamt in etwa einer Stunde zu bewältigende, in den Felsen gemeißelte Pfad führt direkt am Meer vorbei. Er ist bestens ausgebaut und nachts beleuchtet.

Am Fähranleger in Dodong führt hinter dem Hafengebäude eine Wendeltreppe hinauf, und dann geht es – links die steil aufragenden Vulkanklippen, rechts die Meeresbrandung – teils nur 2 m von der Gischt entfernt und bei rauer See ein feuchtes Abenteuer – Richtung **Dodong-(Haengnam-) Leuchtturm** (Dodong/Haengnam Deungdae

도동 / 행남등대). Dort, wo der Weg vom Meer ins Inselinnere abzweigt, folgt man der Beschilderung 저동 (Jeodong). Für die letzte Etappe steigt man eine schwindelerregende Wendeltreppe hinab ins Tal, überquert unterschiedlich farbige Brücken und erreicht das Fischerdorf Jeodong.

Jeodong und der Bongnae-Wasserfall

Jeodong 저동 ist das Zentrum des Fischfangs auf Ulleungdo. Auf dem Fischmarkt am Ufer werden morgens die nachts gefangenen Tintenfische abgeladen, gewaschen, getrocknet und nachmittags die Netze getrocknet und repariert – ein pittoreskes Dorf wie aus einem Roman von Ernest Hemingway (zu Fuß oder 10 Min. per Bus ab Dodong).

Etwa 2 km vom Dorf landeinwärts liegt das Freizeitareal am Bongnae-Wasserfall. Hinter dem Eingang zu diesem Gebiet geht es 750 m weiter hinauf. Unterwegs passiert man **Punghyeol** 풍혈, das Windy Hole. Hierbei handelt es sich um ein natürliches Loch im Felsen, aus dem 4 °C kalte Luft strömt – im Sommer eine willkommene Abkühlung. Neben dieser natürlichen Klimaanlage erhebt sich ein dichter Wald. Dann erreicht man den dreistufigen **Bongnae Pokpo** 봉래폭포. Der Wasserfall ist zugleich die einzige Trinkwasserquelle der Insel. Gespeist wird er aus einem artesischen Brunnen und von Bergwasser (₩ 1200).

Übernachten

Gut und günstig ▶ Motel Jaeil (Jeir Yeokgwan 제일여관): Jeodong, Tel. 054 791 26 37. Gediegenes Licht im Treppenaufgang vermittelt das Ambiente eines Boutiquehotels, von dem die Zimmer aber Äonen entfernt sind. Kein Love Motel, sondern eine saubere Unterkunft. DZ ₩ 30 000.

Essen & Trinken

Koreanisch gutbürgerlich ▶ Dokdo Susan 독도수산: Jeodong. Das edelste Restaurant des Dorfes, erkennbar am Tintenfisch über dem Eingang. Was der Eingang verspricht, hält das Restaurant: Tintenfisch und Fisch füllen in vielen Variationen die Speisekarte. Gerichte ab ₩ 10 000.

Hühnchen ▶ Mexicana Chicken 멕시카나 치킨: Jeodong, Tel. 054 791 03 86. Nein, dies ist kein mexikanisches Restaurant, sondern hier gibt es Huhn in allen Varianten. Das Mexicana teilt Eingang, Telefonnummer und wahrscheinlich auch die Küche mit dem daneben liegenden Mr. Q – ein ebenfalls einfaches Fleischrestaurant. Gerichte ab ₩ 7000.

Taeha 태하

In dem im nordwestlichen Zipfel der Insel gelegenen Örtchen Taeha startet eine Einschienenbahn, die **Taehahyangmok Gwangwang Monorail** 태하향목 관광모노레일, die Besucher 300 m in die Höhe zum **Taeha-Leuchtturm** (Taeha Dongdae 태하등대) trägt. Taeha war die erste Siedlung Ulleungdos und Sitz der ersten Inselverwaltung, bevor diese 1903 nach Dodong zog. Von Dodong fahren regelmäßig Busse nach Taeha. Dort läuft man 10 Fußminuten bis zum Strand, wo die Bahn startet (tgl. April–Okt. 6–19, Nov.–März 8–18 Uhr, ₩ 4000 hin und zurück).

Ausflug ins Naribunji

Allein die Fahrt nach **Cheonbu** 천부 auf der Nordseite der Insel lohnt sich, denn sie führt entlang der Küste durch Tunnel, Fischerdörfer und das schwarze Lavagestein der Vulkaninsel. Südlich von Cheonbu breitet sich das **Nari-Becken** (Naribunji 나리분지) aus, eine von Bergen umgebene flache Anhöhe – der Krater eines schlafenden Vulkans, entstanden durch dessen Explosion oder Einsturz. Dies ist die einzige Ebene auf der Insel und wegen ihrer Weitläufigkeit ideal geeignet für einen Spaziergang durch die Felder. In dem Tal lebten bis vor wenigen Jahren über 500 Menschen, von denen jedoch nur wenige blieben und hier Ackerbau betreiben. Im Nari-Becken starten mehrere Wanderrouten, z. B. zum zweieinhalb Fußstunden entfernten Seonginbong 성인봉 (s. Aktiv unterwegs, S. 355), von dem man in weiteren 1,5 Std. zurück nach Dodong gelangt (Bus Dodong–Cheonbu alle 30 Min., Fahrzeit 1 Std., ₩ 1500, Cheonbu–Naribunji: s. S. 356).

11 Gyeongju ▸ 3, P/Q 12

992 Jahre lang war Gyeongju die Hauptstadt der Silla-Dynastie und nach der Eroberung der beiden Nachbarstaaten Baekje und Goguryeo sogar fast 300 Jahre Hauptstadt der gesamten koreanischen Halbinsel. Eine so lange Periode als Kapitale ist in der Geschichte der Menschheit selten und macht die Stadt heute zu einem einzigartigen Juwel Südkoreas.

Obgleich das Silla-Reich bereits vor über 1000 Jahren unterging, hat die damalige Zeit bis heute einzigartige Spuren hinterlassen – mehr Tempel, Königsgräber und Palastruinen als in **Gyeongju** 경주 sind in keiner anderen Stadt Koreas zu finden. Bekannt als das historische Zentrum des Landes, erhielt das Stadtgebiet mit seinen Silla-Bauten und -Denkmälern im Jahr 2000 den Status als UNESCO-Weltkulturerbe.

Im Vergleich mit anderen Städten Koreas hat sich Gyeongju eine vorindustrielle Atmosphäre bewahrt und ist mit ca. 270 000 Einwohnern kleiner als alle anderen Städte mit Rang und Namen im Land. Die Stadt lebt und profitiert von ihrer Geschichte und vom Tourismus. Gyeongjus historischer Bedeutung angemessen, fand 2010 hier und in Seoul der G20-Gipfel statt, Treffpunkt der 20 weltweit bedeutendsten Wirtschaftsmächte.

Stadtzentrum

Cityplan: S. 360

Das Zentrum Gyeongjus ist sehr kompakt und weist zudem die größte Ansammlung an historischen Stätten im Stadtgebiet auf. Sie alle liegen so dicht beieinander, dass sie zu Fuß oder per Fahrrad besucht werden können. Teilweise führen kombinierte Wander- und Radwege zu den Sehenswürdigkeiten. Fahrräder lassen sich preiswert am Busbahnhof ausleihen (s. S. 362). Die Hauptsehenswürdigkeiten im Zentrum Gyeongjus erstrecken sich südlich der Daejong-ro 대종로.

Noseodong 노서동

Auch wenn die Grabanlagen weniger eindrucksvoll als die im Daneungwon sind, lohnt mit über zehn Gräbern der Noseodong-Park nördlich der Daejong-ro einen Blick. Im weitläufigeren Westteil des Parks liegen u. a. die Gräber **Geumgwanchong** 금관총 1 (Goldkronenhügel) und dahinter **Seobongchong** 서봉총 2 (Hügel des Glücksbringenden Phönix). Ein Gedenkstein erinnert hier an den Besuch des schwedischen Kronprinzen Gustav Adolf VI., der 1926 die Ausgrabungsarbeiten begleitete. In beiden Gräbern entdeckte man übrigens eine der berühmten Goldkronen des Silla-Reichs (beide heute im Gyeongnu-Nationalmuseum). Im Ostteil, jenseits des den Park teilenden Weges, findet sich mit **Bongwhadae** 봉화대 3 (Phönixterrasse) das mit 250 m Umfang größte Einzelgrab des einstigen Silla-Reichs. Wie alle Gräber darf auch dieser riesige Hügel nicht bestiegen werden (24 Std., Eintritt frei).

Daeneungwon 대능원

Südkoreas Touristeninformation beschreibt Gyeongju gerne als Museum ohne Dach und Mauern, und wenn es einen Ort in der Stadt gibt, wo diese nette Übertreibung tatsächlich zutrifft, dann ist es im **Park der Großen Tumuli.** 23 Königsgräber aus der Ära der Drei Königreiche (57 v. Chr.–660 n.Chr.) sind hier zu

Unter den Tumuli im Daeneungwon ruhen Herrscher aus der Zeit der Drei Königreiche

sehen, mit Gras bewachsene Erdhügel, unter denen die einstigen Könige ihre letzte Ruhestatte fanden. Noch bis in die 1970er-Jahre standen zwischen den Hügeln Wohnhäuser, die erst 1975 abgerissen wurden, um die heute zu besichtigenden Gräber freizulegen.

Vom nördlichen Eingang kommend, erreicht man an einem kleinen See zunächst ein Doppelhügelgrab, bekannt als **Hwangnam Daechong** 황남대총 4, das mit 23 m höchste Grab in Gyeongju. Hier sollen König Soji und seine Frau begraben liegen, was allerdings nicht als gesichert gelten darf. Beide lebten bis etwa 500 n. Chr.

Eines der bekanntesten Gräber auf dem Areal ist das 13 m hohe **Cheonmachong** 천마총 5 (Hügel des Himmlischen Pferdes), koreaweit das einzige von innen zu besichtigende Grab, in dem heute ein kleines Museum untergebracht ist. Die Ruhestätte stammt aus dem 5. oder 6. Jh. und ist benannt nach den vielen Artefakten mit Pferdemotiven, die 1973 bei der Entdeckung des Grabes gefunden wurden, darunter ein Bild, das ein galoppierendes Pferd zeigt, vergleichbar mit den Motiven in den Gräbern der Goguryeo-Dynastie in Nordkorea. Obwohl nicht bekannt ist, für wen das Grab gebaut wurde, belegen das Pferdebild, die Waffen sowie die Sattler- und Hufschmiedstücke im Grab die starke Bedeutung der Silla-Militärmacht und deren Verbindung zu den Reiterstämmen Zentralasiens, von denen die Silla abstammten. Von den über 12 000 Grabbeigaben – darunter eine Goldkrone und ein goldener Gürtel – befinden sich die meisten im Gyeongju-Nationalmuseum, einige sind jedoch als Kopien im Inneren des Hügels ausgestellt. Zusammen mit anderen Stätten und Funden in Gyeongju wurde das Grab im Jahr 2000 UNESCO-Weltkulturerbe.

Im südlichen Teil des Parks liegt die **Grabstätte von König Michu** 6 (Michu Wangneung 미추왕릉), der 262–284 regierte und in dieser Zeit das Silla-Reich erfolgreich gegen die rivalisierenden Baekje im Westen verteidigte. Das Grab wird auch Grab der Bambussoldaten genannt: Nach dem Tod König Mi-

Gyeongju

Sehenswert
1 Geumgwanchong
2 Seobongchong
3 Bonghwadae
4 Hwangnam Daechong
5 Cheonmachong
6 Grabstätte von König Michu
7 Cheomseongdae
8 Gyerim
9 Seokbinggo
10 Anapji
11 Gyeongju-Nationalmuseum
12 Jaemaejeong
13 Oreung
14 Grab von General Kim Yu-shin
15 Grab von König Muyeol
16 Najeong
17 Poseokjeong
18 Samneung-Tal
19 Grab von König Gyeongae
20 Yongjangsa
21 Yongjanggol
22 Bunhwangsa
23 Bomun Tourist Resort
24 Bulguksa
25 Gwaeneung
26 Seokguram
27 Golgulsa

Übernachten
1 Gyeongju Hilton Hotel
2 Commodore Hotel Gyeongju
3 Swissrosen Hotel
4 Valley Motel
5 Han-Jin Hostel
6 Sarangchae

Essen & Trinken
1 Bomun Garden
2 La Cuisine
3 Sukyeong Sikdang
4 Dosol Maeul
5 Tobagi
6 Nolboo Budaejjigae & Cheolpangui

Abends & Nachts
1 Umgebung der Dongguk-Universität
2 Schumann & Clara

Aktiv
1 Fahrradverleih
2 Gyeongju Namsan Information Center

chus wurde Silla angegriffen, und die fremde Macht war zahlenmäßig so stark, dass das Reich kurz vor einer Niederlage stand. Plötzlich trat aus dem Grab König Michus eine riesige Armee hervor und entschied den Kampf für die Silla. Diesen Geistersoldaten wuchsen seltsamerweise Bambusblätter aus dem Ohr, die nach der Schlacht vor dem Grab des Königs liegen blieben (Tel. 054 772 36 32, tgl. 9–17 Uhr, im Sommer bis 22 Uhr, ₩ 1500).

Wolseong-Park

Wolseong Gongwon 월성공원
Wenige hundert Meter südöstlich des Daeneungwon breitet sich der Wolseong-Park aus, ein immenses Gebiet mit Gräbern und der vermutlich ältesten erhaltenen Sternwarte Ostasiens, die aus dem 7. Jh. stammt (Park tgl. 24 Std., Eintritt frei).

Anders als moderne Observatorien steht der wie ein umgestülpter mittelalterlicher Weinkelch aussehende **Cheomseongdae** 첨성대 7, die Terrasse zur Sternbetrachtung, nicht auf einem Berg, sondern im flachen Land. Sein erster Anblick mag enttäuschen, denn von einer Sternwarte erwartet man Größe, was beim Bau im 7. Jh. aber keine Rolle spielte – der Cheomseongdae ist gerade 9,17 m hoch, damals gab es noch kein Streulicht, das die Sicht behindern konnte. Doch der erste Eindruck sollte nicht über das ausgeklügelte Design hinwegtäuschen. Der Turm besteht aus 27 übereinanderliegenden Steinschichten (die damals herrschende Königin Seonduk war die 27. Regentin der Silla-Dynastie), und das quadratische Steinfundament wurde aus zwölf großen Steinen erbaut (einer für jeden Monat). Vom Fundament bis zu den beiden obersten, ebenfalls quadratischen Schichten zählt das Observatorium 30 Steinschichten, also eine Schicht für jeden Tag des Monats nach dem Mondkalender. Insgesamt wurde der Turm aus 366 Steinen erbaut, was in einem Schaltjahr des Sonnenkalenders ein Stein pro Tag bedeutet. Jede Seite der obersten quadratischen Steinschicht ist exakt nach Norden, Süden, Osten und Westen ausgerichtet, und die Steine formen zusammen das chinesische Zeichen *jing* 井 (Brunnen/Quelle), eine der 28 chinesischen Sternenkonstellationen, das Äquivalent zum westlichen Sternbild Zwillinge. Trotz seines Alters von fast 1400 Jahren ist der Turm gut erhalten und

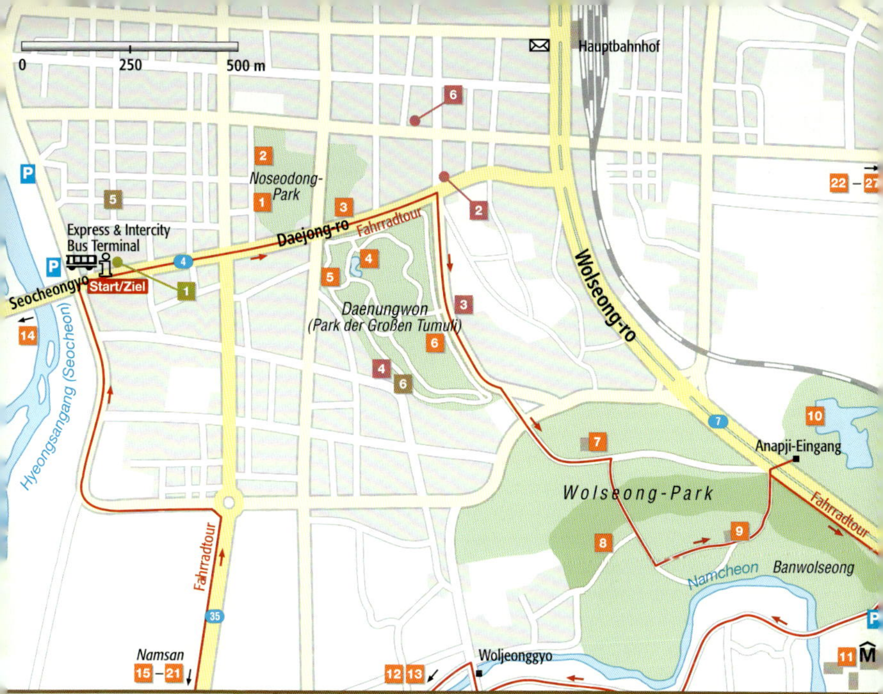

heute aufgrund seiner Bedeutung – noch ist unklar, ob für astronomische oder eher rituelle bzw. astrologische Zwecke – Symbol der Stadt Gyeongju (tgl. 9–18 Uhr, ₩ 500).

Gegenüber der Sternwarte liegt ein Teil des **alten Stadtzentrums.** Einige Fundamentsteine einer alten Tempelanlage sind hier wieder auf den Rasen gesetzt worden. Dahinter erstreckt sich der Hahnenwald, **Gyerim** 8**,** wo der Legende nach im Jahr 67 dem Silla-Herrscher Talhae (reg. 57–80) ein weißer Hahn erschien. Der Hahn führte den König zu einem Baum, an dem eine Goldschatulle hing, in der ein Knabe lag. Der König adoptierte das Kind und nannte die Baumgruppe Hahnenwald. Der Junge ging als Kim Alchi in die Geschichte ein, denn er wurde Ahnherr der Kims, des bedeutendsten Silla-Geschlechts, dessen erster Herrscher 262 König Michu wurde (s. S. 359).

Tipp: Per Fahrrad durch Gyeongju

Per Fahrrad lassen sich viele der Hauptsehenswürdigkeiten im Stadtzentrum Gyeongjus bequem an einem halben Tag erkunden, Schließt man den Besuch des Nationalmuseums mit ein, kann man die Tour auch auf einen ganzen Tag ausdehnen.

Der Rundkurs zu einigen der Hauptsehenswürdigkeiten Gyeongjus beginnt am Bus Terminal. Von hier radelt man zuerst zum **Noseodong-Park** 1 – 3, dessen Gräber sich gut per Rad umfahren lassen. Will man sich den **Park der Großen Tumuli** 4 – 6 (Daeneungwon) auf der gegenüberliegenden Straßenseite anschauen, muss man seine Fahrräder am Parkeingang abstellen und einen Spaziergang unternehmen. Danach führt der Weg weiter zur Sternwarte **Cheomseongdae** 7. Auf der Fahrt dorthin sollte man aufmerksam nach links schauen, denn der Turm des Observatoriums hat alles andere als eine astronomische Größe, sodass er leicht übersehen werden kann. Man erreicht den **Wolseong-Park** und dort das Eishaus, **Seokbinggo** 9.

Weiter geht es nach Osten und an der nächsten Abzweigung nach rechts auf eine stärker befahrene Straße zum **Anapji** 10, wo wieder das Schloss benötigt wird. Vom Anapji sind es 500 m bis zum unübersehbaren **Gyeongju-Nationalmuseum** 11, das so groß ist, dass sich darin mehrere Stunden verbringen lassen.

Am Nationalmuseum beginnt der ruhigere und landschaftliche schönste Teil der Rundfahrt: links des Weges weite Felder, rechts Wald. Man quert den kleinen Südfluss, Namcheon, und folgt ihm auf der linken Uferseite. Rechts sieht man einige verfallene Bauernhäuser. Nach etwa 1 km überquert man den Namcheon über die **Woljeonggyo,** radelt vorbei am alten Brunnen **Jaemaejeong** 12 zur übernächsten Brücke, der **Muncheongyo.** Jenseits des Flusses warten die Fünf Königsgräber, **Oreung** 13, auf einen Besuch. Man radelt über die Brücke und weiter geradeaus und biegt dann nach rechts ab, denn der Eingang zu der Grabanlage liegt auf der Südseite des Komplexes. Danach geht es gemütlich zum Busbahnhof zurück.

Fahrradverleih 1: Am Bus Terminal gibt es mehrere Verleihstationen. Fahrräder kosten ₩ 7000–10 000/Tag bzw. ₩ 3000/Std. Fahrradschlösser erhält man gratis dazu.

Ein Stück weiter auf dem Areal der zerstörten Silla-Festung **Banwolseong** 반월성 (Halbmond-Festung), weitgehend das Areal des heutigen Wolseong-Parks, findet sich das **Seokbinggo** 석빙고 9, ein halb in die Erde gegrabenes Eishaus aus dem 18. Jh. (frei zugänglich).

Anapji 안압지 10

Einem königlichen Lustgarten würdig, besitzt der Garten rund um den Anapji, den **Gänse-und-Enten-Teich,** zahlreiche repräsentative Gebäude. Ursprünglich lag das Areal am Rand der **Banwolseong.** Als Initiator des Gartens gilt König Munmu, der 674 auf dem Höhepunkt der Silla-Macht die Bauarbeiten begann. Er besaß eine Vorliebe für Wasser, was sich auch darin zeigt, dass seine sterblichen Überreste in einem Unterwassergrab im Ostmeer liegen (s. S. 371). Später diente das Parkareal mit seinen Bauten als Kronprinzenpalais, Imhaejeon 임해전. Ausgerechnet in diesem Garten dankte über 250 Jahre später der Silla-König Gyeongsun ab und übergab dem Goryeo-König Wang Geon die Macht – der Beginn der fast 500 Jahre herrschenden Goryeo-Dynastie.

Der Anapji hat in etwa die Form der koreanischen Halbinsel, sodass König Munmu sein Reich jederzeit betrachten konnte. Nach dem Verfall des Silla-Reichs verfiel auch der Garten, der erst 1975 renoviert wurde. Dabei wurden einige der früheren Bauten neu errichtet.

Bei den Ausgrabungen fand man über 30 000 Artefakte der damaligen Zeit, darunter auch einen vierzehnseitigen Holzwürfel, der bei Trinkspielen zum Einsatz kam. Auf jeder seiner Seiten ist eine Aufgabe/Strafe notiert (»Trinke alle Gläser Wein auf einmal«). Auch Tonkrüge kamen ans Tageslicht, einige davon mit dem Namen Wolji (Mondteich). Man vermutet, dass König Munmu seinen Wassergarten einst so nannte. Später wechselte der Name zu Gänse-und-Enten-Teich, da diese den verlassenen Garten nach dem Untergang des Silla-Reichs aufsuchten und dadurch Poeten und Kalligrafen zu dem neuen Namen inspirierten (Tel. 054 772 40 41, Di–So 9–18 Uhr, ₩ 1000).

Gyeongju-Nationalmuseum 11

Gungnip Gyeongju Bangmulgwan
국립경주박물관

Bei so viel Geschichte in einer Stadt darf ein entsprechendes Museum nicht fehlen. Die im Jahr 1913 etablierte Gyeongju Historic Sports Preservation Society weihte das Nationalmuseum von Gyeongju kurz nach ihrer Gründung ein. Das Museum besitzt die weltweit umfangreichste Sammlung an Silla-Artefakten und ist neben dem Nationalmuseum in Seoul das beste Museum des Landes. Alle Exponate sind ohne Platznot ausgestellt und adäquat beleuchtet, allerdings sind die meisten Erläuterungen etwas knapp gehalten.

Die schiere Zahl an gesammelten Objekten ließ nur zu, lediglich einen Teil – etwa 3000 Exponate – in fünf Sektionen auszustellen: Archäologie, Kunst, Anapji-Garten, Sonderausstellungen und Freilichtsammlung. Schwerpunkt der **Archäologie-Ausstellung** ist neben der prähistorischen Geschichte Gyeongjus das Silla-Reich. Hier sind die berühmte Goldkrone und viele weitere Fundstücke aus dem Cheonmachong-Grab (s. S. 359) zu sehen und in der Gugeun-Gedächtnishalle zudem 666 Objekte aus der Privatsammlung von Dr. ›Gugeun‹ Lee Yang-Seon, einem Geschichtsenthusiasten, der das Ergebnis seines Sammeleifers dem Museum vermachte. Zu den Artefakten in der Gugeun-Halle gehört die Tasse in Form eines reitenden Kriegers aus der Kaya-Dynastie. Die Kaya kämpften bis ins 7. Jh. mit den Silla um die Vorherrschaft auf der koreanischen Halbinsel. Die Tasse besteht aus einem reitenden Krieger, der ein Schild trägt, und einem Pferd, das geschützt ist mit einem Panzer – ein Hinweis auf Bewaffnung und Ausrüstung der Kaya.

In der **Kunst-Ausstellung** sind vornehmlich Exponate mit Bezug zum Buddhismus zu finden, der während des Silla-Reichs eine Blüte erlebte. Im Blickpunkt der **Anapji-Sammlung** stehen die Ausgrabungsstücke aus dem gegenüber dem Museum gelegenen Anapji-Garten. Die Freilegungsarbeiten in den 1970er-Jahren waren überaus ergiebig, sodass man den Artefakten ein ganzes Gebäude widmete. Auf den zwei Stockwerken des Baus dreht sich alles um Alltagsobjekte: von Dachpfannen über Kerzenlöscher bis zu einem Ofen. Die Objekte sind reich verziert und meist aus edlen Materialien wie Bronze oder Metall hergestellt.

Im **Außenbereich** warten weitere Artefakte wie Buddha-Statuen, Laternen aus den Tempeln Gyeongjus oder aber die riesige Glocke König Seongdeoks, auch Emille-Glocke (Emillejong 에밀레종) genannt. Die Bronzeglocke ist weltweit eine der größten ihrer Art: 3,30 m hoch, 2,30 m im Durchmesser und knapp 19 t Gewicht. Zahlreiche Versuche waren notwendig, um sie zu gießen. König Gyeongdeok versuchte als Erster, die Glocke für seinen Vater Seongdeok fertigen zu lassen – vergebens. Gyeongdeoks Sohn startete den zweiten Versuch, scheiterte aber ebenfalls, denn die Glocke zersprang beim ersten Gongschlag. Noch mehrmals ging der Königshof ergebnislos daran, die Glocke endlich schlagen zu können. Erst nach dem Traum eines Mönches konnte Koreas größte Bronzeglocke fertiggestellt werden. Nach der (grauenvollen) Legende träumte der Geistliche, dass ein Kind in die Schmelze eingetaucht werden müsse, damit die Glocke erklinge. Tatsächlich holte man aus einem nahen Dorf ein junges Mädchen und warf es in die geschmolzene Bronze. Als die Glocke gegossen war, ertönte sie mit dem schönsten Klang, der sich jedoch für damalige Zuhörer wie der Schrei des Kindes nach *emille* anhörte, dem Wort für Mutter im Silla-Dialekt.

Hinter dem Roten Pfeiltor, in der Mitte mit einem Yin-Yang-Symbol und einem Dreizack, beginnt der sakrale Teil einer Grabanlage – hier an den Oreung

Angeblich kann man das Wort immer noch in dem Glockenschlag hören. Überprüfen lässt sich dies für den Besucher nicht, die Glocke ist durch einen Zaun abgesperrt (Tel. 054 740 75 18, gyeongju.museum.go.kr, Di–So 9–18, Sa, Fei bis 19 Uhr, Eintritt frei, englischsprachige Gratisführung März–Nov. Sa 13.30 Uhr, Dauer 60 Min.).

Oreung 오릉 13

Am südlichsten Rand des Stadtzentrums liegt jenseits des Namcheon gut versteckt dieser kleine Park mit **Fünf Königsgräbern.** Wie bei einigen anderen der knapp 200 Gräber im Zentrum Gyeongjus rätseln Archäologen auch bei diesen Hügeln, wessen Gebeine darunter begraben liegen. Nach der *»Samguk Sagi«* (»Chronik der Drei Königreiche«) ist Oreung die Ahnengruft der Park-Familie: Hier sollen der Silla-Gründer Park Hyeokgeose (69 v. Chr. – 4 n. Chr.) und seine Frau, Königin Alyeong, sowie Namhae, zweiter Herrscher der Silla-Dynastie, Yuri, sein Sohn, und König Pasa begraben liegen.

Damit sind in Oreung (Fünf Gräber) vier der fünf ersten Könige der Silla-Dynastie begraben und machen die Anlage zu einer der bedeutendsten ihrer Art in Gyeongju. Die Grabhügel liegen in einer großen Grasfläche harmonisch Seite an Seite, sind jedoch unterschiedlich in ihrer Größe (Tel. 054 779 63 91, tgl. 9–17 Uhr, März–Okt. 9–18, Dez.–Febr. bis 17 Uhr, ₩ 500).

Westlich des Hyeongsan-Flusses

Jenseits des Hyeongsangang 형산강 (auch Westfluss/Seocheon서천) werden die historischen Attraktionen Gyeongjus spärlicher. Hierher verirren sich weit weniger Touristen als ins Zentrum oder den Osten der Stadt. Die Höhepunkte im Westen sind die Gräber von General Kim Yu-shin und König Taejong Muyeol. Die Hügelgruften unterscheiden sich nicht gravierend von den anderen Ruhestätten in der Stadt, aber die beiden Bestatteten haben Koreas Entwicklung maßgeblich beeinflusst.

Grab General Kim Yu-shins 14

Kim Yu-shin Myo (Gim Yusin Myo) 김유신묘

Der große Silla-General hatte für sein Reich ähnliche Bedeutung wie Douglas MacArthur für die USA oder Lord Nelson für Großbritannien. Kim Yu-shin (595–693) besaß großes Talent als Stratege und Soldat, was ihm unter den Königen Taejong Muyeol und dessen Sohn Munmu das Oberkommando über die Streitkräfte einbrachte. Er war die zentrale Figur bei der Zusammenführung der drei Reiche Baekje, Goguryeo und Silla und der Etablierung des Reiches der Vereinten Silla. Selbst gegen die mächtige Tang-Dynastie Chinas verteidigte Kim Yu-shin die vereinte koreanische Halbinsel erfolgreich.

Schon die Straße zum Grab des Generals, die **Heungmuro** 흥무로, ist sehenswert, insbesondere im Frühjahr zur Zeit der Kirschblüte. Das Grab selbst misst (nur) 5,3 m in der Höhe, denn größer als eine Königsgruft durfte damals kein anderes Grab sein. Dafür aber weist die das Grab umgebende Grundmauer filigrane Steinmetzarbeiten auf: u. a. die zwölf in Stein gemeißelten Tiere (Tierkreiszeichen) des chinesischen Horoskops, alle bewaffnet und so das Grab bewachend (tgl. Sommer 9–18, Winter 9–17 Uhr, ₩ 500).

Grab von König Muyeol 15

Muyeol Wangneung 무열왕릉

König Taejong Muyeol (602–661) gilt als einer der bedeutendsten Herrscher der Silla-Dynastie, denn er ebnete zusammen mit General Kim Yu-shin den Weg für die Vereinigung der koreanischen Halbinsel. Er war der 29. König der Dynastie, herrschte von 654 bis 661, und sein 13 m hohes Grab ist als eines von wenigen in Gyeongju eindeutig zu identifizieren: In einem Pavillon vor dem Grab steht eine steinerne Schildkröte (Nationalschatz Nr. 25), auf deren Panzer sich ein Stein mit Drachenreliefs befindet, in den die chinesische Widmung »太宗武烈大王陵碑« (»Grabstele des großen Königs Taejong Muyeol«) eingemeißelt ist. Da Schildkröte und Drachenhaube über 1300 Jahre alt sind, ist die Inschrift auf der flachen Stelle zwischen den Drachenfüßen allerdings kaum noch zu erkennen.

Diese Grabstele stellte ein neues Element auf Friedhöfen jener Zeit dar und ist für eine fast 1400 Jahre alte Figur erstaunlich gut erhalten. Auffallend ist, dass der Kopf der Schildkröte nach oben schaut und ihre Beine in Marschrichtung gestreckt sind – ein Symbol für König Muyeols und Sillas Vitalität und Unternehmensgeist. Muyeols Grab war das erste Königsgrab mit reicher Dekoration und damit Vorbild für die kommenden Gräber, die nun mit Tigerstatuen, Tierkreiszeichen oder Steinzäunen verziert wurden.

Das Grab Muyeols steht am Fuß des **Seondo-Bergs** (Seondosan 선도산) in einem Kiefernwald und ist von weiteren Hügelgräbern, die Mitgliedern der Königsfamilie gehören sollen, umgeben. Direkt gegenüber auf der anderen Straßenseite liegen (vermutlich) die letzten **Ruhestätten von Kim In-mun,** einem Sohn König Muyeols, sowie **von Kim Yang,** einem hohen Regierungsbeamten und vermutlich Nachfahren (uneheliches Kind) des Königs.

Muyeol verstand es wie die Habsburger im Mittelalter, ein weitreichendes Beziehungsgeflecht zu unterhalten, um damit seine Interessen durchzusetzen und sich vor Feinden zu schützen. So kannte er General Kim Yu-shin, der sein Schwager wurde, seit Kindheitstagen. Auch zu Kaiser Gaozong der chinesischen Tang-Dynastie bestanden gute Beziehungen, die sogar auf die Zeit vor Gaozongs Thronbesteigung zurückgingen. Der chinesische Kaiser unterstützte Muyeol später mit einer 130 000 Mann starken Armee bei der Eroberung Baekjes – der erste Schritt für die Herrschaft der Silla über die gesamte koreanische Halbinsel (tgl. Sommer 9–18, Winter 9–17 Uhr, ₩ 500).

Süd-Gyeongju (Namsan)

»Ohne einen Besuch des Namsan war man nicht in Gyeongju«, lautet ein bekannter Satz über die sich im Süden Gyeongjus dahinziehende Hügellandschaft. Die Erhebungen um den 466 m hohen Südberg, **Namsan** 남산, sind nicht nur gut geeignet für Wanderungen in der schönen Landschaft, sondern auch zum Aufspüren der zahlreichen historischen Denkmäler. Schon als der schamanistische Glaube in Korea vorherrschte, galt der Namsan als spiritueller Ort. Nach der Einführung des Buddhismus blieb diese Vorstellung lebendig, das Berggebiet entwickelte sich zu einem buddhistischen Zentrum. So finden sich hier heute Gräber, Tempel und Skulpturen, die sich zwischen den kleinen Tälern und Felsen verbergen. Über 450 Kulturdenkmäler liegen in der Hügellandschaft, darunter mehr als 100 Tempel und fast 100 Steinpagoden. Erst 2007 wurde eine große Buddha-Statue am südlichen Fuß des Berges entdeckt.

Am nordwestlichen Fuß des Namsan, gegenüber der Ahnengruft der Park-Familie (Oreung), steht ein Brunnen, der **Najeong** 나정 **16**, mystischer Geburtsort von König Park Hyeokgeose (69 v. Chr. – 4 n. Chr.), Gründer der Silla-Dynastie. Einst soll an dieser Stelle der Vorsteher eines nahe gelegenen Dorfes einen Schimmel erblickt haben. Als der Mann sich aber dem Brunnen näherte, verschwand das Pferd. Stattdessen fand er ein großes Ei, aus dem ein Junge schlüpfte, Park Hyeokgeose, der mit 13 Jahren König werden sollte.

Etwas weiter südlich muss einst in einem Lustgarten eine der schönsten Sommervillen der Silla gestanden haben – **Poseokjeong** 포석정 **17**. Einzig erhalten ist der abaloneförmige (grob erkennbar) und in Stein gefasste Wasserlauf. Hier traf man sich zu Trinkspielen: Eine Person begann ein Gedicht, legte fest, wer es beenden sollte, und ließ einen mit Wein gefüllten Becher den Wasserlauf hinabtreiben. Reihum wurde das Poem fortgesetzt – gelang es der vorher bestimmten Person nicht, das Gedicht bei Ankunft des Bechers zu beenden, so musste sie diesen leeren.

Das **Samneung-Tal** **18** (Samneunggol 삼릉골) weist unter den 40 Tälern des Namsan die meisten buddhistischen Relikte aus der Silla-Zeit auf. Betritt man das Tal vom **Gyeongju Namsan Information Center** aus, so gelangt man als Erstes zu den in Ost-West-Richtung aufgereihten **Drei Gräbern** (Samneung 삼릉) des 8., 53. und 54. Königs der Silla-Ära – wie in den Oreung-Gräbern alles Mitglieder der Park-Familie. Etwas südlich am Beginn des Satgat-Tals liegt das **Grab von König Gyeongae** **19**, des 55. Silla-Königs (reg. 924–927), ebenfalls der Park-Familie angehörend. Fast 800 Jahre liegen zwischen der Herrschaft des 8. (Adalla, reg. 154–184) und des 55. Königs. Folgt man indes dem Samneung-Tal nach Westen, passiert man diverse in Fels geritzte oder aus dem Fels herausgeschlagene Buddha- und Bodhisattva-Darstellungen und gelangt schließlich zu einer 7 m hohen und 5 m breiten **Sitzenden Statue Buddha Shakyamunis.**

Ost-Gyeongju

Im Osten der Stadt haben Gyeongjus Stadtplaner ihre touristische Vision verwirklicht: 1979 entstand um den Bomun-See ein Urlaubszentrum mit internationalen Hotelketten und einem Kasino. Das alles geschah nicht weit entfernt von 1000 Jahre alten historischen Stätten wie dem Bulguk-Tempel oder der Seokguram-Höhle, beide seit 1995 auf der Liste des UNESCO-Weltkulturerbes.

Fährt man auf der Straße südlich des Nordflusses (Bukcheon) hinaus zum Resort, passiert man nordöstlich des Anapji den **Bunhwangsa** 분황사 **22**. Von diesem einst großen Tempel des Silla-Reichs, er war einer der vier Staatstempel, ist wenig erhalten. Bemerkenswert sind die drei (von einst sieben oder neun) verbliebenen Stockwerke der Steinpagode des Bunhwangsa. Silla-Baumeister errichteten sie 634 im Stil Tang-zeitlicher chinesischer Pagoden, verwendeten aber statt der dort üblichen Ziegel Vulkangestein, das in Ziegelform zurechtgehauen wurde.

Tipp: Zu Fuß (oder per Fahrrad) im Namsan

Der Namsan lässt sich am besten zu Fuß oder per Fahrrad erkunden. Einer der beliebtesten Wege ist in vier bis fünf Stunden zu Fuß zu bewältigen. Er startet am **Gyeongju Namsan Information Center,** führt an den **Samneung** vorbei durch das **Samneung-Tal** zur **Sangseon-Einsiedelei** (Sangseonam 상선암) und zur **Sitzenden Statue Buddha Shakyamunis.** Von dort geht es nach Süden auf den **Geumobong** 금오봉 und weiter zum **Yongjangsa** 용장사 20**,** dem größten Tempel auf dem Namsan. Durch das tiefste und beeindruckendste Tal des Gebiets, **Yongjang-gol** 용장골 21, führt der Weg dann zum gleichnamigen Dorf **Yongjang-ri** 용장리.

Leider sind die Wege im Namsan nicht gut ausgeschildert, und wenn, dann meist nur auf Koreanisch. Vor der Wanderung sollte man sich gut mit Proviant eindecken.

Gyeongju Namsan Information Center 2**:** im Westen des Namsan, tgl. 9–18 Uhr. Hier erhält man eine Karte des Berggebiets (auch auf Englisch).

Bomun Tourist Resort 23

Bomun Gwangwang Danji 보문관광단지
Die 8 km lange Fahrt zum Bomun Tourist Resort östlich des Stadtzentrums gleicht nach einem Tag im alten Gyeongju einer Zeitreise über mehrere Jahrhunderte in die industrielle Neuzeit. Ein Sprung, der auch geistig verarbeitet werden will. Hier warten der künstlich angelegte Bomun-See, Golfplätze, Luxushotels, ein pseudo-folkloristisches Einkaufszentrum mit unzähligen Souvenirläden und der Gyeongju World Amusement Park auf Besucher. Rund um den **Bomun-See** (Bomun Hosu 보문호수), der sich auch mit Tretbooten befahren lässt, führt ein schöner Fahrradweg. Im Westteil säumen Kirschbäume den See, deren fallende Blüten bei windigem Wetter im Frühjahr wie zu spät kommender Schnee aussehen (www.ktd.co.kr, Bus 10, 16, 18 ab Gyeongju Express und Intercity Bus Terminal oder 10 Min. per Taxi, tgl. 24 Std., Eintritt frei).

Am See befindet sich ein Museum für zeitgenössische Kunst, das 1991 eröffnete, private **Artsonje Museum** (Art Seonjae Misulgwan 아트선재미술관) auf dem Gelände des Gyeongju Hilton. In drei Ausstellungssälen kommen vor allem Koreaner in den Genuss, ihre Werke vorzustellen, aber auch internationale Künstler, darunter der 2007 verstorbene Jörg Immendorff, von dem das Artsonje das Gemälde »Dinner with Friends« besitzt. Das Museum ist kein Pflichtstopp auf einer Koreareise, aber eine Abwechslung an einem verregneten Nachmittag (Tel. 054 745 70-75, -76, www.artsonje.org, Bus 10 ab Gyeongju Express und Intercity Bus Terminal bis Gyeongju Hilton, Di–So 10–18 Uhr, ₩ 3000).

Im Sommer finden in der **Bomun Outdoor Performance Hall** (Bomun Yaoesangseol Gugak Gongyeon 보문야외상설국악공연) regelmäßig Aufführungen klassischer koreanischer Musik und traditionelle Tanzaufführungen statt (Tel. 054 779 62 75, April–Nov., Eintritt frei).

Bulguksa 불국사 24

In einer Stadt mit zahlreichen UNESCO-gelisteten Weltkulturerbestätten ist ein Tempel eine Attraktion von vielen, aber der **Tempel des Buddha-Landes** (Bulguksa; Abb. S. 368) ist die Krone unter den Sakralbauten der Silla-Dynastie. Zusammen mit der in der Nähe gelegenen Seokguram-Höhle gehört der Bulguk-Tempel zu den bedeutendsten Erben der buddhistischen Wurzeln des Landes und ist Weltkulturerbe. Die Anlage liegt am Toham-Berg (Tohamsan 토함산) und ist so hervorragend in die Umgebung eingebettet, dass der Eindruck entsteht, Berg und Tempel seien eine Einheit, und ohne den Tempel wäre der Berg unvollständig. Besonders im Herbst sind die Farben überwältigend.

Der Bulguksa geht auf König Beopheung, den 23. Monarchen des Silla-Reichs, zurück.

Er erhob den Buddhismus zur Staatsreligion Koreas. An der Stelle des heutigen Tempels errichtete Beopheung 528 ein kleines Gebetshaus für seine Frau, das jedoch später in Vergessenheit geriet. Der Tempel in seiner heutigen Form entstand in der Zeit König Gyeongdeoks auf Initiative des Ministers Kim Dae-seong, wurde 774 fertiggestellt und erhielt zu dieser Zeit auch seinen heutigen Namen. Über 800 Jahre blieb der Bulguksa intakt, bis er im Imjin-Krieg 1593 niederbrannte und sich in den folgenden Jahrhunderten Wiederaufbauten und Plünderungen abwechselten. Angesichts der Bedeutung des Tempels ist kaum zu glauben, dass er bis in die 1970er-Jahre verfiel. Erst auf Anweisung von Präsident Park Chung-hee begann eine aufwendige Restaurierung, bei der auch zwei Steintreppen und zwei Steinpagoden erhalten werden konnten, die noch aus der Silla-Periode stammen.

Beide Treppen (Nationalschätze) erreicht man nach Passieren des Kartenhäuschens und einem kleinen Spaziergang. Die linke Treppe mit 18 Stufen besteht aus einem unteren Teil, **Lotusblumen-Brücke** (Yeonhwagyo 연화교), und einem oberen Teil, **Brücke der Sieben Schätze** (Chilbogyo 칠보교), und führt zum **Tor des Reinen Landes** (Anyangmun 안양문). Über diese Treppenflucht gelangte man einst in den kleineren Teil der Tempelanlage mit der **Paradieshalle** (Geungnakjeon 극락전), die – natürlich – eine Statue Buddha Amitabhas (Nationalschatz) birgt.

Ebenso spirituell ist der Name der 33-stufigen rechten Steintreppe: unten die **Brücke der Blauen Wolke** (Cheongungyo 청운교) und oben die **Brücke der Weißen Wolke** (Baegungyo 백운교), die hinauf zum **Tor des Purpurfarbenen Nebels** (Jahamun 자하문) führen. Über beide ›Stairways to Heaven‹ gelangte man in der Silla-Zeit in den Haupttempel, sie symbolisierten die Verbindung zwischen der menschlichen Welt und dem erleuchteten Reich Buddhas. Die Treppen sind heute zum Schutz vor Überbeanspruchung gesperrt – ebenfalls ein Symbol, wenn auch ungewollt –, und Zugang zum Himmel erhält der Weltenbürger heute über zwei Seiteneingänge links und rechts der Treppen.

Zwei weitere Schätze befinden sich auf dem Tempelhof, den man beim Durchschreiten des Tores des Purpurfarbenen Nebels betreten würde: zwei Pagoden, unscheinbar auf den ersten Blick, aber mit bemerkenswerten Details. Erstaunlich ist, dass beide Steintürme den japanischen Vandalismus Ende des 16. Jh. überstanden. Die Pagoden sind aus Granit gefertigt und bilden einen Gegenpol: Neben der dreistufigen schlichten **Shakyamuni-Pagode** (Seokgatap 석가탑) steht die verschachtelt gebaute **Großer-Schatz-Pagode** (Dabotap 다보탑). In der Dabotap spiegeln sich, wenn man so will, das Irdische (der quadratische Unterbau) und das Himmlische (achteckige/kreisförmige Bekränzung oben) wider. Übrigens lässt sich hier gut der Yasti erkennen, der mittige Pfeiler, der Weltenpfeiler, der Unter-, Mittel- und Himmelswelten verbindet. Einst standen vier kleine Steinlöwen um die Dabotap und schützten sie, drei davon fielen jedoch im Imjin-Krieg japanischen Plünderungen zum Opfer, sodass nur noch ein wackerer Löwe seit über 400 Jahren den Turm bewacht. Die Dabotap ist auf der 10-Won-Münze zu sehen.

Auf dem Platz mit den beiden Pagoden steht die Haupthalle des Tempels, **Daeungjeon** 대웅전 (Halle des Großen Helden/Mahavira-Halle), die wie viele andere Gebäude eine Rekonstruktion aus den 1970er-Jahren ist. An ihr vorbei gelangt man in den rückwärtigen Teil des Haupthofs, wo die **Halle Ohne Worte** (Museoljeon 무설전) steht. Ihr Name bezieht sich darauf, dass sich die Lehre Buddhas nicht allein durch Worte vermitteln lässt.

Hinter der Museoljeon folgen noch zwei Hallen. Links steht die **Birojeon,** die mit der vergoldeten Bronzeskulptur des Buddha Vairochana einen weiteren Nationalschatz birgt. Rechts auf dem höchsten Punkt der Anlage erhebt sich die **Gwaneumjeon** 관음전, die Avalokiteshvara-Halle, von der man einen herrlichen Blick auf das Dachpfannenmeer

In der Haupthalle des Bulguksa steht Buddha Shakyamuni im Zentrum

des Tempels hat. Der Bulguksa gehört wie zahlreiche Tempel in Südkorea dem Jogye-Orden (Tel. 954 7 46 99 13, www.bulguksa.or.kr, Bus 10, 11 ab Express bzw. Intercity Bus Terminal oder Bahnhof, März–Okt. 9–18, Nov.–Febr. 9–17 Uhr, ₩ 4000).

Gwaeneung 괘릉 25

2 km Luftlinie südlich des Bulguk-Tempels steht das Grab des 38. Herrschers des Silla-Imperiums, König Wonseong, der von 785 bis zu seinem Tod 798 regierte. Ein weiteres Hügelgrab zwar, doch ein Abstecher nach Gwaeneung erlaubt den Blick auf einige bemerkenswerte Statuen, wie sie fast allen anderen Grabanlagen fehlen.

Das Grab ist flankiert von zwei Reihen mit Steinfiguren, darunter Wächter, Löwen und Gelehrte. Die Wächter sehen mit ihren Bärten und Wollmützen so gar nicht wie breitschultrige Türsteheher aus, sondern eher wie kräftige Fischer aus der Normandie. Tatsächlich porträtieren die westlich anmutenden Wächter Händler oder Regierungsbeamte aus Zentralasien, die am Silla-Hof tätig waren. Auch die Löwen mit ihrem eigentümlichen Grinsen sind alles andere als furchterregend.

Vor dem Hügel befand sich einst ein Teich, was beim Betrachter den Eindruck vermittelte, das Königsgrab würde auf dem Teich schwimmen und darüber hängen, daher auch der Name Gwaeneung, **Aufgehängtes Grab** (tgl. 8–17 Uhr, Eintritt frei).

Seokguram 석굴암 26

In den windigen Höhen des Tohamsan 토함산 liegt auf 750 m Seokguram (Grotten-Einsiedelei/-Kloster), eine menschengemachte Höhle aus Granit, die wie der Bulguk-Tempel seit 1995 auf der Liste des UNESCO-Weltkulturerbes steht. Sie gehört zum 4 km entfernten Bulguksa. Bulguksa und Seokguram sind beide das Werk von Kim Dae-seong. Es heißt, er sei dank seiner Verdienste wiedergeboren worden und habe daher den Bulguksa zu Ehren seiner Eltern und die Seokguram für die Eltern aus seinem vorherigen Leben erbauen lassen. Die 774 fertiggestellte Grotte geriet während der Joseon-Dynastie (1392–1910) zunehmend in Vergessenheit. Die Natur überwucherte den Komplex, sodass er erst 1909 wiederentdeckt wurde.

Seokguram besteht aus einer Vorkammer (Symbol des Irdischen), einem Korridor (Weg der Erleuchtung) und einer kuppelförmigen Haupthalle (Himmel/Nirvana). In der **Vorkammer** wachen zwei muskulöse und grimmig dreinschauende Vajrapani, Wächtergottheiten, über den Zugang, bereit, jeden teuflischen Einfluss allein durch ihren Blick zu stoppen. Den Schutz verstärken die Vier Himmelskönige im **Korridor.** In der **Hauptrotunde** sitzt aus Stein geschlagen der 3,5 m hohe Buddha auf einem Lotusthron, umgeben von Bodhisattvas, Schülern, Arhats und den Hindu-Gottheiten Brahma und Indra. Vermutlich handelt es sich um Buddha Shakyamuni, hier dargestellt mit der Geste der Erdberührung, Zeugnis dafür erbittend, dass er den Versuchungen Maras, des Herrn des Bösen, widerstanden habe. Zu den beeindruckendsten Darstellungen von Seokguram zählt darüber hinaus der Elfköpfige Avalokiteshvara (Gwaneum) an der Rückwand der Grotte.

Nach der Entdeckung Anfang des 20. Jh. wurde die Grotte während der japanischen Besatzung restauriert, litt jedoch stark unter der unprofessionellen Behandlung. Erst bei einer erneuten Restaurierung 1961–66 konnte viel von dem ursprünglichen Charakter der Höhle wiedergewonnen werden, allerdings baute man dabei eine Glasscheibe vor die Grotte – ein guter Schutz gegen die Elemente und den Besucheransturm, aber die Mystik und das Erhabene Buddhas gehen dadurch völlig verloren. In der Ferne ist von der Grotte aus bei klarem Wetter das Ostmeer (Japanisches Meer) zu sehen. Um die Menschenmassen zu vermeiden und einen spektakulären Sonnenaufgang zu erleben, lohnt sich ein früher Start zur Grotte (Tel. 054 746 99 33, www.sukgulam.org, stdl. Bus ab Bulguksa oder schöner Fußweg, 4 km, tgl. April–Okt. 6.30–18, Nov.–März 7–17 Uhr, ₩ 4000).

Golgulsa 골굴사 27

Ein Ausflug zu König Munmus Unterwassergrab (s. S. 371) lässt sich gut mit einem

Stopp am Golgulsa (Knochengrotten-Tempel) verbinden. Den Tempel erreicht man vom Zentrum Gyeongjus nach 20 km in südöstlicher Richtung auf der Nationalstraße 4 und einem Abstecher in ein Seitental. Der Urtempel an dieser Stelle entstand im 6. Jh. und war von buddhistischen Mönchen aus Indien in den rohen Felsen geschlagen worden.

Der Golgulsa besitzt zwei Attraktionen: eine riesige, 4 m hohe Buddha-Statue aus der Silla-Zeit sowie ein Sunmudo-Trainingscenter. Die **Maya-Tathagata-Skulptur** steht oberhalb des Tempels und ist von einer monströsen, modernen Glaskonstruktion überdacht. Von den ursprünglich zwölf sie umgebenden Tempelgrotten sind sieben noch erhalten.

Sunmudo (*seonmudo* 선무도) ist eine koreanische Zen-(*seon*-)Kampfsportart, die seit der Silla-Periode praktiziert wird. Während der japanischen Besatzung verboten, lebte sie erst in den 1970er-Jahren wieder auf. Ideal des aus Yogaübungen, Meditation und Kampfsporttechniken zusammengesetzten Trainings ist die Erleuchtung durch die Harmonie von Geist, Körper und Atmung. Seit 1992 versuchen die Tempelmönche, dies bei ihren koreanischen und ausländischen Schülern zu erreichen.

Der Golgulsa nimmt am Templestay-Programm teil (s. S. 88), von dem die Website des Tempels verspricht: »You'll come back home richer at heart, more fully alive.« (Tel. 054 745 02 46, 054 744 16 89, www.golgulsa.com, am besten per Taxi ab Gyeongju Intercity Bus Terminal, Fahrzeit 50 Min., tgl. 8–18 Uhr, Eintritt frei).

Unterwassergrab von König Munmu ► 3, G 12

Munmu Daewangneung 문무대왕릉

Der 30. König des Silla-Reichs, Munmu, hatte panische Angst vor den Japanern, die schon vor seiner Regierungszeit (reg. 661–681) immer wieder eine Bedrohung für die koreanische Halbinsel waren. Als erster König der Vereinten Silla (668–935) wollte er sein Reich noch auf dem Totenbett vor einer erneuten japanischen Invasion schützen und verfügte, seine Asche im Meer zu versenken, damit er als Drachen wiedergeboren werde und Korea vor einem ausländischen Angriff bewahren könne. Sein Sohn tat genau dies, und so befindet sich 200 m vom Ufer auf einer **Felseninsel** im Ostmeer König Munmus Unterwassergrab. Tatsächlich hatte Korea in der Folge mehrere Jahrhunderte Ruhe vor einer japanischen Invasion. Doch erwarten Sie nicht zu viel: Die Felsformation wird nur Sagenfans zufriedenstellen. Zum einen ist es unter Historikern umstritten, ob die Asche des Herrschers hier tatsächlich bestattet wurde – und zum anderen ist eine Besichtigung der Felsen kaum möglich (Bootsfahrt zur Felseninsel nur mit Sondergenehmigung).

In den umliegenden **Restaurants** aber kann man frisch gefangenen Fisch genießen und sich von der spärlichen Sicht auf das angebliche Königsgrab erholen (Taxi oder Bus 150 ab Gyeonju Intercity Bus Terminal).

Ausflug zum Yangdong Folk Village ► 3, Q 11

Yangdong Minsong Maeul 양동민속마을

Etwa 20 km nördlich von Gyeongju breitet sich in einer hügeligen Landschaft das im 15. Jh. gegründete Dorf Yangdong aus. Anders als in Seouls Bukchon Hanok Village sind die Gebäude in Yangdong verstreut, kleben an den Bergen und sind häufig mit Stroh gedeckt. Von den sechs noch bestehenden traditionellen Dörfern in Südkorea ist Yangdong das größte und besterhaltene. Für mehrere Jahrhunderte war Yangdong eine Clan- oder *yangban*-Gemeinde, also ein Dorf für die Oberschicht der Joseon-Dynastie.

Das Dorf ist keine restaurierte Siedlung mit Museumscharakter, sondern ein lebendiger Ort, in dem heute noch etwa 400 Menschen in über 150 Häusern leben und sich der Touristen mit Geduld und Wachhunden erwehren. Zwischen die traditionellen Häuser sind die Errungenschaften der modernen Industriegesellschaft gestreut: Autos, Satellitenschüsseln und Stromleitungen. Nur wenige hundert Meter entfernt rattern die Güterzüge

Blick über das Yangdong Folk Village

über eine Brücke. Zwischen den Häusern finden sich zahlreiche kleine Felder, auf denen die Bewohner Gemüse anbauen – bei so vielen Besuchern eine gut beobachtete Arbeit mit kaum gewünschtem Zoo-Effekt.

Eines der auffälligsten und größten Gebäude ist das Haus **Hyangdan** 향단 auf der linken Talseite (vom Parkplatz am Eingang kommend). Es wurde 1543 für den neokonfuzianischen Gelehrten Yi Eon-jeok (이언적; 1491–1553) erbaut, einen der bekanntesten Söhne des Dorfes und zeitweise Gouverneur dieser Region. 1545 fiel er einer politischen Säuberung zum Opfer und wurde auf einen Berg bei Gyeongju verbannt.

Yangdongs berühmtester Besucher der heutigen Zeit ist Prinz Charles. Er stattete dem Dorf 1993 – lange bevor es von ausländischen Reisenden entdeckt und zusammen mit dem Hahoe Folk Village in Andong 2010 in die Liste des UNESCO-Weltkulturerbes aufgenommen wurde – eine Stippvisite ab.

Eine in der gesamten Region beliebte Spezialität – und ein essbares Souvenir – sind die Kekse des Dorfes, *yangdong yakgwa* 양동약과, hergestellt aus Weizenmehl mit Honig und Öl (Touristeninformation am Dorfeingang mit rudimentären Infomaterialien zum Dorf, yangdong.invil.org, ab Bahnhof Gyeongju mit Bus 203 stdl. direkt nach Yangdong, Bus 200 und Bus 209 fahren in 40 Min. bis zu einer Abzweigung, von der es auf einem Weg entlang der Schienen noch etwa 1,5 km zu Fuß bis zum Dorf sind, tgl. 24 Std., Eintritt frei).

Infos

Touristeninformation: am Express/Intercity Bus Terminal, www.gyeongju.go.kr, beide tgl. 9–18 Uhr. Exzellente Infostellen mit englisch-

sprachigem Personal. Gute Stadtpläne sind erhältlich.

Übernachten

Unterkünfte gibt es in Gyeongju ausreichend – von einfachen Love Motels bis zu 5-Sterne-Hotels internationaler Luxusketten. Letztere liegen alle am Bomun-See.

Homestay ▶ Die Stadtverwaltung bietet seit 2010 ausländischen Gästen die Möglichkeit, bei **Gastfamilien** zu übernachten. Dafür muss man sich ›bewerben‹, bevor der Kontakt mit einer Familie angebahnt wird (home stay.gyeongju.go.kr).

Internationaler Luxus am See ▶ **Gyeongju Hilton Hotel** 경주힐튼호텔 **1**: Sinpyeong-dong 370, Tel. 053 745 77 88, www.gyeong juhilton.co.kr. Das Flair der weiten Welt weht durch die Lobby des Hilton, das mit zahlreichen Kunstwerken ausgestattet ist. Swimmingpool und mehrere Restaurants. DZ ab ₩ 270 000.

Am Bomun-See ▶ **Commodore Hotel Gyeongju** 코모도호텔경주 **2**: Sinpyeong-dong 410-2, Tel. 054 745 77 01, www.com modorehotel.co.kr. Ebenso wie alle anderen Luxusherbergen Gyeongjus schön am Bomun-See gelegen. Dem Commodore sieht man sein Baujahr 1979 zumindest außen an; die Räume sind jedoch modern und stilvoll eingerichtet. DZ ab ₩ 103 000, Präsidentensuite ₩ 2 100 000.

Preisgünstig am See ▶ **Swissrosen Hotel** 스위스로젠호텔 **3**: Sinpyeong-dong 242-19, Tel. 054 748 48 48, 010 76 67 48 48, www.swissrosen.co.kr. Eines der preiswertesten Hotels am Bomun-See und daher ohne die Luxusausstattung und den Seeblick der Konkurrenz. Schöne Räume mit peppigen Tapeten. DZ ab ₩ 80 000.

Erlebnis-Motel ▶ Valley Motel 밸리모텔 **4**: Jinhyeon-dong 611-150, Tel. 054 777 15 22. Unter Erlebnis ist hier die traditionelle *hanok*-Architektur des Hauses zu verstehen, die in keinster Weise zum Kunststoff-Innenleben der Räume passt. Die schweren Plastikpolster erinnern an Möchte-gern-Liebesnester und steigern das Designerlebnis. Supermoderne Badezimmer mit Whirlpool sowie DVD-Spieler gehören zum Standard. Das Motel liegt gegenüber dem Bulguk-Tempel. DZ ab ₩ 50 000.

Templestay ▶ Golgulsa 골굴사 **27**: San 304, Andong-ri, Tel. 054 744 16 89, 054 745 02 46, www.golgulsa.com. Wer Zeit hat, einfache Unterkünfte nicht scheut und in außergewöhnlicher Umgebung übernachten will, ist im Golgul-Tempel (s. S. 370) richtig. Der Tempel bietet zwar auch Übernachtungen für eine einzige Nacht, aber um in die Atmosphäre eintauchen zu können, sollte man einige Tage hier bleiben. Die Zeit lässt sich gut investieren: Es werden ein Healing Therapy Course sowie Kampfsportkurse (Sunmudo/*seonmudo* 선무도) angeboten. ₩ 50 000/Person pro Nacht.

Low Budget ▶ Han-Jin Hostel (Hanjin Jimyeogwan 한진짐여관) **5**: Tel. 054 771 40 97, 054 772 40 97, www.hanjinkorea.wo.to. Das Han-Jin gibt sich gerne international, hat jedoch Hygienestandards, die dem Anspruch nicht immer gerecht werden. Trotzdem zieht es viele ausländische Gäste in dieses am Busbahnhof gelegene Hostel mit schöner Dachterrasse. Guter Treffpunkt zum Austausch von Reiseinformationen. Schlafsaal ₩ 17 500, DZ ₩ 30 000.

Top-Hostel ▶ Sarangchae 사랑채 **6**: Tel. 054 773 48 68, 010 67 27 48 68, www.kjstay.com. Ein Hostel, wie es jede südkoreanische Stadt haben sollte. Das vielleicht beste Gasthaus des ganzen Landes liegt zentral am Tumuli-Park, ist in einem traditionellen koreanischen Haus untergebracht und besitzt viel Atmosphäre. Alle wichtigen Einrichtungen wie Waschmaschine, Internet und Küche und dazu englischsprechende Besitzer. EZ ab ₩ 20 000, DZ ab ₩ 25 000, jeweils inklusive eines kleinen Frühstücks.

Essen & Trinken

Die großen Hotels am Bomun-See können mit den besten Restaurants der Stadt aufwarten. Wem es weniger um Topqualität als um die Auswahl geht, wird sich über die unglaubliche Vielzahl an Restaurants im Stadtzentrum freuen.

Echt Koreanisch ▶ Bomun Garden 보문가든 **1**: Bukgun-dong 217-1, Tel. 054 745 70-80, -81, www.pomun.co.kr, tgl. 9–22 Uhr. Edelste koreanische Gerichte, serviert in einem traditionellen koreanischen Haus mit wundervollem kleinem Garten. Das Bomun Garden liegt im Norden des gleichnamigen Sees, wo noch eine ganze Reihe anderer Restaurants zu finden sind. Suppen ab ₩ 8000, empfehlenswert ist vor allem das opulente Bomun Garden Special Korean Meal für ₩ 30 000.

Italienisch ▶ La Cuisine **2**: Hwango-dong 344-1, Tel. 054 743 50 00, So–Do 11.30–21, Fr/Sa bis 22 Uhr. Handgemachte Pizza aus dem Steinofen und italienische Weine werden auf einer Terasse und im Innern dieses feinen Restaurants serviert. Zentrale Lage gegenüber dem Tumuli-Park. Spaghetti Carbonara: ₩ 12 000.

Rustikal Koreanisch ▶ Sukyeong Sikdang 숙영식당 **3**: Hwangnam-dong 13-5, Tel. 054 772 33 69, tgl. 10–22 Uhr. Das Restaurant in einem alten *hanok*-Haus ist bekannt für seine Zwiebelpfannkuchen (파전 *pajeon*) und Reisgerichte mit Gerste. *Pajeon* ₩ 9000, *bibimbap* ₩ 8000.

Mit Garten ▶ Dosol Maeul 도솔마을 **4**: Hwangnam-dong 71-2, Tel. 054 748 92 32, tgl. 10–21 Uhr. Der Name des Restaurants bedeutet übersetzt so viel wie Steintopf-Dorf und kommt nicht von ungefähr: Welle über Welle an Beilagen in kleinen Steintöpfen kommen bei einer Bestellung der Hausspezialität *hanjeongsik* 한정식 auf den Tisch. Das Restaurant ist in einem traditionellen *hanok*-Haus untergebracht und liegt unweit des Sarangchae. *Hanjeongsik* ₩ 8000.

Preiswert und gut ▶ Tobagi 토박이 **5**: Bukgun-dong 225, Tel. 054 748 70 25, tgl. 9–22 Uhr. Guter Service, preiswerte Gerichte, englischsprachige Speisekarten und großartige Menüs wie *Jejusansaeng galchigui* (gegrillter Jeju-Fisch). Menü ab ₩ 7000.

Koreanischer Wursteintopf ▶ **Nolboo Budaejjigae & Cheolpangui** 부대찌개 & 철판구이 **6**: Nodong-dong 85-5, Tel. 054 773 78 92, www.nolboo.co.kr, tgl. 10.30–22 Uhr. *Budaejjigae* 부대찌개 ist ein koreanischer Eintopf mit Würsten, Nudeln, Tofu und frischem Gemüse. Bei *cheolpangui* 철판구이 handelt es sich um koreanisches Teppanyaki, also Rindfleisch, Meeresfrüchte und Gemüse, die auf einer Metallplatte gebraten werden. In Südkorea hat die Kette mit dem gleichen Namen über 270 Restaurants. *Nolboo budaejjigae* (scharfes *budaejjigae*) ₩ 6000, andere Menüs bis ₩ 35 000.

Abends & Nachts

In und um die 5-Sterne-Hotels am Bomun-See finden im Sommer abends **Theater- und Tanzvorführungen** statt. Im Hotel oder an der Touristeninformation fragen. Bars und Kneipen sind in Gyeongju kaum existent, außer in der Nähe der **Dongguk-Universität** **1** (Dongguk Daehakgyo 동국대학교), mehrere Kilometer westlich des Zentrums hinter den Seondo-Bergen. Keine der Bars hält sich für Jahre, manchmal wechselt lediglich der Name.

Schönes Café und mehr ▶ **Schumann & Clara** 슈만과 클라라 **2**: Tel. 054 749 94 49, tgl. 12–23 Uhr. An der Hauptstraße, die aus dem Zentrum zur Dongguk-Universität führt, liegt eines der besten Cafés der alten Königsstadt. Schumanns Musik zum sündhaft teuren Blue-Mountain-Kaffee – eine Mischung, die sich so kaum in Korea finden lässt. Auch abends ein angenehmer Ort. Kaffee ab ₩ 4000.

Kasino ▶ **Benistar Casino** **1**: im Hilton Hotel (s. S. 373), Tel. 054 771 21 21, www.benistarcasino.com. Gyeongjus einziges Kasino befindet sich am Bomun-See. Roulette, Black Jack und einarmige Banditen sind hier ausschließlich für Ausländer reserviert.

Aktiv

Per Fahrrad durch Gyeongju ▶ **Fahrradverleih** **1**: s. Tipp S. 362.

Radfahren und Wandern ▶ **Zu Fuß (oder per Fahrrad) im Namsan** **2**, s. Tipp S. 367.

Termine

Korean Traditional Liquor and Rice Cake Festival: März/April. Ein jährliches Fest, bei dem es um traditionelle Musik und Tanz geht. Reiskuchen, Tee und Reiswein gehören dazu und sind für viele die Hauptattraktion.

Verkehr

Bahn: Gyeongju hat zwei Hauptbahnhöfe. Langsame Züge halten am Bahnhof Gyeongju (Gyeongju Yeok 경주역, Tel. 054 743 41 14), im Stadtzentrum, ca. 1,2 km nordöstlich der Bus Terminals. Hier starten und halten die Züge aus Busan und von Busans Strandbahnhof Haeundae sowie die langsamen Züge aus Seoul (Fahrzeit 4–5 Std.). Von Busan-Haeundae halten die Züge vor dem Erreichen des Hauptbahnhofs außerdem am Bahnhof Bulguk-Tempel (Bulguksa Yeok 불국사역). Gyeongjus KTX-Bahnhof Neu-Gyeongju (Sin-Gyeongju Yeok 신경주역) liegt 15 Busminuten westlich des Zentrums (Fahrzeit von/nach Seoul ca. 2 Std.). Alle Busse von hier fahren zum Express und Intercity Bus Terminal.

Bus: Express (Gosok) Bus Terminal 고속버스터미널 (Tel. 054 741 40 00) und Intercity (Sioe) Bus Terminal 시외버스터미널 (054 743 55 99) liegen einander gegenüber und in unmittelbarer Nähe zum Stadtzentrum. Busse fahren in alle Landesteile, u. a. nach Daegu (1 Std., ₩ 4200), Busan (1 Std., ₩ 4200) oder Andong (3 Std., ₩ 12 800). Die Busse nach Seoul benötigen mindestens 4 Std.

Fortbewegung in der Stadt

Die meisten der Sehenswürdigkeiten lassen sich **zu Fuß** oder besser mit dem **Fahrrad** (Fahrradverleih, s. Tipp S. 362) erreichen.

Bus: Bus 10 fährt im Uhrzeigersinn von den Busbahnhöfen zum Hauptbahnhof, Bulguksa, Namsan und Bomun-See. Bus 11 bedient dieselbe Route in entgegengesetzter Richtung (₩ 1500). Alle Stopps werden zuerst in Koreanisch und dann in Englisch angesagt.

Taxi: Kosten meist nicht mehr als ₩ 3000.

Busan ► 3, P 14

Es gibt Leben außerhalb Seouls, und einer der Orte, wo es besonders vibriert, ist die Hafenstadt Busan. Die Metropole am südöstlichen Zipfel der Halbinsel ist das Hamburg Südkoreas, hat der Hansestadt aber seine schönen Strände voraus. Südkoreas Tor zur Welt ist berühmt für seinen Fischmarkt, den riesigen Containerhafen, das internationale Filmfestival und sein Nachtleben.

Busan 부산 ist auf den ersten Blick das Arbeitspferd des Landes – kühl, betriebsam und immer den Profit im Blick. Doch ist Südkoreas zweitgrößte Stadt (3,6 Mio. Einwohner) auch eine spannende Metropole – mit dem UN-Cemetery, wo der Toten des Koreakriegs gedacht wird, dem einzigartigen Beomeo-Tempel und dem landesweit bekannten internationalen Filmfestival. Shoppingtour, Museumsbesuch, Sonnenbaden am Strand – Busan ist angenehm und lebendig und hat das sympathische und typische Flair einer Hafenstadt.

Stadtzentrum

Cityplan Busan-Zentrum (Nampo-dong): S. 378

Busans Zentrum liegt um und südlich des Hauptbahnhofs im Stadtteil Nampo-dong. Hauptanziehungspunkte des Viertels mit seinen Banken und Bürohochhäusern sind Restaurants, gleich mehrere – große – Einkaufszentren und -straßen, Märkte wie der duftende Jagalchi-Fischmarkt oder der Gukje-Markt und nicht zuletzt verschiedene Parks mit grandiosen Panoramablicken. Die Gegend lässt sich am besten zu Fuß erkunden und ist zudem mit der U-Bahn-Linie 1 gut erreichbar.

Jagalchi-Fischmarkt 1

Jagalchi Sijang 자갈치시장

Busans immenser Fischmarkt direkt am Pier wird jeden faszinieren, der sich am Gewimmel der Fische, Krebse und Verkäuferinnen erfreut und für seltsame Düfte begeistert, die hier neue Dimensionen erreichen. Der Markt erstreckt sich im Freien über mehrere hundert Meter entlang des Ufers und ist gesäumt von kleinen Restaurants. Bei allem Gewimmel ist der eigentliche Markt dagegen ein Stück des modernen Busan, untergebracht im siebenstöckigen **Jagalchi Market Building** am Ufer des Ostmeers. Von Haien bis zu Kraken ist auf dem Markt alles zu finden, was nicht schnell genug den Netzen der Fischer entkam. In den Restaurants im zweiten Stock des Jagalchi Market Building und in den zahllosen kleinen Restaurants im Außenbereich kann man sich sein persönliches Mittag- oder Abendessen aus den Becken selbst zusammenstellen und vom Restaurantkoch anschließend mundgerecht nach Wunsch zubereiten lassen.

Ein morgendlicher Besuch (sehr früh, bei Sonnenaufgang) vermittelt das beste Gefühl davon, was es bedeutet, Fischer zu sein. Die Boote kehren dann von ihrer Fahrt zurück, und die Kapitäne feilschen mit den Einkäufern über Preis und Qualität des Fanges. Auch wer kein Koreanisch spricht, wird die Wortgefechte rasch verstehen. Die Szenen erinnern bisweilen an die Asterix-Comics mit dem prügeleiauslösenden Streit zwischen dem Schmied Automatix und dem Fischhändler Verleihnix über die Frische von dessen Fischen (U 1 Jagalchi, Ausgang 10, tgl. 8–22 Uhr).

Blick vom Busan Tower über das Stadtzentrum (Nampo-dong) von Busan

Yongdusan-Park 2

Yongdusan Gongwon 용두산공원

Yongdusan bedeutet **Drachenkopfberg,** ein Name, der von der Form des bescheidenen Berges (60 m) herrührt. Mit viel Fantasie sieht er aus wie der Kopf eines Drachen, der aus dem Meer an Land steigt. Der Park liegt mitten in der Stadt in der Nähe des Jagalchi-Fischmarkts und ist durch die U-Bahn-Anbindung die schnellste Möglichkeit, der Hektik des Stadtbetriebs zu entkommen. Die Grünanlage kann mit vielen Wegen, Blumenbeeten und Unmengen von Tauben aufwarten. Er ist der Ort in Busan, um Menschen und deren Sozialleben zu beobachten. Im Park stehen auch eine **Statue von Admiral Yi Sun-sin,** Koreas Nationalheld, sowie ein **Monument** zur Erinnerung an die Revolte gegen Präsident Syngman Rhee am 19. April 1960, nach der Rhee sein Amt verlassen musste.

Highlight im Park ist der 120 m hohe **Busan Tower,** der 1973 als Radio- und Fernsehturm entstand. Per Aufzug geht es hinauf auf die achteckige, verglaste Aussichtsebene, von wo sich ein hervorragender Blick auf Stadt und Hafen bietet (www.yongdusanpark.or.kr, U 1 Nampo-dong, Ausgang 1, 24 Std., Eintritt frei, Busan Tower April–Sept. 8.30–22 Uhr, Okt.–März 9–22 Uhr, ₩ 4000).

Busan Modern History Museum 3

Busan Geundae Yeoksa Gwan
부산근대역사관

Für einen Rückblick in die bewegte Stadthistorie hat Busan dieses bescheidene Museum eingerichtet. Es befindet sich in einem Gebäude, das selbst Teil der Geschichte ist und die Bedeutung fremder Mächte für Korea widerspiegelt. So war in dem 1929 errichteten Bau zunächst die japanische Orient Development Company untergebracht, während des Koreakriegs die US-Botschaft und in den 1990er-Jahren das US-Konsulat. 2003 eröffnete das im typischen japanischen Kolonialstil erbaute Haus als Stadtmuseum mit seinen heutigen Exponaten.

Das Museum widmet sich besonders den koreanisch-japanischen Beziehungen, in denen Japan – wen wundert es bei der Geschichte – in keinem guten Licht steht. Leider ist die Ausstellung größtenteils in Koreanisch

erläutert, aber die alten Fotografien und das historische Material wie ein Stadtplan von 1936 machen den Besuch trotzdem interessant. Sehenswert ist auch der Nachbau einer alten Straße mit ihren Läden (Tel. 051 253 38 45, www.museum.busan.kr, U 1 Juangang-dong, Ausgang 7, dann 10 Min. zu Fuß, Di–So 9–18, letzter Einlass 17 Uhr, Eintritt frei).

Abstecher zum Taejongdae-Park

Eine Attraktion anderer Art ist **Taejongdae** 태종대 4 an der Südspitze der Insel Yeong. Dies ist eines der bestgehüteten Geheimnisse Busans – ein Park, dessen höchster Punkt 250 m über die umgebende See hinausragt und der umgeben ist von einer wild-

Busan-Zentrum (Nampo-dong)

Sehenswert
1 Jagalchi-Fischmarkt
2 Yongdusan-Park
3 Busan Modern History Museum
4 Taejongdae-Park
5 – 8 s. Cityplan Busan S. 380
9 – 10 s. Cityplan Busan–Haeundae S. 383
11 – 14 s. Cityplan Busan S. 380

Übernachten
1 – 2 s. Cityplan Busan–Haeundae S. 383
3 Hotel Commodore
4 – 5 s. Cityplan Busan–Haeundae S. 383
6 Toyoko Inn Busan Station 1
7 Toyoko Inn Busan Station 2
8 s. Cityplan Busan S. 380
9 Hillside Tourist Hotel
10 s. Cityplan Busan S. 380
11 s. Cityplan Busan–Haeundae S. 383
12 s. Cityplan Busan S. 380

Essen & Trinken
1 s. Cityplan Busan S. 380
2 s. Cityplan Busan–Haeundae S. 383
3 Nampo Samgyetang
4 s. Cityplan Busan–Haeundae S. 383
5 Yugane Dakgalbi, s. auch Cityplan Busan S. 380

Einkaufen
1 Nampo Gwangbuk-ro und Umgebung
2 Nampo Bookstore
3 s. Cityplan Busan S. 380
4 Lotte Department Store, s. auch Cityplan Busan S. 380
5 s. Cityplan Busan S. 380
6 Gukje-Markt
7 s. Cityplan Busan S. 380
8 s. Cityplan Busan–Haeundae S. 383
9 s. Cityplan Busan S. 380

Abends & Nachts
1 Choryang Foreigner Street
2 – 5 s. Cityplan Busan–Haeundae S. 383
6 – 9 s. Cityplan Busan S. 380
10 Daeyeong Cinema
11 s. Cityplan Busan–Haeundae S. 383
12 s. Cityplan Busan S. 380

Aktiv
1 s. Cityplan Busan S. 380

schroffen Felsküste. Der Park erhielt seinen Namen nach dem Silla-König Taejong Muyeol (602–661), Gründungsvater des Silla-Reiches. Der Legende nach soll der Herrscher auf dieser Insel seinem geliebten Bogenschießen gefrönt haben.

Die Landschaft des Parks lädt zu einem entspannten Rundgang ein, der in zwei Stunden zu einem weißen **Leuchtturm** aus dem 19. Jh., einem dichten Kiefernwald sowie am südlichen Ende zu einem Restaurant und einer **Observatorium** führt. Bei klarer Sicht ist von der Plattform des Observatoriums aus die 56 km entfernte japanische Insel Tsushima zu sehen, und selbst bei schlechtem Wetter sieht man dort die weiße Statue einer Mutter mit zwei Kindern im Arm – Mangbuseok (Fels der treuen Frau). Ein Mythos besagt, dass die Frau versteinerte, nachdem sie (zu) lange auf die Rückkehr ihres von den Japanern nach Japan verschleppten Mannes gewartet hatte. Ein anderer Grund für die Errichtung der Skulptur ist weniger sagenbehaftet: In der Nähe steht der Jasalbawi 자살바위 (Selbstmordfelsen), und die Statue soll Besucher davon abhalten, die Klippen hinab in den Tod zu springen. Vom Pier am Parkeingang fahren **Ausflugsboote** (Taejongdae Yuramseon 태종대유람선, 40 Min. Dauer, ₩ 10 000), von denen aus man die dramatischen Felsformationen aus anderer Perspektive sehen kann. Unterhalb des Leuchtturms haben sich einige geschäftstüchtige Köche angesiedelt, die einfache Fischgerichte anbieten (U 1 Nampo-dong, dann Bus 8, 30, ₩ 600).

Namgu und Gwangalli

Cityplan Busan: S. 380
Nordöstlich des Stadtzentrums liegen die beiden Viertel Namgu und Gwangalli, die außer der Zugehörigkeit zu Busan kaum etwas gemeinsam haben. In **Namgu** 남구 liegen die Campus der Kyungsung- und Bukyong-Uni-

Busan

Sehenswert

1 – 4 s. Cityplan Busan-Zentrum (Nampo-dong) S. 378
5 United Nations Memorial Cemetery
6 Busan Museum
7 Gwangalli-Strand
8 Gwangan-Brücke
9 Haeundae-Strand
10 s. Citpylan Busan–Haeundae S. 383
11 Busan Museum of Art
12 Geumjeong Sanseong
13 Seokbulsa
14 Beomeosa

Übernachten

1 – 2 s. Cityplan Busan–Haeundae S. 383
3 s. Cityplan Busan-Zentrum (Nampo-dong) S. 378
4 – 5 s. Cityplan Busan–Haeundae S. 383
6 – 7 s. Cityplan Busan-Zentrum (Nampo-dong) S. 378
8 Toyoko Inn Busan Seomyeon
9 s. Cityplan Busan-Zentrum (Nampo-dong) S. 378
10 Nokcheon Hotel
11 s. Cityplan Busan–Haeundae S. 383
12 Zen Backpackers

Essen & Trinken

1 Dongnae Halmae Pajun
2 s. Cityplan Busan–Haeundae S. 383
3 s. Cityplan Busan-Zentrum (Nampo-dong) S. 378
4 s. Cityplan Busan–Haeundae S. 383
5 Yugane Dakgalbi, s. auch Cityplan Busan-Zentrum (Nampo-dong) S. 378

Einkaufen

1 – 2 s. Cityplan Busan-Zentrum (Nampo-dong) S. 378
3 Shinsegae
4 Lotte Department Store, s. auch Cityplan Busan-Zentrum (Nampo-dong) S. 378
5 Hyundai Department Store
6 s. Cityplan Busan-Zentrum (Nampo-dong) S. 378
7 Busanjin-Markt
8 s. Cityplan Busan–Haeundae S. 383
9 Bujeon-Markt

Abends & Nachts

1 s. Cityplan Busan-Zentrum (Nampo-dong) S. 378
2 – 5 s. Cityplan Busan–Haeundae S. 383
6 The Basement
7 Crossroads
8 Monk
9 Vinyl Underground
10 s. Cityplan Busan-Zentrum (Nampo-dong) S. 378
11 s. Cityplan Busan–Haeundae S. 383
12 Busan Cultural Center

Aktiv

1 Heosimcheong Spa

versitäten mit entsprechendem Nachtleben sowie der sehenswerte UN-Friedhof. **Gwangalli** 광안리 widmet sich mit Strand, Cafés, Restaurants und Sportmöglichkeiten ganz den Freuden des Lebens.

United Nations Memorial Cemetery 5

UN Ginyeom Gongwon 유엔 기념 공원
Der einzige UN-Friedhof weltweit ist den im Koreakrieg 1950–53 gefallenen UN-Soldaten gewidmet, die auf südkoreanischer Seite unter US-Führung gegen Nordkorea kämpften. 16 Staaten unterstützten den Süden militärisch, darunter Luxemburg, Thailand, Türkei und Kolumbien. Viele der Gefallenen stammen aus der Türkei, die eines der größten Truppenkontingente in die Kämpfe schickte.

Exakt 2300 **Gräber** befinden sich auf dem Friedhof, der mit seinen Gedenksteinen, Inschriften und Fahnen eine bewegende Stille schafft. Die Namen der Gefallenen sind säuberlich in Grabsteine eingemeißelt und die Gräber in Reih und Glied auf dem Rasen angeordnet. Der Friedhof existiert seit 1951 und steht seit 1959 unter der Verwaltung der Vereinten Nationen. Im Jahr 2006 kam die **Wall of Remembrance** hinzu, in der die Namen aller 40 896 getöteten UN-Soldaten in schwarzen Marmor graviert sind (Tel. 051 625 16 08, www.unmck.or.kr, U 2 Daeyeon, Ausgang 5, dann 10 Min. zu Fuß, ausgeschildert, tgl. Juni–Sept. 9–18, Okt.–Mai 9–17 Uhr, Di–So Flaggenzeremonie: Hissen der UN-Flagge 10, Einholen 16 Uhr, Eintritt frei).

Godangbong 801 m
Haltestelle Bus 90
Dongbu Bus Terminal
Nopo-dong
Ziel
Nordtor (Buk Mun)
Beomeosa
Uisangbong
Vierter Wachturm
Namsan-dong
DONGNAE
Dusil
Geumseon-dong
Osttor (Dong Mun)
Guseo-dong
aktiv Hiking in der einstigen Geumjeong Sanseong
Jangjeong-dong
Unbongsan
Gochon
Anpyeong
Park mit zwei Teichen
Südtor (Nam Mun)
Guwolsan
Busan National University
Dong-Pusan College
Seilbahn
Youngsan University
Oncheonjang
Start
Line 4
Seokdae
Banyeo Agricultural Market
Mandeog
Namsanjeong
Line 3
Myeongnyun-dong
Geumsa
Seodong
Minam
Dongnae
Myeongjang
Suan
Nakmin
Chungnyeolsa
Gugoksan
Sajik
Busan Sports Complex
Busan National University of Education
Jangsan
Busan Asiad Main Stadium
Geoje
Yeonsan-dong
Busan City Hall
City Hall
Line 3
Haedong Yonggungsa (7 km)
Gimhae International Airport (5 km)
Samrak-Park (3,5 km)
Seobu Bus Terminal (1 km)
Yangjeong
Suyeong
Millak
Busan Metro Art Museum
Centum City
Haeundae
Bujeon-dong
Goumnyeonsan
Dongbaek
Dongeui University
Gaya
Buam
Gaegeum
Jeonpo
Gwangan
Gwanyan-Tunnel
Line 2
Geumnyeonsan
Beomnaegol
Munjeon
Namcheon
Gwangandaegyo
Details s. S. 383 Cityplan Busan-Haeundae
Beomil-dong
Munhyeon
Motgol
Kyungsung University & Bukyong University
Jwacheon-dong
Jigegol
Daeyeon
Busanjin
Choryang
Busan Station
Hauptbahnhof
NAMGU
NAMPO-DONG
Dongdaesin
Line 1
Jungang-dong
Nampo-dong
Toseong-dong
Jagalchi
Details s. S. 378 Cityplan Busan-Zentrum (Nampo-dong)
Cheonmasan
Yeongdo
0 1,5 3 km

Busan Museum 6

Busan Bangmulgwan 부산박물관

Dieses 1978 erbaute und 2002 erweiterte Museum beherbergt die bedeutendste Geschichts- und Archäologiesammlung über Busan und Umgebung. Der Sammlungsbestand mit 32 000 Objekten, von denen nur ein Bruchteil ausgestellt ist, reicht von prähistorischen Artefakten bis in die Moderne.

In Gebäude 1 wird im Erdgeschoss die Möglichkeit geboten, Steinabreibungen selbst herzustellen, traditionelle Gewänder anzuprobieren oder an einer Teezeremonie teilzunehmen (Voranmeldung sinnvoll). Im Stock darüber finden sich Exponate zur Geschichte Busans von prähistorischer bis in die Joseon-Zeit, wobei Ton- und Porzellanobjekte dominieren. Zu den Ausnahmen zählt eine Buddha-Statue aus vergoldeter Bronze (7./8. Jh.) mit einem beruhigenden Lächeln der Gottheit.

In Gebäude 2 geht es um das schwierige japanisch-koreanische Verhältnis, um Dongnae (Dongrae) als altes Handelszentrum Busans, um Folklore und Busans Geschichte bis in heutige Zeit.

Im **Außenbereich** des Museums stehen ca. 40 steinerne Objekte – von Steinlaternen über Stelen bis zu buddhistischen Skulpturen (Tel. 051 624 63 43, www.museum.busan.kr, U 2 Daeyeon, Ausgang 5, dann 10 Min. zu Fuß, Di–So 9–20 Uhr, Eintritt frei).

Gwangalli 광안리

Das Viertel Gwangalli mit dem **Gwangalli-Strand** 7 (Gwangalli Haesuyokjang 광안리 해수욕장) bemüht sich, dem berühmten Haeundae-Strand (s. rechts) die Show zu stehlen. Fischrestaurants, Cafés und Shoppingcenter machen aus dem Strand zwar noch kein Ipanema, aber für das jüngere Volk ist der Strand eine Alternative zum Haeundae und nicht weniger gut besucht. Tagsüber lockt Gwangalli mit Paragliding, Windsurfing und Wasserski, an Sommernächten taucht der Strand in eine tropische Silvesteratmosphäre mit Lasershows, Feuerwerk und Jazzmusikern.

Etwa 1 km vom Strand entfernt, beherrscht die ca. 7,4 km lange **Gwangan-Brücke** 8 (Gwangan Daegyo 광안대교), Busans Golden Gate Bridge, die Bucht (U 2 Geumnyeonsan, Gwangan, Ausgang 5, dann 10 Min. zu Fuß).

Haeundae 해운대

Cityplan Busan-Haeundae: S. 383

Strand, Luxushotels, eine ganze Reihe Bars und Kneipen, das weltweit größte Einkaufszentrum sowie im Oktober Hauptquartier des International Film Festival – Haeundae ist Busans Ferienzentrum, dessen Strand im Sommer Tausende von sonnenhungrigen Koreanern anzieht.

Haeundae-Strand 9

Die Copacabana Busans ist der **Haeundae Haesuyokjang** 해운대해수욕장, Koreas bekanntester Sandkilometer, der im Sommer wie im Winter einen Besuch wert ist. Im Sommer ist der Strand vor lauter Sonnenschirmen kaum zu sehen, und man muss diese Ölsardinenwelt einfach gesehen haben, um es zu glauben. Mehrere hunderttausende Sonnenhungrige kommen jeden Sommer hierher, um den wärmenden Effekt der Kuroshio-Strömung, Südkoreas Golfstrom, bis in den Spätherbst beim Baden zu genießen. Im Winter ist der Strand ein besinnliches Plätzchen für einen schönen Spaziergang.

Haeundae ist mit allem ausgestattet, was an gut besuchte Strände gehört: Stände mit Snacks und Getränken, Umkleidekabinen und die notorischen Sonnenölverkäufer. Das Busan Aquarium ist in unmittelbarer Nähe, und jährlich im Oktober findet hier in Haeundae das Busan International Film Festival statt (U 2 Dongbaek, Ausgang 3, Haeundae, Ausgang 5).

Busan Aquarium 부산아쿠아리움 10

Das größte Aquarium Koreas liegt seit 2001 am Haeundae-Strand und zeigt in mehreren riesigen Tanks 250 verschiedene Tierarten und insgesamt über 35 000 Tiere. Riesen-Oktopusse, Haie, Fischschulen, Quallen und zahllose Tropenfische füllen die Aquarien, von

Busan-Haeundae

Sehenswert

1 – 4 s. Cityplan Busan-Zentrum (Nampo-dong) S. 378
5 – 8 s. Cityplan Busan S. 380
9 Haeundae-Strand
10 Busan Aquarium
11 – 14 s. Cityplan Busan S. 380

Übernachten

1 Westin Chosun Hotel
2 Busan Novotel Ambassador
3 s. Cityplan Busan-Zentrum (Nampo-dong) S. 378
4 Hotel Riviera
5 Toyoko Inn Busan Haeundae
6 – 7 s. Cityplan Busan-Zentrum S. 378
8 s. Cityplan Busan S. 380
9 s. Cityplan Busan-Zentrum (Nampo-dong) S. 378
10 s. Cityplan Busan S. 380
11 Pobi Guesthouse
12 s. Cityplan Busan S. 380

Essen & Trinken

1 s. Cityplan Busan S. 380
2 Koryujung
3 s. Cityplan Busan-Zentrum (Nampo-dong) S. 378
4 Geumsubokguk
5 s. Cityplan Busan S. 380, Busan-Zentrum S. 378

Einkaufen

1 – 2, 4, 6 s. Cityplan Busan-Zentrum S. 378
3 – 5, 7, 9 s. Cityplan Busan S. 380
8 Haeundae-Markt

Abends & Nachts

1 s. Cityplan Busan-Zentrum (Nampo-dong) S. 378
2 Thursday Party
3 The Wolfhound
4 Elune
5 U2 Bar
6 – 9 s. Cityplan Busan S. 380
10 s. Cityplan Busan-Zentrum S. 378
11 Megabox
12 s. Cityplan Busan S. 380

Aktiv

1 s. Cityplan Busan S. 380

einem durchsichtigen Unterwassertunnel aus können die Fische auch von unten bestaunt werden. Besonders interessant sind die Fütterungen, die über den ganzen Tag verstreut stattfinden. Die Anlage ist ein 30-Mio.-US-Dollar-Projekt der Living and Leisure Australia Group, einem der weltgrößten Betreiber von Aquarien dieser Größenordnung, und kann es mit den besten Aquarien der Welt aufnehmen. Besonders für Kinder ist es ein besonderer Spaß. Für den Besuch sollte man sich einige Stunden Zeit nehmen (Tel. 051 740 17 00, www.busanaquarium.com, U 2 Haeundae, Ausgang 3, 5, Mo–Do 10–20, Fr–So, Fei 9–22, 17. Juli – 22. Aug. tgl. 9–22 Uhr, letzter Einlass 1 Std. vor Schließung, tgl. 10–19, Mitte Juli – Mitte Aug. 10–21 Uhr, ₩ 18 000).

Busan Museum of Art 11

Busan Sirim Misulgwan 부산시립미술관

Als eines der größten Ausstellungszentren für moderne Kunst in Südkorea widmet sich das 1998 eröffnete Museum in erster Linie lokalen Künstlern, von deren Exponaten viele für europäische Augen exotisch bis gewöhnungsbedürftig sind. Das Museum ist Gastgeber der jährlichen Busan Biennale und hat eine kleine Skulpturenausstellung im Außenbereich. 1,5 Stunden reichen für einen Rundgang durch die Hallen aus. Die Ausstellungen wechseln regelmäßig, sodass sich ein Blick auf die Internetseite lohnt (Tel. 051 744 26 02, art.busan.go.kr, U 2 Busan Museum of Art, Ausgang 5, Di–So 10–20, letzter Einlass 19 Uhr, Eintritt frei).

Dongnae – der Norden Busans

Cityplan Busan: S. 381

Im Norden der Stadt lag einst Busans historisches Stadtzentrum, von dem allerdings nicht mehr viel zu sehen ist. Heute besteht Dongnae 동래 vorwiegend aus Wohngebieten. Hier befinden sich natürliche Attraktionen wie die heißen Quellen des Heosimcheong Spa, Asiens größtem Spa, und Busans höchster Berg Geumjeong (Geumjeongsan 금정산), dessen Plateau mitsamt einer zerstörten alten Festung zu einer herrlichen Wanderung einlädt.

Geumjeong Sanseong 금정산성 12

Die Ankunft an der **Geumjeong-Festung** ist für die meisten Besucher eine Enttäuschung. Dort, wo im 18. Jh. Südkoreas größte Bergfestung stand, sind heute nur noch einzelne Reste der 17 km langen Mauer, vier Tore sowie einige Wachtürme übrig. Man fragt sich, was mit den Unmengen an Steinen passiert ist, die für den Bau der einst 8 km² großen Verteidigungsanlage nötig waren und die irgendwo auf dem etwa 800 m hohen Geumjeong-Berg verstreut sein müssen.

Die Festung entstand 1703 als viel zu späte Antwort auf die zahllosen Invasionen der Mandschuren, Mongolen und Japaner seit dem 16. Jh. Die Fertigstellung verzögerte sich über Jahrzehnte, wohl aus Geldmangel, aber auch, weil Koreas Nachbarn müde waren und die Halbinsel nicht mehr angriffen. Erst 1807 war die Festung fertig, verfiel dann aber, da immer noch keine Bedrohung zu erkennen war und die Unterhaltskosten für das riesige Fort zu hoch waren. Während der japanischen Besetzung ab 1910 wurden weite Teile der Anlage zerstört, sodass nur noch 4 km der Mauer stehen, die größtenteils keine Originalabschnitte sind, sondern seit den 1970er-Jahren erbaute Repliken.

Obgleich die Festung selbst kein Anziehungspunkt ist, kommen viele Koreaner auf das ausgedehnte Bergplateau, um hier eine Wanderung zu unternehmen. Sogar eine **Seilbahn** fährt von Busan den Berg hinauf. Für eine **Wanderung** sollte etwa ein halber Tag veranschlagt werden, wobei der Weg von der Seilbahnstation zum Beomeo-Tempel (s. Aktiv unterwegs, S. 386) zu den Klassikern zählt. Eine Wanderung zum versteckten Seokbulsa bedeutet das Eintauchen in eine fast mystische Welt (s. S. 386) und lässt sich für gewillte und konditionierte Hiker mit dem Weg von der Seilbahnstation zum Beomeo-Tempel verbinden (nähere Informationen s. S. 385).

aktiv unterwegs

Wanderung in der einstigen Geumjeong Sanseong

Tour-Infos

Start: Seilbahnstation im Geumjeong-Park (Geumjeong Gongwon 금정공원)
Länge und Dauer: 9 km, 4 Std.
Anfahrt: U 1 Oncheonjang, Ausgang 1, dann ca. 200 m nach links, an der nächsten Kreuzung die Straße nach rechts überqueren, geradeaus in eine Einkaufsstraße bis zu einer Gabelung, an der man sich rechts hält, immer geradeaus bergauf bis zum Ende des Weges. Auf der gegenüberliegenden Straßenseite links ist der Parkeingang.
Wichtige Hinweise: Der Weg von der oberen Seilbahnstation zum Nordtor ist trotz einiger Steigungen einfach. Der Abstieg zum Beomeosa sollte nicht unterschätzt werden.

Im westlichen Teil des Stadtteils Dongnae liegen auf dem weiten Plateau des Geumjeong-Bergs die Reste der Geumjeong-Festung: Relikte der teils restaurierten Festungsmauer (s. S. 381). Von der oberen Seilbahnstation ist dies ein schöner Weg entlang der Mauer bis zum herrlich ruhig gelegenen Beomeosa.

Hat man die obere Seilbahnstation erreicht, läuft man 15 Minuten bis zum 2010 renovierten ehemaligen **Südtor** (Nam Mun 남문). Der Weg dorthin ist gut in Englisch ausgeschildert, was aber nach dem Tor abrupt aufhört. Nach Durchschreiten des Tores nimmt man den mittleren oder rechten Weg, die sich nach 300 m wieder treffen. Vorbei an einem kleinen **Park mit zwei Teichen** erreicht man nach weiteren 600 m eine **Straße,** die man 30 m nach links läuft, überquert und einen schmalen **Waldweg** hinaufgeht. Dieser Weg ist nicht leicht zu erkennen, am besten fragt man die Wärter nach dem Osttor, Dong Mun 동문. Nach einigen Metern ist die ehemalige Festungsmauer zu sehen, der man nach links bis zum **Osttor** folgt, das 1807 angeblich binnen eines Monats errichtet wurde. Ab hier folgt man den Schildern in Richtung **Godangbong** 고당봉, dem Gipfel des Geumjeongsan und mit 801 m höchsten Berg in der Gegend. Einige 100 m nach dem Osttor blickt man über eine weite Ebene, auf der man auf einsamer Höhe den **Vierten Wachturm** erkennt. Der Pfad folgt weitgehend der wiederaufgebauten Festungsmauer, die erstaunlich niedrig ist und nichts von ihrer ursprünglichen Mächtigkeit hat. Vom Vierten Wachtturm sind es noch ca. 1,5 km bis zum **Nordtor,** Buk Mun 북문), das man durchläuft, um dann vorbei an einem riesigen Toilettenhäuschen den vierzigminütigen Abstieg durch den Wald und über große Steine zum **Beomeosa** (s. S. 386) zu starten. Ein Besuch der schönen Tempelanlage sollte auf keinen Fall verpasst werden.

Wer nach dem Marsch noch Kraft hat, geht die 3 km zur U-Bahn-Station Beomeosa der Linie 1 zu Fuß. Andernfalls sind es vom Tempel etwa 300 m zur Haltestelle von Bus 90, der bis ins Tal fährt und wenige Meter von der U-Bahn-Station Beomeosa entfernt hält.

Seokbulsa 석불사 13

Ganz versteckt, halb verdeckt und tief im Wald liegt der zwar kleine, aber faszinierendste Tempel Busans, den die Einwohner der Stadt noch nicht entdeckt haben und der daher selbst am betriebsamsten Sommerwochenende ruhig daliegt. Der **Felsenbuddha-Tempel** südlich der Geumjeong-Festung ist mit keinem Bus erreichbar und auch für erfahrene Pfadfinder nicht einfach zu finden. Eine Entdeckungstour zu diesem unbekannten Tempel ist ein kleines Abenteuer, und wer sich die Mühe macht, wird mit einem in den rohen Felsen gearbeiteten Tempel belohnt, flankiert von zwei großen pagodenähnlichen Steinsäulen und umgeben von unzähligen in Stein gemeißelten Figuren, darunter Buddhas, Bodhisattva Gwaneum

(Avalokiteshvara), die 16 Arhats *(nahan)* und die Vier Himmelskönige. In den Fels sind kleine Höhlen geschlagen, die als Meditationsräume dienen. Eine Grotte ist übersät mit kleinen Buddha-Statuen. Der ganze Tempel hat etwas Geheimnisvolles und Urwüchsiges wie in einem Indiana-Jones-Film (U 3 Mandeok, Ausgang 2, bergauf nach Nordosten Richtung Mandeok 1 Tunnel, dann nach links auf einem Pfad ca. 1 Std. weiter bergauf, dem Wegzeichen 석불사 bis zum Seokbulsa folgend, tgl. 24 Std., Eintritt frei).

Beomeosa 범어사 14

Busans berühmtester Tempel strahlt eine elegante Ruhe aus und ist zugleich das Highlight der Stadt, zumindest für Besucher, die sich für Geschichte und Atmosphäre abseits von Shoppingcentern interessieren. Mit seiner Lage hoch über der Stadt, umgeben von einer dicht bewaldeten Hügellandschaft, ist der **Tempel des Nirvanafischs** in eine grandiose Umgebung fern der quirligen Geschäftigkeit Busans eingebettet.

Erbauer des Tempels war im Jahr 678 der Mönch Uisang, die Anlage wurde jedoch Ende des 16. Jh. wie viele andere Tempel des Landes während der japanischen Invasion zerstört. Uisang gilt als einer der größten Buddha-Jünger, der über zehn Jahre in China verbrachte, um als Priester nach Korea zurückzukehren. Nach der Zerstörung lag der Tempel für viele Jahre in Ruinen, bevor er in Etappen wieder aufgebaut wurde und seit Anfang des 18. Jh. in alter Pracht erstrahlt. Heute leben im Beomeosa mehrere Dutzend Mönche und bisweilen Ausländer, die am Templestay-Programm teilnehmen (s. S. 88).

Von der Bushaltestelle bzw. vom Parkplatz unterhalb des Tempels kommend, erreicht man das erste Tor, **Iljumun** 일주문 (一柱門, Einsäulentor), das zum Tempel führt und die Grenze zwischen der weltlichen und der spirituellen Welt symbolisiert. Das Tor hat zwar trotz seines Namens vier tragende Säulen, aber was für eine Rolle spielen Zahlen und Statik in der Ewigkeit?

Spätestens nach Durchschreiten der beiden folgenden Tore, darunter das **Tor der**

Himmelskönige, tritt man in die Ruhe des Tempels ein. Man passiert die **Lehrhalle** und erreicht dann den Haupthof der Anlage. Hier stehen auf der Rückseite der Lehrhalle eine **Steinlaterne** und eine dreistöckige **Steinpagode** aus der Silla-Zeit. Die Mahavira-Halle (Halle des Großen Helden), **Daeungjeon**, aus dem Jahr 1614 birgt Statuen Avalokiteshvaras und zweier Bodhisattvas.

Buddhas Geburtstag (s. S. 48) ist wegen der Tempelschmückung die mit Abstand beste Zeit für einen Besuch. Ein schöner Wanderweg (s. Aktiv unterwegs, S. 385) führt

Bunte Laternen schmücken den Beomeosa an Buddhas Geburtstag

von der Geumjeong-Festung zur Anlage (www.beomeosa.co.kr, U 1 Beomeosa, Ausgang 5, 7, dann 2 Gehminuten bis zur Haltestelle von Bus 90, der zum Tempel fährt, tgl. 6.30–19 Uhr, Eintritt frei).

Ausflug zum Haedong Yonggungsa ► 3, Q 14

Als einer der wenigen Tempel Koreas begrüßt der **Haedong Yonggungsa** 해동용궁사 seine Besucher nur wenige Meter von der Brandung entfernt am Meer mit dem Motto: »Mindestens einer deiner Wünsche wird hier durch deine tief empfundenen Gebete in Erfüllung gehen.«

Sollte der Wunsch bestehen, einen nicht alltäglichen Tempelzugang zu sehen, wird dieser hier am **Drachenpalast-Tempel** erfüllt. Der Weg zum Eingang führt über eine von großen Steinlaternen gesäumte 108-stufige Treppe – je eine Stufe steht für eine weltliche Begierde im Sinne des Buddhismus. Auf halbem Weg bietet eine kleine Zwischenplattform auf der Treppe die Gelegenheit, kurz auszuruhen und der Meeresbrandung zu lauschen. Hat man die schneeweiße Treppe schließlich erklommen, erreicht man die kleine steinerne **Halbmondbrücke,** an deren Ende der grandiose Tempel wie die Manifestation von Buddhas Welt und einer gelasseneren Sicht der Dinge auf pittoresken Felsen steht.

Der Grundstein für den Tempel wurde im Jahr 1376 gelegt, allerdings erfuhr die Haupthalle 1970 einen Komplettumbau. Vor der Haupthalle steht eine dreistöckige Steinpagode mit vier Löwen, die Freude, Ärger, Traurigkeit und Glück verkörpern. Erhöht über dem Tempel stehend, überblickt wie ein Schutzengel der **Große Gwaneum-Buddha des Meeres** (Haesu Gwaneum Daebul 해수관음대불) das Geschehen. Buddha ist eigentlich eine inkorrekte Bezeichnung, denn es handelt sich um Bodhisattva Avalokiteshvara in der weiblichen Gestalt der Gwaneum (Guanyin/Kannon), also der ›Göttin‹ der Barmherzigkeit bzw. des Mit-Leidens. Eine weitere Großskulptur ist der sitzend dargestellte **Medizin-Buddha** Bhaisajyaguru. Seine Kopfbedeckung soll an einen *gat* 갓, einen traditionellen koreanischen Männerhut, erinnern.

Am besten besucht man die Tempelanlage am Neujahrstag, um den Sonnenaufgang über dem Ostmeer zu erleben, zur Kirschblüte oder zu Buddhas Geburtstag (s. S. 48), wenn nachts überall bunte Laternen leuchten und ein spektakuläres Bild ergeben (Tel. 051 722 77 44, www.yongkungsa.or.kr, U 1 Jangsan, dann 6 km per Taxi, tgl. 4–20 Uhr, Eintritt frei).

Infos

www.busan.go.kr: Website der Stadt mit Infos auch auf Englisch

Touristeninformationen: Es gibt mehrere Infostellen in der Stadt. Die brauchbarsten Touristeninformationen befinden sich im Hauptbahnhof (Tel. 051 441 65 65, U 2 Busan, tgl. 9–17 Uhr) bzw. im Flughafen Gimhae. Auch in Haeundae gibt es eine Touristeninformation, allerdings spricht das Personal dort kein Englisch.

Übernachten

Designklassiker ▶ Westin Chosun Hotel 웨스틴조선호텔 **1:** 737 Woo 1-dong, Haeundae, Tel. 051 749 70 00, www.westin.com, U 2 Haeundae, Ausgang 3, 5. Seit 1978 ist das Westin die erste Adresse unter Busans Tophotels – exzellenter Service, mehrere gute Restaurants und bester Blick auf die See und den Strand sind die Pluspunkte. Die Zimmer sind im Retrodesign der 1970er-Jahre gehalten – oder wurden seit dem Bau nie renoviert. DZ ab ₩ 190 000.

Business- und Urlauberhotel ▶ Busan Novotel Ambassador 부산노보텔앰배서더 **2:** 1405-16 Jung-dong, Tel. 051 743 12 34, www.novotelbusan.com, U 2 Haeundae, Ausgang 3, 5. Seit Jahren eine Institution in Busan, spielt das Novotel in derselben Liga wie das Westin, hat jedoch eine modernere Ausstattung. Die Internetseite gibt völlig übertriebene Preise an, die in der Realität und Nebensaison bei der Hälfte (oder weniger) liegen. DZ ab ₩ 180 000 (Realität).

Tempel-Hotel ▶ Hotel Commodore 코모도호텔 **3:** 743-80 Yeongju-dong, Tel. 051 466 91 01, www.commodore.co.kr, U 1 Busan Station, Ausgang 1, Jungang-dong, Ausgang 17. Koreas erste Chimäre aus Tempel und Hochhaus – den mehrstöckigen Bau bekrönt ein traditionelles Dach – ist ein Designknaller. Innen mit klassischem koreanischem Design, das manchmal zu angestrengt ›traditionell‹ wirkt. DZ ab ₩ 150 000.

Funktional und zentral ▶ Hotel Riviera 호텔리베라 **4:** 1380-1 Jung 1-dong, Tel. 051 740 21 11, www.rivierahotel.co.kr, U 2 Haeundae, Ausgang 3. Das Riviera liegt an Busans Riviera, also in Haeundae, ist aber keineswegs ›das beste Hotel Koreas‹, wie es von sich behauptet. Modern eingerichtete Zimmer im westlichen oder koreanischen Stil. DZ ab ₩ 90 000.

Klein, zentral, günstig ▶ Toyoko Inn Busan Haeundae 토요코인부산해운대 **5:** 1130-1 Jung-dong, Haeundae, Tel. 051 256 10 45, www.toyoko-inn.com, U 2 Haeundae, Ausgang 1. Motelartige Kleinstzimmer, sauber wie ein OP und immer in zentraler Lage an Geschäftsstraßen und Bahnhöfen – auch in Busan bleibt Japans größte Businesshotelkette ihrem Motto treu. Frühstück ist im Preis enthalten. DZ ab ₩ 66 000. Weitere Hotels der Kette sind: **Toyoko Inn Busan Station 1** 6 (Toyoko Inn Busan Yeok 1 토요코인 부산역 1, Gwangjang 2–1/Choryang-dong 1203-15, Donggu, Tel. 051 466 10 45, U 1 Jungang-dong, Ausgang 17, DZ ab ₩ 71 500), **Toyoko Inn Busan Station 2** 7 (Toyoko Inn Busan Yeok 2 토요코인 부산역 2, 22-4,1-ga Daechang-dong, Junggu, Tel. 051 442 10 45, U 1 Busan Station, Ausgang 8, DZ ab ₩ 66 000) und **Toyoko Inn Busan Seomyeon** 8 (토요코인 부산서면, 666-8 Jeonpo-dong, Busanjin-gu, Tel. 051 6 38 10 45, U 2 Seomyeon, Ausgang 8, DZ ab ₩ 69 300).

Villa auf Hügel ▶ **Hillside Tourist Hotel** 힐사이드호텔 9: Yeong-ju 1-dong 743-33, Tel. 051 464 05-67, -69, U 1 Busan Station, Ausgang 1, Jungang-dong, Ausgang 17. Ein Hotel wie eine kleine Villa mit Blick auf mehrere Inseln. Keine Zimmer vom anderen Stern, aber ihr Geld wert und nur 500 m vom Bahnhof. DZ ₩ 50 000.

Für Aktivreisende ▶ **Nokcheon Hotel** 녹천호텔 10: 96-10 Oncheon 1-dong, Tel. 051 5 53 10 05~9, www.nokcheonhotel.com, U 1 Oncheonjang, Ausgang 1, dann 10 Min. zu Fuß. Hoch im Norden Busans liegt das Nokcheon, das ideal ist für einen Besuch des Heosimcheong Spa und für eine Hikingtour zur einstigen Geumjeong-Festung. Schlichte Zimmer, von denen jedes mit Wasser aus den nahen heißen Quellen versorgt wird (Wanne in jedem Zimmer). DZ ab ₩ 48 000.

Am Haeundae-Strand ▶ **Pobi Guesthouse** 포비게스트하우스 11: 2. Stock, 41 1 Jungdong 1-ro, Haeundae, Tel. 051 746 79 90, 010 703 79 92, www.pobihouse.com, U 2 Haeundae, Ausgang 1. Vorwiegend junge Reisende treffen sich in diesem sauberen und nur zwei Gehminuten vom Haeundae-Strand entfernten Hostel mit großem Aufenthaltsraum. Inkl. einfachem Frühstück (Toast, Marmelade, Butter, Kaffee). Schlafsaal ₩ 25 000, DZ ₩ 80 000.

Grell und beliebt ▶ **Zen Backpackers** 젠백패커스 12: 1530 Neoseupo, Bujeon-dong, Jingu, Seomyeon, Tel. 010 87 22 15 30, www.zenbackpackers.com, U 1, 2 Seomeon, Ausgang 9. Ultrastabile Holzbetten im Schlafsaal, poppige Wandtapeten und bunte Ikea-Bettbezüge in den Privaträumen müssen Gästemagneten sein, denn das Hostel ist ausgesprochen beliebt. Schlafsaal ₩ 22 000, DZ ₩ 60 000.

Essen & Trinken

Fisch und mehr ▶ **Jagalchi-Fischmarkt** 1: s. S. 376, tgl. 8–22 Uhr. Die Rezepte sind einfach, der Fisch frisch und die Gerichte lecker. Eines der besten Restaurants im Markt ist das **Oase Seafood Buffet** (Oaje 오아제, 5./6. Stock, Jagalchi Market Building, Tel. 051 248 77 77, www.oasebusan.co.kr, U 1 Jagalchi, Ausgang 10, tgl. 12–14, 18–21 Uhr). Von den vielen Restaurants im Jagalchi-Fischmarkt ist dieses eines der besten. Hier gibt es über 100 Gerichte von Sushi über Sashimi, Steaks, Pizza und Salate bis zu Nudeln. Fantastisch. Fischplatte ab ₩ 15 000, Büfett ₩ 27 900 (mittags), ₩ 35 500 (abends), ₩ 38 500 (Wochenende).

Meeresfrüchte-Pfannkuchen ▶ **Dongnae Halmae Pajun** 동래할매파전 1: 367-2 Bokcheon-dong, Dongnaegu, Tel. 051 552 07 91, -92, www.dongraehalmaepajun.co.kr, Di–So 11–22 Uhr, U 1 Dongnae, Ausgang 2. Seit den 1930er-Jahren eine Institution für *dongnae pajeon* 동래파전, Busans beliebten und berühmten Pfannkuchen mit gebratenen Zwiebeln und Meeresfrüchten. Unbedingt probieren. Mittlere Portion *dongnae pajeon* ₩ 30 000.

Traditionell koreanisch speisen ▶ **Koryu-Jung** 고려정 2: 3. Stock, Ocean Tower, 760-3 U 1-dong, Tel. 051 7 40 52 33, www.koryujung.co.kr, U 2 Haeundae, Ausgang 7, tgl. 11.30–22.30 Uhr. *Hanjeongsik* (traditionelles Menü) und Shabu-Shabu (Feuertopf) sind die Spezialitäten – elegant und sehr gut zubereitet. *Hanjeongsik* ₩ 20 000–100 000.

Samgyetang-Tempel ▶ **Nampo Samgyetang** 남포삼계탕 3: 12 Nampo-dong 3-ga, Tel. 051 245 50 75, U 1 Nampo-dong, Ausgang 1, tgl. 10–22 Uhr. Eines der besten Restaurants in Busan für *samgyetang* 삼계탕 (Ginseng-Hühnersuppe), seit 1959 vor Ort

Das weltgrößte Einkaufszentrum steht in Busan – Shinsegae

und mittags an der langen Schlange vor der Tür zu identifizieren. *Samgyetang* ₩ 11 000.

Kugelfisch ▶ **Geumsubokguk 금수복국 4:** 1394-65 Jung-dong, Tel. 051 742 36 00, www.ksbog.com, U 2 Haeundae, Ausgang 3, 5, 24 Std. geöffnet. Das Geumsubokguk war das erste Restaurant Koreas, in dem der berühmte Kugelfisch serviert wurde. Gleich mehrere Variationen des giftigen Fisches stehen neben anderen Delikatessen wie Fischsuppe oder Sashimi auf der Karte. Menü ab ₩ 10 000.

Günstige Hühnergerichte ▶ **Yugane Dakgalbi 유가네닭갈비 5:** auf der gegenüberliegenden Straßenseite (östlich) des Lotte Department Store, Tel. 051 809 33 91, U 1, 2 Seomyeon, Ausgang 7, tgl. 10–0.30 Uhr. Verschiedenste Gerichte mit Huhn, u. a. *dakgalbi*. Das Yugane hat mehrere Filialen im Stadtgebiet, darunter die **Filiale in Nampo-dong 5** (U 1 Jagalchi). Menü ab ₩ 4500.

Einkaufen

Mode, Souvenirs, Galerien ▶ **Nampo Gwangbuk-ro 광복로 und Umgebung 1:** 200 m nördlich der U 1 Nampo-dong, Ausgang 1. 700 m mit Boutiquen und Designer-Outlets – ohne Übertreibung ist dies Busans kreditkartengefährdendste Shoppingstrecke. In dem Gebiet in und um die autofreie Gwangbok-ro (-no) wimmelt es zudem von Juwelieren, Souvenirgeschäften, Banken und feinen Galerien.

Bücher ▶ **Nampo Bookstore 2:** gegenüber dem Jagalchi-Fischmarkt, U 1 Jagalchi, Ausgang 10, tgl. 10–20 Uhr. Hier bekommt man Sprachlehrbücher für Koreanisch, Koch- und Kulturführer sowie englischsprachige Literatur von Bestseller-Autoren wie Barbara Wood, Stephen King etc.

Einkaufszentren ▶ Shopper aufgepasst: Seit 2009 steht mit dem **Shinsegae** 3 (www.shinsegaegroup.com, U 2 Centrum City, Ausgang 3, tgl. 10.30–20 Uhr) das weltgrößte Einkaufszentrum in Busan – noch vor Macy's in New York. Es beheimatet nicht nur italienische und französische Luxusketten, sondern auch Kinos, Spa und Restaurants. Südkoreas Nr. 2, was die Verkaufsfläche angeht, ist Busans **Lotte Department Store** 4 (www.lotte.co.kr, U 1, 2 Seomyeon, Ausgang 7, tgl. 10–20 Uhr). Ebenso wie alle anderen Megastores der Kette bestückt mit den Geschäften der internationalen Krawatten- und Parfümwelt, Kinos, Restaurants etc. Weitere Lotte Stores finden sich im gesamten Stadtgebiet. Günstig gelegen ist auch **Lotte** in Nampo-dong (U 1 Nampo-dong, Ausgang 10, tgl. 10.30–20 Uhr). Dritter im Bunde des südkoreanischen Shopping-Dreigestirns ist der **Hyundai Department Store** 5 (www.ehyundai.com, U 1 Beomil-dong, Ausgang 5, 7, tgl. 10.30–20 Uhr) mit ähnlichem Angebot wie die Konkurrenz.

Märkte ▶ Bei der Größe Busans verwundert es nicht, dass die Stadt zahlreiche Märkte aufweist, hier nur eine knappe Auswahl. Der **Gukje-Markt** 6 (Gukje Sijang 국제시장, U 1 Nampo-dong, Ausgang 1, tgl. 9–20 Uhr) ist Busans größter Markt seiner Art. Hier gibt es über 1300 Geschäfte, die alles bieten, was die moderne Frau als Aussteuer (und darüber hinaus) benötigt – ob Küchenartikel, Kleidung, Bettlaken oder Wäscheklammern, aber auch viel Kunsthandwerk. Der **Busanjin-Markt** 7 (Busanjin Sijang 부산진시장, U 1 Beomil-dong, Ausgang 8, dann 5 Min. zu Fuß) legt ähnlich wie der Gukje-Markt den Schwerpunkt auf Kleidung. Nicht so groß wie seine Konkurrenten, bietet der zentral gelegene **Haeundae-Markt** 8 (Haeundae Sijang 해운대시장, U 2 Haeundae, Ausgang 1) den üblichen Krimskrams für junge Damen kurz vor der Heirat und zusätzlich Fisch und andere frische Lebensmittel. Auf Früchte, Fisch und andere Nahrungsmittel ist der **Bujeon-Markt** 9 (Bujeon Sijang 부전시장, tgl. 6–19.30 Uhr) spezialisiert. Im selben Gebäude (2. Stock) wie der Bujeon-Markt befindet sich darüber hinaus der größte **Ginseng-Markt** Busans (U 1 Bujeon-dong, Ausgang 5, dann 200 m zu Fuß).

Abends & Nachts

Nach Seoul hat Busan das beste Nachtleben Südkoreas mit mehreren Barvierteln und vielen Kinos. Im und um das Zentrum sind es vor allem Haeundae 해운대, Gwangalli 광안리 und die Gegend um die Kyungsung-Universität (Gyeongseong Daehakgyo 경성대학교), wo sich Ausländer und Einheimische treffen. Ein Vergnügungsviertel besonderer Art ist die 200 m westlich des Hauptbahnhofs gelegene **Choryang Foreigner Street** 1, auch bekannt als Texas Street (U 1 Busan Station, Ausgang 5, 7). Entstanden während des Koreakriegs, ist dies bis heute der Sündenbezirk Busans mit zahllosen Rotlichtbars und gelegentlichen Polizeirazzien.

Party-Atmosphäre ▶ **Thursday Party** 2: Tel. 051 744 66 21, U 2 Haeundae, Ausgang 5, werktags 14–1 Uhr, Wochenende bis 5 Uhr. Westliche Bar mit preisgünstigem Bier – das perfekte Rezept für ein Wochenende, denn die Bar ist regelmäßig gut besucht. Weitere **Filialen** am **Gwangalli-Strand** 7 (U 2 Geumnyeonsan, Gwangan, Ausgang 5) und bei der **Kyungsung-Universität** (U 2 Kyungsung University & Bukyong National University, Ausgang 3) in Namgu. Bier ab ₩ 2500.

Irish Pub und mehr ▶ **The Wolfhound** 3: Tel. 051 746 79 13, www.wolfhoundpub.com, U 2 Haeundae, Ausgang 5, werktags 17–1 Uhr, Wochenende 11–2 Uhr. Seit Dezember 2010 versorgt der Wolfhound die Expat-Gemeinde mit Guinness, Kilkenny, Hoegaarden und sogar Erdinger. Außerdem Salate, Burger und Pasta. Guinness 580 ml für ₩ 8500.

Bar-Diskothek ▶ **Elune** 4: Paradise Hotel 파라다이스호텔, 1408-5 Jungang-dong, Haeundae, Tel. 051 802 05 55, U 2 Haeundae, Ausgang 1, tgl. 20–5 Uhr. Technorhythmen und internationale DJs sollte man mögen, um diesem Club im Keller des luxuriösen Paradise Hotel etwas abzugewinnen. Stimmung kommt erst ab 24 Uhr auf. Cocktails ab ₩ 7000. Eintritt ₩ 20 000 am Wochenende, in der Woche ₩ 10 000.

Rock-'n'-Roll Bar ▶ U2 Bar 5: Tel. 010 43 10 17 18, U 2 Haeundae, Ausgang 1, So–Do 19–3 Uhr, Fr/Sa 19–5 Uhr. Dart und Billard direkt gegenüber dem Novotel Ambassador Hotel. Gelegentlich treten auch Livebands auf. Getränke ab ₩ 3000.

Studentenkneipe ▶ The Basement 6: U 2 Pusan National University, Ausgang 1. Rauchige Höhle im Keller, viele Ausländer, Billard und (mäßiges) Essen. Livemusik am Samstag und sehr beliebt. Bier ₩ 2500.

Für Nostalgiker ▶ Crossroads 7: Tel. 051 515 11 81, U 2 Busan National University, Ausgang 1. Entspannte Bar, die das alte ›Zeug‹ spielt: John Lennon, Janis Joplin and Bob Marley. Samstags Livemusik.

Livejazz ▶ Monk 8: Tel. 051 622 22 12, U 2 Kyungsung and Pukyong University, Ausgang 3, Mo–Sa 18–2 Uhr. Benannt nach dem US-Jazzpianisten Thelonious Monk, war das Monk bei der Eröffnung 1992 Busans erster Jazzschuppen. Voll, wenn Jazz gespielt wird (Di–Sa). Drinks ₩ 4000.

Dance Club ▶ Vinyl Underground 9: Tel. 051 628 02 23, U 2 Kyungsung and Pukyong University, Ausgang 3, Mo–Sa 19–5 Uhr. Tanzclub mit Hip-Hop, Techno und DJs aus Seoul. Viele Studierende. Getränke ₩ 4000.

Kino ▶ Busan ist Heimat von Südkoreas wichtigstem Filmfestival, dem Busan International Film Festival (BIFF, s.Termine), und daher ausreichend mit Kinos versorgt, die auch englischsprachige Filme zeigen. Eines der größten Multiplexkinos, das **Daeyeong Cinema 10**, liegt am BIFF Square in Nampodong (U 1 Jagalchi Station, Ausgang 7). Ein weiteres Großkino ist das **Megabox 11** in Haeundae (www.megabox.co.kr, U 2, Haeundae, Ausgang 1). Wenn das BIFF die Stadt erreicht, werden zusätzliche Kinos für die Vorführungen rekrutiert.

Musik, Theater und Tanz ▶ Busan Cultural Center (Busan Munhwa Hoegwan 부산문화회관 **12**: Tel. 051 625 81 30, culture.busan.go.kr, U 1 Daejeon Station, Ausgang 3, 5. Seit der Eröffnung 1988 ist das Zentrum mit drei Konzerthallen, zwei Galerien sowie einem Amphitheater im Außenbereich Hauptveranstaltungsort für Kunst und Kultur in Busan.

Aktiv

Hop-on-Hof-off ▶ Stadtrundfahrten: www.citytourbusan.com. Busan kann mittels verschiedener Stadtrundfahrten erkundet werden. Alle Touren beginnen am Hauptbahnhof vor dem Arirang Hotel (U 1 Busan Station, Ausgang 8) und kosten ₩ 10 000. Die Haeundae-Tour steuert zwei Strände und den UN-Friedhof an, die Taejeongdae-Tour fährt in den Süden Busans, u. a. zum BIFF Square. Beide Touren starten Di–So 9.30–17 Uhr alle 30 Min. (Dauer 1 Std. 40 Min.) und sind auch als Hop-on-Hop-off-Tour möglich. Darüber hinaus gibt es eine History & Culture Tour (4 Std. 10 Min., 9.20 Uhr), eine Nachttour (Mai–Sept. 19.30 Uhr, Okt.–April 19 Uhr, 2,5 Std.) sowie weitere Thementouren.

Spa ▶ Heosimcheong Spa 허심청 **1:** gegenüber dem Nongshim Hotel (137-3, Oncheon-dong, Dongnae), Tel. 051 550 21 00, www.hotelnongshim.com, U 1 Oncheonjang, Ausgang 1, dann 15 Min. zu Fuß, tgl. 5.30–22 Uhr, ₩ 7900. Dort, wo einst schon die Silla-Könige badeten, entstand mit 4300 m² auf fünf Etagen und bis zu 3000 Besuchern gleichzeitig der größte von heißen Quellen versorgte Spa Asiens. Diverse Bäder (von kalt über lauwarm bis heiß), Schlammbäder, Saunas, Massagen etc. Im 1. Stock des Spa befindet sich das **Hurshimchung Brauhaus,** wo man nach dem Spa ein Weizen oder Dunkel bekommt – eine Seltenheit in Asien.

Wandern ▶ s. Aktiv unterwegs, S. 385.

Termine

Busan International Film Festival (BIFF, Busan Gukje Yeonghwaje 부산국제영화제): www.biff.kr, Okt. Busans berühmtestes Festival (früher PIFF) findet seit 1996 jedes Jahr statt und bietet Filme aus Indonesien ebenso wie aus Südkorea oder Deutschland (z. B. Wim Wenders). Die Karten sind schnell ausverkauft und sollten daher sehr früh, z. B. über das Internet, gebucht werden.

Busan Sea Festival (Busan Bada Chukje 부산바다축제): www.seafestival.co.kr, Aug. Alljährlich findet dieses Fest an den Stadtstränden Haeundae, Gwangalli, Songdo, Dadaepo etc. statt. Konzerte, Salsatanz, aber auch Schönheitswettbewerbe und sogar eine Jobbörse gehören zum Angebot.
Busan International Rock Festival (Busan Gukje Rock Festival 부산국제록페스티벌): www.rockfestival.co.kr, Aug., Samrak-Park, 1,5 km östlich des Gimhae International Airport. Zeitgleich mit dem Sea Festival findet das Rock Festival mit koreanischen und vorwiegend asiatischen Rockbands statt.
Busan Biennale 부산비엔날레: www.busanbiennale.org, meist Sept.–Nov. In jedem geraden Jahr bevölkern Künstler aus Südkorea und anderen Ländern nicht nur das Busan Museum of Modern Art und stellen ihre Werke aus.

Verkehr

Flug: Gimhae International Airport (PUS; Gimhae Gukje Gonghang 김해국제공항), 15 km westlich des Stadtzentrums, Tel. 051 974 31 14, www.gimhaeairport.co.kr. Verbindungen in das gesamte Land und ins Ausland, u. a. auch nach Deutschland (über Seoul). Seit 2011 ist Gimhae über eine Lightrail-Verbindung an das U-Bahn-Netz der Stadt angebunden.
Bahn: www.korail.go.kr (auch in Englisch). Busan ist bestens in das Transportnetz des Landes eingebunden. Dies gilt vor allem für die KTX-Verbindungen (alle 30–45 Min., Fahrzeit unter 3 Std., ₩ 51 800) zwischen dem Hauptbahnhof Busan und Seoul via Daegu und Daejeon. Der Hauptbahnhof Busan (Busan Yeok 부산역) ist an die U 1 Busan Station) angeschlossen. Auch die Saemaul-Züge verkehren zwischen Seoul und Busan (4,5 Std., ₩ 40 000). Vom kleinen Bahnhof Haeundae (Haeundae Yeok 해운대역, U 2 Haeundae) fahren Nahverkehrszüge, z. B. nach Gyeongju. Vom Bahnhof Bujeon (Bujeon Yeok 부전역, U 1 Bujeon-dong, dann 5 Min. zu Fuß) fahren Regionalzüge, u. a. nach Mokpo, Gyeongju, Pohang und mit langsamen Loks nach Seoul.
Bus: Busan verfügt über zwei Busbahnhöfe. Der im Norden gelegene Dongbu-Busbahnhof-Komplex (U 1 Nopodong) besteht eigentlich aus zwei Busbahnhöfen, dem Busan Central (Jungang) Bus Terminal 부산중앙버스터미널 (Tel. 051 508 99 55, www.bxt.co.kr/express_bus.html) für Expressbusse und dem Dongbu Intercity (Sioe) Bus Terminal 동부시외버스터미널 (Tel. 051 508 99 66, dbterminal.co.kr/main.php) für Intercity-Busse mit je eigenem Ticketschalter. Verbindungen bestehen nach Seoul, zum Flughafen Incheon, Gyeongju, Pohang etc. Der Seobu Intercity (Sioe) Bus Terminal 서부시외버스터미널 (Tel. 051 3 22 83-01,- 03, www.busantr.com, U 2 Sasang, Ausgang 1) bedient regionale Ziele, z. B. Tongyeong, Jinju etc. Unbedingt vorab im Hotel klären, von welchem Bus Terminal der gewünschte Bus fährt.
Fähre: Busan hat zwei Fähranleger, die 500 m voneinander entfernt in der Nähe des Zollamts liegen. In den letzten Jahren haben die Fährverbindungen stetig abgenommen. Vom Busan Port International Ferry Terminal (Busanhang Gukje Yeogaek Terminal 국제여객터미널, Tel. 051 463 30 68, www.busanferry.com, U 1 Jungang-dong, Ausgang 12) fahren Schiffe nach Japan. Leider muss die Reservierung bei den meisten Verbindungen in Koreanisch oder Japanisch erfolgen. Vom Busan Port Coastal Ferry Terminal (Busanhang Yeonan Yeogaek Terminal 부산항연안여객터미널, Tel. 051 660 01 17, www.coastalferry.com, U 1 Jungang-dong, Ausgang 1) fahren Boote u. a. nach Geojedo (je nach Zielhafen 1–1,5 Std., ab ₩ 20 000).

Fortbewegung in der Stadt

U-Bahn: Busan hat vier U-Bahn-Linien, mit denen alle wichtigen Orte der Stadt angefahren werden können, ₩ 1100 für kurze, ₩ 1300 für längere Strecken. Tagespässe und aufladbare U-Bahn-Karten (Hanaro Card 하나로카드) sind ebenfalls erhältlich.
Taxi: Taxis gibt es immer und überall in Busan. Mit normalen Taxis kosten die ersten 2 km ₩ 2200, dann ₩ 100/140 m, Nachtaufschlag 20 %. Rote und schwarze Taxis sind teurere Luxustaxis.

Die Südküste bis zum Hallyeo-Meeresnationalpark

In den Süden Südkoreas verschlägt es nicht viele Besucher, aber die wenigen, die kommen, tun dies aus gutem Grund: ein Meerespark mit idyllischen und geschichtsträchtigen Inseln, einige schöne Städtchen sowie der imposante Jirisan-Nationalpark zählen zu den besten Sehenswürdigkeiten Südkoreas.

12 Jinju 진주 ▶ 3, M 14

Eine Stadt wie aus dem Bilderbuch. Jinju bedeutet Perle, und ebenso schön wie der Name ist auch die kleine Stadt (400 000 Einwohner) selbst: Allein für ihre Festung und die Siesta-Atmosphäre lohnt sich ein Besuch.

Die Geschichte Jinjus reicht zurück bis in die Zeit der Drei Königreiche (57 v. Chr. – 668 n. Chr.), bekannt aber wurde die Stadt während der Imjin-Kriege gegen Japan. Damals stand die Stadt zweimal unter Belagerung: 1592 erwehrten sich 3800 Koreaner noch erfolgreich 20 000 japanischer Soldaten, doch 1593 griffen die Japaner mit 40 000 Mann an, nahmen die Stadt ein und zerstörten die Festung. 1862 stand Jinju dann im Mittelpunkt einer Bauernrebellion, die das ganze Land erschütterte und 1893/94 in den sogenannten Donghak-Aufstand mündete, eine weitere Bauernrevolte für Sozialreformen, die 1894/95 zum Japanisch-chinesischen Krieg und 1910 zum Niedergang der Joseon-Dynastie führte. Ab 1895 war Jinju Hauptstadt der Provinz Gyeongsangnam-do, musste diese Ehre aber 1925 an Busan abgeben.

Neben seiner Geschichte ist Jinju bekannt für seine Stierkämpfe und als Ausgangsbasis für Touren in den östlichen Teil des Jirisan-Nationalparks (s. Jirisan-Nationalpark S. 322).

Jinjuseong 진주성

Von den vielen alten Festungen Koreas, die weitgehend zerstört und nur bruchstückhaft wieder aufgebaut wurden, bildet die **Jinju-Festung** eine rühmliche Ausnahme. Schon für die Zeit der Drei Königreiche ist eine Festung an dieser Stelle belegt. 1379 wurde sie massiv zusätzlich befestigt, 1593 dann zwar zer-

stört, aber sukzessive wiederaufgebaut. Heute ist die Jinjuseong eine der besterhaltenen Anlagen ihrer Art in ganz Korea. Die Burg bietet eine beeindruckende Sicht über den Namgang (Südfluss) und einige schöne Wege durch die überschaubare Anlage. Zwischen 1969 und 1984 wurde die komplette Festung restauriert, dabei über 700 Wohnhäuser entfernt und drei der alten Tore renoviert.

Im östlichen Teil der Festung befindet sich das 1364 erbaute **Chokseongnu** 촉석루, zur Zeit der Joseon-Dynastie die Kommandozentrale der koreanischen Streitkräfte. Der schöne Pavillon mit Flussblick wurde im Lauf der Zeit mehrmals schwer in Mitleidenschaft gezogen, zuletzt im Koreakrieg. Im Jahr 1960 restaurierte man ihn wieder, sodass er seine Vorkriegsgröße und Erhabenheit zurückgewann.

In der Nähe des Pavillons steht ein kleiner **Schrein** für Koreas Heldin Nongae, erbaut 1824, von dem ein schmaler Weg zu einem 3,5 x 3,5 m großen Felsen führt, der aus dem Nam-Fluss ragt. Nach der Sage fanden in den Resten der Festung 1593 die japanischen Feierlichkeiten für den Sieg über die koreanischen Truppen statt. Nongae umgarnte einen der japanischen Generäle, führte ihn zu jenem Felsen, umarmte ihn und sprang in die Fluten des Nam-Flusses. Dabei riss sie den japanischen General mit sich, sodass beide ertranken. Das jährliche Nongae Festival erinnert an eine hübsche Patriotin und die 70 000 koreanischen Toten dieses Krieges.

Der kleine **Hoguksa** 호국사 (Das Land Schützender Tempel) am Westtor war Quar-

Im Chokseongnu befand sich in der Joseon-Zeit die Kommandozentrale der Armee

tier einer Armee von Mönchssoldaten, die die Festung 1593 zusammen mit den koreanischen Truppen verteidigten.

Der dem Hoguk-Tempel benachbarte **Changnyeolsa** 창렬사 birgt die Gebeine von 39 Märtyrern, darunter die von General Kim Si-min, der 1592 einen der drei großen Siege Koreas gegen Japan anführte.

Die Burg ist bereits tagsüber sehr sehenswert, spektakulär wird es jedoch nachts, wenn die Tore und das Chokseongnu von Flutlicht angestrahlt werden und die düstere Stille der Mauern die Tragödie reflektiert, die sich hier Ende des 16. Jh. abspielte, als die Anlage von den Japanern überrannt und zerstört wurde (₩ 1000).

Jinju-Nationalmuseum

Gungnip Jinjubangmulgwan 국립진주박물관 Das kleine, 1998 wiedereröffnete Nationalmuseum liegt innerhalb der Mauern der Jinju-Festung. Sein Schwerpunkt liegt auf den Imjin-Kriegen. In einem 3-D-Kino wird ein Remake der ersten Schlacht um Jinju (1592; s. S. 394) gezeigt, die Koreas Truppen unter General Kim Si-min nach sechs Tagen heftigster Kämpfe für sich entschieden. Darüber hinaus sind Keramiken, Kalligrafien und Gemälde zu sehen. Im Außenbereich des Museums findet sich u. a. ein ›mobiler Raketenwerfer‹ (*hwacha* 화차 / 火車; wörtlich: Feuerkarren) aus dem Jahr 1451. Von solchen Kanonen wurden mittels Schwarzpulver bis zu 200 Holzpfeile auf einmal abgefeuert. Der erste *hwacha* wurde in Korea 1409 gebaut (Tel. 055 743 59 51, jinju.museum.go.kr, So, Di–Fr 9–18, Sa, Fei 9–19, letzter Einlass 1 Std. vor Schließung, Eintritt frei, außer bei Sonderausstellungen).

Infos

Touristeninformation: am Nord- und Osttor der Festung, jinju.go.kr, tgl. 9–18 Uhr, sowie im Sacheon-Flughafen. Alle geben englischsprachiges Infomaterial aus.

Übernachten

Bestes Hotel am Platz ▶ Asia Lakeside Hotel (Asia Gangbyeon Hotel 아시아강변호텔): Panmun-dong 1077-7, Tel. 055 746 37-34, -35, www.asiahotel.co.kr. Schickes Boutiquehotel mit *ondol*- und westlichen Räumen, das leider außerhalb der Stadt liegt (20 Min. per Taxi), dafür aber den Aufenthalt mit herrlichem Blick über den Jinyang-See versüßt. DZ ₩ 132 000.

Flussblick ▶ Dongbang Tourist Hotel (Dongbang Gwangwang Hotel 동방관광호텔): 600 m östlich der Jinjuseong, Tel. 055 743 01 31, www.hoteldongbang.com. Die große alte Dame Jinjus bietet in ihren (nicht exzeptionellen) Zimmern viel Platz und ist das beste Hotel in der Innenstadt. Sauna, Nachtclub, mehrere Restaurants und englischsprachiges Personal. DZ ₩ 115 000, Suite ₩ 350 000.

Am Busbahnhof mit Aussicht ▶ Lotte Motel 롯데모텔: Okbong-dong 808-18, Tel. 055 741 48 86, 055 741 48 88. Das Lotte sieht von außen wie ein normales Apartment-Haus aus. Innen besitzt es moderne Zimmer, die allerdings teils Größe vermissen lassen. Mit Blick über den Fluss (nicht alle Zimmer) und sauber. DZ ₩ 35 000.

Essen & Trinken

Aal ▶ Yujeongjangeo 유정장어: gegenüber dem Osttor der Festung, Tel. 055 746 92 35, www.youjung.net, tgl. 10–23 Uhr. In dieser Gegend findet sich eine ganze Reihe von Restaurants, deren Spezialität Aal ist. Das Yujeongjangeo ist eines der besten unter ihnen. Das Haus erkennt man an seiner reich ornamentierten Fassade. Englischsprachige Karte. Suppe ₩ 4000, Aal ab ₩ 18 000.

Italienisch ▶ Zio Ricco 지오리코: 3-19 Dongseong-dong, Tel. 055 741 77 76. Beliebt bei Jinjus kleiner Ausländergemeinde. In dem efeuüberwachsenen Eckhaus wird jeden Samstagabend Livemusik gespielt. Gerichte ab ₩ 9000.

Zwischenmahlzeit in der Festung ▶ In der **Jinjuseong** gibt es einige **kleine Restaurants,** die mit preiswerten Nudelgerichten und leckerem *bibimbap* für etwa ₩ 5000 eine Stärkung bieten. Ein ruhiger Ort für eine Verschnaufpause nach einem Rundgang durch die Festung.

Einkaufen

Souvenirs ▶ Vom Nordeingang der Jinjuseong bis zum Hoguk-Tempel zieht sich außerhalb der Festung über mehrere hundert Meter die **Insadong Antique Street** mit Geschäften für Keramik, Steinfiguren, Holzschnitzereien, Silberarbeiten etc.

Termine

Nongae Festival: www.jinjunongae.com, Mai. Ein Fest für die koreanische Patriotin Nongae und ihr Selbstmordattentat auf einen japanischen General. Höhepunkte sind Tänze und ein nächtliches Bühnenspektakel, das die japanische Invasion, den ›Gang zum Felsen‹ und Nongaes Sprung (s. S. 395) erzählt.
Jinju Namgang Lantern Festival (Jinju Namgang Yudeung Chukje 진주남강유등축제): www.yudeung.com, Anfang Okt. Seit 1949 das Festival in Jinju, veranstaltet in Erinnerung an den Sieg Koreas über Japan 1592. In der Stadt werden Laternen/Lampions aufgehängt, in den Himmel steigen oder im Namgang treiben gelassen. Feuerwerk, Tanz und historisches Theater. Das Festival firmiert auch als **Gaecheon Art Festival** (Gaecheon Yesulje 개천예술제).
Stierkämpfe: Während des Laternenfestivals findet auch Koreas einziger Stierkampfwettbewerb statt. Hier tritt kein Torero gegen einen Stier an, sondern zwei Stiere kämpfen gegeneinander, wobei keines der Tiere stirbt. Zusätzlich finden Stierkämpfe jeden Samstag im Jinyangho Lake Park neben dem Asia Lakeside Hotel (s. S. 396) statt.

Verkehr

Flug: Der Flughafen Jinju bzw. Sacheon (Sacheon Gonghang 사천공항, www.airport.co.kr/doc/sacheon_eng) liegt 20 km von Jinju entfernt und wird mehrmals täglich von Seoul aus angeflogen. Stadtbusse fahren in 30 Min. zum/ab Jinju Intercity Bus Terminal.
Bahn: Der Bahnhof (Jinju Yeok 진주역) sieht wenig Verkehr, allerdings gibt es mehrere Züge pro Tag von/nach Seoul (4 Std.) und Busan (3 Std.).
Bus: Der Intercity (Sioe) Bus Terminal 진주시외버스터미널 (www.jinjuterminal.kr) für Busse ab/nach Busan (1,5 Std.) und zu weiteren Städten liegt 500 m östlich der Festung unweit des Namgang (Südfluss). Etwa 1 km südlich des Flusses in der Nähe des Bahnhofs befindet sich der Express (Gosok) Bus Terminal 진주고속버스터미널 mit Verbindungen nach Seoul (4 Std.), Gwangju (2,5 Std.), Daejeon (2 Std.) etc.

Östlicher Jirisan-Nationalpark: s. S. 322

Hallyeo-Meeresnationalpark ▶ 3, N/O 16

Hallyeo Haesang Gungnip Gongwon
한려해상국립공원
Gyeongsangnam-dos Süden ist eine Erholung für diejenigen, die der Tempel, Berge, Hügelgräber und Wanderwege Südkoreas überdrüssig sind. Hier ist das Leben maritim geprägt und die Küste übersät mit Inseln, von denen viele wie Muscheln im Sand im Hallyeo-Meerespark liegen. Der Held dieser koreanischen ›Südsee-Inseln‹ ist Admiral Yi Sun-sin, Erfinder der Schildkrötenschiffe, mit denen er im 16. Jh. den japanischen Eroberungsgelüsten ein Ende setzte (s. S. 327). Seine Operationsbasis lag in der Inselwelt vor Tongyeong, ein verschlafener Seehafen und das vielleicht schönste Küstenstädtchen Südkoreas, von dem aus sich leicht Abstecher in den Meerespark organisieren lassen – mit über 400 größeren und kleineren Inseln einer von drei maritimen Nationalparks des Landes.

Während fast alle Inseln des Meeresnationalparks nur per Boot angefahren werden können, ist Geojedo, die zweitgrößte Insel Südkoreas, zusätzlich durch zwei Brücken mit dem Festland verbunden. Geojedo ist ein typischer koreanischer Zwitter: Im Norden und Osten der Insel stehen zwei riesige Werften, während die Natur auf der übrigen Insel mit schönen Stränden, Klippen und Wäldern aufwartet.

Tongyeong

Sehenswert

1 Gangguan
2 Uferpromenade
3 Fischhalle
4 Schildkrötenschiff
5 Jungang-Fischmarkt
6 Unterwassertunnel
7 Mireuksan
8 Chungyeolsa
9 Sebyeonggwan
10 Heimatmuseum von Tongyeong

Übernachten

1 Motel Shilla

Essen & Trinken

1 Ddungbo Halmae Gimbap

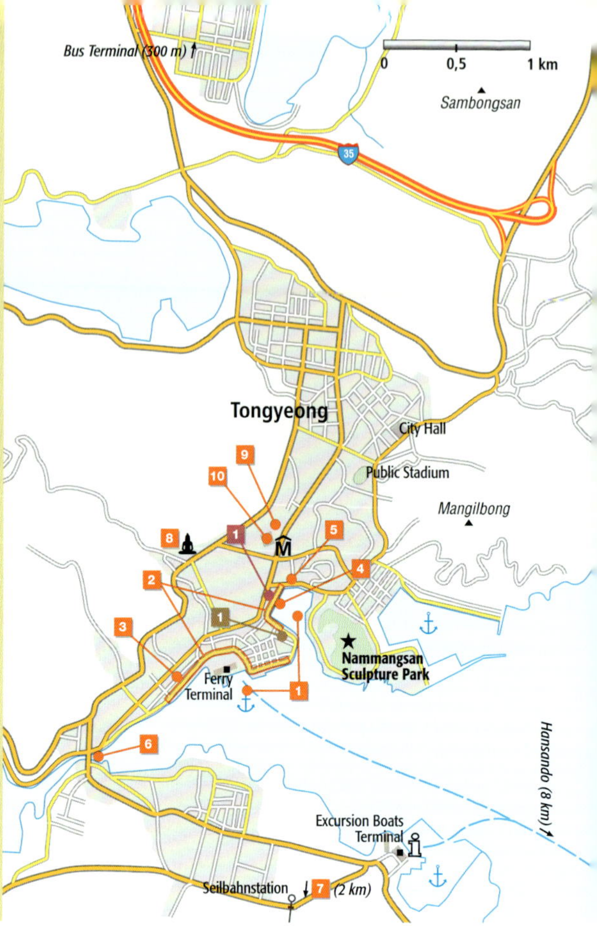

Tongyeong 통영 ► 3, N 15

Cityplan: oben

Unberührt von Touristen hat es diese verschlafene Hafenstadt am Rand des Meeresnationalparks geschafft, ihren Dornröschenschlaf ungeachtet ihrer schönen Lage bis heute fortzusetzen. Tongyeong bedeutet Kommandoposten, eine Reverenz an Yi Sunsin, der von der nahe gelegenen Hansan-Insel seine Flotte befehligte.

Das 140 000-Einwohner-Städtchen wird dominiert von seinem zentral gelegenen Hafen **Gangguan** 강구안 1. Er ist an drei Seiten von Land geschützt und seine südliche Ausfahrt ließ sich durch zahlreiche Inseln einfach gegen allzu penetrante Invasoren verteidigen. Dieser sichere Hafen förderte zusammen mit der warmen Kuroshio-Strömung des Japanischen Meeres und dem damit verbundenen Fischreichtum Tongyeongs Aufstieg zum blühenden Fischerdorf. Meeresspezialitäten prägen bis heute das Bild im Hafenviertel – zwei Fischmärkte gehören ebenso dazu wie Fischrestaurants und eine lange **Uferpromenade** 2**,** die zu zwei Spaziergängen einlädt. Der Charme des südlichen Teiles dieses Boulevards ist allerdings eher rustikal, denn er dient als Anlegestelle für Fischkutter, Be- und Entladezone und in seinem südlichsten Abschnitt als Werft. Südwestlich des Ferry Terminal lockt eine offene **Fischhalle** 3 mit ursprünglichen Gerüchen und einem Allerlei nicht immer eindeutig zu identifizierenden Gewimmels in Wasserbecken. In dem kleinen Hafenbecken im Norden liegt der Nachbau eines der **Schildkrötenschiffe** 4 Yi Sun-sins vor Anker, und der **Jungang-Fischmarkt** 5 wartet hier auf Kundschaft.

Weiter im Westen des Hafens, in Richtung der großen Brücke, befindet sich ein **Unterwassertunnel** 6. Die Japaner gruben diesen vermutlich ersten Fahrzeugtunnel Asiens Ende der 1920er-Jahre. Heute dürfen nur noch Fußgänger den 5 m breiten und 4 m hohen Schacht benutzen – der bei aller historischen Bedeutung leider nur ein schlichter Betontunnel ist.

Im Süden auf der Mireukdo, einem Stadtteil Tongyeongs, der über eine Brücke mit dem Festland verbunden ist, erhebt sich der **Mireuksan** 미륵산 7 über Tongyeong. Der Berg ist mit nur 461 m kein Riese wie die muskulösen Gipfel der Nationalparks Seoraksan oder Jirisan, aber mit seinem dichten Baumbestand, Tempeln und dem gigantischen 360-Grad-Blick über die Tongyeong-Bucht und den Inselkosmos des Hallyeo-Nationalparks lohnt er einen Besuch. Sportliche Wanderer können den Gipfel zu Fuß erobern, doch es führt auch eine **Seilbahn** – mit fast 2 km die längste in Korea – hinauf (www.ttdc.co.kr, tgl. März, Sept. 9.30–18, April–Aug. 9.30–19, Okt.–Febr. 9.30–17 Uhr, ₩ 9000 hin und zurück). Der Weg zurück allerdings eignet sich gut für einen fast zweistündigen Spaziergang vom Gipfel hinab auf Meereshöhe. Der Weg ist ausgeschildert und führt bis in die Nähe des alten japanischen Unterwassertunnels.

Wer sich darüber hinaus noch ein wenig in der Stadt umsehen möchte, kann mit dem Chungyeolsa und der Sebyeonggwan noch zwei mit Admiral Yi Sun-sin verbundene Stätten besuchen. Der **Chungyeolsa** 충열사 8 ist eine dem Admiral gewidmete Schreinanlage (₩ 1000). Nur fünf Fußminuten entfernt steht mit der **Sebyeonggwan** 세병관 9 aus dem Jahr 1605 ein Relikt des letzten Marinekommandozentrums des Admirals, das von seinen Nachfolgern bis 1896 genutzt wurde. Die Halle ist der drittgrößte historische Holzbau des Landes (₩ 200). Ein paar Meter weiter präsentiert das **Heimatmuseum von Tongyeong** 10 Artefakte zur Geschichte und Folklore der Region (Tongyeongsi Hyangtoyeoksagwan 통영시향토역사관, history.tongyeong.go.kr/ty/history, Di–So März–Okt. 9–18, Nov.–Febr. 9–17 Uhr, Eintritt frei).

Infos

Touristeninformation: außerhalb des Bus Terminal (Tel. 055 650 57 35, tgl. 9–18 Uhr) und am Excursion Ferry Terminal im Hafen Gangguan (Tel. 055 644 72 00, tgl. 9–18 Uhr), www.tongyeong.go.kr. Beide können mit brauchbaren Karten in Englisch aufwarten, aber unbrauchbarem Englisch der Angestellten. Daher sollte man für Infos besser die zentrale **Touristen-Hotline** kontaktieren (Tel. 055 13 30).

Übernachten

In der Nähe des Hafens Gangguan sind einige Motels zu finden, die alle zwei Dinge gemeinsam haben: Sie sind preiswert und für geschmackssensible Gemüter nur eingeschränkt empfehlenswert.

Zentral gelegen und sauber ▶ **Motel Shilla** 모텔신라 1: Hangnam-dong 139-1, Tel. 055 643 33-61, -62, xn--oi2b43dm1j3rp.kr. Weiße oder schwarze Möbel, rote Couch, und das alles gepaart mit braunen Linoleum-Böden gehört zur Charme-Offensive dieses sauberen Motels. DZ ₩ 40 000.

Essen & Trinken

Wie bei den Übernachtungen spielt die Musik auch in Sachen Nahrung am Hafen Gangguan. Tongyeongs Spezialität ist *chungmu gimbap* 충무 김밥, eine mit Reis gefüllte Seetang-Rolle, die an der **Uferpromenade** 2 Gangguans fast überall zu bekommen ist.

Preiswertes Einheitsgericht ▶ **Ddungbo Halmae Gimbap** 뚱보 할매 김밥 1: Jungang-dong 129-3, Tel. 055 645 26 19, tgl. 6–24 Uhr. Hier begann alles: Wenn Tongyeong der Geburtsort von *chungmu gimbap* ist, dann ist das Ddungbo der Kreißsaal. Andere Speisen außer dem überaus zuverlässigen Sattmacher gibt es nicht. Wer die Hockerei im Schneidersitz auf dem Boden leid ist, kann

Tipp: Bootsauflug

Ebenso beeindruckend wie ein Blick vom Mireuksan über den Hallyeo-Nationalpark ist ein **Bootsausflug** zu einer oder sogar mehreren der Inseln des Meeresparks. Die meisten Inseln sind leicht mit den regelmäßig fahrenden Booten zu erreichen, die häufig auf einem Rundkurs mehrere Inseln ansteuern und dabei (meist) ausreichend Zeit für eine Besichtigung lassen, bevor es weitergeht.

aufatmen: Hier sitzt man auf echten Stühlen. *Chungmu gimbap* ₩ 4500.

Termine

Tongyeong International Music Festival (Tongyeong Gukje Eumakje 통영국제음악제): www.timf.org, im Frühjahr und Herbst. Konzerte mit klassischer Musik sind der Schwerpunkt des Festivals, das zur Erinnerung an Yun Isang (1917–95) stattfindet, einen der bekanntesten koreanischstämmigen Komponisten. Aus Tongyeong gebürtig, nahm er 1971 die deutsche Staatsbürgerschaft an und lehrte 15 Jahre an der Universität der Künste in Berlin. Die Termine wechseln jährlich, daher vorab die Website konsultieren.

Battle of Hansan Festival (Tongyeong Hansan Daecheop Chukje 통영한산대첩축제): www.hsdf.or.kr, Aug. Seit den 1960er-Jahren alljährlich stattfindendes Festival. An fünf Tagen wird mit Umzügen durch die Stadt an die große Schlacht Yi Sun-sins erinnert, die Korea seine Unabhängigkeit bewahrte.

Verkehr

Tongyeong verfügt weder über Bahnhof noch Flughafen, hat aber eine gute Busanbindung an den Rest Südkoreas.

Bus: Der Tongyeong Jonghap Bus Terminal 통영종합버스터미널 liegt im Norden der Stadt. Zahlreiche Verbindungen bestehen tgl. ab Seoul Express Bus Terminal (4 Std.), Busan (1,5 Std., ₩ 10 800) oder Jinju (1,5 Std.).

Fähre: Tongyeong hat zwei Passagierhäfen, den Ferry Terminal (Yeogakseon Terminal 여객선터미널) in Gangguan und den Excursion Boats Terminal (Yuramseon Terminal 유람선터미널), von denen Schiffe im Linienverkehr zu mehreren Dutzend Inseln im Hallyeo-Meeresnationalpark fahren. Welche Fähre ab welchem Hafen fährt, sollte an der Touristeninformation erfragt oder kann auf der Internetseite Tongyeongs abgerufen werden (www.tongyeong.go.kr).

Fortbewegung in der Stadt

Bus: Die Buslinien 101, 121, 141 fahren ab Bus Terminal zum Hafen Gangguan und weiter zur Seilbahn und zum Excursion Ferry Terminal.

Hansando 한산도 ► 3, N 16

Treffender als der Name Hansando wäre Yi Sun-sindo (Insel Yi Sun-sins), denn auf der 20 Schiffsminuten südöstlich von Tongyeong entfernten Insel Hansan dreht sich alles um Koreas berühmten Admiral, der hier seinen Stützpunkt hatte und während der japanischen Invasion Koreas ab 1592 trotz seiner zahlenmäßig stark unterlegenen Flotte die Oberhand über die Japaner behielt. Yi Sun-sin nutzte geschickt Topografie, Wind und Meeresströmungen, besiegte den anrückenden japanischen Schiffsverband und brachte damit die entscheidende Wende zugunsten Koreas. Yi Sun-sin hatte damit einen ebenso gewaltigen Sieg errungen wie wenige Jahre zuvor in Europa die Engländer unter Charles Howard gegen die spanische Armada. Yi Sun-sin selbst erlebte den endgültigen Sieg seines Landes (mit Unterstützung Chinas) über Japan nicht mehr – in einer der letzten Gefechte des Krieges wurde er tödlich verwundet. Heute zählt die Schlacht von Hansan zu einer der wichtigsten in der Geschichte Ostasiens, denn durch die Niederlage hatte Korea seine Freiheit bewahrt, und Japan musste seinen ursprünglichen Plan aufgeben, nach der Invasion Koreas China zu erobern.

Die restaurierten Gebäude des einstigen **Hauptquartiers der koreanischen Flotte** sind über einen kurzen Weg von der Anlegestelle der Ausflugsboote erreichbar und liegen in einer ruhigen Bucht auf einer Anhöhe im Norden Hansandos. Das Areal beherbergt den Schrein Yi Sun-sins, sein Porträt, Verteidigungsanlagen und ein Gebäude mit Beschreibungen der berühmten Schlacht. In der Einfahrt zu der Bucht liegt eine kleine, nur wenige Quadratmeter große Insel, auf der ein Nachbau eines **Schildkrötenschiffs** (s. S. 327) steht (tgl. 9–18 Uhr, ₩ 1000).

Verkehr

Boot: Zur Insel fahren in 15 Min. Boote ab Tongyeong Excursion Boats Terminal sowie in 20 Min. ab Tongyeong Ferry Terminal (s. S. 400). Die Boote ab Excursion Boats Terminal warten ca. 1,5 Std. auf Hansando, bevor sie nach Tongyeong zurückkehren, was ausreichend Zeit für den Besuch des einstigen Flottenstützpunkts Yi Sun-sins lässt.

Geojedo 거제도 ► 3, N/O 15/16

Mit seinem azurblauen Wasser und einer Südküste, die Teil des Hallyeo-Meeresnationalparks ist, hat Geojedo viele Merkmale, die einen Touristenmagneten ausmachen. Dazu gehören idyllische Sand- und Kieselstrände, dichte Wälder und wilde Küstenstreifen, die sich auf der Insel wie Regenbogenfarben abwechseln. Trotzdem sind ausländische Besucher auf der zweitgrößten Insel Südkoreas (nach Jejudo) nur spärlich zu finden, denn die meisten Reisenden verbinden mit Geojedo Südkoreas Schiffsbauindustrie – Samsung Heavy Industries und Daewoo schweißen hier am Fließband ein Viertel des weltweiten Bedarfs an Containerschiffen zusammen. Ohne diese beiden Hauptarbeitgeber wäre die Insel noch immer ein ruhiger Außenposten am südlichen Zipfel der koreanischen Halbinsel.

Die Attraktionen Geojedos liegen fast alle außerhalb der Inselhauptstadt **Gohyeon** 고현, sodass diese wenige Besucher anzieht. Die in der Nähe liegende Samsung-Werft hat die Stadt fest in ihrem Griff, allerdings gibt es mit dem **Gefangenenlager Geoje** (Geojoe POW Camp/Geojedo Porosuyongso 거제도 포로수용소) einen nicht alltäglichen Grund für einen Kurzaufenthalt. Dieses riesige Gefangenenlager, das so gar nicht auf die schöne und friedfertige Insel passen will, wurde von den US-Truppen während des Koreakriegs betrieben. Bis zu 173 000 chinesische und nordkoreanische Gefangene waren hier gleichzeitig inhaftiert, was fast der gesamten heutigen Bevölkerung der Insel entspricht. Das ehemalige Camp wurde mit dem Waffenstillstand 1953 geschlossen, und die Internierten konnten sich aussuchen, in welches Land sie ausreisen wollten – Nordkoreaner entweder nach Nord- oder Südkorea und Chinesen entweder in die Volksrepublik China oder nach Taiwan. Das Lager ist teilweise restauriert, sodass sich ein lebendiger Eindruck der damaligen Haftbedingungen bietet, der durch das ausgestellte Waffenarsenal mit Panzern, Haubitzen, Hubschraubern und weiterem Gerät noch bedrohlicher wird. Das 1997 als ›Park‹ wiedereröffnete Gelände ist mit einer **Ausstellungshalle** ausgestattet, in der auch ein Modell des damaligen Camps zu sehen ist. Mit den Exponaten wird versucht, verschiedene Aspekte des Koreakriegs zu beleuchten. Viele der Erläuterungen sind leider nur in Koreanisch, was den Besuchswert für ausländische Gäste deutlich mindert, auch wenn viele der Videos, Fotos und Exponate für sich sprechen. Das einstige Lager liegt 1,5 km vom Stadtzentrum bzw. dem Busbahnhof Gohyeons entfernt (Nov.–Febr. 9–17 Uhr, März–Okt. 9–18 Uhr, ₩ 3000).

Im Nordosten Geojedos steht das **Geburtshaus von Präsident Kim Young-sams** (Gim Yeong-sam Daetongnyeong Saengga김영삼대통령생가), das in ein kleines Museum umgewandelt wurde. Der ehemalige südkoreanische Präsident, der erste demokratisch gewählte und nichtmilitärische Führer, regierte das Land von 1993 bis 1998.

Bekannter noch ist Geojedo allerdings als der Ort, an dem Yi Sun-sin 1592 seinen ersten Sieg über die japanische Armada erzielte – geschehen in der Bucht vor Okpo, wo heute Daewoos gigantische Werft steht. Heute erinnert der **Okpo Daecheop Memorial Park** (Okpo Daecheop Ginyeom Gongwon 옥포대첩기념공원) an diese militärische Meisterleistung.

Die Südküste bis zum Hallyeo-Meeresnationalpark

Unter den gut besuchten Stränden Geojedos haben südkoreanische Sonnenanbeter den **Hakdong Mongdol Beach** (Hakdong-Kieselstein-Strand/Hakdong Heukjinju Mongdol Haebyeon학동흑진주몽돌해변) zu ihrem Favoriten auserkoren. Der Strand im Südosten der Insel ist nicht mit Sand, sondern mit feinen schwarzen Kieselsteinen bedeckt und bietet im Sommer ein Schauspiel koreanischen Soziallebens. Familien, Pärchen und Einzelgänger (selten) entspannen sich hier und kämpfen um die besten Sonnenschirmplätze. Trotz seiner 1,2 km Länge kann Hakdong im Juli und August den Ansturm der gestressten Großstädter kaum bewältigen. In Strandnähe gibt es Restaurants, und von hier fahren Boote nach Haegeumgang und Oedo.

Die kleine Insel **Oedo** 외도 ist ein einziger botanischer Garten. Botaniker und Liebhaber herrschaftlicher Gärten werden die Blumenarrangements lieben, die mit ihren geraden Linien und Flächen, exotischen Pflanzen und dem Statuenpark an österreichische und französische königlich-kaiserliche Lustgärten erinnern. Lee Chang-ho (Yi/I Chang-ho 이창호) gründete den Garten 1969 und erweiterte ihn in den folgenden 30 Jahren. Pflanzen aus aller Welt sind hier zu finden, insgesamt angeblich über 3000 verschiedene Arten. Die Insel liegt 4 km vor Geojedos südöstlicher Küste, ist umgeben von einer Felsenküste und in 1,5 Stunden zu durchlaufen. Gegen die Strömung des jährlich über eine Million starken Besucherandrangs dauert es doppelt so lange. Boote fahren von mehreren Stellen Geojedos, u. a. Jangseungpo, Hakdong oder Haegeumgang (www.oedobotania.com, tgl. 8–17 Uhr, ₩ 8000).

Der Süden Geojedos gehört zum **Hallyeo-Meeresnationalpark** und darin befindet sich ein rarer Edelstein, der auch so heißt: Seediamant, **Haegeumgang** 해금강. Das Wort *hae* (See, Meer) vor *geumgang* (Diamant) bedeutet, dass dies die maritime Variante des berühmten Diamantgebirges (Geumgangsan) in Nordkorea ist (s. S. 209). Für Koreaner ist Geumgangsan wie eine Pilgerfahrt nach Mekka – einmal im Leben muss man die Reise zum Diamantengebirge gemacht haben. Da die Bergkette für viele unerreichbar in Nordkorea liegt, ist der deutlich kleinere Haegeumgang eine naheliegende Alternative – und nicht die schlechteste! Der Seediamant liegt etwa 500 m östlich vor Geojedo, besteht aus majestätisch aus der blauen See emporschießenden Felsformationen, die Kronen tragen aus Kiefern und Kamelien oder einfach nur nackt und kerzengerade im Meer stehen. Die Felsen sind äußerst fotogen, vor allem bei Sonnenauf- und -untergang oder wenn der Morgennebel aufzieht. Mit genügend Fantasie kann man sich dann vorstellen, vor den Diamantbergen im fernen Nordkorea zu stehen. Die Inseln lassen sich trockenen Fußes sehen, indem man vom Dorf **Dojangpo** 도장포 über einen 2 km langen Wanderweg läuft, der vorbei an einem kleinen Schrein zu einem **Aussichtspunkt** führt, von dem sich ein guter Blick auf Haegeumgang eröffnet. Um eine nähere Sicht auf die dramatischen Felsen zu erhalten, kann man alternativ von mehreren Punkten Geojedos ein Ausflugsboot besteigen (Ausflugsboote ab Dojangpo, Hakdong, Jangseungpo und weiteren Anlegern auf Geojedo. Selbst von Tongyeong und Busan steuern Boote die Felsen an, dann allerdings mit zeitfressenden Zwischenstopps an anderen Inseln; Hallyeo-Meeresnationalpark ₩ 1600).

Infos

www.geoje.go.kr, www.geoje-island.com: Auf Geojedo gibt es keine Touristeninformation, dafür bieten diese beiden Internetseiten gute Infos.

Übernachten

Fein und entspannt ▶ Samsung Hotel 삼성호텔: Jangpyeong-dong 444-1, Tel. 055 631 21 14, www.sghotel.co.kr. Businesshotel für Besucher der nahe gelegenen Werft und zugleich die mit weitem Abstand beste Unterkunft der Insel, wenngleich überteuert. Alle Finessen der modernen Hotellerie: Swimmingpool, Bar, Restaurant und Bäckerei. DZ ab ₩ 260 000, mit Meerblick ₩ 290 000.

Zimmer mit Ausblick ▶ Palm Tree Pension 팜트리펜션: Tel. 011 552 92 67, www.palm-tree.co.kr, nordöstlich des Hakdong

Die Geogadaegyo-Brücke verbindet Geojedo mit dem Festland

Mongdol Beach. Schönes kleines Hotel im Stil einer spanischen Villa mit Balkons und Meerblick. DZ ab ₩ 60 000.

Jugendherberge ▸ Geoje Haewanaru Youth Hostel 거제해화나루유스호스텔: Yeoncho-myeon Obi-ri 176-1, Tel. 055 637 49 60, www.geojesea.com. Die 2006 eröffnete moderne Herberge ist mit ihrer Lage im nördlichen Teil der Inselhauptstadt Gohyeon ideales Basislager. Spektakuläre Aussicht auf die See und Zimmer für 2, 4 oder auch 10 Gäste. DZ ₩ 40 000.

Essen & Trinken

In Gohyeon befinden sich einige Restaurants in der Nähe des Intercity Bus Terminal. Für Fischfreunde ist der Hakdong Mongdol Beach am besten geeignet. Geojedo ist bekannt für *meonggae bibimbap* (멍게 비빔밥, *bibimbap* mit Seescheide), das in den Restaurants der ganzen Insel serviert wird.

Spezialität Geojedos ▸ Baek Man Seok 백만석: Sangdong-ri 960, Tel. 055 638 33 00, www.geojebms.com, tgl. 10–22 Uhr. Schnelle Bedienung und günstige Preise heben das Restaurant auf das Serviceniveau US-amerikanischer Fast-Food-Ketten. Spezialisiert auf *meonggae bibimbap* und praktisch gelegen gegenüber dem Gefangenenlager Geoje. Englische Karte. *Meonggae bibimbap* ₩ 10 000.

Verkehr

Fähre: Ab Busan Port Coastal Ferry Terminal (s. S. 393) fahren Schiffe zum Fährhafen Geojedos (Jangseungpo).

Bus: Ab Tongyeong fahren Busse nach Gohyeon. Ab Gohyeon Intercity Bus Terminal oder ab Jangseungpo verkehren regelmäßig Busse zum Hakdong Mongdol Beach.

Taxi: Wegen mangelnder Busverbindungen sind Besucher oft auf ein Taxi angewiesen.

Im Süden Jejudos ragt der Oedolgae aus dem Meer

Kapitel 6

Die Insel Jeju – Jejudo

Im Südwesten Koreas liegt Jejudo, Ferienparadies, Flitterwochenziel und größte Insel des Landes, die prall gefüllt ist mit Stränden, Vulkankratern und Naturschönheiten. Nur eine Flugstunde trennt Jeju von Seoul, und doch betritt man eine andere Welt. Insel der Götter und Koreas Hawaii – Jejudo eilen große Überschriften voraus, die alle einen Kern Wahrheit enthalten. Seine subtropische Anmut mit Palmen, dem höchsten Berg Südkoreas, einer der weltgrößten Lavahöhlen und guten Tauchmöglichkeiten machen aus der Insel ein kleines Bali mit dem Organisationsgrad Japans.

Lange sah es keineswegs so aus, als ob sich Jejudo zu einer prosperierenden Insel entwickeln würde. In der Anfangszeit der Joseon Dynastie (1392–1910) fristete die Insel ein Dasein als Zwangsexil für in Ungnade gefallene Staatsbedienstete, die in der Sozialhierarchie hoch genug angesiedelt waren, dass man sie nicht einen Kopf kürzer machte. Bis Mitte des 20. Jh. schlummerte die Insel vor sich hin und blieb sich selbst überlassen.

Der Wandel begann erst mit dem Eintritt Südkoreas in das Industriezeitalter. Auf Ackerland entstanden Golfplätze, an ruhigen Küstenabschnitten Hotels, und die berühmten Taucherinnen von Jeju arbeiten nun in Restaurants und Lebensmittelläden. Von einem Provinzaußenposten hat sich Jejudo in den letzten Jahrzehnten zu einer Ferienhochburg entwickelt, wurde dadurch kommerzieller, ohne seine Lebensfreude als subtropischer Fluchtpunkt zu verlieren. Nicht umsonst erhielt die Insel mit ihrer spektakulären Landschaft und ihren Lavahöhlen 2007 den Status als UNESCO-Welterbe – noch ein Grund, sie auf keinen Fall zu verpassen.

Auf einen Blick

Die Insel Jeju – Jejudo

Sehenswert

13 **Manjanggul:** Die weltlängste Lavahöhle, die sich unter der Oberfläche Jejus windet wie der Bau einer prähistorischen Riesenschlange, ist ein einmaliges Phänomen (s. S. 424).

14 **Marado:** Diese kleine Insel im Süden Südkoreas ist ein wenig skurril. Hier gibt es Felsen, Gras, Kühe, 90 menschliche Bewohner und ein Schokoladenmuseum (s. S. 442).

15 **Hallim-Park:** Eine herrliche Parkanlage, die alle Sehenswürdigkeiten Jejus an einem Fleck vereint – einen botanischen Garten mit Bonsais, subtropischen Pflanzen und einen Wassergarten sowie ein Vogelgehege und zwei Felsenhöhlen (s. S. 445).

Schöne Routen

Auf den Seongsan Ilchulbong: Der Sonnenaufgangsgipfel *(Ilchulbong)* liegt direkt am Meer, ist in nur 20 Min. erklommen und wird seinem Namen mehr als gerecht, denn der erloschene Vulkan ist berühmt für den schönsten Sonnenaufgang Jejus (s. S. 425).

Tour um Udo: 17 km Küstenstraße um die Vulkaninsel führen zu Fuß, mit dem Fahrrad oder dem Bus vorbei an zwei Leuchttürmen, dem einzigen Korallenstrand Jejus und einer ›Tauchbasis‹ der *haenyeo,* Jejus berühmten Taucherinnen (s. S. 428).

Meine Tipps

Strändo: Von gut besucht bis ruhig und wild – Jejudos Strände zählen mit ihrem weißen Sand und seichtem Wasser zu den besten in Südkorea. Gerade im rauen Westen und Osten der Insel warten einige Küstenparadiese wie der Gwakji-Strand auf Entdecker und Sandburgenbauer (s. S. 418).

Jeju Loveland: Die erotischen Fantasien in diesem Park sind zwar eher akrobatisch als anatomisch korrekt, aber für Koreaner eine Revolution und selbst für abgebrühte Westler manchmal irritierend-amüsant (s. S. 420).

Seongeup Folk Village: Die einstige ›Hauptstadt‹ Jejus ist ein bewohntes Freilichtmuseum mit über 300 traditionellen Häusern, einem über 1000 Jahre alten Baum und einigen *dolharubang,* großen Steinfiguren wie auf den Osterinseln (s. S. 430).

aktiv unterwegs

Mit dem Fahrrad entlang dem Highway 97: Für Aktive mit Ausdauer führt die herrliche Tour durch das Herz der Insel vorbei an einem riesigen Vulkanschlund und zwei alten Dörfern zu einem großen Strand, wo man sich erholen kann (s. S. 414).

Auf dem Seongpanak Trail zum Hallasan-Krater: Der Aufstieg auf Südkoreas höchsten Berg (1950 m) ist die beste Wanderung, die Jejudo bietet, mit Panoramablick über die Insel und der Chance, auf dem Weg zum Gipfel ein Reh oder Dachse zu sehen (s. S. 422).

Tauchen in Seogwipo: Mit seiner Mischung aus Korallen, tropischen Fischen und Kelbwäldern ist die Unterwasserwelt im Süden Jejudos die vielfältigste in Korea und ein unentdecktes Tauchparadies, das auch für Anfänger leicht zu ergründen ist (s. S. 437).

Jeju-si und Umgebung

Jeju-si, die Hauptstadt Jejudos, liegt in der Mitte der Nordküste, hat den einzigen Flughafen der Insel und beherbergt mit 300 000 Einwohnern die Hälfte der Inselbevölkerung – im Winter, denn im Sommer strömen unzählige Touristen auf die Insel. Die Stadt liegt ideal, um in Tagesausflügen alle Attraktionen der Insel zu entdecken.

Jeju-si 제주시 ▶ 4, D/E 1/2

Cityplan: S. 410
Ob man will oder nicht – jeder Besucher Jejudos 제주도 wird unweigerlich die Stadt ansteuern, denn Jeju-si hat als einziger Ort der Insel Fähr- und Flugverbindungen zum koreanischen Festland. Die Stadt liegt wie die gesamte Insel in den Subtropen, sodass die Durchschnittstemperaturen zwar bei angenehmen 15 °C im Jahr liegen, im Winter jedoch auf empfindlich kühle 5 °C sinken können. Doch selbst in der kälteren Jahreszeit versöhnt Jejus Traumlage: im Vordergrund das Meer und im Hintergrund der alles überragende Hallasan-Vulkan – einzig ein passabler Stadtstrand und eine ›echte‹ Altstadt fehlen für das perfekte Bild.

Der Name Jeju führt meist zu Verwirrung, denn so heißen auch die Provinz und die Insel selbst. Hier die exakte Differenzierung: Jeju-do ist die Bezeichnung für die Provinz, deren Hauptlandmasse die Insel Jejudo ist (ohne Bindestrich). Jeju-si ist der romanisierte Name für die Stadt, von der es zur Vollendung des Durcheinanders zwei Teile gibt: Sin Jeju 신제주, das im Westen liegende Neu-Jeju, und Gu Jeju 구제주, Alt-Jeju. Wer dem Taxifahrer nur »Jeju-si« ins Ohr flüstert, wird automatisch nach Gu Jeju gebracht, dem atmosphärisch interessanteren Teil der Stadt, in dem fast alle Hotels und Restaurants zu finden sind und wo nach der Legende aus den Samseonghyeol-Löchern die drei Stammesväter der heutigen Einwohner emporstiegen, um die Insel in der Freude ihres Daseins mit ihren Nachkommen zu bevölkern.

Yongduam 용두암 1

Ein wundersamer Felsen, entstanden aus Jahrtausenden kräftiger Winde und der Vulkanaktivität, die Jejudo formte, bildet den Hintergrund für das vielleicht meistfotografierte Motiv der Insel. Jedes koreanische Hochzeitspaar hat ein Foto von sich und dem **Drachenkopffelsen** in seinem Flitterwochenalbum.

Der Drache mit seinem offenen Rachen steht zwischen Hafen und Flughafen, und es ist verblüffend, welche romantische Inspiration von dem Felsen für Koreaner ausgeht. Nach der Legende stahl einst ein Drache wertvolle Jade vom Hallasan, wurde dabei jedoch von einer Gottheit ertappt und mit einem Giftpfeil erschossen. Der Drache fiel zu Boden, sein Körper versank im Meer und aus dem Wasser ragte nur noch sein Kopf, der augenblicklich versteinerte. Die Zeit der fliegenden Drachen ist längst vorbei, einzig die im Minutentakt startenden Flugzeuge vom Jeju Airport bevölkern heute die Lüfte über dem Felsen. Sie sind die zweite Attraktion am Yangduam, denn sie fliegen nur wenige hundert Meter über den Köpfen der Besucher.

In der Nähe haben sich zahlreiche Cafés und Restaurants niedergelassen und laden zu einer kleinen Verweilpause mit Blick über das Meer zum Festland ein. Ein Weg verbin-

Der Yongduam – Drachenkopffelsen – im Abendlicht

det die Uferpromenade mit dem nachts illuminierten Felsen – die vielleicht beste Zeit für einen Besuch des Basaltkopfs (24 Std., Eintritt frei).

An der Uferpromenade

Die **Uferpromenade** 2 westlich des Hafens ist in den späten Nachmittagsstunden ideales Terrain, um sich die Zeit zu vertreiben, bevor man in einem der nahen Fischrestaurants zum Abendessen einkehrt. Bei starker Brise schlägt die Brandung unterhalb der Promenade Kapriolen und peitscht die Gischt an das Ufer – im Sommer ein erfrischendes Abenteuer, das bei sehr starkem Wind sehr feucht werden kann.

Im Osten der Promenade fährt die Jugend – oder wer sich dazu zählt – Inlineskates oder vergnügt sich am **Tapdong-Platz** (Tapdong Gwangjang 탑동광장) beim Summer Night Music Festival. Im Osten befindet sich auch der **Water Park** 워터파크 3 (Juli/Aug. tgl. 10–18 Uhr, ₩ 8000) sowie der kleine **Fantasia Amusement Park** 4 (Eintritt frei), den vor allem Kinder lieben werden. In der Nähe, schon in Jejus Hafen, liegt ein **Fischmarkt** 5, wo sich Restaurantbesitzer das Rohmaterial für ihre Speisekarte besorgen.

Mokgwana und Gwandeokjeong

Im Zentrum Alt-Jejus stehen die Gebäudekomplexe Mokgwana und Gwandeok-jeong aus dem 15. Jh., die zwischen den modernen Bauten etwas deplatziert wirken. Beide erhielten Ende des 20. Jh. eine Runderneuerung und sind die ältesten Holzbauten der Insel. Der **Mokgwana** 목관아 6 war während der Joseon-Dynastie (1392–1910) einige Jahrhunderte Regierungssitz Jejudos. Der Komplex, den man durch ein großes Eingangstor betritt, wurde nach Ausgrabungen und unter Hinzuziehung historischer Quellen im alten Stil wieder aufgebaut bzw. restauriert. Man kann durch die Korridore und über die Höfe schlendern, die aus Holz und/oder Stein errichteten Gebäude betrachten und dabei einen Eindruck davon gewinnen, in

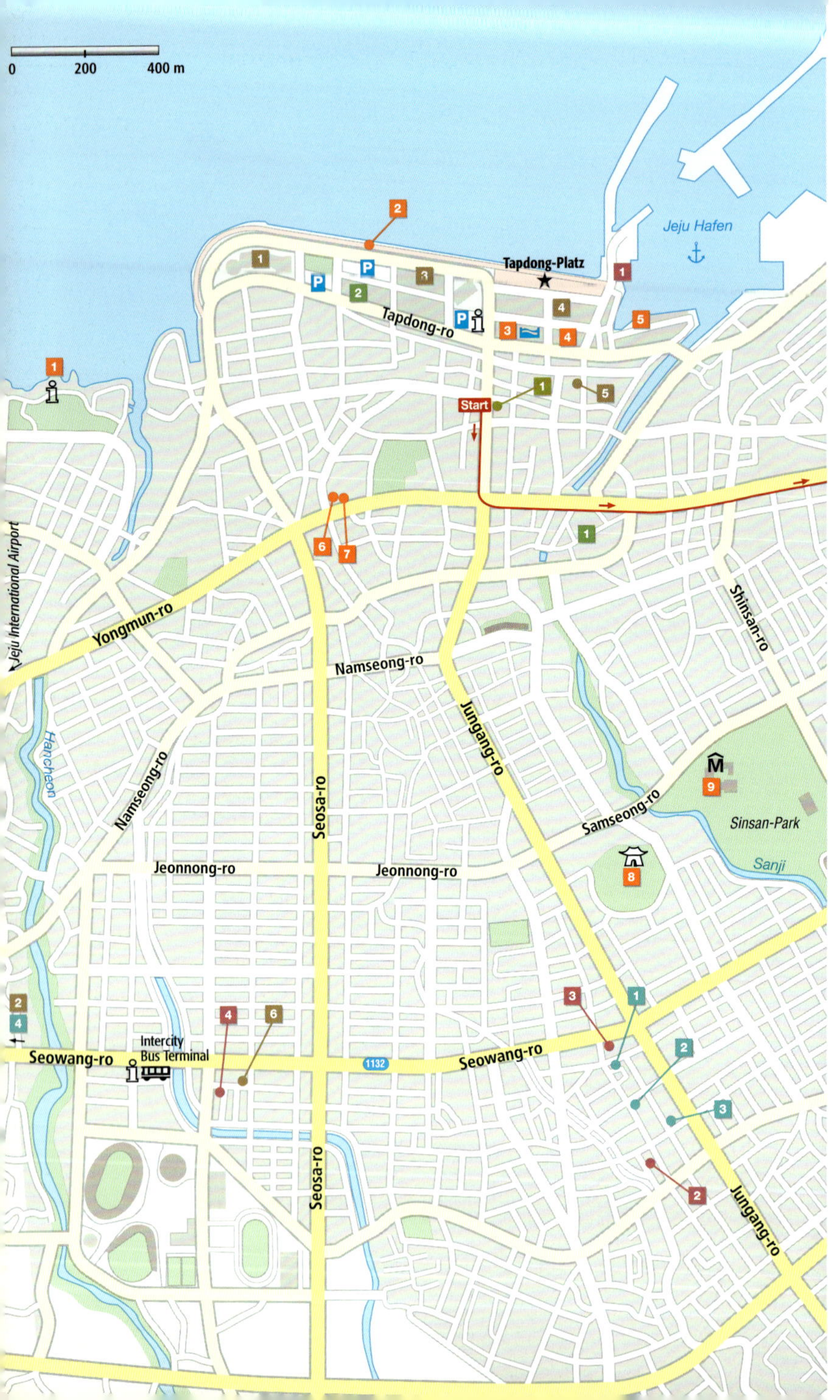

0
200
400 m
Jeju Hafen
Tapdong-Platz
Tapdong-ro
Start
Yongmun-ro
Namseong-ro
Jungang-ro
Shinsan-ro
Seosa-ro
Hancheon
Samseong-ro
Sinsan-Park
Sanji
Jeonnong-ro
Seowang-ro
1132
Intercity
Bus Terminal
Jeju International Airport

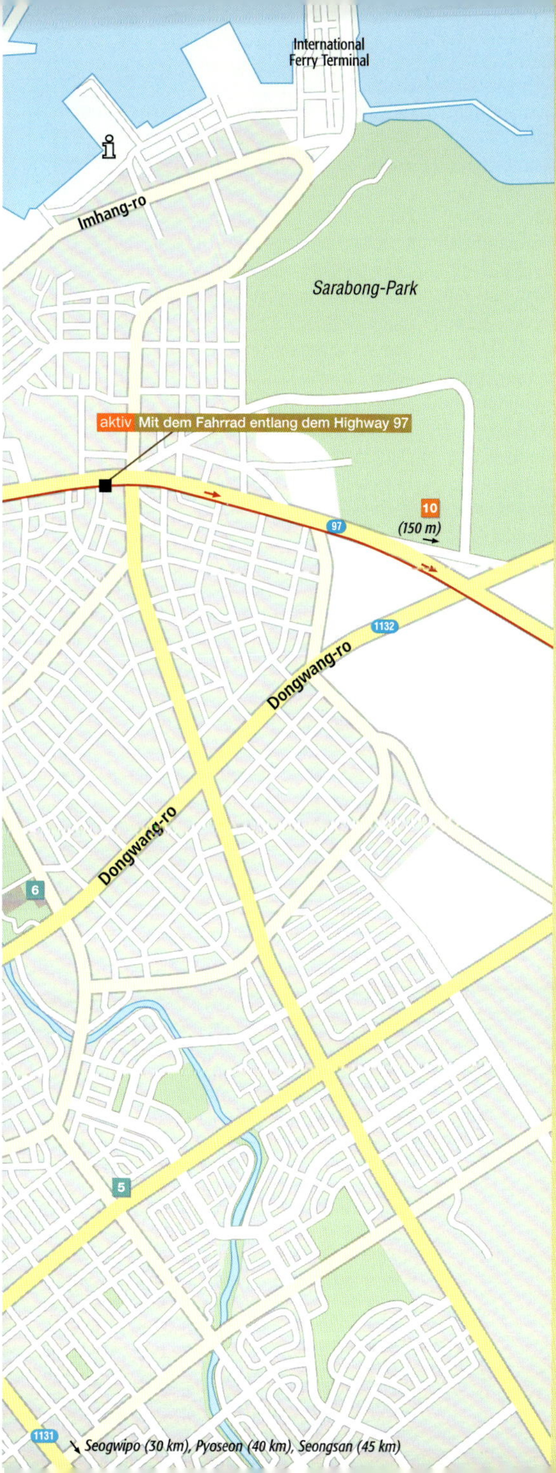

Jeju-si

Sehenswert
1 Yongduam
2 Uferpromenade
3 Water-Park
4 Fantasia Amusement Park
5 Fischmarkt
6 Mokgwana
7 Gwandeokjeong
8 Samseonghyeol
9 Folklore and Natural History Museum
10 Jeju National Museum

Übernachten
1 Ramada Plaza Jeju Hotel
2 Jeju Grand Hotel
3 Ocean Suites Jeju Hotel
4 White Beach Hotel
5 Tapdong Hotel
6 Yeha Guesthouse

Essen & Trinken
1 Yeongcheon Hoejip
2 Bagdad Café
3 Zapata's
4 Delicious Restaurant

Einkaufen
1 Dongmun-Markt
2 E-Mart

Abends & Nachts
1 9 Mark
2 Kansas
3 The Bar
4 Modern Time
5 Boris Brewery
6 Nanta

Aktiv
1 Tabalo Hiking

welchem Ambiente hier einst regiert und verwaltet wurde. Dabei sollen nach dem Willen der Stadtverwaltung die in einzelnen Gebäuden aufgestellten Schaufensterpuppen helfen, die ›bei der Verwaltungsarbeit‹ zu beobachten sind und dabei mehr komisch als fleißig wirken (mokkwana.jejusi.go.kr, tgl. 9–18 Uhr, ₩ 1500).

Außerhalb des Mokgwana steht im Süden der farbenfrohe **Gwandeokjeong** 관덕정 7, ein Pavillon, der für Bankette und den Empfang von Gästen genutzt wurde. Er stammt aus dem Jahr 1448, wurde 1970 rekonstruiert und spiegelt den Baustil der frühen Joseon-Zeit wider. Nicht immer gab es während der Joseon-Dynastie Staatsgäste auf Jeju, denn immerhin lag die Insel für Seouls Offizielle am Ende der Welt. Sie richteten den Blick lieber nach Westen zum großen Nachbarn China, zu dem eine Schiffsreise ebenso lange dauerte wie zu dem südlichen Außenposten des koreanischen Reiches. Wenn also die Zimmer leer standen, luden die Herrschenden ihre Gespielinnen ein, die hier nächtigten. Eine ebenso wechselvolle Geschichte hat der neben den Damenkammern so ruhig daliegende quadratische **Teich** hinter sich, der wegen der einst hier lärmenden Frösche zugeschüttet und später, als Ruhe war, wieder ausgehoben wurde (tgl. 0–24 Uhr, Eintritt frei).

Vor dem Gwandeokjeong stehen übrigens einige *dolharubang* 돌하루방 (s. auch S. 417), jene merkwürdigen **Steinfiguren,** die an die Statuen auf den Osterinseln erinnern. Vermutlich handelt es sich auf Jejudo bei den aus Basalt geschnittenen Figuren um Darstellungen von Wächtern oder Gottheiten, die böse Dämonen abwehren sollten. Diese Interpretation passt auch dazu, dass frühere Bezeichnungen dieser Statuen Schamanenhaupt bedeuten. Der Begriff *dolharubang* wiederum setzt sich aus *dol* = Stein und dem Jeju-Dialektwort *harubang* (Großvater) zusammen.

Samseonghyeol 삼성혈 8

Um die Aufregung um diese drei geheimnisumwitterten Löcher im Boden zu verstehen, die **Löcher der Drei Clane** *(samseonghyeol),* muss man die Geschichte kennen. Irgendwann in grauer Vorzeit entstiegen diesen drei Erdmulden die männlichen Vorfahren der heutigen Inselbewohner, die Herren Ko, Yang und Bu. Sie lebten als Sammler und Jäger unter sich, bis übers Meer drei Damen kamen, die Tiere und Getreidekörner mitbrachten – und den Herren den Kopf verdrehten. Aus den lederbekleideten Wilden wurden sesshafte Bauern und gezähmte Hausmänner, die mit Ackerbau und Viehzucht die nächste Evolutionsstufe eroberten und für Nachwuchs sorgten. Die Moral der Geschichte in koreanischer Deutung: Es braucht immer eine Frau, um die Entwicklung voranzutreiben.

Die Legende um Samseonghyeol ist interessanter als die Stätte selbst: ein Ring aus Steinen, in dessen Mitte eine Vertiefung zu sehen ist, in der sich besagte drei Löcher befinden. All dies liegt auf einer Lichtung in der Mitte eines kleinen Waldes. Angeblich sollen weder Regen noch Schnee in die Löcher eindringen. Die alten Bäume um das Areal scheinen sich zu ihnen hinzubeugen.

Interessanter als die Senke ist der sie umgebende **Park.** Hier steht auch der 1526 erbaute **Schrein** für die Ahnen der Inselbevölkerung. Am 10. Tag der Monate April, Oktober und November findet hier alljährlich eine Zeremonie zu Ehren der Ahnen statt. In der angegliederten **Ausstellungshalle** wird ein Trickfilm (15 Min.) über die Legende auch in Englisch gezeigt (www.samsunghyeol.or.kr, tgl. Sommer 8–18, Winter 8–17.30 Uhr, ₩ 2500).

Folklore and Natural History Museum 9

Jeju Minsok ja Yeonsa Bangmulgwan
제주민속자연사박물관

Das Museum beinhaltet, was sein Name verspricht. Gezeigt werden Pflanzen, Gegenstände und Behausungen aus dem traditionellen Leben der Einwohner sowie riesige ausgestopfte Fische aus dem angrenzenden Meer, z. B. ein 4,7 m langer Rochen. Über 3000 Objekte sind ausgestellt und zeigen Umgebung und Kultur der einstigen Bewohner Jejudos. Besonders interessant sind die Ausstellungsstücke über die *haenyeo*

해녀 (chin. 海女, wörtlich: Meeresfrauen), die Taucherinnen Jejudos, die es vielleicht bald nicht mehr geben wird und denen im Osten der Insel ein eigenes Museum (s. S. 425, 426) gewidmet ist (Tel. 064 722 24 65, museum.jeju.go.kr, tgl. März–Okt. 8.30–18.30, Nov.–Febr. 8.30–17.30 Uhr, letzter Einlass 30 Min. vor Schließung, ₩ 1100).

Jeju National Museum 10

Gungnip Jeju Bangmulgwan 국립제주박물관 Zwar ein Nationalmuseum, aber inhaltlich regional ausgerichtet: Hier steht die Provinz Jeju-do im Vordergrund. Seladonkeramik, Porträts ehemaliger Politgrößen und feine Dachpfannen dominieren die Ausstellung, die für Geschichtsbegeisterte lohnt, bei allen anderen Besuchern aber auf mäßige Begeisterung stoßen wird. Das Museum liegt 3 km östlich der Uferpromenade (jeju.museum.go.kr, Di–Fr 9–18, Sa/So 9–19, März–Okt. Sa bis 21 Uhr, letzter Einlass 1 Std. vor Schließung, Eintritt frei).

Infos

www.jeju.go.kr: Mehrsprachige Website zur Insel, mit Infos zu ihren kulturellen, historischen und Natur-Sehenswürdigkeiten.

Information Center der Insel Jeju: Ankunftsterminal der Inlandsflüge, Flughafen Jeju, Tel. 064 742 88 66, tgl. 6.30–20 Uhr.

KTO Tourist Center: Gate 5, Ankunftsterminal für internationale Flüge, Flughafen Jeju, Tel. 064 742 00 32, tgl. 8–20 Uhr; beide mit englischsprachigem Personal. Weitere Touristeninfos finden sich am Yongduam, am Hafen und im Sommer auch auf dem Parkplatz neben dem Tapdong-Platz.

Übernachten

5 Sterne mit Meerblick ▶ **Ramada Plaza Jeju Hotel** 라마다프라자제주호텔 **1**: Samdo-2-dong, Tel. 064 729 82-22, -23, -24, www.ramadajeju.co.kr. Das erste Haus am Platz eröffnete 2003, nur 4 km vom Flughafen und direkt an der Uferpromenade. Fantastisches Büfett im Restaurant The Blue (s. S. 415). DZ ab ₩ 277 000, Präsidentensuite ₩ 4 400 000.

Tipp: Zu Fuß unterwegs auf Jejudo

Zu Fuß ist ohne Zweifel die beste Möglichkeit zum Kennenlernen von Jejudo. Neben dem bekanntesten Wanderweg, dem **Aufstieg auf den Hallasan** (s. Aktiv unterwegs S. 422), ist die Insel durchzogen von über 300 km sogenannter **Jeju Olle Trails.** *Olle* ist ein altes Jeju-Wort und bezeichnete den Weg, der einst Wohnhäuser mit der Hauptstraße verband. Die heutigen Olle Trails führen vorwiegend entlang der Küste, sind jeweils ca. 15–20 km lang und gut markiert. Derzeit gibt es 20 Wege, die alle miteinander verbunden sind, mit Ausnahme der Routen auf den Inseln Gapado und Udo. Keiner der Wege ist sonderlich anstrengend, ausreichend Trinkwasser, gute Wanderschuhe und Sandalen für die Strandabschnitte sind jedoch empfehlenswert. Die Trails führen vorbei an einigen von Jejus schönsten Sehenswürdigkeiten wie dem Seongsan Ilchulbong (s. S. 425) oder dem Cheonjiyeon-Wasserfall (s. S. 434), durch bergige Regionen, entlang der schroffen Küste und zu bisher unentdeckten Insel-Highlights. Die Website bietet gute Wegbeschreibungen, wenngleich die englische Internetseite nicht alle Routen listet (www.jejuolle.org, www.visitkorea.or.kr/enu/SI/SI_EN_3_4_12_13.jsp).

Golfplatz inklusive ▶ **Jeju Grand Hotel** 제주그랜드호텔 **2**: 263-15 Yeon-dong, Tel. 064 747 50 00, www.grand.co.kr. Das Hotel liegt wenige Kilometer südlich des Flughafens in Sin Jeju, akzeptiert wegen seiner japanischen Gäste auch Yen und ist aufgrund der Lage preisgünstiger als seine Konkurrenten. Der nahe Ora Country Club Golfplatz gehört zum Hotel und ist über einen Gratis-Shuttlebus erreichbar. DZ ab ₩ 180 000.

Modernes Interieur ▶ **Ocean Suites Jeju Hotel** 오션스위트제주호텔 **3**: 74 Tapdong-haean-ro, Tel. 015 77 97 66, 064 720 60 00, www.oceansuites.kr. Das neueste Hotel an der Uferpromenade öffnete 2010 seine Pforten und glänzt mit seiner grellweißen Lobby und

aktiv unterwegs

Mit dem Fahrrad entlang dem Highway 97

Tour-Infos

Start: Jeju-si, Fahrradverleih Tabalo Hiking, s. S. 416
Länge: 40 km (eine Richtung)
Dauer: 6 Stunden (eine Richtung, mit Unterbrechungen)
Schwierigkeitsgrad: mittel
Wichtige Hinweise: Vor der Tour sollte man sich eine Karte der Insel an der Touristeninformation in Jeju-si besorgen und ausreichend Verpflegung für die Fahrt mitnehmen. Regenkleidung nicht vergessen.
Cityplan Jeju-si: S. 410
Extra-Reisekarte: ▶ 4, E 11–H 4–J 2

Diese schöne Tour führt entlang dem **East Tourist Highway** (Highway 97) vorbei an einem erloschenen Vulkan sowie zu zwei traditionellen Dörfern und ist die vielleicht beste Möglichkeit, das Inselinnere aktiv kennenzulernen. Um die Fahrt nach Pyoseon zu schaffen, muss man sich früh aufs Rad schwingen und zunächst aus Jeju-si gelangen. Dafür nimmt man vom Fahrradverleih die Jungangno 중앙로 nach Süden und biegt nach 500 m links auf die Yongmun-ro 동문로, die aus der Stadt führt. Diese leider gut befahrene Straße mündet nach 2 km in den Highway 97 – links liegt das **Jeju National Museum,** auf der die Lkw und Pkw allmählich weniger werden (aber nicht verschwinden).

Die Route verläuft auf weiten Strecken eben, lediglich einige wenige Anstiege sind zu bewältigen. So bietet diese Östliche Touristenstraße eine gute Gelegenheit, die vulkanische Landschaft hautnah zu erleben, ohne sich zu überanstrengen.

Auf der Straße kann man sich kaum verfahren, da es nur wenige Kreuzungen gibt, an denen es zudem fast immer geradeaus geht. An der zweiten größeren dieser Kreuzungen, etwa 12 km außerhalb der Stadt, schneidet der Highway 97 den von Norden nach Süden verlaufenden **Highway 1118,** dem man 5 km nach Süden folgt, um dann nach links auf den **Highway 1112** abzubiegen. Nach fünf Minuten erreicht man dann den **Sangumburi Oreum** 산굼부리, den ersten Haltepunkt der Tour. Der Vulkan ist für Fußgänger fast schon zu einfach zu besteigen – gerade fünf Fußminuten von der Straße reichen, um zum Kraterrand zu gelangen, der zudem in kurzer Zeit umlaufen werden kann. Hier eröffnet sich der Blick in den riesigen bewaldeten Krater.

Danach geht es auf dem Highway 1112 weiter bis zur Kreuzung mit der Route 97, der man nach Südosten folgt. Man passiert den

---

komfortablen Zimmern inklusive modernster Ausstattung wie Flachbild-TV. Beliebt bei Chinesen und Japanern. DZ ab ₩ 140 000.

Mit Meerblick ▶ **White Beach Hotel** 화이트 비치호텔 **4**: 1443 Kwanlip-dong, Tel. 064 753 84 00, www.wbh.co.kr. Beste Lage und gute Zimmer, aber durch den nebenan gelegenen Vergnügungspark sind die Zimmer, die nach hinten gehen (ohne Meerblick) eher geeignet für Partygänger. Schönes Restaurant auf der Dachterrasse. DZ ab ₩ 80 000.

Nahe der Uferpromenade ▶ **Tapdong Hotel** 탑동호텔 **5**: Haejing-ro, Tel. 064 723 36 00. Designerpreise gewinnt das Tapdong nicht, aber die großen und sauberen Räume sowie die Nähe zur Uferpromenade machen dies wett. DZ ab ₩ 40 000.

Freundliches Hostel ▶ **Yeha Guesthouse** 예하게스트하우스 **6**: 561-17 Samdo 1-dong, Tel. 070 40 12 00 83, www.yehaguesthouse.com. Seit der Eröffnung 2007 sorgt sich das koreanische Besitzerpaar Elin Heo und Amin Lee besonders um ausländische Gäste, und sie wissen, was diese wollen. Das Hostel ist blitzblank sauber, modern, preiswert, hat Gratis-Wifi und Küche und liegt in zentraler

Cypress-Golfplatz und gelangt zum ersten von zwei traditionellen Dörfern, dem **Seongeup Folk Village** (Seongeup Minsok Maeul 성읍민속마을, s. S. 430). Dies ist die einzige erwähnenswerte Siedlung auf Jejudo, die nicht an der Küste liegt. Sie ist auf jeden Fall einen Besuch wert. Hier lässt sich noch das ländliche Gemeinschaftsleben erahnen, denn viele der Häuser sind bewohnt. Eine Stunde sollte reichen für einen Spaziergang durch das Dorf (tgl. 24 Std., Eintritt frei).

Die letzten 8 km führen zum Ende des Highway 97 an der Küste, wo sich mit dem **Jeju Folk Village** (Jeju Minsok Chon 제주민속촌; s. S. 430) das zweite alte Dorf befindet.

Wenige hundert Meter entfernt lädt der riesige **Pyoseon-Strand** (Pyoseon Haesuyokjang 표선해수욕장) zur Entspannung ein. Das dahinterliegende Dorf **Pyoseon** 표선 wartet mit allen Zivilisationseinrichtungen auf (Restaurants, kleine Geschäfte, Privatzimmer etc.). Hier bzw. am Jeju Folk Village endet die Fahrradtour. Man kann in Pyoseon oder im **Haevichi Hotel & Resort** (40-69 Pyoseon-ri, Tel. 064 780 80 00, www.haevichi.com, DZ ab ₩ 180 000) übernachten. Letzteres wartet mit einem Golfplatz, pompösen Zimmern und entsprechenden Preisen auf.

Am folgenden Tag kann man die Tour in den Osten oder Westen der Insel fortsetzen oder aber auf demselben Weg zurück nach Jeju-si radeln. Alternativ kann, wer weiterradeln mag, noch am ersten Tag der Tour das 20 km entfernte **Seongsan** ansteuern, das mehr Übernachtungsmöglichkeiten bietet. Am nächsten Morgen könnte man dann den Sonnenaufgang am **Seongsan Ilchulbong** erleben.

Lage – insgesamt also *backpackers paradise.* Fahrrad- und sogar Handyverleih. Schlafsaal ₩ 19 000, DZ ab ₩ 50 000, kleines Frühstück inbegriffen.

Essen & Trinken

Leckeres Büfett ▶ **The Blue** 더블루 **1**: im Ramada Plaza Jeju Hotel (s. S. 413), Tel. 064 729 83 05, tgl. 12–14.30, 18–21.30 Uhr. Fisch, Muscheln, Sushi, Salate, koreanisches Barbecue und andere Schlemmereien machen aus dem Besuch des Restaurants einen angenehm ausklingenden Abend. Gute Weinauswahl (für koreanische Verhältnisse). Büfett ₩ 45 000/Person.

Rohe Fischspezialitäten ▶ **Yeongcheon Hoejip** 영천횟집 **1**: östlicher Teil der Uferpromenade, Tel. 064 752 42 85, tgl. 11.30–21 Uhr. Unter den zahllosen Fischrestaurants in der Fischstraße am Hafen ist dies eines der besten und bietet hervorragendes Sashimi, das für zwei reicht. Englische Speisekarte vorhanden. Sashimi ₩ 20 000–40 000.

Indisches Restaurant-Café ▶ **Bagdad Café** 바그다드 **2** 1188-16 Ido 2-dong, Tel. 064 757 81 82, Mo–Sa 11–23 Uhr. Mango Lassi, Curry und Samosa sind nicht alles, was dieses hervorragende Restaurant-Bar-Café-Gemisch bietet, denn die Atmosphäre ist mindestens ebenso gut. Beliebt bei Ausländern, die auch bereit sind, verrückte ₩ 10 000 für eine Flasche Guinness zu zahlen. Gerichte ₩ 10 000–25 000.

Mexikanisch ▶ Zapata's 3: im Bar- und Studierendenviertel, 064 722 33 69, tgl. 12–24 Uhr. Tacos, Enchiladas und andere Leckereien zu zivilen Preisen zwischen ₩ 3000 und ₩ 13 000.

Einfach, lecker ▶ Delicious Restaurant 4: tgl. 17–21 Uhr. Nur fünf Tische, kein Telefon. Das koreanische Essen wird von der Besitzerin höchstselbst zubereitet. Bebilderte Speisekarte und viel lokales Flair. Nicht zu übersehen dank des übergroßen englischen Namensschildes. Ab ₩ 7000.

Einkaufen

Tante Emma ▶ Dongmun-Markt (Dongmun Sijang 동문시장) 1: Die ganze Palette von Lebensmittelläden bis zu Modegeschäften ist hier versammelt und bietet alle Dinge für den täglichen Gebrauch.

Supermarkt und Souvenirs ▶ E-Mart 이마트 2: nahe der Uferpromenade, tgl. 10–23 Uhr. Asiatische Supermarktkette mit dem vollen Programm von Shampoo über Schokolade bis zu Schuhen. Souvenirshop im 4. Stock.

Abends & Nachts

Das Nachtleben von Jeju-Stadt findet in der Gegend gegenüber (westlich) dem Rathaus (*sicheong* 시청) statt. In den kleinen Gassen sind ausreichend Restaurants, Bars und Cafés für mehrere Abende zu finden.

Bar mit Terrasse ▶ 9 Mark 1: tgl. 18–23 Uhr. An einer Kreuzung gelegen mit bestem Blick auf Neuankömmlinge und das Geschehen im Viertel. Darts vorhanden. Gute Spaghetti für ₩ 10 000. Importbiere von Heineken über Hoegaarden bis zum teuren Guinness (₩ 7500).

Für Machos ▶ Kansas 2: tgl. 18–1 Uhr. US-Cowboybar für echte Männer. Auch Frauen sind erwünscht, die bereits am Eingang darüber aufgeklärt werden, wo es für sie langgeht: »Wanted! Good Woman. Must be able to clean, cook, sew, restore and polish automobiles. Please send picture of car and garage.« Budweiser 4000 ₩.

Billard und Darts ▶ The Bar 3: tgl. 17.30–1 Uhr. Hier trifft sich die Ausländerszene der Stadt beim Bier. Ideal für die neuesten Nachrichten aus Korea und der Expat-Welt.

Bier direkt vom Brauer ▶ Auf der Insel gibt es zwei Brauereien, beide schenken ihr Bier im eigenen Lokal aus. **Modern Time** 4 (263-6 Yeon-dong, Sin Jeju, beim Jeju Grand Hotel, tgl. 17.30–2 Uhr) bietet u. a. Pilsner, Doppelbock, Weizenbier – und eine lange Speisekarte. **Boris Brewery** 5 (382-14 Ildo 2-dong, Tel. 064 726 41 41) ist die Wirkstätte von Braumeister Boris de Mesones, der an der Jeju-Universität Brauwissenschaften lehrt. Das merkt man seinem Bier an. Sein Indian Dunkel gewann eine Silbermedaille beim European Beer Star 2011. Bier ab ₩ 5000 (0,45 l).

Musical ▶ Nanta 난타 6: 837-20 Ildo 2-dong (Media Center), Di–So 17, 20 Uhr, Tel. 064 723 88 78, nanta.i-pmc.co.kr. Seouls berühmte Küchenshow (s. S. 160) hat ihren Weg nach Jeju gefunden und spielt ab ₩ 40 000/Person.

Aktiv

Radfahren ▶ Wer will, kann per Rad sogar die gesamte Insel umrunden. Für die weitgehend flachen 250 km entlang der Küstenstraße um die Insel sollten einige Tage eingeplant werden. Wer nur einen Tag auf dem Rad verbringen möchte, der kann den **East Tourist Highway** (Highway 97; s. Aktiv unterwegs, S. 414) von Nord nach Süd entlangradeln. Fahrräder verleiht **Tabalo Hiking** 1, ca. 400 m südlich der Uferpromenade, Tel. 064 751 20 00, 010 86 62 20 00, www.tabalo-hiking.co.kr, tgl. 9–19 Uhr, ₩ 9000/Tag).

Verkehr

Flug: Der Flughafen von Jejudo liegt nahe Jeju-Stadt. Jeju International Airport (Jeju Gukje Gonghang 제주국제공항, Tel. 064 797-25 25, -21 14, www.airport.co.kr/doc/jeju_

eng) wird von gut einem Dutzend Flughäfen des südkoreanischen Festlands aus angeflogen, u. a. in 15-minütigem Rhythmus ab (Seoul) Gimpo International Airport. Außer in den Monaten Juli–September kann man spontan am Flughafen ein Ticket buchen und sofort fliegen. Alle südkoreanischen Fluggesellschaften steuern die Insel an, neben Korean Air und Asiana auch die Billigfluglinien Jeju Air, t'way oder JinAir, die teils für unter ₩ 50 000 die Strecke Seoul (Gimpo)–Jeju bedienen. Darüber hinaus gibt es Flüge von/nach Beijing, Shanghai, Osaka, Tokyo etc. Taxis vom Flughafen zur Uferpromenade in Jeju-Stadt kosten nicht mehr als ₩ 5000. Busse steuern vom Flughafen diverse Destinationen auf Jejudo an, z. B. fährt Bus 100 zum Jeju-si Bus Terminal, Bus 600 (Airport Limousine) zum Jungmun Resort (50 Min., ₩ 4200) und nach Seogwipo (75 Min., ₩ 5500).
Fähre: Der 1,5 km östlich der Uferpromenade gelegene Hafen von Jeju-Stadt (Jeju Hang 제주항) wird von mehreren Städten des Landes aus angelaufen, z. B. Mokpo und Wando, wobei sich Jejudo von Wando aus in drei Stunden erreichen lässt – die schnellste Fährverbindung mit dem Festland. Die Fähren fahren mehrmals wöchentlich, von Wando als Autofähre sogar täglich.

Fortbewegung auf der Insel

Bus: Das öffentliche Busnetz auf Jejudo und in Jeju-Stadt ist gut, aber nicht immer zu durchschauen. Fast alle Flecken der Insel sind in maximal 1,5 Std. vom Intercity Bus Terminal in Jeju-Stadt aus zu erreichen, entweder über den Rundkurs entlang der Küstenstraße, die sowohl in als auch gegen den Uhrzeigersinn von den beiden ›Drehkreuzen‹ Jeju-Stadt und Seogwipo aus befahren wird, oder aber über die Nord-Süd-Straßen wie dem Highway 97. Die Busse verkehren meist im 20-Min.-Takt. An der Touristeninfo im Flughafen gibt es englischsprachige Fahrpläne.
Taxi: In Orten wie Jeju-Stadt oder Seogwipo sind Taxis die einfachste Möglichkeit, von A nach B zu gelangen. Als Anhaltspunkt gilt, dass 15 km ca. ₩ 12 000 kosten, wobei die ersten 2 km mit ₩ 2200 zu Buche schlagen.
Autovermietung: Mit eigenem Fahrzeug ist es erheblich leichter, die verstreut liegenden Attraktionen der Insel zu entdecken. In der Halle des Inlandsflugterminals (Erdgeschoss) sind mehrere Verleihfirmen ansässig, z. B. Kumho Hertz (Tel. 15 88 12 30, 064 751 80 00, www.kumhorent.com) oder Avis (Tel. 15 44 16 00 www.avis.co.kr). Ein Fahrzeug der Kompaktklasse (in Korea oft Kia, Hyundai etc.) kostet etwa ₩ 80 000 inkl. Versicherung/Tag (bei mehrtägiger Miete). Die meisten Straßenschilder auf Jeju sind neben Koreanisch auch in Englisch. Vorsicht ist geboten vor den irrwitzigen Fahrkünsten und abenteuerlichen Interpretationen von Verkehrsregeln durch koreanische Autofahrer.
Fahrräder: s. Tabalo Hiking S. 416.

Umgebung von Jeju-si

Tamra Mokseokwon 탐라목석원

► 4, E 2

Im **Tamra-Holz-und-Steingarten,** etwa 4 km südlich von Jeju-Stadt, sind über 1500 Fundstücke aus Stein und Holz von der ganzen Insel versammelt. Das klingt zunächst nach einem langweiligen Garten, doch Liebhaber wind- und wettergegerbter Natursteine und Baumwurzeln werden auf ihre Kosten kommen und manche schöne Skulptur entdecken, beispielsweise die überall auf der Insel zu findenden *dolharubang* (s. S. 412). Tamra (Tamna) ist übrigens der Name des Königreichs auf Jejudo, bevor die Joseon-Dynastie 1404 die Insel vereinnahmte.

Die Figuren des Tamra Mokseokwon hat ein privater Sammler seit 1960 zusammengetragen. Darunter befinden sich viele Objekte aus der Wurzel des Jorok-Baums, der nur am Hallasan auf Jejudo unterhalb von 770 m wächst. Das Holz diente einst zur Herstellung von Kämmen und Tabakschachteln und ist so hart und dicht, dass es im Wasser sinkt.

Das bekannteste Arrangement im Garten ist **»Das Leben Gapdols«,** bestehend aus einer Reihe von Figuren, die Gapdol und seine Frau Gapsun in verschiedenen Lebensphasen

Tipp: Strände auf Jejudo

Auf der Suche nach Entspannung? Zwar ist die Küste Jejudos das Ergebnis von Lava, die vor Urzeiten mit über 1000 °C ins Meer zischte und dann in sonderbaren Formen erstarrte – kilometerlange Karibikstrände darf man also nicht erwarten. Trotz seiner wenig strandfreundlichen Geschichte sind an einigen Stellen der Insel einladende Sandidyllen zu finden, von denen eine Auswahl im Folgenden vorgestellt wird.

Sinyang-Strand ► 4, H 2
Am östlichen Ende Jejudos liegt der wie ein Halbmond geformte, 1,5 km lange **Sinyang Haesuyokjang** 신양해수욕장, dessen Wassertiefe zusammen mit kräftigem Wind ihn zum besten Surfstrand der gesamten Insel macht. Bretter und Ausrüstung stehen ebenso wie Segelboote in den Sommermonaten zur Vermietung, und sogar Trainingsstunden können gebucht werden. Sinyang liegt in einer gut geschützten Bucht, und an seinem weißen Sand finden auch Sonnenanbeter ein schönes Plätzchen. Im nahe gelegenen Dorf kann man in Privatunterkünften unterkommen (Busse ab Jeju-si, alle 30 Min., Fahrzeit 105 Min. halten an der Ringstraße um die Insel).

Hyeopjae- und Geumneung-Strand ► 4, B 31
Nur 100 m vom Hallim-Park entfernt brandet das Meer an den **Hyeopjae Haesuyokjang** 협재해수욕장 und seinen nur wenig südlich

Nicht nur bei Familien beliebt – der Hyeopjae-Strand an der Nordwestküste Jejudos

darstellen – ein ehrliches und glückliches Zusammenleben und daher besonders als Inspiration (und Erziehung) für frisch verheiratete Paare geeignet (Bus 502 ab Intercity Bus Terminal in Jeju-Stadt, Bus 500 ab Flughafen, tgl. Febr.–April 8–17.30, Mai–Aug. 8–18.30, Sept./ Okt. 8–18, Nov.–Jan. 8–17 Uhr, ₩ 3000).

Mysterious Road ► 4, D 2

Südlich des Tamra Mokseokwon führt die Straße weiter in Richtung Hallasan-Nationalpark. Auf dieser Strecke erreicht man einen Wegabschnitt, auf dem sich eine irritierende Erfahrung machen lässt. Auf der **Mysterious Road** (Sinbiui Dorowon 신비의도로원 oder

liegenden Nachbarn **Geumneung** 금능. Beide Strände laden mit ihrem weißen Sand und kristallklaren Wasser zum Bau von Sandburgen ein, sind ideales Refugium zum Schnorcheln und bieten einen fantastischen Blick auf die Insel Biyang. Mit einer durchschnittlichen Wassertiefe von 1,2 m, Duschen und Sanitäreinrichtungen ist Hyeopjae für Familien bestens geeignet (Anfahrt wie zum Hallim-Park; s. S. 445).

Gwakji-Strand ▶ 4, B 2
Wenig besucht und doch ein breites Stück weißer Sand mit Vulkanfelsen an Jejus Nordwestküste – der Gwakji Haesuyokjang 곽지해수욕장 ist ein kleiner Geheimtipp und Heimstrand des Ortes Aewol 애월. Selbst Duschen gibt es (Salzwasser) und für echte Camper sogar einen Campingplatz mit spartanischen Sanitäreinrichtungen. Gwakji ist ein hervorragender Strand zur Beobachtung des Sonnenuntergangs (ab Intercity Bus Terminal Jeju-Stadt mit dem Bus, der die Westroute über Aewol nach Seogwipo fährt).

Hamdeok-Strand ▶ 4, F 1
Einer der beliebtesten Strände unter Koreanern liegt nur eine halbe Busstunde östlich von Jeju-Stadt. Der **Hamdeok Haesuyokjang** 함덕해수욕장 besteht aus zwei Stränden, dem 500 m langen Hauptstrand und einem kleineren Abschnitt im Osten hinter den Felsen. Der Strand geht über in seichtes Wasser und ist bekannt für seine Sicherheit, Sicht und Wasserqualität. Umkleidekabinen und Sanitäreinrichtungen sind an dem populären Strand eine Selbstverständlichkeit (www.hamdeokbeach.com, Stadtbus 10 oder Intercitybus ab Bus Terminal Jeju-Stadt).

Jungmun-Strand ▶ 4, C/D 4
Einer der besten Strände Koreas ist zugleich auch einer der beliebtesten auf der Insel Jeju – im Sommer werden die gut 500 m Sand rasch Wassersportzentrum der Insel, das bis östlich des Pacific Land Hotel reicht. Vom Hyatt besteht ein direkter Zugang über eine Treppe. Im Sommer startet am **Jungmun Haesuyokjang** 중문해수욕장 der 3,8 km lange Schwimmteil des Ironman Korea Triathlon, bei dem sich die Meute in gleichfarbigen Badekappen und schwarzen Neoprenanzügen in die Fluten stürzt, gefolgt von 180 km Fahrradfahren und als Abschluss ein Marathonlauf – von den Top-Teilnehmern in knapp über acht Stunden heruntergespult (Anfahrt s. Jungmun, S. 439).

Singihan Dokkaebi-doro 신기한도깨비도로) rollen Gegenstände entgegen allen physikalischen Gesetzen scheinbar den Berg hinauf. Am besten erlebbar ist das Phänomen mit dem eigenen Pkw: Man schaltet in den Leerlauf und wird sehen, dass sich das Fahrzeug wie von Geisterhand langsam bergauf bewegt. Das Ganze funktioniert auch per Fahrrad, mit Flaschen, Tennisbällen und besonders Wasser und ist selbstverständlich eine Illusion, hervorgerufen durch den ›falschen‹ Winkel zwischen Straße und Umgebung. Gewiefte Händler haben an der Straße ihre Stände eröffnet und verkaufen Wasserflaschen (zu normalen Preisen), mit deren Inhalt sich der Test machen lässt.

Etwa 6 km südlich von Sin Jeju, nur 100 m südlich von Jeju Loveland, findet sich ein zweiter ominöser Straßenabschnitt.

Jeju Loveland 제주러브랜드

► 4, D 2

In einem Land, das nicht gerade vor Erotik übersprüht und wo Händchenhalten oder gar Küsse in der Öffentlichkeit tabu sind, ist dieser Park erklärungsbedürftig. Einziges Thema von Loveland sind Sex und Sinneslust in weitgehend zügelloser Darstellung – Skulpturen, Fotos und Kunstobjekte widmen sich einzig der nicht jugendfreien ›Sache‹. Der Park ist naturgemäß Anziehungspunkt Nr. 1 für Flitterwöchler, die je nach Erfahrungsschatz kichernd bis altklug durch die Anlage spazieren.

Jeju Loveland wurde 2002 von Studierenden der Seouler Hongik-Universität gegründet und 2004 eröffnet. Die Objekte sind insgesamt wenig inspirierend und teils arg angestrengt erotisch – Loveland zeigt das Thema Erotik in Korea in erschöpfender, aber auch kitschiger Form. Regelmäßig wechselnde Ausstellungen präsentieren das gesamte Spektrum der Erotik von Liebesspielzeug bis zu Aufklärungsfilmchen. Außerhalb des Parks gibt es eine »recreation and play area available for minors« – gedacht für Eltern, die noch nicht für komplizierte Diskussionen mit ihrem Nachwuchs bereit sind (Tel. 054 712 69 88, www.jejuloveland.com, Stadtbus ab Intercity Bus Terminal in Jeju-Stadt, tgl. 9–24, letzter Einlass 23 Uhr, ₩ 9000, erst ab 18 Jahre).

Halla Arboretum **► 4, D 2**

Halla Sumogwon 한라수목원

Etwa 5 km südlich des betriebsamen Flughafens befindet sich diese herrliche Gartenanlage, vergleichbar nur mit dem Cheollipo Arboretum in der Provinz Chungcheongnam. Der botanische Park eröffnete 1993 und beherbergt auf 20 ha in elf Gärten über 1000 verschiedene Pflanzen. Es gibt separate Anlagen für Bäume, Gewürze und Bambus sowie Gewächshäuser für die sensibleren Pflänzchen.

Das von Wegen durchzogene Halla Arboretum wirkt, trotz aller Menschenhände, die hier wirkten, natürlich – Vogelgezwitscher und Grillenzirpen inklusive. Selbst für weniger an Botanik Interessierte lohnt sich der Besuch: Der Park ist ein erholsamer und schattiger Ort zum Spazierengehen, in dem man den vulkanischen Ursprung der Insel vergisst (sumowon.jeju.go.kr, ab Jeju-Stadt Intercity Bus Terminal, Bus 63, 300 direkt zum Garten, alternativ der Bus ohne Nummer, der die Straße 1139 entlangfährt und Fahrgäste an der Kreuzung aussteigen lässt, die zum Garten führt, dann 1,5 km zu Fuß auf einer von Kirschbäumen gesäumten Allee, tgl. 9–18 Uhr, Eintritt frei).

Zu einem Besuch Jejudos gehört der Aufstieg auf den Hallasan mit abschließendem Blick in dessen Krater

Hallasan-Nationalpark ▶ 4, D/E 2/3

Hallasan Gungnip Gongwon 한라산국립공원
Wenn es eine Tour gibt, die zu jeder Jeju-Reise gehört, dann ist es ein Marsch auf den höchsten Berg Südkoreas – den **Hallasan** 한라산. Eine Wanderung auf den 1950 m hohen erloschenen Vulkan gehört zu den Highlights für alle Besucher, die sich nicht nur am Strand sonnen wollen. Wer vom Festland bei klarem Wetter mit der Fähre anreist, wird den alles überragenden Vulkan in der Mitte der Insel nie aus den Augen verlieren, ebenso wie er von jedem Fleck der Insel aus zu sehen ist. Jeju ist Hallasan und Hallasan ist Jeju.

Der Hallasan-Nationalpark wurde 1970 gegründet und erstreckt sich rund um diesen sogenannten Schildvulkan, der durch das einstige Ausfließen einer dünnen und damit schnell fließenden Lava sehr flach abfällt. Für Wanderer hat dies den Vorteil, dass die Steigung vom Vulkanfuß zum Kraterrand keine Bergsteigerqualitäten erfordert. Trotzdem ist der Weg zum Krater keineswegs einfach.

Von seinen wärmeren Gebieten am Fuß bis zu den kühleren Gefilden in den Höhenlagen lässt sich bei einem Aufstieg das vertikale Pflanzen-Ökosystem des Berges erkunden. Über 1800 verschiedene Pflanzen- und 4000 Tierarten leben hier – darunter nur wenige Säugetiere, aber weit über 3000 verschie-

aktiv unterwegs

Auf dem Seongpanak Trail zum Hallasan-Krater

Tour-Infos

Start: Bushaltestelle Seongpanak 성판악
Länge: 19,2 km (hin und zurück)
Dauer: 8,5 Std. (Aufstieg 5 Std., Abstieg 3,5 Std.)
Schwierigkeitsgrad: anstrengend bis sehr anspruchsvoll
Anfahrt: Bus ab Jeju Intercity Bus Terminal alle 15 Min., Fahrzeit 35 Min., Busse fahren auch ab Seogwipo.
Wichtige Hinweise: Da sich das Wetter in den oberen Höhenlagen des Berges schlagartig ändern kann, z. B. Nebel mit null Sichtweite und eisiger Wind auftreten, scheitern viele Aufstiege auf den Hallasan allein an den Witterungsbedingungen. Auf jeden Fall muss ausreichend Wasser und Nahrung mitgenommen werden, da es auf dem Berg kaum Quellen für die Frischwasserversorgung gibt. Der Pfad sollte wegen der abrupten Wetterwechsel nicht alleine begangen werden. Diese Vorsichtsmaßnahmen gelten für alle Wege auf den Berg; zu Zugangsbeschränkungen s. S. 423.

Anders als der wenig besuchte Gwaneumsa Trail, der auch zum Krater führt, ist der **Seongpanak Trail** (Seongpanak Tambangno 성판악 탐방) ein überaus beliebter, aber nicht einfacher Weg, der im Osten des Hallasan-Nationalparks startet. In einer Richtung sind 10 km Laufpensum und 1200 Höhenmeter zu bewältigen. Der Hallasan ist zwar 1950 m hoch, doch die Bushaltestelle und der Parkeingang liegen bereits auf 750 m Höhe. Der Weg führt vorbei an den beiden Notunterkünften Saraak und der Jindallaebat-Hütte bis zum Kraterrand.Der Seongpanak Trail beginnt in dichtem Bewuchs und führt über einen steinigen Weg zunächst bis zur Aussichtsplattform **Sara Oreum** 사라오름, wo auch eine Quelle mit Trinkwasser zu finden ist. Von hier sind es etwa 1,5 km bis zum nächsten Schutzraum, der **Jindallaebat-Hütte** (Jindallaebat Daepiso 진달래밭대피소), die zwar keine Unterkunft bietet, aber Wasser, einfache Nudelsuppen und Toiletten mit ›natural fermentation‹ (Plumpsklos). Diese Hütte liegt auf 1500 m und bietet im Frühjahr mit der sie umgebenden Azaleenwiese eine Farbshow der

dene Insekten. Während eines Jahres durchläuft der Berg einen faszinierenden Wandel. Im Frühjahr sprießen in den tieferen Regionen große Blumenfelder und in den höheren Lagen violette Rhododendren, die dem Berg ein buntes Kleid anlegen. Der Sommer taucht den Berg in sattes Grün, und im Herbst tragen die Wälder mit den berühmten Jorok-Bäumen ihr typisches buntes Laub. Im Winter erstrahlt der Hallasan in weißer Reinheit, denn trotz seiner subtropischen Lage schneit es auf dem Berg heftig. Allerdings ist bei mehreren Metern Schnee und -25 °C am Kraterrand an einen Spaziergang nicht zu denken. Launisch ist der Berg aber auch zu anderen Jahreszeiten, denn das Wetter kann sich hier in Minutenschnelle von Sonne in Nebel oder Regen ändern oder so schlecht werden, dass eine Wanderung kaum möglich ist. Für jeden Aufstieg sollte man früh auf den Beinen sein, denn auch wenn der Gipfel am Morgen noch im Sonnenschein erstrahlt, ist es mit der Pracht am frühen Nachmittag fast immer vorbei und die Kuppe von Wolken verdeckt – dann sollte man sich bereits auf dem Rückweg befinden.

Trekking im Hallasan-Nationalpark

Auf den Hallasan führen fünf Hauptwege: **Gwaneumsa Trail** (Gwaneumsa Tambangno 관음사탐방로, 8,7 km), **Eorimok Trail** (어리목탐방로, 4,7 km), **Seongpanak Trail** (성판악탐방로, 9,6 km; s. Aktiv unterwegs

Extraklasse. Von hier ist es mindestens noch eine Stunde bis zum finalen Gipfelaufstieg.

Der gesamte Weg ist einfach zu finden, bis in die höheren Gebiete bewaldet, was im Sommer herrlichen Schatten spendet, aber keine grandiosen Blicke auf die Umgebung erlaubt. Als Entschädigung und mit etwas Glück lassen sich Spechte, Rehwild oder Dachse erspähen. Wenn sich der Weg öffnet, und dies tut er erst kurz vor dem Gipfel, ist ein herrlicher Blick auf die über 360 parasitären Vulkane des **Hallasan** möglich. Vom Kraterrand kann man in den bewachsenen Vulkan hinabschen – ein beruhigender Blick, denn der Hallasan ist erloschen. Aber andererseits: Die letzte Eruption fand erst im Jahr 1007 statt, und 1000 Jahre sind für einen Vulkan nicht mehr als ein Augenzwinkern. Die vereinzelt zu findenden Thermalquellen auf den Hängen des Hallasan zeugen von seiner immer noch vorhandenen Energie. Sollten also plötzlich Rauchschwaden aus dem Kraterkegel aufsteigen, empfiehlt sich ein rascher Abstieg.

Zurück geht es über **denselben Weg** oder via **Gwaneumsa Trail** (Gwaneumsa Tambangno 관음사탐방로, 8,7 km), für den man bergab ca. 4 Std. benötigt. Er ist der landschaftlich reizvollste Weg am Hallasan, doch von seinem Endpunkt am Bergfuß fahren keine Busse ab. Daher muss man noch 4 km am Gwaneum-Tempel vorbei bis zur Haltestelle an der Kreuzung von Highway 1131 und 1117 laufen. Taxis verkehren hier kaum.

oben), **Yeongsil Trail** (영실탐방로, 3,7 km) und der nach 15 Jahren Regenerationszeit im Dezember 2009 wiedereröffnete **Donnaeko Trail** (돈내코탐방로, 9,1 km). Die beiden schwierigsten und längsten Wege, Gwaneumsa und Seongpanak, sind zzt. die einzigen, die zum Kraterrand führen. Die drei anderen Pfade sind nicht minder attraktiv, verleihen dem Wanderer aber nicht das ›Geschafft!‹-Gefühl. Dies kann sich ändern, wenn die Trails wieder bis zum Gipfel geöffnet werden (und dafür andere geschlossen werden, um der Natur Zeit für eine Erholung zu geben). Bei allen Routen ist Vorsicht geboten.

Zugangsbeschränkungen: Die zuständigen Parkranger lassen je nach Trail ab einer gewissen Uhrzeit keine Wanderer mehr zum Gipfel. So darf beispielsweise im Winter nach 12 Uhr bzw. im Sommer nach 15 Uhr niemand mehr auf den Eorimok Trail. Darüber hinaus schließt die Parkverwaltung bei zu großem Andrang, zu großer Naturgefährdung oder bei zu viel Schnee kurzfristig einzelne Wege, teilweise sogar für Jahre. Daher ist ein Anruf vorab bei der Touristeninformation (Tel. 064 713 99 50, 064 13 30) absolut ratsam. Sämtliche Wege im Hallasan-Nationalpark sind nur als **Tagestour** zu machen, da es an den Routen lediglich rudimentäre, nicht für eine Übernachtung vorgesehene Schutzräume gibt. Abends muss jeder Besucher den Nationalpark wieder verlassen haben (www.hallasan.go.kr, Eintritt frei).

Ost-Jejudo

Der Osten ist das Gegenteil von Jeju-Stadt und Seogwipo – ein Landstrich, den die Zivilisation noch nicht erreicht hat. Die wichtigsten Natur-Attraktionen Jejus ballen sich hier – an der Küste die Insel Udo mit ihren berühmten Taucherinnen und einem atemberaubenden Vulkankegel, im Inselinneren Höhlen und ein imposanter Vulkankrater.

Sangumburi Oreum 산굼부리

▶ 4, F 2

Jejudos zweitgrößter Vulkankrater liegt im Inselinneren auf halber Strecke zwischen Jeju-Stadt und Pyoseon. Mit einer Tiefe von 130 m und einem Durchmesser von 650 m (Umfang gut 2 km) ist er neben dem Seongsan Ilchulbong der imposanteste aller erloschenen Vulkane Jejus. Da er unmittelbar am Highway 1112 liegt, ist er in fünf Minuten über einen Pfad zu besteigen (s. auch Aktiv unterwegs S. 422). Am Ende des Weges erwartet den Besucher eine Aussichtsplattform mit Blick in alle Richtungen – Hallasan, der Ozean und viele der übrigen 359 Vulkane Jejus. Steht man am Kraterrand, sieht der Sangumburi aus wie ein kreisrundes Fußballstadion, dessen Sitzplätze und Spielfeld durch Wald ersetzt wurden. Mit seiner dichten Vegetation ist der Vulkan eher ein botanischer Garten als ein grimmiger Vulkankegel. Um Flora und Fauna des Kraters zu schützen, ist ein Abstieg in den Wald nicht erlaubt.

Sangumburi ist deshalb so einfach zu erreichen, da sein Kraterrand fast ebenerdig ist. Anders als Seongsan Ilchul-bong und Hallasan, die beide durch einen langen Eruptionsprozess immer höher wuchsen, handelt es sich bei dem Sangumburi um ein Maar – das einzige Südkoreas –, also einen Vulkan, der rasch explodierte, wenig Lava spie und dann erlosch. Dieses Phänomen entsteht durch Gasexplosionen beim Zusammentreffen von heißem Magma und kaltem Wasser und ist in Deutschland typisch für die Vulkaneifel (www.sangumburi.net, Bus Jeju-Stadt–Pyoseon via Highway 1112, stdl., Fahrzeit 25 Min., ₩ 2000, tgl. 8.30–17.30 Uhr, ₩ 300).

Rund um die Manjanggul

13 Manjanggul 만장굴 ▶ 4, G 1

Die längste Lavahöhle der Welt, die **Manjang-Höhle,** liegt etwa 25 km östlich von Jeju-Stadt, und ihr Besuch ist ein beeindruckendes Erlebnis. Von den etwa 13,4 km ihrer Länge ist der erste Kilometer für Besucher geöffnet und so gut ausgeleuchtet, dass alle Tausendfüßler, Fledermäuse und anderes Getier geflüchtet sind. Die Röhre ist auf dem größten Teil ihrer Länge 3–20 m breit und ebenso hoch. Bei einer Durchschnittstemperatur von 11 °C ist es hier kühl genug, um sich ohne Jacke kräftig zu erkälten. Feste Schuhe sind Pflicht auf dem Felsboden. Die Höhle wurde 1947 entdeckt, jedoch erst Jahre später erforscht, da die Inselbewohner meinten, sie sei von bösen Geistern bewohnt. Mit ihren schwarzen und glatten Wänden wirkt sie wie der Bau eines riesigen Maulwurfs und endet für Besucher ohne Sondererlaubnis an einem 8 m hohen Lavapfeiler (tgl. März–Okt. 9–18, Nov.–Febr. 9–17 Uhr, ₩ 2000).

Gimnyeong-Labyrinth und Gimnyeongsagul ▶ 4, G 1

An derselben Straße Richtung Meer befindet sich zehn Fußminuten von der Manjanggul entfernt das **Gimnyeong-Labyrinth,** ein Irrgarten (jejumaze.com, tgl. 8.30–18.30 Uhr, ₩ 3300), wie man ihn mit seinen hohen Hecken nur in Europa oder in Harry-Potter-Filmen findet. Sein Gründer, Frederic Dustin, lebt seit 1958 in Korea und eröffnete 1987 das Gimnyeong Maze. Das Labyrinth ist ein einziger Spaß und klein genug, dass man spätestens nach 20 Minuten den Ausgang gefunden hat.

Einen weiteren Kilometer nördlich – immer noch an der Straße zur Küste – liegt die **Gimnyeongsagul** 김녕사굴, die Schlangenhöhle. Sie ist zwar offiziell geschlossen, aber kann trotzdem betreten werden. Die Höhle sieht mit ihrer runden und glatten Form aus wie der Schlund einer riesigen Schlange und ist mit einer Legende verbunden. Vor Jahrhunderten soll hier eine Schlange gehaust haben, der jährlich eine junge Frau geopfert werden musste, damit dem Dorf nichts Schlimmeres passiert. Demütig folgten die Dorfbewohner viele Jahre dem Ritual, bis im 16. Jh. ein neuer Gouverneur auf die Insel kam und die Schlange tötete. Der Regierungsbeamte wurde fortan verehrt wie ein Gott, erkrankte jedoch kurz danach schwer und starb. Die Dorfbewohner verfielen erneut dem Schlangenkult, der heute allerdings ausgestorben ist.

An der Küstenstraße zwischen Jeju-Stadt und der Höhle liegt der **Hamdeok-Strand** (s. S. 419), einer der am besten besuchten Sandmeilen Jejudos.

Haenyeo-Museum ►4, H 1

Haenyeo Bangmulgwan 해녀박물관
Die Meeresfrauen (*haenyeo* 해녀) Jejus tauchen seit Jahrhunderten an den Küsten der Insel auf der Suche nach Schalentieren, Seegurken und anderen Meeresfrüchten. Allerdings geht ihre Zahl kontinuierlich und drastisch zurück (s. Thema S. 426).

Zur Erinnerung an die große Zeit der Taucherinnen, die ohne Sauerstoffflaschen bis zu 20 m tief tauchen, entstand das Haenyeo-Museum an der Nordostküste Jejus. Es steht in **Hado** 하도, einem kleinen Ort direkt an der Küste, wo traditionell viele *haenyeo* lebten, und eröffnet einen guten Einblick in die Arbeit und Kultur der Meeresfrauen. Spannender ist es, beispielsweise am Seongsan Ilchulbong (s. u.) den Damen direkt zuzusehen (Tel. 064 782 98 98, www.haenyeo.go.kr, ab Intercity Bus Terminal Jeju-Stadt, Bus Richtung Seongsan 성산 bis Hado-ri 하도리, Fahrzeit 60 Min., tgl. 9–18 Uhr, ₩ 1100).

Am Seongsan Ilchulbong und auf Udo

Seongsan Ilchulbong ►4, J 2

Am östlichen Ende Jejudos liegt der erloschene Vulkan **Seongsan Ilchulbong** 성산 일출봉, der mit seinem Bewuchs, seinem häufigen Nebel und seiner wilden und schroffen ›Architektur‹ idealer Drehort für einen Film über eine versunkene Welt mit King Kong und seinen prähistorischen Verwandten wäre. Hat man den Vulkan erklommen, bietet sich ein Blick auf eines der herrlichsten Naturwunder Jejus: den bewachsenen Vulkankegel und das umgebende Meer.

Wie viele Vulkane auf Jeju ist auch der atemberaubende Sonnenaufgangsgipfel (Ilchulbong) ein Parasitenvulkan, also ein Abkömmling der Mutter aller Jeju-Vulkane, des Hallasan. Der **Krater** besitzt bei einer Tiefe von fast 90 m einen Durchmesser von 450 m. Sein Rand ist mit unzähligen Felsspitzen bestückt, die dem Krater die Optik einer Krone verleihen.

Mit 180 m Höhe ist der Vulkan ein beeindruckendes Felsgebilde, das an der Südseite bis zum Dorf Seongsan abfällt und daher an dieser Stelle ideal ist für einen Aufstieg. Etwa 30 Minuten benötigt man für den Weg zum Gipfel, der über einen steilen Steinweg erreichbar ist. Eine Sonnenaufgangsexpedition im Morgengrauen ist für viele Koreaner das Erlebnis schlechthin. Daher machen sie sich jeden Morgen mit Taschenlampen bewaffnet in Armeestärke zum Sturm auf den Gipfel auf. Um rechtzeitig zum Sonnenaufgang oben zu sein, muss man in **Seongsan** 성산 übernachten oder mit dem Taxi/eigenen Pkw sehr früh anreisen. Der Weg ist nicht zu verfehlen,

Haenyeo – Jejudos alternde Meeresfrauen

In Südkoreas Macho-Gesellschaft sind Jejus Taucherinnen ein kleines Wunder. Seit Generationen gehen die Haenyeo (Meeresfrauen) vor Jejudo ihrem gefährlichen Job nach und überlassen den Herren der Schöpfung die einfacheren Formen des Broterwerbs.

Exakte Belege dafür, wann die *haenyeo*-Tradition begann, gibt es nicht. Vermutlich liegen die Wurzeln Ende des 19. Jh. Damals schaffte die Joseon-Dynastie die Sklaverei ab, erneuerte das Steuersystem – und führte hohe Steuern für Taucher ein. Auf Jejudo war man jedoch findig und stellte fest, dass diese Steuer für weibliche Taucher nicht galt. Also mussten die Frauen tauchen, um für sich und ihre Familien den Lebensunterhalt mit dem Sammeln von Seegras und Meeresfrüchten zu verdienen.

Bereits im Alter von sechs Jahren beginnt die Ausbildung der *haenyeo* (해녀), die zunächst Schwimmen und dann Tauchen lernen, um in einem Alter, in dem ihre westlichen Schwestern Abitur machen, voll mit dem Tauchen zu beginnen. Damals wie heute tauchen sie zu zweit oder auch in Gruppen, weil das Tauchen in der rauen See gefährlich ist. Gearbeitet wird im Sommer wie im Winter, wenn das Wasser nur noch eine Temperatur von 10 °C hat, und das alles mit Lowtech-Ausrüstung: Neoprenanzug, Brille, Gewichte und Flossen müssen reichen. Bis in die 1970er-Jahre gingen die Taucherinnen sogar in dünnen Baumwollanzügen auf die Suche nach Muscheln, Tintenfischen, Seeigeln und anderen Delikatessen – mit Meerjungfrauenromantik hat die Arbeit nichts zu tun.

Ein Problem heutzutage sind Umweltverschmutzung und steigende Wassertemperaturen, die beide die Unterwasservegetation verändern und den Fang heute weniger vielfältig machen. Von ihrer Beute können die wenigsten *haenyeo* leben, die meisten von ihnen haben Gasthäuser oder bauen Gemüse an. Es gab sogar Überlegungen, die *haenyeo* als UNESCO-Welterbe anzuerkennen.

Geübte *haenyeo* können mehrere Minuten unter Wasser bleiben, was weit außerhalb der Grenzen für gesunde Normaltaucher liegt. Die Taucherinnen gehen auf Tiefen von bis zu 20 m, wobei Sporttaucher wissen, dass dies bereits mit Sauerstoffflasche keine einfache Übung ist. Jahrelanges Training und vielleicht sogar die Evolution haben dazu geführt, dass die Taucherinnen ein kleines biologisches Wunder sind – ihre Lungen weisen ein fast doppelt so großes Volumen auf als bei normalen Menschen. Die häufigen Tauchgänge und vor allem das Auftauchen aus größeren Tiefen ohne Zwischenstopp haben bei vielen aber auch Spuren hinterlassen. Da sich beim Auftauchen die Brust ausdehnt und Sauerstoff aus dem Blut in die Lunge strömt, können Ohnmachten eintreten. Bei vielen *haenyeo* hat der häufige Druckwechsel zu chronischen Kopfschmerzen und Schwerhörigkeit geführt.

Trotz aller heutigen Glorifizierung für das Apnoetauchen und die harte Arbeit der *haenyeo* sind die Meeresfrauen eine aussterbende oder zumindest stark überalterte Berufsgruppe. Ihre Hochphase hatten sie in den 1950er-Jahren, als über 30 000 *haenyeo* die Gewässer um Jejudo nach Essbarem durchforsteten. In den 1970er-Jahren war es be-

Thema

reits weniger als die Hälfte, und heute folgen knapp 3000 Töchter ihren Müttern in die Tiefe. Die junge Generation arbeitet heute wie in allen reichen Ländern immer weniger in ›3D-Jobs‹ (dirty, dangerous und difficult), sondern lieber in Büros, Restaurants oder der Tourismusindustrie, sodass weit über 50 % der stark dezimierten Zunftmitglieder bereits über 60 Jahre alt ist – unter 30 ist keine einzige der Taucherinnen auf Jejudo. Damit werden die *haenyeo* früher oder später von der Insel verschwinden, obwohl sie, seit die Touristen kommen, stolz sind auf ihre Tauchkünste, die sie früher als entbehrungsreich und wenig einträglich empfanden.

Wenn der Tag des letzten Tauchgangs gekommen ist, werden die *haenyeo* nur noch ein Mythos der Inselgeschichte sein. Einzig das Haenyeo-Museum (s. S. 425) östlich von Jeju-Stadt oder Filme wie »My Mother, the Mermaid« von 2004 werden dann an die berühmten Meeresfrauen von Jejudo erinnern – an eine lange Geschichte von Ruhm und Lebenskraft.

Haenyeo mit ihrer ›Ernte‹ nach einem abgeschlossenen Tauchgang

Blick über den Ort Seongsan auf den Seongsan Ilchulbong

aber um nicht über die Klippen zu fallen, ist eine Taschenlampe unabdingbar. Die Belohnung ist einer der besten Sonnenaufgänge Koreas mit einem Meer, dessen Farbe von Rot über Gold zu Blau wechselt – bei klarem Himmel, was auf Jeju nicht immer der Fall ist (tgl. vor Sonnenaufgang bis Sonnenuntergang, ₩ 2000).

Wenige Kilometer südlich Seongsans kann man sich am **Sinyang-Strand** vom Vulkanaufstieg erholen (s. S. 418).

Ausflug nach Udo 우도 ▶ 4, J 1/2

Die Kuhinsel (Udo) liegt 4 km östlich von Jejudo und hat als einzige Insel Koreas einen Korallenstrand mit herrlich weißem Sand, der zwischen den beiden Bootsanlegestellen an der Süd- bzw. Westküste liegt. Udo hat sich seinen ländlichen Charme erhalten und weist eine einmalige Landschaft aus imposantem Vulkangestein an der Küste und sattgrünen Feldern im Inselinneren auf. Letztere können von einem neuen Leuchtturm aus überblickt werden. Tatsächlich hat Udo sogar zwei **Leuchttürme:** Das neuere Modell ersetzte 2003 seinen Vorgänger von 1906, der von den Japanern erbaut wurde und der sechstälteste Leuchtturm Koreas ist. Von der Bucht unterhalb starten *haenyeo* Tauchgänge für ihren Tagesfang an Meeresfrüchten.

Etwa 1800 Bewohner leben auf Udo, die mit ihren 16 km Umfang groß genug für eine vier- bis fünfstündige Wanderung ist. Alternativ leiht man sich am Hafen ein Fahrrad aus (₩ 2500–3000/Std.) oder nutzt den um das Eiland fahrenden Bus (₩ 500).

Übernachten

Freundliche Mittelklasse ▶ Ilchulbong Hotel 일출봉호텔: im nördlichen Teil von Seongsan, wenige hundert Meter südlich des Fährhafens an der Einfahrt nach Seongsan, Tel. 064 782 88 01, www.ilchulbonghotel.co.kr. Die beste Unterkunft des Ortes bietet preiswerte, schlichte Räume, bei denen man die Wahl hat zwischen koreanischer Bodenmatratze oder westlichem Bett. Das Hotel ist durch den riesigen, blauen Schriftzug Hotel auf dem Dach nicht zu übersehen. DZ ab ₩ 40 000, Suite ₩ 100 000–150 000.

Einfache Unterkunft in Seongsan ▶ Die zahlreichen **Privatunterkünfte** (*minbak* 민박) bieten Übernachtungsmöglichkeiten ohne Luxus, aber die Eigentümer wissen um die Wünsche ihrer Gäste und wecken diese morgens früh, um rechtzeitig zum Sonnenaufgang auf dem Ilchulbong zu sein. Ab ₩ 25 000.

Übernachten und essen auf Udo ▶ Die Insel ist ein idealer Rückzugsort und bietet dafür sowohl am Korallenstrand als auch im Dorf im Inselzentrum **einfache Unterkünfte** und **Restaurants.**

Essen & Trinken

Seongsan liegt auf einer Halbinsel am Meer, und was sollte man daher anderes erwarten als Fischrestaurants? Die Auswahl ist groß, und viele Restaurants reihen sich entlang der Parallelstraße, die 100 m unterhalb des Parkplatzes am Eingang zum Vulkan verläuft.

Fisch ▶ Hanseong: direkt gegenüber der Zufahrtsstraße zum Krater, Tel. 064 782 46 46. Eines der besseren Gasthäuser an der oben erwähnten Straße ist dieses kleine Restaurant mit guten, aber preislich mutig kalkulierten koreanischen Gerichten. Das Restaurant ist dank seiner Werbeplakate an jedem Quadratzentimeter Außenfläche nicht zu übersehen. Englische Speisekarte. Gerichte ₩ 10 000 (Suppe) bis ₩ 230 000 (Barsch).

Am Strand ▶ Neben dem Vulkan haben Jejudos *haenyeo* (Taucherinnen) an einem schwarzen Sandstrand ein kleines **Restaurant** eröffnet, wo man den frisch eingebrachten Fang verspeisen und den Damen beim Tauchgang im nahen Gewässer zuschauen kann. Eine Treppe unweit des Aufstiegs zum Vulkan führt zu Strand und Restaurant. Ab ₩ 10 000.

Kaffee ▶ **Coffee it Suda:** schräg gegenüber dem Hanseong-Restaurant an der Ecke zur Parkplatzauffahrt, tgl. 9–18 Uhr. Kein Mensch weiß, was der Name bedeuten soll, aber der Kaffee (₩ 3000) reicht für einen Koffeinschub.

Verkehr

Bus: ab Jeju-Stadt (₩ 4000, 1,5 Std.) und ab Seogwipo (₩ 3500, 1 Std.) nach Seongsan.

Fähre: Etwa 2 km nördlich des Dorfes Seongsan liegt der Fährhafen für die 15-minütige Bootsfahrt zur Insel Udo, wobei der Fahrplan der Fähren vom Wetter abhängig ist. Das gilt auch für die 45-minütige U-Boot-Fahrt (alle 30 Min., ₩ 50 000) vom selben Terminal.

Seongeup Folk Village ▶ 4, G 3

Seongeup Minsok Maeul 성읍민속마을

Zehn Minuten Busfahrt nördlich des kleinen Dorfes Pyoseon 표선 liegt die ehemalige ›Hauptstadt‹ Jejus, das traditionelle Dorf Seongeup. Die Siedlung war vom 15. Jh. bis 1913 Provinzzentrum und hat mit ihren über 300 Häusern viel vom damaligen Flair bewahrt. Dazu trägt am meisten bei, dass das Dorf bewohnt ist und die Regierung den Erhalt der Häuser finanziell unterstützt.

Um zu sehen, wie und wo Koreaner lebten, bevor Beton, Stahl, Asphalt und Kaffeehausketten die Straßen beherrschten, tut man gut daran, das Dorf ein paar Stunden lang zu erkunden – Seongeup ist das am besten erhaltene alte Dorf der Insel. Hier geht das Leben seinen traditionellen Gang, so als sei die Moderne noch Jahrzehnte entfernt. Die Bewohner sind es gewohnt, dass Besucher ihre Nasen in die Gärten stecken, und geübt darin, ihnen barsch den Wunsch abzuschlagen, einen Spaziergang durch das Wohnzimmer machen zu dürfen – mit einem Blick in Küche und Schlafzimmer für einen Vergleich mit den vier Wänden daheim.

Entlang der Wohnhäuser und *dolharubang* (s. S. 412) durch die Gassen zu schlendern ist wie eine Zeitreise und sollte am über 1000 Jahre alten **Zelkova-Baum** im Zentrum des Dorfes vorbeiführen. Spaziergänger mit kundigem Blick werden erkennen, dass vor vielen der Hütten ein **Tor** zu finden ist, das aussieht wie ein Rindergatter: drei waagerecht übereinanderliegende Holzbalken zwischen zwei Steinpfeilern. Dieses als *jeongnang* 정낭 bekannte Tor ist ein einfaches, aber effizientes Mitteilungssystem auf einer Insel, die drei Dinge nicht kennt: Diebe, Bettler und Schlösser vor den Türen. Daher zeigt die Lage der drei Balken an, ob die Bewohner außer Haus sind (drei Balken zwischen den Pfeilern), in Rufweite (zwei Balken abgesenkt) oder zu Hause (alle drei Balken auf dem Boden). Das Dorf ist mit Bussen vom Busbahnhof in Jeju-Stadt zu erreichen (Bus ab Jeju-Stadt alle 20 Min., Fahrzeit 40 Min., ₩ 3000, Bus ab Pyoseon stdl., Fahrzeit 10 Min., ₩ 1200, tgl. 24 Std., Eintritt frei).

Zwischen Pyoseon und Seogwipo

Jeju Folk Village ▶ 4, H 4

Jeju Minsok Chon 제주민속촌

Mehr als 100 traditionelle Häuser wurden aus allen Teilen Jejudos an diesen Fleck im Südosten der Insel verlagert, um Besuchern die Kultur eines typischen Dorfes aus den 1890er-Jahren zu vermitteln. Viele der Häuser sind 200–300 Jahre alt, und obgleich das

Im Jeju Folk Village – rechts und links des Gebäudes steht je ein Dolharubang

Dorf eine künstliche Ansammlung von Bauten ist, die so nirgends auf der Insel zu finden war, wirkt die Siedlung authentisch.

Anders als Seongeup Folk Village (s. S. 430) widmet sich das Dorf der Architektur und der Lebensweise verschiedener Berufs- und Kulturkreise der Insel. Hütten aus den Bergen, Fischerdörfer, ein Regierungsgebäude mitsamt Gefängnis sowie die Werkstatt eines Schmiedes wurden hierhertransportiert und seit 1987 auf gut 150 000 m^2 ausgestellt. Dreimal täglich finden Vorstellungen einer Folkloregruppe statt. Für viele Besucher werden die feinen Unterschiede der einzelnen Häuser nur schwer erkennbar sein – das Automatic Audio Guide System in Englisch für ₩ 2000 ist ein ebenso gutes Investment wie das für ₩ 1200 erhältliche Büchlein mit englischsprachigen Erläuterungen. Bei der Größe des Areals kann man leicht einen halben Tag hier verbringen (Tel. 064 787 45-01, -02, www.jejufolk.com, Bus ab Jeju-Stadt alle 20 Min., Fahrzeit 60 Min., ab Seogwipo alle 20 Min., Fahrzeit 40 Min., tgl. April–15. Juli 8.30–18, 16. Juli–Aug. 8.30–18.30, Sept. 8.30–18, Okt.–März 8.30–17 Uhr, angegeben ist der letzte Einlass, ₩ 8000).

Sinyoung Cinema Museum ▶ 4, F/G 4

Sinyeong Yeonghwa Bangmulgwan
신영영화박물관

Ca. 20 km östlich von Seogwipo liegt das 1999 eröffnete Sinyoung Cinema Museum (SCM), benannt nach dem berühmten koreanischen Schauspieler Sin Young-kyun. Es besticht mit seiner außergewöhnlichen Architektur und seinen weiß getünchten Mauern. Bonmots aus Hollywood oder Stunts aus dem Filmstudio Babelsberg gibt es hier nicht, das Museum hat sich vielmehr der koreanischen Filmgeschichte verschrieben. Zur Ausstellung gehören eine Galerie mit alten Filmprojektoren und -kameras sowie eine Hall of Fame koreanischer Schauspielgrößen. Wer nicht vertraut ist mit der koreanischen Kinogeschichte, wird den umliegenden Garten interessanter finden, denn hier warten nicht nur Forrest Gump auf seiner Bank und einige Dinosaurier aus »Jurassic Park« auf ein Foto mit den Besuchern, sondern auch die frische und salzige Seeluft (Namwon-ri, Tel. 064 7 64 77-77, -78, -79, www.jejuscm.co.kr, Bus von Jeju-Stadt oder Seogwipo/East Belt Line, Stopp Sinyoung Cinema Museum, tgl. 9–18.30 Uhr, ₩ 6000).

Seogwipo und der Süden

Der Süden Jejudos lockt mit Attraktionen, die Touristenbroschüren gerne im Überfluss versprechen: schöne Strände, erodierte Felsküsten, ausgefallene Museen und Korallenriffe mit den besten Tauchgründen Koreas. Mittendrin hat sich Seogwipo, größte Stadt des Südens, ein Lebenskünstler-Flair erhalten, wie es in ganz Korea nicht zu finden ist.

Seogwipo und Umgebung

▶ 4, E 4/5

Cityplan: S. 434

Seogwipo 서귀포시 mit seinen knapp 90 000 Einwohnern ist die zweitgrößte Stadt der Insel und besitzt eine völlig andere Atmosphäre als die Inselhauptstadt. Während Jeju-Stadt sich gerne zur Oberklasse zählt (mit Hang zur Selbstüberschätzung), leidet Seogwipo unter einem Provinzkomplex. Das Städtchen im Süden ist ein zu stark gewachsener Fischereihafen und wegen seines warmen Klimas Zentrum des Landes für die Produktion von Zitrusfrüchten. Seine zerklüftete Küste, vor der malerisch Inseln liegen, und zwei der schönsten Wasserfälle der Insel resultieren aus der Lage Seogwipos an den südlichen Ausläufern des Hallasan-Lavastroms.

Und – wie könnte es anders sein – gibt es natürlich eine Legende. Im 3. Jh. v. Chr. soll Chinas erster Kaiser, Qin Shihuangdi, der die erste zusammenhängende Chinesische Mauer und die Terrakotta-Armee von Xi'an errichten ließ, seinen getreuen Gefolgsmann Seobok (Xu Fu 徐福, geb. 255 v. Chr.) mit 60 Schiffen und einer Equipage von je 3000 Damen und Herren jüngeren Jahrgangs auf die Suche nach dem magischen Kraut bullocho 불로초 (Nicht-Altern-Kraut) geschickt haben. Kaum etwas trieb den ersten Kaiser mehr um als der Wunsch nach Unsterblichkeit.

Auf seinem Weg kam Seobok auch an Jejudo vorbei, wo er auf dem Hallasan das Kraut vermutete. Seobok fand zwar die Pflanze und fuhr mit ihr nach China zurück, doch der Kaiser starb trotzdem. Der Ort auf Jejudo, von dem aus Seobul wieder in See stach, war Seogwipo, dessen Name treffenderweise so viel bedeutet wie Hafen der Rückreise nach Westen.

Selbst heute ist die Stadt als Reisebasis hervorragend geeignet. Sie liegt nur 30 km von der nördlichen Küste entfernt, ist also, wie jeder Fleck der Insel, innerhalb einer Stunde von Jeju-Stadt oder vom Flughafen aus erreichbar. Mit Bussen und Straßen ist Seogwipo bestens mit dem Rest der Insel verbunden und eignet sich als Ausgangsstation für eine Entdeckung der Insel sogar besser als Jeju-Stadt. 2006 wurde der gesamte Südteil der Insel in die Stadt eingemeindet, sodass Seogwipos Bevölkerung auf nun rund 160 000 Einwohner angewachsen ist. Bekannt wurde die Stadt als Austragungsort der Fußballweltmeisterschaft 2002. Drei Spiele fanden im kleinen **Seogwipo-Stadion** statt, darunter das Achtelfinale Deutschland gegen Paraguay, das Deutschland knapp mit 1:0 gewann.

Lee Joong-Seop Art Gallery 1

Jungseop Museum/Jungseop Misulgwan
이중섭 미술관

Seogwipo geizt in- und außerhalb der Stadt nicht mit Museen, was für einen subtropischen Ort dieser Größe erstaunlich ist. Im Zentrum Seogwipos liegt die interessante Lee Joong-Seop Art Gallery, benannt nach

Der Jeongbang-Wasserfall

Lee Joong-Seop (1916–56), einem bekannten südkoreanischen Maler, der während des Koreakriegs hier mit seiner japanischen Frau und seinen beiden Kindern ein Jahr lebte. Während dieses einen Jahres schuf Lee viele seiner Meisterwerke, von denen heute einige in der Galerie ausgestellt sind. Nach seinem frühen Tod, Mangelernährung und Hepatitis geschuldet, kaufte die Stadt später das Haus, restaurierte es, erbaute daneben die Galerie und benannte auch gleich die Straße vor der Ausstellung nach dem Künstler (Di–So 9–18, Juli–Sept. 9–20 Uhr, Tel. 064 733 35 55, ₩ 1000).

Cheonjiyeon Pokpo 천지연폭포 2

Das beschauliche Städtchen hat östlich und westlich des Stadtzentrums drei Wasserfälle, die bequem zu Fuß besucht werden können. Den **Cheonjiyeon-Wasserfall,** einen der drei berühmten Katarakte Jejudos (s. auch Jeongbang Pokpo, S. 435, Cheonjeyeon Pokpo, S. 439), erreicht man in 15 Min. zu Fuß vom Stadtzentrum aus über einen Waldweg. Cheonjiyeon 천지연 bedeutet übertragen: Wasserfall, der den Himmel *(cheon)* mit der Erde *(ji)* verbindet – und tatsächlich stürzen die Wassermassen nach einem tropischen Regen in imposanter Menge herunter *(yeon =*

Seogwipo

Sehenswert
1 Lee Joong-Seop Art Gallery
2 Cheonjiyeon Pokpo
3 Jeongbang Pokpo
4 Seobuk Exhibition Hall
5 Sojeongbang Pokpo
6 Rhee Syngman Memorial Hall

Übernachten
1 Seogwipo KAL Hotel
2 Little France Hotel
3 Milano Motel
4 Jeju Hiking Inn

Essen & Trinken
1 Yeongbin Hoegwan
2 Suracheong
3 Chungmun Sikdang
4 Cobaco
5 Kkomjirak Kitchen
6 Rose Marine

Abends & Nachts
1 Milano
2 New York
3 J Bar

Aktiv
1 Big Blue 33
2 U-Boot-Fahrten
3 Water World

tiefes Wasser/Abgrund). Das Wasser wird in einem künstlichen See aufgefangen (tgl. 7–22, letzter Zutritt ca. 21 Uhr, im Sommer 1 Std. länger, ₩ 2000).

Jeongbang Pokpo 정방폭포 3

Dieser Wasserfall, 2 km vom Stadtzentrum entfernt im Osten Seogwipos, ist ein typisches Produkt der Vulkaninsel: Das Lavagestein hörte einfach auf zu fließen und formte die schroffe Küste mit ihren steilen Klippen. Das Wasser des Donghong (Donghongcheon 동홍천) stürzt hier aus 23 m Höhe in ein Becken, das direkt ins Meer mündet. Laut Touristeninformation ist dies der einzige Wasserfall Asiens, der unmittelbar in den offenen Ozean mündet, was nicht ganz stimmt, denn beim japanischen Toroki-Wasserfall stürzen die Wassermassen ebenfalls ins Meer .

Jeongbang ist der berühmteste unter den Wasserfällen Jejudos, nicht wegen seiner Höhe und seinem Getöse, sondern weil Seobok, der Abgesandte des chinesischen Kaisers Qin Shihuang, hier vorbeigekommen sein soll, bevor er mit der Pflanze für das ewige Leben nach China zurückkehrte. Beeindruckt von der Schönheit des Wasserfalls gravierte er angeblich in chinesischen Schriftzeichen die Worte »*Seobok gwacha*« in die Felswand, was so viel bedeutet wie »Xu Fu war hier«. Von den Schriftzeichen ist nach all den Jahren nichts mehr zu sehen.

Im Ticketpreis für den Wasserfall ist der Eintritt zur **Seobok Exhibition Hall** 4 (Seobok Jeonsigwan 서복전시관) inbegriffen, die sich ganz der Legende um Seobok widmet, aber dessen Suche nach dem Zaubertrank für ewige Jugend nur in Koreanisch beschreibt (15 Min. zu Fuß ab Stadtzentrum, tgl. Sommer 8–19, Winter 8–18 Uhr, ₩ 2000).

Etwa 300 m östlich erreicht man den dritten Wasserfall, den **Sojeongbang Pokpo** 소정방폭포 5, der nicht annähernd die Größe des Jeongbang erreicht, aber ein schöner und wenig überlaufener Platz für eine Ruhepause ist.

Rhee Syngman Memorial Hall 6

Ri (I) Seungman Ginyeomgwan 이승만기념관

Etwa 1 km östlich des Stadtzentrums steht in einem schattigen Wäldchen die Gedenkstätte für Syngman Rhee (1875–1965), der von 1948 bis 1960 Südkorea regierte. Seine Wiederwahl wurde erst durch Studentenproteste verhindert, woraufhin er mit Hilfe des CIA nach Hawaii floh. Das Haus war einst Rhees Urlaubsdomizil und beherbergt heute eine Fotosammlung und persönliche Gegenstände des ersten Präsidenten Südkoreas. Mit englischen Erläuterungen (Tel. 064 763 21 00, tgl. 10–18 Uhr, ₩ 2000).

Oedolgae 외돌개 ► 4, E 5

Dieser 20 m hohe Felsen steht nur etwa 2 km westlich von Seogwipo. Der einsame Felsen ragt wie ein Held aus dem Meer, und eine entsprechende Sage rankt sich um ihn: Ein koreanischer General soll den gigantischen Felsen mit einer Uniform überdeckt und damit die angreifenden Mongolen abgeschreckt haben, die bereits auf der gegenüberliegenden Insel, auf Beomseom 범섬 lauerten. Der von Kiefernbäumen umgebene Fels ist ein beeindruckender Blickfang im Rot der untergehenden Sonne, wenn die Fischer im Meer um den Felsen ihr Glück versuchen. Seine Lage ist so romantisch, dass er 2003 im erfolgreichen Fernsehdrama »Daejanggeum – Die große Jang-Geum« mit Koreas Kinogöttin Lee Yeong-Ae den Hintergrund einer dramatischen Szene bildete (Bus 8 ab Seogwipo Local Bus Terminal, Fahrzeit 5 Min.).

Citrus Museum ▶ 4, E 4

Gamgyul Bangmulgwan 감귤박물관

Besucher mit aufmerksamem Blick werden feststellen, dass auf Jeju an jeder Straßenecke Zitrusfrüchte angeboten werden. Mandarinen und andere Südfrüchte wachsen überall um Seogwipo, und nichts ist naheliegender, als dem Treiben ein Citrus Museum zu widmen. Angeblich sollen Mandarinen bereits seit dem 16. Jh. auf Jeju wachsen.

Die 2005 eröffnete Ausstellung liegt gut 7 km östlich von Seogwipo. Videos, eine Schnüffelstation und eine Insektengalerie sind hier ebenso zu finden wie die Hauptattraktion des Museums – ein Treibhaus mit über 100 verschiedenen Zitrusfrüchten aus aller Welt. Die kleinste Frucht ist so groß wie eine Heidelbeere, die größte wiegt über 2 kg. Nur wenige englischsprachige Erläuterungen und leider keine Pflück- und Probierplantage (Tel. 064 710 66 11, Taxi, tgl. 9–18 Uhr, ₩ 1500).

Infos

Touristeninformation: am Eingang der Wasserfälle Cheonjiyeon und Jeongbang, Tel. 064 13 30, www.seogwipo.go.kr, tgl. 9–18 Uhr.

Übernachten

Alternativ zu den im Folgenden genannten Unterkünften kann man auch in Jungmun (15 km westlich von Seogwipo) nächtigen. Dort geben sich vor allem Luxusherbergen ein Stelldichein (s. S. 441).

Am Meer ▶ Seogwipo KAL Hotel 서귀포 칼 호텔 **1**: 486-3 Topyeong-dong, Tel. 064 733 20 01, www.kalhotel.co.kr. Etwas abgelegen im Osten der Stadt, aber dafür mit Meerblick und allen Standards der 4-Sterne-Hotellerie: Pool, Lounge, Fitnessstudio und Karaoke-Bar. Ein Hotelbus fährt alle 20 Min. vom Jeju International Airport zum Hotel. DZ ab ₩ 180 000.

Im Herzen Seogwipos ▶ Little France Hotel (Jageun France Hotel 작은프랑스호텔) **2**: 18 Taepyeong-ro 371beon-gil, Tel. 064 732 45 52, www.littlefrancehotel.co.kr. Zwar gibt es in dem Hotel weder Baguette noch Käse aus der Normandie, aber dafür sind die Zimmer gemütlich, frisch und hell. DZ ab ₩ 60 000.

Modern ▶ Milano Motel 밀라노모텔 **3**: 2 Soldongsan-ro 10beon-gil, Tel. 064 73 3 54 21, -2 oder 011 698 26 37. Erst 2011 fertiggestellt, trotz des Namens ohne Italien- oder Love-Atmosphäre, dafür eines der besten Motels der Stadt in zentraler Lage. Flachbildfernseher und Internet gehören zur Standardausstattung. DZ ₩ 60 000.

Institution für Budgetreisende ▶ Jeju Hiking Inn 제주하이킹인 **4**: 20 Soldongsan-ro 20beon-gil, Tel. 064 763 23 80, www.hikinginn.com. Fünf Fußminuten von der Touristeninformation am Cheonjeyeon-Wasserfall entfernt, liegt Seogwipos populärste Unterkunft für preissensible Individualisten. Räume und Bäder sind für den Preis unschlagbar. Extras: gute Englischkenntnisse des ansonsten wortkargen Besitzers und Fahrradverleih (₩ 10 000/Tag). EZ ₩ 22 000, DZ ₩ 30 000.

Essen & Trinken

Seogwipos **Essensstraße** verläuft entlang der östlichen Uferstraße, die zum Ferry Terminal führt. In dieser Straße sind Restaurants aller Preislagen angesiedelt, beispielsweise Yeongbin und Suracheong. Zusätzlich sind in den Straßen um die **Lee Joong-Seop Art Gallery** **1** eine Reihe von Cafés zu finden.

Fisch bestens zubereitet ▶ Yeongbin Hoegwan 영빈회관 **1**: Seogwi-dong 68-6, Tel. 064 732 34 88, tgl. 9.30–21 Uhr. Große Panoramafenster für einen wunderbaren, romantischen Ausblick auf das Meer machen das Yeongbin zu einem großartigen Platz für ein Abendessen mit der Angebeteten. Nicht

aktiv unterwegs

Tauchen in Seogwipo

Tour-Infos

Start: NAUI-Tauchschule Big Blue 33 1 빅블루33은 im Hafenviertel von Seogwipo
Dauer: 9–15 Uhr für zwei Tauchgänge, die jeweils max. 50 Min. dauern (je nach Sauerstoffverbrauch)
Schwierigkeitsgrad: einfach bis anspruchsvoll (8–40 m Tauchtiefe), auch Nitrox
Anfahrt: Taxi oder zu Fuß, die Tauchschule liegt 200 m südöstlich der Lee Joong-Seop Art Gallery.
Wichtige Hinweise: Big Blue 33 (www.bigblue33.co.kr, Tel. 064 733 17 33, 019 97 55 17 33) ist die einzige deutschsprachige Schule auf Jeju. Die gesamte Ausrüstung kann in der Tauchbasis gemietet werden. Ohne Tauchschein (PADI, NAUI etc.) sind im Allgemeinen nur Tauchgänge bis 10 m Tiefe möglich. Zwei Tauchgänge inkl. Ausrüstung ₩ 105 000, Schnuppertauchprogramm mit intensiver Vorbereitung ₩ 110 000, fünftägiger Kurs zum Scuba Diver ₩ 500 000.

Jejus Profi-Taucherinnen (*haenyeo* 해녀) haben zwar die Unterwasserkultur der Insel bekannt gemacht, in der internationalen Taucherwelt ist das Eiland jedoch ein Nobody. Zu Unrecht, denn gerade an der Südküste um Seogwipo sind hervorragende Vulkanfelsenriffe ebenso zu finden wie Weichkorallengärten, Fischschulen oder bis zu 50 cm lange Nacktschnecken. Durch ihre kalten und warmen Strömungen ist die See im Süden Jejus sowohl von bunten Tropenfischen als auch von Kaltwasserfischen bevölkert. Von Januar bis Mai wachsen Kelpwälder mit ihren langen Algententakeln bis an die Wasseroberfläche. In ihnen leben Seehasen, Flunder und andere Fische, die in den Sommermonaten in tiefere Gewässer abtauchen und dann nicht zu sehen sind.

Die besten Sichtweiten (bis zu 30 m) sind zwischen September und November möglich, in der übrigen Zeit sind es wegen der starken Planktonbildung bescheidene 10 m. Verglichen mit tropischen Tauchgebieten wie den Philippinen oder Thailand sind die Wassertemperaturen kühl. Ideale Zeit für ein Tauchabenteuer sind die Monate Juli bis November, wenn die Wassertemperatur 22 °C und mehr beträgt, sodass Nassanzüge ausreichend sind. Für die Erkundung der Kelpwälder in den kühlen Monaten werden Kopfhauben, Handschuhe etc. bereitgestellt.

Die schönsten Tauchplätze mit korallenbewachsenen Steilwänden liegen an den mit Laubbäumenund Kiefern bewachsenen Inseln **Mun** (Munseom 문섬, Moskitoinsel), **Little Munseom** (Jageun Munseom 작은 문섬), **Supseom** 숲섬 (Waldinsel) und **Beomseom** 범섬 (Tigerinsel). Sie sind mit einer kurzen Bootsfahrt von Seogwipo aus erreichbar.

Besitzer von Big Blue 33 ist der gebürtige Osnabrücker Ralf Deutsch, der nach sechs Jahren Tätigkeit als Deutschlehrer an der Universität von Jeju im Jahr 2001 die Tauchschule eröffnete.

günstig. Koreanisches Mehrgängemenü (*hanjeongsik* 한정식) ab ₩ 30 000.
Am Hafen ▶ **Suracheong** 수라청 2: Seogwi-dong 782-3, Tel. 064 763 22 27, www.surachung.com. Lecker, mit Seeblick und koreanischen Spezialitäten. Noch mehr Flair hätte das Haus, wenn die Außenterrasse vom Gerümpel befreit würde. Gerichte ab ₩ 15 000.

Einfacher Koreaner ▶ **Chungmun Sikdang** 중문식당 3: Tel. 064 762 70 13. Ab ₩ 5000 gibt es einfache, aber leckere und große Gerichte, z. B. *jeongsik* 정식 – Schweinefleisch mit zehn Beilagen (₩ 6000). Für ₩ 15 000 wird gegrillter Fisch serviert. Und das Beste: Ausländer erhalten unaufgefordert eine englischsprachige Speisekarte.

Koreanische Gerichte und Sushi ▶ Cobaco 코바코 4: 5-1 Ijungseom-ro, Tel. 064 763 07 74, www.cobaco.com, tgl. ab 10.30 Uhr. Gegenüber dem überdachten Markt nur wenige Meter die Straße hinunter bietet dieses kleine Restaurant einfache Nudelsuppen und andere Magenfüller zum kleinen Preis.

Kuscheliges Restaurant und Café ▶ Kkomjirak Kitchen 꼼지락키친 5: 34 Taepyeong-ro 37beon-gil, Tel. 064 763 02 04, tgl. 11–1 Uhr. Ausgestattet wie eine Studenten-WG mit vielen Kissen und Beatles-Bildern, lädt das kleine Café zu einem Kaffee aus Uganda, Brasilien oder Äthiopien (₩ 4000) ein. Kaffee-Refill für ₩ 1000 und Sandwiches ab ₩ 7000.

Dschungelhöhle ▶ Rose Marine 6: tgl. 10–17 Uhr. Das Café ist derart mit Efeu, Sträuchern und Bäumen überwuchert, dass es kaum zu sehen ist, dabei lohnt die Suche: ein herrliches Plätzchen am Hafen mit Snowboards, Skiern und einem alten Anker als Dekoration. So sehen normalerweise Aussteigerrestaurants in der Karibik aus. Kaffee (₩ 2000), Tee, Bier und Snacks.

Abends & Nachts

Seogwipos Nachtleben ›tobt‹ nordwestlich der Lee Joong-Seop Art Gallery 1 mit Bars und Kneipen – wie dem New York oder der J Bar.

Gutes Bier zum guten Essen ▶ Milano 밀라노 1: tgl. 19–3 Uhr. Das Barbecue sowie großartige Blicke auf den Hafen sind die Spezialitäten des Hauses. Empfehlenswert.

Kneipe mit importierten Bieren ▶ New York 2: 13-1 Myeongdong-ro, Tel. 064 733 86 58, tgl. 19–4 Uhr. Im 2. Stock trifft sich hier die (dünne) Ausländergemeinde Seogwipos am Wochenende zum Bier. Happy Hour 20–22 Uhr, allerdings mit schwachem Angebot, z. B. Guinness für ₩ 8500 statt ₩ 9000. Drinks ansonsten ab ₩ 4500.

Cocktailbar ▶ J Bar 3: tgl. 18–2 Uhr. Rote Plüschsessel und pechschwarze Ausstattung geben der kleinen Bar ein wenig Jetset-Flair, was sich auch in den Preisen niederschlägt.

Aktiv

Wandern ▶ Seogwipo ist an die gut ausgeschilderten **Jeju-Olle-Wanderwege** (s. Tipp S. 413) angebunden, so könnte man z. B. vom KAL Hotel nach Westen über die Wasserfälle Jeongbang und Cheonjiyeon bis zum Oedolgae-Felsen laufen (2 Std.).

Unter Wasser 1 ▶ Big Blue 33 빅블루33은 1: Die deutschsprachige und erfahrene Tauchschule bietet Tauchgänge und unterschiedliche Kurse (s. Aktiv unterwegs S. 437).

Unter Wasser 2 ▶ U-Boot-Fahrten 2: Tel. 064 732 60 60, tgl. 9.30–15.55 Uhr, alle 40 Min., ₩ 56 500 inkl. Eintritt in den Marine Park. Südlich der Touristeninformation befindet sich der Startpunkt für Fahrten bis in 40 m Tiefe. Die 40 Min. lange Reise führt durch die Unterwasserwelt vor Jejudo und um die Insel Mun (Munseom 문섬) herum. Korallen und knallbunte Fische sind immer zu sehen, *haenyeo*-Taucherinnen bei der Arbeit sieht man eher selten.

Über Wasser ▶ Water World 워터월드 3: Südseite des Seogwipo-Stadions (Seogwipo World Cup Stadium, ▶ 4, D 4), Tel. 064 739 19 -30, -33, www.jejuwaterworld.co.kr, tgl. 10–22 Uhr, ₩ 35 000, Sauna ₩ 9000. Jejudos Water World hat nichts mit dem gleichnamigen Science-Fiction-Film zu tun, sondern ist ein familienfreundlicher Wasserpark mit großem Hallenbad, Sauna, Außenanlage und Massageangeboten. Kinder werden den Park lieben. Hier lässt sich ein ganzer Tag im und um das Wasser verbringen.

Verkehr

Bus: Der Intercity Bus Terminal (▶ 4, D 4) von Seogwipo liegt 6 km westlich der Stadt am Jeju World Cup Stadium (Jeju World Cup Gyeonggjijang 제주월드컵경기장). Busse fahren von hier regelmäßig in Ost- und Westrichtung die Küstenstraße entlang oder quer durch die Insel nach Jeju-Stadt. Der Airport Limousine Bus fährt etwa alle 15 Min. von Seogwipo via World Cup Stadium und Jungmun Jeju International Airport (1,5 Std.). Darüber hinaus liegen in Seogwipo am Jungang Rotary 중앙로터리 zwei Local Bus Terminals nur 50 m auseinander. Von dort werden ebenfalls zahlreiche Orte auf Jejudo angesteuert. Im Hotel fragen, von welchem Busbahnhof man je nach Ziel abfahren muss.

Jungmun Resort und Umgebung ► 4, C/D 4/5

Auf Koreas kleinem tropischem Paradies darf auch ein Resort nicht fehlen, das mit allen erdenklichen Errungenschaften der Tourismusindustrie aufwarten kann. Wenn die Insel Jeju mit Hawaii und Mallorca verglichen wird, dann kommt sie dieser Beschreibung in Jungmun am nächsten. Das 20 km westlich von Seogwipo gelegene **Jungmun Resort** (Jungmun Gwangwang Danji 중문관광단지) ist der exklusivste unter Koreas Touristenkomplexen: international, grün, weitläufig und hochpreisig. Hier gibt es 5-Sterne-Hotels, lässt sich Golf spielen, kann man italienische Designerkrawatten kaufen, in einem botanischen Garten mit riesigem Treibhaus spazieren und an unverdorbenen weißen Stränden wie dem Jungmun-Strand (s. S. 419) entspannen. Alles in allem eine Begegnung mit der Welt des Jetset und hervorragend angebunden an den Rest der Insel.

Teddy Bear und Sound Island Museum

Obgleich schon die Kleinstadt Seogwipo über ein solides Repertoire an Ausstellungen verfügt, gibt sich das wenig entfernte Jungmun damit nicht zufrieden und verwöhnt Besucher mit weiteren musealen Highlights, von denen zwei im Zentrum des Resort liegen.

Dazu zählt an erster Stelle das **Teddy Bear Museum** 테디베어뮤지엄, in dem mit kaum verdeckter Ironie die Geschichte des 20. Jh. mit den Kuscheltieren in den Hauptrollen dargestellt wird – Teddys als Elvis Presley mit Gitarre, als Neil Armstrong auf dem Mond, als Mannequin in Louis-Vuitton-Robe und als Tarzan mit Jane im Arm. Weitere Höhepunkte der liebevoll aufbereiteten Ausstellung sind Plüschbären als ›Teddycotta‹-Armee und als Darsteller von »Das letzte Abendmahl«. In dem 2001 eröffneten Museum, dem angeblich weltgrößten seiner Art, kann man alles über die zotteligen Kinderfreunde erfahren und alte Teddys bestaunen, von denen viele aus der schwäbischen Teddybär-Manufaktur Steiff stammen. Das Museum liegt 400 m südwestlich des Eingangs zum Yeomiji (www.teddybearmuseum.com, tgl. 9–20, Mitte Juli–August bis 22 Uhr, ₩ 7000).

Direkt nebenan steht das **Sound Island Museum** (Sori Seom Bangmulgwan 소리섬박물관), spezialisiert auf Musik und alles, was Krach macht. Die Ausstellung, darunter 40 Musikinstrumente aus Nordkorea und Grammofone, ist nicht nur zum Schauen, sondern hier kann man an einigen Instrumenten auch selbst Musik machen (9–17.30 Uhr, ₩ 6500).

Botanischer Garten Yeomiji

Yeomiji Singmurwon 여미지식물원

Kosten und Mühen wurden nicht gescheut bei der Errichtung dieses riesigen Gartens, zu dem auch ein 12 500 m² großes Treibhaus gehört, das in Asien seinesgleichen sucht. Im Zentrum des 1989 eröffneten Gartens steht eine 38 m hohe **Aussichtsplattform,** von der man durch eine Glaskuppel freien Blick auf das gesamte Jungmun-Resort, auf die Südküste und ins Inselinnere bis zum Hallasan hat. Das gigantische **Gewächshaus** beherbergt fünf Gärten: Schmetterlingshaus mit Blumen, Wasserpflanzen, Kakteen, Dschungel und tropische Früchte. Über 2000 Pflanzenarten gedeihen hier.

Um das Glashaus erstreckt sich der **Außengarten** mit einheimischen Pflanzen aus Jejudo, einem koreanischen, französischen, italienischen und japanischen Garten, einer weitläufigen Rasenfläche und Palmen (Tel. 07 35 11 00, www.yeomiji.or.kr, tgl. April–Okt. 9–18.30, Nov.–März 9–17.30 Uhr, ₩ 9000; hier erhält man auch Tickets für den Cheonjeyeon Pokpo).

Cheonjeyeon Pokpo 천제연폭포

Nach einem kurzen Spaziergang vom Eingang des Botanischen Gartens ergießt sich ein dreistufiger **Wasserfall** in den **Teich des Himmelskaisers** (Cheonjeyeon 천제연). Hier sollen nach der Legende sieben himmlische Nymphen in der Nacht hinabgestiegen sein, um im Mondschein ein Bad in dem Teich zu nehmen. Sie sind in der gewölbten Brücke über dem Tal verewigt, das zwar kurz ist, aber

Der Yakcheonsa ist das wohl beeindruckendste Bauwerk auf Jejudo

mit drei Wasserfällen und seiner üppigen Vegetation auf jeden Fall einen Besuch wert. Der erste Wasserfall ist 22 m hoch und mündet in den Teich des Himmelskaisers; die zweite Stufe hat eine Höhe von 30 m.

Vor der Entstehung des Luxusresorts Jungmun war es möglich, wie die Nymphen in dem kühlen Wasser ein Bad zu nehmen, was aber seit dem Anwachsen der Besucherströme nicht mehr erlaubt ist. Damit lässt sich auch ein anderer Mythos nicht verifizieren, nach dem man bei einem Bad am 15. Tag des siebten Mondes (21. Aug. 2013, 10. Aug. 2014) von allen erdenklichen Wehwehchen kuriert wird. Das Sieben-Nymphen-Festival findet jährlich im Mai in Erinnerung an die Legende statt (tgl. März–Okt. 8–19, Nov.–Febr. 8–18 Uhr, ₩ 2500, Tickets erhält man an der Kasse des Botanischen Gartens).

Museum of African Art

Aperuika Bangmulgwan 아프리카박물관
Das Museum of Africa oder **Museum für Afrikanische Kunst,** etwa 4 km östlich von Jungmun, hat sich dem Kontinent verschrieben, den von allen Erdteilen am wenigsten mit Korea verbindet. Umso imposanter ist das sandfarbene Gebäude, bei dessen Konstruktion die Lehmmoschee von Djenné in Mali Pate stand. Die feine Sammlung besteht aus Kunstwerken des 18. –20. Jh. aus allen Teilen Afrikas und ist eine der größten in Asien. Mehrmals täglich findet eine Livevorführung afrikanischer Musik und Tänze statt (Tel. 064 738 65 65, www.africamuseum.or.kr, tgl. 9–19 Uhr, Juli/Aug. bis 22 Uhr, ₩ 6000).

Yakcheonsa 약천사

Der **Tempel der Medizinquelle** liegt ca. 8 km östlich von Jungmun. Obgleich der Yakcheonsa kein Altertümchen ist wie die anderen Tempel auf der Halbinsel, sondern eine Neugründung aus den 1990er-Jahren, so ist er doch mit seinem aufwendig gestalteten Hauptbau eines der beeindruckendsten Gebäude auf der gesamten Insel. Seine Entstehung in jüngerer Vergangenheit sieht man dem Tempel an: Als Stützmaterial kam Beton statt Holz zum Einsatz. Das hat dem zum Jogye-Orden gehörenden Tempel allerdings nicht geschadet, und besonders im Inneren wird die teils filigrane Arbeit deutlich.

Der 28 m hohe Hauptbau ist vierstöckig, wobei im obersten Stock 18 000 kleine Buddha- und Bodhisattva-Figuren die Besucher willkommen heißen, während sich im unteren Stock der Altar mit drei großen, goldenen Buddhas befindet. Beachtenswert sind die zwei goldenen Pfeiler vor dem Altar, um die sich jeweils elegant ein schlanker Drache windet. Der Yakcheonsa wird von einer Nonne geleitet und nimmt am Templestay-Programm (s. S. 88) teil (www.yakchunsa.org, Taxi, Sonnenaufgang bis -untergang, Eintritt frei).

Infos

Touristeninformation: im Resort, Tel. 064 739 13 30, tgl. 9–18 Uhr. Hier erhält man Gratis-Karten und Broschüren. Ein weiteres **Informationshäuschen** befindet sich am Cheonjeyeon-Wasserfall.

Übernachten

Die Hotels im Jungmun Resort liegen alle dicht beieinander. Anfahrt s. Verkehr.

Spanisches Interieur ▶ **The Shilla Jeju** (Shilla Jeju Hotel 제주신라호텔): 3039-3 Saekdal-dong, Tel. 064 735 51 14, www.shilla.net. Von außen weniger imposant als die De-Luxe-Hotels der Konkurrenz, aber trotzdem edel bis ins Detail. Das Shilla liegt mitten im Jungmun Resort in einem schönen Palmengarten. DZ ab ₩ 300 000, Suite ₩ 6 000 000.

Bungalowstil ▶ **The Seaes Hotel & Resort** 씨에스호텔 & 리조트: 2563-1 Jungmun-dong, Tel. 064 735 30 00, www.seaes.co.kr. Außen traditionell koreanisch, innen moderner Luxus – die Bungalows des Seaes kommen dem Hawaii-Image Jejus schon sehr nah. DZ ab ₩ 220 000, Suite ab ₩ 410 000.

Der Klassiker ▶ **Hyatt Regency Jeju** 하얏트리젠시제주: 3039-1 Saekdal-dong, Tel. 064 733 12 34, jeju.regency.hyatt.com. Jungmuns ältestes Hotel mit internationalem 5-Sterne-Luxus und der besten Lage aller Hotels in Jungmun – eigener Strandzugang und weitläufiger Garten mit Meerblick. Alle Zimmer haben Balkon und sind minimalistisch mit Liebe zum Detail eingerichtet. Hervorragender Service. DZ ab ₩ 185 000.

Businesshotel ▶ **Jeju Hana Hotel** 제주하나호텔: 2812-1 Saekdal-dong, Tel. 064 738 70 01, www.hotelhana.co.kr. In Jungmun eines der preiswertesten Hotels mit dem kaum geschäftsfördernden Slogan »We will try to become a good hotel«. Der Preis ist an diesem Ort o. k., wäre woanders jedoch überteuert. Minimale Ausstattung, aber komfortabel. DZ ab ₩ 125 000.

Essen & Trinken

Grillfleisch ▶ **Hayoung** 하영: 2477-5 Seakdal-dong, Tel. 064 738 60 11, tgl. 10–22 Uhr, hayoung.ejeju.net. Hier gibt es Jejus berühmtes Fleisch von schwarzen Schweinen. Herrlich gelegen auf einer Anhöhe nördlich des Botanischen Gartens Yeomiji mit Blick von der Terrasse auf die umliegende Landschaft. Gegrilltes Jeju-Schweinefleisch ₩ 30 000–50 000.

Breite Bierpalette ▶ **Island Gecko's**: 2156-3 Seakdal-dong, Tel. 064 739 08 45, tgl. 11–2 Uhr. Endlich wieder zu Hause: Dieser Gedanke kommt jedem westlichen Gast sofort, denn das Gecko's ist feste Institution unter Ausländern. Es bietet alles, was fernab der Heimat wichtig ist: Pizza, Hamburger und Steaks, die mit einem Erdinger oder Guinness heruntergespült werden können. Gerichte ₩ 10 000–30 000.

Termine

Ironman Korea Triathlon: im Sommer. Am Jungmun-Strand (▶ 4, C/D 4) startet jährlich der 3,8 km Schwimmteil des Ironman mit mehreren hundert Athleten, von denen – kaum verwunderlich bei dem Stress – nicht alle am Ziel ankommen (s. S. 419).

Verkehr

Bus: ab Jeju International Airport mit dem Airport Limousine Bus (Bus 600), ab Jeju Intercity Bus Terminal mit der Jungmun Express Way Line (je 50 Min.), ab Seogwipo mit Bus 110, 120, 130 oder Airport Limousine Bus (Bus 600) jeweils bis Jungmun Resort. Letzterer fährt Hotels im Resort direkt an.

West-Jejudo ►4 A–C 2–6

Der wilde Westen Jejudos ist ursprünglicher als der Rest des Eilands. Hierher zieht es die Ruhesuchenden und Verwegenen, die im herrlichen Bonsai-Garten ein wenig Esoterik erleben oder in der undressierten Landschaft die Natur genießen wollen. West-Jeju ist jenes Jeju, wie es vor dem Touristenhype existierte.

»Im Westen nichts Neues« könnte die Schlagzeile für diesen Teil Jejudos lauten, unspektakulär, aber wahr, denn hier konzentrieren sich weniger Attraktionen als in Seogwipo, Jungmun oder im Osten. Was bis in die 1960er-Jahre für die gesamte Insel galt, hat sich bis heute in diesem abgelegenen Landstrich gehalten – Langsamkeit, der vielleicht kostbarste Schatz West-Jejudos. Dies war nicht immer so, denn heftige Bewegung in die Geschichte dieses Inselteils kam erstmals im 17. Jh., als ein niederländisches Handelsschiff an den Klippen Jejudos zerschellte und über 30 Seeleute auf die Insel spülte. Einer der Schiffbrüchigen, Hendrik Hamel, schrieb nach mehreren Jahren im Reich der Morgenstille das erste Buch eines westlichen Besuchers über Korea.

Was West-Jeju bei seinen Attraktionen an Quantität vermissen lässt, gleicht es mit Klasse wieder aus. Die abgelegenen Inseltupfer Marado und Gapado sind noch wilder als der Rest des Westens, und im Hallim-Park sind alle Arten von Attraktionen, die die Insel zu bieten hat, vereint. Zwei schöne Strände laden zusätzlich ein, diesen verwegenen Inselteil kennenzulernen. Ohne eigenen Pkw ist es allerdings schwierig, von A nach B oder zu den Highlights der Gegend zu gelangen.

Die Inseln Mara und Gapa

Koreas Falkland-Inseln bilden den südlichsten Zipfel des Landes und sind wie ihr britisches Gegenstück windgeplagte Vulkaneilande, auf denen außer Gras wenig wächst. Marado und Gapado sind flach wie Ostfriesland und können in 1,5 Std. (Marado) bzw. 2–3 Std. (Gapado) gemütlich umlaufen werden. Der Pfad um und durch Gapado ist Teil der Olle-Wanderwege (s. S. 413). Beide Inseln sind bewohnt, Marado, das bis dahin treffend Keumdo (Verbotenes Land) hieß, allerdings erst seit Ende des 19. Jh.

14 Marado 마라도 ►4, B 6

Weniger als 90 Menschen leben heute auf Marado, das weniger als einen halben Quadratkilometer groß ist und über eine Schule, einen Tempel, zwei Kirchen, eine riesige Toilettenanlage, eine Polizeistation, viel zu viele Restaurants und – man lese und staune – ein **Schokoladenmuseum** (Chokollit Bangmulgwan 초콜릿박물관) verfügt. Das Haus ist eine Zweigstelle des Schokoladenmuseums auf Jejudo (s. S. 444), verkauft Schokolade mit dem Aufdruck »Made on the most southern point of Korea – Mara Island«, ist aber trotz seines Namens auch den koreanischen Emigranten in aller Welt gewidmet.

Wer auf Marado ankommt, und das tun in der Hochsaison mehrere hundert Besucher täglich, fühlt sich wie auf einer Gefängnisinsel: Der kleine Brocken Land mit seinen steilen Felsklippen ist vom endlosen Meer umgeben – Jejudo liegt in weiter Ferne und ist nur als Silhouette und bei gutem Wetter erkennbar. Bäume, Vieh oder Ackerbau gibt es auf Marado ebenso wenig wie Trinkwasser und Strom. Mehrere Solaranlagen sorgen für Elek-

Erinnert an eine Schnecke – die katholische Kirche auf Marado

trizität, das Regenwasser wird aufgefangen und der Rest kommt vom Festland. Auch die Convenience-Store-Kette GS 25 hat einen Laden auf der Insel eingerichtet. Auf wenigen Hektar Vulkanfelsen ist für alles gesorgt.

Gapado 가파도 ►4, B 5

Gapado liegt näher am großen Bruder Jeju und ist etwas weniger zerzaust als sein südlicher Nachbar Marado, sodass es hier immerhin 200 Bewohner dauerhaft aushalten, die dem Boden und Wasser ein Maximum an Lebensmitteln abtrotzen. Die Insel ist mehr als doppelt so groß wie Marado, empfängt aber als ewige Zweite (›zweitsüdlichste Insel Koreas‹) erheblich weniger Besucher.

Verkehr

Fähren und Ausflugsboote: Ab Moseulpo-Hafen (Moseulpo Hang 모슬포 항) bei Daejeong auf Jeju fahren mehrmals täglich Fähren nach Gapado und Marado (und zurück), allerdings wechseln die Abfahrtszeiten je nach Wetter und Jahreszeit, sodass vor einem Ausflug im Hotel oder an der Touristeninformation (Tel. 064 13 30) nachgefragt werden sollte, ob und wann die Boote fahren. Die Fahrt nach Marado dauert etwa 25 Min. Neben diesen regulären Fähren gibt es Ausflugsboote, die Marado ansteuern.

Zwischen Jungmun Resort und Hallim-Park

Museum of Sex and Health ►4, C 4

Geonganggwa Seong Bangmulgwan 건강과性박물관 (건강과성박물관)

Der Name des **Museums für Sex(ualität) und Gesundheit** ist eindeutiges Indiz dafür, um was es geht. Dies ist Seogwipos Antwort auf Loveland in Jeju-Stadt, obgleich das Museum seinem Titel nur zum Teil gerecht wird: Der Hauptaspekt liegt hier stärker auf Erziehung und weniger auf Unterhaltung. Zu den Exponaten zählen erotische Gemälde und kleine, freizügige Skulpturen mit allerlei denk- und undenkbaren Verrenkungen der Akteure. Die ›Artefakte‹ werden anspruchsvoll präsentiert, sind jedoch ohne englische Erläuterung. Das stört aber kaum, da sie auch ohne Text aussagekräftig sind. Für Kinder ist das 2006 eröffnete Museum ungeeignet (1736 Gamsan-ri, Andeok-myeon, an der Straße 1132, Tel. 064 792 57 00, www.sexmuseum.co.kr, Bus von Seogwipo nach Moseulpo bis Museum, Di–So 10–20 Uhr, ₩ 9000–12 000).

World Automobile Jeju Museum ▶ 4, C 4

Segye Jadongcha Jeju Bangmulgwan 세계자동차제주박물관
Die Insel Jeju hat mit diesem 2008 eröffneten Museum eine passable Ausstellung für PS-Freunde. Zu sehen sind diverse US-amerikanische Straßenkreuzer aus den 1950er- bis 1970er-Jahren sowie ein Ford T-Modell von 1915, von dem Henry Ford einst sagte, es sei »in jeder Farbe des Regenbogens erhältlich, solange diese schwarz ist«.

Zu den edelsten Stücken der Sammlung gehören ein silberner Flügeltüren-Mercedes 300 SL, ein knallgelber DeLorean sowie die Krönung des schwäbischen Automobilbaus der 1960er-Jahre, ein Mercedes 600, damals die Staatskarosse schlechthin. Aber auch bescheidenere Automobilträume haben hier ihren Altersruhesitz wie ein Fiat Tipolino oder der gute alte Citroën 2 CV (Ente) in der Version Charleston in schwarz-weinroter Lackierung – Anfang der 1980er-Jahre die erste Ente mit Scheibenbremsen. Das Museum beherbergt über 70 Fahrzeuge und liegt ca. 6 km nordwestlich von Jungmun am Highway 1136 (Tel. 064 792 30 00, www.koreaautomuseum.com, mit Lokalbus von Seogwipo bis Sumbina-ri 숨비나리, dann noch wenige Meter zu Fuß, tgl. 9–18 Uhr, ₩ 9000).

Chocolate Museum ▶ 4, B 4

Chokollit Bangmulgwan 초콜릿박물관
Den Gaumenfreuden widmet sich dieses 2002 eröffnete Museum, noch ein Superlativ auf Jejudo, denn nach eigenen (unbestätigten) Angaben ist es das zweitgrößte Museum seiner Art weltweit (nach dem Schokoladenmuseum in Köln). Schon der Weg zum Museum lässt Kinderherzen höher schlagen: Wie ein riesiger Palast erhebt sich das Museum, dessen braunschwarze Farbe dem Bau das Aussehen eines Schokoladenschlosses verleiht. Zum Naschen ist die Fassade leider nicht geeignet, denn sie wurde aus dem schwarzen Vulkanbasalt erbaut, aus dem die ganze Insel besteht. Im Museum ist eine Manufaktur untergebracht, in der in Handarbeit Schokolade und Pralinen aus asiatischem Kakao hergestellt werden. Kaufen kann man die sündhaft leckeren Produkte um die Ecke im **Schokoladenladen** (15 km westlich von Jungmun, www.chocolatemuseum.org, Tel. 064 792 31 21, Taxi, tgl. März–Juni, Sept./Okt. 10–18, Juli/Aug. 10–19, Nov.–Febr. 10–17 Uhr, ₩ 4000).

Spirited Garden ▶ 4, B 4

Saenggakhaneun Jeongwon 생각하는정원
Jeju geizt nicht mit Superlativen, und ginge es nach deren Anzahl, wäre Jeju weltweit die Insel mit den meisten Einträgen im Guinness-Buch der Rekorde. Darin auch verzeichnet: dieser botanische Garten mit dem angeblich weltgrößten **Bonsai-Garten,** in dem über 1000 der kleinen Pflanzen wachsen, ober besser – eben nicht wachsen. Der 1992 von einem Botaniker gegründete Garten hieß bis 2007 Bunjae Artpia und repräsentiert auf seinen fast 40 000 m² über 700 Jahre koreanischer Botanikgeschichte, darunter den Star des Gartens – einen 500 Jahre alten Wacholderbaum.

Der Garten ist durchzogen von Wegen, die sich durch Rasenflächen winden und umsäumt sind von ›normal hohen‹ Bäumen und vereinzelten Vulkanfelsen. In einem Teich tummeln sich wohlgenährte Koi. Die Anlage ist ein Juwel Jejudos, das auch ausländische Staatsgäste häufig besichtigen (Tel. 064 772 37-01, -03, www.spiritedgarden.com, tgl. März–Okt. 8.30–19.30, letzter Einlass 18.20, Nov.–Febr. 8.30–18, letzter Einlass 17 Uhr, ₩ 9000).

O'Sulloc Tea Museum ▶ 4, B 4

O'Sulloc (Oseollok) Nokcha Bangmulgwan 오설록 녹차박물관
Nein, dieses **Teemuseum** ist nicht das größte der Welt, doch immerhin ist hier eine der weltgrößten Teetassen zu bestaunen, nämlich das Museum selbst, dessen Form einer traditionellen Teetasse nachempfunden wurde – was erst auf den zweiten Blick erkennbar wird.

Mit dem Hallim-Park wurde ein Stück Brachland zum subtropischen Paradies

Die 2001 eingeweihte Ausstellung informiert über die Geschichte des Tees, seine Herstellung und alle Varianten grünen Tees mitsamt einer kleinen Kollektion von – wen wundert es – Teetrinkgefäßen.

Eine **Aussichtsplattform** bietet einen Panoramablick über die umliegenden **Teefelder,** durch die man auch laufen kann. Die Plantagen sind zwar flacher als Koreas berühmteste Teeplantagen in Boseong (Jeolla-do), aber dennoch ausgesprochen fotogen.
Leider fahren keine Busse zum O'Sulloc, sodass neben dem eigenen Transport nur ein Taxi oder das Fahrrad für einen Besuch bleiben (tgl. 10–18 Uhr, Eintritt frei).

15 Hallim-Park ▶ 4, B 3

Hallim Gongwon 한림공원
Wer nur einen einzigen Tag für die Erkundung Jejudos hat und ansonsten Strand und Sonne tanken möchte, ist gut beraten, diesen Tag im Hallim-Park zu verbringen. Der Park entstand 1971 auf Buschland und Felsen, auf die Tonnen an Erde geschüttet wurden, um die heute zu besichtigenden Gärten anlegen zu können. Neben einem **Bonsai-Garten,** einem **Park mit subtropischen Pflanzen,** einem großen **Wassergarten** und einem **Vogelgehege** sind die Hauptattraktionen die Höhlen Hyeopjae und Ssangyong. Sie wurden 1755 zufällig entdeckt als ein Kind in einen der Einstiegsschächte fiel (und gerettet wurde). Beide Höhlen sind Teil eines über 17 km langen Tunnelsystems und sollen angeblich die einzigen Lavaröhren weltweit sein, in denen Stalaktiten und Stalagmiten wachsen, was sonst nur in Kalksteinhöhlen vorkommt. Um das Bild perfekt zu machen, finden sich auf dem Gelände auch ein **traditionelles Dorf** sowie ein **Kindervergnügungspark** (Tel. 064 796 00-01, -04, www.hallimpark.co.kr, tgl. 8–18, Juli/Aug. bis 19.30 Uhr, ₩ 9000).

Nebenan an den schönen **Stränden Hyeopjae** und **Geumneung** (s. S. 418) kann man sich von den Verführungen des Hallim-Parks erholen.

Verkehr

Bus: ab Jeju-Stadt (50 Min.), Seogwipo (ca. 80 Min.) und Jungmun (60 Min.) nach Westen (West Line). Die Busse halten am Parkeingang.

Register

Der Haupteintrag ist **fett** hervorgehoben.

Register

Der Haupteintrag ist **fett** hervorgehoben.

Register

Der Haupteintrag ist **fett** hervorgehoben.

Register

Der Haupteintrag ist **fett** hervorgehoben.

Register

Der Haupteintrag ist **fett** hervorgehoben.

Abbildungsnachweis/Impressum

Abbildungsnachweis
Corbis, Düsseldorf: S. 4 u., 211 (Atlantide Phototravel/Borchi); 293 (Chauvel); 99 (Park); 110 li., 145 (Sweeney); 5 M., 6 o.,168 re., 184, 220/221, 225, 228 li., 266/267, 276, 281, 301, 319, 324/325 (Topic Photo Agency)
picture-alliance, Frankfurt a. M.: S. 9 u., 428/429 (ANN/The Jakarta Post); 163, 198 (Jeon); 3 M., 90 (Yonhap News Agency)
Glow Images, München: S. 65 (Ehlers); 10/11, 25, 42 (Eye Ubiquitous); 2 u., 49, 58/59, 173, 231, 289, 359, 364 (JTB Photo); 51 (Nordic Photo); 61 (Shimizu/Aflo); 332 (Superstock); 1 M., 125, 334 re., 368, 372/373 (Travelasia); 118/119 (Vidler)
iStockphoto, Calgary (Kanada): S. 4 o., 204 (Meurig)
KTO (Korea Tourism Organization), Frankfurt a. M.: S. 3 o., 5 o., 5 u., 7 o., 9 o., 9 M., 33, 87, 188/189, 226, 228 re., 238, 243, 252/253, 255, 257, 262, 271, 274/275, 278 re., 298/299, 309, 314, 329, 334 li., 337, 342/343, 353, 406 li., 409, 418/419, 420/421, 431, 443, 445
laif, Köln: S. 347 (Bessard/REA); 20 (Kirchgessner); Titelbild (Lengler); 37 (Reporters); 45 (Ryu/Polaris); 2 o., 7 u., 17, 100, 106/107, 168 li., 216, 427 (Sasse); 3 u., 29, 93, 108, 110 re., 130, 137, 157 (Schwelle)
Look, München: S. 1 li., 1 re., 8 u., 13, 166, 404, 406 re., 440 (age fotostock); 7 M., 394/395, 433 (Axiom)
Mauritius Images, Mittenwald: S. 403 (age); 6 u., 377, 390 (Warburton-Lee)
Joachim Rau, Blies Ebersing (Frankreich): S. 8 o., 70/71, 207, 237, 278 li., 296, 386/387

Kartografie
DuMont Reisekartografie, Fürstenfeldbruck

Umschlagfoto
Titelbild: Sinheungsa-Tempel im Seoraksan-Nationalpark

Über den Autor: Joachim Rau reiste erstmals 2001 nach Ostasien, hat fast fünf Jahre in China gelebt und gearbeitet und von dort viele Reisen nach Südkorea unternommen. Für die Recherche zu diesem Reisehandbuch fuhr er mehrere Monate durch das Land. Rau lebt in Frankreich und ist in leitender Stellung in einem bekannten Dienstleistungsunternehmen tätig.

Lektorat: Britta Rath

Hinweis: Autor und Verlag haben alle Informationen mit größtmöglicher Sorgfalt geprüft. Gleichwohl sind Fehler nicht vollständig auszuschließen. Alle Angaben erfolgen ohne Gewähr. Bitte schreiben Sie uns! Über Ihre Rückmeldung zum Buch und über Verbesserungsvorschläge freuen sich Autor und Verlag:

DuMont Reiseverlag, Postfach 3151, 73751 Ostfildern, E-Mail: info@dumontreise.de

1. Auflage 2013

Grafisches Konzept: Groschwitz, Hamburg
Printed in Germany